上市公司执行企业会计准则案例解析

（2024）

中国证券监督管理委员会会计司◎组织编写

中国财经出版传媒集团
中国财政经济出版社
·北京·

图书在版编目（CIP）数据

上市公司执行企业会计准则案例解析 . 2024 / 中国证券监督管理委员会会计司组织编写 . -- 北京 : 中国财政经济出版社，2024. 3（2024.5重印）

ISBN 978 - 7 - 5223 - 2772 - 3

Ⅰ. ①上… Ⅱ. ①中… Ⅲ. ①上市公司－会计准则－案例－中国 Ⅳ. ①F279. 246

中国国家版本馆 CIP 数据核字（2024）第 034702 号

责任编辑：王　丽　　　　责任印制：党　辉

封面设计：孙俪铭　　　　责任校对：张　凡

上市公司执行企业会计准则案例解析（2024）

SHANGSHI GONGSI ZHIXING QIYE KUAIJI ZHUNZE ANLI JIEXI（2024）

中国财政经济出版社 出版

URL：http：//www. cfeph. cn

E - mail：cfeph@ cfeph. cn

社址：北京市海淀区阜成路甲 28 号　邮政编码：100142

营销中心电话：010 - 88191522

天猫网店：中国财政经济出版社旗舰店

网址：https：//zgczjjcbs. tmall. com

三河市宏图印务有限公司　各地新华书店经销

成品尺寸：170mm × 250mm　16 开　50. 25 印张　837 000 字

2024 年 3 月第 1 版　2024 年 5 月河北第 2 次印刷

定价：159. 00 元

ISBN 978 - 7 - 5223 - 2772 - 3

（图书出现印装问题，本社负责调换，电话：010 - 88190548）

本社图书质量投诉电话：010 - 88190744

打击盗版举报热线：010 - 88191661　QQ：2242791300

序

中国证监会副主席　方星海

党的二十大报告指出，以中国式现代化全面推进中华民族伟大复兴是新时代新征程党的中心任务。推动资本市场高质量发展，更好发挥资本市场枢纽功能，是落实党的二十大决策部署、贯彻中央金融工作会议精神、推进中国式现代化建设的战略任务。股票发行注册制以信息披露为核心，突出强调把好信息披露质量关，信息披露重要性愈发凸显。会计信息是资本市场关键性基础性信息。提高会计信息披露质量，有利于优化市场资源配置，有利于保护投资者合法权益和防范化解风险，对于加快建设安全、规范、透明、开放、有活力、有韧性的资本市场具有重要意义。

党中央、国务院高度重视财会监督和会计信息质量，习近平总书记多次就加强财会监督、遏制财务造假等作出重要指示批示。近年来，中国证监会坚决贯彻落实党中央、国务院有关决策部署及习近平总书记重要指示批示精神，坚持系统观念，坚持问题导向，坚持市场化、法治化方向，从会计主体监管和中介机构执业监管同步发力，多措并举，全力推动提升资本市场会计信息质量。

一是强化公司治理，夯实信息披露基础。强化关键少数公司治理义务，优化独立董事制度，持续抓好公司治理监管，加强责任追究。推动全市场上市公司开展内部控制评价和审计，加强内部监督制约，为公司真实、完整、准确披露会计信息夯实内部环境基础。

二是强化规范体系建设，完善信息披露要求。充分考虑资本市场发展阶段特点及投资者需求，进一步优化完善财务信息披露规则体系，加强对具体规则、解释及适用指引的制度供给，规范上市公司财务信息披露行为。

三是强化中介机构监管，压实中介机构职责。聚焦会计师事务所质量管理有效性，推动建立健全质量管理体系。紧盯典型审计问题，针对重点领域强化风险提示，督促中介机构勤勉尽责和发挥财务信息质量“看门人”作用。

四是强化监管威慑，“零容忍”打击违法违规。构建行政处罚、民事赔偿与刑事惩戒相结合的全方位立体化追责体系，在日常监管和处理处罚等环节同步发力，加大对财务舞弊案件的查处力度，促进形成严监管、强威慑的氛围，从严从重打击资本市场财务造假行为。

五是强化监管协同联动，发挥会计监管合力。进一步优化监管协作，突出行政监管与自律监管、中介机构监管与会计主体监管等多方面有机结合，加强沟通配合，凝聚监管共识，构建分工明确、高效有序、重点突出、反应迅速的会计监管体系。

提升会计信息质量，首要在于提高资本市场经营主体对企业会计准则的一致理解和有效实施，更好履行会计责任。我国企业会计准则与国际财务报告准则持续趋同，为我国资本市场融入全球经济创造了有利条件。但受市场环境、交易特征等因素影响，企业会计准则在资本市场实际执行中存在一些问题。一方面，国际趋同背景下应用条件较高，部分规定与我国资本市场环境契合性不足。另一方面，原则导向为主，专业判断空间较大，实际执行中存在一定的分歧和争议。为更好解决以上问题，促进资本市场经营主体正确理解并执行企业会计准则及财务信息披露规则，中国证监会会计监管部门开展了以下工作：一是定期审阅财务报告，关注准则执行质量。统筹会计监管资源，借力科技监管手段，深入开展上市公司财务报告审阅分析工作，充分识别重点领域准则执行问题。二是加强专业支持，统一会计监管标准。强化沟通协调，确保系统内各单位准确理解和严格落实监管规则要求，提升会计监管一致性。三是编写指引及案例，正确引导会计实务。深入研究市场共性典型问题，总结提炼监管要求，形成会计类监管规则适用指引及案例，引导经营主体正确认识相关业务经济实质，作出合理专业判断。

本书汇编案例深入分析了所涉复杂业务条款、交易运作方式，对会计准则的相关规定和内在逻辑进行了阐述，全面梳理分类，并针对性地提出问题解决建议，是近年来中国证监会会计监管实践的积累和总结。希望本书的再版发行，能够进一步帮助市场各参与方正确理解、掌握并有效执行企业会计准则及财务信息披露规则等相关规定。我们也真诚希望资本市场各参与方以本书为切入口，加强对我国资本市场会计处理问题的研究，共同提升资本市场会计信息质量。

2024年1月

前　言

资本市场以信息披露为核心，以市场化、法治化为主要特征。提高信息披露质量，是优化市场资源配置、有效保护投资者合法权益、防范系统性金融风险的基石，对于加快建设安全、规范、透明、开放、有活力、有韧性的资本市场具有重要意义。会计信息能够揭示资本市场经营主体的经营成果、财务状况和相关风险，是投资者价值判断和投资决策依赖的重要基础性信息。

企业会计准则是会计信息生成的基本依据，准确理解和有效执行准则，对于提升会计信息披露质量尤为关键。我国自2007年起建立并实施与国际财务报告准则趋同的企业会计准则体系，为推动我国资本市场全面深化改革及国际化进程发挥了积极的作用。但是，受市场结构、交易特征、人员专业素质等因素差异影响，原则导向、国际趋同的准则与我国复杂的资本市场实务间的契合度仍待提升：一是原则导向的准则对公司治理水平、会计人员专业能力和职业道德，以及资本市场发展环境等要求较高，如何保证企业真实客观反映自身财务经营状况和风险存在挑战；二是经济社会发展中不断涌现出新业态新模式，企业交易行为及经营管理方式日趋复杂，如何正确运用现有准则对新兴交易或事项进行合理的会计处理，实务中存在较多困惑。

高质量的会计信息是建设中国特色现代资本市场的坚实基础。中国证监会一贯高度重视资本市场会计信息披露质量，切实履行监管职责，围绕加强资本市场企业会计准则执行监管做了大量工作，形成了由会计司统筹、会内其他司局和派出机构、交易所结合自身职责分工协作的综合会计监管体系。多年来，中国证监会会计司通过财务报告审阅分析、系统内会计监管问题咨询、会计师事务所专业问题讨论等途径，收集、整理、研究、提炼资本市场企业会计准则执行的共性问题，在深入研究、充分讨论的基础上形成一致意见，自2012年首次整理汇编成《上市公司执行企业会计准则案例解析》一书，并根据企业会计准则修订和资本市场实践，持续修订再版。

本书涉及股权投资与企业合并、金融工具、收入与费用等资本市场重点、难点问题，此次修订以前版框架内容为基础，基于日常监管中发现的新问题，特别加强了对修订后的收入、金融工具、租赁等准则在实际执行中所遇问题的整合梳理，新增编写案例 60 个；对前版案例解析中的部分案例结合市场发展情况进行了补充完善，整理修订案例 49 个；删除了因会计准则或监管规则变化而不再适用的案例 7 个。针对具体案例的会计处理，我们严格按照企业会计准则有关规定，综合考虑会计准则基本理念和监管实践经验，提出分析性意见，以期向市场传递监管理念，强化上市公司准确理解和恰当运用企业会计准则的能力。

希望本书的再版能够对资本市场各类经营主体及时掌握并正确执行企业会计准则提供帮助与参考，提升资本市场会计信息披露质量，助力资本市场功能发挥，更好地服务实体经济高质量发展。

本书编写组

2024 年 3 月

目　录

第一章
长期股权投资

案例1－01
复杂交易中处置日的判断

股权处置往往会对当期损益产生重大影响，对“处置日”的判断直接影响到股权处置损益计入的会计期间，因此非常重要。

企业会计准则中并没有对“处置日”的判断作出明确规定，实务中，有的上市公司仍在参考财政部2002年发布的《〈企业会计制度〉和相关会计准则有关问题解答》（财会〔2002〕18号）中“企业应何时确认股权转让收益”的指引；也有的上市公司在参考企业会计准则中关于“购买日”的判断原则。

此外，在面临一些复杂的交易时，例如涉及多次处置行为的时候，如何判断“处置日”就变得更为复杂，需要结合“处置日”的判断原则和“一揽子交易”的判断原则进行综合判断。

一、案例背景

A公司为上市公司，B公司为其子公司。A公司持有B公司51%的股权，B公司注册资本为2,000万元。A公司于2×13年12月向C公司（注册地为中国香港）转让其持有的B公司39%股权（以下简称第一次转让交易），转让价款约为人民币1.3亿元。

A公司于2×13年12月与B公司的另一股东D公司签订补充协议，协议约定：在上述股权转让发生两年内，A公司应当将其保留的B公司的12%股权转让给D公司（或其指定的受让人），A公司有权要求D公司受让全部保留股权，各方均不得拒绝，全部保留股权价款为4,000×(1＋年数×10%）万元，上述股权受让价格为固定价格，不因B公司盈利、亏损或资本金及股权变动而变动。

上述两项交易签署后，C 公司和 D 公司共同对 B 公司进行增资，其中 C 公司出资 12,000 万元，D 公司出资 7,800 万元。增资结束后，B 公司性质变更为中外合资企业，注册资本为 21,800 万元，其中：A 公司占股权比例为 1.1%，C 公司占股权比例为 60.3%，D 公司占股权比例为 38.6%。

A 公司于 2×14 年 12 月与 D 公司指定的受让人 C 公司签订股权转让合同，合同约定 A 公司将持有 B 公司 0.7% 的股权转让给 C 公司（以下简称第二次转让交易），转让价款约为 2,700 万元，转让价款的支付方式为：

1. 自合同签署之日起 45 日内，C 公司向 A 公司支付股权转让款的 10%，即 270 万元。

2. 自合同获得相关商务部门核准备案之日起 7 个工作日内，C 公司向 A 公司支付股权转让款的 40%，即 1,080 万元。

3. C 公司最迟应于 2×15 年 12 月 31 日支付股权转让款的另外 50%，即 1,350 万元。

2×15 年 1 月，C 公司向 A 公司支付了股权转让款的 10%，即 270 万元。

相关商务部门于 2×15 年 4 月批复同意 A 公司将持有的 B 公司 0.7% 的股权转让给 C 公司。

A 公司称：至 A 公司 2×14 年年报对外报出日，第二次转让交易已获得相关商务部门的批复，A 公司已收到股权转让款超过股权转让款总额的 50%；第二次转让交易为第一次转让交易的延续，与股权转让相关的风险和报酬实质已经发生转移，与股权转让相关的经济利益的流入能够可靠计量并很可能流入企业，全额确认股权转让收益符合企业会计准则的相关要求。

基于以上考虑，A 公司在 2×14 年年度财务报告中对上述股权转让交易确认处置收益 2,700 万元，实现净利润约 2,000 万元。

问题：A 公司的上述会计处理是否恰当？

二、会计准则及相关规定

《企业会计准则第 20 号——企业合并（应用指南）》规定："同时满足下列条件的，通常可认为实现了控制权的转移：

（一）企业合并合同或协议已获股东大会等通过。

（二）企业合并事项需要经过国家有关主管部门审批的，已获得批准。

（三）参与合并各方已办理了必要的财产权转移手续。

（四）合并方或购买方已支付了合并价款的大部分（一般应超过50%），并且有能力、有计划支付剩余款项。

（五）合并方或购买方实际上已经控制了被合并方或被购买方的财务和经营政策，并享有相应的利益、承担相应的风险。”

《企业会计准则第33号——合并财务报表》（2014年修订）第五十一条规定：“……处置对子公司股权投资的各项交易的条款、条件以及经济影响符合下列一种或多种情况，通常表明应将多次交易事项作为一揽子交易进行会计处理：

（一）这些交易是同时或者在考虑了彼此影响的情况下订立的。

（二）这些交易整体才能达成一项完整的商业结果。

（三）一项交易的发生取决于其他至少一项交易的发生。

（四）一项交易单独考虑时是不经济的，但是和其他交易一并考虑时是经济的。”

《国际财务报告准则第10号——合并财务报表（应用指南）》第97段规定：“通过两项或者更多项安排（交易），母公司可能丧失对子公司的控制权。然而，有些情况下，多项安排应该作为一项交易进行会计处理。在确定是否将这些安排作为一项交易进行会计处理时，母公司要考虑这些安排的条款、条件以及这些安排的经济影响。以下一种或多种情况可能表明，母公司应将多项安排作为单项交易进行会计处理：

1. 这些安排同时进行或者彼此影响。

2. 这些安排将形成一项单独的交易以产生整体商业影响。

3. 一项安排的发生取决于其他至少一项安排的发生。

4. 一项安排如果单独考虑时是不经济的，但是和其他安排放在一起考虑时是经济的。”

三、案例解析

企业会计准则应用指南对企业合并中控制权的转移提供了若干判断标准，我们认为这些标准在很多方面同样适用于股权处置日的判断。

在分步处置股权涉及一揽子交易的情况下，股权处置日的判断会变得更复杂。在某些情况下，每一步交易完成的时候分别确认处置损益可能是合理的，例如，整个交易的完成没有实质性障碍，每一步交易的定价都是公平合理的且每一步交易均不可逆转等。但是在某些情况下，在每一步交易完成的时点分别确认处置损益可能并不合理，例如：

1. 一揽子交易的特点的第 3 项指出，一项交易的发生取决于其他至少一项交易的发生。例如，交易双方可能约定，如果后面的交易步骤无法完成，则取消之前的交易步骤。这种情况下，在整体交易完成之前，不应该将已经完成的交易步骤作为股权处置进行会计处理。

2. 一揽子交易的特点的第 4 项指出，一项交易单独看是不经济的，但是和其他交易一并考虑时是经济的。例如，第 1 项交易可能是低价出售，而第 2 项交易则是高价出售。在这种情况下，如果在每一次处置时确认该次交易的损益，可能并不符合交易的经济实质。

在实务操作中，应当结合具体情况按照实质重于形式的原则进行判断。

对于本案例，我们首先需要分析第一次转让交易和第二次转让交易是否属于一揽子交易。《企业会计准则第 33 号——合并财务报表》（2014 年修订）第五十一条和《国际财务报告准则第 10 号——合并财务报表（应用指南）》第 97 段对于如何判断两个交易是否构成一揽子交易给出了相关指引。

2×13 年 12 月，A 公司与 C 公司签订股权转让合同，向 C 公司转让 B 公司 39% 的股权。与 B 公司的另一股东 D 公司签订股权转让合同，约定在 A 公司向 C 公司转让 39% 股权的两年内，A 公司将其保留的 B 公司的 12% 的股权转让给 D 公司（或其指定受让人）。A 公司与 D 公司签订股权转让合同时，并未约定 C 公司为该交易的指定受让人，因此我们不能简单地因为一年后 D 公司指定 C 公司为受让人而认为这两项交易是一项整体安排。

A 公司向 C 公司转让 B 公司 39% 的股权，转让对价为 1.3 亿元；向 D 公司转让 B 公司 12% 的股权，转让对价为 4,000 万元（1.3 亿元 ÷ 39% × 12% = 4,000 万元），另考虑 10% 的时间价值。比较两项交易的价格，并无不合理之处。

A 公司与 D 公司约定，在 A 公司向 C 公司转让 39% 股权的两年内，A 公司应当将其保留的 B 公司 12% 的股权转让给 D 公司（或其指定受让人），A 公司有权要求 D 公司受让全部保留股权，各方均不得拒绝。因此，双方都无权中止合同。从时间上看，D 公司的交易虽然约定在 C 公司的交易完成之后的两年内进行，但是这只是时间上的安排，D 公司的交易结果并不影响与 C 公司的交易。由此判断，A 公司与 C 公司的交易以及与 D 公司的交易都是不可逆的，且不取决于其他交易的发生。

在整个交易的完成没有实质性障碍、每一步交易的定价都是公平合理且每一步交易均不可逆转的情况下，我们认为，第一次转让交易和第二次转让交易之间并不是一揽子交易。因此，我们需要单独判断第二次转让交易的处置日。

经查阅 A 公司提供的相关资料，发现与第二次转让交易的相关情况不满足股权转让的要求：

1. C 公司向 A 公司支付第二次转让交易的股权转让款的交易行为均发生于 2×15 年 1 月 1 日之后。

2. 相关商务部门于 2×15 年 4 月批复同意 A 公司将持有 B 公司 0.7% 的股权转让给 C 公司。

同时，虽然上述转让款以及商务部门的相关批复是发生在财务报表批准报出日之前，但是上述事件并不是资产负债表日已存在的事项，根据《企业会计准则第 29 号——资产负债表日后事项》，“资产负债表日后调整事项，是指对资产负债表日已经存在的情况提供了新的或进一步证据的事项”。因此，该处置不是资产负债表日后调整事项，第二次转让股权的处置日不应当在 2×14 年，而应当在 2×15 年。

综上所述，A 公司在 2×14 年年度财务报告中将第二次转让交易收益予以确认不符合企业会计准则及其应用指南的有关规定。

我们认为，对于第二次转让交易，A 公司在已获商务部门核准批复、C 公司付款比例超过 50% 并且预计剩余款项能够取得等条件均得到满足的情况下，才能确认该项经济交易的股权转让收益。

【相关案例】

（一）案例背景

2×18 年，J 公司为改善经营情况、回归主业，进行了如下两项股权出售交易。

交易一：2×18 年 10 月 17 日，J 公司与 W 公司签订股权转让协议，向W公司出售所持有的联营公司X公司的全部股权，交易价款为1.6亿元。合同约定，W公司须在股权转让协议签署日后的两个工作日（即2×18年10月19日）内，先支付股权转让款的20%首付款，即3,200万元。剩余的价款在12个月内分期支付完毕。X公司于2×18年12月13日完成股东变更的工商登记和董事会改选。2×19年1月，J公司才收到W公司支付的首期股权转让款2,000万元。

J公司对交易一的会计处理：

由于截至2×18年12月31日，W公司未按交易双方于股权转让协议中约定的付款安排支付首付款3,200万元，J公司认为在2×18年12月31日针对该项股权的风险和报酬并未发生实质转移，相关股权转让交易尚未完成，出于谨慎性考虑，于2×18年12月31日未终止确认相关长期股权投资。直至2×19年1月J公司收到了W公司支付的部分首付款2,000万元，以及于2×19年11月收到W公司对其自身财务状况、还款来源、股权转让款余款付款安排等的回复，J公司在2×19年终止确认对X公司的长期股权投资。

交易二：J公司与B公司签订股权转让协议，向B公司出售所持有的两家联营公司N和Z的全部股权（假设不构成一揽子交易），交易价款合计5.6亿元。股权转让协议约定，B公司须在标的公司N和Z完成工商变更登记日后的三年内，分批支付股权转让款。

标的公司N于2×18年12月，完成股东工商登记变更，并于2×19年3月完成董事会改选，J公司原派出的董事从N公司董事会中撤出。

标的公司Z于2×19年4月，完成股东工商登记变更，之前J公司有权利派驻董事但未曾向Z公司董事会派驻董事。

J公司对交易二的会计处理：

鉴于N公司在2×19年3月完成董事会改选，Z公司于2×19年4月完成股东工商登记变更，且J公司在股权转让交割完成后，应收B公司股权转让款并未出现未履约情形，J公司为进一步了解B公司的付款意愿和能力，积极催收款项，并分别于2×19年10月和2×20年3月向B公司发出关于付款安排等的函件并收到B公司关于付款安排、还款资金来源等的复函，该函表明其具备一定的付款能力，因此J公司在2×19年度终止确认上述两项股权。

截至2×19年12月31日，J公司仅收到上述股权转让款中W公司2,000万元，J公司对应收W公司转让款计提坏账准备1,200万元，对应收B公司转让款计提坏账准备15,982万元。

问题：J公司在2×19年度终止确认上述长期股权投资是否合理？

（二）案例解析

长期股权投资准则中没有对长期股权投资的“处置日”的判断作出明确规定。我们理解，《企业会计准则第20号——企业合并》及其应用指南对于控制权转移的若干判断标准在很多方面同样适用于处置日的判断。一般而言，在非关联方交易的情况下，标的资产的风险报酬、股东权利与义务在交易双方之间的转移往往会与价款的支付相匹配，因此，价款的支付情况常常能够体现风险报酬的转移情况。但是，该条件并非判断股权处置时点的必要条件，需要结合其他事实和情况进行分析和判断。

本案例中，在股权转让协议约定先进行股权变更登记和董事会改组再开始收取交易对价（交易二）或者收取大部分的交易价款（交易一，相关日期之前只收取20%的价款）具有合理商业理由的前提下，应结合其他事实和情况对股权处置日进行分析判断：

1. 交易一：对于转让X公司的股权，截至2×18年12月已完成股东变更的工商登记和董事会改选并撤出原先派出的董事，J公司已无法对X公司施加重大影响。购买方未按照股权转让协议约定支付首付款，J公司应当了解该情形出现的原因，若该情形不会导致协议解除，且预计款项的支付不存在重大不确定性，则J公司应于2×18年12月终止确认对X公司的股权投资。

2. 对于交易二中转让N公司的股权，于2×19年3月已完成董事会并撤出J公司原先派出的董事，如果J公司能够合理估计款项支付不存在重大不确定性，则应当于2×19年3月终止确认对N公司的股权投资。

3. 对于交易二中转让Z公司的股权，J公司原先有权利派驻董事但并未派驻，原按照具有重大影响采用权益法核算，处置股权时不涉及被投资方董事会的改选。2×19年4月已完成股权变更登记，如果J公司能合理估计款项支付不存在重大不确定性，则应当于2×19年4月终止确认对Z公司的股权投资。

同时，J公司应在每个资产负债表日，按照《企业会计准则第22号——金融工具确认和计量》（2017年修订）对应收股权转让款是否发生信用减值进行评估。

案例1-02
股权转让时点的判断：工商变更登记尚未完成时是否应确认长期股权投资

在股权购买过程中，往往伴随着监管机构要求的法定程序、工商变更、财产权变更等。当合同约定的股权交付日与工商变更登记日或涉及的主要资产的权属变更日不一致时，需要对长期股权投资的取得和转让时点进行判断。

一、案例背景

A公司为上市公司，以房地产开发、销售为主业。2×13年，A公司与B公司签订合同，购买B公司持有的C公司的30%股权。B公司、C公司均是非上市公司，且从事房地产开发业务。该股权转让已通知C公司其他股东且其他股东放弃优先购买权，此外也已经A公司的股东大会通过，并取得了中国证监会的批准。截至2×13年12月31日，A公司已支付给B公司股权转让全款4,000万元，并向C公司的董事会派出一名代表；C公司已提交了办理有关股权转让工商变更登记所需的文件、材料，但工商变更登记尚未完成。

问题：2×13年12月31日，C公司的股东变更登记尚未完成，A公司是否应确认对C公司30%的长期股权投资？

二、会计准则及相关规定

《企业会计准则第2号——长期股权投资（应用指南）》（2014年修订）指出："投资方对被投资单位具有重大影响的权益性投资，即对联营企业投资。”

《企业会计准则第20号——企业合并》第十条规定：“购买日，是指购买方实际取得对被购买方控制权的日期。”

《企业会计准则第20号——企业合并（应用指南）》进一步规定：“同时满足下列条件的，通常可认为实现了控制权的转移：（1）企业合并合同或协议已获股东大会等通过。（2）企业合并事项需要经过国家有关主管部门审批的，已获得批准。（3）参与合并各方已办理了必要的财产权转移手续。（4）合并方或购买方已支付了合并价款的大部分（一般应超过50%），并且有能力、有计划支付剩余款项。（5）合并方或购买方实际上已经控制了被合并方或被购买方的财务和经营政策，并享有相应的利益、承担相应的风险。”

《中华人民共和国公司法》（2023年修订）第八十七条规定：“依照本法转让股权后，公司应当及时注销原股东的出资证明书，向新股东签发出资证明书，并相应修改公司章程和股东名册中有关股东及其出资额的记载。对公司章程的该项修改不需再由股东会表决。”

三、案例解析

由于本案例中涉及的是一项权益性投资（对联营企业的投资）的初始确认，对联营企业的长期股权投资属于一项权益性投资，且能够对被投资单位实施重大影响，因此，要将相关投资认定为长期股权投资，企业需要考虑是否能够对其实施重大影响。企业会计准则中并没有对取得重大影响的判断时点作出明确规定，但是给出了明确的关于企业合并中“购买日”的判断条件，购买日是购买方实际取得对被购买方控制权的日期。假设合同生效的前置条款已经满足的情况下，在判断购买一项联营投资的购买日时，也可以参考准则对于企业合并“购买日”的判断条件，并结合联营投资的特点具体分析如下：

1. 企业合并合同或协议已获股东大会等通过。该条件主要是为了判断这项交易是否经过了相关参与企业的内部审批流程，是否合法有效。例如，根据《中华人民共和国公司法》（2023年修订）的相关规定，公司转让、受让重大资产或者对外提供重大担保等事项必须经股东大会作出决议的，董事会应当及时召集股东大会会议，由股东大会就上述事项进行表决。

在本案例中，该股权转让合同已经A公司的股东大会通过，假定不需要经过B公司的股东大会审批，则此项条件已满足。

2. 企业合并事项需要经过国家有关主管部门审批的，已获得批准。该条件要求判断收购交易是否需要经过国家有关主管部门审批，如果需要，是否已经获得批准。股权交易由于涉及被投资单位的股东变更，需要考虑公司登记管理条例的相关要求是否得到满足，如涉及某些特殊行业、外资、国有企业、上市公司等情形之下，还需要考虑相关行业监管部门、商务部、国资委、证监会、交易所等的审批情况。

在本案例中，应了解该交易所需获得的批准文件是否已经取得。

在实务中常常见到这样的情形，所有的批准文件都已经获得，但尚未完成营业执照变更，工商变更登记尚未完成。那么，工商变更登记是否属于国家有关主管部门的审批程序呢？根据《中华人民共和国市场主体登记管理条例》有关规定，登记机关在受理登记时主要审查的是申请材料是否齐全、是否符合法定形式。因此，工商变更登记更多的是在企业股权转让后政府行政管理的一种形式审查，是使得购买方在法律上拥有这些股份，并以此对抗第三人。通常情况下不同于其他实质性的审批程序，除非另有规定，否则工商变更登记一般并不影响股权转让的生效，也可能并不影响购买方对被购买企业实施重大影响（某些情况下，购买方可能在工商变更登记完成前即有实质性权力参与被投资方的经营决策，详见下文第5项判断标准的分析）。但是，如果提交申请后在正常期间内未收到相关部门的反馈，则需要了解其原因，并评估该原因是否会对判断构成实质性障碍。

3. 参与合并各方已办理了必要的财产权转移手续。该条件要求判断参与购买各方是否办理了必要的财产权转移手续。作为购买方，其通过购买取得对被购买方的股权，能够形成与取得股权或净资产相关的风险和报酬的转移，在控制权转移的判断中，通常还会考虑购买方是否已经实质上接管了被购买方的财产。在购买联营企业的交易中，财产权转移手续可能更多地体现为购买方在被收购企业的股东身份。一般而言，被收购公司对公司章程和股东名册进行变更后，购买方即能在法律上行使对被收购公司的股东权利，一般可视之为办理了财产权转移手续。

4. 合并方或购买方已支付了合并价款的大部分（一般应超过50%），并且有能力、有计划支付剩余款项。该条件主要也是从风险和报酬的角度来进行分析。一般而言，在非关联方交易的情况下，交易双方的风险报酬转移常常会与价款支付同步进行，因此，价款的支付情况常常能够体现风险报酬的转移情况。

在本案例中，截至2×13年12月31日，A公司已支付给B公司股权转让全款4,000万元，满足此项条件。

5. 合并方或购买方实际上已经控制了被合并方或被购买方的财务和经营政策，并享有相应的利益、承担相应的风险。该条件要求判断购买方对被购买方财务和经营政策的控制权，这是购买日判断的核心原则，即控制权转移。在联营企业的购买中，该条件可以转换为是否已经具备对被购买方的重大影响，判断购买方实际上是否能参与被购买方的财务和经营政策，并享有相应的利益、承担相应的风险。A公司通常可以通过以下一种或几种情形来判断是否对C公司具有重大影响：（1）在被投资单位的董事会或类似权力机构中派有代表。这种情况下，由于在被投资单位的董事会或类似权力机构中派有代表，并享有相应的实质性的参与决策权，投资方可以通过该代表参与被投资单位经营政策的制定，达到对被投资单位施加重大影响。（2）参与被投资单位的财务和经营政策制定过程。这种情况下，在制定政策过程中可以为其自身利益提出建议和意见，从而可以对被投资单位施加重大影响。（3）与被投资单位之间发生重要交易。有关的交易因对被投资单位的日常经营具有重要性，进而一定程度上可以影响被投资单位的生产经营决策。（4）向被投资单位派出管理人员。这种情况下，管理人员有权力主导被投资单位的相关活动，从而能够对被投资单位施加重大影响。（5）向被投资单位提供关键技术资料。因被投资单位的生产经营需要依赖投资方的技术或技术资料，表明投资方对被投资单位具有重大影响。

在本案例中，2×13年12月31日，A公司已经向C公司的董事会派出一名代表，能对C公司产生重大影响，满足此项条件。值得注意的是，在有些情况下，A公司可能尚未派出董事，但如果已经拥有派出董事的权力，也应该认为A公司已经具有重大影响。

综上分析，结合权益工具的定义并参考购买日的判断条件，除非合同有特别规定，工商变更登记是否完成并不实质影响股权购买日的判断。需要强调的是，A公司还应考虑主管机关尚未审批其工商变更的原因，并判断该原因是否对以上五个判断条件构成实质性障碍。

案例 1 - 03
同一控制下企业合并，被合并方净资产为负数时合并方长期股权投资的确认问题

一、案例背景

A 公司和 B 公司均为 P 集团的控股子公司，C 公司为 B 公司设立的全资子公司。2×13 年 5 月 1 日，A 公司以 1,000 万元的对价取得 B 公司持有的 C 公司 100% 股权。合并日 C 公司的账面净资产为 -2,000 万元，其中实收资本 4,000 万元，未弥补亏损 6,000 万元。合并日 C 公司净资产的评估价值为 1,000 万元。

问题：A 公司在其个别财务报表中应该如何确认对 C 公司的长期股权投资？

二、会计准则及相关规定

《企业会计准则第 20 号——企业合并》第五条规定："参与合并的企业在合并前后均受同一方或相同的多方最终控制且该控制并非暂时性的，为同一控制下的企业合并。"

《企业会计准则第 2 号——长期股权投资》（2014 年修订）第五条规定："企业合并形成的长期股权投资，应当按照下列规定确定其初始投资成本。

同一控制下的企业合并，合并方以支付现金、转让非现金资产或承担债务方式作为合并对价的，应当在合并日按照被合并方所有者权益在最终控制方合并财务报表中的账面价值的份额作为长期股权投资的初始投资成本。长期股权投资初始投资成本与支付的现金、转让的非现金资产以及所承担债务账面价值之间的差额，应当调整资本公积；资本公积不足冲减的，调整留存收益。

合并方以发行权益性证券作为合并对价的，应当在合并日按照被合并方

所有者权益在最终控制方合并财务报表中的账面价值的份额作为长期股权投资的初始投资成本。按照发行股份的面值总额作为股本，长期股权投资初始投资成本与所发行股份面值总额之间的差额，应当调整资本公积；资本公积不足冲减的，调整留存收益。”

《企业会计准则第 2 号——长期股权投资》（2014 年修订）第十二条规定：“投资方确认被投资单位发生的净亏损，应当以长期股权投资的账面价值以及其他实质上构成对被投资单位净投资的长期权益减记至零为限，投资方负有承担额外损失义务的除外。”

《企业会计准则第 2 号——长期股权投资（应用指南）》（2014 年修订）规定：“被合并方在合并日的净资产账面价值为负数的，长期股权投资成本按零确定，同时在备查簿中予以登记。”

《中华人民共和国公司法》（2023 年修订）第三条规定：“公司是企业法人，有独立的法人财产，享有法人财产权。公司以其全部财产对公司的债务承担责任。”

《中华人民共和国公司法》（2023 年修订）第四条规定：“有限责任公司的股东以其认缴的出资额为限对公司承担责任；股份有限公司的股东以其认购的股份为限对公司承担责任。”

《中华人民共和国公司法》（2023 年修订）第二百三十七条规定：“清算组在清理公司财产、编制资产负债表和财产清单后，发现公司财产不足清偿债务的，应当依法向人民法院申请破产清算。”

《中华人民共和国企业破产法》第三十条规定：“破产申请受理时属于债务人的全部财产，以及破产申请受理后至破产程序终结前债务人取得的财产，为债务人财产。”

《中华人民共和国企业破产法》第三十五条规定：“人民法院受理破产申请后，债务人的出资人尚未完全履行出资义务的，管理人应当要求该出资人缴纳所认缴的出资，而不受出资期限的限制。”

三、案例解析

从案例背景可知，A 公司和 C 公司在合并前后均受同一控制方 P 集团的最终控制且该控制并非暂时性的，因此 A 公司取得 C 公司 100% 股权的交易属于同一控制下的企业合并。根据《企业会计准则第 2 号——长期股权投资》（2014 年修订）第五条的规定，A 公司个别报表的长期股权投资成本应在合并日按照取得被合并方，即 C 公司的所有者权益在 P 集团合并财务报表中的账面价值份额进行计量。但是在本案例中 C 公司的所有者权益账面价值为负数，是否应在 A 公司的个别报表上确认长期股权投资为负数呢？我们认为不应当确认负数，理由是：

1. 个别财务报表为公司的法定报表，是反映一个企业作为独立法人主体财务状况的报表，其会计理念与合并财务报表的理念是不同的。个别财务报表中，对子公司的长期股权投资是一个单项资产，用来反映企业持有的对另一个法人主体的权益，在会计上属于一项权益性投资。

一家企业的资产扣除所有负债后的剩余权益（净资产）有可能由于累计未弥补亏损等原因呈现为负数。那是否意味着对该企业的权益性投资也为负数？这需要结合该被投资单位的法律形式来判断。如果被投资单位为有限责任公司，根据《中华人民共和国公司法》（2023 年修订）及《中华人民共和国企业破产法》的相关规定，有限责任公司的股东以其认缴的出资额为限对公司承担责任，如果公司清算，公司财产不足清偿债务的，应当申请宣告破产。在破产程序中，用于清偿破产债权的破产资产为债务人的全部财产。因此，股东无须就不足清偿部分予以补足。但是，如果股东未完全履行其出资义务的，会被要求缴纳其认缴的出资。因此，投资企业在履行完毕对被投资单位的出资义务之后，仅以其认缴的出资额为限承担责任，在没有其他协议约定的情况下，无须对被投资单位的超额亏损承担进一步义务。因此，持有一家有限责任公司的股权投资，其余额通常不会出现负数。

2. 参考《企业会计准则第 2 号——长期股权投资》（2014 年修订）第十二条，当采用权益法核算时，对于被投资单位亏损的计量也是以长期股权投资以及其他实质上构成对被投资单位净投资的长期权益减记至零为限。这也说明，企业会计准则在考虑一项股权投资的账面价值时，考虑了上文中分析的投资者对该项投资在法律上所享有的权利和承担的义务。

因此，对于同一控制下的企业合并交易，当被合并方的账面净资产为负数时，除合并方负有承担额外损失的义务外，合并方个别报表对被合并方的长期股权投资应减记至零为限，通常不应当出现负数。相应地，合并方付出的对价与长期股权投资账面价值之间的差额应调整资本公积；资本公积不足冲减的，调整留存收益。

案例 1 - 04
重大影响的判断

根据企业会计准则的相关规定，对被投资单位有重大影响的长期股权投资应采用权益法进行核算。在实务中，如何判断对被投资单位是否具有重大影响，需要结合实际情况具体分析和判断。

一、案例背景

A 公司于 2×13 年 1 月以自有资金 1,000 万元参股 B 公司，持有 B 公司 20% 的股权。B 公司的另一股东为 C 公司，持有 B 公司 80% 的股权。A 公司与 C 公司之间不存在关联方关系。

根据 B 公司的章程以及合资协议的规定，B 公司的净利润根据有关法律法规的规定提取法定公积金后，A 公司、C 公司根据董事会决议通过的分配金额，按持股比例进行分配。B 公司进行清算时的剩余财产，A 公司、C 公司按持股比例进行分配。B 公司按照月、季、年编制财务报表。月度及季度的财务报表在该期间结束后的 20 个工作日之内提交股东，年度财务报表委托中国注册会计师进行审计，并在每个会计年度结束后第 4 个月的第 5 个工作日之前，向股东提交该年度的审计报告。

B 公司董事会共有 5 名董事，其中 A 公司委派 1 名董事，其余 4 名董事由 C 公司委派，C 公司委派的董事任董事长。董事会会议由董事长召集并主持，董事长在董事会会议召开前 10 日，将记载开会日期、地点及会议目的、议题等事项的书面召集通知发送给各董事。董事会决议由出席会议的董事 2/3 以上表决通过。由于 A 公司股东和管理层对 B 公司所属行业不具备足够的专业管理知识和经验，A 公司自投资之日起委派董事对 B 公司的经营管理主动参与程度较少，出席的董事会决议均未作出与 C 公司委派董事相左的表决，在已收取会议通知的情况下也缺席过若干次董事会会议。

问题：A 公司对 B 公司是否具有重大影响？

二、会计准则及相关规定

《企业会计准则第2号——长期股权投资》（2014年修订）第二条规定：“……重大影响，是指投资方对被投资单位的财务和经营政策有参与决策的权力，但并不能够控制或者与其他方一起共同控制这些政策的制定。在确定能否对被投资单位施加重大影响时，应当考虑投资方和其他方持有的被投资单位当期可转换公司债券、当期可执行认股权证等潜在表决权因素。投资方能够对被投资单位施加重大影响的，被投资单位为其联营企业。”

《企业会计准则第2号——长期股权投资（应用指南）》（2014年修订）指出：“……实务中，较为常见的重大影响体现为在被投资单位的董事会或类似权力机构中派有代表，通过在被投资单位财务和经营决策制定过程中的发言权实施重大影响。投资企业直接或通过子公司间接拥有被投资单位20%以上但低于50%的表决权时，一般认为对被投资单位具有重大影响，除非有明确的证据表明该种情况下不能参与被投资单位的生产经营决策，不形成重大影响。在确定能否对被投资单位施加重大影响时，一方面应考虑投资企业直接或间接持有被投资单位的表决权股份，同时要考虑投资方及其他方持有的当期可执行潜在表决权在假定转换为对被投资单位的股权后产生的影响，如被投资单位发行的当期可转换的认股权证、股份期权及可转换公司债券等的影响。

企业通常可以通过以下一种或几种情形来判断是否对被投资单位具有重大影响：

（1）在被投资单位的董事会或类似权力机构中派有代表。这种情况下，由于在被投资单位的董事会或类似权力机构中派有代表，并相应享有实质性的参与决策权，投资方可以通过该代表参与被投资单位财务和经营政策的制定，达到对被投资单位施加重大影响。

（2）参与被投资单位的财务和经营政策制定过程。这种情况下，在制定政策过程中可以为其自身利益提出建议和意见，从而可以对被投资单位施加重大影响。

（3）与被投资单位之间发生重要交易。有关的交易因对被投资单位的日常经营具有重要性，进而一定程度上可以影响到被投资单位的生产经营决策。

（4）向被投资单位派出管理人员。在这种情况下，管理人员有权力主导被投资单位的相关活动，从而能够对被投资单位施加重大影响。

（5）向被投资单位提供关键技术资料。因被投资单位的生产经营需要依赖投资方的技术或技术资料，表明投资方对被投资单位具有重大影响。”

三、案例解析

按照企业会计准则的有关规定，重大影响是指对被投资单位的财务和经营政策有参与决策的权力，但并不能够控制或者与其他方一起共同控制这些政策的制定。投资方对被投资单位具有重大影响的长期股权投资，应当采用权益法核算。准则对于重大影响的判断与对控制的判断有所区别，对重大影响判断的核心是分析投资方是否有实质性的参与权而不是决定权。

在本案例中，A 公司对 B 公司的持股比例为 20%。根据企业会计准则的有关规定，投资企业直接或通过子公司间接拥有被投资单位 20% 以上但低于 50% 的表决权股份时，一般认为对被投资单位具有重大影响，除非有明确的证据表明该种情况下不能参与被投资单位的生产经营决策。然而，在本案例中，B 公司按照月、季、年编制财务报表。月度及季度的财务报表在该期间结束后的 20 个工作日之内提交股东，年度经审计的财务报表也按时向股东提交，因此 A 公司作为 B 公司的股东，能够如期获取 B 公司的财务信息，从而参与 B 公司的生产经营决策。

此外，在本案例中，B 公司董事会共有 5 名董事，其中 A 公司委派 1 名董事。根据《中华人民共和国公司法》的有关规定，董事会在公司的治理结构中占据重要地位。董事会对股东大会负责，行使决定公司的经营计划和投资方案、制定公司的年度财务预算方案、决算方案等重要职权。虽然根据 B 公司的章程，董事会的决议由出席会议的董事 2/3 以上表决通过，由于 C 公司可以委派 5 名董事中的 4 名董事，因此，当 A 公司委派的董事代表与 C 公司委派的董事代表存在异议时，A 公司委派的董事代表虽然有权在董事会会议上充分阐述观点和论据，但并无权阻止董事会最终决议的通过。然而，准则对于重大影响的判断与对控制的判断有所区别，对重大影响判断的核心是分析投资方是否有实质性的参与权而不是决定权。即使 A 公司委派的董事无法最终阻止决议的通过，但由于 A 公司仍然可以通过委派的董事代表参与 B 公司财务和经营政策的制定，在制定政策过程中可以充分发表意见，从而对 B 公司施加重大影响。

值得注意的是，企业会计准则将重大影响定义为“对被投资单位的财务和经营政策有参与决策的权力”而并非“正在行使权力”，其判断的核心应当是投资方是否具备参与并施加重大影响的权力，而投资方是否正在实际行使该权力并不是判断的关键所在。

在实务中，投资方具有重大影响的最佳佐证之一固然是其正在施加此类影响的事实。然而，投资方可能具备向董事会提名董事代表的权力且其提名的代表能否当选不存在重大不确定性但暂不行使该项权力，也可能在被投资方的董事会中占有席位，却选择采取被动而不积极地参与会议或放弃表决。除非有证据表明，被投资单位存在积极反对投资方欲对其施加影响的意图和事实，且投资方欲取得董事会席位、参与董事会、及时从被投资单位处取得财务信息等尝试均无果，否则，投资方较为被动地参与决策的情况，并不改变或者削弱其对被投资单位具有重大影响的事实。

在本案例中，B 公司按时向各董事发送会议通知，A 公司董事参与董事会议并不存在实质性障碍。A 公司委派的董事对 B 公司的经营管理主动参与程度较少甚至缺席董事会的原因主要在于 A 公司股东和管理层对 B 公司所属行业缺乏足够的专业管理知识和经验。因此，A 公司较为被动地参与决策的情况，并不改变或者削弱其对 B 公司具有重大影响的权力，A 公司应自投资日起即对 B 公司采用权益法进行核算。

【相关案例之一】

（一）案例背景

A 公司于 2×12 年 9 月以自有资金 15 亿元参股 B 公司并占 B 公司增资后总股本的 8%，为 B 公司并列第三大股东。B 公司第一、第二大股东的持股比例分别为 13% 和 10%。A 公司与 B 公司的其他股东之间不存在关联方关系，B 公司的其他股东之间也不存在关联方关系。

根据 B 公司的章程以及合资协议的规定，B 公司董事会共有 9 名董事，A 公司自投资之日起即有权力向 B 公司委派 1 名董事（即随时有权要求委派）。由于投资恰逢年中，为保持经营的稳定性，且 A 公司根据投资前对 B 公司的尽职调查认为，B 公司现有董事管理经验丰富，具备决策独立性，可在法律许可的范围内参与B公司经营决策，维护包括A公司在内的股东的合法利益，因此A公司2×12年未实际向B公司委派董事，而是自2×13年3月起才开始正式向B公司委派了1名董事。

问题：A公司对B公司是否具有重大影响？从何时开始具有重大影响？

（二）案例解析

按照企业会计准则的有关规定，重大影响是指对被投资单位的财务和经营政策有参与决策的权力，但并不能够控制或者与其他方一起共同控制这些政策的制定。投资方对被投资单位具有重大影响的长期股权投资，应当采用权益法核算。准则对于重大影响的判断与对控制的判断有所区别，对重大影响判断的核心是分析投资方是否有实质性的参与权而不是决定权。

根据《中华人民共和国公司法》（2023年修订）的有关规定，董事会对股东大会负责，行使决定公司的经营计划和投资方案、制定公司的年度财务预算方案和决算方案等重要职权。由此可见，董事会在公司的治理结构中占据重要地位。在本案例中，A公司自投资之日起即具有向B公司委派董事的权力，有权力通过该董事代表参与B公司财务和经营政策的制定，在制定政策过程中可以提出或者否决建议和意见，从而对B公司施加重大影响。

此外，在本案例中，A公司对B公司的持股比例虽然低于20%，但由于B公司的投资方相对分散，第一大股东的持股比例也低于20%，仅为13%。A公司持股比例虽然为8%，但已经是B公司的并列第三大股东。B公司相对分散的股东持股结构也从侧面支撑了持股比例低于20%的股东对其治理具有实质性话语权的商业理由。

值得注意的是，企业会计准则将重大影响定义为“对被投资单位的财务和经营政策有参与决策的权力”而并非“正在行使权力”，其判断的核心应当是投资方是否具备参与并施加重大影响的权力，而投资方是否正在实际行使该权力并不是判断的关键所在。

在实务中，投资方具有重大影响的最佳佐证之一固然是其正在施加此类影响的事实。然而，投资方可能具备向董事会提名董事代表的权力且其提名的代表能否当选不存在重大不确定性但暂不行使该项权力，也可能在被投资方的董事会中占有席位，却选择采取被动而不积极地参与会议或放弃表决。除非有证据表明，被投资单位存在积极反对投资方欲对其施加重大影响的意图和事实，且投资方欲取得董事会席位、参与董事会、及时从被投资单位处取得满足权益法核算的必要财务信息等尝试均无果，否则，投资方较为被动地参与决策的情况，并不改变或者削弱其对被投资单位具有重大影响的事实。

在本案例中，A公司并未在初始投资时委派董事，而是直至2×13年3月才向B公司实际派出董事，是出于投资恰逢年中，保持经营的稳定性，且根据尽职调查认可了现有董事的胜任能力的考虑，并非受阻于机制上的实质性障碍，因此，A公司在2×13年3月前较为被动地参与决策的情况，并不改变或者削弱A公司对B公司具有重大影响的事实，A公司应自投资日起即对B公司采用权益法进行核算。

【相关案例之二】

（一）案例背景

2×15年，A上市公司及其控股子公司（以下简称A集团）陆续认购B公司股份，截至2×15年12月31日，合计持有B公司9.47%的股份。B公司股权分散，截至2×15年12月31日，前三大股东分别持有其12%、10%和9.47%的股份（以股东所在集团合计持股统计），其中第三大股东为A集团。根据B公司的公司章程，单独或合计持有其表决权股份总数3%以上的股东有权派驻董事。于2×15年末，A集团尚未向B公司派驻董事。

问题：截至2×15年末，A集团对B公司是否具有重大影响？

（二）案例解析

按照企业会计准则的有关规定，重大影响是指对被投资单位的财务和经营政策有参与决策的权力，但并不能够控制或者与其他方一起共同控制这些政策的制定。准则对于重大影响的判断与对控制的判断有所区别，对重大影响判断的核心是分析投资方是否有实质性的参与权而不是决定权。同时值得注意的是，重大影响判断的核心应当是投资方是否具备参与决策并由此实施重大影响的权力，而是否正在实际行使该权力并不是判断的关键所在。

在本案例中，截至2×15年末A公司及控股子公司合计持有B公司9.47%的股权，虽尚未派驻董事，但已具备派驻董事的权力，判断其对B公司是否具有重大影响，应综合分析其是否具备参与被投资单位决策并由此实施重大影响的权力，从以下方面予以考虑：

第一，分析A公司是否可以通过股东大会参与B公司的经营及财务决策。根据背景信息，B公司股权结构相对分散，且第一大股东的持股比例仅为12%，在股东大会的表决权上并非占有绝对优势，A公司作为第三大股东持股比例为9.47%，仅分别比第一大股东和第二大股东表决权比例少2.53%和0.53%，在被投资单位的该股权结构下，除非有其他相反证据（如其他分散股东联合起来施加他们的影响等），否则有理由相信A公司有能力通过股东大会参与B公司的财务经营决策。

第二，分析A公司是否可通过向B公司董事会或类似治理机构中派出代表而施加重大影响。根据背景信息，虽然截至2×15年末A公司尚未向B公司派驻董事，但根据B公司章程，单独或合计持有表决权股份总数3%以上的股东有权派驻董事，表明A公司具备向B公司派驻董事的权力。

在实务中，投资方具有重大影响的最佳佐证之一固然是其正在施加此类影响的事实，但重大影响的关键是其是否拥有能够参与决策的权力，而不一定是其正在实际行使该权力，如投资方在向被投资单位投资时已与被投资方及其他股东达成协议，投资成功后将有权向其派驻董事，但由于董事会成员换届时间等问题而暂时尚未派驻董事，或者投资方具备向董事会提名董事代表的权力且并无证据表明其派驻董事存在实质性障碍，但其暂不行使该项权力的情况下，投资方具备向董事会派驻董事代表的权力和能力但尚未正式派驻，并不妨碍或者削弱其对被投资单位具有重大影响。但如果有证据表明，投资方尝试取得被投资单位董事会或类似权力机构的席位失败、投资方无法及时并充分获取进行权益法核算所必要的财务信息、被投资单位或其他股东积极反对该投资方欲对其施加重大影响的意图等，则即使投资方具有派驻董事的权力，也应对其是否能对被投资单位施加重大影响进行质疑。

此外，部分行业的董事任职资格存在特殊规定或需经监管机构审批通过。在该种情况下，如果投资已获监管机构批准，但董事任职资格尚待监管机构审批或审批未通过，若投资方有权提名或继续提名符合监管标准的董事直至获得监管机构的批准，则董事任职资格尚待监管机构审批或审批暂未通过的事实，并不必然得出投资方对被投资单位不具有重大影响的认定结论。但实务中应关注监管机构不予批准的原因，以判断是否构成投资方参与被投资单位重大财务或经营决策的实质性障碍等。

在本案例中，截至2×15年末，在A公司具有向B公司派驻董事的权力但尚未派驻的情况下，应分析其尚未派驻的原因，以判断A公司是否具备权力并有能力向B公司派驻董事，并通过该董事参与被投资单位重大财务或经营决策，从而对B公司具有了重大影响。

【相关案例之三】

委托或受托表决权时重大影响的判断

（一）案例背景

A公司持有B公司5%的股权，截至2×15年末，A公司未向B公司派驻董事且不存在重大影响。2×16年3月28日，A公司与B公司的另外三个股东（与A公司在同一集团旗下）共同签署股东表决权委托协议。根据协议，另外三个股东委托A公司全权行使其所持B公司股份所对应的股东表决权。接受委托后，A公司合计享有的表决权股份占B公司总股本的21%。2×16年5月，A公司提名2人代表A公司及委托方担任B公司董事会董事职务，并经B公司股东大会审议通过。

问题：接受委托后，A公司对B公司是否具有重大影响？

（二）案例解析

根据企业会计准则，重大影响是指投资方对被投资单位的财务和经营政策有参与决策的权力，但并不能够控制或者与其他方一起共同控制这些政策的制定。在接受委托行使表决权或委托他人行使表决权情况下，投资方是否对被投资单位具有重大影响，也应根据上述重大影响的定义，并结合考虑表决权委托的商业目的或背景、受托方是否能独立行使表决权而不存在任何限制、接受委托后派出董事等相关股东权力属委托方享有还是受托方享有等因素，判断其单独是否具有参与被投资方财务经营决策制定的权力。

在本案例中，A公司自身拥有B公司5%的股权表决权，接受其他股东的委托后合计可行使B公司21%股权的表决权，并派驻2名董事的情况下，判断A公司是否单独对B公司具有重大影响，应至少从以下方面予以考虑：

第一，应考虑接受表决权委托是否具有合理的商业目的或背景。在本案例中，委托方与A公司在同一集团下，应关注该表决权委托的商业背景。如相较于委托方，A公司是否对B公司所在行业或领域更为了解；或者A公司投资B公司相较于委托方是否具有其他战略目的或意图，如与B公司还存在经营领域的合作（如客户群体分享、信息技术的共享或其他协同效应等）等；或者根据委托协议，A公司享有其受托表决权对应的实际股东权益，如A公司代为行使表决权的同时还能获得表决权对应股权的分红权利，而仅需向委托方提供固定回报等。

第二，应判断受托方行使表决权时是否不存在任何限制。例如，A公司是否能独立地行使表决权而无须听从委托方指示；在自身利益与委托方利益发生冲突时，A公司是否有权完全根据自身意愿行使表决权；是否未经受托方同意，委托方不能撤销该委托事项等。本案例中，委托方与A公司同属同一集团，更应关注A公司代为行使表决权时，是否代表其自身，行使表决权时是否需委托方的同意。如果并不能独立行使表决权，则在判断是否具有重大影响时，不应将受托代为行使的表决权比例考虑在内。

第三，应判断接受委托后派出董事等相关股东权力为委托方享有还是受托方享有。A公司接受其他股东委托后，成功地向B公司派驻两位董事，但应分析派出该两位董事的权力，到底为A公司单独享有，还是为其他股东享有；同时还应关注所派驻的董事人选，是否可以根据A公司自身利益参与B公司决策而不受委托方的限制或影响等。如果虽然由A公司派出两名董事，但该两名董事人选由委托方决定或听从委托方指示后确定，或因为各方均处于同一集团的情况下由集团决定，则不能表明A公司通过该派出的董事能单独对B公司的财务和经营决策实施重大影响。此外，还应关注该委托的期限，如该委托可以由任意一方随意取消或委托期限可由委托方单方面决定，或者该委托的期限相当短等情况下，很难表明受托方对被投资方能够实施重大影响。

综上所述，A公司判断其对B公司是否具有重大影响时，应判断其在接受表决权委托之后的权力是否发生实质性改变，是否能独立而不受限制地参与B公司的财务和经营决策的制定，而并非作为委托方的代表行使权力。

若委托方为不存在关联关系的独立第三方时，由于其不太可能无条件让渡其权力，除根据上述因素进行判断外，还应关注委托的商业目的和背景，如在该委托协议之外是否还存在其他权利义务的约定和安排等。

【相关案例之四】

（一）案例背景

A上市公司原持有S上市公司股权比例为30.08%，并派驻2名董事，其采用权益法核算对S公司的投资。2×16年，由于S公司进行重大资产重组，A公司对S公司的持股比例下降至13.18%，派驻董事人数由2名减少为1名，董事占比下降为1/9。同时，A公司将所派出董事参与S公司事务的部分主要权力授权给S公司的实际控制人派出的董事行使，并且该授权不可撤销，适用于A公司派驻董事在S公司的整个任期。

问题：A公司持股比例下降且将董事权力委托给其他方后，是否还对S公司具有重大影响？

（二）案例解析

在本案例中，A上市公司持有被投资单位的股权比例由30.08%下降至13.18%，派驻1名董事，但将派出董事的部分主要权力授权给实际控制人派出董事。判断A公司是否仍然对S公司具有重大影响，应综合分析A公司将其董事权力授权给实际控制人派出董事的商业目的或背景、受托方董事行使表决权的范围和权力是否受到限制、A公司是否实质性放弃其表决权享有等因素，判断其是否仍能参与S公司的财务或经营决策的制定。

第一，应关注A公司将其董事权力授权给实际控制人派出董事的商业目的或背景。如A公司将其董事权力委托给最终控制方董事的内在商业逻辑及合理性，判断其是无偿的授权或是存在其他安排等，如果存在其他安排，则应综合考虑其具体内容和影响。此外，应关注该项委托是否是A公司参与S公司决策的一种方式。

第二，应关注将董事的部分主要权力授权给实际控制人董事是否构成该董事权力的实质性转移，受托方董事行使表决权的范围和权力是否受到A公司的限制。如A公司将“部分主要权力”授权给实际控制人派出的董事中的“部分”包括哪些方面，是否包括所有重大的财务或经营政策等；实际控制人的派出董事如何代为行使该“部分主要权力”，是仅代替A公司派出董事进行表决还是完全独立于A公司进行表决；在此情况下，A公司派出董事是否还有参加董事会或参与表决的权力等。此外，还应关注该委托期限的相关约定，如根据案例背景信息，该项委托适用于A公司派驻董事在S公司的整个任期，则应考虑该整个任期是指A公司派驻某特定董事的，还是也包括A公司继续派驻董事的任期，即是否适用于在A公司有权派驻董事的所有期间等相关因素。

综上所述，A公司对S公司是否具有重大影响应着重考虑A是否实质上丧失了参与S公司的财务经营决策的能力。

案例1－05
以取得自身权益工具为对价处置子公司股权的会计处理

一、案例背景

A上市公司于2×18年10月11日召开临时股东大会，决议通过“关于A公司重大资产出售的议案”，本次重大资产重组是A公司和控股股东B公司为剥离上市公司亏损资产而达成的交易。根据双方签署附生效条件的“股权转让协议”，A公司向控股股东B公司出售其全资子公司C的100%股权。C公司经审计的账面净资产为6亿元，评估值为8亿元，双方以评估值8亿元作为交易价格（假设审计、评估基准日为2×18年6月30日）。控股股东

B公司以其持有的A公司3亿股普通股作为对价取得上述C公司股权，对价股份价格依据A公司董事会决议公告日前20个交易日的公司股票交易均价确定，A公司取得作为对价的自身股份后将予以注销。2×18年11月该交易获中国证监会核准。截至2×18年11月30日，C公司股权已变更至B公司名下，资产处置日为2×18年11月30日。A公司于2×18年12月5日完成了与本次重大资产重组有关的股份注销手续，资产重组后控股股东仍为B公司（假设不考虑交易费用）。

上述交易A公司合并报表确认投资收益2亿元，同时A公司回购并按股票面值注销股份，减少股本3亿元，股本溢价部分冲减资本公积5亿元。

问题：A公司以获得自身股份为对价处置C公司股权确认投资收益是否违反会计准则的规定？

二、会计准则及相关规定

《企业会计准则第33号——合并财务报表》（2014年修订）第五十条规定："企业因处置部分股权投资等原因丧失了对被投资方的控制权的，在编制合并财务报表时，对于剩余股权，应当按照其在丧失控制权日的公允价值进行重新计量。处置股权取得的对价与剩余股权公允价值之和，减去按原持股比例计算应享有原有子公司自购买日或合并日开始持续计算的净资产的份额之间的差额，计入丧失控制权当期的投资收益，同时冲减商誉。与原有子公司股权投资相关的其他综合收益等，应当在丧失控制权时转为当期投资收益。"

《企业会计准则第37号——金融工具列报》（2017年修订）第二十二条规定："金融工具或其组成部分属于权益工具的，其发行（含再融资）、回购、出售或注销时，发行方应当作为权益的变动处理。发行方不应当确认权益工具的公允价值变动。"

《企业会计准则第37号——金融工具列报》（2017年修订）第二十六条规定："回购自身权益工具（库存股）支付的对价和交易费用，应当减少所有者权益，不得确认金融资产。"

财政部于2008年年底发布《关于做好执行会计准则企业2008年年报工作的通知》（财会函〔2008〕60号）中规定："上市公司接受控股股东直接或间接的捐赠，从经济实质上判断属于控股股东对企业的资本性投入，应作为权益性交易，相关利得计入所有者权益。”

《监管规则适用指引——会计类第 1 号》指出：“对于上市公司的股东、股东控制的其他关联方、上市公司的实际控制人对上市公司进行直接或间接的捐赠、债务豁免等单方面的利益输送行为，由于交易是基于双方的特殊身份才得以发生，且使得上市公司明显的、单方面的从中获益，因此，应认定其经济实质具有资本投入性质，形成的利得应计入所有者权益。上市公司在判断是否属于权益性交易时应分析该交易是否公允以及商业上是否存在合理性。上市公司与潜在股东之间发生的上述交易，应比照上述原则进行处理。”

三、案例解析

本案例是 A 上市公司和控股股东 B 公司为剥离 A 上市公司亏损资产而达成的重大资产重组交易，控股股东 B 公司以所持 A 上市公司股份作为支付收购资产的对价完成重大资产重组。根据交易实质，整个交易可理解为 A 公司处置股权投资及回购自身权益工具两个交易事项。首先，A 公司将其持有全资子公司 100% 的股权按双方协议价格 8 亿元出售给控股股东 B 公司，该交易可视为 A 公司以 8 亿元为对价处置子公司投资；其次，A 公司收回 B 公司持有的股份并注销，该交易可视为 A 公司以处置子公司取得的 8 亿元对价回购自身权益工具。

根据以上交易，A 公司在合并报表层面会计处理如下：

1. A 公司处置股权投资的会计处理。如果 A 公司有确凿证据证明双方协议价格是公允的，根据合并财务报表准则的规定，A 公司处置子公司 100% 股权，处置价款 8 亿元与处置投资对应的享有该子公司净资产份额 6 亿元的差额 2 亿元，在合并财务报表中确认为当期投资收益。

如果 A 公司无法提供确凿证据证明双方协议价格的公允性，交易的经济后果使 A 上市公司明显单方面从中获益，则根据财政部 2008 年年底发布的《关于做好执行会计准则企业 2008 年年报工作的通知》（财会函〔2008〕60 号）及证监会《监管规则适用指引——会计类第 1 号》的相关规定，协议价格中不公允的部分应界定为权益性交易，与权益性交易有关的利得或损失直接计入权益，不应确认投资收益。

2. A 公司回购自身权益工具的会计处理。根据金融工具列报准则的相关规定，A 公司按法定程序报经批准回购自身股票减资，应按注销的股票面值总额减少股本3亿元，购回股票支付的价款（含交易费用）与股本的差额5亿元调整所有者权益，应依次冲减资本公积（股本溢价）、盈余公积和未分配利润，不应当确认权益工具的公允价值变动。

综上所述，A公司确认股权处置投资收益的金额取决于双方协议价格的公允性，公允部分与处置股权相关净资产账面价值的差额计入当期损益；协议价格中不公允的部分应界定为权益性交易，形成的利得或损失应计入所有者权益，不影响当期损益。

案例1-06
拆除VIE架构的长期股权投资的会计处理

一、案例背景

2×14年6月，A上市公司通过在境外设立全资子公司甲（SPV），以现金方式吸收合并纽交所上市公司B公司100%的股权，A公司与B公司及其实际控制人均不相关。B公司存在VIE架构，B公司直接持有境内外商独资企业（以下简称WFOE）100%的股权（假设B公司除了控制WFOE外无自身经营业务也无其他经营实体），WFOE通过与境内实体公司C公司签订一系列协议对C公司进行协议控制（假设WFOE除了协议控制C公司外无自身经营业务也无其他经营实体）。根据A公司与B公司签订的附条件生效的《合并协议》，本次收购价格为2.75美元/股，收购总价款约为36,884.55万美元［假定购买日B公司的可辨认净资产公允价值为36,884.55万美元（包含C公司可辨认净资产公允价值）］。按照A公司公告的预案签署日前一天的美元兑人民币汇率换算合计收购总价款约23亿元人民币。同时，作为上述交易的先决条件，A公司将在吸收合并B公司合并交割前，以双方事先约定的对价（支付名义价格，假定其为1万元人民币）完成对WFOE协议控制的中国境内经营实体C公司100%股权的收购，A公司吸收合并B公司与A公司以名义价格合并C公司这两项交易互为前提。收购完成后，B公司从纽交所退市并在海外注销，WFOE和境外甲公司也最终清算，A公司最终控制境内实体 C 公司。收购前后股权架构如图 1-1 所示。

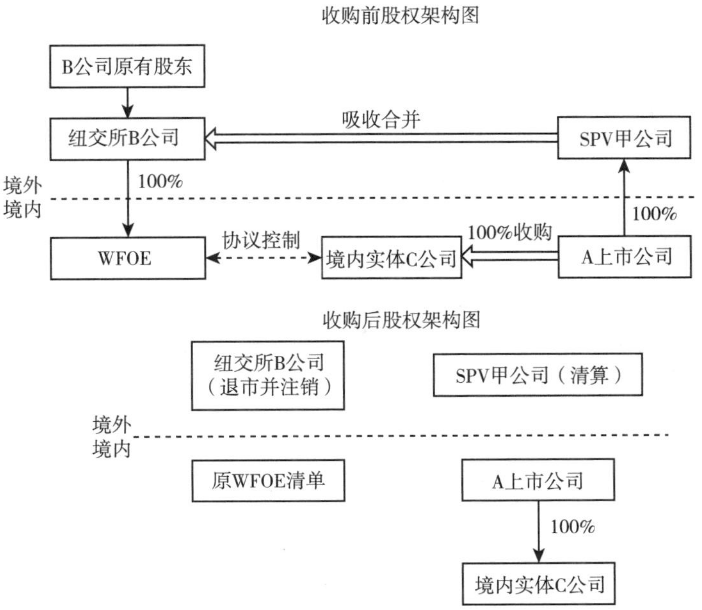

图 1-1　收购前后股权架构

问题：当 WFOE 和 C 公司解除协议控制时，A 公司对甲公司和 C 公司的长期股权投资该如何进行会计处理？

二、会计准则及相关规定

《企业会计准则第 2 号——长期股权投资》（2014 年修订）第五条规定："企业合并形成的长期股权投资，应当按照下列规定确定其初始投资成本：……（二）非同一控制下的企业合并，购买方在购买日应当按照《企业会计准则第 20 号——企业合并》的有关规定确定的合并成本作为长期股权投资的初始投资成本。"

《企业会计准则讲解（2010）》第二十一章"企业合并"指出："非同一控制下的控股合并中，购买方在购买日应当按照确定的企业合并成本（不包括应自被投资单位收取的现金股利或利润），作为形成的对被购买方长期股权投资的初始投资成本……"

《企业会计准则讲解（2010）》第二十一章"企业合并"指出："非同一控制下的吸收合并，购买方在购买日应当将合并中取得的符合确认条件的各项可辨认资产、负债，按其公允价值确认为本企业的资产和负债……”

《企业会计准则第2号——长期股权投资》（2014年修订）第六条规定：“除企业合并形成的长期股权投资以外，其他方式取得的长期股权投资，应当按照下列规定确定其初始投资成本：（一）以支付现金取得的长期股权投资，应当按照实际支付的购买价款作为初始投资成本。初始投资成本包括与取得长期股权投资直接相关的费用、税金及其他必要支出……”

《企业会计准则第20号——企业合并》第十三条规定：“购买方在购买日应当对合并成本进行分配，按照本准则第十四条的规定确认所取得的被购买方各项可辨认资产、负债及或有负债。（一）购买方对合并成本大于合并中取得的被购买方可辨认净资产公允价值份额的差额，应当确认为商誉。初始确认后的商誉，应当以其成本扣除累计减值准备后的金额计量。商誉的减值应当按照《企业会计准则第8号——资产减值》处理。”

三、案例解析

A公司设立境外SPV甲公司收购纽交所上市公司B公司，与A公司收购国内经营实体C公司为一揽子交易，A公司的最终目标就是获得国内经营实体C公司，根据企业会计准则相关规定及实质重于形式的原则，A公司合并报表层面具体会计处理如下（单位：人民币）：

1. A公司用23亿元人民币设立SPV甲公司。

借：长期股权投资——甲公司	23亿元	
贷：银行存款		23亿元

2. 甲公司吸收合并纽交所上市公司B公司。

借：资产	（23+X）亿元	
贷：负债		X亿元
银行存款		23亿元

3. A公司购买国内经营实体C公司。

借：长期股权投资——C公司	1万元	
贷：银行存款		1万元

4. 同时解除WFOE公司对C公司的协议控制。

解除WFOE对C公司的协议控制时，B公司的合并范围不再包括C公司，使甲公司在吸收合并B公司时所取得的净资产公允价值已经扣除了C

公司的净资产公允价值，这种收购的设计与安排，使甲公司成为 A 公司收购 B 公司的通道，A 公司在形式上以实际价格 23 亿元收购 B 公司、以名义价格收购 C 公司，而实质上，A 公司以付出实际价格 23 亿元为代价，获得了 C 公司的 100% 股权。当清算甲公司时，A 公司将其对甲公司的投资转记为对 C 公司的投资。

因为对纽交所上市公司 B 公司的私有化成本就是买入国内经营实体 C 公司的成本，因而将 A 公司对甲公司的投资成本转作 A 公司对 C 公司的投资成本。这样，充分反映了经济业务的实质。

借：长期股权投资——C 公司　　23 亿元

　　贷：长期股权投资——甲公司　　23 亿元

假设本案例中 A 公司的收购总价款大于购买日 B 公司可辨认净资产（包含 C 公司可辨认净资产的公允价值）的公允价值，从 A 公司合并报表层面看，由于 A 公司收购 B 公司和 C 公司属于一揽子交易，A 公司应从整个交易角度来确认商誉，即 A 公司实际发生的交易合并总成本（境外支付 23 亿元加上境内支付 1 万元之和）与收购对象的可辨认净资产公允价值［B 公司可辨认净资产（包含 C 公司可辨认净资产公允价值）］的差额确认为商誉，而不是将交易分割为甲公司收购 B 公司，A 公司收购 C 公司来分别确认商誉。

值得注意的是，在本案例中，上述会计处理的前提是 A 公司收购 B 公司为非同一控制下的企业合并。假设 A 公司与 B 公司在合并前后均受同一最终方控制且该控制是非暂时性的，则 A 公司收购 B 公司属于同一控制下的企业合并，A 公司对长期股权投资的核算应按照同一控制下的企业合并进行处理。

案例 1－07
附有业绩补偿条款的股权投资业务的会计处理

通常私募基金公司通过私募形式对非上市企业进行权益性投资，投资后提供管理或服务实现增值，最终通过上市、并购等实现退出，其目的是获取比债权投资高出几倍甚至几十倍的投资回报。这类投资协议往往附有业绩和补偿条款，在被投资方业绩不达标的情况下投资方可以获得一定的保底收益，同时在不满足协议约定的条件下还可以要求被投资方的实际控制人回购其全部或部分股权。从持有人的角度，实务中对这类附有业绩补偿条款的投资业务性质的理解及相关会计处理存在分歧。

一、案例背景

甲方是私募基金公司，2×18 年 1 月对乙方进行增资，增资金额为12,000 万元，甲方增资后，对乙方投资比例为 20%（假设甲方对乙方具有重大影响），丙方为乙方的实际控制人。投资协议约定，丙方承诺，乙方2×18年实现净利润 4,000 万元，2×19 年和 2×20 年两年实现净利润之和达到 12,000 万元，并且 2×19 年和 2×20 年任一年实现的净利润不低于上一年度。如果任一年度业绩未达到承诺水平，甲方可要求丙方以自有资金对甲方予以现金补偿，具体补偿条款如下：

1. 如果乙方 2×18 年净利润不足 4,000 万元，则丙方应当按如下公式进行现金补偿：

业绩补偿金额 = 投资款 12,000 万元 ×（4,000 万元 − 2×18 年实际净利润）÷4,000 万元

2. 如果乙方 2×19 年和 2×20 年净利润之和不足 12,000 万元，则按如下公式进行现金补偿：

业绩补偿金额 = 12,000 万元 − 2×19 年和 2×20 年实际净利润之和

3. 如果乙方 2×19 年和 2×20 年任一年实现的净利润低于上一年度，则按如下公式进行现金补偿：

业绩补偿金额 = 投资款 12,000 万元 ×（考核年度上一年度实现净利润 − 考核年度实际净利润）÷考核年度上一年实现净利润

投资协议同时约定，如果乙方 2×20 年 12 月 31 日前未提交发行上市申报材料并获受理，或者乙方 2×21 年 12 月 31 日前没有完成挂牌上市，则甲方有权选择在上述任何一种情况出现后要求丙方受让甲方持有的全部或部分乙方股权，受让价格基于 10% 的投资回报计算，具体计算如下：

受让价款 = ［12,000 万元 ×（1 + n × 10%）− 购买日前甲方已分得的现金红利 − 甲方已经获得业绩补偿款］× 甲方要求丙方受让的乙方股份数量 ÷ 甲方通过本次增资取得的乙方股份数量（n = 3 或 4 年）

假设甲方不是投资性主体。

问题：

（1）甲方对乙方的投资应如何进行会计处理？

（2）当乙方业绩未达标时，甲方收到丙方支付的补偿款如何进行会计处理？

二、会计准则及相关规定

《企业会计准则第2号——长期股权投资》（2014年修订）第三条规定：“……（二）风险投资机构、共同基金以及类似主体持有的、在初始确认时按照《企业会计准则第22号——金融工具确认和计量》的规定以公允价值计量且其变动计入当期损益的金融资产，投资性主体对不纳入合并财务报表的子公司的权益性投资，以及本准则未予规范的其他权益性投资，适用《企业会计准则第22号——金融工具确认和计量》。”

《企业会计准则第2号——长期股权投资（应用指南）》（2014年修订）关于或有对价的规定指出：“（1）同一控制下企业合并形成的长期股权投资的或有对价。同一控制下企业合并方式形成的长期股权投资，初始投资时，应按照《企业会计准则第13号——或有事项》（以下简称或有事项准则）的规定，判断是否应就或有对价确认预计负债或者确认资产，以及应确认的金额；确认预计负债或资产的，该预计负债或资产金额与后续或有对价结算金额的差额不影响当期损益，而应当调整资本公积（资本溢价或股本溢价），资本公积（资本溢价或股本溢价）不足冲减的，调整留存收益。（2）非同一控制下企业合并形成的长期股权投资的或有对价，参照企业合并准则的有关规定进行会计处理。”

《企业会计准则第22号——金融工具确认和计量》（2017年修订）第十九条和第二十一规定：“……企业在非同一控制下的企业合并中确认的或有对价构成金融资产的，该金融资产应当分类为以公允价值计量且其变动计入当期损益的金融资产，不得指定为以公允价值计量且其变动计入其他综合收益的金融资产。……在非同一控制下的企业合并中，企业作为购买方确认的或有对价形成金融负债的，该金融负债应当按照以公允价值计量且其变动计入当期损益进行会计处理。”

《企业会计准则第22号——金融工具确认和计量》（2017年修订）第二十三条规定：“……衍生工具如果附属于一项金融工具但根据合同规定可以

独立于该金融工具进行转让，或者具有与该金融工具不同的交易对手方，则该衍生工具不是嵌入衍生工具，应当作为一项单独存在的衍生工具处理。”

三、案例解析

本案例投资协议涉及甲方（持有方）、乙方（发行方）及丙方（实际控制人），根据投资协议条款，该协议可以理解为甲方与乙方之间的投资协议及甲方和丙方之间的业绩补偿及股份回购协议。具体分析如下：

（一）判断甲方与乙方之间的投资是否是权益性投资

本案例中甲方根据补偿条款在乙方业绩不达标时可以获得一定的现金补偿，并且在乙方不能在规定时间内完成上市的条件下可以要求丙方回购其全部或部分股权。值得注意的是，本案例中的现金补偿和股份回购合同是甲方和丙方双方之间的协议，承担现金支付和回购义务的是实际控制人丙方而不是发行方乙方，甲方和乙方之间的投资协议就是常规的普通股权投资协议，甲方对乙方的投资属于权益性投资。

（二）股权投资及业绩补偿的会计处理

1. 将股权投资直接指定为以公允价值计量且其变动计入当期损益的金融资产。根据《企业会计准则第 2 号——长期股权投资》（2014 年修订）第三条相关规定，风险投资机构这类主体持有的对联营企业或合营企业的股权投资可在初始确认时直接指定为以公允价值计量且其变动计入当期损益的金融资产。

2. 没有直接指定为以公允价值计量且其变动计入当期损益的金融资产。如果甲方没有将该类股权投资直接指定为以公允价值计量且其变动计入当期损益的金融资产，则甲方应根据《企业会计准则第 2 号——长期股权投资》（2014 年修订）的相关规定进行会计处理。本案例中甲方对乙方具有重大影响，因此甲方对乙方的投资应作为对联营企业投资，按权益法核算。

丙方对甲方的业绩补偿是源于甲方向乙方增资，涉及股权交易，可以参考《企业会计准则第 2 号——长期股权投资（应用指南）》（2014 年修订）中关于非同一控制下企业合并形成的长期股权投资的或有对价的相关规定。根据企业合并准则和金融工具准则的相关规定，甲方应收丙方的业绩补偿款是现金补偿，属于一项金融资产，并且其在特定日期产生的现金流量并非仅为本金和利息的支付，因此应当分类为以公允价值计量且其变动计入当期损益的金融资产。

当甲方对该投资按长期股权投资核算时，如果乙方的业绩未达标，很可能表明该长期股权投资存在减值迹象，甲方应在资产负债表日按照《企业会计准则第 8 号——资产减值》的相关规定对长期股权投资进行减值测试，根据测试结果进行相关的会计处理。

（三）丙方对甲方的回购承诺的会计处理

根据协议规定，在一定条件下甲方可按照约定的公式计算的价款向丙方出售相关股权，是一个典型的卖出期权（Put Option），应将其作为一项衍生金融工具，并以公允价值计量且变动计入当期损益。

案例 1－08
参与影视项目投资的会计处理

一、案例背景

A 公司为一家上市公司的子公司，主业为影视制作。A 公司与境外以电影制作、发行等为主营业务的 B 公司签署“多片投资协议”，依据该协议，A 公司以 200 万美元的价格认购 B 公司 25% 的无表决权股份，获得可对 B 公司每年度制作的影片选择几部进行投资的权利。A 公司根据约定分享和承担所参与投资影片的收益和风险，但 A 公司不参与 B 公司分红，也不具有对 B 公司剩余财产的分配权。A 公司选择终止与 B 公司合作时可以等额退出或转让。A 公司如果决定投资某部影片，则应按 25% 的投资比例负责投入该影片制作或购买净制作投资成本，影片制作或购买的决策权在 B 公司，当合作影片的素材、导演、主演等发生重大变化时，B 公司应通知 A 公司，A 公司有权免除出资义务并发出撤销合作通知，如果 A 公司行使该权利，则 B 公司应返回 A 公司已出资的款项。B 公司若放弃双方拟合作的影片，或者该制作完成后未满足双方约定的院线上映要求，则 B 公司应向 A 公司返回其已出资的款项。合作影片的版权和衍生作品权利完全归 B 公司所有，合作影片的发行权也由 B 公司控制。A 公司在按投资比例充分、及时履行出资义务后，则获得该部合作影片的利润分成权。合作影片的毛收入先行支付B公司发行代理费、第三方义务和其他发行费用，余额再按双方的投资比例进行分配。

问题：A公司认购B公司无表决权股份时如何进行会计处理，A公司和B公司后续合作影片的投资及分得的利润如何核算？

二、会计准则及相关规定

《企业会计准则第22号——金融工具确认和计量》（2017年修订）第十六条规定："企业应当根据其管理金融资产的业务模式和金融资产的合同现金流量特征，将金融资产划分为以下三类：（一）以摊余成本计量的金融资产。（二）以公允价值计量且其变动计入其他综合收益的金融资产。（三）以公允价值计量且其变动计入当期损益的金融资产。"

《企业会计准则第22号——金融工具确认和计量》（2017年修订）第十七条规定："金融资产同时符合下列条件的，应当分类为以摊余成本计量的金融资产：（一）企业管理该金融资产的业务模式是以收取合同现金流量为目标。（二）该金融资产的合同条款规定，在特定日期产生的现金流量，仅为对本金和以未偿付本金金额为基础的利息的支付。"

《企业会计准则第22号——金融工具确认和计量》（2017年修订）第十八条规定："金融资产同时符合下列条件的，应当分类为以公允价值计量且其变动计入其他综合收益的金融资产：（一）企业管理该金融资产的业务模式既以收取合同现金流量为目标又以出售该金融资产为目标。（二）该金融资产的合同条款规定，在特定日期产生的现金流量，仅为对本金和以未偿付本金金额为基础的利息的支付。"

《企业会计准则第22号——金融工具确认和计量》（2017年修订）第十九条规定："按照本准则第十七条分类为以摊余成本计量的金融资产和按照本准则第十八条分类为以公允价值计量且其变动计入其他综合收益的金融资产之外的金融资产，企业应当将其分类为以公允价值计量且其变动计入当期损益的金融资产。"

《企业会计准则第6号——无形资产》第三条规定："无形资产，是指企业拥有或者控制的没有实物形态的可辨认非货币性资产。

资产满足下列条件之一的，符合无形资产定义中的可辨认性标准：

（一）能够从企业中分离或者划分出来，并能单独或者与相关合同、资产或负债一起，用于出售、转移、授予许可、租赁或者交换。

（二）源自合同性权利或其他法定权利，无论这些权利是否可以从企业或其他权利和义务中转移或者分离。"

《企业会计准则第 1 号——存货》第三条规定："存货，是指企业在日常活动中持有以备出售的产成品或商品、处在生产过程中的在产品、在生产过程或提供劳务过程中耗用的材料和物料等。"

三、案例解析

（一）对 A 公司认购 B 公司 25% 的无表决权股份所支付的认购价款的会计处理分析

在本案例中，对 A 公司认购 B 公司 25% 的无表决权股份，由于 A 公司仅获得了对 B 公司每年度制作的影片选择几部进行投资的权利，不能从 B 公司获得投资收益或实现资本增值（不参与分红也不具有对剩余财产的分配权），因此 A 公司认购 B 公司无表决权股份所支付的认购价款 200 万美元不确认为权益性投资，而将其作为一项后续投资的权利确认为使用寿命不确定的无形资产，在后续计量期间不进行摊销，在期末进行减值测试。但是，如果初始投资的 200 万美元，具有参与 B 公司分红以及对剩余财产分配的权利，由于 A 公司并不参与对影片制作或购买的管理与重大决策，不能共同控制或重大影响影片制作，因此应将该初始投资作为一项金融资产，根据《企业会计准则第 22 号——金融工具确认和计量》核算。

（二）对 A 公司参与 B 公司的影片拍摄所支付的投资款的会计处理分析

对于后续特定影片支付 25% 的投资款的会计处理，存在三种不同观点：

观点一认为，A 公司在按投资比例充分、及时履行出资义务后，获得了该部合作影片的利润分享权，且由于 A 公司仅"按 25% 的投资比例负责投入影片制作或购买净制作投资成本，影片制作或购买的决策权在 B 公司，合作影片的版权和衍生作品权利完全归 B 公司所有，合作影片的发行权也由 B 公司控制"，A 公司并不参与影片制作或购买的管理与经营决策，也不享有合作影片的版权和衍生作品权利，属于一项金融资产，由于 A 公司是按未来收益的固定比例分成，可收回的金额不确定，无法满足收取本金和利息的合同现金流特征，因此应当分类为以公允价值计量且其变动计入当期损益的金融资产。

观点二认为，A公司在按投资比例充分、及时履行出资义务后，获得了该部合作影片的利润分享权，该利润分享权所引致的未来利润分成的现金流具有不确定性，本质上更类似于一项特定资产的收益权，且具有可辨认性，符合无形资产的定义，可将其确认为无形资产，并在未来受益期间选择系统合理的方法进行摊销。

观点三认为，尽管A公司在合作项目中分享的只是收益权，并且影片制作、购买和发行的决策权都是在B公司，但在实际商业操作中，A公司也会根据自身的资源情况实际参与项目的制作、购买或者发行环节，与其自行开发的影视剧项目在商业本质上并没有不同，只是参与程度不同而已，而不管是自行主导开发影视作品或是参与同行业企业主导开发的影视产品均是A公司作为影视制作公司的日常活动之一，因此A公司可将参与投资的影视作品作为存货核算。

案例1－09
股权交易中过渡期间损益安排的会计处理

一、案例背景

2×12年A上市公司进行重大资产重组，向B集团发行股份购买其持有的数个子公司股权（以下简称标的资产）。标的资产的资产和收入规模均远远大于A上市公司的规模。重组完成后，A公司实际控制人由C公司变更为B集团。

重组方案中约定：标的资产过渡期即评估基准日（2×12年3月31日）至审计交割日（2×12年12月31日）产生的损益由B集团享有，而A公司过渡期损益由C公司享有，以向原股东作出特别股利分配方式予以支付。因截至2×12年3月31日，A公司累积未弥补亏损金额较大，过渡期间的收益完全弥补亏损的可能性较小，达不到利润分配条件，将A公司过渡期间收益以利润分配的方式支付给原股东C公司不具有可行性。2×12年10月B

集团和 C 公司就标的资产和 A 公司过渡期间损益重新约定如下：本次交易完成后，B 集团不享有 A 公司过渡期损益。同时，若 A 公司过渡期净资产增加额超过重组标的资产的净资产增加额，B 集团应以现金向 A 公司补偿该差额；反之，则由 A 公司以现金向 B 集团补偿。

最终对比的结果是，B 集团应以现金向 A 公司补偿差额。

问题：A 公司在个别报表和合并报表中如何对过渡期损益进行会计处理？

二、案例解析

在并购交易中，交易双方一般会以被购买方净资产的基准日评估值为基础，考虑基准日到购买日期间（即"过渡期"）的净资产变动的影响，确定以基准日净资产评估值为基础的购买日净资产价值。因而，并购双方关于评估基准日至股权转让完成之日损益（即"过渡期损益"）的归属约定，为双方根据过渡期净资产变化对交易定价的一项调整，一般应当作为合并成本的一部分进行考虑。

在本案例中，上市公司进行重大资产重组，向 B 集团发行股份购买标的资产，交易导致其实际控制人变更为 B 集团，且 A 公司在重组前后均存在业务，该项交易构成反向购买。

关于重组方案中的过渡期损益安排，变更前，约定标的资产（即法律上的子公司，会计上的购买方）过渡期间损益由资产出售方享有和承担，上市公司（即法律上的母公司，会计上的被购买方）过渡期间收益由交易前的股东享有；而变更后，过渡期损益安排结算方式修改为以 A 上市公司和标的资产于过渡期间的净资产变动的差额进行结算，但是结算双方为 A 公司与 B 集团。

对于最终的过渡期损益安排的会计处理，存在以下两种不同的观点：

一种观点认为，背景信息中提到，变更后的补偿是为了弥补上市公司不能以利润分配方式将过渡期收益分配给上市公司原股东而进行，所以从商业逻辑上，补偿应直接向上市公司原股东支付，而最后补偿支付给了上市公司，可以认为是上市公司原股东将应收到的补偿给予了上市公司，即股东捐赠，因此在个别报表层面和合并报表层面均作为权益性交易计入资本公积。

另一种观点认为，本次重组构成反向购买，从 A 公司个别报表层面，B

集团支付给 A 公司的补偿，是 A 公司发行股份从 B 集团购买标的资产的交易对价的一部分，因此将会影响初始确认的对标的资产的长期股权投资的成本。从 A 公司合并报表层面而言，B 集团支付给 A 公司的补偿，是并购时的交易对价的一部分，应作为企业合并成本的一部分考虑，从而影响购买日的商誉。

案例 1-10
无偿占有上市公司出资份额的会计处理

一、案例背景

B 公司具有视频电商的行业经验和特别资质，是国内 7 家具有 OTT 牌照的公司之一、14 家具有 IPTV 牌照的公司之一，并且具备优质的内容和渠道资源。A 上市公司与 B 公司合作，共同设立一家视频电商公司 C。投资协议约定：A 公司承担 C 公司的全部货币出资 5,000 万元，占 C 公司 80% 的股权，对 C 公司具有控制权；B 公司无偿占有 C 公司 20% 的股权，并派驻 3 名董事的其中一名；C 公司利用 B 公司的牌照开展业务，并按市场公允价格向 B 公司支付牌照许可费。

问题：

（1）A 上市公司在合并报表中投资成本 5,000 万元与所占份额 4,000 万元的差额 1,000 万元如何进行会计处理？

（2）B 公司无偿取得 C 公司 20% 的股权应当如何核算？

二、会计准则及相关规定

《企业会计准则第 33 号——合并财务报表》（2014 年修订）第四十九条规定："母公司在不丧失控制权的情况下部分处置对子公司的长期股权投资，在合并财务报表中，处置价款与处置长期股权投资相对应享有子公司自购买日或合并日开始持续计算的净资产份额之间的差额，应当调整资本公积（资本溢价或股本溢价)，资本公积不足冲减的，调整留存收益。”

《企业会计准则第 6 号——无形资产》第三条规定：“无形资产，是指企业拥有或者控制的没有实物形态的可辨认非货币性资产。资产满足下列条件之一的，符合无形资产定义中的可辨认性标准：(一) 能够从企业中分离或者划分出来，并能单独或者与相关合同、资产或负债一起，用于出售、转移、授予许可、租赁或者交换。(二) 源自合同性权利或其他法定权利，无论这些权利是否可以从企业或其他权利和义务中转移或者分离。”

《企业会计准则第 6 号——无形资产》第四条规定：“无形资产同时满足下列条件的，才能予以确认：(一) 与该无形资产有关的经济利益很可能流入企业；(二) 该无形资产的成本能够可靠地计量。”

《企业会计准则第 11 号——股份支付》第二条规定：“股份支付，是指企业为获取职工和其他方提供服务而授予权益工具或者承担以权益工具为基础确定的负债的交易。”

《企业会计准则第 2 号——长期股权投资》(2014 年修订) 第十条规定：“长期股权投资的初始投资成本大于投资时应享有被投资单位可辨认净资产公允价值份额的，不调整长期股权投资的初始投资成本；长期股权投资的初始投资成本小于投资时应享有被投资单位可辨认净资产公允价值份额的，其差额应当计入当期损益，同时调整长期股权投资的成本。被投资单位可辨认净资产的公允价值，应当比照《企业会计准则第 20 号——企业合并》的有关规定确定。”

三、案例解析

实务中对于该差额的会计处理存在以下不同观点：

观点一认为，C 公司是利用 B 公司的牌照开展业务，因此 C 公司能够利用 B 公司积累的行业经验和资源，实质上相当于 B 公司是以无形的资源入股，是 C 公司未确认入账的无形资产，A 上市公司编制合并报表时增加 C 公司的无形资产和少数股东权益，合并抵销 A 公司的投资与占有 C 公司权益份额。

观点二认为，A 公司出资超过所占 C 公司份额部分应确认为商誉，因为 C 公司不同于其他新设公司，其能够获得 B 公司的支持，因此 C 公司自设立之初即更具发展前景。

观点三认为，此笔交易相当于 A 公司无偿赠送 20% 股权给少数股东 B

公司，按照不丧失控制权情况下以零对价出售少数股权处理，在合并财务报表中冲减资本公积。

观点四认为，这属于向合作伙伴提供的股份支付，应参考股份支付准则的相关规定确认股份支付费用。

根据企业会计准则的要求逐一分析上述观点：

观点二，商誉的确认源于非同一控制下的企业合并会计处理要求。新设公司 C 全部以货币出资，在设立日并不构成业务，因此 A 公司取得 C 公司的长期股权投资并不属于非同一控制下企业合并，确认商誉缺乏依据。

观点三，尽管 C 公司使用 B 公司的牌照会按市场公允价格支付许可费，但是考虑到 B 公司所具有的业务牌照是稀缺性资源，并且 B 公司作为 C 公司的股东，C 公司可能还会利用 B 公司的行业经验等开展业务，而这些没能反映在牌照许可费上，因此 A 公司并非无偿赠送股权给 B 公司，引入 B 公司的目的是为获取对方的服务或资源，不符合权益性交易的定义，该差额不应计入资本公积。

观点一及观点四：如上述观点三所讨论，A 公司向 B 公司零对价转让股份并不属于权益性交易，其商业目的是为了获取对方的服务或资源。对于换取的资源，A 公司首先要判断是否满足资产的定义和确认条件，例如 A 公司获取的 C 公司在未来运营中能够借助和使用 B 公司的行业经验和渠道资源，A 公司需要根据合同条款具体约定来判断，这些行业经验和渠道资源是否满足无形资产的定义所要求的“能够从企业中分离或者划分出来，并能单独或者与相关合同、资产或负债一起，用于出售、转移、授予许可、租赁或者交换”或者是“源自合同性权利或其他法定权利”。如果满足无形资产定义，A 公司应当将该差额确认为无形资产。如果让渡股份是为了作为对方已提供服务的补偿，A 公司应于取得服务时计入当期损益或资本化为相关资产；如果是为了换取对方在后续期间提供服务，若合同条款对授予对象和服务的约定明确，符合股份支付准则的适用条件，应将其作为股份支付处理。如果上述几类都不符合，则应将让渡股份确认为费用，直接计入当期损益。

B 公司对于无偿占有 C 公司的 20% 股份，由于合同协议中对于该部分股份的权利并没有作出任何限制，属于普通股性质的股份，B 公司需首先分析所持的该部分股权投资是否属于长期股权投资准则的适用范围。由于 B 公司所持比例为 20%，并且 B 公司能够向 C 公司派出一名董事，在没有其他相反证据的情况下，B 公司所持 C 公司的股权投资属于具有重大影响的长期股权投资，应当按照权益法进行核算。由于B公司是无偿取得的该股权投资，初始投资成本为零，按照权益法核算的要求，初始投资成本小于投资时应享有被投资单位可辨认净资产公允价值份额的差额视同负商誉，调整长期股权投资成本的同时确认当期损益。如果B公司所持C公司股权不具有重大影响，则属于一项金融资产，应当按照金融工具准则的要求，按照公允价值进行初始确认。

案例1-11
房产土地未过户是否影响股权转让收益的确认

一、案例背景

2×17年11月，A上市公司发布公告称，拟将其全资子公司C公司的100%股权转让给B集团公司，B集团公司在公告日前12个月内曾为A公司控股股东，且A公司现任2名董事在B集团公司担任董事和高管人员，因此此次股权转让构成关联交易。

具体操作方式为：A上市公司于2×17年10月设立全资子公司C，并将与生产相关的资产负债（核心资产系土地、房产，但土地房产仍在A公司名下，未过户至C公司）划拨到C公司，同时转让C公司股权给原控股股东B集团公司，该交易事项已经中介机构审计评估并公告。A上市公司划拨资产到C公司时按照账面价值记录，未确认相关收益。转让C公司股权时，由于核心资产（房产土地）增值较大（评估机构采用资产基础法进行评估，净资产增值约5,400万元，其中：房屋建筑物增值约2,700万元，土地使用权增值约3,100万元），A公司2×17年报确认股权转让收益5,500万元。

截至2×17年末，股权转让涉及的协议已经股东大会批准，工商登记已完成变更，股权转让款已收到，但截至2×17年度财务报告报出日，上述土地房产过户手续尚未办理完成，产权人仍为A公司。

问题：作为主要资产的房产土地在未过户的情况下，A公司向B集团转让C公司的股权是否实质完成，能否在2×17年度确认股权转让收益？

二、会计准则及相关规定

《企业会计准则第20号——企业合并（应用指南）》第二条对“合并日”作出规定：“同时满足下列条件的，通常可认为实现了控制权的转移：（一）企业合并合同或协议已获股东大会等通过。（二）企业合并事项需要经过国家有关主管部门审批的，已获得批准。（三）参与合并各方已办理了必要的财产权转移手续。（四）合并方或购买方已支付了合并价款的大部分（一般应超过50%），并且有能力、有计划支付剩余款项。（五）合并方或购买方实际上已经控制了被合并方或被购买方的财务和经营政策，并享有相应的利益、承担相应的风险。”

《企业会计准则第14号——收入（应用指南）》（2018年修订）规定：“企业处置固定资产、无形资产等，在确定处置时点以及计量处置损益时，按照本准则的有关规定进行处理。”

《企业会计准则第14号——收入》（2017年修订）第十三条规定：“对于在某一时点履行的履约义务，企业应当在客户取得相关商品控制权时点确认收入。在判断客户是否已取得商品控制权时，企业应当考虑下列迹象：

（一）企业就该商品享有现时收款权利，即客户就该商品负有现时付款义务。

（二）企业已将该商品的法定所有权转移给客户，即客户已拥有该商品的法定所有权。

（三）企业已将该商品实物转移给客户，即客户已实物占有该商品。

（四）企业已将该商品所有权上的主要风险和报酬转移给客户，即客户已取得该商品所有权上的主要风险和报酬。

（五）客户已接受该商品。

（六）其他表明客户已取得商品控制权的迹象。”

《中华人民共和国物权法》第十四条规定：“不动产物权的设立、变更、转让和消灭，依照法律规定应当登记的，自记载于不动产登记簿时发生效力。”

《中华人民共和国物权法》第十五条规定：“当事人之间订立有关设立、变更、转让和消灭不动产物权的合同，除法律另有规定或者合同另有约定外，自合同成立时生效；未办理物权登记的，不影响合同效力。”

三、案例解析

上述案例包含两份协议，设立 C 公司时的资产划拨协议和对 C 公司的股权转让协议。子公司股权转让时点是丧失对原子公司控制权的时点，须依据《企业会计准则第 33 号——合并财务报表》的有关要求进行判断，实务中通常会结合企业合并准则对合并日的规定进行判断，背景资料介绍截至 2×17年年末，股权转让涉及的协议已经股东大会批准、工商登记已变更、股权转让款已收到，即合并日判断的条件中前四个条件都已经满足，企业还应该结合股权转让协议对双方权利义务的具体约定判断是否满足条件五“合并方或购买方实际上已经控制了被合并方或被购买方的财务和经营政策，并享有相应的利益、承担相应的风险”，即 B 集团是否取得了对 C 公司的控制，而 A 公司是否丧失了对 C 公司的控制。假定条件五也满足，则主要资产（房产、土地）尚未自 A 公司过户至 C 公司这点，是否会影响股权转让时点的判断，首先要考虑的是尚未过户是否影响 C 公司对于这些划拨资产的确认时点。

A 公司把资产（主要是土地和房产）划拨至 C 公司，根据企业会计准则的规定，C 公司确认资产以及 A 公司终止确认资产的重要依据是对资产的控制是否发生了转移。土地和房产属于不动产，根据《中华人民共和国物权法》规定，一般来说，不动产需要登记过户才能享有相关权益，但是若交易双方通过合同对标的资产转移做了明确约定，物权法也认可其权利的存在，《中华人民共和国物权法》第十五条明确合同效力不受未办理物权登记的影响。根据收入准则的要求，对于固定资产和无形资产的处置，相关控制的判断应当参考商品控制权转移的判断原则，即收入准则第十三条的规定。在商品控制权判断原则中，商品法定所有权的转移只是其中一个条件。实务中不能仅凭是否过户来认定控制权是否转移。在控制权判断的其他条件满足的情况下，对于尚未过户这一条，须进一步考虑交易双方在合同中对资产控制权所作的相关约定，房产未过户的原因，以及后续过户是否存在实质障碍等因素，来综合判断该笔交易是否已完成。

在本案例中，若合同已明确约定在某个时点与房产、土地相关的风险与报酬已转移，房产土地的实质性权利已从上市公司转让给 C 公司，且后续过户不存在实质性障碍，所需只是办理时间问题，则尚未过户并不影响 C 公司确认相关资产，也不影响 A 公司在 2×17 年确认 C 公司股权转让的收益。

案例 1-12
上市公司自联营企业（并购基金）购买资产的会计处理

一、案例背景

A 上市公司于 2×17 年 6 月以现金 11 亿元收购 B 股权投资基金（有限合伙）（以下简称 B 合伙企业）和林某持有的 C 有限公司（以下简称 C 公司）100% 的股权。A 公司是 B 合伙企业的有限合伙人，出资成本为 1.2 亿元，在 B 合伙企业中持股比例为 30%，A 公司对 B 合伙企业具有重大影响，作为联营企业投资核算。B 合伙企业最初以 4.1 亿元的整体估值受让 C 公司 70.59% 的股权，此次以 7.76 亿元对价出售给 A 上市公司，获得收益 3.66 亿元。B 合伙企业在完成此项交易后进行了清算分配，于 2×17 年 6 月将收到的处置款按照合伙协议约定分配给 A 上市公司 2.3 亿元，A 上市公司作为 B 合伙企业的有限合伙人出资成本 1.2 亿元，确认的收益为 1.1 亿元，分配完成后 B 合伙企业不再存续。

在 2×17 年年报编制过程中，A 公司考虑到自联营企业 B 合伙企业获取的分配收益 1.1 亿元，全部源于 A 公司自身支付的 C 公司股权收购款，故认为 B 合伙企业的相应投资收益并未实际实现。根据长期股权投资准则的相关规定，投资方对合营或联营企业内部交易未实现利润不应确认长期股权投资收益，应减少长期股权投资成本。A 公司个别报表的具体会计处理方式如下：

1. 支付股权收购对价 11 亿元，确认投资成本。

借：长期股权投资——C 公司　　11 亿元

　　贷：银行存款　　11 亿元

2. 收到 B 合伙企业清算分配款项，不确认投资收益，冲减投资成本。

借：银行存款　　2.3 亿元

　　贷：长期股权投资——B 合伙企业　　1.2 亿元

　　　　长期股权投资——C 公司　　1.1 亿元

A 公司的合并报表处理，根据“商誉＝投资成本－可辨认净资产公允价值”公式得知，在标的公司可辨认资产公允价值不变的情况，投资成本减少，商誉相应减少，因此在不确认联营企业的投资收益情况下，冲减投资成本 1.1 亿元，商誉同样冲减 1.1 亿元。

问题：A 公司的会计处理是否恰当？

二、会计准则及相关规定

《企业会计准则第 2 号——长期股权投资》（2014 年修订）第十三条规定：“投资方计算确认应享有或应分担被投资单位的净损益时，与联营企业、合营企业之间发生的未实现内部交易损益按照应享有的比例计算归属于投资方的部分，应当予以抵销，在此基础上确认投资收益。”

《企业会计准则第 2 号——长期股权投资（应用指南）》（2014 年修订）补充规定：“对于投资方或纳入投资方合并财务报表范围的子公司与其联营企业及合营企业之间发生的未实现内部交易损益应予抵销。……应当注意的是，投资方与联营、合营企业之间发生投出或出售资产的交易，该资产构成业务的，应当按照《企业会计准则第 20 号——企业合并》《企业会计准则第 33 号——合并财务报表》的有关规定进行会计处理。有关会计处理如下：

①联营、合营企业向投资方出售业务的，投资方应按《企业会计准则第 20 号——企业合并》的规定进行会计处理。投资方应全额确认与交易相关的利得或损失。

②投资方向联营、合营企业投出业务，投资方因此取得长期股权投资但未取得控制权的，应以投出业务的公允价值作为新增长期股权投资的初始投资资本，初始投资成本与投出业务的账面价值之差，全额计入当期损益。投资方向联营、合营企业出售业务，取得的对价与业务的账面价值之间的差额，全额计入当期损益……

投出或出售的资产不构成业务的，应当分别顺流交易和逆流交易进行会计处理。顺流交易是指投资方向其联营企业或合营企业投出或出售资产。逆流交易是指联营企业或合营企业向投资方出售资产。未实现内部交易损益体现在投资方或其联营企业、合营企业持有的资产账面价值中的，在计算确认投资损益时应予抵销。”

《企业会计准则第 20 号——企业合并（应用指南）》指出：“业务是指企业内部某些生产经营活动或资产的组合，该组合一般具有投入、加工处理过程和产出能力，能够独立计算其成本费用或所产生的收入。”

《企业会计准则解释第 13 号》对于构成业务的判断条件有进一步补充：“合并方在合并中取得的组合应当至少同时具有一项投入和一项实质性加工处理过程，且二者相结合对产出能力有显著贡献，该组合才构成业务……该组合在合并日有产出的，满足下列条件之一的加工处理过程应判断为是实质性的：（1）该加工处理过程对持续产出至关重要，且具备执行该过程所需技能、知识或经验的有组织的员工；（2）该加工处理过程对产出能力有显著贡献，且该过程是独有、稀缺或难以取代的。企业在判断组合是否构成业务时，应当从市场参与者角度考虑可以将其作为业务进行管理和经营，而不是根据合并方的管理意图或被合并方的经营历史来判断。”

《国际财务报告准则第 3 号——业务合并》2018 年修订后新增多个业务判断的示例。其中，示例 A 房地产收购之情形 3 的背景和应用分析如下：

“情形 3——背景

IE83 假设其他情况与情形 2 相同，不同的是所取得的一组活动和资产，还包括负责租赁、租户管理，以及管理和监督整个运营过程的员工。

情形 3——应用分析

IE84 购买方未选择采用第 B7B 段所述的集中度测试，从而需要根据第 B8 - B12D 段，评价该组合是否满足被认定为业务的最低要求。

IE85 该组活动和资产具有产出，因为其通过正在租赁产生收入。因此，购买方使用第 B12C 段的条件。

IE86 购买方得出结论认为，满足第 B12C（1）的条件，因为该组合包含了执行实质性过程（即租赁、租户管理，以及管理和监督运营过程）所必要的技能、知识或经验的有组织员工，因为它们对将所取得投入（即土地、建筑物和正在租赁）应用于持续产生产出的能力至关重要。此外，购买方得出结论，满足第 B8 段的条件，因为这些实质性过程和投入共同对创造产出的能力具有重大贡献。因此，购买方得出结论，所取得的一组活动和资产构成业务。”

《企业会计准则实施问答》问：投资方与其联营企业或合营企业之间发生投出或出售资产交易（构成业务的除外）而产生的未实现内部交易损益，投资方在编制合并财务报表时应如何抵销？

答：按照《企业会计准则第 2 号——长期股权投资》（财会〔2014〕14 号）、《企业会计准则第 33 号——合并财务报表》（财会〔2014〕10 号）等相关规定，对于投资方与其联营企业或合营企业之间发生投出或出售资产交易（构成业务的除外）而产生的未实现内部交易损益中归属于投资方的部分，投资方在编制合并财务报表时，应当在个别财务报表抵销的基础上进行调整。对于投资方向联营企业或合营企业投出或出售资产的顺流交易而产生的未实现内部交易损益中归属于投资方的部分，投资方在编制合并财务报表时，在个别财务报表处理的基础上，应当对有关未实现的收入和成本或资产处置损益等中归属于投资方的部分予以抵销，并相应调整相关投资收益；对于联营企业或合营企业向投资方投出或出售资产的逆流交易而产生的未实现内部交易损益中归属于投资方的部分，投资方在编制合并财务报表时，在个别财务报表处理的基础上，应当对有关资产账面价值中包含的未实现内部交易损益中归属于投资方的部分予以抵销，并相应调整长期股权投资的账面价值。投资方与其联营企业或合营企业之间发生的无论是顺流交易还是逆流交易产生的未实现内部交易损失，其中属于所转让资产发生减值损失的，有关的未实现内部交易损失在合并财务报表中不应予以抵销。

三、案例解析

投资方按权益法核算所享有联营企业净损益时，对于投资方与联营企业之间发生的投出或出售资产所产生的未实现内部交易损益处理原则，长期股权投资准则在 2014 年修订时做了变更，要求对投资方与联营、合营企业之间的未实现内部交易损益抵销仅限于交易标的不满足企业合并准则的业务定义时，如果交易标的满足企业合并准则的业务定义，取得方作为企业合并处理时，出售方应当全额确认交易的利得和损失。这个修订的目的是解决长期以来合并财务报表准则与长期股权投资准则权益法核算之间存在的一个冲突，即当投资方向联营企业投出或者出售一个子公司时，根据长期股权投资权益法核算的要求，投资方向联营企业出售资产，未实现内部交易损益中归属于投资方的部分应当抵销，但是根据合并报表准则的原则，投资方在丧失对子公司控制权时应全额确认处置损益，并不考虑对手方的身份。

在本案例中，A 上市公司首先应判断自并购基金收购标的资产 C 公司 100% 的股权是否构成业务，考虑到案例背景介绍 A 公司在合并报表层面是确认商誉的，因此合理推断很可能满足业务的定义。如果满足业务的定义，根据修订后长期股权投资准则的要求，A 公司应当根据企业合并准则确定所取得标的资产的合并成本，即 11 亿元，作为长期股权投资和商誉的确认基础，不应再对所享有的联营企业投资收益 1.1 亿元做抵销。如果 C 公司不满足业务的定义，则 A 公司自联营企业购买的是装在一项股权形式下的多项资产，在 A 公司的个别报表中会确认为一项长期股权投资，在 A 公司合并报表中会确认为各项具体资产。A 公司所享有联营企业的投资收益 1.1 亿元属于未实现内部交易损益，包含在 A 公司个别层面所持有的对 C 公司的长期股权投资和 A 公司合并层面所持有的各项具体资产中，按照长期股权投资准则，在对 B 公司采用权益法进行核算时应当予以抵销。

【相关案例】

上市公司以资产向联营企业出资的会计处理

（一）案例背景

Z 公司于 2×19 年进行资产处置，以全资子公司 T 公司所持 G 公司 100% 的股权，向 Z 公司的控股股东 Y 公司的全资孙公司 J 公司增资，交易完成后，T 公司持有 J 公司 42% 的股权。G 公司所有者权益账面价值 1.4 亿元，评估值为 7.4 亿元，评估增值 6 亿元，增值率近 430%，评估增值较高是因为 G 公司所持 4 处房产按原始成本进行初始计量，经过多年折旧后，账面价值较低，但随着该房产所在城市房地产市场的上行，房产增值较大。T 公司此次股权转让确认投资收益 6 亿元，扣除所得税，增加 Z 公司 2×19 年净利润 4.5 亿元。

本次划转的 4 处房产均位于国内某一线城市中心区域，位置优越，该城市的房产租赁市场较为成熟，中心区域的房产资源稀缺。T 公司 2×19 年将前述 4 处自持房产划转给 G 公司，G 公司接收 T 公司划转的房产后，转型为自有房产的租赁经营，在此之前，G 公司已无实际业务。T 公司向 G 公司划转相关房产时，将房产租赁合同及负责房产租赁业务的主要员工一并转入 G 公司。Z 公司介绍，该员工负责房产主要经营过程，其在租赁资产管理和客户维护方面具备必要的技能、知识和经验，对出租资产持续产出的能力及租赁收入具有显著贡献。完成租赁资产和相关人员的划拨后，转让G公司的生产经营活动将完整地具备构成业务的三个关键要素即投入、加工处理过程、产出能力，并能够独立计算其成本费用或所产生的收入，具体包括G公司持有构成产出能力的投资性房地产和相关人工，配备了执行实质性经营过程所必要的具有相应技能、知识或经验的员工，这些员工对所取得投入应用于持续产生产出的能力至关重要；根据正在履行的房产出租协议，上述投入和经营过程能够产生稳定租金收入。

因此，Z公司认为此次出售的资产构成业务，也没有取得J公司控制权，将出售业务取得的对价与业务的账面价值之间的差额，全额计入当期损益。

问题：上述业务背景下，出资方全额确认资产处置收益是否恰当？

（二）案例解析

根据《企业会计准则第2号——长期股权投资（应用指南）》（2014年修订），投资方向联营企业投出或出售资产，该资产构成业务的，投资方全额确认处置损益，并不考虑对手方的身份；该资产不构成业务的，投资方只确认部分处置损益，即未实现内部交易损益中归属于投资方的部分需予以抵销。

因此，本案例中，由于投资方Z公司与被投资方J公司同受Y公司控制，首先应当考虑交易定价的公允性。在定价公允、不存在权益性交易的情况下，应进一步分析投资方向联营企业投出G公司的100%股权是否构成业务。如构成业务，则交易利得或损失全额计入当期损益。如不构成业务，则根据长期股权投资权益法核算的要求，投资方向联营企业出售资产，未实现内部交易损益中归属于投资方的部分需予以抵销。

《企业会计准则解释第13号》要求，业务定义要满足“至少同时具有一项投入和一项实质性加工处理过程”。本案例中，G公司的资产包括房产和租赁合同，满足投入的要求，关键在于判断加工处理过程是否具有实质性。由于该组合在购买日属于已经有产出的（履行中的租赁合同），需判断是否满足下列条件之一：

1. 该加工处理过程对持续产出至关重要，且具备执行该过程所需技能、知识或经验的有组织的员工；

2. 该加工处理过程对产出能力有显著贡献，且该过程是独有、稀缺或难以取代的。

本案例中，标的G公司所拥有的就是自T公司划入的房产、履行中的出租合同以及负责房产租赁的主要员工的组合，该情形与2018年修订后的《国际财务报告准则第3号——企业合并》示例A房地产收购之情形3类似。参考2018年修订后的《国际财务报告准则第3号——企业合并》示例A房地产收购之情形3分析，从市场参与者角度考虑，G公司拥有的活动和资产组合中包含了执行加工处理过程（即招租、租户管理、监督租赁运营过程）所必要的技能、知识或经验的有组织的员工，且它们对将所取得投入（即房产和履约中的租赁合同）持续产生产出的能力至关重要，满足上述实质性加工处理过程判断的条件（1）。由于此实质性加工处理过程和投入共同对创造产出的能力具有重大贡献。因此，G公司构成业务。

后续，Z公司将全资子公司T所持有G公司股权，向Z公司控股股东的全资孙公司J公司增资，交易完成后，T公司持有J公司42%股权，未取得控制权。基于前述G公司构成业务的前提下，Z公司在合并报表层面向联营企业投出业务，应按照《企业会计准则第2号——长期股权投资》的相关规定，以投出业务的公允价值作为新增长期股权投资的初始投资成本，初始投资成本与投出业务的账面价值之差，全额计入当期损益。

案例1-13
合营企业的投资，未实缴出资时对已发生亏损的核算

一、案例背景

A上市公司在2×13年度与B公司签订投资协议，共同投资设立C公司，其中A公司拟以实物资产出资4.7亿元，B公司以现金出资4.7亿元，双方各自持股比例及表决权比例均为50%。投资协议未明确规定A公司认缴出资的时间。C公司于2×13年6月成立并开始生产经营，注册资本9.4

亿元，实收资本3亿元，实收资本为B公司以货币资金出资缴付的首期资本金。根据C公司章程约定，利润及权益分享按照实际出资比例分配。2×13～2×16年，A公司均未履行出资义务，在2×13～2×16年度财务报表中A公司均未确认对C公司的损益及权益享有。截至2×16年12月31日，C公司净资产为负6.2亿元。2×17年A公司以实物方式出资3亿元，确认了对C公司的长期股权投资，并同时确认了当期投资损失3亿元，2×17年12月31日A公司对C公司长期股权投资的账面价值为0。截至2×17年12月31日，C公司净资产为负2.9亿元。

问题：A公司的上述会计处理是否恰当？

二、会计准则及相关规定

《企业会计准则第13号——或有事项》第四条规定："与或有事项相关的义务同时满足下列条件的，应当确认为预计负债：（一）该义务是企业承担的现时义务；（二）履行该义务很可能导致经济利益流出企业；（三）该义务的金额能够可靠地计量。"

《中华人民共和国公司法》（2023年修订）第二百一十条规定："……有限责任公司按照股东实缴的出资比例分配利润，全体股东约定不按照出资比例分配利润的除外；股份有限公司按照股东所持有的股份比例分配利润，公司章程另有约定的除外。"

《中华人民共和国公司法》（2023年修订）第四条规定："有限责任公司的股东以其认缴的出资额为限对公司承担责任；股份有限公司的股东，以其认缴的股份为限对公司承担责任。"

三、案例解析

《中华人民共和国公司法》（2023年修订）第二百一十条的规定可以理解为，股东按实缴出资比例分红是基本原则，按认缴比例或其他方式分红是例外，该例外的情形应当有公司章程或投资协议的特别约定支持。倘若股东之间没有关于分红的具体约定且公司章程中也没有规定，那么股东之间的分红应当按实缴比例进行。但是《中华人民共和国公司法》对于亏损的承担，是按实缴比例还是按认缴比例进行没有明确规定。参考《中华人民共和国公司法》第二百一十条例外原则，如果股东之间或者公司章程明确约定亏损按照实缴比例承担，法律也会支持；如果没有任何明确约定，一般法律原则应如何理解是A公司在出现首年亏损时须澄清的问题。如果根据合同条款具体约定或者法律规定，A公司需承担C公司的亏损，则应当在亏损出现的年度确认该义务，不应等到以后年度实缴出资之后再一次性确认。在这种情况下，A公司把以前年度应承担的C公司亏损全部在2×17年确认为当期损益，确认时点不恰当。

在亏损出现年度，A公司确认投资损失的同时应当贷记长期股权投资，还是确认为一项负债，在实务中有不同的观点。有观点认为，应当确认一项负债，因为长期股权投资不应该出现负数，理由是会计准则在规定长期股权投资按权益法核算被投资单位的超额亏损时就是以长期股权投资的账面价值减记至零为限。也有观点认为，对投资亏损的核算也是权益法要求的一部分，相应金额应当计入长期股权投资的账面价值。但会计准则规定的长期股权投资的账面价值减记至零为限针对的是已经出资的长期股权投资，因为股东对公司的超额亏损以出资为限来承担责任。我们倾向于贷方确认为一项负债。

案例1－14
股权转让中购买方承担的各项税费是否计入投资成本

一、案例背景

某企业通过支付现金形式获得另一企业20%的股权，不构成企业合并。转让协议中约定收购方承担本次股权转让方所需缴纳的个人所得税及股权转让有关变更登记的手续费用、公证、审计等各项税费。

问题：上述股权转让中购买方承担的出售方各项税费是否应计入长期股权投资成本？

二、会计准则及相关规定

《企业会计准则第 2 号——长期股权投资》（2014 年修订）第六条规定：“除企业合并形成的长期股权投资以外，其他方式取得的长期股权投资，应当按照下列规定确定其初始投资成本：（一）以支付现金取得的长期股权投资，应当按照实际支付的购买价款作为初始投资成本。初始投资成本包括与取得长期股权投资直接相关的费用、税金及其他必要支出。”

《企业会计准则第 2 号——长期股权投资（应用指南）》（2014 年修订）第 25 页补充解释：“以支付现金取得的长期股权投资，应当按照实际支付的购买价款作为初始投资成本，包括购买过程中支付的手续费等必要支出……”

《企业会计准则第 20 号——企业合并》第八条规定：“合并方为进行企业合并发生的各项直接相关费用，包括为进行企业合并而支付的审计费用、评估费用、法律服务费用等，应当于发生时计入当期损益。”

《企业会计准则讲解（2010）》对合并费用补充说明：“企业专设的购并部门发生的日常管理费用，如果该部门的设置并不是与某项企业合并直接相关，而是企业的一个常设部门，其设置目的是寻找相关的购并机会等，维持该部门日常运转的有关费用，不属于与企业合并直接相关的费用，应当于发生时费用化计入当期损益。”

三、案例解析

根据长期股权投资准则规定，支付现金（企业合并除外）取得的长期股权投资的初始投资成本包括与取得长期股权投资直接相关的费用、税金及其他必要支出。但是对于如何判断何为直接相关的费用，准则缺乏具体的指引。参考企业合并准则对企业合并的直接相关费用判断原则，我们理解直接相关费用判断应重点考虑其是否是购买过程中的必要支出。若费用是因这笔交易产生的增量费用，没有这笔交易，费用不会发生，则可以理解为直接相关的费用。反之，建议直接计入当期损益。但是，如果是企业合并形成的长期股权投资，企业合并所发生的直接相关费用直接计入当期损益。

在本案例中，购买的是联营企业，收购方承担的股权转让方所需缴纳的个人所得税实质上属于股权转让价款的一部分，应该计入长期股权投资成本；购买股权过程中产生的手续费、公证、审计等费用属于本次股权购买的增量费用，不进行这笔交易则费用不会发生，可以将其认定为直接费用计入初始投资成本。

案例 1-15
现行金融工具准则施行后，分步取得重大影响股权投资时，原有股权投资相关的公允价值变动的会计处理

一、案例背景

2×17 年 7 月 1 日，A 上市公司以现金 2,000 万元购入 B 公司的 10% 股权，对 B 公司不具有控制、共同控制或重大影响，将其作为可供出售金融资产核算。

2×19 年 1 月 1 日，A 公司采用了 2017 年修订的《企业会计准则第 22 号——金融工具确认和计量》（以下简称现行金融工具准则），并将持有的 B 公司 10% 股权指定为以公允价值计量且其变动计入其他综合收益的金融资产。

2×19 年 7 月 1 日，A 公司从其他股东处以现金购入 B 公司的 20% 股权（即 A 公司累计持有 B 公司的 30% 股权），对 B 公司具有重大影响并改按权益法核算。A 公司原持有的 B 公司 10% 股权在 2×19 年 7 月 1 日的公允价值为 2,800 万元，累计计入其他综合收益的公允价值变动为 800 万元（即 2,800 - 2,000 = 800）。

问题：在施行现行金融工具准则的情况下，A 公司应如何处理之前持有的 B 公司 10% 股权相关的公允价值变动？

二、会计准则及相关规定

《企业会计准则第 22 号——金融工具确认和计量》（2006 年发布）第三十八条规定：“可供出售金融资产公允价值变动形成的利得或损失，除减值

损失和外币货币性金融资产形成的汇兑差额外，应当直接计入所有者权益，在该金融资产终止确认时转出，计入当期损益。”

《企业会计准则第 22 号——金融工具确认和计量》（2017 年修订）第十九条规定：“企业可以将非交易性权益工具投资指定为以公允价值计量且其变动计入其他综合收益的金融资产，并按照本准则第六十五条规定确认股利收入。该指定一经做出，不得撤销。”

《企业会计准则第 22 号——金融工具确认和计量》（2017 年修订）第六十九条规定：“企业根据本准则第十九条规定将非交易性权益工具投资指定为以公允价值计量且其变动计入其他综合收益的金融资产的，当该金融资产终止确认时，之前计入其他综合收益的累计利得或损失应当从其他综合收益中转出，计入留存收益。”

《企业会计准则第 2 号——长期股权投资》（2014 年修订）第十四条规定：“投资方因追加投资等原因能够对被投资单位施加重大影响或实施共同控制但不构成控制的，应当按照《企业会计准则第 22 号——金融工具确认和计量》确定的原持有的股权投资的公允价值加上新增投资成本之和，作为改按权益法核算的初始投资成本。原持有的股权投资分类为可供出售金融资产的，其公允价值与账面价值之间的差额，以及原计入其他综合收益的累计公允价值变动应当转入改按权益法核算的当期损益。”

《企业会计准则第 33 号——合并财务报表》（2014 年修订）第四十八条规定：“企业因追加投资等原因能够对非同一控制下的被投资方实施控制的，在合并财务报表中，对于购买日之前持有的被购买方的股权，应当按照该股权在购买日的公允价值进行重新计量，公允价值与其账面价值的差额计入当期投资收益；购买日之前持有的被购买方的股权涉及权益法核算下的其他综合收益等的，与其相关的其他综合收益等应当转为购买日所属当期收益。”

财政部会计准则委员会发布的《会计准则实务问与答》：

问题：在长期股权投资核算方法转换中，按照新金融工具准则以公允价值计量转换为权益法时，应当如何进行会计处理？

答：原持有的对被投资单位的股权投资（不具有控制、共同控制或重大影响的），按照新金融工具准则相关内容进行会计处理的，因追加投资等原因导致持股比例上升，能够对被投资单位施加共同控制或重大影响的，在转按权益法核算时，投资方应当按其确定的原股权投资的公允价值加上为取得新增投资而应支付对价的公允价值，作为改按权益法核算的初始投资成本。

原持有的股权投资分类为以公允价值计量且其变动计入当期损益的金融资产的，其公允价值与账面价值之间的差额应当转入改按权益法核算的当期损益；原持有的股权投资指定为以公允价值计量且其变动计入其他综合收益的非交易性权益工具投资的，其公允价值与账面价值之间的差额以及原计入其他综合收益的累计公允价值变动应当直接转入留存收益。然后，比较上述计算所得的初始投资成本，与按照追加投资后全新的持股比例计算确定的应享有被投资单位在追加投资日可辨认净资产公允价值份额之间的差额，前者大于后者的，不调整长期股权投资的账面价值；前者小于后者的，差额应调整长期股权投资的账面价值，并计入当期营业外收入。

三、案例解析

在 2006 年发布的金融工具准则下，上市公司持有的不具有控制、共同控制或重大影响的被投资单位股权，通常作为可供出售金融资产核算，持有期间的公允价值变动计入其他综合收益。当上市公司通过追加投资而对被投资单位具有重大影响时，根据长期股权投资准则相关规定，应将之前持有的股权投资相关的原计入其他综合收益的累计公允价值变动转入当期损益。该处理方法与 2006 版金融工具准则关于终止确认可供出售金融资产的规定一致。

在现行金融工具准则下，上市公司持有的不具有控制、共同控制或重大影响的被投资单位股权，可以指定为以公允价值计量且其变动计入其他综合收益的金融资产。根据现行金融工具准则相关规定，将非交易性权益工具投资指定为以公允价值计量且其变动计入其他综合收益的金融资产的，当该金融资产终止确认时，之前计入其他综合收益的累计利得或损失应当从其他综合收益中转出至留存收益，而非当期损益。

长期股权投资准则提及的从金融资产转为对被投资单位具有重大影响或共同控制，是否属于现行金融工具准则所规定的金融资产终止确认？是否需要将以前确认的其他综合收益转入留存收益而非当期损益？现行金融工具准则与现行长期股权投资准则的规定如何协调？我们认为，对于上述准则之间的协调，应当以现行准则的规定为主要依据进行会计处理，即按照现行金融工具准则将非交易性权益工具投资指定为以公允价值计量且其变动计入其他综合收益的金融资产的，当后续取得重大影响或共同控制时，与其相关的原计入其他综合收益的累计公允价值变动应转入留存收益，而非当期损益。因此，在本案例中，A 公司应在取得对 B 公司的重大影响时（即 2×19 年 7 月 1 日），将之前持有的 B 公司 10% 股权相关的累计公允价值变动（即 800 万元）从其他综合收益转出至留存收益。

与上述问题类似，上市公司因追加投资而取得对被投资方的控制权的，当原持有的股权投资在现行金融工具准则下被指定为以公允价值计量且其变动计入其他综合收益的金融资产时，与其相关的原计入其他综合收益的累计公允价值变动同样面临如何结转的问题，上市公司应比照上述口径执行。

案例 1－16
采用权益法核算的股权投资，因被动稀释导致持股比例下降时的会计处理

一、案例背景

A 上市公司以前年度购入 B 公司 40% 的股权，将 B 公司作为联营企业采用权益法核算。2×18 年 12 月 1 日，因其他投资方向 B 公司增资，导致 A 公司的持股比例被稀释为 30%，股权稀释后 A 公司仍对 B 公司采用权益法核算。股权稀释之前，A 公司对 B 公司的长期股权投资余额中包含初始投资时形成的“内含商誉”4,000 万元。

问题：

（1）A 公司因被动稀释而调整 B 公司长期股权投资的账面价值时，是否应当按比例结转初始投资时形成的“内含商誉”？

（2）A 公司因该交易产生股权稀释损失，当资本公积贷方余额不够冲减时，A 公司应当如何处理？

二、会计准则及相关规定

《企业会计准则第 2 号——长期股权投资》（2014 年修订）第十一条规

定：“投资方对于被投资单位除净损益、其他综合收益和利润分配以外所有者权益的其他变动，应当调整长期股权投资的账面价值并计入所有者权益。”

《企业会计准则解释第 7 号》问答一规定：“投资方因其他投资方对其子公司增资而导致本投资方持股比例下降，从而丧失控制权但能实施共同控制或施加重大影响的，……投资方应当区分个别财务报表和合并财务报表进行相关会计处理：（一）在个别财务报表中，应当对该项长期股权投资从成本法转为权益法核算。首先，按照新的持股比例确认本投资方应享有的原子公司因增资扩股而增加净资产的份额，与应结转持股比例下降部分所对应的长期股权投资原账面价值之间的差额计入当期损益；然后，按照新的持股比例视同自取得投资时即采用权益法核算进行调整。（二）在合并财务报表中，应当按照《企业会计准则第 33 号——合并财务报表》的有关规定进行会计处理。”

三、案例解析

问题（1）：

当投资方处置部分股权但仍对被投资单位采用权益法核算的情况下，投资方在结转长期股权投资的账面价值及计算处置股权产生的投资损益时，应当按比例结转初始投资时形成的“内含商誉”。

然而，对于因其他投资方对被投资单位增资而导致投资方的持股比例被稀释，且稀释后投资方仍对被投资单位采用权益法核算的情况下，投资方在调整相关长期股权投资的账面价值时是否应当按比例结转初始投资时形成的“内含商誉”，实务中可能存在下述两种观点。

观点一认为，在持股比例被稀释的情况下，将长期股权投资中的“内含商誉”转出，从准则层面看没有依据。长期股权投资准则规定：“投资方对于被投资单位除净损益、其他综合收益和利润分配以外所有者权益的其他变动，应当调整长期股权投资的账面价值并计入所有者权益。”从字面上可以将其理解为，投资方仅需就其享有的被投资单位所有者权益份额的变动进行处理，而不需按照部分处置股权投资的原则处理。因此，投资方在持股比例被稀释的情况下，无须调整初始投资时形成的“内含商誉”，因为“内含商誉”不会导致被投资方所有者权益份额发生变动。

观点二认为，应当将长期股权投资中的“内含商誉”按稀释比例进行结转。长期股权投资准则规定，在权益法下，将股权稀释的影响计入所有者权益而非当期损益，并不代表准则不认可该交易的实质为投资方用部分原持有股权“交换”按新比例享有的被投资单位的新增资源（即其他投资者新注入被投资单位的资本）。准则仅仅是基于谨慎性的原则，要求投资方将该“交换”的财务影响暂时计入所有者权益，直至实际处置股权时转入当期损益。因此，在计算换出的原持有股权的账面价值时，需要考虑其中包含的“内含商誉”，即将“内含商誉”按稀释比例进行结转［在本例中，结转金额为 4,000 ÷ 40% × 10% = 1,000（万元）］，进而计算股权稀释的影响金额，并将该金额计入所有者权益。

我们认为，观点二更符合准则内在逻辑，即投资方因股权比例被稀释而“间接”处置长期股权投资的情况下，相关“内含商誉”的结转与投资方直接处置长期股权投资保持一致。

问题（2）：

采用权益法核算的长期股权投资，若因股权稀释而使投资方产生稀释损失，投资方首先应对该笔股权投资进行减值测试，因为产生股权稀释损失很可能是该笔股权投资发生减值的迹象之一。投资方对该笔股权投资进行减值测试后，若发生减值，则应先对该笔股权投资确认减值损失并调减长期股权投资的账面价值，再计算股权稀释产生的影响并进行相应会计处理；若未发生减值，则投资方直接计算股权稀释产生的影响并进行相应会计处理。

假设在本案例中，A 公司进行减值测试后认为，对 B 公司的长期股权投资并未发生减值。按照企业会计准则的要求，A 公司应将相关股权稀释损失计入资本公积借方。当资本公积贷方余额不足冲减时，仍应将股权稀释损失继续计入资本公积借方。主要理由是：首先，当前准则并未禁止在资本公积贷方余额不足时，不可产生资本公积借方余额；其次，股权稀释的财务影响（损失或利得）是暂时计入所有者权益，在实际处置该笔股权时将转入当期损益，该处理类似于权益法下投资方享有被投资方其他综合收益的变动（该类变动，无论损失或利得均保留在其他综合收益中）。

案例1－17
联营企业发生同一控制下企业合并时，投资方的会计处理

一、案例背景

A上市公司原持有B公司25%的股权，为B公司的第二大股东，对B公司具有重大影响并采用权益法核算。

2×18年11月30日，B公司向其母公司发行股份购买C公司100%的股权，该交易构成同一控制下企业合并。根据企业会计准则相关要求，B公司追溯调整了合并财务报表的比较信息。

B公司完成重组后，A公司对B公司的持股比例由25%下降为12%，仍为B公司的第二大股东。A公司有权向B公司委派1名董事，因此A公司认为，其仍对B公司具有重大影响并继续采用权益法核算。

问题：

（1）鉴于B公司因收购C公司而调整了财务报表的比较信息，A公司对B公司采用权益法核算时，是否也需调整财务报表的比较信息？

（2）A公司应如何确认B公司2×18年度的投资收益？

二、会计准则及相关规定

《企业会计准则第2号——长期股权投资》（2014年修订）第十一条规定："投资方取得长期股权投资后，应当按照应享有或应分担的被投资单位实现的净损益和其他综合收益的份额，分别确认投资收益和其他综合收益，同时调整长期股权投资的账面价值；投资方按照被投资单位宣告分派的利润或现金股利计算应享有的部分，相应减少长期股权投资的账面价值；投资方对于被投资单位除净损益、其他综合收益和利润分配以外所有者权益的其他变动，应当调整长期股权投资的账面价值并计入所有者权益。"

《企业会计准则第 2 号——长期股权投资（应用指南）》（2014 年修订）规定："在持有投资期间，被投资单位编制合并财务报表的，应当以合并财务报表中净利润、其他综合收益和其他所有者权益变动中归属于被投资单位的金额为基础进行会计处理。"

《监管规则适用指引——会计类第 1 号》指出："当联营企业发生同一控制下企业合并，并调整其财务报表的比较信息时，投资方不应当调整财务报表的比较信息。联营企业发生同一控制下企业合并导致投资方股权被稀释（如联营企业以发行股份作为对价进行企业合并），且稀释后投资方仍采用权益法核算时，投资方应以持股比例变更日（即联营企业的合并日）为界分段进行会计处理：在联营企业的合并日，先按照联营企业重组前的净利润与原股权比例确认投资收益并调整长期股权投资账面价值，再以调整后的长期股权投资账面价值为基础，计算联营企业重组所导致的股权稀释的影响，并将该影响作为联营企业所有者权益的其他变动，计入资本公积（其他资本公积）；变更日之后按照联营企业重组后的净利润与新持股比例确认投资收益。"

三、案例解析

问题（1）：

根据长期股权投资准则相关规定，被投资单位发生除净损益、其他综合收益和利润分配以外所有者权益的其他变动的，投资方应按所持股份比例计算应享有的份额，调整长期股权投资的账面价值，同时计入资本公积（其他资本公积）。因此，A 公司无须调整财务报表的比较信息，在 B 公司重组日 2×18 年 11 月 30 日，A 公司应先按照 B 公司重组前的净利润与原股权比例确认 1～11 月份的投资收益并调整长期股权投资账面价值；再以调整后的长期股权投资账面价值为基础计算 B 公司重组所导致的股权稀释的影响，并将该影响计入资本公积（其他资本公积）。

问题（2）：

A 公司在确认 B 公司 2×18 年度的投资收益时，应以持股比例变更日（即 B 公司重组日 2×18 年 11 月 30 日）为界分段计算：1～11 月份按照 B 公司重组前的净利润与原持股比例确认投资收益，在 11 月 30 日将 B 公司重组所导致的股权稀释影响计入资本公积（其他资本公积），12 月份按照 B 公司重组后的净利润与新持股比例确认投资收益。

案例1－18
拥有回售权、优先清算权的特殊股权投资的会计核算

投资方持有对被投资方的股权投资，对被投资方具有重大影响。与此同时，投资方除拥有与普通股股东一致的投票权等权利之外，还拥有其他优先权利，例如回售权、反稀释权或优先清算权等，使得投资方所承担的风险和报酬特征相比被投资方的其他普通股股东有所不同。在资本市场金融创新的环境下，存在此类特殊安排的股权投资越来越常见。

根据企业会计准则规定，长期股权投资是指投资方对被投资方实施控制、共同控制或重大影响的权益性投资。该定义包含两个核心要素：一是该投资为权益性投资，二是投资方应对被投资方具有控制、共同控制或重大影响。《企业会计准则第33号——合并财务报表》（2014年修订）《企业会计准则第40号——合营安排》及《企业会计准则第2号——长期股权投资》（2014年修订）分别对控制、共同控制和重大影响提供了详尽的判断指引，但企业会计准则缺乏对“权益性投资”的定义。

《监管规则适用指引——会计类第1号》对“权益性投资”的定义提供了指导性意见，判断投资方实质上承担的风险和报酬与普通股股东是否实质相同，如果是实质相同的，满足权益性投资定义；如果明显不同，不属于权益性投资。

一、案例背景

情形一：不可转换不可赎回的优先股投资。

甲公司持有对被投资方乙公司30%的普通股，对乙公司具有重大影响。此外，甲公司还投资了乙公司发行的优先股。优先股的合同条款约定：非可赎回；每年固定股利为6%，为可累积股利；乙公司清算时，优先股股东可优先于普通股股东获得尚未分配股利加上投资成本，普通股股东按各自持股比例参与剩余净资产的分配。

情形二：附带回售权和优先清算权的普通股投资。

甲公司持有被投资方乙公司20%的普通股，有权向乙公司派驻董事。乙公司为甲公司的下游行业企业，甲公司对乙公司投资存在战略性投资意图，并计划与乙公司进行业务协同合作。除拥有与其他普通股股东一致的投票权、分红权等权利之外，甲公司还额外拥有回售权、优先清算权，其中回售权是如果乙公司自投资完成后五年内无法完成IPO，甲公司有权要求乙公司回购该股权投资，回购价格为投资成本加年化10%的收益；优先清算权是当乙公司发生破产清算、停业或者视同清算事件时，甲公司优先于其他股东获得清算财产的权利。

问题：以上具体情形下的特殊投资是应当遵循金融工具准则还是长期股权投资准则？

二、会计准则及相关规定

《监管规则适用指引——会计类第1号》指出："从投资方角度看，长期股权投资准则所规范的投资为权益性投资，因该准则中并没有对权益性投资进行定义，企业需要遵照实质重于形式的原则，结合相关事实和情况进行分析和判断。投资方应考虑该特殊股权投资附带的回售权以及回售权需满足的特定目标是否表明其风险和报酬特征明显不同于普通股。如果投资方实质上承担的风险和报酬与普通股股东明显不同，该项投资应当整体作为金融工具核算。如果投资方承担的风险和报酬与普通股股东实质相同，因对被投资方具有重大影响，应分类为长期股权投资，回售权应视为一项嵌入衍生工具，并进行分拆处理。对投资方而言，持有上述附回售条款的股权投资期间所获得的股利，应按该股权投资的分类，适用具体会计准则规定进行处理。"

三、案例解析

实务中，在根据长期股权投资准则判断对被投资单位是否具有重大影响时，企业应综合自身对相关投资的业务模式、持有意图以及实际参与管理情况等予以分析考虑。若公司计划与被投资方建立长期业务合作关系，通过战略整合、业务协同实现增值效应，以长期持有、分享被投资方经营所得为获取收益的主要方式，则表明企业更有动机通过实质性参与被投资单位的财务、经营决策来对被投资方施加重大影响。如果投资方持有投资目的在于转让股权以获取资本增值收益，有较为明确的持有期限或投资退出战略，属于财务性投资，则企业一般无意愿参与被投资单位各项财务经营决策以施加重大影响。此外，按照《监管规则适用指引——会计类第1号》要求，应当基于实质重于形式的原则，分析判断投资方实质上承担的风险和报酬与普通股股东相比是否明显相同或明显不同，若明显相同则属于权益性投资，若明显不同则不属于权益性投资。

情形一：不可转换不可赎回的优先股投资。

该优先股股东从标的公司获得的投资回报是本金加固定股息6%，在标的公司经营回报超过6%时，优先股股东无权参与超额经营收益的分配，而普通股股东享有超额的经营收益；在标的公司经营回报低于6%时，其能够优先于普通股股东回收投资本金和收益，普通股股东则可能面临投资亏损。根据优先股的特征，优先股股东的利润分享方式以及所承担的被投资方经营风险与普通股股东明显不同，即该优先股的风险和报酬特征与普通股明显不同，不属于权益性投资。尽管该优先股是甲公司的联营企业发行的，甲公司也应当按照金融工具准则对其进行核算。

情形二：附带回售权和优先清算权的普通股投资。

案例背景中，“甲公司持有被投资方乙公司20%的普通股，有权向乙公司派驻董事”，因此首先分析甲公司是否具有对被投资方的重大影响。

重大影响判断关键在于分析投资方是否有实质性参与被投资单位财务和经营决策的权力。实务中，除考虑长期股权投资准则所提供的存在重大影响的常见迹象特征外，企业还应基于自身对相关投资的业务模式、持有意图和目的来综合判断是否具有重大影响。若公司计划与被投资方建立长期业务合作关系，获得协同和增值效应，拟通过长期持有来分享被投资方经营回报，而非通过转让股权获取资本增值收益，则表明企业更有动机通过实质性参与被投资单位的财务、经营决策来对被投资方施加重大影响。在本案例中，甲公司持有乙公司20%的普通股，并有权派驻董事，通常表明其属于具有战略性投资意图的一项投资，在没有明显相反证据的情况下，甲公司对乙公司构成重大影响。

其次，判断该项投资是否属于权益性投资。本案例中，甲公司对乙公司的投资是在持有普通股的基础上，较其他普通股股东额外享有了某些优先权。对于这些优先权，甲公司应当基于股权投资的业务模式考虑此类优先权是保护性权利还是实质性权利。保护性的权利不影响或者并未实质上改变甲公司所持普通股享有的风险和报酬。以 IPO 不成功的回售权为例，在判断该回售权是否为保护性权利时，应当考虑股权投资业务的模式并综合考虑回售权的内容，包括期限、触发机制（保护性权利通常是被投资方发生根本性改变或某些例外情况发生时才能够行使）、回售价格的设置、投资方获取该回售权的目的和意图以及投资方行使回售权的可能性等。通常来说，投资方获取该权利的目的和意图与股权投资业务模式是一致的。例如当甲公司对乙公司的投资属于财务投资时，其业务模式类似风投机构和共同基金，持有投资目的在于出售以赚取投资收益。对于所做的投资，往往具有确定的持有期限、投资退出战略，其中通过标的公司实现 IPO 或者被上市公司收购等方式实现退出是主要途径之一，那么当标的公司 IPO 不成功时如何实现退出，就成为投资方获取该回售权的目的，并且构成甲公司和乙公司的投资协议中关键条款之一。反之，当甲公司投资的业务模式是战略性投资意图，是同被投资方进行业务合作，计划长期持有对乙公司的投资，通过分享乙公司的经营活动所得或者通过与乙公司的业务合作扩大自身经营业务来获得投资回报的，则该 IPO 回售权对甲公司而言，并不影响甲公司作出对乙公司投资或者退出对乙公司投资的决策，与甲公司拟持乙公司股权的期限无关，即使回售权在 IPO 失败时被触发，其被行使的可能性也较低，接近于保护性权利。

当回售权为保护性权利时，甲公司所持有的对乙公司的投资所享有的风险和报酬仍然是普通股的风险和报酬，属于权益性投资。具有重大影响的权益性投资属于对联营企业的投资，应按照长期股权投资准则进行核算。回售权属于嵌入衍生工具，根据《企业会计准则第 22 号——金融工具确认和计量》（2017 年修订）第六条的规定，企业持有的与在子公司、合营企业或联营企业中的权益相联系的衍生工具，适用金融工具准则，分拆予以核算；或者在符合相关条件的情况下，选择将整个合同指定为以公允价值计量且其变动计入当期损益的金融资产。

案例1－19
关于权益法下被投资企业发生超额亏损的会计处理

一、案例背景

A上市公司与B公司于2×19年12月共同投资设立了C公司，C公司实收资本1,000万元，其中A公司出资250万元，占实收资本比例为25%。截至2×20年6月30日，C公司已累计亏损1,500万元，净资产为－500万元。2×20年7月，C公司引进外部投资者D公司，增加注册资本250万元，增资价格为20元/元注册资本，D共投入5,000万元。该增资事项完成后，C公司实收资本变为1,250万元，其中A公司占比20%、B公司占比60%、D公司占比20%。增资前后，A公司均对C公司具有重大影响。A公司并无其他实质上构成对C公司净投资的长期权益，也没有承担额外损失的义务。

问题：2×20年7月，引入外部投资者后，C公司净资产由－500万元转为正数（4,500万元），A公司是否需要确认以前未确认的超额亏损分担额？

二、会计准则及相关规定

《企业会计准则第2号——长期股权投资》（2014年修订）第十一条规定："投资方取得长期股权投资后，应当按照应享有或应分担的被投资单位实现的净损益和其他综合收益的份额，分别确认投资收益和其他综合收益，同时调整长期股权投资的账面价值；投资方按照被投资单位宣告分派的利润或现金股利计算应享有的部分，相应减少长期股权投资的账面价值；投资方对于被投资单位除净损益、其他综合收益和利润分配以外所有者权益的其他变动，应当调整长期股权投资的账面价值并计入所有者权益。"

《企业会计准则第2号——长期股权投资》（2014年修订）第十二条规定："投资方确认被投资单位发生的净亏损，应以长期股权投资的账面价值以及其他实质上构成对被投资单位净投资的长期权益（简称其他长期权益）冲减至零为限，投资方负有承担额外损失义务的除外。

被投资单位以后实现净利润的，投资方在其收益分享额弥补未确认的亏损分担额后，恢复确认收益分享额。”

《企业会计准则解释第 9 号》规定：“投资方按权益法确认应分担被投资单位的净亏损或被投资单位其他综合收益减少净额，将有关长期股权投资冲减至零并产生了未确认投资净损失的，被投资单位在以后期间实现净利润或其他综合收益增加净额时，投资方应当按照以前确认或登记有关投资净损失时的相反顺序进行会计处理，即依次减记未确认投资净损失金额、恢复其他长期权益和恢复长期股权投资的账面价值，同时，投资方还应当重新复核预计负债的账面价值，有关会计处理如下：

（一）投资方当期对被投资单位净利润和其他综合收益增加净额的分享额小于或等于前期未确认投资净损失的，根据登记的未确认投资净损失的类型，弥补前期未确认的应分担的被投资单位净亏损或其他综合收益减少净额等投资净损失。

（二）投资方当期对被投资单位净利润和其他综合收益增加净额的分享额大于前期未确认投资净损失的，应先按照以上（一）的规定弥补前期未确认投资净损失；对于前者大于后者的差额部分，依次恢复其他长期权益的账面价值和恢复长期股权投资的账面价值，同时按权益法确认该差额。

投资方应当按照《企业会计准则第 13 号——或有事项》的有关规定，对预计负债的账面价值进行复核，并根据复核后的最佳估计数予以调整。”

《监管规则适用指引——会计类第 3 号》规定：“权益法核算下，被投资单位所有者权益发生变动时，投资方应按照其分享比例调整长期股权投资账面价值（损益调整、其他综合收益及其他权益变动），并相应确认投资损益、其他综合收益及资本公积，以反映被投资单位所有者权益变动情况。如果投资方长期股权投资已冲减至零并存在未确认的投资净损失，后续当被投资单位的净资产增加时，投资方应先按照其分享比例以及被投资单位净资产变动项目，分别确认相关投资损益、其他综合收益、资本公积以及长期股权投资账面价值；再按照当期应享有的被投资单位净资产变动净额与前期未确认的投资净损失两者孰低，确认前期未确认的投资净损失，尚未确认的投资净损失继续在备查簿中登记。”

三、案例解析

根据长期股权投资准则的规定，A 公司对 C 公司的经营亏损以将相关长期股权投资的账面价值（250 万元）冲减至零为限予以确认，产生了未确认投资净损失 125 万元（500 万元 ×25%）。C 公司后续由于其他股东增资增加的实收资本和资本公积使得净资产由负数转为正数。A 公司对分享的被投资单位实现的该所有者权益的其他变动，应当调整长期股权投资的账面价值并计入所有者权益。

《企业会计准则解释第 9 号》规定："被投资单位将有关长期股权投资冲减至零并产生了未确认投资净损失的，被投资单位在以后期间实现净利润或其他综合收益增加净额时，投资方应当按照以前确认或登记有关投资净损失时的相反顺序进行会计处理，即依次减记未确认投资净损失金额、恢复其他长期权益和恢复长期股权投资的账面价值。"即解释 9 号对于权益法下的超额亏损，只明确了被投资单位后续实现净利润和其他综合收益的增加额时，应先弥补以前未确认的超额亏损，未规定被投资单位在以后实现除净损益、其他综合收益以外的其他所有者权益变动时，根据长期股权投资准则第十一条进行权益法核算时是否要先补确认以前未确认的超额亏损分担额。

我们理解，被投资单位的净资产变动来源根据会计准则的规定被分类为净损益、其他综合收益和其他所有者权益变动，权益法核算的基本原则在于按投资者分享的比例将被投资单位的净利润、其他综合收益和其他权益变动分别反映至投资方的财务报表，因此解释 9 号的恢复原则可同样适用于"其他所有者权益变动"。本例中，在其他投资者对 C 公司增资后，C 公司净资产由负数转为正数，《企业会计准则第 2 号——长期股权投资》（2014 年修订）规定不确认超额亏损的原因已不存在，A 公司应先补确认以前未确认的对 C 公司的超额亏损分担额 -125 万元（C 公司增资前净亏损 × 持股比例 25%），即借：投资收益 125 万元；贷：长期股权投资——损益调整 125 万元，然后将按持股比例享有的 C 公司增资前的净资产份额 -125 万元（-500 万元 ×25%）与按新的持股比例享有 C 公司增资后的净资产份额 900 万元（4,500 万元 ×20%）之间的差额 1,025 万元计入长期股权投资和资本公积（其他资本公积）。

第二章
金融工具

案例 2 – 01
负债与权益的区分

《企业会计准则——基本准则》要求企业应当按照交易或者事项的经济实质进行会计确认、计量和报告，不仅仅以交易或者事项的法律形式为依据。企业发生的交易或事项在多数情况下其经济实质和法律形式是一致的，但在有些情况下也会出现不一致。例如，有时投资方投入的资金，法律形式上是一项权益资本，但会计上可能被认定为一项负债。企业接受的资金投入，应该作为权益还是作为负债，是企业会计准则执行过程中需要关注的问题。

近年来，国内市场上永续债、可续期债、永续中票等永续工具层出不穷，这些永续工具多设计为没有固定到期日、发行人有权无限期递延利息支付，发行人形式上没有还本付息的合同义务，从而符合准则关于权益工具的定义；另一方面，考虑持有人对于“债”的诉求，通过股利推动/制动机制、利率跳升机制以及发行人赎回权乃至投资者保护等条款，持有人合理预期发行人将会按时还本付息。针对这些复杂的条款设计，企业需要仔细分析合同条款及其所反映的经济实质进行判断。

一、案例背景

A 公司为上市公司，A 公司与 B 公司合资设立房地产开发有限公司 C 公司，注册资本 5 亿元，其中 A 公司出资 3 亿元，占注册资本的 60%，B 公司出资 2 亿元，占注册资本的 40%。2×18 年 3 月，A 公司、B 公司与 D 信托签署了增资协议，由 D 信托发起设立“××股权投资集合信托计划”，D 信托向 C 公司增资 5 亿元。增资完成后，C 公司的注册资本增加至 10 亿元，其中A公司持有30%的股权、B公司持有20%、D信托持有50%。该信托规模为10亿元。根据相关协议安排，A公司仍然控制C公司。C公司定期向信托计划支付固定收益的利息，且3年后，信托计划将以减资的形式从C公司收回所投入全部资金。

问题：A公司合并报表中对C公司权益归属于母公司的比例应该是60%还是30%？

二、会计准则及相关规定

《企业会计准则第37号——金融工具列报》（2017年修订）第七条规定："企业应当根据所发行金融工具的合同条款及其所反映的经济实质而非仅以法律形式，结合金融资产、金融负债和权益工具的定义，在初始确认时将该金融工具或其组成部分分类为金融资产、金融负债或权益工具。"

《企业会计准则第37号——金融工具列报》（2017年修订）第八条规定："金融负债，是指企业符合下列条件之一的负债：

（一）向其他方交付现金或其他金融资产的合同义务。

（二）在潜在不利条件下，与其他方交换金融资产或金融负债的合同义务。

（三）将来须用或可用企业自身权益工具进行结算的非衍生工具合同，且企业根据该合同将交付可变数量的自身权益工具。

（四）将来须用或可用企业自身权益工具进行结算的衍生工具合同，但以固定数量的自身权益工具交换固定金额的现金或其他金融资产的衍生工具合同除外。企业对全部现有同类别非衍生自身权益工具的持有方同比例发行配股权、期权或认股权证，使之有权按比例以固定金额的任何货币换取固定数量的该企业自身权益工具的，该类配股权、期权或认股权证应当分类为权益工具。其中，企业自身权益工具不包括应按照本准则第三章分类为权益工具的金融工具，也不包括本身就要求在未来收取或交付企业自身权益工具的合同。"

《企业会计准则第37号——金融工具列报》（2017年修订）第九条规定："权益工具，是指能证明拥有某个企业在扣除所有负债后的资产中的剩余权益的合同。企业发行的金融工具同时满足下列条件的，符合权益工具的定义，应当将该金融工具分类为权益工具：

（一）该金融工具应当不包括交付现金或其他金融资产给其他方，或在潜在不利条件下与其他方交换金融资产或金融负债的合同义务。

（二）将来须用或可用企业自身权益工具结算该金融工具。如为非衍生工具，该金融工具应当不包括交付可变数量的自身权益工具进行结算的合同义务；如为衍生工具，企业只能通过以固定数量的自身权益工具交换固定金额的现金或其他金融资产结算该金融工具。企业自身权益工具不包括应按照本准则第三章分类为权益工具的金融工具，也不包括本身就要求在未来收取或交付企业自身权益工具的合同。”

《企业会计准则第 37 号——金融工具列报》（2017 年修订）第十条规定：“企业不能无条件地避免以交付现金或其他金融资产来履行一项合同义务的，该合同义务符合金融负债的定义。有些金融工具虽然没有明确地包含交付现金或其他金融资产义务的条款和条件，但有可能通过其他条款和条件间接地形成合同义务。

如果一项金融工具须用或可用企业自身权益工具进行结算，需要考虑用于结算该工具的企业自身权益工具，是作为现金或其他金融资产的替代品，还是为了使该工具持有方享有在发行方扣除所有负债后的资产中的剩余权益。如果是前者，该工具是发行方的金融负债；如果是后者，该工具是发行方的权益工具。在某些情况下，一项金融工具合同规定企业须用或可用自身权益工具结算该金融工具，其中合同权利或合同义务的金额等于可获取或需交付的自身权益工具的数量乘以其结算时的公允价值，则无论该合同权利或合同义务的金额是固定的，还是完全或部分地基于除企业自身权益工具的市场价格以外变量（例如利率、某种商品的价格或某项金融工具的价格）的变动而变动的，该合同应当分类为金融负债。”

《企业会计准则第 37 号——金融工具列报》（2017 年修订）第十二条规定：“对于附有或有结算条款的金融工具，发行方不能无条件地避免交付现金、其他金融资产或以其他导致该工具成为金融负债的方式进行结算的，应当分类为金融负债。但是，满足下列条件之一的，发行方应当将其分类为权益工具：

（一）要求以现金、其他金融资产或以其他导致该工具成为金融负债的方式进行结算的或有结算条款几乎不具有可能性，即相关情形极端罕见、显著异常且几乎不可能发生。

（二）只有在发行方清算时，才需以现金、其他金融资产或以其他导致该工具成为金融负债的方式进行结算。

（三）按照本准则第三章分类为权益工具的可回售工具。

附有或有结算条款的金融工具，指是否通过交付现金或其他金融资产进行结算，或者是否以其他导致该金融工具成为金融负债的方式进行结算，需要由发行方和持有方均不能控制的未来不确定事项（如股价指数、消费价格指数变动、利率或税法变动、发行方未来收入、净收益或债务权益比率等）的发生或不发生（或发行方和持有方均不能控制的未来不确定事项的结果）来确定的金融工具。”

《企业会计准则第37号——金融工具列报》（2017年修订）第十五条规定：“在合并财务报表中对金融工具（或其组成部分）进行分类时，企业应当考虑企业集团成员和金融工具的持有方之间达成的所有条款和条件。企业集团作为一个整体，因该工具承担了交付现金、其他金融资产或以其他导致该工具成为金融负债的方式进行结算的义务的，该工具在企业集团合并财务报表中应当分类为金融负债。”

三、案例解析

通常情况下，企业比较容易分辨所发行的金融工具是权益工具还是金融负债，但也会遇到比较复杂的情况。如果企业发行的金融工具合同条款中包括向其他方交付现金或其他金融资产的合同义务或者包括在潜在不利条件下与其他方交换金融资产或金融负债的合同义务，该金融工具为金融负债。例如，企业发行的优先股，虽然形式上是股权投资，但是如果该优先股合同规定，无论当年是否盈利，企业每年均应向优先股股东支付固定股利，并且在优先股到期时偿还优先股股东投入的本金，该项优先股实质上是企业发行的一项金融负债。如果企业发行的金融工具合同条款中没有包括向其他方交付现金或其他金融资产的合同义务，也没有包括在潜在不利条件下与其他方交换金融资产或金融负债的合同义务，通常会确认为权益工具。

如果企业发行的金融工具将来须用或可用自身权益工具进行结算，还需要继续区分不同情况进行判断：如发行的金融工具为非衍生工具，且该金融工具包括交付可变数量的自身权益工具进行结算的合同义务，则分类为金融负债，否则为权益工具。例如，企业约定将来交付等值于100万元的本企业股票进行结算的合同，虽然该项合同不是以现金或其他金融资产结算的，但是交付的是可变数量的股票（数量需视结算当时的股票市价而定），该合同应当分类为一项金融负债。如发行的金融工具为衍生工具，且该金融工具不是只能通过以固定数量的自身权益工具交换固定数额的现金或其他金融资产进行结算的，则分类为金融负债，否则为权益工具。例如，企业发行的可转换公司债，其中的可转换权是一项衍生工具，该衍生工具结算时需要交付企业自身股票，如果合同条款中已经约定，以每股 10 元的价格进行转股，则属于将来通过以固定数量的自身权益工具交换固定数额的现金进行结算的合同，该转换权应当分类为一项权益工具。

由此可见，法律形式上的债务，可能并不一定是会计上的债务；法律形式上的股权，也可能并不一定是会计意义上的权益，实务中应该根据准则的相关判断原则具体判断。

在本案例中，C 公司需要定期向信托计划支付固定收益，且该信托有期限，到期需支付所有投资本金，因此，法律上虽然信托是作为股权投资方，但该交易实质上是 A 公司通过 D 信托从外部引入新的债权人。C 公司应当将该信托计划分类为一项金融负债。因此，在 A 公司合并报表层面，C 公司权益归属于母公司的比例为 60%，而不是法律形式上的 30%。

【相关案例之一】

股权信托融资应作为负债还是权益进行会计处理

（一）案例背景

甲上市公司（以下简称甲公司）的子公司乙向丙信托公司以股权信托的方式进行融资，金额为人民币 4.5 亿元，期限 3 年。该融资款作为丙公司对乙公司的增资，其中人民币 2,000 万元作为实收资本，人民币 4.3 亿元作为资本公积。增资后，乙公司实收资本由原来的人民币 5,000 万元增至人民币 7,000 万元，丙公司持股 28.57%。

甲公司与丙公司同时约定，信托存续期间，丙公司不参与乙公司的具体经营管理，也无表决权，但享有参与分红的权利。信托期限届满之日，甲公司回购丙公司持有的股权，股权信托计划终止。股权回购款为投资款本金人民币 4.5 亿元加上固定回报，并扣除累计已支付的现金股利（如有）。其中，固定回报为按照投资款本金人民币4.5亿元和年利率8%计算的金额。

问题：分别从甲公司合并财务报表和乙公司个别财务报表的角度，股权信托融资应作为金融负债还是权益工具进行会计处理？

（二）案例解析

在本案例中，甲公司承担了从丙公司回购股权的义务，表明甲公司存在向丙公司交付现金的合同义务。根据企业会计准则及相关规定，在甲公司合并财务报表层面，该股权信托融资应作为金融负债进行会计处理。

乙公司并未因股权融资承担向丙公司交付现金或其他金融资产的合同义务，亦未承担在潜在不利条件下，与丙公司交换金融资产或金融负债的合同义务，因此，在乙公司个别财务报表层面，应当将股权信托融资作为权益工具进行会计处理。

综上所述，在甲公司合并财务报表层面，应当将股权信托融资作为金融负债进行会计处理；在乙公司个别财务报表层面，应当将股权信托融资作为权益工具进行会计处理。

【相关案例之二】

带有或有结算条款的可续期公司债券应作为负债还是权益进行会计处理

（一）案例背景

A上市公司发行可续期公司债券20亿元，当发生如下情形时，经债券持有人会议作出决议，A公司本次债券项下所有未偿还本金和相应利息立即到期，由A公司立即予以兑付：（1）发生超过净资产10%以上的重大损失；（2）发生重大诉讼或经济纠纷；（3）财务状况发生重大不利变化；（4）财务指标承诺未达标；（5）A公司的主体评级或本期债券评级发生严重不利变化；（6）发行人行业政策或市场环境发生重大不利变化；（7）控制权变更。

问题：A公司认为，上述导致本次债券立即到期的各项事项几乎不具有可能性，应分类为权益工具，A公司会计处理是否正确？

（二）案例解析

在本案例中，上述导致本次债券立即到期的各项事项是发行方和持有方均不能控制的未来不确定事项。根据准则规定，如果这些事项几乎不具有可能性，即相关情形极端罕见、显著异常且几乎不可能发生时，不影响该工具分类为权益工具。准则中对于几乎不具有可能性的定义是相当苛刻的，实务中，一般而言，合同中约定的具有商业实质的条款不能被认定为几乎不具有可能性。

当发生上述事项时，A 公司是否须立即予以兑付由债权人会议决定，A 公司无法控制债权人会议决议，也无法控制上述事项是否发生，进而无法无条件地避免还本付息的合同义务，A 公司应将该可续期公司债券分类为金融负债。

【相关案例之三】

通过合伙企业对外融资应作为负债还是权益

（一）案例背景

2×16 年末，某上市公司的子公司（以下简称 A 公司）与某银行旗下投资管理公司（B 公司）、某信托公司（C 公司）签订合伙协议，发起设立有限合伙企业（P 合伙企业）。P 合伙企业规模 10 亿元，A 公司为普通合伙人，认缴 100 万元；第三方投资人 B 公司和 C 公司作为有限合伙人，分别认缴 2.99 亿元和 7 亿元，合伙期限 20 年。股权结构如图 2－1 所示。

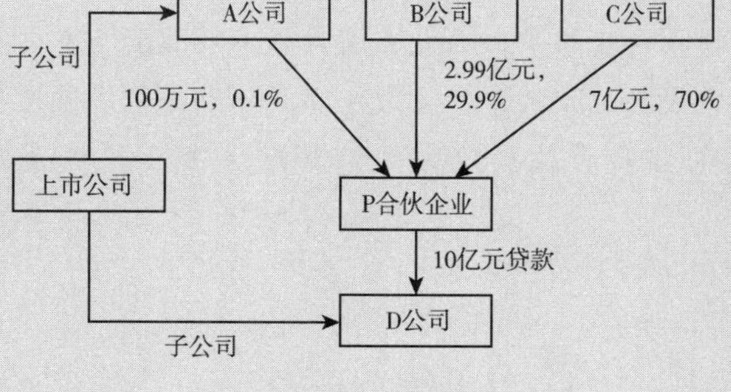

图 2－1 股权结构

P合伙企业设立的主要目的是向上市公司另一子公司（以下简称D公司）发放委托贷款。有限合伙人根据实缴出资计算收益，B公司的收益率为中国人民银行公布的1～5年期贷款基础利率下浮15%，C公司的收益率为3.9%，有限合伙人收益分配后，收益余额100%归于普通合伙人。除非发生强制付息事件，普通合伙人有权决定将有限合伙人当期股息推迟至下一期支付，且不受到任何递延支付股息次数的限制，股息递延不构成合伙企业违约，递延股息在递延期间累计计息。当合伙人提议并经合计持有实缴出资总额2/3以上的合伙人表决通过，或者合伙企业经营期限届满时，合伙企业应被终止并清算。

上市公司认为，根据合伙协议约定，A公司作为合伙企业的普通合伙人，拥有对于有限合伙事务的独占及排他的投资业务决策权、管理权、执行权等，能够控制合伙企业可变回报，因此将合伙企业纳入合并范围，并将合伙企业中有限合伙人权益作为少数股东权益核算。

问题：上市公司对合伙企业的有限合伙人出资部分应作为少数股东权益核算还是金融负债核算？

（二）案例解析

在本案例中，上市公司合并了P合伙企业。在上市公司的合并财务报表层面，企业集团作为一个整体考虑，由于该结构化主体为固定期限，将在到期时清算或者在经合计持有实缴出资总额2/3以上的合伙人表决通过后可以提前清算，因此清算是确定事件且不受企业集团的控制，在清算时承担了向B公司和C公司等其他方投资人交付现金的义务，应当将其他方的出资分类为金融负债而不是少数股东权益。因此，上市公司实质上是通过成立一个结构化主体P合伙企业对外进行融资，虽然可以通过P合伙企业的普通合伙人决定将有限合伙人当期股息推迟至下一期支付，且不受到任何递延支付股息次数的限制，股息递延不构成合伙企业违约，但是该约定并不能避免当P合伙企业到期清算时上市公司在合并层面的支付义务。

案例 2 – 02
大宗商品远期买卖合同的会计处理

一、案例背景

A 上市公司境外子公司 B 公司，主要从事大宗商品（如大豆、玉米等农产品）贸易业务。为规避价格风险，B 公司的部分农产品采购会与农户签订远期采购合同，合同约定 B 公司在未来确定时点按照约定价格采购特定数量农产品。B 公司同时也会与粮商签订远期销售合同，合同约定 B 公司在未来确定时点按约定价格交付特定数量的农产品。

上述远期合同所涉及的大宗商品均属于标准化的商品，拥有活跃的交易市场，A 公司将上述远期合同分类为以公允价值计量且其变动计入当期损益的金融资产/负债。

问题：A 公司会计处理是否正确？

二、会计准则及相关规定

《企业会计准则第 22 号——金融工具确认和计量》（2017 年修订）第八条规定："对于能够以现金或其他金融工具净额结算，或者通过交换金融工具结算的买入或卖出非金融项目的合同，除了企业按照预定的购买、销售或使用要求签订并持有旨在收取或交付非金融项目的合同适用其他相关会计准则外，企业应当将该合同视同金融工具，适用本准则。

对于能够以现金或其他金融工具净额结算，或者通过交换金融工具结算的买入或卖出非金融项目的合同，即使企业按照预定的购买、销售或使用要求签订并持有旨在收取或交付非金融项目的合同的，企业也可以将该合同指定为以公允价值计量且其变动计入当期损益的金融资产或金融负债。企业只能在合同开始时作出该指定，并且必须能够通过该指定消除或显著减少会计错配。该指定一经作出，不得撤销。

会计错配，是指当企业以不同的会计确认方法和计量属性，对在经济上相关的资产和负债进行确认或计量而产生利得或损失时，可能导致的会计确认和计量上的不一致。”

《企业会计准则第22号——金融工具确认和计量（应用指南）》（2018年修订）指出：“以现金或其他金融工具净额结算，或者通过交换金融工具结算的买入或卖出非金融项目的合同可能有以下情况：（1）合同条款允许合同一方以现金或其他金融工具进行净额结算或通过交换金融工具结算。（2）合同条款没有明确规定，但是企业具有对类似合同以现金或其他金融工具进行净额结算或通过交换金融工具进行结算的惯例。（3）企业具有收到合同标的（如贵金属）之后在短期内将其再次出售以从短期波动中获取利润的惯例。（4）作为合同标的的非金融项目易于转换为现金。

符合上述（2）或（3）所述条件的合同并非企业按照预定的购买、出售或使用要求签订并持有、旨在收取或交付非金融项目的合同，因此属于本准则的范围。对于符合上述（1）或（4）所述条件的合同，企业应进行评估以确定其是否为按照预定的购买、出售或使用要求签订并持有、旨在收取或交付非金融项目的合同。”

《企业会计准则第22号——金融工具确认和计量》（2017年修订）第五条规定：“衍生工具，是指属于本准则范围并同时具备下列特征的金融工具或其他合同：（一）其价值随特定利率、金融工具价格、商品价格、汇率、价格指数、费率指数、信用等级、信用指数或其他变量的变动而变动，变量为非金融变量的，该变量不应与合同的任何一方存在特定关系。（二）不要求初始净投资，或者与对市场因素变化预期有类似反应的其他合同相比，要求较少的初始净投资。（三）在未来某一日期结算。

常见的衍生工具包括远期合同、期货合同、互换合同和期权合同等。”

三、案例解析

本案例的核心问题在于B公司签订的这些远期合同是否适用金融工具准则：如果适用金融工具准则，则这些远期合同符合衍生工具的定义，应当在表内作为以公允价值计量且其变动计入当期损益的金融资产/负债核算；如果不适用金融工具准则，除非这些合同成为亏损合同，一般无须在表内核算。

常规非金融项目买卖合同一般不适用金融工具准则，但满足净额结算标准的合同一般应适用金融工具准则，除非企业能够提供证据证明其是按预定的购买、销售或使用要求签订并持有旨在收取或交付非金融项目，包括企业没有上述索引的指南中所述（2）或（3）中的惯例。即使类似合同中有部分合同或者同一合同中有部分标的非金融项目存在（2）或（3）中的惯例，那这些合同通常也应适用金融工具准则。

在本案例中，远期合同所涉及的大宗商品均属于标准化的商品，拥有活跃的交易市场。B公司作为贸易商，一般而言，对于签署的类似合同，会有收到合同约定的大宗商品后将其在短期内出售的惯例（可能并非全部，但往往至少有一部分）。因此，A公司应将这些远期合同应用金融工具准则，将其作为衍生工具分类为以公允价值计量且其变动计入当期损益的金融资产/负债核算。此时，将远期采购合同与远期销售合同同时作为衍生工具核算，也在一定程度上消除或显著减少了会计错配。

案例2－03
应收商业承兑汇票减值问题

一、案例背景

2×19年末，上市公司A应收商业承兑汇票8.4亿元，其中应收B公司5.4亿元，分类为以摊余成本计量的金融资产，均未计提减值准备；A公司同时对B公司有应收账款约10亿元，分类为以摊余成本计量的金融资产，已按公司会计政策计提坏账准备。B公司为上市公司，发生严重亏损，年末资产负债率90%，营运资本为负，已发生严重财务困难。

问题：A公司应收B公司商业承兑汇票期末未计提减值准备是否恰当？

二、会计准则及相关规定

《企业会计准则第22号——金融工具确认和计量》（2017年修订）第四

十条规定："当对金融资产预期未来现金流量具有不利影响的一项或多项事件发生时，该金融资产成为已发生信用减值的金融资产。金融资产已发生信用减值的证据包括下列可观察信息：（一）发行方或债务人发生重大财务困难；（二）债务人违反合同，如偿付利息或本金违约或逾期等；（三）债权人出于与债务人财务困难有关的经济或合同考虑，给予债务人在任何其他情况下都不会做出的让步；（四）债务人很可能破产或进行其他财务重组；（五）发行方或债务人财务困难导致该金融资产的活跃市场消失；（六）以大幅折扣购买或源生一项金融资产，该折扣反映了发生信用损失的事实。

金融资产发生信用减值，有可能是多个事件的共同作用所致，未必是可单独识别的事件所致。"

《企业会计准则第22号——金融工具确认和计量》（2017年修订）第四十六条规定："企业应当按照本准则规定，以预期信用损失为基础，对下列项目进行减值会计处理并确认损失准备：（一）按照本准则第十七条分类为以摊余成本计量的金融资产和按照本准则第十八条分类为以公允价值计量且其变动计入其他综合收益的金融资产……"

《企业会计准则第22号——金融工具确认和计量》（2017年修订）第四十七条规定："预期信用损失，是指以发生违约的风险为权重的金融工具信用损失的加权平均值。信用损失，是指企业按照原实际利率折现的、根据合同应收的所有合同现金流量与预期收取的所有现金流量之间的差额，即全部现金短缺的现值……"

《企业会计准则第22号——金融工具确认和计量》（2017年修订）第四十八条规定："除了按照本准则第五十七条和第六十三条的相关规定计量金融工具损失准备的情形以外，企业应当在每个资产负债表日评估相关金融工具的信用风险自初始确认后是否已显著增加，并按照下列情形分别计量其损失准备、确认预期信用损失及其变动：

（一）如果该金融工具的信用风险自初始确认后已显著增加，企业应当按照相当于该金融工具整个存续期内预期信用损失的金额计量其损失准备。无论企业评估信用损失的基础是单项金融工具还是金融工具组合，由此形成的损失准备的增加或转回金额，应当作为减值损失或利得计入当期损益。

（二）如果该金融工具的信用风险自初始确认后并未显著增加，企业应当按照相当于该金融工具未来12个月内预期信用损失的金额计量其损失准备，无论企业评估信用损失的基础是单项金融工具还是金融工具组合，由此形成的损失准备的增加或转回金额，应当作为减值损失或利得计入当期损益。”

《企业会计准则第 22 号——金融工具确认和计量》（2017 年修订）第五十八条规定：“企业计量金融工具预期信用损失的方法应当反映下列各项要素：（一）通过评价一系列可能的结果而确定的无偏概率加权平均金额。（二）货币时间价值。（三）在资产负债表日无须付出不必要的额外成本或努力即可获得的有关过去事项、当前状况以及未来经济状况预测的合理且有依据的信息。”

《企业会计准则第 22 号——金融工具确认和计量》（2017 年修订）第五十九条规定：“对于适用本准则有关金融工具减值规定的各类金融工具，企业应当按照下列方法确定其信用损失：（一）对于金融资产，信用损失应为企业应收取的合同现金流量与预期收取的现金流量之间差额的现值……”

《企业会计准则第 22 号——金融工具确认和计量》（2017 年修订）第六十条规定：“企业应当以概率加权平均为基础对预期信用损失进行计量。企业对预期信用损失的计量应当反映发生信用损失的各种可能性，但不必识别所有可能的情形。”

三、案例解析

以摊余成本计量的应收票据及应收账款，无论其是否存在发生信用减值的客观证据，A 公司均应采用预期信用损失的方法按照整个存续期内预期信用损失或 12 个月内预期信用损失计提坏账准备。

在本案例中，B 公司已发生严重财务困难，表明 A 公司应收 B 公司账款及商业承兑汇票均已发生信用减值，A 公司应按照整个存续期内的预期信用损失计量其损失准备，具体核算科目的不同不应影响其减值的判断和计提。

在计量预期信用损失时，对于应收票据，应考虑不同票据的违约风险。例如对于银行承兑汇票与商业承兑汇票，由于交易对手方性质不同，其违约风险可能不同；而对于银行承兑汇票，信用等级较高的银行与信用等级不高的银行，其签发的银行承兑汇票的违约风险可能不同；同样，对于商业承兑汇票，信用和财务状况较好的企业与信用和财务状况较差的企业，其签发的商业承兑汇票的违约风险也可能不同，取得汇票的企业面临的票据减值风险亦可能有所不同。

在实务中，很多公司忽视了对应收票据减值的考虑。无论是应收银行承兑汇票还是应收商业承兑汇票，均应按照企业会计准则预期信用损失的计提要求恰当计提减值。

案例 2－04
以外币标价的可转换优先股的会计处理

一、案例背景

A 公司为上市公司，B 公司为 A 公司的子公司，B 公司为香港联交所主板上市公司，记账本位币为人民币。B 公司于 2×18 年 1 月向 C 公司发行以美元结算的可优先赎回可转换优先股（以下简称 A 类优先股），募集资金 2,000 万美元，A 类优先股的主要条款如下：

1. A 类优先股持有人可于首日交易完成后满 6 周年前随时将 A 类优先股按合同约定的美元价格转换为固定数量的普通股；A 类优先股持有人有权收取固定累计股息，金额为 A 类优先股股本金额的 5.5%。如果 A 类优先股持有人在首日交易完成后的 6 周年内，没有选择将 A 类优先股转换为普通股，则发行人（B 公司）需要在 6 年到期时按面值赎回 A 类优先股。

2. 应 C 公司要求，B 公司应于发生特定情况下，以现金按面值赎回 C 公司当时持有的 A 类优先股。

A 公司在其 2×18 年度合并财务报表中将 A 类优先股作为可转换公司债券并按照原值核算，按期支付的股息按照财务费用进行处理。

为 B 公司提供年度财务报表审计服务的会计师认为：A 类优先股为一项金融负债而非权益工具，由于 A 类优先股以记账本位币以外的货币计价，B 公司应将 A 类优先股的转换权作为衍生金融工具按照公允价值计量，其公允价值变动应计入当期损益。

为 A 公司提供年度财务报表审计服务的会计师认为：A 类优先股类似国内的可转换债券，在转股前能够享有固定的利息收入，在转股后又与普通股享有同等的权利，如作为衍生金融工具核算，则 B 公司的股价波动会导致 B

公司损益随之变化，进而影响 A 公司的经营业绩，故认同 A 公司的会计处理方法。

问题：A 公司的上述会计处理是否正确？

二、会计准则及相关规定

《企业会计准则第 37 号——金融工具列报》（2017 年修订）第七条规定："企业应当根据所发行金融工具的合同条款及其所反映的经济实质而非仅以法律形式，结合金融资产、金融负债和权益工具的定义，在初始确认时将该金融工具或其组成部分分类为金融资产、金融负债或权益工具。"

《企业会计准则第 37 号——金融工具列报》（2017 年修订）第八条规定："金融负债，是指企业符合下列条件之一的负债：

（一）向其他方交付现金或其他金融资产的合同义务。

（二）在潜在不利条件下，与其他方交换金融资产或金融负债的合同义务。

（三）将来须用或可用企业自身权益工具进行结算的非衍生工具合同，且企业根据该合同将交付可变数量的自身权益工具。

（四）将来须用或可用企业自身权益工具进行结算的衍生工具合同，但以固定数量的自身权益工具交换固定金额的现金或其他金融资产的衍生工具合同除外。企业对全部现有同类别非衍生自身权益工具的持有方同比例发行配股权、期权或认股权证，使之有权按比例以固定金额的任何货币换取固定数量的该企业自身权益工具的，该类配股权、期权或认股权证应当分类为权益工具。其中，企业自身权益工具不包括应按照本准则第三章分类为权益工具的金融工具，也不包括本身就要求在未来收取或交付企业自身权益工具的合同。"

《企业会计准则第 37 号——金融工具列报》（2017 年修订）第九条规定："权益工具，是指能证明拥有某个企业在扣除所有负债后的资产中的剩余权益的合同。企业发行的金融工具同时满足下列条件的，符合权益工具的定义，应当将该金融工具分类为权益工具：

（一）该金融工具应当不包括交付现金或其他金融资产给其他方，或在潜在不利条件下与其他方交换金融资产或金融负债的合同义务；

（二）将来须用或可用企业自身权益工具结算该金融工具。如为非衍生工具，该金融工具应当不包括交付可变数量的自身权益工具进行结算的合同义务；如为衍生工具，企业只能通过以固定数量的自身权益工具交换固定金额的现金或其他金融资产结算该金融工具。企业自身权益工具既不包括应按照本准则第三章分类为权益工具的金融工具，也不包括本身就要求在未来收取或交付企业自身权益工具的合同。”

《企业会计准则第 37 号——金融工具列报》（2017 年修订）第十四条规定：“企业应对发行的非衍生工具进行评估，以确定所发行的工具是否为复合金融工具。企业所发行的非衍生工具可能同时包含金融负债成分和权益工具成分。对于复合金融工具，发行方应于初始确认时将各组成部分分别分类为金融负债、金融资产或权益工具。

企业发行的一项非衍生工具同时包含金融负债成分和权益工具成分的，应于初始计量时先确定金融负债成分的公允价值（包括其中可能包含的非权益性嵌入衍生工具的公允价值），再从复合金融工具公允价值中扣除负债成分的公允价值，作为权益工具成分的价值。复合金融工具中包含非权益性嵌入衍生工具的，非权益性嵌入衍生工具的公允价值应当包含在金融负债成分的公允价值中，并且按照《企业会计准则第 22 号——金融工具确认和计量》的规定对该金融负债成分进行会计处理。”

《企业会计准则第 37 号——金融工具列报（应用指南）》（2018 年修订）指出：“一般来说，如果企业的某项合同是通过固定金额的外币（即企业记账本位币以外的其他货币）交换固定数量的自身权益工具进行结算，由于固定金额的外币代表的是以企业记账本位币计价的可变金额，因此不符合‘固定换固定’原则。”

《企业会计准则第 22 号——金融工具确认和计量》（2017 年修订）第二十三条规定：“嵌入衍生工具，是指嵌入到非衍生工具（即主合同）中的衍生工具。嵌入衍生工具与主合同构成混合合同。该嵌入衍生工具对混合合同的现金流量产生影响的方式，应当与单独存在的衍生工具类似，且该混合合同的全部或部分现金流量随特定利率、金融工具价格、商品价格、汇率、价格指数、费率指数、信用等级、信用指数或其他变量变动而变动，变量为非金融变量的，该变量不应与合同的任何一方存在特定关系。”

《企业会计准则第 22 号——金融工具确认和计量》（2017 年修订）第二十五条规定：“混合合同包含的主合同不属于本准则规范的资产，且同时符合下列条件的，企业应当从混合合同中分拆嵌入衍生工具，将其作为单独存在的衍生工具处理：（一）嵌入衍生工具的经济特征和风险与主合同的经济特征和风险不紧密相关。（二）与嵌入衍生工具具有相同条款的单独工具符合衍生工具的定义。（三）该混合合同不是以公允价值计量且其变动计入当期损益进行会计处理。”

《企业会计准则第22号——金融工具确认和计量》（2017年修订）第二十六条规定：“混合合同包含一项或多项嵌入衍生工具，且其主合同不属于本准则规范的资产的，企业可以将其整体指定为以公允价值计量且其变动计入当期损益的金融工具。但下列情况除外：（一）嵌入衍生工具不会对混合合同的现金流量产生重大改变。（二）在初次确定类似的混合合同是否需要分拆时，几乎不需分析就能明确其包含的嵌入衍生工具不应分拆。如嵌入贷款的提前还款权，允许持有人以接近摊余成本的金额提前偿还贷款，该提前还款权不需要分拆。”

《企业会计准则第22号——金融工具确认和计量（应用指南）》（2018年修订）指出：“嵌入在主债务工具或保险合同中的看涨期权、看跌期权或提前偿付选择权不与主合同工具紧密相关，除非在每一行权日，该期权的行权价大致等于主债务工具的摊余成本或主保险合同的账面价值，或者提前偿付选择权的行权价格包含了对债权人的补偿，且该补偿不应超过相当于主合同剩余存续期内的利息损失的现值。”

三、案例解析

企业发行的带有转股权的公司债券或优先股，通常包含两个组成部分：（1）发行方按照合同约定支付利息，以及在未转换为普通股时归还本金的义务；（2）发行方签发的赋予债券持有人的一项转股选择权。第一个组成部分属于不可避免的合同支付义务，属于金融负债；第二个组成部分属于一项将来须用企业自身权益工具进行结算的衍生工具，如果该项衍生工具是以固定数量的自身权益工具交换固定金额的现金或其他金融资产进行结算的，则应该分类为权益工具；否则，应作为衍生金融负债核算。

此外，在实务中此类公司债券或优先股，除了可转换权之外，通常还会有其他的带有衍生工具特征的合同条款，例如，可回售权（Put Option，也称看跌期权）、可赎回权（Call Option，也称看涨期权）、提前还款权（Prepayment Option）等。这些嵌入衍生工具，如果其行权价在每一行权日大致等于主债务工具的摊余成本，或者提前还款权的行权价格包含了对债权人的补偿，且该补偿不应超过相当于主合同剩余存续期内的利息损失的现值，则其与主债务工具紧密相关，不需要单独分拆衍生工具；否则，应当单独作为一项衍生工具进行核算。

在本案例中，B公司所发行的A类优先股定期支付利息以及在未转换为普通股时归还本金，使B公司承担了不可避免的合同支付义务，属于金融负债。同时，根据合同条款，A类优先股持有人获得一项可于未来一定期间内，将该优先股转换为普通股的权利，即持有人获得一项可于未来购买B公司股票的看涨期权（Call Option），对于发行人来说则属于签发了一项看涨期权，该看涨期权属于未来须以B公司自身权益工具结算的嵌入衍生工具，应当首先根据《企业会计准则第37号——金融工具列报》（2017年修订）的有关规定，判断应当分类为权益工具还是金融负债。B公司的记账本位币为人民币，而将来优先股持有人在行使转股权时，是以美元为结算货币的，因此，即使每股的转股价格是固定金额的美元，由于美元与人民币的汇率为浮动汇率，将来转股时，B公司发行固定数量的自身权益工具所换得的现金按照人民币计价是非固定的金额，该金额取决于转股当日人民币与美元的即期汇率。A类优先股的转股权无法以固定金额的人民币现金换取固定数量的股票进行结算，因此，不应分类为权益工具，而应分类为金融负债。

此外，包括上述分类为金融负债的嵌入式可转换权在内，合同中还有其他嵌入衍生工具，例如，持有人可于特定事件发生时，要求B公司以现金赎回该优先股（即持有人获得的一项针对该优先股的看跌期权，同时就发行方而言，属于签发了一项看跌期权）。这些嵌入衍生工具，应当根据《企业会计准则第22号——金融工具确认和计量》（2017年修订）的有关规定，判断其与主合同的关系，考虑两者的经济特征及风险，以确定是否需要分拆。本案例中，主合同属于债务工具，其风险主要为利率风险，而可转换权的风险主要为股价风险，两者的关系不紧密相关，因此可转换权应当进行分拆，单独按照衍生工具的有关规定，以公允价值进行初始及后续计量，其公允价值变动计入当期损益。对于看跌期权，根据合同条款，要求B公司按照面值以现金赎回优先股。由于分拆了可转换权，主债务工具的实际利率不太可能与合同利率相同，也就是说，主债务工具的摊余成本不太可能与面值大致相等。因此，该看跌期权与主债务工具不紧密相关，应当确认为一项单独的衍生工具，以公允价值进行初始及后续计量，其公允价值变动计入当期损益。

此外，B公司发行的可转换优先股包含多项嵌入衍生工具，且其主合同不属于《企业会计准则第22号——金融工具确认和计量》（2017年修订）规范的资产，B公司可以将其整体指定为以公允价值计量且其变动计入当期损益的金融负债。

综上所述，B公司对于发行的可转换优先股中主债务合同应当按照摊余成本进行后续计量，对于转股权和看跌期权，应当单独以公允价值计量且其变动计入当期损益，除非B公司将可转换优先股整体指定为以公允价值计量且其变动计入当期损益的金融负债。也就是说，A公司的会计处理不正确。

案例2-05
金融资产的终止确认

实质重于形式是企业进行会计处理、选择会计政策的前提。企业发生的交易或事项在多数情况下其经济实质和法律形式是一致的，但在有些情况下，因为某些特别的需要，企业会进行一些经济实质和法律形式不一致的交易。实质重于形式要求企业应当按照交易或者事项的经济实质进行会计确认、计量和报告，不仅仅以交易或者事项的法律形式为依据。其中，对于金融资产的终止确认，企业会计准则规定了一系列的条件。实务中，往往需要结合具体合同条款，按照实质重于形式的原则，考虑在涉及金融资产转移的交易中，相关金融资产是否能够终止确认。

一、案例背景

A公司为上市公司，2×18年6月，A公司与第三方B公司签订股权转让框架协议，将C公司15%的股权转让给B公司（转让前A公司将持有的股权确认为金融资产）。协议明确此次股权转让标的为C公司15%的股权，总价款5.4亿元，B公司分三次支付，2×18年支付了第一笔款项1.8亿元。为了保证B公司的利益，A公司在2×18年将C公司5%的股权变更登记为B公司，但B公司暂时并不拥有与该5%股权对应的表决权，也不拥有分配该5%股权对应的利润的权利。

问题：A公司是否应该在2×18年度确认该5%股权的处置损益？

二、会计准则及相关规定

《企业会计准则——基本准则》第十六条规定："企业应当按照交易或者事项的经济实质进行会计确认、计量和报告，不应仅以交易或者事项的法律形式为依据。"

《企业会计准则第22号——金融工具确认和计量》（2017年修订）第十一条对金融资产的终止确认作出了原则性的规定："金融资产满足下列条件之一的，应当终止确认：（一）收取该金融资产现金流量的合同权利终止。（二）该金融资产已转移，且该转移满足《企业会计准则第23号——金融资产转移》关于金融资产终止确认的规定。

本准则所称金融资产或金融负债终止确认，是指企业将之前确认的金融资产或金融负债从其资产负债表中予以转出。"

《企业会计准则第23号——金融资产转移》（2017年修订）第六条则对金融资产转移作出了更明确的规定："金融资产转移，包括下列两种情形：

（一）企业将收取金融资产现金流量的合同权利转移给其他方。

（二）企业保留了收取金融资产现金流量的合同权利，但承担了将收取的该现金流量支付给一个或多个最终收款方的合同义务，且同时满足下列条件：1. 企业只有从该金融资产收到对等的现金流量时，才有义务将其支付给最终收款方。企业提供短期垫付款，但有权全额收回该垫付款并按照市场利率计收利息的，视同满足本条件。2. 转让合同规定禁止企业出售或抵押该金融资产，但企业可以将其作为向最终收款方支付现金流量义务的保证。3. 企业有义务将代表最终收款方收取的所有现金流量及时划转给最终收款方，且无重大延误。企业无权将该现金流量进行再投资，但在收款日和最终收款方要求的划转日之间的短暂结算期内，将所收到的现金流量进行现金或现金等价物投资，并且按照合同约定将此类投资的收益支付给最终收款方的，视同满足本条件。"

《企业会计准则第23号——金融资产转移》（2017年修订）第七条规定："企业在发生金融资产转移时，应当评估其保留金融资产所有权上的风险和报酬的程度，并分别下列情形处理：

（一）企业转移了金融资产所有权上几乎所有风险和报酬的，应当终止确认该金融资产，并将转移中产生或保留的权利和义务单独确认为资产或负债。

（二）企业保留了金融资产所有权上几乎所有风险和报酬的，应当继续确认该金融资产。

（三）企业既没有转移也没有保留金融资产所有权上几乎所有风险和报酬的（即除本条（一）、（二）之外的其他情形），应当根据其是否保留了对金融资产的控制，分别下列情形处理：

1. 企业未保留对该金融资产控制的，应当终止确认该金融资产，并将转移中产生或保留的权利和义务单独确认为资产或负债。

2. 企业保留了对该金融资产控制的，应当按照其继续涉入被转移金融资产的程度继续确认有关金融资产，并相应确认相关负债。”

三、案例解析

金融资产是以合同为基础而存在的。金融资产的终止确认，也是围绕着金融资产相关的合同权利展开的。企业会计准则规定金融资产在两种情形下，应当终止确认。一种情形是收取金融资产现金流量的合同权利已终止。例如，应收账款到期收回欠款，该合同权利就自然终止。另一种情形是金融资产已经转移且该转移符合准则规定的终止确认条件。所谓金融资产已转移指的是以下两种情况之一：（1）企业将收取金融资产现金流量的合同权利转移给其他方；（2）将金融资产转移给另一方，但保留收取金融资产现金流量的合同权利，并承担将收取的现金流量支付给最终收款方的合同义务。此时，只有在金融资产已经转移的情况下，才能根据准则的规定进行终止确认的判断。因此，在收取金融资产现金流量的合同权利并未终止的情形下，金融资产转移是金融资产终止确认的一个必要前提。

本案例中，A 公司名义上将 5% 的股权转让给 B 公司，属于将收取金融资产现金流量的合同权利转移给其他方，但是实质上，B 公司并没有拥有对应的表决权，也并不享有股权对应的利润分配权，即 A 公司保留了金融资产所有权上几乎所有风险和报酬，应当继续确认该金融资产。因此，A 公司不应当确认该 5% 股权的处置损益，应将收到的款项作为金融负债处理。

案例 2 – 06
应收票据的终止确认

一、案例背景

A 公司将从第三方客户取得的尚未到期的银行承兑汇票向银行贴现取得资金。

问题：A 公司是否应该终止确认该银行承兑汇票？如何对贴现息进行会计处理？

二、会计准则及相关规定

《企业会计准则第 23 号——金融资产转移》（2017 年修订）第五条规定："金融资产满足下列条件之一的，应当终止确认：（一）收取该金融资产现金流量的合同权利终止。（二）该金融资产已转移，且该转移满足本准则关于终止确认的规定。"

《企业会计准则第 23 号——金融资产转移》（2017 年修订）第七条规定："企业在发生金融资产转移时，应当评估其保留金融资产所有权上的风险和报酬的程度，并分别下列情形处理：

（一）企业转移了金融资产所有权上几乎所有风险和报酬的，应当终止确认该金融资产，并将转移中产生或保留的权利和义务单独确认为资产或负债。

（二）企业保留了金融资产所有权上几乎所有风险和报酬的，应当继续确认该金融资产。

（三）企业既没有转移也没有保留金融资产所有权上几乎所有风险和报酬的［即除本条（一）、（二）之外的其他情形］，应当根据其是否保留了对金融资产的控制，分别下列情形处理：

1. 企业未保留对该金融资产控制的，应当终止确认该金融资产，并将转移中产生或保留的权利和义务单独确认为资产或负债。

2. 企业保留了对该金融资产控制的，应当按照其继续涉入被转移金融资产的程度继续确认有关金融资产，并相应确认相关负债。

继续涉入被转移金融资产的程度，是指企业承担的被转移金融资产价值变动风险或报酬的程度。”

《企业会计准则第 23 号——金融资产转移（应用指南）》（2018 年修订）指出：“关于这里所指的‘几乎所有风险和报酬’，企业应当根据金融资产的具体特征作出判断。需要考虑的风险类型通常包括利率风险、信用风险、外汇风险、逾期未付风险、提前偿付风险（或报酬）、权益价格风险等。”

《企业会计准则第 23 号——金融资产转移》（2017 年修订）第十四条规定：“金融资产转移整体满足终止确认条件的，应当将下列两项金额的差额计入当期损益：（一）被转移金融资产在终止确认日的账面价值。（二）因转移金融资产而收到的对价……”

《企业会计准则第 23 号——金融资产转移》（2017 年修订）第十七条规定：“企业保留了被转移金融资产所有权上几乎所有风险和报酬而不满足终止确认条件的，应当继续确认被转移金融资产整体，并将收到的对价确认为一项金融负债。”

三、案例解析

（一）银行承兑汇票是否终止确认

在判断承兑汇票贴现是否将所有权上几乎所有的风险和报酬转移时，应注意承兑汇票的风险不仅包括信用风险，还应综合考虑其他风险，如利率风险、延期付款风险及外汇风险等。我国票据法规定：“汇票到期被拒绝付款的，持票人可以对背书人、出票人以及汇票的其他债务人行使追索权。”因此，无论是银行承兑汇票还是商业承兑汇票，票据贴现或背书后，其所有权相关的信用风险及延期付款风险并没有转移给银行或被背书人。根据信用风险及延期付款风险的大小，可将应收票据分为两类：一类是由信用等级较高的银行承兑的汇票，其信用风险和延期付款风险很小，相关的主要风险是利率风险；另一类是由信用等级不高的银行承兑的汇票或由企业承兑的商业承兑汇票，此类票据的主要风险为信用风险和延期付款风险。

本案例应视情况而定，如果 A 公司用于贴现的银行承兑汇票是由信用等级较高的银行承兑，随着票据的贴现，信用风险和延期付款风险很小，并且票据相关的利率风险已转移给银行，因此可以判断票据所有权上的主要风险和报酬已经转移，可以终止确认；如果A公司用于贴现的银行承兑汇票是由信用等级不高的银行承兑，贴现不影响追索权，票据相关的信用风险和延期付款风险仍没有转移，不应终止确认。

（二）贴现息的会计处理

应收票据终止确认时，贴现息（即贴现金额和票面金额的差额）应在票据终止确认时立即确认为投资收益，而不是在贴现日至票据到期日之间摊销；应收票据未终止确认时，贴现取得的资金确认为一项金融负债（即银行借款），根据《企业会计准则第22号——金融工具确认和计量》（2017年修订），按摊余成本对银行借款进行后续计量，贴现息应在贴现日至票据到期日之间分摊确认为利息费用。

在编制现金流量表时，对于因销售商品或提供劳务从客户取得银行承兑汇票进行贴现的情况，如果票据在贴现时终止确认，贴现取得的现金应作为经营活动现金流入；如果票据在贴现时不满足终止确认条件，贴现取得的现金应作为筹资活动现金流入。如果出票人在票据到期日直接向持票银行付款，即持票银行不向贴现方追索，A公司账面应收票据与短期借款同时减少，不涉及实际现金收付，现金流量表不反映该交易，若有关金额影响重大，企业应在财务报表附注中就此类交易对现金流量的影响予以说明。

案例2－07
与发行股份相关的交易费用

企业发行股份通常会发生一系列与发行直接或间接相关的费用。这些费用通常包括承销费、保荐费、审计费、律师费、评估费以及其他一系列宣传费等。对于公开发行股份并上市的企业来说，这些费用往往较为重大。因此，这些费用的会计处理，对企业的经营成果会有较大的影响。

一、案例背景

A公司是上市公司，2×15年A公司投资拟上市公司B，并持有B公司

100%股权。2×18年9月1日B公司首次公开发行股票并在A股上市，发行新股总计6,000万股，每股发行价人民币7元。2×15年到2×18年间，B公司发生的费用包括：2×15年、2×16年和2×17年年报会计师审计费用每年50万元，申报报表会计师审计费用200万元，券商承销费200万元，保荐费200万元，财经公关费200万元，上市酒会费100万元。

问题：B公司应如何列报上述各项费用？

二、会计准则及相关规定

《企业会计准则第37号——金融工具列报》（2017年修订）第二十三条规定："与权益性交易相关的交易费用应当从权益中扣减。

企业发行或取得自身权益工具时发生的交易费用（例如登记费，承销费，法律、会计、评估及其他专业服务费用，印刷成本和印花税等），可直接归属于权益性交易的，应当从权益中扣减。终止的未完成权益性交易所发生的交易费用应当计入当期损益。"

《企业会计准则第37号——金融工具列报（应用指南）》（2018年修订）规定："与权益性交易相关的交易费用应当从权益中扣减。交易费用是指可直接归属于购买、发行或处置金融工具的增量费用。只有那些可直接归属于发行新的权益工具或者购买此前已经发行在外的权益工具的增量费用才是与权益交易相关的费用。"

《财政部关于执行企业会计准则的上市公司和非上市企业做好2010年年报工作的通知》（财会〔2010〕25号）明确："（七）正确对因发行权益性证券而发生的有关费用进行会计处理。企业为发行权益性证券（包括作为企业合并对价发行的权益性证券）发生的审计、法律服务、评估咨询等交易费用，应当分别按照《企业会计准则解释第4号》和《企业会计准则第37号——金融工具列报》的规定进行会计处理；但是，发行权益性证券过程中发生的广告费、路演费、上市酒会费等费用，应当计入当期损益。"

三、案例解析

根据企业会计准则的规定，发行权益工具属于权益性交易，其交易费用可以自发行收入中抵减并计入所有者权益。企业在发行过程中发生的一系列费用，计入所有者权益需满足两个条件：一是必须和发行有关，二是必须实质上是交易费用。

在发行阶段发生的费用，并不一定全部是交易费用。符合交易费用条件的费用应具备两个特征：直接和新增（或增量）。“直接”是指直接归属于金融工具购买、发行或处置的费用。企业发行过程中发生的一些路演等宣传费，就不属于直接相关的费用，因为企业路演的作用主要为广告宣传，与企业发行股份并没有直接的关系。“新增”是指企业不购买、发行或处置金融工具就不会发生的费用。企业发行股份需要支付给券商的承销费就是一种新增费用，因为不发行股份，就不需要支付承销费用，因此，承销费用不但是新增费用，而且是直接相关的费用。

在本案例中，B 公司首次公开发行发生的有关费用，应按照企业会计准则有关交易费用的定义以及财会〔2010〕25 号文处理。

1. B 公司首发申报报表会计师审计费用、券商承销费和保荐费共计 600 万元，属于与发行权益性证券直接相关的新增费用，应自权益性证券的发行溢价中扣减，发行溢价不足扣减或无发行溢价的，应冲减盈余公积，盈余公积不足冲减的，不足部分再从未分配利润中冲减。

2. B 公司发行权益性证券过程中发生的财经公关费和上市酒会费共计 300 万元，与发行权益性证券并不直接相关，应计入发生年度损益。

3. 2×15 年至 2×17 年年度报告审计费用共计 150 万元，不属于发行阶段发生的费用，既不是与发行权益性证券直接相关的费用，也不是新增的费用，应计入各相关年度管理费用。

案例 2－08
黄金租赁业务的会计处理

一、案例背景

A 公司为一家黄金生产企业，由于银行信贷额度紧张，其采用向银行租赁黄金并立即将黄金在现货市场出售以获得现金的方式融资。该公司于

2×18年1月5日向银行借入黄金1,000千克，借入期限为1年，于2×19年1月5日到期，按借入日的黄金市场价格300元/克确定基数计算借贷利息。根据黄金借贷合同，公司与银行约定到期时可归还相同数量的黄金或与归还日黄金现货市场价格等值的货币。

为了规避因借金而引起的黄金价格波动风险，A公司决定对上述黄金借贷合同通过黄金期货进行套期保值，即于2×18年1月5日从上海期货交易所买入同等数量的1年期黄金期货合约对其进行套期保值。

问题：A公司上述黄金租赁业务应如何进行会计处理？

二、会计准则及相关规定

《企业会计准则第22号——金融工具确认和计量》（2017年修订）第二十三条规定："嵌入衍生工具，是指嵌入到非衍生工具（即主合同）中的衍生工具。嵌入衍生工具与主合同构成混合合同。该嵌入衍生工具对混合合同的现金流量产生影响的方式，应当与单独存在的衍生工具类似，且该混合合同的全部或部分现金流量随特定利率、金融工具价格、商品价格、汇率、价格指数、费率指数、信用等级、信用指数或其他变量变动而变动，变量为非金融变量的，该变量不应与合同的任何一方存在特定关系。"

《企业会计准则第22号——金融工具确认和计量》（2017年修订）第二十五条规定："混合合同包含的主合同不属于本准则规范的资产，且同时符合下列条件的，企业应当从混合合同中分拆嵌入衍生工具，将其作为单独存在的衍生工具处理：（一）嵌入衍生工具的经济特征和风险与主合同的经济特征和风险不紧密相关。（二）与嵌入衍生工具具有相同条款的单独工具符合衍生工具的定义。（三）该混合合同不是以公允价值计量且其变动计入当期损益进行会计处理。"

《企业会计准则第22号——金融工具确认和计量》（2017年修订）第二十六条规定："混合合同包含一项或多项嵌入衍生工具，且其主合同不属于本准则规范的资产的，企业可以将其整体指定为以公允价值计量且其变动计入当期损益的金融工具。但下列情况除外：（一）嵌入衍生工具不会对混合合同的现金流量产生重大改变。（二）在初次确定类似的混合合同是否需要分拆时，几乎不需分析就能明确其包含的嵌入衍生工具不应分拆。如嵌入贷款的提前还款权，允许持有人以接近摊余成本的金额提前偿还贷款，该提前还款权不需要分拆。”

《企业会计准则第 22 号——金融工具确认和计量（应用指南）》（2018 年修订）指出：“嵌入在主债务工具或保险合同中且与商品价格挂钩的利息或本金支付额（即利息或本金金额与商品价格挂钩），不与主合同工具紧密相关，因为内含在主合同工具的风险与嵌入衍生工具中的风险不同。”

三、案例解析

在本案例中，A 公司因融资目的与银行签订黄金借贷合同，且在取得黄金后立即将黄金在现货市场出售并获取现金，因此，A 公司上述黄金借贷合同形成未来偿还义务，应初始确认为金融负债。

由于公司没有计划以自产黄金归还银行，所以在合同到期时，无论公司以市场购入的黄金还是以归还日黄金现货市场价格等值的货币归还，未来需偿付负债的公允价值均将面临黄金价格的波动风险。因此，根据《企业会计准则第 22 号——金融工具确认与计量》（2017 年修订）第二十三条规定，该黄金借贷合同为混合工具，即债务主合同中嵌入了一项随着黄金市场价格波动而变动的衍生工具，其经济特征类似于未来以不确定价格买入黄金的净额结算的远期合同。

根据《企业会计准则第 22 号——金融工具确认和计量》（2017 年修订）的规定，A 公司可以选择将黄金借贷合同这一混合工具整体指定为以公允价值计量且其变动计入当期损益的金融负债。另外，由于嵌入衍生工具面临的主要是黄金价格的波动风险，而主合同面临的主要是利率风险，嵌入衍生工具的经济特征和风险与主合同不密切相关，所以 A 公司也可以选择将嵌入衍生工具与主合同分开核算，拆分后的衍生工具根据准则规定，应当按照公允价值计量且其变动计入当期损益。因此，在本案例中，对于上述黄金借贷合同这一混合工具，无论 A 公司选择将该混合工具整体指定为以公允价值计量且其变动计入当期损益的金融负债，还是将嵌入衍生工具从混合工具中拆分出来单独核算，结果均是以公允价值计量且其变动计入当期损益。而黄金期货合同本身作为衍生工具，是以公允价值计量且其变动计入当期损益。因此，上述黄金借贷和黄金期货两个合同各自按照会计准则规定计量后的结果对公司损益的影响已经能在很大程度上相互抵销，无须使用套期会计即能达到套期会计的效果。

【相关案例】

以融资为目的的黄金租赁业务的会计处理

（一）案例背景

情形一：以融资为目的，甲上市公司与银行签订黄金租赁合约，约定从银行租入一定数量某成色（如Au99.95）的黄金，按照租借日所租黄金市价的固定费率（如3.5%）支付租金，于租约到期日向银行偿还同质同量的黄金。该租赁合同未要求银行将黄金过户给公司，而是于合同生效日将租入的黄金出售给该银行，并于到期日向该银行购回相同数量的黄金以了结租赁义务。上述即期出售和远期购回黄金的价格系合同双方通过谈判事先约定，不一定与出售日或购回日的市场价格相同。

情形二：以融资为目的，乙上市公司与银行签订黄金租赁合约，约定从银行租入一定数量某成色（如Au99.95）的黄金，按照租借日所租黄金市价的固定费率（如3.5%）支付租金，于租约到期日向银行偿还同质同量的黄金。该租赁合同要求银行将黄金过户给公司，并由公司自主决定在交易所市场出售和购回的时机，并承担由此产生的市场价格波动的风险。公司在交易所市场出售黄金后，并未签订远期黄金买卖合同以锁定上述风险。租赁合同到期日前，公司判断黄金价格将要大幅上涨，为节省融资成本，公司提前购入黄金以待到期日交割给银行。

情形三：以融资为目的，丙上市公司与银行签订黄金租赁合约，约定从银行租入一定数量某成色（如Au99.95）的黄金，按照租借日所租黄金市价的固定费率（如3.5%）支付租金，于租约到期日向银行偿还同质同量的黄金。该租赁合同要求银行将黄金过户给公司，并由公司自主决定在交易所市场出售和购回的时机，并承担由此产生的市场价格波动的风险。为锁定上述风险，公司在与银行签订租赁合同的同时选择与同一家银行按照彼时的远期市场价格达成远期黄金买卖合同，该合同可以通过全额或净额方式交割。上述两项交易尽管在标的物、签约时间和交易对手方面相同，但合同条款彼此独立且都是按照市场条件达成。

问题：针对上述以融资为目的的黄金租赁交易，应如何进行会计处理？

（二）会计准则及相关规定

《国际财务报告准则第9号——金融工具（应用指南）》第B.6段有关内容阐释“衍生工具的定义：抵销贷款”时，对于多项合同叠加可作为一项衍生工具时指出：“作出这种判断的迹象包括：同时签订并且互为条件；具有相同的交易对手方；与相同的风险相关；没有明显的经济需要或实质的商业目的将原本在单项交易中不能完成的交易分成若干交易。”

（三）案例解析

黄金是商品，不是会计准则所定义的金融资产。同时，案例中的黄金不是一项特定资产，因而也不适用租赁准则。由于银行信贷额度紧张等原因，不少公司采用向银行租赁黄金并立即将黄金出售以获得现金的方式向银行融资，但实务中存在各种不同的交易安排，应根据具体安排进行相应会计处理。

情形一：在该情形下，甲公司在与银行签订黄金租赁合约的同时，与该银行签订在租赁合同生效日卖出黄金的合约和在到期日购回黄金的远期合约，三项合同同时签订并且互为条件，合同为与同一家银行签订，均面临黄金价格波动的风险。同时，A公司作为黄金租入方无法接触到租赁资产黄金，无法决定租赁资产的利用方式（如卖空时机或价格），并且不受“卖空（租赁资产）”期间黄金价格波动的影响，而仅仅在合同生效日收取现金流量后承担了一项于未来期间归还某一确定金额的现金流量的义务，三项合同互为条件，单独而言不具有商业实质，实质上为一项资金借贷交易。

根据上述分析，该情形下交易符合《国际财务报告准则第9号——金融工具（应用指南）》第B.6段中关于多个合同视为一项交易处理的条件，其实质为一项银行借贷交易，甲公司应确认为一项金融负债。

情形二：在此情形下，黄金租赁交易中要求银行将黄金过户至乙公司，且乙公司与银行未签订即期卖出或远期买卖黄金合同，而是由乙公司自主决定在交易所市场出售和购回的时机，并承担由此产生的黄金市场价格波动的风险。

在此情况下，关于黄金租赁交易的会计处理，理论和实务界存在资产负债表观和利润表观两派不同观点：

观点一认为，公司租入黄金后持有并控制黄金，应该确认为一项资产，同时存在一项未来需要向银行归还黄金的义务，因而应确认一项以公允价值计量的负债。待未来黄金卖出时点，再做卖出黄金资产处理。

观点二认为，虽然公司在租赁期实际占有和有权使用黄金，但与黄金价格有关的风险和报酬实质上仍由银行承担和享有，因此公司并不需进行除租赁费之外的其他任何会计处理，只有当公司将租入黄金在市场上卖掉时，才形成一笔将来需买入黄金以归还银行的义务，即在黄金卖出时点确认一项以公允价值计量的负债。

在此情形下，在公司购入黄金时的会计处理，也存在两派不同观点：

观点一认为，从市场购入黄金是资产初始确认的问题，与负债的终止确认属于彼此独立的问题，企业购入现货黄金并不必然等同于结算或抵销负债，故认为应当确认一项资产。

观点二认为，从“风险和报酬是否转移”的角度出发，租赁存续期间从市场上购入黄金的时点，上述归还黄金义务所面临的市场风险敞口已经消除，因此公司购入黄金后应当立即终止确认上述确认的以公允价值计量的负债。

情形三：在该情形下，丙公司在与银行签订黄金租赁的同时，与交易对手方签订了一项远期买入黄金的合同，这两项交易尽管在标的物、签约时间和交易对手方面相同，但合同条款彼此独立且都是按照市场条件达成，如何进行会计处理，理论和实务界中也存在不同的观点：

观点一认为，黄金租赁交易和黄金远期合同为同一时点、与同一交易对手签订的，从银行的角度而言，黄金租赁交易可视同为银行即期转移、远期按照转移价格扣除租赁费用购回黄金的交易，那么，在此基础上签订固定价格的黄金远期卖出合同，意味着银行在租赁日已转移黄金的风险和报酬，综合效果上类似于黄金赊销交易（即期转移了黄金实物，远期进行结算），参考金融资产终止确认或收入确认的相关原则，应当于租赁日终止确认资产，同时确认一项对企业的贷款。

相对应的，作为黄金租赁方的丙公司，其相当于在租赁起始日购入一笔黄金，同时存在到期时偿还银行的一项借款，因此在黄金租赁日应确认一项黄金实物资产，而对于远期向银行偿还黄金的义务确认为一项负债。

观点二认为，能否将黄金租赁交易人为分解为不同部分后比照金融资产终止确认或收入确认准则进行会计处理，这一点存在疑问。另外，假设上述黄金租赁和黄金远期合同为同一银行的黄金租赁部门和衍生工具部门在彼此不知情的情况下签订的（如企业与银行的两个部门分别谈判，并按照市场条件达成租赁和衍生工具协议），那么能否将上述达成于相同时间和相同交易对手之间、但合同条款相互独立且不存在定价依赖关系的两项交易视同“一揽子交易”进行会计处理，这一点存在疑问。

有鉴于此，该观点认为，对于该两项交易，应首先适用上述《国际财务报告准则第9号——金融工具（应用指南）》第B.6段的条件综合判断是否能视同为一揽子交易后再进行会计处理。鉴于上述黄金租赁合同和黄金远期合同彼此独立，并且单独来看和合并来看可能会存在不同的经济后果，因此应该单独计量，分别对黄金租赁交易和黄金远期交易进行会计处理。其中，关于黄金租赁交易与上述情形二中的交易性质相同，因而也存在两种不同观点。而对于黄金远期交易，则单独确认为一项衍生工具。

案例2－09
现金流量套期关系的指定及套期有效性测试

一、案例背景

甲公司主要通过铜精矿冶炼生产阴极铜并在国内进行现货销售，销售价格参考国内现货市场价格随行就市，年产销量约为20万吨。对于部分生产用铜精矿，甲公司采用进口方式从国际市场订购材料，通常从签订采购合同到装船、运抵港口，再到加工成阴极铜，需要三个月左右时间。为了避免国内现货销售市场阴极铜价格波动，锁定冶炼过程中的利润，甲公司通过铜精矿进口合同中的延迟定价条款对阴极铜预期销售的现金流量变动风险进行套期保值。延迟定价机制主要体现为进口铜精矿价格盯准伦敦阴极铜未来某月现货平均价格，并扣除约定的冶炼加工等费用后确定，定价机制一般为M＋1至M＋4，M为装船（装船即存货风险转移）时间，数字1代表装船后第1

个月伦敦阴极铜现货交易价格均价。

例如，2×18 年 1 月 1 日，甲公司预期 3 个月后在国内现货市场销售 5,000 吨阴极铜，对于冶炼过程中所需的铜精矿约 2 万吨（假设根据采购铜矿的平均品位，每 1 吨阴极铜平均消耗铜精矿 4 吨），甲公司与境外供应商签订不可撤销的铜精矿进口合同，定价机制为 M+4（出于示例目的，假设从签订合同到装船的时间较短），虽然伦敦阴极铜现货价格变化与国内阴极铜现货价格变化并不完全同步，但管理层根据历史经验及回归分析认为上述两个市场现货价格的变化存在较大程度的内在联系，延迟定价机制可以抵销大部分预期销售的现金流量变动。

问题：

（1）如何对铜精矿进口合同中的延迟定价条款进行核算？

（2）如何对预期销售指定套期关系并进行有效性测试？

二、会计准则及相关规定

《企业会计准则第 22 号——金融工具确认和计量》（2017 年修订）第二十三条规定："嵌入衍生工具，是指嵌入到非衍生工具（即主合同）中的衍生工具。嵌入衍生工具与主合同构成混合合同。该嵌入衍生工具对混合合同的现金流量产生影响的方式，应当与单独存在的衍生工具类似，且该混合合同的全部或部分现金流量随特定利率、金融工具价格、商品价格、汇率、价格指数、费率指数、信用等级、信用指数或其他变量变动而变动，变量为非金融变量的，该变量不应与合同的任何一方存在特定关系。"

《企业会计准则第 22 号——金融工具确认和计量》（2017 年修订）第二十五条规定："混合合同包含的主合同不属于本准则规范的资产，且同时符合下列条件的，企业应当从混合合同中分拆嵌入衍生工具，将其作为单独存在的衍生工具处理：（一）嵌入衍生工具的经济特征和风险与主合同的经济特征和风险不紧密相关。（二）与嵌入衍生工具具有相同条款的单独工具符合衍生工具的定义。（三）该混合合同不是以公允价值计量且其变动计入当期损益进行会计处理。"

《企业会计准则第 22 号——金融工具确认和计量（应用指南）》（2018 年修订）指出："嵌入在主债务工具或保险合同中且与商品价格挂钩的利息或本金支付额（即利息或本金金额与商品价格挂钩），不与主合同工具紧密相关，因为内含在主合同工具的风险与嵌入衍生工具中的风险不同。”

《企业会计准则第22号——金融工具确认和计量（应用指南）》（2018年修订）指出：“嵌入的非期权衍生工具（如嵌入的远期合同或互换合同），应基于标明或暗含的实质性条款将其从主合同中分拆，其在初始确认时的公允价值为零。”

《企业会计准则第24号——套期会计》（2017年修订）第五条规定：“套期工具，是指企业为进行套期而指定的、其公允价值或现金流量变动预期可抵销被套期项目的公允价值或现金流量变动的金融工具，包括：（一）以公允价值计量且其变动计入当期损益的衍生工具，但签出期权除外。企业只有在对购入期权（包括嵌入在混合合同中的购入期权）进行套期时，签出期权才可以作为套期工具。嵌入在混合合同中但未分拆的衍生工具不能作为单独的套期工具……”

《企业会计准则第24号——套期会计》（2017年修订）第九条规定：“被套期项目，是指使企业面临公允价值或现金流量变动风险，且被指定为被套期对象的、能够可靠计量的项目。企业可以将下列单个项目、项目组合或其组成部分指定为被套期项目：（一）已确认资产或负债。（二）尚未确认的确定承诺。确定承诺，是指在未来某特定日期或期间，以约定价格交换特定数量资源、具有法律约束力的协议。（三）极可能发生的预期交易。预期交易，是指尚未承诺但预期会发生的交易。（四）境外经营净投资。”

《企业会计准则第24号——套期会计》（2017年修订）第十五条规定：“公允价值套期、现金流量套期或境外经营净投资套期同时满足下列条件的，才能运用本准则规定的套期会计方法进行处理：（一）套期关系仅由符合条件的套期工具和被套期项目组成。（二）在套期开始时，企业正式指定了套期工具和被套期项目，并准备了关于套期关系和企业从事套期的风险管理策略和风险管理目标的书面文件。该文件至少载明了套期工具、被套期项目、被套期风险的性质以及套期有效性评估方法（包括套期无效部分产生的原因分析以及套期比率确定方法）等内容。（三）套期关系符合套期有效性要求。”

《企业会计准则第24号——套期会计》（2017年修订）第十六条规定：“套期同时满足下列条件的，企业应当认定套期关系符合套期有效性要求：（一）被套期项目和套期工具之间存在经济关系。该经济关系使得套期工具和被套期项目的价值因面临相同的被套期风险而发生方向相反的变动。（二）被套期项目和套期工具经济关系产生的价值变动中，信用风险的影响不占主导地位。(三) 套期关系的套期比率，应当等于企业实际套期的被套期项目数量与对其进行套期的套期工具实际数量之比，但不应当反映被套期项目和套期工具相对权重的失衡，这种失衡会导致套期无效，并可能产生与套期会计目标不一致的会计结果。例如，企业确定拟采用的套期比率是为了避免确认现金流量套期的套期无效部分，或是为了创造更多的被套期项目进行公允价值调整以达到增加使用公允价值会计的目的，可能会产生与套期会计目标不一致的会计结果。”

三、案例解析

甲公司应根据企业会计准则的相关规定分析铜精矿进口合同中的延迟定价条款是否需要作为嵌入衍生工具分拆核算，进而分析如何将嵌入衍生工具和预期销售指定套期关系并进行有效性评价，具体如下：

第一，对铜精矿进口合同中的延迟定价条款进行分析。根据《企业会计准则第 22 号——金融工具确认和计量》(2017 年修订) 第二十三条的规定，延迟定价条款使企业进口贸易中所需支付的金额随着未来伦敦阴极铜现货市场价格的变动而变动，属于嵌入衍生工具。而根据《企业会计准则第 22 号——金融工具确认和计量》(2017 年修订) 第二十五条的规定，由于在铜精矿装船前延迟定价条款与铜精矿进口的待执行采购合同紧密相关，因此无须拆分。而在铜精矿装船后，铜精矿的所有权转移给甲公司，甲公司需要就该铜精矿确认存货采购及相关应付账款，此时基于装船后第 4 个月伦敦阴极铜现货均价结算的延迟定价条款与装船时的现货价格之间并不紧密相关，所以延迟定价条款与主合同 (应付账款) 不紧密相关，因此，延迟定价条款需要在装船后从主合同中拆分出来，并作为衍生工具单独核算。该延迟定价条款作为非期权嵌入衍生工具，在初始确认时的公允价值为零。由于预计上述分拆的衍生工具现金流量变动可抵销预期销售的现金流量变动，所以甲公司可根据《企业会计准则第 24 号——套期会计》(2017 年修订) 第五条的规定，将上述拆分的衍生工具指定为套期工具。

第二，对被套期项目，即 2×18 年 4 月 1 日后首先发生的 5,000 吨阴极铜预期销售进行分析。根据《企业会计准则第 24 号——套期会计》(2017 年修订) 第九条的规定，对于预期交易的现金流量套期，预期交易应当是极可能发生的。如果甲公司基于可观察的事实和相关因素，如类似交易之前发生的频率、甲公司在财务和经营上从事此项交易的能力、甲公司拥有的资源、甲公司的业务计划、预期交易发生时点距离当前的时间跨度和预期交易的数量或价值占企业相同性质交易的数量或价值的比例等，预计 3 个月后 5, 000 吨的阴极铜销售是极可能发生的，那么上述预期销售可以被指定为被套期项目。

第三，对套期关系的指定进行分析。基于甲公司的套期策略，即通过使用铜精矿进口合同中的延迟定价条款对冲预期阴极铜销售的现金流量变动风险，如使用套期会计，甲公司应根据《企业会计准则第 24 号——套期会计》（2017 年修订）第十五条的要求正式指定套期关系，并准备书面文件，书面文件中载明套期工具、被套期项目、被套期风险的性质以及套期有效性评价方法等内容。

第四，对于套期有效性的评价进行分析。由于衍生工具的结算是基于装船后第 4 个月伦敦阴极铜平均现货价格，而被套期的预期销售是 2×18 年 4 月 1 日后首先发生的 5, 000 吨阴极铜销售，所以时间不完全匹配会造成套期无效部分，同时伦敦和国内也具有不同的交易市场，供求关系差异、交易品种的差异以及汇率变动都会影响套期有效性。如果甲公司根据历史经验及回归分析认为上述两个市场现货价格之间存在内在联系，套期工具和被套期项目的价值通常发生方向相反的变动，套期工具和被套期项目之间存在经济关系；交易各方信用状况良好，信用风险的影响不占主导地位；指定套期关系中套期工具和被套期项目的数量为不存在相对权重失衡的实际数量，则甲公司可认为该套期关系符合套期有效性要求，可以应用套期会计，作为现金流量套期进行会计处理。

案例 2 – 10
购买银行理财产品的分类

一、案例背景

情形一：甲上市公司利用自有资金购买银行理财产品。该理财产品为非保本浮动收益型，期限为6个月，不可转让交易，也不可提前赎回。根据理财产品合约，基础资产为指定的单一固定利率信贷资产，该信贷资产的剩余存续期限和理财产品的存续期限一致，且信贷资产利息收入是该理财产品收入的唯一来源。甲公司购买理财产品的主要目的在于取得理财产品利息收入，一般不会在到期前转让。

情形二：乙上市公司利用自有资金购买银行理财产品。该理财产品为非保本浮动收益型，期限为6个月，不可转让交易，也不可提前赎回。根据理财产品合约，基础资产为固定收益类资产池，资产池主要包括存放同业、债券投资及回购交易等，银行有权根据市场情况随时对资产池结构进行调整，目的在于最大化投资收益，理财产品投资收益来源于资产池的投资收益。乙公司购买理财产品的主要目的在于取得理财产品投资收益，一般不会在到期前转让。

问题：公司利用自有资金购买银行理财产品，应当如何进行分类？

二、会计准则及相关规定

《企业会计准则第22号——金融工具确认和计量》（2017年修订）第十六条规定："企业应当根据其管理金融资产的业务模式和金融资产的合同现金流量特征，将金融资产划分为以下三类：

（一）以摊余成本计量的金融资产。

（二）以公允价值计量且其变动计入其他综合收益的金融资产。

（三）以公允价值计量且其变动计入当期损益的金融资产。

企业管理金融资产的业务模式，是指企业如何管理其金融资产以产生现金流量。业务模式决定企业所管理金融资产现金流量的来源是收取合同现金流量、出售金融资产还是两者兼有。企业管理金融资产的业务模式，应当以企业关键管理人员决定的对金融资产进行管理的特定业务目标为基础确定。企业确定管理金融资产的业务模式，应当以客观事实为依据，不得以按照合理预期不会发生的情形为基础确定。

金融资产的合同现金流量特征，是指金融工具合同约定的、反映相关金融资产经济特征的现金流量属性。企业分类为本准则第十七条和第十八条规范的金融资产，其合同现金流量特征，应当与基本借贷安排相一致。即相关金融资产在特定日期产生的合同现金流量仅为对本金和以未偿付本金金额为基础的利息的支付，其中，本金是指金融资产在初始确认时的公允价值，本金金额可能因提前还款等原因在金融资产的存续期内发生变动；利息包括对货币时间价值、与特定时期未偿付本金金额相关的信用风险，以及其他基本借贷风险、成本和利润的对价。其中，货币时间价值是利息要素中仅因为时间流逝而提供对价的部分，不包括为所持有金融资产的其他风险或成本提供的对价，但货币时间价值要素有时可能存在修正。在货币时间价值要素存在修正的情况下，企业应当对相关修正进行评估，以确定其是否满足上述合同现金流量特征的要求。此外，金融资产包含可能导致其合同现金流量的时间分布或金额发生变更的合同条款（如包含提前还款特征）的，企业应当对相关条款进行评估（如评估提前还款特征的公允价值是否非常小），以确定其是否满足上述合同现金流量特征的要求。”

《企业会计准则第 22 号——金融工具确认和计量》（2017 年修订）第十七条规定：“金融资产同时符合下列条件的，应当分类为以摊余成本计量的金融资产：

（一）企业管理该金融资产的业务模式是以收取合同现金流量为目标。

（二）该金融资产的合同条款规定，在特定日期产生的现金流量，仅为对本金和以未偿付本金金额为基础的利息的支付。”

《企业会计准则第 22 号——金融工具确认和计量》（2017 年修订）第十八条规定：“金融资产同时符合下列条件的，应当分类为以公允价值计量且其变动计入其他综合收益的金融资产：

（一）企业管理该金融资产的业务模式既以收取合同现金流量为目标又以出售该金融资产为目标。

（二）该金融资产的合同条款规定，在特定日期产生的现金流量，仅为对本金和以未偿付本金金额为基础的利息的支付。”

《企业会计准则第 22 号——金融工具确认和计量》（2017 年修订）第十九条规定：“按照本准则第十七条分类为以摊余成本计量的金融资产和按照本准则第十八条分类为以公允价值计量且其变动计入其他综合收益的金融资产之外的金融资产，企业应当将其分类为以公允价值计量且其变动计入当期损益的金融资产……”

《企业会计准则第 22 号——金融工具确认和计量（应用指南）》（2018 年修订）指出：“某些合同使用本金和利息描述合同现金流量，但债权人的索偿要求仅限于债务人的特定资产或产生于特定资产的现金流量，此类合同可能不符合本金加利息的合同现金流量特征。然而，债权人的索偿要求仅限于债务人的特定资产或基于特定资产的现金流量并不一定会导致金融资产不符合本金加利息的合同现金流量特征。企业需要对特定的基础资产或其现金流量进行评估（即穿透），以确定待分类的金融资产是否符合本金加利息的合同现金流量特征。如果金融资产的合同条款产生了其他现金流量，或者以一种与代表本金和利息的支付不一致的方式限制了现金流量，则该金融资产不符合本金加利息的合同现金流量特征。”

《企业会计准则第 22 号——金融工具确认和计量（应用指南）》（2018 年修订）指出：“如果某一分级的金融资产持有人在初始确认时无法按照上述条件进行评估，那么分级的金融资产应当分类为以公允价值计量且其变动计入当期损益的金融资产。”

三、案例解析

在情形一中，该理财产品为非保本浮动收益型，索偿要求仅限于该理财产品基础资产产生的现金流量，属于“无追索权债务工具”，甲公司需要“看穿”后对基础资产的现金流量进行评估。该理财产品的基础资产为指定的单一固定利率信贷资产，该信贷资产的剩余存续期限和理财产品的存续期限一致，且信贷资产利息收入是该理财产品收入的唯一来源，基础资产满足本金加利息的合同现金流量特征；甲公司购买理财产品的主要目的在于取得理财产品利息收入，一般不会到期前转让，甲公司管理理财产品的业务模式为收取合同现金流量。因此，甲公司应将购买的该银行理财产品分类为以摊余成本计量的金融资产。

在情形二中，该理财产品与情形一的主要区别在于，理财资金投向不是单一的信托贷款，而是固定收益类的资产池，该理财产品采用动态管理模式，主要通过持有基础资产赚取收益以及出售基础资产赚取差价，不满足本金加利息的合同现金流量特征。因此，甲公司应将购买的该银行理财产品分类为以公允价值计量且其变动计入当期损益的金融资产。目前实务中，很多银行理财产品无法穿透判断其基础资产是否满足本金加利息的合同现金流量特征，在这种情况下，理财产品只能分类为以公允价值计量且其变动计入当期损益的金融资产。

案例 2－11
证券公司以自有资金认购集合计划份额并承担有限补偿责任的会计处理

一、案例背景

2×18 年 1 月，甲证券公司作为发起人设立“集合资产管理计划”，募集资金人民币 20 亿元（折合份额 20 亿份），所有份额拥有相同的收益权。甲证券公司作为资产管理人对该计划进行受托管理。该集合计划存续期为 3 年，主要投资于中国境内依法发行的股票、债券、证券投资基金、央行票据、短期融资券、证券回购等金融产品，并且资产管理人有权根据市场情况随时对投资组合进行调整以最大化投资收益。该集合计划每年开放一次，供投资者办理参与、退出业务。

为增加集合资产管理计划对投资者的吸引力，甲公司在集合计划成立时投入自有资金 1 亿元认购 1 亿份集合计划份额，并以该等份额对应的资产为限，对在推广期认购并持有计划份额满 3 年到期的委托人承担有限补偿责任，即若计划成立满 3 年结算时，份额净值加上累计分红小于份额面值（1 元），对于差额损失（面值 1 元－份额净值－累计分红），资产管理人甲公司以上述自有资金认购份额（1 亿份）对应的资产为限对委托人进行补偿，直至补足差额损失或投入自有资金参与份额对应的资产补偿完毕为止。在集合计划存续期内，甲公司持有的 1 亿份额无权转让或退出。除非甲公司违约，否则甲公司作为资产管理人不得被更换。2×18 年年末，该集合计划资产净值出现显著下跌。

问题：甲公司就上述事项应当如何进行会计处理？

二、会计准则及相关规定

《企业会计准则第 22 号——金融工具确认和计量》（2017 年修订）第十

六条规定："企业应当根据其管理金融资产的业务模式和金融资产的合同现金流量特征，将金融资产划分为以下三类：

（一）以摊余成本计量的金融资产。

（二）以公允价值计量且其变动计入其他综合收益的金融资产。

（三）以公允价值计量且其变动计入当期损益的金融资产。

……

金融资产的合同现金流量特征，是指金融工具合同约定的、反映相关金融资产经济特征的现金流量属性。企业分类为本准则第十七条和第十八条规范的金融资产，其合同现金流量特征，应当与基本借贷安排相一致。即相关金融资产在特定日期产生的合同现金流量仅为对本金和以未偿付本金金额为基础的利息的支付，其中，本金是指金融资产在初始确认时的公允价值，本金金额可能因提前还款等原因在金融资产的存续期内发生变动；利息包括对货币时间价值、与特定时期未偿付本金金额相关的信用风险，以及其他基本借贷风险、成本和利润的对价。其中，货币时间价值是利息要素中仅因为时间流逝而提供对价的部分，不包括为所持有金融资产的其他风险或成本提供的对价，但货币时间价值要素有时可能存在修正。在货币时间价值要素存在修正的情况下，企业应当对相关修正进行评估，以确定其是否满足上述合同现金流量特征的要求。此外，金融资产包含可能导致其合同现金流量的时间分布或金额发生变更的合同条款（如包含提前还款特征）的，企业应当对相关条款进行评估（如评估提前还款特征的公允价值是否非常小），以确定其是否满足上述合同现金流量特征的要求。"

《企业会计准则第 22 号——金融工具确认和计量》（2017 年修订）第十九条规定："按照本准则第十七条分类为以摊余成本计量的金融资产和按照本准则第十八条分类为以公允价值计量且其变动计入其他综合收益的金融资产之外的金融资产，企业应当将其分类为以公允价值计量且其变动计入当期损益的金融资产。

在初始确认时，企业可以将非交易性权益工具投资指定为以公允价值计量且其变动计入其他综合收益的金融资产，并按照本准则第六十五条规定确认股利收入。该指定一经做出，不得撤销……"

三、案例解析

甲证券公司首先应按照《企业会计准则第33号——合并财务报表》（2014年修订）、《企业会计准则第2号——长期股权投资》（2014年修订）以及《企业会计准则第22号——金融工具确认和计量》（2017年修订）的相关规定分析其对该集合计划是否具有控制、共同控制或重大影响。假设根据相关分析，甲公司对该集合计划不具有控制、共同控制或重大影响，在此基础上进一步分析如下：

1. 甲公司应分析补偿条款与自有资金认购份额是否能视为独立的两个要素进行会计处理。协议规定的补偿责任是以自有资金认购份额的净值为限，但并非直接以自有资金认购份额来抵付相关补偿。该份额的净值只代表一个补偿的上限，在实际损失低于该上限的情况下，是按照实际损失来补偿。此外，协议规定在集合计划存续期内，该部分自有资金认购份额无权转让或退出，可以推测即使在非交易过户的情况下，该资产的承继方也会继续承担相应的补偿责任。可见，补偿责任并不会随着甲公司自有资金认购份额的转移而减少，而是一个基于委托人实际损失，以1亿份额的净值为上限的负债。因此自有资金认购份额作为甲公司的一项资产，与该公司承担的补偿责任是相对独立的，应对二者分别进行处理。

2. 甲公司应根据企业会计准则的相关规定，分别对自有资金认购份额和补偿责任进行会计处理。

（1）对自有资金认购份额的会计处理。由于集合计划的基础资产是金融产品投资组合，根据市场情况随时调整以最大化投资收益，表明该集合计划份额产生的合同现金流量，并非仅为对本金和以未偿付本金金额为基础的利息的支付。此外，该集合计划存续期限为3年，是有限寿命主体，不符合指定为以公允价值计量且其变动计入其他综合收益的非交易性权益工具投资的条件。因此，甲公司应根据《企业会计准则第22号——金融工具确认和计量》（2017年修订）的相关规定将该自有资金认购份额分类为以公允价值计量且其变动计入当期损益的金融资产。

（2）对补偿责任的会计处理。本案例中的补偿责任上限虽然会随着相应资产份额净值的波动而变化，但补偿责任本身是针对委托人持有的份额“净值与累计分红之和小于份额面值”的部分，相当于低于本金的损失。甲公司以投入自有资金参与认购份额的资产为限所承担的有限补偿责任，满足衍生工具定义，应当确认为一项衍生负债。

案例 2 -12
资产管理计划劣后级份额收益权转让的终止确认

一、案例背景

2×18 年 6 月 26 日，A 上市公司出资 4,000 万元取得某资产管理计划 10% 劣后级份额，A 公司不参与该资产管理计划的运作和投资，作为以公允价值计量且其变动计入当期损益的金融资产进行确认和计量。该资产管理计划存续期限为 2×18 年 6 月 28 日至 2×19 年 12 月 27 日，专项投资 B 公司的定向增发项目。根据资产管理合同相关规定，当专项计划资产净值低于补仓线，劣后级份额持有人应及时补足保证金，否则将面临本金无法收回的风险。2×18 年 7 月 27 日，该资产管理计划持有的 B 公司定向增发已完成。

2×18 年 12 月 28 日，A 公司与独立第三方 C 投资公司签订《收益权转让协议》，将其所持该资管计划劣后级份额的收益权（劣后级份额未来现金流量）转让给 C 公司，转让对价 6,000 万元。双方约定，该资管计划清算后，A 公司在收到资管计划分配的金额后，按表 2 -1 所示顺序立即在其和 C 公司之间进行分配：

表 2 -1　　分　配　表

分配顺序	分配项目		归属
①	转出方购买该资管计划劣后级份额时的初始投资金额		转出方
②	受让方支付对价的金额 ×（1 +12% ×天数/365）的金额		转入方
③	上述①、②分配后仍有剩余的收益金额	60%	转出方
		40%	转入方

问题：对于上述资产管理计划劣后级份额收益权转让交易，A 公司是否能终止确认该项资产？

二、会计准则及相关规定

《企业会计准则第 23 号——金融资产转移》（2017 年修订）第四条规定：“金融资产的一部分满足下列条件之一的，企业应当将终止确认的规定适用于该金融资产部分；除此之外，企业应当将终止确认的规定适用于该金融资产整体。

（一）该金融资产部分仅包括金融资产所产生的特定可辨认现金流量。如企业就某债务工具与转入方签订一项利息剥离合同，合同规定转入方有权获得该债务工具利息现金流量，但无权获得该债务工具本金现金流量，终止确认的规定适用于该债务工具的利息现金流量。

（二）该金融资产部分仅包括与该金融资产所产生的全部现金流量完全成比例的现金流量部分。如企业就某债务工具与转入方签订转让合同，合同规定转入方拥有获得该债务工具全部现金流量一定比例的权利，终止确认的规定适用于该债务工具全部现金流量一定比例的部分。

（三）该金融资产部分仅包括与该金融资产所产生的特定可辨认现金流量完全成比例的现金流量部分。如企业就某债务工具与转入方签订转让合同，合同规定转入方拥有获得该债务工具利息现金流量一定比例的权利，终止确认的规定适用于该债务工具利息现金流量一定比例的部分。”

《企业会计准则第 23 号——金融资产转移》（2017 年修订）第六条规定：“金融资产转移，包括下列两种情形：

（一）企业将收取金融资产现金流量的合同权利转移给其他方；

（二）企业保留了收取金融资产现金流量的合同权利，但承担了将收取的该现金流量支付给一个或多个最终收款方的合同义务，且同时满足下列条件：

1. 企业只有从该金融资产收到对等的现金流量时，才有义务将其支付给最终收款方。企业提供短期垫付款，但有权全额收回该垫付款并按照市场利率计收利息的，视同满足本条件。

2. 转让合同规定禁止企业出售或抵押该金融资产，但企业可以将其作为向最终收款方支付现金流量义务的保证。

3. 企业有义务将代表最终收款方收取的所有现金流量及时划转给最终收款方，且无重大延误。企业无权将该现金流量进行再投资，但在收款日和最终收款方要求的划转日之间的短暂结算期内，将所收到的现金流量进行现金或现金等价物投资，并且按照合同约定将此类投资的收益支付给最终收款方的，视同满足本条件。”

《企业会计准则第 23 号——金融资产转移》（2017 年修订）第七条规定：“企业在发生金融资产转移时，应当评估其在多大程度上保留了金融资产所有权上的风险和报酬，并分别下列情形进行处理：

（一）企业转移了金融资产所有权上几乎所有风险和报酬的，应当终止确认该金融资产，并将转移中产生或保留的权利和义务单独确认为资产或负债；

（二）企业保留了金融资产所有权上几乎所有风险和报酬的，应当继续确认该金融资产；

（三）企业既没有转移也没有保留金融资产所有权上几乎所有风险和报酬的［即除本条（一）、（二）之外的其他情形］，应当根据其是否保留了对金融资产的控制，分别下列情形处理：

1. 企业未保留对该金融资产控制的，应当终止确认该金融资产，并将转移中产生或保留的权利和义务单独确认为资产或负债。

2. 企业保留了对该金融资产控制的，应当按照其继续涉入被转移金融资产的程度继续确认有关金融资产，并相应确认相关负债。

继续涉入被转移金融资产的程度，是指企业承担的被转移金融资产价值变动风险或报酬的程度。”

《企业会计准则第 23 号——金融资产转移》（2017 年修订）第八条规定：“企业在评估金融资产所有权上风险和报酬的转移程度时，应当比较转移前后其所承担的该金融资产未来净现金流量金额及其时间分布变动的风险。

……

企业通常不需要通过计算即可判断其是否转移或保留了金融资产所有权中几乎所有风险和报酬。在其他情况下，企业需要通过计算评估是否已经转移了金融资产所有权上几乎所有风险和报酬的，在计算和比较金融资产未来现金流量净现值的变动时，应当考虑所有合理、可能的现金流量变动，对于更可能发生的结果赋予更高的权重，并采用适当的市场利率作为折现率。”

《企业会计准则第 23 号——金融资产转移》（2017 年修订）第九条规定：“企业在判断是否保留了对被转移金融资产的控制时，应当根据转入方是否具有出售被转移金融资产的实际能力而确定。转入方能够单方面将被转移金融资产整体出售给不相关的第三方，且没有额外条件对此项出售加以限制的，表明转入方有出售被转移金融资产的实际能力，从而表明企业未保留对被转移金融资产的控制；在其他情形下，表明企业保留了对被转移金融资产的控制。”

《企业会计准则第 23 号——金融资产转移》（2017 年修订）第十九条规定：“企业既没有转移也没有保留金融资产所有权上几乎所有风险和报酬，且保留了对该金融资产控制的，应当按照其继续涉入被转移金融资产的程度继续确认该被转移金融资产，并相应确认相关负债。被转移金融资产和相关负债应当在充分反映企业因金融资产转移所保留的权利和承担的义务的基础上进行计量。”

《企业会计准则第 23 号——金融资产转移》（2017 年修订）第二十五条规定：“企业对金融资产的继续涉入仅限于金融资产一部分的，企业应当根据本准则第十六条的规定，按照转移日因继续涉入而继续确认部分和不再确认部分的相对公允价值，在两者之间分配金融资产的账面价值，并将下列两项金额的差额计入当期损益：

（一）分配至不再确认部分的账面价值（以转移日计量的为准）；

（二）不再确认部分所收到的对价。”

三、案例解析

在本案例中，A 公司将其作为以公允价值计量且其变动计入当期损益的金融资产核算的资管计划劣后级份额收益权转让给 C 公司，为一项金融资产转移交易，应根据《企业会计准则第 23 号——金融资产转移》（2017 年修订）的规定，按照金融资产终止确认的步骤，判断 A 公司是否能终止确认该项以公允价值计量且其变动计入当期损益的金融资产或其中的劣后级收益权。

根据案例背景，A 公司将其持有的资管计划劣后级份额收益权转让给独立第三方 C 公司，且转让时点资管计划并未到期，A 公司收取该项金融资产现金流的合同权利并未终止，因此对于相关资产是否满足终止确认条件时，应重点根据如下步骤逐步进行分析和判断：

（一）判断金融资产转移的分析是适用于金融资产整体还是部分

根据企业会计准则，金融资产部分转移仅适用于如下三种情形，即转移的是金融资产所产生的现金流量中（1）特定、可辨认的部分；（2）完全成比例的部分；或（3）特定、可辨认的部分中完全成比例的部分。除此之外，金融资产转移的分析应适用于金融资产整体。

在本案例中，由于转让的收益权是劣后级份额的部分未来现金流量，并非可以从资管计划劣后级整体现金流量中剥离出来的特定可辨认的部分，也并非资管计划劣后级中完全成比例的部分，因此金融资产转移的分析应基于公司持有的资管计划劣后级份额整体。

（二）判断该项转让是否满足准则中金融资产转移的要求

根据企业会计准则，当满足下列条件时，企业转移了一项金融资产：（1）企业将收取金融资产现金流量的合同权利转移给其他方；（2）企业保留了收取金融资产现金流量的合同权利，但承担了将收取的该现金流量支付给一个或多个最终收款方的合同义务，且该支付同时满足不垫款、不挪用、不延迟的原则（即满足“现金流量过手”要求）。

在本案例中公司并未转让收取金融资产现金流量的合同权利，但由于A公司从资管计划管理人处收到分配的资金后，将立即按照《收益权转让协议》中约定的分配顺序在A公司和C公司之间进行分配，而在未收到资管计划分配资金时无须进行支付，符合准则中“现金流量过手”要求，即满足准则中金融资产转移的情形。

（三）评价转移金融资产所有权上风险和报酬的程度

根据准则相关规定，企业在发生金融资产转移时，应当评估其在多大程度上保留了金融资产所有权上的风险和报酬。如果企业转移了金融资产所有权上几乎所有风险和报酬的，应当终止确认；企业保留了金融资产所有权上几乎所有风险和报酬的，应当继续确认；企业既没有转移也没有保留金融资产所有权上几乎所有风险和报酬的，应当根据其是否保留了对金融资产的控制而进一步判断。对于“几乎所有”，准则中并未提供明确的量化指引，实务中倾向于将其理解为“90%左右”。

根据准则相关规定，企业在评估金融资产所有权上风险和报酬的转移程度时，应当比较转移前后其所承担的该金融资产未来净现金流量金额及其时间分布变动的风险。很多情况下，企业根据转让条款和条件即可判断其是否转移或保留了金融资产所有权上几乎所有风险和报酬。如果不是那么显而易见，企业需要通过计算评估是否已经转移了金融资产所有权上几乎所有风险和报酬的，在计算和比较被转让金融资产净未来现金流量现值的变动时，应当考虑所有合理、可能的现金流量变动，对于更可能发生的结果赋予更高的权重，并采用适当的市场利率作为折现率。

在本案例中，公司所转让的基础资产为加杠杆的股票资产收益权，且保留了剩余收益的60%。从逻辑上分析，如果预测未来所有合理、可能的现金流量总额均在上述金额①至②之间波动，由于基础资产不会产生超额亏损也不会产生超额收益，无论未来现金流量如何变动，转让后转出方均可收回固定的现金流量①部分，表明转让后转出方转移了该基础资产所有权上几乎所有的风险和报酬，此情况下可以终止确认。如果预测未来所有合理、可能的现金流量总额均在上述金额①以下波动，转出后所有现金流量波动的风险将均由转出方承担，表明转出方保留了该金融资产所有权上几乎所有风险和报酬，此情况需要继续确认该金融资产整体。除上述两种极端情况之外，则可能需根据量化分析判断风险和报酬转移的程度。

为便于分析，假设A公司在充分考虑未来可能的处置时点以及至处置时点股价波动风险和时间价值以及劣后级的杠杆风险等各方面因素后，预期该资管计划劣后级份额未来现金流量现值有可能为1.6亿元、1.2亿元、1亿元、8,000万元、2,000万元，发生概率分别为5%、25%、40%、28%、2%。

根据上述假定信息，对转让前和转让后A公司享有资管计划劣后级份额所有权风险和报酬转移程度的量化分析如表2－2和表2－3所示。

表2－2　　转让前量化分析　　单位：元

资管计划劣后级份额未来现金流量现值	转让前A公司预期未来现金流量现值	发生概率	按概率加权平均折现后预期现金流量	变动程度	按概率加权平均变动程度（负值）	按概率加权平均变动程度（正值）
B	C	D	E = C × D	F = C − Σ（E）	G = min（F × D，0）	H = max（F × D，0）
160,000,000	160,000,000	5.00%	8,000,000	59,200,000	—	2,960,000
120,000,000	120,000,000	25.00%	30,000,000	19,200,000	—	4,800,000
100,000,000	100,000,000	40.00%	40,000,000	−800,000	−320,000	—
80,000,000	80,000,000	28.00%	22,400,000	−20,800,000	−5,824,000	—
20,000,000	20,000,000	2.00%	400,000	−80,800,000	−1,616,000	—
		100.00%	100,800,000		−7,760,000	7,760,000
					K	K

表 2－3　　　　转让后量化分析　　　　单位：元

资管计划劣后级份额未来现金流量现值	转让后 A 公司预期未来现金流量现值	发生概率	按概率加权平均折现后预期现金流量	变动程度	按概率加权平均变动程度（负值）	按概率加权平均变动程度（正值）
B	C′	D	E′ = C′ × D	F′ = C′ − Σ（E′）	G′ = min（F′ × D，0）	H′ = max（F′ × D，0）
160,000,000	75,289,863	5.00%	3,764,493	31,102,904	—	1,555,145
120,000,000	51,289,863	25.00%	12,822,466	7,102,904	—	1,775,726
100,000,000	40,000,000	40.00%	16,000,000	−4,186,959	−1,674,784	—
80,000,000	40,000,000	28.00%	11,200,000	−4,186,959	−1,172,348	—
20,000,000	20,000,000	2.00%	400,000	−24,186,959	−483,739	—
		100.00%	44,186,959		−3,330,871	3,330,871
					L	L
企业保留的变动程度的比例				L ÷ K	42.92%	42.92%

根据上述量化分析结果，A 公司保留的该项金融资产未来净现金流量金额及其时间分布变动的比例为 42.92%，既没有转移也没有保留金融资产所有权上几乎所有的风险和报酬，还需进一步判断其是否保留了对金融资产的控制。

（四）评价是否保留了金融资产的控制

企业在判断是否保留了对被转移金融资产的控制时，应当根据转入方是否具有出售被转移金融资产的实际能力确定。转入方能够单方面将被转移金融资产整体出售给不相关的第三方，且没有额外条件对此项出售加以限制的，表明转入方有出售被转移金融资产的实际能力，从而表明企业未保留对被转移金融资产的控制；在其他情形下，表明企业保留了对被转移金融资产的控制。

在本案例中，A 公司并未转移收取该项金融资产现金流量的权利，且享有转让资管计划劣后级份额最初的 4,000 万元和剩余权益 60% 的权益，C 公司很难在不经过 A 公司同意的情况下，单独将该项资管计划劣后级份额整体出售给不相关第三方且没有额外条件对此项出售加以限制，即转出方并未放弃控制权。

（五）根据分析结果，进行相应会计处理

根据准则，企业既没有转移也没有保留金融资产所有权上几乎所有的风险和报酬，且未放弃对该金融资产控制的，应当根据其继续涉入所转移金融资产的程度确认有关金融资产和相关负债。

根据《企业会计准则第 23 号——金融资产转移》（2017 年修订）第二十五条规定："企业对金融资产的继续涉入仅限于金融资产一部分的，企业应当根据本准则第十六条的规定，按照转移日因继续涉入而继续确认部分和不再确认部分的相对公允价值，在两者之间分配金融资产的账面价值，并将下列两项金额的差额计入当期损益：

（一）分配至不再确认部分的账面价值（以转移日计量的为准）；

（二）不再确认部分所收到的对价。"

因此，A 公司应在转移日根据未来现金流量评估因继续涉入而继续确认部分和不再确认部分的相对公允价值，并在两者之间分配金融资产的原账面金额，将分配至不再确认部分的账面价值与收到的转移对价之间的差额计入当期损益。

案例 2 - 13
公允价值计量

一、案例背景

上市公司 A 将其持有的某 H 股上市公司的内资股份作为以公允价值计量且其变动计入当期损益的金融资产核算。该 H 股上市公司采用直接以中国境内股份公司为发行主体，向香港联交所申请发行境外上市外资股股票并在香港联交所上市交易的模式。

问题：如何确定上述内资股份的公允价值？

二、会计准则及相关规定

《企业会计准则第 39 号——公允价值计量》第二条规定："公允价值，是指市场参与者在计量日发生的有序交易中，出售一项资产所能收到或者转移一项负债所需支付的价格。”

《企业会计准则第 39 号——公允价值计量》第九条规定：“企业以公允价值计量相关资产或负债，应当假定出售资产或者转移负债的有序交易在相关资产或负债的主要市场进行。不存在主要市场的，企业应当假定该交易在相关资产或负债的最有利市场进行。

主要市场，是指相关资产或负债交易量最大和交易活跃程度最高的市场。

最有利市场，是指在考虑交易费用和运输费用后，能够以最高金额出售相关资产或者以最低金额转移相关负债的市场。”

《企业会计准则第 39 号——公允价值计量》第十一条规定：“主要市场（或最有利市场）应当是企业在计量日能够进入的交易市场，但不要求企业于计量日在该市场上实际出售资产或者转移负债。”

《企业会计准则第 39 号——公允价值计量（应用指南）》中规定：“企业以公允价值计量相关资产或负债的，类似资产或负债在活跃市场或非活跃市场的报价为该资产或负债的公允价值计量提供了依据，但企业需要对该报价进行调整。企业在确定哪些资产或负债与相关资产或负债类似时，需要进行判断。”

三、案例解析

对于本案例中相关内资股份的公允价值确定，实务中存在两种不同的观点。一种观点认为，应以持有股份的港股价格为基础确认公允价值；另一种观点认为，由于内资股份未上市流通，公允价值应以其账面价值为基础确定。

鉴于上市公司持有的内资股份尚未上市流通，并且在计量日上市公司也不能进入香港联交所对内资股权进行交易，可以判断香港联交所并不是该内资股权的主要市场或最有利市场。因此，港股价格不能直接作为内资股权的公允价值。

根据准则及相关规定，企业以公允价值计量相关资产或负债的，类似资产或负债在活跃市场或非活跃市场的报价为该资产或负债的公允价值提供了依据，但企业需要对该报价进行调整。结合案例情况，上市公司持有的内资股份虽然不存在活跃市场，但是在被投资企业股份已经在香港联交所上市交易的情况下，可以认为存在类似资产在活跃市场的报价，这为 A 公司所持有的未上市流通内资股权公允价值的可靠计量提供了一定的基础。因此，上市公司可以以港股价格为基础，在考虑港股和内地市场价值关系、内资股份本身转让限制等影响公允价值因素的基础上，结合企业在香港联交所已公开披露的相关经营及财务信息，采用恰当的估值技术，对所持有的内资股权的公允价值予以合理估计。

【相关案例】

司法拍卖价格能否作为金融资产公允价值计量依据的问题

（一）案例背景

A公司持有B银行0.76亿股股权，该股权投资分类为以公允价值计量且其变动计入当期损益的金融资产。B银行为非上市银行。A公司在2×19年年报审计期间委托C评估公司对其持有的B银行股权进行评估，C评估公司通过采用市场比较法，选取阿里司法拍卖平台2×19年涉及B银行股权的交易案例股价平均值作为比准价格，对A公司持有的B银行股权公允价值评估结果为3.35亿元。根据上述评估结论，2×19年末A公司持有的B银行股权公允价值较年初增加1.43亿元。若不考虑前述的股权公允价值增值，A公司2×19年度的净利润为-0.86亿元，该项公允价值变动收益将对A公司盈亏性质产生影响。与此同时，B银行股权在2×19年于X股权交易中心发生的正常转让交易笔数和涉及的股份数量都远超司法拍卖的案例。

A公司年报审计机构D会计师事务所对B银行股权公允价值执行核查程序后，认为B银行股权的估值结果明显高于A股市场同等规模上市银行股价，无法判断其公允价值变动的合理性。A公司与D会计师事务所沟通后，聘请E评估公司对评估结果进行复核，E评估公司复核后认为原评估结论是公允的，但A公司与D会计师事务所就评估结果多次沟通仍无法达成一致。为确保按时发布年报，A公司采用评估公司对B银行股权公允价值的评估结果编写披露2×19年A公司年报，D会计师事务所对A公司年报的相应部分出具了保留意见。

问题：通过阿里拍卖平台等网络拍卖进行的股权交易，能否作为相关股权公允价值的计量依据？

（二）案例解析

根据《企业会计准则第 39 号——公允价值计量准则》的规定，企业以公允价值计量相关资产或负债，应当假定市场参与者在计量日出售资产或者转移负债的交易，是当前市场情况下的有序交易。企业应用于相关资产或负债公允价值计量的有序交易，是在计量日前一段时期内该资产或负债具有惯常市场活动的交易，不包括被迫清算和抛售。企业判定相关资产或负债的交易不是有序交易的，在以公允价值计量该资产或负债时，不应考虑该交易的价格，或者赋予该交易价格较低权重。在非有序交易情况下，企业确定相关资产或负债的交易价格或报价不能完全代表计量日该资产或负债的公允价值，却又以该交易价格或报价为基础计量其公允价值的，则应当对该交易价格或报价进行调整。

本案例中，B 银行股权在阿里司法拍卖平台上的交易，其参与者和类似交易数量远远小于正常股权市场交易，不符合企业会计准则规定的“有序交易”特征。A 公司以公允价值计量 B 银行股权时，应考虑以其他方式获取有序交易中出售资产的价格。如只能以股权拍卖价格为基础计量其公允价值，则应当对该价格进行调整。

案例 2－14
指定为以公允价值计量且其变动计入其他综合收益的权益工具投资的相关问题

根据《企业会计准则第 22 号——金融工具确认和计量》（2017 年修订），金融工具的分类和计量发生了一些变化，明确了投资方如何区分权益工具投资和债务工具投资。对于权益工具投资，企业可以将其指定为以公允价值计量且其变动计入其他综合收益的金融资产，并按照相关规定进行后续计量。本案例对此类资产的指定、计量和与其他准则的衔接问题进行讨论。

一、指定问题

（一）案例背景

2×17 年，A 公司参与成立了 B 合伙企业并作为有限合伙人，出资金额为 1,000 万元，持股比例为 10%，由于没有重大影响，作为可供出售金融资产核算。B 合伙企业的存续期限为 20 年。

2×18 年 1 月 1 日，A 公司开始执行《企业会计准则第 22 号——金融工具确认和计量》（2017 年修订），管理层认为对该项投资的持有目的不是近期出售，所以将其指定为以公允价值计量且其变动计入其他综合收益的金融资产。

问题：上述对 B 合伙企业的投资是否可以指定为以公允价值计量且其变动计入其他综合收益的金融资产?

（二）会计准则及相关规定

《企业会计准则第 22 号——金融工具确认和计量》（2017 年修订）第十九条规定："在初始确认时，企业可以将非交易性权益工具投资指定为以公允价值计量且其变动计入其他综合收益的金融资产，并按照本准则第六十五条规定确认股利收入。该指定一经做出，不得撤销。企业在非同一控制下的企业合并中确认的或有对价构成金融资产的，该金融资产应当分类为以公允价值计量且其变动计入当期损益的金融资产，不得指定为以公允价值计量且其变动计入其他综合收益的金融资产。"

《企业会计准则第 22 号——金融工具确认和计量（应用指南）》（2018 年修订）规定："……权益工具投资中的'权益工具'，是指对于工具发行方来说，满足《企业会计准则第 37 号——金融工具列报》中权益工具定义的工具。

符合金融负债定义但是被分类为权益工具的特殊金融工具（包括可回售工具和发行方仅在清算时才有义务向另一方按比例交付其净资产的金融工具）本身并不符合权益工具的定义，因此从投资方的角度也就不符合指定为以公允价值计量且其变动计入其他综合收益的金融资产的条件。例如，某些开放式基金，基金持有人可将基金份额回售给基金，该基金发行的基金份额并不符合权益工具的定义，只是按照金融工具列报准则符合列报为权益工具条件的可回售工具。这种情况下，投资人持有的该基金份额，不能指定为以公允价值计量且其变动计入其他综合收益的金融资产。”

《企业会计准则第 37 号——金融工具列报》（2017 年修订）第九条规定：“权益工具，是指能证明拥有某个企业在扣除所有负债后的资产中的剩余权益的合同。企业发行的金融工具同时满足下列条件的，符合权益工具的定义，应当将该金融工具分类为权益工具：

（一）该金融工具应当不包括交付现金或其他金融资产给其他方，或在潜在不利条件下与其他方交换金融资产或金融负债的合同义务；

（二）将来须用或可用企业自身权益工具结算该金融工具。如为非衍生工具，该金融工具应当不包括交付可变数量的自身权益工具进行结算的合同义务；如为衍生工具，企业只能通过以固定数量的自身权益工具交换固定金额的现金或其他金融资产结算该金融工具。企业自身权益工具不包括应按照本准则第三章分类为权益工具的金融工具，也不包括本身就要求在未来收取或交付企业自身权益工具的合同。”

（三）案例解析

根据现行金融工具准则的规定，企业可以将非交易性权益工具投资指定为以公允价值计量且其变动计入其他综合收益的金融资产，但是企业在非同一控制下的企业合并中确认的或有对价构成金融资产的除外。因此，现行金融工具准则下将一项投资指定为以公允价值计量且其变动计入其他综合收益的金融资产需要同时满足以下三个条件：

1. 满足权益工具的定义；

2. 持有意图上属于非交易性；

3. 不是非同一控制下的企业合并中确认的或有对价。

金融工具准则明确了投资方如何区分权益工具投资和债务工具投资。根据《企业会计准则第 22 号——金融工具确认和计量（应用指南）》（2018 年修订）的规定，权益工具投资中的“权益工具”，是指对于工具发行方来说，满足《企业会计准则第 37 号——金融工具列报》（2017 年修订）中权益工具定义的工具。需要关注的是，此处权益工具的定义并不完全等同于从发行方角度看是否将该工具分类为权益工具，因为存在一类符合金融负债定义但是被分类为权益工具的特殊金融工具（包括可回售工具和发行方仅在清算时才有义务向另一方按比例交付其净资产的金融工具），这类工具的发行人可以将其分类为权益工具，但是工具本身并不符合权益工具的定义。因此，一项金融资产只有满足权益工具的定义，才符合被指定为以公允价值计量且其变动计入其他综合收益的金融资产的条件。

在本案例中，B合伙企业的存续期限为20年，如果满足《企业会计准则第37号——金融工具列报》（2017年修订）规定的其他条件，B合伙企业的份额可能属于发行方仅在清算时才有义务向另一方按比例交付其净资产的特殊金融工具，在B合伙企业层面可以作为权益工具核算。但是，这类特殊金融工具并不满足权益工具的定义，所以A公司不能将其指定为以公允价值计量且其变动计入其他综合收益的金融资产。

二、计量问题

（一）案例背景

A公司自2×18年1月1日起执行现行金融工具准则。2×17年6月30日，A公司购入B上市公司5%的股权，交易价格为500万元，不考虑相关交易费用。A公司对B公司没有重大影响，且交易意图也不是为了近期出售，因此将其分类为可供出售金融资产。

2×17年12月31日，B公司5%股权的公允价值仍为500万元。

2×18年1月1日，A公司将对B公司的股权投资指定为以公允价值计量且其变动计入其他综合收益的金融资产。

2×18年6月30日，B公司5%股权的公允价值为550万元。

2×18年8月，A公司将所持有的B公司股权按照市价全部出售，交易价格为580万元。

问题：该项投资在处置日如何进行会计处理？

（二）会计准则及相关规定

《企业会计准则第22号——金融工具确认和计量》（2017年修订）第三十五条规定："初始确认后，企业应当对不同类别的金融资产，分别以摊余成本、以公允价值计量且其变动计入其他综合收益或以公允价值计量且其变动计入当期损益进行后续计量。"

《企业会计准则第22号——金融工具确认和计量》（2017年修订）第四十四条规定："企业对权益工具的投资和与此类投资相联系的合同应当以公允价值计量。"

《企业会计准则第22号——金融工具确认和计量》（2017年修订）第六十九条规定："企业根据本准则第十九条规定将非交易性权益工具投资指定

为以公允价值计量且其变动计入其他综合收益的金融资产的，当该金融资产终止确认时，之前计入其他综合收益的累计利得或损失应当从其他综合收益中转出，计入留存收益。”

（三）案例解析

根据现行金融工具准则的规定，一项权益工具投资在被指定为以公允价值计量且其变动计入其他综合收益的金融资产后，企业应始终按照公允价值对该项投资进行后续计量，并将公允价值变动计入其他综合收益；在该项资产终止确认时，之前计入其他综合收益的累计利得或损失应当从其他综合收益中转出，计入留存收益，不得转入损益。

在本案例中，2×18 年 6 月 30 日，该项投资的公允价值为 550 万元，累计的公允价值变动 50 万元（550 万元 - 500 万元）应计入其他综合收益中。在处置日，企业应首先将该项投资按照公允价值 580 万元计量，并将公允价值变动 30 万元（580 万元 - 550 万元）计入其他综合收益，然后再将计入其他综合收益的累计金额 80 万元（50 万元 + 30 万元）转出至留存收益，而不会因处置该项资产对损益产生任何影响，即处置损益为 0。

三、与其他准则的衔接问题

（一）案例背景

A 公司是一家风险投资机构，持有大量拟上市公司的股权，并对部分股权投资具有重大影响。A 公司对投资的退出周期可能在数年以上，并非“近期出售或回购”。A 公司以往根据《企业会计准则第 2 号——长期股权投资》将部分具有重大影响的股权投资指定为以公允价值计量且其变动计入当期损益。按照《企业会计准则第 22 号——金融工具确认和计量》（2017 年修订），企业可以将非交易性权益工具投资指定为以公允价值计量且其变动计入其他综合收益的金融资产。

问题：A 公司（风险投资机构）对联营企业的投资是否可以指定为以公允价值计量且其变动计入其他综合收益的金融资产？

（二）会计准则及相关规定

《企业会计准则第 2 号——长期股权投资》（2014 年修订）第三条规定：“风险投资机构、共同基金以及类似主体持有的、在初始确认时按照《企业会计准则第 22 号——金融工具确认和计量》的规定以公允价值计量且其变动计入当期损益的金融资产，投资性主体对不纳入合并财务报表的子公司的权益性投资，以及本准则未予规范的其他权益性投资，适用《企业会计准则第22号——金融工具确认和计量》。”

《企业会计准则第2号——长期股权投资（应用指南）》（2014年修订）规定：“长期股权投资准则规范的权益性投资不包括风险投资机构、共同基金以及类似主体（如投资连接保险产品）持有的、在初始确认时按照金融工具确认和计量准则的规定以公允价值计量且其变动计入当期损益的金融资产，这类金融资产即使符合持有待售条件，也应继续按金融工具确认和计量准则进行会计处理。”

《企业会计准则第22号——金融工具确认和计量》（2017年修订）第六条规定：“由《企业会计准则第2号——长期股权投资》规范的对子公司、合营企业和联营企业的投资，适用《企业会计准则第2号——长期股权投资》，但是企业根据《企业会计准则第2号——长期股权投资》对上述投资按照本准则相关规定进行会计处理的，适用本准则。”

《国际会计准则第28号：联营企业和合营企业中的投资》结论基础第11～13段说明：“理事会观察到，风险资本组织、共同基金、信托公司和包括投连险基金在内的类似主体持有的联营企业中的权益按照《国际财务报告准则第9号》以公允价值计量且其变动计入当期损益时，也被类似地排除在《国际会计准则第28号》范围之外。

理事会观察到，《征求意见稿第9号》和《国际会计准则第28号》中作出的范围排除，不是因为这些安排不具有合营安排的特征或者这些投资不属于联营企业，而是因为对于风险资本组织、共同基金、信托公司和包括投连险基金在内的类似主体持有的投资，公允价值计量向财务报表使用者提供了比应用权益法更有用的信息。

因此，理事会决定保留允许风险资本组织、共同基金、信托公司和包括投连险基金在内的类似主体按照《国际财务报告准则第9号》对在合营和联营企业中的权益以公允价值计量且其变动计入当期损益的选择权，但明确这是采用权益法计量联营企业和合营企业中权益规定的豁免，而不是《国际会计准则第28号》关于这些主体持有的联营企业和合营企业投资的会计处理的范围排除。

基于上述决定和将合营企业会计处理并入《国际会计准则第28号》的决定，理事会决定《国际会计准则第28号》应适用于对被投资者具有共同控制或重大影响的所有主体持有投资的会计处理。”

《企业会计准则第41号——在其他主体中权益的披露》第五条规定：“企业持有的由《企业会计准则第22号——金融工具确认和计量》规范的在其他主体中的权益，适用《企业会计准则第37号——金融工具列报》。但是，企业在未纳入合并财务报表范围的结构化主体中的权益，以及根据其他相关会计准则以公允价值计量且其变动计入当期损益的在联营企业或合营企业中的权益，适用本准则。”

（三）案例解析

虽然根据《企业会计准则第2号——长期股权投资》（2014年修订）的规定，风险投资机构、共同基金以及类似主体可以选择将其持有的有重大影响的股权投资，在初始确认时按照《企业会计准则第22号——金融工具确认和计量》（2017年修订）的规定确认为以公允价值计量且其变动计入当期损益的金融资产，但是该项处理仅是《企业会计准则第2号——长期股权投资》（2014年修订）对于这种特定机构持有的联营企业投资的一项关于计量的特殊规定，即这些对联营企业的投资仍属于长期股权投资的范围而非金融工具的范围，因此只能在计量上按照金融工具准则的规定以公允价值计量且其变动计入当期损益，而不能根据金融工具准则指定为以公允价值计量且其变动计入其他综合收益的金融资产。

上述原则虽然在《企业会计准则第2号——长期股权投资》（2014年修订）准则正文和应用指南中没有明确说明，但是可以从以下两方面得出此结论：

1. 根据《国际会计准则第28号：联营企业和合营企业中的投资》结论基础第11~13段，国际会计准则理事会明确说明，风险资本组织、共同基金、信托公司和包括投连险基金在内的类似主体持有的联营企业中的权益被排除在《国际会计准则第28号》之外，不是因为这些安排不具有合营安排的特征或者这些投资不属于联营企业，而是因为对于该类主体持有的投资，公允价值可以向财务报表使用者提供比权益法更有用的信息，因此允许保留以公允价值计量且其变动计入当期损益的选择权。但同时明确，这是采用权益法核算联营企业和合营企业中权益规定的计量豁免，而不是《国际会计准则第28号》在范围上对这些主体持有的联营企业和合营企业投资会计处理的排除。

2. 根据《企业会计准则第41号——在其他主体中权益的披露》第五

条，企业根据其他相关会计准则以公允价值计量且其变动计入当期损益的在联营企业或合营企业中的权益，适用该准则。也就是说，风险投资机构、共同基金以及类似主体可以将其持有的有重大影响的股权投资在初始确认时按照《企业会计准则第 22 号——金融工具确认和计量》（2017 年修订）的规定确认为以公允价值计量且其变动计入当期损益的金融资产，但是在披露时仍需要遵循《企业会计准则第 41 号——在其他主体中权益的披露》的规定，作为在联营企业或合营企业中的权益进行披露。

案例 2－15
应收账款的业务模式

一、案例背景

企业在销售产品时，部分客户会以银行承兑汇票或商业承兑汇票方式结算。对于应收账款和应收票据，企业可能存在多种业务模式对其进行管理，例如：

模式一：持有至对手方付款，期间不发生转让。

企业持有应收账款和应收票据，并预期在信用期满或票据到期时从交易对手方收回。

模式二：持有至对手方付款，但当对手方信用状况恶化时，考虑处置以控制信用风险。

在通常情况下，企业持有应收账款和应收票据，并预期在信用期满或票据到期时从交易对手方收回。而一旦对手方信用状况发生恶化，导致应收账款或应收票据的可回收性产生一定风险时，企业会考虑通过将其卖断给不良资产管理公司等方式处置应收账款或应收票据，以控制企业可能面临的信用风险。

模式三：企业通过多种方式提前处置部分或者全部应收账款或者应收票据，但未能终止确认。

出于流动性考虑，企业可能通过将应收账款保理、资产证券化，将应收票据进行贴现、背书转让等方式，在应收账款信用期满或票据到期前提前处置，以提前收回现金流。由于附追索权等原因，企业虽然转让了应收账款和应收票据法律上的所有权，但是保留了应收账款和应收票据上几乎全部的风险和报酬，因此会计上无法对其进行终止确认。

模式四：企业通过多种方式提前处置部分或者全部应收账款或者应收票据，并实现终止确认。

出于流动性考虑，企业可能通过将应收账款保理、资产证券化，将应收票据进行贴现、背书转让等方式，在应收账款信用期满或应收票据到期前提前处置，并终止确认部分或全部应收账款和应收票据，以提前收回现金流。由于企业转让了应收账款和应收票据上几乎全部的风险和报酬，因此会计上对其进行终止确认。

问题：企业应如何判断管理应收账款和应收票据的业务模式？

二、会计准则及相关规定

《企业会计准则第22号——金融工具确认和计量》（2017年修订）第十六条规定：“企业应当根据其管理金融资产的业务模式和金融资产的合同现金流量特征，将金融资产划分为以下三类：

（一）以摊余成本计量的金融资产。

（二）以公允价值计量且其变动计入其他综合收益的金融资产。

（三）以公允价值计量且其变动计入当期损益的金融资产。

企业管理金融资产的业务模式，是指企业如何管理其金融资产以产生现金流量。业务模式决定企业所管理金融资产现金流量的来源是收取合同现金流量、出售金融资产还是两者兼有。企业管理金融资产的业务模式，应当以企业关键管理人员决定的对金融资产进行管理的特定业务目标为基础确定。企业确定管理金融资产的业务模式，应当以客观事实为依据，不得以按照合理预期不会发生的情形为基础确定。”

《企业会计准则第22号——金融工具确认和计量（应用指南）》（2018年修订）规定：“1. 业务模式评估。

……

（4）企业的业务模式并非企业自愿指定，而是一种客观事实，通常可以从企业为实现其目标而开展的特定活动中得以反映。企业应当考虑在业务模式评估日可获得的所有相关证据，包括企业评价和向关键管理人员报告金融资产业绩的方式、影响金融资产业绩的风险及其管理方式以及相关业务管理人员获得报酬的方式（例如报酬是基于所管理资产的公允价值还是所收取的合同现金流量）等。

……

2. 以收取合同现金流量为目标的业务模式。

在以收取合同现金流量为目标的业务模式下，企业管理金融资产旨在通过在金融资产存续期内收取合同付款来实现现金流量，而不是通过持有并出售金融资产产生整体回报。

尽管企业持有金融资产是以收取合同现金流量为目标，但是企业无须将所有此类金融资产持有至到期。因此，即使企业出售金融资产或者预计未来会出售金融资产，此类金融资产的业务模式仍然可能是以收取合同现金流量为目标。企业在评估金融资产是否属于该业务模式时，应当考虑此前出售此类资产的原因、时间、频率和出售的价值，以及对未来出售的预期。但是，此前出售资产的事实只是为企业提供相关依据，而不能决定业务模式。

在以收取合同现金流量为目标的业务模式下，金融资产的信用质量影响着企业收取合同现金流量的能力。为减少因信用恶化所导致的潜在信用损失而进行的风险管理活动与以收取合同现金流量为目标的业务模式并不矛盾。因此，即使企业在金融资产的信用风险增加时为减少信用损失而将其出售，金融资产的业务模式仍然可能是以收取合同现金流量为目标的业务模式。

如果企业在金融资产到期日前出售金融资产，即使与信用风险管理活动无关，在出售只是偶然发生（即使价值重大），或者单独及汇总而言出售的价值非常小（即使频繁发生）的情况下，金融资产的业务模式仍然可能是以收取合同现金流量为目标。如果企业能够解释出售的原因并且证明出售并不反映业务模式的改变，出售频率或者出售价值在特定时期内增加不一定与以收取合同现金流量为目标的业务模式相矛盾。此外，如果出售发生在金融资产临近到期时，且出售所得接近待收取的剩余合同现金流量，金融资产的业务模式仍然可能是以收取合同现金流量为目标。

3. 以收取合同现金流量和出售金融资产为目标的业务模式。

在同时以收取合同现金流量和出售金融资产为目标的业务模式下，企业的关键管理人员认为收取合同现金流量和出售金融资产对于实现其管理目标而言都是不可或缺的。例如，企业的目标是管理日常流动性需求同时维持特定的收益率，或将金融资产的存续期与相关负债的存续期进行匹配。

与以收取合同现金流量为目标的业务模式相比，此业务模式涉及的出售通常频率更高、金额更大。因为出售金融资产是此业务模式的目标之一，在该业务模式下不存在出售金融资产的频率或者价值的明确界限。

4. 其他业务模式。

如果企业管理金融资产的业务模式不是以收取合同现金流量为目标，也不是以收取合同现金流量和出售金融资产为目标，则该企业管理金融资产的业务模式是其他业务模式。例如，企业持有金融资产的目的是交易性的或者基于金融资产的公允价值作出决策并对其进行管理。在这种情况下，企业管理金融资产的目标是通过出售金融资产以实现现金流量。即使企业在持有金融资产的过程中会收取合同现金流量，企业管理金融资产的业务模式也不是以收取合同现金流量和出售金融资产为目标，因为收取合同现金流量对实现该业务模式目标来说只是附带性质的活动。”

三、案例解析

对于应收账款和应收票据，业务模式是在金融工具准则下需要考虑的问题，不同的业务模式下后续计量方法也不相同。企业管理金融资产的业务模式，是指企业如何管理其金融资产以产生现金流量。业务模式并非企业自愿指定，而是一种客观事实，通常可以从企业为实现其目标而开展的特定活动中得以反映。

本案例中提及的几种情景是实务中较为常见的企业管理应收账款和应收票据的业务模式，由于应收账款和应收票据一般情况下可以通过合同现金流量特征测试（特殊情况下也可能无法通过，例如交易价格挂钩某商品指数），所以通常业务模式即决定了其后续的分类。如果企业的业务模式是以收取合同现金流量为目标，则应将应收账款和应收票据分类为以摊余成本计量；如果业务模式是以收取合同现金流量和出售金融资产为目标，则应将应收账款和应收票据分类为以公允价值计量且其变动计入其他综合收益；如果业务模式是前两种以外的其他模式，则将应收账款和应收票据分类为以公允价值计量且其变动计入当期损益。

模式一：这是典型的以收取合同现金流量为目标的业务模式。

模式二：根据《企业会计准则第22号——金融工具确认和计量（应用指南）》（2018年修订）的规定，在以收取合同现金流量为目标的业务模式下，金融资产的信用质量影响着企业收取合同现金流量的能力。为减少因信用恶化所导致的潜在信用损失而进行的风险管理活动与以收取合同现金流量为目标的业务模式并不矛盾。因此，即使企业在金融资产的信用风险增加时为减少信用损失而将其出售，金融资产的业务模式仍然可能是以收取合同现金流量为目标的业务模式。

模式三：根据《企业会计准则第22号——金融工具确认和计量（应用指南）》（2018年修订）的规定，如果企业在金融资产到期日前出售金融资产，即使与信用风险管理活动无关，在出售只是偶然发生（即使价值重大），或者单独及汇总而言出售的价值非常小（即使频繁发生）的情况下，金融资产的业务模式仍然可能是以收取合同现金流量为目标。因此，企业在评估金融资产的业务模式时，应当考虑此前出售此类资产的原因、时间、频率和出售的价值，以及对未来出售的预期，以判断出售是否“频繁且重大”从而无法认定为以收取合同现金流量为目标。根据证监会于2021年12月发布的《监管规则适用指引——会计类第2号》，“如果一项金融资产对外‘出售’但并未终止确认，意味着企业仍将通过收取该金融资产存续期内合同现金流量的方式实现经济利益，该种业务模式不满足‘通过持有并出售金融资产产生整体回报’的情形。因此，金融资产管理业务模式中‘出售’，应当是满足会计终止确认条件下的金融资产出售行为。”本案例中，企业在通过保理、资产证券化、贴现或背书转让等形式转让应收账款或应收票据时，如果保留了应收账款和应收票据绝大部分的风险与报酬导致其不能终止确认，则此类交易不会导致企业以收取合同现金流量为目标的业务模式发生变化。

模式四：不同于模式三，此模式下应收账款和应收票据既存在法律上的转让，也实现了会计上的终止确认，因此按照准则的规定需要考虑出售此类资产的原因、时间、频率和出售的价值，以及对未来出售的预期。如果出售频繁并且金额重大（单独或者汇总），则不应确定为以收取合同现金流量为目标的业务模式。

案例 2 – 16
应收账款的公允价值与合同对价之间的差异

一、案例背景

A 公司对应收账款管理的业务模式是以收取合同现金流量和出售金融资产为目标，因此将其分类为以公允价值计量且其变动计入其他综合收益的金融资产（即应收款项融资）。因为预计应收账款的收款期小于 1 年，所以按照修订后的《企业会计准则第 14 号——收入》的规定，不存在重大融资成分，可以按照合同对价确认应收账款和收入，金额为 100 元。但是因应收账款的初始确认日与到期日之间存在时间差，其考虑折现影响后的公允价值为 98 元，并不等于合同对价。

问题：在此类业务模式下，应收账款初始入账金额的公允价值与合同对价之间的差异如何处理？

二、会计准则及相关规定

《企业会计准则第 22 号——金融工具确认和计量》（2017 年修订）第三十三条规定："企业初始确认金融资产或金融负债，应当按照公允价值计量。对于以公允价值计量且其变动计入当期损益的金融资产和金融负债，相关交易费用应当直接计入当期损益；对于其他类别的金融资产或金融负债，相关交易费用应当计入初始确认金额。但是，企业初始确认的应收账款未包含《企业会计准则第 14 号——收入》所定义的重大融资成分或根据《企业会计准则第 14 号——收入》规定不考虑不超过一年的合同中的融资成分的，应当按照该准则定义的交易价格进行初始计量。"

《企业会计准则第 14 号——收入》（2017 年修订）第十四条规定："企业应当按照分摊至各单项履约义务的交易价格计量收入。交易价格，是指企业因向客户转让商品而预期有权收取的对价金额。"

《企业会计准则第 14 号——收入》（2017 年修订）第十七条规定："合同中存在重大融资成分的，企业应当按照假定客户在取得商品控制权时即以现金支付的应付金额确定交易价格。该交易价格与合同对价之间的差额，应当在合同期间内采用实际利率法摊销。合同开始日，企业预计客户取得商品控制权与客户支付价款间隔不超过一年的，可以不考虑合同中存在的重大融资成分。"

三、案例解析

根据《企业会计准则第 14 号——收入》（2017 年修订）的规定，合同开始日，企业预计客户取得商品控制权与客户支付价款间隔不超过一年的，可以不考虑合同中存在的重大融资成分。因此，对于实际收款期短于 1 年的应收账款，可以不考虑重大融资成分，按照合同对价 100 元确认应收账款和收入。这是收入准则对于此类应收账款在初始确认上的简化规定。但是，如果此类应收账款不是以摊余成本计量而是以公允价值计量，在估计公允价值时，相关准则却没有类似的简化规定，无论期限是否短于 1 年，都需要考虑折现对公允价值的影响，因此考虑折现后应收账款的公允价值可能为 98 元，从而出现了 100 元的合同对价与 98 元的公允价值之间的差异。

根据《企业会计准则第 22 号——金融工具确认和计量》（2017 年修订）第三十三条的规定，企业初始确认的应收账款未包含收入准则所定义的重大融资成分或根据收入准则规定不考虑不超过一年的合同中的融资成分的，应当按照该准则定义的交易价格进行初始计量。而根据《企业会计准则第 14 号——收入》（2017 年修订）第十四条的规定，交易价格是指企业因向客户转让商品而预期有权收取的对价金额。在本案例中，该交易价格即是合同对价 100 元。因此，应收账款的初始确认金额应认为是 100 元，而 98 元与 100 元的差异应看成是后续计量时的公允价值变动，该变动应基于应收账款的分类而进行不同的会计处理：如果应收账款被分类为以公允价值计量且其变动计入当期损益，则该变动 2 元应计入损益；如果应收账款被分类为以公允价值计量且其变动计入其他综合收益，则该变动 2 元应计入其他综合收益中。

案例 2 - 17
应收账款的减值准备

根据《企业会计准则第 22 号——金融工具确认和计量》(2017 年修订)，减值方法从已发生损失模型变为预期信用损失模型，在减值的确认和计量上都有了较大的变化。本案例对于金融工具准则下减值的适用范围和方法、应收账款减值矩阵法的应用及应收账款减值准备的披露问题进行讨论。

一、减值适用范围及方法

(一) 案例背景

A 公司自 2×18 年 1 月 1 日起执行现行金融工具准则。2×18 年 1 月 1 日，A 公司存在应收账款、合同资产、应收租赁款、其他应收款（包括应收关联方往来款）、以摊余成本计量的贷款、分类为以公允价值计量且其变动计入其他综合收益的债券、股票投资等资产，也存在对外提供的财务担保合同等。

问题：A 公司所持有和发行的工具中，哪些需要计提预期信用损失？具体适用什么减值方法？

(二) 会计准则及相关规定

《企业会计准则第 22 号——金融工具确认和计量》(2017 年修订) 第四十六条规定："企业应当按照本准则规定，以预期信用损失为基础，对下列项目进行减值会计处理并确认损失准备：

(一) 按照本准则第十七条分类为以摊余成本计量的金融资产和按照本准则第十八条分类为以公允价值计量且其变动计入其他综合收益的金融资产。

(二) 租赁应收款。

(三) 合同资产。合同资产是指《企业会计准则第 14 号——收入》定义的合同资产。

(四) 企业发行的分类为以公允价值计量且其变动计入当期损益的金融

负债以外的贷款承诺和适用本准则第二十一条（三）规定的财务担保合同。

损失准备，是指针对按照本准则第十七条计量的金融资产、租赁应收款和合同资产的预期信用损失计提的准备，按照本准则第十八条计量的金融资产的累计减值金额以及针对贷款承诺和财务担保合同的预期信用损失计提的准备。”

《企业会计准则第22号——金融工具确认和计量》（2017年修订）第六十三条规定：“对于下列各项目，企业应当始终按照相当于整个存续期内预期信用损失的金额计量其损失准备：

（一）由《企业会计准则第14号——收入》规范的交易形成的应收款项或合同资产，且符合下列条件之一：

1. 该项目未包含《企业会计准则第14号——收入》所定义的重大融资成分，或企业根据《企业会计准则第14号——收入》规定不考虑不超过一年的合同中的融资成分。

2. 该项目包含《企业会计准则第14号——收入》所定义的重大融资成分，同时企业做出会计政策选择，按照相当于整个存续期内预期信用损失的金额计量损失准备。企业应当将该会计政策选择适用于所有此类应收款项和合同资产，但可对应收款项类和合同资产类分别做出会计政策选择。

（二）由《企业会计准则第21号——租赁》规范的交易形成的租赁应收款，同时企业做出会计政策选择，按照相当于整个存续期内预期信用损失的金额计量损失准备。企业应当将该会计政策选择适用于所有租赁应收款，但可对应收融资租赁款和应收经营租赁款分别做出会计政策选择。

在适用本条规定时，企业可对应收款项、合同资产和租赁应收款分别选择减值会计政策。”

《企业会计准则第22号——金融工具确认和计量》（2017年修订）第五十七条规定：“对于购买或源生的已发生信用减值的金融资产，企业应当在资产负债表日仅将自初始确认后整个存续期内预期信用损失的累计变动确认为损失准备。在每个资产负债表日，企业应当将整个存续期内预期信用损失的变动金额作为减值损失或利得计入当期损益。即使该资产负债表日确定的整个存续期内预期信用损失小于初始确认时估计现金流量所反映的预期信用损失的金额，企业也应当将预期信用损失的有利变动确认为减值利得。”

（三）案例解析

现行金融工具准则下的减值规定适用范围大于金融工具的范围，不仅包括金融资产、贷款承诺和财务担保合同等工具，还包括金融工具准则范围以外的资产，如合同资产和应收租赁款。

现行金融工具准则下的减值是基于预期信用损失而确认的损失准备，其一般方法为采用三阶段模型确认预期信用损失，即依据自初始确认后信用风险是否显著增加，信用损失准备按整个存续期预期信用损失或12个月内预期信用损失计量。同时，对于满足条件的应收款项、合同资产以及租赁应收款，准则要求必须或可以选择简化方法（以下简称简易法），即允许始终按照整个存续期预期信用损失确认减值准备。此外，对于购买或源生的已发生信用减值的金融资产，也应当将整个存续期内预期信用损失的累计变动确认为损失准备。

根据《企业会计准则第22号——金融工具确认和计量》（2017年修订）的相关规定，表2-4汇总列示了现行金融工具准则下减值规定的适用范围，以及所适用的减值方法。

表2-4　　减值规定的适用范围以及适用的减值方法

范　　围	一般方法	简易法
《企业会计准则第22号——金融工具确认和计量》（2017年修订）范围内的下列工具：		
不含重大融资成分的应收款项		√
包含重大融资成分的应收款项	会计政策选择	
购买或源生的已发生信用减值的金融资产		√
其他以摊余成本计量的、以公允价值计量其变动计入其他综合收益的债权类金融资产	√	
贷款承诺和财务担保合同	√	
《企业会计准则第14号——收入》（2017年修订）确认的下列资产：		
不含重大融资成分的合同资产		√
包含重大融资成分的合同资产	会计政策选择	
《企业会计准则第21号——租赁》（2018年修订）确认的下列资产：		
应收租赁款	会计政策选择	

从表2-4可以看出，只有《企业会计准则第14号——收入》（2017年修订）规范的交易形成的应收款项和合同资产，《企业会计准则第21号——租赁》（2018年修订）规范的交易形成的应收租赁款，以及购买或源生的已

发生信用减值的金融资产可采用简易法，其中不含重大融资成分的应收款项和合同资产以及购买或源生的已发生信用减值的金融资产必须采用简易法，包含重大融资成分的应收款项和合同资产以及应收租赁款可以选择采用一般方法或者简易法。对于包含重大融资成分的应收款项和合同资产以及应收租赁款，企业可以分别单独选择会计政策，例如可以对应收账款采用简易法，而对应收租赁款采用一般方法。但是，除前述准则明确可以适用简易法的资产外，其他的金融资产（包括其他应收款、应收关联方往来款等）不能适用简易法，应始终采用一般方法计量预期信用损失。

二、分组

（一）案例背景

A 公司是一家从事工业设备生产的制造型企业，既有批发又有零售业务。A 公司与客户的结算方式一般是在 90 天内收款且不提供融资。A 公司注意到其历史上的信用损失率和客户的账龄相关，并且批发客户与零售客户的历史损失率有所不同。基于以上历史经验，A 公司将应收账款以客户类型及账龄进行组合。A 公司对其截至 2×18 年 12 月 31 日的应收账款余额分成以下几组，如表 2－5 所示。

表 2－5　　应收账款余额分组　　单位：万元

客户类型＼账龄	1 年以内	1—2 年	2—3 年	3 年以上
批发客户	30,000	7,400	1,000	1,700
零售客户	40,000	2,000	800	5,550

A 公司对其零售客户的应收账款无重大信用风险集中，A 公司无法也没有必要对每一笔应收账款的信用风险进行单独跟踪。根据历史经验，A 公司判断“账龄”是该应收账款组合的重要信用风险特征，故使用账龄构造信用风险矩阵。

截至 2×18 年财务报告报出日，A 公司截至 2×18 年 12 月 31 日的 1,000 笔零售客户的应收账款中，有 20 笔已经收回，金额合计为 2,000 万元。

问题：A 公司是否可以选择将期后已经收回的应收账款单独计算减值而不包含在减值矩阵中？

（二）会计准则及相关规定

《企业会计准则第22号——金融工具确认和计量（应用指南）》（2018年修订）规定："对于购买或源生时未发生信用减值、但在后续资产负债表日已发生信用减值的金融资产，企业在计量其预期信用损失时，应当基于该金融资产的账面余额与按该金融资产原实际利率折现的预计未来现金流量的现值之间的差额。

在不违反本准则第五十八条规定（金融工具预期信用损失计量方法应反映的要素）的前提下，企业可在计量预期信用损失时运用简便方法。例如，对于应收账款的预期信用损失，企业可参照历史信用损失经验，编制应收账款逾期天数与固定准备率对照表（例如，若未逾期为1%；若逾期不到30日为2%；若逾期天数为30～90（不含）日，为3%；若逾期天数为90～180（不含）日，为20%等），以此为基础计算预期信用损失。

如果企业的历史经验表明不同细分客户群体发生损失的情况存在显著差异，那么企业应当对客户群体进行恰当的分组，在分组基础上运用上述简便方法。企业可用于对资产进行分组的标准可能包括：地理区域、产品类型、客户评级、担保物以及客户类型（如批发和零售客户）。"

（三）案例解析

如问题"一、减值适用范围及方法"中所述，根据准则的规定，A公司的应收账款没有重大融资成分，因此应采用简易法计算预期信用损失，即始终按照整个存续期的预期信用损失金额计量其损失准备。由于A公司的客户众多且大部分应收账款金额不大，可以采用减值矩阵法分组计算预期信用损失。

在减值矩阵法下，A公司通过统计历史损失率和前瞻性调整估计应收账款各个账龄的损失率。假设A公司统计的历史损失率是5%，则A公司合计1,000笔应收账款期后收回的20笔应收账款是预料之中的正常进展，属于95%未减值个体中的一部分。如果损失率估计准确，在时间足够长的情况下，除5%损失部分外的其余应收账款未来都可以收回，因此不能因为在报告日前收回了20笔应收账款就将其剔除在组合计提减值的应收账款总体之外，这样可能会造成减值准备计提不足。

三、采用迁徙率法计算应收账款减值准备

（一）案例背景

背景和数据同上个案例。

在分组后，A 公司对零售客户按照减值矩阵法组合计算 2×18 年 12 月 31 日应收账款的预期信用损失。

问题：A 公司如何估计应收账款的损失率并按照矩阵法计算减值？

（二）会计准则及相关规定

《企业会计准则第 22 号——金融工具确认和计量》（2017 年修订）第四十七条规定："预期信用损失，是指以发生违约的风险为权重的金融工具信用损失的加权平均值。信用损失，是指企业按照原实际利率折现的、根据合同应收的所有合同现金流量与预期收取的所有现金流量之间的差额，即全部现金短缺的现值。"

《企业会计准则第 22 号——金融工具确认和计量》（2017 年修订）第五十八条规定："企业计量金融工具预期信用损失的方法应当反映下列各项要素：

（一）通过评价一系列可能的结果而确定的无偏概率加权平均金额。

（二）货币时间价值。

（三）在资产负债表日无须付出不必要的额外成本或努力即可获得的有关过去事项、当前状况以及未来经济状况预测的合理且有依据的信息。"

《企业会计准则第 22 号——金融工具确认和计量（应用指南）》（2018 年修订）规定："对于购买或源生时未发生信用减值、但在后续资产负债表日已发生信用减值的金融资产，企业在计量其预期信用损失时，应当基于该金融资产的账面余额与按该金融资产原实际利率折现的预计未来现金流量的现值之间的差额。

在不违反本准则第五十八条规定（金融工具预期信用损失计量方法应反映的要素）的前提下，企业可在计量预期信用损失时运用简便方法。例如，对于应收账款的预期信用损失，企业可参照历史信用损失经验，编制应收账款逾期天数与固定准备率对照表（例如，若未逾期为 1%；若逾期不到 30 日为 2%；若逾期天数为 30～90（不含）日，为 3%；若逾期天数为 90～180（不含）日，为 20% 等），以此为基础计算预期信用损失。

如果企业的历史经验表明不同细分客户群体发生损失的情况存在显著差异，那么企业应当对客户群体进行恰当的分组，在分组基础上运用上述简便方法。企业可用于对资产进行分组的标准可能包括：地理区域、产品类型、客户评级、担保物以及客户类型（如批发和零售客户）。"

（三）案例解析

根据准则的相关规定，A 公司在估计应收账款的损失率时，需要考虑历史损失率和前瞻性调整的影响。历史损失率是计算应收账款损失率的起点，在统计历史损失率的时候，A 公司采用了迁徙率法。具体方法如下：

第一步：数据汇总与整理。

为了计算损失率，A 公司对历史数据进行汇总和整理，观察并汇总了过去 4 年的账龄分布情况，如表 2－6 所示。

表 2－6 账龄分布情况 单位：千元

	2×15 年末	2×16 年末	2×17 年末	2×18 年末
账龄				
1 年以内	300, 000	200, 000	250, 000	400, 000
1－2 年	70, 000	30, 000	17, 000	20, 000
2－3 年	13, 000	28, 000	12, 000	8, 000
3 年以上	10, 000	21, 700	45, 000	55, 500
其中：				
上年末即为 3 年以上账龄，本年继续迁徙部分	－	10, 000	21, 700	45, 000
本年新增部分	10, 000	11, 700	23, 300	10, 500
合计	393, 000	279, 700	324, 000	483, 500

第二步：迁徙率及历史损失率计算。

在收集汇总了各账龄段的应收账款数据后，A 公司进一步计算各账龄段的迁徙率，如表 2－7 所示。

表 2－7 各账龄段迁徙率

账龄		2×15 年至 2×16 年迁徙率	2×16 年至 2×17 年迁徙率	2×17 年至 2×18 年迁徙率	三年平均迁徙率
1 年以内	A	10. 00% *	8. 50%	8. 00%	8. 83%
1－2 年	B	40. 00%	40. 00%	47. 06%	42. 35%
2－3 年	C	90. 00%	83. 21%	87. 50%	86. 90%
3 年以上	D	100. 00%	100. 00%	100. 00%	100. 00%

* 当年迁徙率为上年末该账龄余额至下年末仍未收回的金额占上年末该账龄余额的比重。例如：2×15 年末 1 年以内余额为 300, 000 千元，至 2×16 年末仍未收回的部分会迁徙至 1－2 年期间，为 30, 000 千元，由此得到 1 年以内的迁徙率为 10% （30, 000/300, 000 = 10%），其余期间迁徙率也以此方法推算。

A 公司通过分析历史损失数据认为，账龄超过 3 年以上的应收账款，损失的可能性近似为100%。基于此前提，A公司理论上可以用应收账款迁徙到3年以上的可能性来近似估计其历史损失率。例如，在本案例中对于账龄为1年以内的应收账款，损失率可以用1年以内、1－2年、2－3年及3年以上的迁徙率相乘得出，代表此账龄的应收账款最终迁徙到3年以上从而无法收回的可能性，金额为3.25%，以此类推。

根据迁徙率结果计算历史损失率，如表2－8所示。

表2－8　　历史损失率

账龄	损失率	计算过程（A×B×C×D）
1年以内	3.25%	8.83%×42.35%×86.9%×100%
1－2年	36.81%	42.35%×86.9%×100%
2－3年	86.90%	86.9%×100%
3年以上	100.00%	100%

需要说明的是，在本案例中的迁徙率法并不是实务中唯一可行的估计损失率的方法，也并未考虑实务中更为复杂的情况，因而不一定适用于所有公司。由于准则并未对估计应收账款历史损失率的具体方法做出明确的规定，因此公司应当根据实际情况，考虑多种可能因素的影响，合理估计应收账款的历史损失率。

第三步：前瞻性调整及确定预期信用损失率。

A公司认为与零售客户应收账款可收回性最为相关的因素是失业率，并预期未来失业率将会增加并将导致零售客户更高的应收账款损失率。为了对历史损失率进行调整以反映目前情况及合理和可支持的预期信息，A公司根据在以往类似失业率时的历史损失率情况，相应将每个账龄段对应损失率提高5%，从而计算出预期损失率。

最后，A公司根据预期损失率计算出预期信用损失，计算过程如表2－9所示。

表2－9　　预期信用损失　　单位：千元

账龄	2×18年末余额	预期损失率 ［历史损失率×（1＋5%）］	预期信用损失
1年以内	400,000	3.41%	13,640
1－2年	20,000	38.65%	7,730

续表

账龄	2×18 年末余额	预期损失率 ［历史损失率×（1+5%）］	预期信用损失
2-3 年	8,000	91.25%	7,300
3 年以上	55,500	100.00%	55,500
总计	483,500		84,170

四、应收账款减值准备的披露

（一）案例背景

背景和数据同上个案例。

问题：A 公司应对应收账款的预期信用损失进行哪些披露？

（二）会计准则及相关规定

《企业会计准则第 37 号——金融工具列报》（2017 年修订）第七十六条规定："对金融工具产生的各类风险，企业应当披露下列定性信息：

（一）风险敞口及其形成原因，以及在本期发生的变化；

（二）风险管理目标、政策和程序以及计量风险的方法及其在本期发生的变化。"

《企业会计准则第 37 号——金融工具列报》（2017 年修订）第七十九条规定："为使财务报表使用者了解信用风险对未来现金流量的金额、时间和不确定性的影响，企业应当披露与信用风险有关的下列信息：

（一）企业信用风险管理实务的相关信息及其与预期信用损失的确认和计量的关系，包括计量金融工具预期信用损失的方法、假设和信息；

（二）有助于财务报表使用者评价在财务报表中确认的预期信用损失金额的定量和定性信息，包括预期信用损失金额的变动及其原因；

（三）企业的信用风险敞口，包括重大信用风险集中度；

（四）其他有助于财务报表使用者了解信用风险对未来现金流量金额、时间和不确定性的影响的信息。"

《企业会计准则第 37 号——金融工具列报》（2017 年修订）第八十一条规定："企业应当披露与信用风险管理实务有关的下列信息：

（一）企业评估信用风险自初始确认后是否已显著增加的方法，并披露下列信息：

1. 根据《企业会计准则第 22 号——金融资产确认和计量》第五十五条的规定，在资产负债表日只具有较低的信用风险的金融工具及其确定依据（包括适用该情况的金融工具类别）；

2. 逾期超过 30 日，而信用风险自初始确认后未被认定为显著增加的金融资产及其确定依据。

（二）企业对违约的界定及其原因。

（三）以组合为基础评估预期信用风险的金融工具的组合方法。

（四）确定金融资产已发生信用减值的依据。

（五）企业直接减记金融工具的政策，包括没有合理预期金融资产可以收回的迹象和已经直接减记但仍受执行活动影响的金融资产相关政策的信息。

（六）根据《企业会计准则第 22 号——金融工具确认和计量》第五十六条的规定，评估合同现金流量修改后金融资产的信用风险的，企业应当披露其信用风险的评估方法以及下列信息：

1. 对于损失准备相当于整个存续期预期信用损失的金融资产，在发生合同现金流修改时，评估信用风险是否已下降，从而企业可以按照相当于该金融资产未来 12 个月内预期信用损失的金额确认计量其损失准备；

2. 对于符合本条（六）1 中所述的金融资产，企业应当披露其如何监控后续该金融资产的信用风险是否显著增加，从而按照相当于整个存续期预期信用损失的金额重新计量损失准备。”

《企业会计准则第 37 号——金融工具列报》（2017 年修订）第八十二条规定：“企业应当披露《企业会计准则第 22 号——金融工具确认和计量》第八章有关金融工具减值所采用的输入值、假设和估值技术等相关信息，具体包括：

（一）用于确定下列各事项或数据的输入值、假设和估计技术：

1. 未来 12 个月内预期信用损失和整个存续期的预期信用损失的计量；

2. 金融工具的信用风险自初始确认后是否已显著增加；

3. 金融资产是否已发生信用减值。

（二）确定预期信用损失时如何考虑前瞻性信息，包括宏观经济信息的使用。

（三）报告期估计技术或重大假设的变更及其原因。”

《企业会计准则第 37 号——金融工具列报》（2017 年修订）第八十三条

规定："企业应当以表格形式按金融工具的类别编制损失准备期初余额与期末余额的调节表，分别说明下列项目的变动情况：

（一）按相当于未来12个月预期信用损失的金额计量的损失准备。

（二）按相当于整个存续期预期信用损失的金额计量的下列各项的损失准备：

1. 自初始确认后信用风险已显著增加但并未发生信用减值的金融工具；

2. 对于资产负债表日已发生信用减值但并非购买或源生的已发生信用减值的金融资产；

3. 根据《企业会计准则第22号——金融工具确认和计量》第六十三条的规定计量减值损失准备的应收账款、合同资产和租赁应收款。

（三）购买或源生的已发生信用减值的金融资产的变动。除调节表外，企业还应当披露本期初始确认的该类金融资产在初始确认时未折现的预期信用损失总额。"

《企业会计准则第37号——金融工具列报（应用指南）》（2018年修订）举例说明："【例31】甲汽车制造企业为经销商和终端客户提供融资。甲企业将其经销商融资和消费者融资分别作为单独的金融工具类别予以披露，并对其应收账款应用简化方法，即损失准备总是以整个存续期预期信用损失计量。表33为根据简化方法进行风险披露的示例。"

表33 单位：百万元

	应收账款逾期天数				
	未逾期或逾期30日以内（含30日）	30~60日（含60日）	60~90日（含90日）	90日以上	合计
经销商融资					
预期信用损失率	0.10%	2%	5%	13%	
估计发生违约的账面余额	20,777	1,416	673	235	23,101
整个存续期预期信用损失	21	28	34	31	114
消费者融资					
预期信用损失率	0.20%	3%	8%	15%	
估计发生违约的账面余额	19,222	2,010	301	154	21,687
整个存续期预期信用损失	38	60	24	23	145

（三）案例解析

根据上述准则的相关要求，A公司对于应收账款的信用风险至少应披露以下信息：对于信用风险敞口及其形成原因、风险管理目标、政策和程序；以组合为基础评估应收账款预期信用损失的组合方法；应收账款减值所采用的输入值、假设和估值技术；确定预期信用损失时如何考虑前瞻性信息，包括宏观经济信息的使用；应收账款评估方法或者假设发生重大变化的情况和原因；以及根据《企业会计准则第37号——金融工具列报（应用指南）》（2018年修订）【例31】的要求进行的披露，见表2-10。

表2-10 应收账款信用风险披露情况 单位：千元

	应收账款账龄				
	1年以内	1-2年	2-3年	3年以上	合计
预期信用损失率	3.41%	38.65%	91.25%	100%	
估计发生违约的账面余额	400,000	20,000	8,000	55,500	483,500
整个存续期预期信用损失	13,640	7,730	7,300	55,500	84,170

案例2-18
如何确定集团合并财务报表应收账款预期信用损失率

一、案例背景

甲公司持有乙公司80%的股权，持有丙公司100%的股权。甲公司对乙公司、丙公司均具有控制权。甲、乙、丙三家公司的应收账款历史损失率见表2-11。

表2-11 各公司应收账款历史损失率

账龄	甲公司历史损失率	乙公司历史损失率	丙公司历史损失率
1年以内	5%	1%	10%
1-2年	10%	5%	30%

续表

账龄	甲公司历史损失率	乙公司历史损失率	丙公司历史损失率
2－3 年	20%	10%	50%
3－4 年	50%	30%	70%
4－5 年	80%	50%	80%
5 年以上	100%	80%	100%

资产负债表日，对于合并财务报表中如何对预期信用损失进行估计，实务中存在如下两种处理方式：

方式一：自下而上的方法，即集团内各单位站在自身财务报表的角度，分别基于自身的数据估计本单位的预期信用损失率，然后在合并报表附注中将各单位计提预期信用损失的情况分别列示。因为各单位面对的客户群体及其信用风险不同，各自管理方式和管理水平也不同，所以应分别考虑预期信用损失的估计。

方式二：自上而下的方法，母公司结合各子公司的情况综合考虑后统一制定综合预期信用损失率。《企业会计准则第 22 号——金融工具确认和计量》第五十八条要求，企业计量金融工具预期信用损失应当反映通过评价一系列可能的结果而确定的无偏概率加权平均金额。

结合各单位应收账款的权重，计算出加权平均历史损失率见表 2－12。

表 2－12　　各公司加权平均历史损失率

账龄	甲公司权重	甲公司历史损失率	乙公司权重	乙公司历史损失率	丙公司权重	丙公司历史损失率	加权平均历史损失率
1 年以内	40%	5%	40%	1%	20%	10%	4%
1－2 年	50%	10%	30%	5%	20%	30%	13%
2－3 年	50%	20%	30%	10%	20%	50%	23%
3－4 年	60%	50%	20%	30%	20%	70%	50%
4－5 年	60%	80%	10%	50%	30%	80%	77%
5 年以上	80%	100%	10%	80%	10%	100%	98%

问题：集团合并财务报表中应收账款的预期信用损失率如何确定？

二、会计准则及相关规定

《企业会计准则第22号——金融工具确认和计量》（2017年修订）第五十八条规定：“企业计量金融工具预期信用损失的方法应当反映下列各项要素：

（一）通过评价一系列可能的结果而确定的无偏概率加权平均金额。

（二）货币时间价值。

（三）在资产负债表日无须付出不必要的额外成本或努力即可获得的有关过去事项、当前状况以及未来经济状况预测的合理且有依据的信息。”

《企业会计准则第22号——金融工具确认和计量（应用指南）》（2018年修订）规定：“对于某些金融工具而言，企业在单项工具层面无法以合理成本获得关于信用风险显著增加的充分证据，而在组合基础上评估信用风险是否显著增加则是可行的。例如，对于零售贷款，商业银行可能无法跟踪每个借款人的个人信用变化，从而无法在逾期前识别出信用风险的显著变化。然而，如果所有零售贷款的整体信用风险受当地经济社会环境的影响，银行就应当通过就业率等前瞻性经济指标在组合基础上进行信用风险变化的评估。因此，本准则第四十八条规定了以金融工具组合为基础进行评估的要求。

为在组合基础上进行信用风险变化评估，企业可以共同风险特征为依据，将金融工具分为不同组别，从而使有关评估更为合理并能及时识别信用风险的显著增加。企业不应将具有不同风险特征的金融工具归为同一组别，从而形成不相关的结论。

企业可能采用的共同信用风险特征包括：①金融工具类型；②信用风险评级；③担保物类型；④初始确认日期；⑤剩余合同期限；⑥借款人所处行业；⑦借款人所处地理位置；⑧贷款抵押率（Loan - To - Collateral，LTC）。

企业为评估信用风险变化而确定的金融工具组合，可能会随着单项资产层面以及组合层面的信用风险相关信息的可获得性的变化而变化。例如，如果由于企业信息系统的建设，过去无法获得的个人信用的变化信息现在变为可获得，企业就应当从以组合为基础的评估变更为以单项工具为基础的评估。”

三、案例解析

大型上市企业集团通常会开展多元化的经营，即下属各子公司会开展不同类型的业务，而各子公司开展不同业务所面临的客户类型不同，其面对的信用风险也会有所不同。

根据企业会计准则相关规定，公司通常应在单项工具层面计提预期信用损失。当企业在单项工具层面无法以合理成本获得关于信用风险显著增加的充分证据时，在组合基础上评估信用风险是否显著增加则是可行的。

在此情形下，上市公司可以根据客户的信用风险特征，并以相同的信用风险特征为基础，对类似的客户进行组合管理，并在组合层面分析其预期信用损失风险变动情况。

当组合内某一客户的信用风险特征发生变化，导致其与该组合内其他客户的信用风险特征明显不同时，上市公司应考虑是否将其从以组合为基础的评估变更为以单项工具为基础的评估，或者将其纳入到其他信用风险特征相同的组合中计提。

同时，在基于相同的客户信用风险特征计提预期信用损失后，上市公司无须在合并财务报表层面对所有的应收账款采用相同的预期信用风险计提比例。

案例 2 – 19
长期拖欠但预计能够全额回款的应收账款坏账准备计提问题

一、案例背景

实务中，部分上市公司的客户由于在交易中处于强势地位或者付款审批程序繁琐，会出现拖欠款项一年甚至两年以上的情形，但是这些客户往往资金实力雄厚，拖欠的货款最终都会全额支付。

问题：上市公司对于该类应收账款计提坏账准备时，是否需要考虑由于客户拖欠造成的货币时间价值损失？

二、会计准则及相关规定

《企业会计准则第22号——金融工具确认和计量》（2017年修订）第四十七条规定："预期信用损失，是指以发生违约的风险为权重的金融工具信用损失的加权平均值。

信用损失，是指企业按照原实际利率折现的、根据合同应收的所有合同现金流量与预期收取的所有现金流量之间的差额，即全部现金短缺的现值。……由于预期信用损失考虑付款的金额和时间分布，因此即使企业预计可以全额收款但收款时间晚于合同规定的到期期限，也会产生信用损失。"

《企业会计准则第22号——金融工具确认和计量（应用指南）》（2018年修订）指出："企业对于《企业会计准则第14号——收入》所规定的、不含重大融资成分（包括根据该准则不考虑不超过一年的合同中融资成分的情况）的应收款项和合同资产，应当始终按照整个存续期内的预期信用损失的金额计量其损失准备（企业对这种简化处理没有选择权）。"

《企业会计准则第22号——金融工具确认和计量（应用指南）》（2018年修订）指出："企业应当采用相关金融工具初始确认时确认的实际利率或其近似值，将现金流缺口折现为资产负债表日的现值，而不是预计违约日或其他日期的现值。"

《企业会计准则第14号——收入》（2017年修订）第十七条规定："合同中存在重大融资成分的，企业应当按照假定客户在取得商品控制权时即以现金支付的应付金额确定交易价格。该交易价格与合同对价之间的差额，应当在合同期间内采用实际利率法摊销。

合同开始日，企业预计客户取得商品控制权与客户支付价款间隔不超过一年的，可以不考虑合同中存在的重大融资成分。"

三、案例解析

根据金融工具准则，预期信用损失是指以发生违约的风险为权重的金融工具信用损失的加权平均值，而信用损失是指企业按照原实际利率折现的，根据合同应收的所有现金流量与预期收取的所有现金流量之间的差额，即全部现金短缺的现值。即对现金流量短缺进行折现的前提是存在"实际利率”，而不是仅仅考虑收款期是否超过1年。因此应收账款预期信用损失的计提是否需要考虑由于拖欠造成的货币时间价值上的损失，取决于应收账款初始确认时实际利率是否为零，因此需要综合考虑收入准则中重大融资成分的相关要求。

为协调收入准则和金融工具准则，对于应收账款初始入账金额的确定，应首先按照收入准则的规定，判断合同中是否包含重大融资成分。根据收入准则，企业向客户转让商品与客户支付相关款项之间存在时间间隔并不足以表明合同中包含重大融资成分。例如，如果合同承诺的对价金额与现销价格之间的差额是由于向客户或企业提供融资利益以外的其他原因所导致的，且这一差额与产生该差额的原因是相称的，则该合同并没有包含重大融资成分。此外，为简化实务操作，如果在合同开始日，企业预计客户取得商品控制权与客户支付价款间隔不超过一年的，可以不考虑合同中存在的重大融资成分。

在不存在或可以不考虑重大融资成分的情况下，应收账款的初始入账金额就是交易价格，这意味着实际利率通常为零。在此前提下，虽然客户拖欠款项未在信用期内归还，但预期仍能全额回款的话，由于实际利率为零，经过折现后的交易价格也不会发生变化，因此，货币时间价值上的损失不会反映为会计意义上的坏账损失。

但是，如果上述客户最终未全额回款存在信用风险，那么在计量预期信用损失时仍应当恰当考虑该信用风险。

案例2-20
首次执行现行金融工具准则时应收账款减值准备变化是会计政策变更还是会计估计变更

一、案例背景

A公司自2×18年1月1日开始适用现行金融工具准则。在原金融工具准则下，A公司的应收账款按照账龄法计提减值准备，分别为1年以内，

1－2 年，2－3 年，3 年以上，计提比例分别为 5%、20%、50%、100%。

A 公司执行现行金融工具准则后，按照规定对应收账款的坏账计提比例有所调整。因此 2×18 年 1 月 1 日，A 公司应收账款减值准备的金额较 2×17年 12 月 31 日增加了 1,000 万元。

问题：上述变更属于会计政策变更还是会计估计变更？

二、会计准则及相关规定

《企业会计准则第 28 号——会计政策、会计估计变更和差错更正》第三条规定："企业应当对相同或者相似的交易或者事项采用相同的会计政策进行处理。但是，其他会计准则另有规定的除外。会计政策，是指企业在会计确认、计量和报告中所采用的原则、基础和会计处理方法。"

《企业会计准则第 28 号——会计政策、会计估计变更和差错更正》第四条规定："企业采用的会计政策，在每一会计期间和前后各期应当保持一致，不得随意变更。但是，满足下列条件之一的，可以变更会计政策：

（一）法律、行政法规或者国家统一的会计制度等要求变更。

（二）会计政策变更能够提供更可靠、更相关的会计信息。"

《企业会计准则第 28 号——会计政策、会计估计变更和差错更正》第八条规定："企业据以进行估计的基础发生了变化，或者由于取得新信息、积累更多经验以及后来的发展变化，可能需要对会计估计进行修订。会计估计变更的依据应当真实、可靠。

会计估计变更，是指由于资产和负债的当前状况及预期经济利益和义务发生了变化，从而对资产或负债的账面价值或者资产的定期消耗金额进行调整。"

三、案例解析

因本案例讨论的问题是针对现行金融工具准则首次执行日金融资产减值的变化，而减值的变化一般会被理解为会计估计的变化，所以在实务中会对这种变更是属于会计政策变更还是会计估计变更产生疑问。

现行金融工具准则下对于减值的确认和计量的规定有了本质变化，从已发生损失模型变为预期信用损失模型。从理论上看，减值方法的变化主要体现在：

（一）预期信用损失模型是单一的减值模型

在原准则下，企业根据金融资产的类别来应用不同的减值评估方法，例如对可供出售金融资产的债务工具的减值估计是基于公允价值的波动，与以摊余成本计量的类似金融资产的减值方法不一致，因此一些报表使用者质疑，如果持有金融资产的目的不是用出售，那么以公允价值计量减值可能没有相关性。此外，在原准则下权益工具投资的减值不能转回损益，而债务工具投资的减值可以转回，也存在处理上的不一致。

在现行金融工具准则下，相同的减值模型适用于所有需要减值的金融工具，无论是以摊余成本计量的金融资产还是以公允价值计量且其变动计入其他综合收益的金融资产，由于其合同现金流量特征仅代表本金及利息的支付，且持有金融资产以收取合同现金流量是相关业务模式的一项必备特征，因此预期信用损失模型估计减值的基础是合同现金流量短缺和信用风险变动，而不是资产的公允价值变动。

（二）预期信用损失的计量

在原准则下，企业根据最可能出现的结果估计金融资产的已发生减值准备，而不考虑发生违约风险的概率。在现行准则下，预期信用损失是在金融工具的剩余存续期内预期现金流量短缺的现值，而对现金流量的估计为期望值，即对现金流量金额和时间的估计是以概率加权平均后的结果。所以，预期信用损失的金额将同时反映发生违约的风险，以及发生违约后产生的损失金额。

（三）预期信用损失的确认更为及时

在原准则下，只有当存在减值的客观证据或发生信用损失时才确认信用损失，其结果是企业即使已预见到了未来事项对减值的影响，也不能考虑进来，导致信用损失确认延迟，并在全球金融危机期间被认定为会计准则的一项缺陷。

在现行准则下，相关金融资产在初始确认的时候即应当考虑预期信用损失，并在报告日需要利用可获得的最佳信息对信用损失预期的变动进行更新，因此更具前瞻性。该模型与已发生损失模型相比考虑了更广泛的信息，能更迅速地反映经济状况的变化，更早地对预期信用损失进行确认。

根据《企业会计准则第28号——会计政策、会计估计变更和差错更正》的规定，会计政策是指企业在会计确认、计量和报告中所采用的原则、基础和会计处理方法。根据上文分析，预期信用损失模型使得企业在确认和计量减值时所采用的原则、基础和会计处理方法发生了变化，属于一项会计政策变更，相关变动应在现行金融工具准则的首次执行日计入当日的留存收益中。

此外，现行准则规定企业在评估预期信用损失时应当考虑所有合理且有依据的信息，包括前瞻性信息，合理确定相关资产的减值方法和减值参数，在每个资产负债表日以最近可利用的、可靠的信息为基础作出新的判断。所以每一期预期信用损失的计算结果有可能不同。

案例 2－21
财务担保合同发行方的会计处理

一、案例背景

2×19 年 1 月 1 日，A 公司为第三方 B 公司提供一项 5 年期财务担保，担保 B 公司发放给 C 公司的一笔贷款本金，担保金额为 200 万元。在 2×19 年至 2×20 年，A 公司认为 C 公司的信用风险没有显著上升，因此按照 12 个月的预期信用损失计算减值，金额分别为 1.8 万元和 2.5 万元；从 2×21 年起，A 公司认为 C 公司的信用风险显著上升，因此 2×21 年至 2×23 年按照存续期的预期信用损失计算减值，金额分别为 20 万元、50 万元和 200 万元。A 公司未明确表明将此类合同视作保险合同，也未将其指定为以公允价值计量且其变动计入当期损益的金融负债。

假设 A 公司收取的财务担保费用存在以下两种情形：

情形一：A 公司在 2×19 年 1 月 1 日预收了全部担保费，金额为 10 万元。A 公司按照直线法确认担保费收入。

情形二：A 公司在未来 5 年的每年初收取担保费 2 万元。合同约定，如果 A 公司对 B 公司的损失进行了赔付，则合同立即到期，后续的担保费将不再收取。

问题：上述两种情形下 A 公司如何核算发行的财务担保合同？

二、会计准则及相关规定

《企业会计准则第22号——金融工具确认和计量》（2017年修订）第六条规定："除下列各项外，本准则适用于所有企业各种类型的金融工具：

对于财务担保合同，发行方之前明确表明将此类合同视作保险合同，并且已按照保险合同相关会计准则进行会计处理的，可以选择适用本准则或保险合同相关会计准则。该选择可以基于单项合同，但选择一经做出，不得撤销。否则，相关财务担保合同适用本准则。"

《企业会计准则第22号——金融工具确认和计量》（2017年修订）第二十一条规定："除下列各项外，企业应当将金融负债分类为以摊余成本计量的金融负债：

（一）以公允价值计量且其变动计入当期损益的金融负债，包括交易性金融负债（含属于金融负债的衍生工具）和指定为以公允价值计量且其变动计入当期损益的金融负债。

（二）金融资产转移不符合终止确认条件或继续涉入被转移金融资产所形成的金融负债。对此类金融负债，企业应当按照《企业会计准则第23号——金融资产转移》相关规定进行计量。

（三）不属于本条（一）或（二）情形的财务担保合同，以及不属于本条（一）情形的以低于市场利率贷款的贷款承诺。企业作为此类金融负债发行方的，应当在初始确认后按照依据本准则第八章所确定的损失准备金额以及初始确认金额扣除依据《企业会计准则第14号——收入》相关规定所确定的累计摊销额后的余额孰高进行计量。"

《企业会计准则第22号——金融工具确认和计量》（2017年修订）第四十六条规定："企业应当按照本准则规定，以预期信用损失为基础，对下列项目进行减值会计处理并确认损失准备：

……

（四）企业发行的分类为以公允价值计量且其变动计入当期损益的金融负债以外的贷款承诺和适用本准则第二十一条（三）规定的财务担保合同。

损失准备，是指针对按照本准则第十七条计量的金融资产、租赁应收款和合同资产的预期信用损失计提的准备，按照本准则第十八条计量的金融资产的累计减值金额以及针对贷款承诺和财务担保合同的预期信用损失计提的准备。”

《企业会计准则第22号——金融工具确认和计量》（2017年修订）第五十九条规定：“对于适用本准则有关金融工具减值规定的各类金融工具，企业应当按照下列方法确定其信用损失：

……

（四）对于财务担保合同，信用损失应为企业就该合同持有人发生的信用损失向其做出赔付的预计付款额，减去企业预期向该合同持有人、债务人或任何其他方收取的金额之间差额的现值。”

三、案例解析

财务担保合同，是指当特定债务人到期不能按照最初或修改后的债务工具条款偿付债务时，要求发行方向蒙受损失的合同持有人赔付特定金额的合同。在本案例中A公司发行的担保合同满足上述财务担保合同的定义。

根据准则的相关规定，企业发行的财务担保合同适用于《企业会计准则第22号——金融工具确认和计量》（2017年修订）的规定，不过出于实务考虑，如果发行方之前明确表明将此类合同视作保险合同，并且已按照保险合同相关会计准则进行会计处理的，可以选择适用《企业会计准则第22号——金融工具确认和计量》（2017年修订）或保险合同相关会计准则。该选择可以基于单项合同，但选择一经做出，不得撤销。在本案例中A公司未明确表明将此类担保合同视作保险合同，因此会计处理适用《企业会计准则第22号——金融工具确认和计量》（2017年修订）。

根据《企业会计准则第22号——金融工具确认和计量》（2017年修订）的规定，企业作为财务担保合同发行方的，应当在初始确认后，按照依据该准则所确定的损失准备金额以及初始确认金额扣除依据收入准则所确定的累计摊销额后的余额孰高进行计量。

在本案例中，区分了两种情形，情形一是财务担保合同在发行时即收到了全部的担保费，情形二是财务担保合同在发行时没有一次性收取全部费用，而是逐年收取。在这两种情形下，假设预期信用损失金额一样，

表2-13列示了会计处理的差别：

表2-13　　会计处理差别　　单位：万元

	2×19年	2×20年	2×21年	2×22年	2×23年
情形一：第一天收到全部保费10万元	10				
担保费收入	2	2	2	2	2
初始确认金额-累计已确认收入（1）	8	6	4	2	-
预期信用损失余额（2）	1.8	2.5	20	50	200
担保合同负债：（1）和（2）孰高	8	6	20	50	200
情形二：每年收到保费2万元	2	2	2	2	2
担保费收入	2	2	2	2	2
初始确认金额-累计已确认收入（1）	-	-	-	-	-
预期信用损失余额（2）	1.8	2.5	20	50	200
担保合同负债：（1）和（2）孰高	1.8	2.5	20	50	200

在本案例中，财务担保合同的“初始确认金额”为初始确认时收到的担保费，“依据收入准则所确定的累计摊销金额”为根据收入准则累计已经确认的收入。情形一中，初始确认时A公司一次性收到了全部担保费10万元，按照收入准则以直线法逐年确认摊销的收入，因此2×19年至2×23年每年确认担保费收入2万元，初始确认金额扣除依据收入准则所确定的累计摊销额后的余额分别为8万元、6万元、4万元、2万元和0。由于五年末预期信用损失余额分别为1.8万元、2.5万元、20万元、50万元和200万元，因此根据孰高原则，五年末的财务担保合同负债分别为8万元、6万元、20万元、50万元和200万元。情形二中，因为初始发行时没有预收5年的担保费，而是逐年收取，因此每年末初始确认金额扣除依据收入准则所确定的累计摊销额后的余额均为0，因此根据孰高原则，五年末的财务担保合同负债均为预期信用损失余额，即1.8万元、2.5万元、20万元、50万元和200万元。

从本案例可以看出：（1）担保费的收取时点会影响财务担保合同负债的确认；（2）财务担保合同的预期信用损失在合同发行时即需要确认。

案例 2－22
信用风险缓释凭证应分类为财务担保合同还是衍生金融工具

一、案例背景

信用风险缓释凭证（CRMW）是指由标的实体以外的机构创设，为凭证持有人就标的债务提供信用风险保护的、可交易流通的有价凭证，是盯住单一债项的信用风险缓释工具。CRMW 担保特定标的债券在存续期间的本金和利息，当触发信用事件发生时，债券的持有人有权利向 CRMW 的发行人要求兑付其应得的本金和利息，因此性质上类似一项信用保险。触发信用事件包括破产和支付违约等。

在 CRMW 的发行日，信用保护买方被要求至少持有相同数量的标的债券，否则不具备 CRMW 的认购资格。发行日后，CRMW 可与标的债券分离交易。当触发信用事件发生时，CRMW 的持有人与发行人进行实物结算，即 CRMW 的持有人需要同时持有标的债券才可进行结算，因此 CRMW 的持有人可以在标的债券发行人发生信用事件后从市场上购买标的债券（即可交付债务），交付给 CRMW 的发行人。

问题：从发行人角度，CRMW 应作为财务担保合同还是衍生金融工具核算？

二、会计准则及相关规定

《企业会计准则第 22 号——金融工具确认和计量》（2017 年修订）第六条规定："财务担保合同，是指当特定债务人到期不能按照最初或修改后的债务工具条款偿付债务时，要求发行方向蒙受损失的合同持有人赔付特定金额的合同。"

《企业会计准则解释第 5 号》规定："二、企业开展信用风险缓释工具相关业务，应当如何进行会计处理？

答：信用风险缓释工具，是指信用风险缓释合约、信用风险缓释凭证及其他用于管理信用风险的信用衍生产品。信用风险缓释合约，是指交易双方达成的、约定在未来一定期限内，信用保护买方按照约定的标准和方式向信用保护卖方支付信用保护费用，由信用保护卖方就约定的标的债务向信用保护买方提供信用风险保护的金融合约。信用风险缓释凭证，是指由标的实体以外的机构创设，为凭证持有人就标的债务提供信用风险保护的、可交易流通的有价凭证。

信用保护买方和卖方应当根据信用风险缓释工具的合同条款，按照实质重于形式的原则，判断信用风险缓释工具是否属于财务担保合同，并分别下列情况进行处理：

（一）属于财务担保合同的信用风险缓释工具，除融资性担保公司根据《企业会计准则解释第 4 号》第八条的规定处理外，信用保护买方和卖方应当按照《企业会计准则第 22 号——金融工具确认和计量》中有关财务担保合同的规定进行会计处理。其中，信用保护买方支付的信用保护费用和信用保护卖方取得的信用保护收入，应当在财务担保合同期间内按照合理的基础进行摊销，计入各期损益。

（二）不属于财务担保合同的其他信用风险缓释工具，信用保护买方和卖方应当按照《企业会计准则第 22 号——金融工具确认和计量》的规定，将其归类为衍生工具进行会计处理。

开展信用风险缓释工具相关业务的信用保护买方和卖方，应当根据信用风险缓释工具的分类，分别按照《企业会计准则第 37 号——金融工具列报》、《企业会计准则第 25 号——原保险合同》或《企业会计准则第 26 号——再保险合同》以及《企业会计准则第 30 号——财务报表列报》进行列报。”

三、案例解析

根据《企业会计准则第 22 号——金融工具确认和计量》（2017 年修订）和《企业会计准则解释第 5 号》的相关规定，信用风险缓释凭证（CRMW）的发行人对于此类工具如何进行会计处理取决于其分类：如果分类为财务担保合同，则按照本书案例《财务担保合同发行方的会计处理》中所述的方法进行会计处理；如果分类为衍生金融工具，则应作为以公允价值计量且其变动计入当期损益的金融工具进行确认和计量。

根据准则的规定，财务担保合同是指当特定债务人到期不能按照最初或修改后的债务工具条款偿付债务时，要求发行方向蒙受损失的合同持有人赔付特定金额的合同。基于该定义，并非全部与信用相关的担保都是财务担保合同，如果财务担保合同的持有人不需要承担债务人到期时无法对被担保资产进行偿付的风险并承担损失，则此类担保合同不是财务担保合同。例如，对特定信用等级或信用指数的变动要求偿付的担保，此类工具属于衍生金融工具。

在 CRMW 的发行日，认购方被要求至少持有相同数量的标的债券。但是，在该项工具的发行日后，由于 CRMW 和标的债券可以分离交易，CRMW 的持有方（包括认购方和新受让方）无须持有标的债券。因此当触发信用事件发生时，CRMW 并不总是补偿了持有方因标的债券违约而蒙受的实际损失。例如，CRMW 的持有方可能以 80 元受让违约债券，当触发信用事件发生后对 CRMW 进行实物结算时，根据合同约定 CRMW 的持有方最终可以从担保方获偿 100 元，从而获利 20 元，在此情形下 CRMW 的持有方并没有因标的债券违约而承担任何损失。因此，这种 CRMW 不符合财务担保合同的定义，应作为一项衍生金融工具核算。

案例 2－23
持有同一公司的股票但持有目的不同的分类问题

一、案例背景

上市公司旗下全资子公司 A 公司持有 B 公司 19.46% 的股权，B 公司在南非约翰内斯堡证券交易所和美国纽约证券交易所两地上市。根据约翰内斯堡证券交易所规则规定，在董事会派驻董事的股东买卖公司股票受窗口期的限制，窗口期包括但不限于从季度末到定期财务数据公布前的时间段和公司进行敏感交易的时间段。所以，A 公司实际可进行股票买卖交易的时间非常有限，使得 A 公司持有的 B 公司股票的流动性严重受限。为增强境外资产的流动性，提高境外投资收益，2×17 年度，A 公司向 B 公司派驻的 2 名董事办理了辞职，为 A 公司减持 B 公司股票解除了交易限制释放流动性。2×18 年 2 月，A 公司董事会作出择机减持 9,600 万股 B 公司股票的决议。2×18 年 9 月，A 公司总办会做出减持 B 公司通过股票股利方式所得股票不超过 1,700 万股的决定。

2×19 年 12 月 12 日，A 公司董事会同意延长减持 9,600 万股 B 公司股票的授权期限。由于 2×18 年 B 公司股票价格呈下降趋势，2×18 年末跌至约 2.8 美元/ADR，没有合适的减持窗口，未进行减持操作。随着黄金和铂系金属价格上升，2×19 年初 B 公司股价开始持续上涨，到 2×20 年 2 月达到 13.27 美元/ADR 的高位。2×19 年 12 月和 2×20 年 2 月 A 公司陆续完成 B 公司 1,490 万股（通过股票股利方式所得股票）和 9,600 万股的减持。

2×18 年末，A 公司将持有的 B 公司约 4.38 亿股票资产列报为可供出售金融资产。2×19 年 1 月公司执行现行金融工具准则，根据新旧准则衔接规定，公司将持有的 B 公司股票中 9,600 万股和 2×18 年股利分配所得的股票 16,859,593.00 股调整为交易性金融资产列报，剩余 325,489,829.00 股补充指定为以公允价值计量且其变动计入其他综合收益的金融资产，在其他权益工具投资中列报。

问题：A 公司对 B 公司股票的会计处理是否合理？是否可以将持有同一公司的股票根据持有目的不同重新拆分列示？

二、会计准则及相关规定

《企业会计准则第 22 号——金融工具确认和计量》（2017 年修订）第十九条规定："在初始确认时，企业可以将非交易性权益工具投资指定为以公允价值计量且其变动计入其他综合收益的金融资产，并按照本准则第六十五条规定确认股利收入。该指定一经做出，不得撤销。企业在非同一控制下的企业合并中确认的或有对价构成金融资产的，该金融资产应当分类为以公允价值计量且其变动计入当期损益的金融资产，不得指定为以公允价值计量且其变动计入其他综合收益的金融资产。

金融资产或金融负债满足下列条件之一的，表明企业持有该金融资产或承担该金融负债的目的是交易性的：（一）取得相关金融资产或承担相关金融负债的目的，主要是为了近期出售或回购。（二）相关金融资产或金融负债在初始确认时属于集中管理的可辨认金融工具组合的一部分，且有客观证据表明近期实际存在短期获利模式。（三）相关金融资产或金融负债属于衍生工具。但符合财务担保合同定义的衍生工具以及被指定为有效套期工具的衍生工具除外。”

《企业会计准则第 22 号——金融工具确认和计量（应用指南）》（2018 年修订）指出：“企业应当根据其管理金融资产的业务模式和金融资产的合同现金流量特征，将金融资产划分为以下三类：（1）以摊余成本计量的金融资产；（2）以公允价值计量且其变动计入其他综合收益的金融资产；（3）以公允价值计量且其变动计入当期损益的金融资产。上述分类一经确定，不得随意变更。

……

企业管理金融资产的业务模式，是指企业如何管理其金融资产以产生现金流量。业务模式决定企业所管理金融资产现金流量的来源是收取合同现金流量、出售金融资产还是两者兼有。

企业确定其管理金融资产的业务模式时，应当注意以下方面：

（1）企业应当在金融资产组合的层次上确定管理金融资产的业务模式，而不必按照单个金融资产逐项确定业务模式。金融资产组合的层次应当反映企业管理该金融资产的层次。有些情况下，企业可能将金融资产组合分拆为更小的组合，以合理反映企业管理该金融资产的层次。例如，企业购买一个抵押贷款组合，以收取合同现金流量为目标管理该组合中的一部分贷款，以出售为目标管理该组合中的其他贷款。

（2）一个企业可能会采用多个业务模式管理其金融资产。例如，企业持有一组以收取合同现金流量为目标的投资组合，同时还持有另一组既以收取合同现金流量为目标又以出售该金融资产为目标的投资组合。

（3）企业应当以企业关键管理人员决定的对金融资产进行管理的特定业务目标为基础，确定管理金融资产的业务模式。其中‘关键管理人员’是指《企业会计准则第 36 号——关联方披露》中定义的关键管理人员。

（4）企业的业务模式并非企业自愿指定，而是一种客观事实，通常可以从企业为实现其目标而开展的特定活动中得以反映。企业应当考虑在业务模式评估日可获得的所有相关证据，包括企业评价和向关键管理人员报告金融资产业绩的方式、影响金融资产业绩的风险及其管理方式以及相关业务管理人员获得报酬的方式（例如报酬是基于所管理资产的公允价值还是所收取的合同现金流量）等。

（5）企业不得以按照合理预期不会发生的情形为基础确定管理金融资产的业务模式。例如，对于某金融资产组合，如果企业预期仅会在压力情形下将其出售，且企业合理预期该压力情形不会发生，则该压力情形不得影响企业对该类金融资产的业务模式的评估。

此外，如果金融资产实际现金流量的实现方式不同于评估业务模式时的预期，只要企业在评估业务模式时已经考虑了当时所有可获得的相关信息，这一差异不构成企业财务报表的前期差错，也不改变企业在该业务模式下持有的剩余金融资产的分类。但是，企业在评估新的金融资产的业务模式时，应当考虑这些信息。”

《国际财务报告准则第 9 号——金融工具》第 5.7.5 段指出，“对本准则范围内的权益工具投资，若既不是为交易而持有的也不是购买方在适用《国际财务报告准则第 3 号》的企业合并中确认的或有对价，主体在初始确认时，可以作出不可撤销的选择，将其公允价值的后续变动在其他综合收益中列报。”

《国际财务报告准则第 9 号——金融工具》第 B5.7.1 段指出，“第 5.7.5 段允许主体作出一个不可撤销的选择，在其他综合收益中列报非交易性权益工具投资的公允价值变动。这种选择以逐项工具（即逐项股份）为基础。在其他综合收益中列报的金额后续不得转入损益。但是，主体可在权益内部转移累积利得或损失。此类投资的股利应根据第 5.7.6 段计入损益，除非该等股利明确代表投资成本的部分收回。”

三、案例解析

（一）金融资产组合的确定

根据企业会计准则及应用指南相关规定，企业应当在金融资产组合的层次上确定管理金融资产的业务模式，而不必按照单个金融资产逐项确定业务模式。一个企业可能会采用多个业务模式管理其金融资产。但是需要注意的是，业务模式并非企业自愿指定，而是一种客观事实，通常可以从企业为实现其目标而开展的特定活动中得以反映。企业应当考虑在业务模式评估日可以获得的所有相关证据。

本案例中，基于 2×18 年 2 月和 9 月的 A 公司董事会和总办会决定，将

B公司股票划分为两部分，一部分择机减持，另一部分继续长期持有。两个金融资产组合的业务模式不同，在现行金融工具准则首次执行日应该分别确定金融资产的分类。

（二）金融资产分类的特殊规定

权益工具投资一般不符合本金加利息的合同现金流量特征，应当分类为以公允价值计量且其变动计入当期损益的金融资产。然而在初始确认时，根据企业会计准则规定，企业可以将非交易性权益工具投资指定为以公允价值计量且其变动计入其他综合收益的金融资产。

关于“非交易性”的界定。金融资产或金融负债满足下列条件之一的表明企业持有该金融资产或承担该金融负债的目的是交易性的：（1）取得相关金融资产或承担相关金融负债的目的，主要是为了近期出售或回购。（2）相关金融资产或金融负债在初始确认时属于集中管理的可辨认金融工具组合的一部分，且有客观证据表明近期实际存在短期获利模式。（3）相关金融资产或金融负债属于衍生工具。但符合财务担保合同定义的衍生工具以及被指定为有效套期工具的衍生工具除外。只有不符合上述条件的非交易性权益工具投资才可以进行该指定。

此外，初始确认时，企业可基于单项非交易性权益工具投资，将其指定为以公允价值计量且其变动计入其他综合收益的金融资产，其公允价值的后续变动计入其他综合收益。

本案例中，在现行金融工具准则首次执行日，A公司应将择机减持的股票组合作为交易性金融资产，以公允价值计量且其变动计入当期损益；对于继续长期持有的股票组合，对于投资方而言属于“权益工具投资”，并且通过如下分析得出同时满足“非交易性”条件的，可以选择指定为以公允价值计量且其变动计入其他综合收益的金融资产。

分析过程如下：一是该继续长期持有的组合近期没有出售计划；二是择机减持和继续长期持有的两个组合不存在相互影响，择机出售组合的存在或后续出售不会导致继续长期持有的组合被判定为近期实际存在短期获利模式，因为准则规定对“非交易性权益工具投资”的指定是基于单项投资进行的；三是股票投资不属于衍生工具。另外，需要强调的是，该类指定仅能在交易日或现行金融工具准则首次执行日进行，并且一经指定不得撤销。

案例 2－24
持票人与出票人为同一人的票据抵销问题

一、案例背景

L 公司因购买子公司的焦炭对其开具了银行承兑汇票并支付给该子公司，该子公司又因购买 L 公司的钢材，将该票据又背书给 L 公司。2×20 年 12 月 31 日，L 公司持有该票据，并用该票据做了质押取得银行借款。假设子公司已通过票据背书将该银行承兑汇票终止确认并转移给 L 公司。

问题：对于上述持票人与出票人为同一人的票据，L 公司是否应对应付票据与应收票据做抵销处理？如做抵销，受限资产中是否包含该已质押的应收票据？

二、会计准则及相关规定

《企业会计准则第 22 号——金融工具确认和计量（应用指南）》（2018 年修订）规定："企业在判断金融负债现时义务的解除时应注意以下情形：

1. 企业将用于偿付金融负债的资产转入某个机构或设立信托，偿付债务的义务仍存在的，不应当终止确认该金融负债，也不能终止确认转出的资产。也就是说，虽然企业已为金融负债设立了'偿债基金'，但金融负债对应的债权人仍然拥有全额追索的权利时，不能认为企业的相关现时义务已解除，从而不能终止确认金融负债。

2. 企业（借入方）与借出方之间签订协议，以承担新金融负债方式替换原金融负债（或其一部分），且合同条款实质上不同的，企业应当终止确认原金融负债（或其一部分），同时确认一项新金融负债。其中，'实质上不同'是指按照新的合同条款，金融负债未来现金流量（包括支付和收取的任何费用）现值与原金融负债的剩余期间现金流量现值之间的差异至少相差 10%。有关现值的计算均采用原金融负债的实际利率。

3. 如果一项债务工具的发行人回购了该工具，即使该发行人是该工具的做市商或打算在近期将其再次出售，企业（发行人）应当终止确认该债务工具。”

三、案例解析

在L公司的合并财务报表层面，L公司开立票据后又通过交易收回该项票据，因母子公司之间交易产生的应收应付款项在合并财务报表中已抵销，L公司以该项票据用于质押取得银行借款，应在合并报表层面将其体现为取得银行借款并披露票据质押信息。

在L公司个别财务报表层面，由于根据企业会计准则规定，如果一项债务工具的发行人回购了该工具，即使该发行人是该工具的做市商或打算在近期将其再次出售，企业（发行人）应当终止确认该债务工具，L公司应终止确认有关应付票据债务，但有关银行借款应继续确认。

案例2-25
与财务担保相关的负债

一、案例背景

2×17年1月至4月，A公司为其控股股东及关联方向3家公司的3笔借款（本金合计4.5亿元）提供违规担保。2×20年8月，相关债权人就其中2笔违规担保（本金合计3亿元）对A公司提起诉讼。至2×20年底，2笔涉诉违规担保，经一审法院判决担保合同无效，但A公司需承担被担保方不能清偿部分50%的赔偿责任。至公司2×20年年报披露时，公司已提起上诉，但相关法院尚未作出二审判决。剩余1笔（本金1.5亿元）未解除违规担保，兰州市中级人民法院于2×20年4月20日作出执行裁定，将通过拍卖公司控股股东相关资产以抵偿债务。同时，2×21年4月，经A公司董事会、股东大会审议通过，控股股东将其焦炭生产线相关资产（评估价为

8.3亿元）抵（质）押给A公司，作为补偿违规担保可能给公司造成损失的担保。

在2×20年年报中，A公司认为就其中2笔违规担保公司已提起上诉，法院尚未作出二审判决，因此不需要确认一项预计负债。对于剩余1笔未解决的违规担保，法院已经裁定将通过拍卖公司控股股东相关资产以抵偿债务，A公司预计控股股东的相关资产已经足够抵偿债务，因此也不需要确认一项预计负债。

问题：A公司针对财务担保相关负债的会计处理是否恰当？

二、会计准则及相关规定

《企业会计准则第22号——金融工具确认和计量》（2017年修订）第六条规定："除下列各项外，本准则适用于所有企业各种类型的金融工具：

对于财务担保合同，发行方之前明确表明将此类合同视作保险合同，并且已按照保险合同相关会计准则进行会计处理的，可以选择适用本准则或保险合同相关会计准则。该选择可以基于单项合同，但选择一经做出，不得撤销。否则，相关财务担保合同适用本准则。"

《企业会计准则第13号——或有事项》第四条规定："与或有事项相关的义务同时满足下列条件的，应当确认为预计负债：

（一）该义务是企业承担的现时义务；

（二）履行该义务很可能导致经济利益流出企业；

（三）该义务的金额能够可靠地计量。"

《企业会计准则第13号——或有事项》第七条规定："企业清偿预计负债所需支出全部或部分预期由第三方补偿的，补偿金额只有在基本确定能够收到时才能作为资产单独确认。确认的补偿金额不应当超过预计负债的账面价值。"

三、案例解析

根据金融工具准则，符合条件的财务担保合同需要按照预期信用损失模型计提预期信用损失，而不再适用或有事项准则。金融工具准则和或有事项准则对担保义务的初始确认时点和计量要求有所不同。上市公司对外提供的财务担保合同发生在2019年之前的适用或有事项准则，发生在2019年之后的适用金融工具准则。

背景资料中，上市公司给控股股东的借款提供的是违规担保，首先要根据当时适用的法律法规判断担保合同是否有效，如果担保合同有效，按照当时适用的会计准则对该担保合同进行会计处理。如果根据法律法规判断违规担保合同是无效的，则企业并不存在需要核算的财务担保合同义务。当主债权合同有效而担保合同被认定为无效的情形下，上市公司需进一步根据法律法规判断其在这种情况是否还可能被要求承担债权人的损失，这属于或有事项，应当遵循或有事项准则核算。例如本案例所述，尽管担保合同无效，但上市公司由于对合同无效存在过错而被法院要求承担被担保方不能清偿部分50%的赔偿责任，则这种情况下的赔偿支出是由于上市公司内部管理不当导致的，应当根据或有事项准则要求确认预计负债，计入营业外支出。

在本案例中，在上市公司一审被判决担保合同无效但由于对担保无效存在过错而需要按法院要求承担被担保方不能清偿部分50%的赔偿责任的情况下，控股股东将其焦炭生产线相关资产（评估价为8.3亿元）抵（质）押给A公司，作为补偿违规担保可能给公司造成损失的反担保，属于或有事项准则规定的补偿权资产，按或有事项准则相关规定进行会计核算，即“企业清偿预计负债所需支出全部或部分预期由第三方补偿的，补偿金额只有在基本确定能够收到时才能作为资产单独确认。确认的补偿金额不应当超过预计负债的账面价值”。

案例2－26
关于远期合同（“照付不议条款”）是否视同为金融工具的问题

一、案例背景

J公司出于生产使用目的，与H公司于2×11年5月4日签订了多晶硅《长期供应协议》，约定由J公司在2×13年至2×20年期间，每年按41美元/千克至47美元/千克不等的价格，向H公司采购特定数量的多晶硅产品，有效期8年。后因原材料价格剧烈波动，且相关国家就太阳能电池组件以及硅料产品发生贸易摩擦，导致《长期供应协议》无法实际履行。

出于继续合作的考虑，双方进行了协商，2×16年10月31日，双方重新签订《长期供应协议》(以下简称《新长协合同》)，由J公司在协议生效后10年内以某一固定价格向H公司每季度采购1,250吨多晶硅，通过《新长协合同》，J公司避免了潜在诉讼风险，同时H公司也保留了J公司作为其客户，并预计可以获得稳定订单。

《新长协合同》条款主要包括：(1)卖方可随时转让《新长协合同》，而买方(J公司)未经卖方同意不得转让《新长协合同》；(2)协议仍为照付不议，但买方可现金结算采购义务(即针对未采购部分可付现结算，不用必须采购实物)；(3)买方每季度超额采购，卖方有权以协议价格抵减未执行采购额度。

《新长协合同》签署时点为多晶硅市场价格的阶段性高位，合同签署后，多晶硅市场价格出现了下跌，且可预计的未来期间内很可能无法回到《新长协合同》所约定的价格。

问题：J公司应如何核算《新长协合同》?

二、会计准则及相关规定

《企业会计准则第22号——金融工具确认和计量》(2017年修订)第八条规定："对于能够以现金或其他金融工具净额结算，或者通过交换金融工具结算的买入或卖出非金融项目的合同，除了企业按照预定的购买、销售或使用要求签订并持有旨在收取或交付非金融项目的合同适用其他相关会计准则外，企业应当将该合同视同金融工具，适用本准则。"

《企业会计准则第22号——金融工具确认和计量(应用指南)》(2018年修订)规定："对于能够以现金或其他金融工具净额结算(即不交付非金融项目本身，而是根据双方合同权利义务的价值差以现金或其他金融工具结算)，或者通过交换金融工具结算的买入或卖出非金融项目的合同，企业应当将该合同视同金融工具，适用本准则。但企业按照预定的购买、销售或使用要求签订并持有旨在收取或交付非金融项目的合同除外。

以现金或其他金融工具净额结算，或者通过交换金融工具结算的买入或卖出非金融项目的合同可能有以下情况：（1）合同条款允许合同一方以现金或其他金融工具进行净额结算或通过交换金融工具结算。（2）合同条款没有明确规定，但是企业具有对类似合同以现金或其他金融工具进行净额结算或通过交换金融工具进行结算的惯例。（3）企业具有收到合同标的（如贵金属）之后在短期内将其再次出售以从短期波动中获取利润的惯例。（4）作为合同标的的非金融项目易于转换为现金。

符合上述（2）或（3）所述条件的合同并非企业按照预定的购买、出售或使用要求签订并持有、旨在收取或交付非金融项目的合同，因此属于本准则的范围。对于符合上述（1）或（4）所述条件的合同，企业应进行评估以确定其是否为按照预定的购买、出售或使用要求签订并持有、旨在收取或交付非金融项目的合同。”

三、案例解析

案例中，应结合J公司与H公司签订的合同条款、合同标的及交易惯例等，判断该项交易应适用的准则。若该项交易适用金融工具准则，则应按照金融工具准则的相关规定进行核算。

J公司与H公司签订的《新长协合同》属于远期合同，J公司按照预定的价格，向H公司买入多晶硅产品，且多晶硅产品为非金融项目产品。

根据《企业会计准则第22号——金融工具确认和计量》（2017年修订），对于能够以现金或其他金融工具净额结算，或者通过交换金融工具结算的买入或卖出非金融项目的合同，除了企业按照预定的购买、销售或使用要求签订并持有旨在收取或交付非金融项目的合同适用其他相关会计准则外，企业应当将该合同视同金融工具，适用本准则。综合J公司签订的《新长协合同》的目的及交易惯例分析，J公司签订《新长协合同》属于企业按照预定的购买、销售或使用要求签订并持有旨在收取或交付非金融项目的合同，不适用金融工具准则，J公司应将其作为待执行的采购合同进行处理。

对于待执行合同，公司无须提前确认未到期的采购义务。在执行期间内的各个年度，公司应根据实际情况核算存货采购情况。当有迹象表明其为亏损合同时，应按照相关规定确认相应的损失。

第三章
企业合并

企业会计准则中规定的企业合并会计处理较为复杂，且并购交易的发生频率相对较低，因此，就每一家企业而言，并购业务的会计处理并不常见。在实务中，我们发现，一些上市公司在涉及企业合并的会计处理时存在一些理解上的困惑和误区。由于并购交易一般涉及的金额较大，如果处理不当，很可能对企业的财务报表造成重大影响。

案例 3 - 01
企业合并类型的判断

企业合并准则中将企业合并划分为两大基本类型：同一控制下的企业合并与非同一控制下的企业合并。非同一控制下的企业合并中，如果法律上的被购买方按照会计的原则被判断为会计上的购买方，则被划分为反向购买；在反向购买中，又基于会计上的被购买方是否构成业务，划分为一般的反向购买与权益性交易两种类型。

企业合并的类型不同，所遵循的会计处理原则也不同。同一控制下的企业合并采用权益结合法；非同一控制下的企业合并采用购买法；在反向购买交易中，法律上的母公司作为会计上的被购买方，法律上的子公司作为会计上的购买方；划分为权益性交易的反向购买，不确认商誉，合并成本与取得的净资产公允价值之间的差额调整所有者权益等等。因此，在对一项企业合并交易进行会计处理之前，首先要判断企业合并所属的类型。

一、案例背景

A 公司向 B 公司定向发行股份以收购 B 公司持有的某子公司股权。B 公司与A公司的关系可能存在以下三种情形：

1. B公司在本次交易前已经是A公司的控股股东。

2. B公司通过本次交易成为A公司的控股股东。

3. 本次定向发行后，B公司成为A公司的第一大股东，但无控制权。

问题：分析上述三种情形下，A公司收购B公司的子公司的企业合并类型。

二、会计准则及相关规定

《企业会计准则第20号——企业合并》第五条规定："参与合并的企业在合并前后均受同一方或相同的多方最终控制且该控制并非暂时性的，为同一控制下的企业合并。"第十条规定："参与合并的各方在合并前后不受同一方或相同的多方最终控制的，为非同一控制下的企业合并。"

《企业会计准则第20号——企业合并（应用指南）》规定："控制并非暂时性，是指参与合并的各方在合并前后较长的时间内受同一方或相同的多方最终控制。较长的时间通常指1年以上（含1年）。"

《企业会计准则讲解（2010）》第二十一章"企业合并"指出："非同一控制下的企业合并，以发行权益性证券交换股权的方式进行的，通常发行权益性证券的一方为收购方。但某些企业合并中，发行权益性证券的一方因其生产经营决策在合并后被参与合并的另一方所控制的，发行权益性证券的一方虽然为法律上的母公司，但其为会计上的被收购方，该类企业合并通常称为'反向购买'。"

《关于做好执行会计准则企业2008年年报工作的通知》（财会函〔2008〕60号）指出："企业购买上市公司，被购买的上市公司不构成业务的，购买企业应按照权益性交易的原则进行处理，不得确认商誉或确认计入当期损益。"

三、案例解析

本节背景信息中所述的几种情形，判断其企业合并类型的关键在于重组方与上市公司之间的控制关系是否存在以及这种控制关系是如何形成的。

（一）B公司在本次交易前已经是A公司的控股股东

在这种情况下需要考虑两个问题：B公司成为A公司的控股股东与之后的重大资产重组是不是一揽子交易；A公司与目标公司处于同一控制下是否

是“非暂时的”。

要判断多项交易是否属于一揽子交易，实务中可以参考《企业会计准则第33号——合并财务报表》中将多次处置子公司股权投资判断为一揽子交易的规定。《企业会计准则第33号——合并财务报表》（2014年修订）第五十一条指出：“……处置对子公司股权投资的各项交易的条款、条件以及经济影响符合以下一种或多种情况，通常表明应将多次交易事项作为一揽子交易进行会计处理：（1）这些交易是同时或者在考虑了彼此影响的情况下订立的；（2）这些交易的整体才能达成一个整体商业结果；（3）一项交易的发生取决于其他至少一项交易的发生；（4）一项交易单独看是不经济的，但是和其他交易一并考虑时是经济的。”

在实务中，要结合交易的实质、交易双方之间的协议或其他安排来进行判断。例如后一项交易是否需要经过实质性审批程序、前一项交易是否会因后一项交易的变化而撤销或者更改等。

如果判断的结果是B公司成为A公司的控股股东与之后的企业合并不是一揽子交易，而且又符合同一控制“非暂时”的标准，则很可能属于同一控制下的企业合并。如果是一揽子交易，则很可能属于反向购买。

（二）B公司通过本次交易成为A公司的控股股东

在这种情况下，如果没有其他同一最终控制方（如B公司的实际控制人也是A公司的实际控制人）存在，通常这类交易不属于同一控制下的企业合并。因为这类交易不满足同一控制下企业合并定义中的“合并前后”均受同一方控制的要求。

如果该交易判断为非同一控制下的企业合并，B公司在合并后控制了A公司的生产经营决策，B公司的子公司虽为法律上的被购买方，但其为会计上的购买方。因此，符合反向购买的定义。

（三）本次定向发行后，B公司成为A公司的第一大股东，但是并无控制权

在这种情况下，先判断该交易是否属于同一控制下的企业合并。交易之前，上市公司由原控股股东控制，交易之后第一大股东变为B公司，而B公司无法控制上市公司，A公司原控股股东在合并后已无法控制A公司，因此，不符合同一控制下企业合并的定义。再结合反向购买的定义来看，交易后，重组方B公司也未能控制上市公司，法律上的被购买方并没有成为会计上的购买方，也不符合反向购买的定义。

根据非同一控制下企业合并的定义，合并方与被合并方在企业合并之前

分别由不同公司所控制，这类交易通常应该判断为非同一控制下企业合并。

【相关案例之一】

（一）案例背景

A公司为上市公司，B公司为A公司的控股股东（8年前成为A公司的控股股东并一直保持控制权至今）。当年7月，A公司临时股东大会审议通过了A公司重大资产重组方案。重大资产重组方案为：A公司向B公司发行4亿股普通股股份，购买B公司持有的C公司100%的股权（C公司为B公司5年前设立的全资子公司），同时将A公司持有的D公司30%的股权出售给B公司下属另一子公司。B公司承诺在重组完成后一年内不出售其持有的A公司股份。

A公司原股本为1.5亿股，资产负债表主要资产为持有的D公司30%的股权，并无任何构成业务的经营性资产或负债。

问题：A公司购买C公司100%股权的企业合并类型属于哪一类？

（二）案例解析

A公司和目标公司C公司在合并前后都受B公司控制。A公司受B公司控制的时间大约为8年，C公司受B公司控制的时间大约为5年，证明合并方与被合并方在合并日之前同受B公司控制的时间超过5年。B公司承诺在重组完成后一年内不出售其持有的A公司股份，说明了A公司在合并日之后仍然受B公司控制。因此，满足准则中同一控制下企业合并的定义，应该作为同一控制下企业合并进行会计处理。

【相关案例之二】

（一）案例背景

A公司为一家ST公司。2×13年8月，B公司购买了A公司20万股股份，持股比例为0.1%。2×14年8月，B公司将其全资子公司C公司100%的股权赠予A公司，A公司以这部分获赠股权形成的资本公积中的4亿元定向转增4亿股，其中向B公司定向转增1.8亿股。B公司将所持有的C公司赠予A公司，A公司将捐赠形成的资本公积转增股本的交易方式，从经济效果上可以视为A公司向B公司定向发行股份1.8亿股，用于收购C公司100%的股权。

交易完成后，B公司持有的A公司股份增至1.8亿股，从而持有上市公司30%的股权，同时，A公司原控股股东D公司的持股比例下降至4%，A公司其他股东持股比例非常分散，B公司有权提名A公司董事会中过半数的董事，B公司因此成为A公司新的控股股东。

A公司在其2×14年年报中将C公司纳入合并范围并作为同一控制下的企业合并处理。

问题：A公司是否应该将此项交易分类为同一控制下的企业合并？

（二）案例解析

在本案例中，A公司收购了C公司。C公司之前由B公司控制，B公司虽然也是A公司的股东，但是持股比例仅为0.1%。因此，在企业合并之前，C公司受B公司控制，A公司却不受B公司控制。该交易不属于同一控制下的企业合并。

A公司在本次股份发行之前原股本为2亿股，本次为得到C公司的股权增发了4亿股，C公司的原股东B公司因此成为A公司的控股股东，种种迹象显示，A公司是法律上的购买方，却是会计上的被购买方，本次交易应该属于反向购买。确定交易属于反向购买后，接下来需要根据A公司在交易时自身的资产和负债是否构成业务来判断属于一般的反向购买还是权益性交易。

【相关案例之三】

（一）案例背景

A公司是上市公司，其拥有的资产、负债构成业务。2×13年10月，A公司与B公司进行重大资产重组：B公司以其持有的C公司和D公司100%的股权注入A公司；A公司向B公司定向增发股份2亿股。2×14年10月完成C公司、D公司股权过户手续，股权持有人变更为A公司；2×14年12月A公司完成变更注册资本的工商变更登记手续。2×14年10月30日重组完成后B公司持有A公司33.3%的股份，成为A公司第一大股东。

A公司实施本次重大资产重组前后股本结构如表3-1所示。

表 3-1 A 公司股本结构

股东名称	本次重组前		本次重组后	
	股份数量（亿股）	持股比例（%）	股份数量（亿股）	持股比例（%）
B 公司	-	-	2	33.3
E 公司	1.8	45	1.8	30
其他股东*	2.2	55	2.2	33.7
合计	4	100	6	100

*其他股东数量众多且非常分散，单个股东最高持股比例未超过 3%，因此，在本次重组前，E 公司是 A 公司的控股股东。

问题：判断 A 公司收购 C 公司和 D 公司股权的交易所属的企业合并类型。

（二）案例解析

根据企业会计准则中这三类交易的定义，其判断的核心在于合并双方的实际控制人是谁以及交易中控制权是如何发生转移的。

在交易前，E 公司为 A 公司的控股股东，而 B 公司则是 C 公司和 D 公司的控制人。根据同一控制下企业合并的定义，参与合并的 A 公司、C 公司和 D 公司在合并前分别受 E 公司和 B 公司控制，不属于受同一方最终控制的情况，故不属于同一控制下企业合并。

在交易后，A 公司持有 C 公司和 D 公司 100% 的股权，B 公司持有 A 公司 33.3% 的股权，E 公司持有 A 公司 30% 的股权。此时，由于 B 公司和 E 公司分别持有 A 公司超过 30% 的股权，在没有其他特殊约定的情况下，B 公司和 E 公司都不能控制 A 公司。根据反向购买的定义，交易后，法律上的母公司（A 公司）并未被 C 公司和 D 公司的原股东（B 公司）所控制，故不属于反向购买。

根据非同一控制下企业合并的定义，A 公司和 C 公司、D 公司在企业合并之前分别由不同的公司所控制，故其属于非同一控制下的企业合并。

【相关案例之四】

（一）案例背景

A 上市公司主营业务为光纤光缆等光通信产品的投资、研发、制造和销售。B公司及其子公司（B集团）的经营范围包括光纤预制棒、光纤、光缆等产品的生产、研发、批发和零售业务。2×18年6月6日，B公司通过协议转让方式以现金对价获得A上市公司30%的股权，交易后，B公司成为A公司新的控股股东，其实际控制人王某成为A公司新的实际控制人。

B公司在收购A上市公司上述股权时，B公司和王某承诺拟在交易完成后60个月内（以下简称承诺期），将B公司及王某控制的其他企业和A上市公司之间存在同业竞争的业务通过按资产评估价转让给A上市公司、对外出售给无关联第三方或承诺期届满前注销相关公司等方式来消除同业竞争。同时B公司和王某承诺在获得A公司控制权后一年内不出售其持有的A公司股份。

2×18年7月18日，A公司披露的相关公告显示，经董事会决议批准，A公司拟以现金方式购买实际控制人王某控制的C公司所持有的D公司100%的股权（王某5年前取得对D公司的控制权），D公司主要从事光纤、光缆产品的生产及研发，D公司的资产总额、净资产、最近一个会计年度产生的营业收入、净利润等占A公司控制权发生变更的前一个会计年度经审计的合并财务会计报告相应指标的比例均小于50%。2×18年8月20日，相关交易完成，D公司纳入A上市公司合并报表范围并作为同一控制下的企业合并处理。

问题：A公司收购D公司100%股权的交易是否属于同一控制下的企业合并？

（二）会计准则及相关规定

《国际财务报告准则第3号——企业合并》规定：

“7　应按照《国际财务报告准则第10号（应用指南）》的要求来认定购买方——取得另一方，即被购买方控制权的一方。如果企业合并已经发生，但是应用《国际财务报告准则第10号》的相应指南并不能明确表明参与合并的主体中哪一方是购买方，则应考虑B14至B18段中的因素来确定购买方。

B14　在主要通过转移现金、其他资产或承担负债实现的企业合并中，购买方通常是转移现金、其他资产或承担负债的主体。

B15　在主要通过交换权益实现的企业合并中，购买方通常为发行自身权益的主体。然而，在一些通常被称为“反向购买”的企业合并中，发行权益的主体是被购买方。B19 至 B27 段对反向购买的会计处理提供了指南。在认定通过权益交换实现的企业合并中的购买方时，还应当考虑其他相关事实和情况，包括：

（1）在企业合并之后形成的合并主体中的相对表决权——参与合并主体中，其所有者集体保留或获得了合并后主体最大比例的表决权，则该方通常是购买方。在确定哪个所有者集体保留或获得了最大比例的表决权时，主体应考虑存在的不常见或特殊的表决安排和期权、认股证或可转换证券。

（2）在没有其他所有者或所有者集体拥有重大表决权益的情况下，合并后主体中存在大量少数表决权益——参与合并主体中，其单独的所有者或所有者集体拥有合并后主体最大份额的少数表决权益的一方通常是购买方。

（3）合并后主体治理机构的构成——参与合并主体中，其所有者有权选举或任命或解除合并后主体治理机构的大多数成员，则该方通常是购买方。

（4）合并后主体高级管理层的构成——参与合并主体中，其（前）管理层控制合并后主体的管理层，则该方通常是购买方。

（5）权益交换的条件——参与合并主体中，其支付的金额高于其他参与合并主体的权益在合并前的公允价值，则该方通常是购买方。

B16 参与合并主体中，其相对规模（例如以资产、收入或利润来计量）显著大于其他参与合并主体的规模，则该方通常是购买方。”

《企业会计准则第 33 号——合并财务报表（应用指南）》（2014 年修订）中规定：“企业通过多次交易分步实现非同一控制下企业合并的，在合并财务报表上，首先，应结合分步交易的各个步骤的协议条款，以及各个步骤中所分别取得的股权比例、取得对象、取得方式、取得时点及取得对价等信息来判断分步交易是否属于‘一揽子交易’。本准则第五十一条规定，各项交易的条款、条件以及经济影响符合以下一种或多种情况的：通常应将多次交易事项作为‘一揽子交易’进行会计处理：

（1）这些交易是同时或者在考虑了彼此影响的情况下订立的；

（2）这些交易整体才能达成一项完整的商业结果；

（3）一项交易的发生取决于至少一项其他交易的发生；

（4）一项交易单独看是不经济的，但是和其他交易一并考虑时是经济的。如果分步取得对子公司股权投资直至取得控制权的各项交易属于'一揽子交易'，应当将各项交易作为一项取得子公司控制权的交易，并区分企业合并的类型分别进行会计处理。

如果不属于'一揽子交易'，在合并财务报表中，还应区分企业合并的类型分别进行会计处理。"

（三）案例解析

对于一家公司先通过协议转让方式获得上市公司控制权，然后在短期内将其控制的子公司或业务注入上市公司的安排，应首先根据企业会计准则关于一揽子交易的判断指引，判断其取得上市公司控制权和将其控制的子公司或业务注入上市公司前后两项交易是否属于一揽子交易。在判断时，应综合考虑各项交易的条款、条件、经济影响，以及各项交易中分别取得的股权比例、取得对象、取得方式、取得时点及取得对价等信息。

需要注意的是，在判断前后两项交易是否属于一揽子交易时，若在第一项交易中交易对手方只是承诺为了解决同业竞争的问题，会把存在同业竞争的业务按评估价转让给上市公司作为解决同业竞争的方案之一，且仅仅宽泛、笼统地提及下一步的措施，并未明确约定下一步交易的核心交易条款。这种情形下，由于第二步交易中的业务收购通常需要上市公司董事会、股东大会批准（如果以发行股份的形式收购标的资产，还会涉及证监会审批的程序），在决策机构表决时，作为利益相关方控股股东需要回避，因此第二项交易是否发生以及发生的条款、条件存在不确定性。若第二步收购不成立，通常并不会影响第一步新控股股东取得上市公司控股权交易的发生和其交易对价的确定。此外，两次交易发生在不同的交易对手方之间，通常分别按照公允价值确定交易对价，不存在交易价格之间的相互影响。因此，在此情形下，不能仅仅因为两项交易之间存在联系，即在第一项交易中提及了"为解决同业竞争，可能会把存在同业竞争的业务按评估价转让给上市公司"而认为前后交易为一揽子交易。

在前后两项交易满足一揽子交易的情况下，需进一步分析该交易是否属于反向购买，判断的关键是该交易中哪一方获得了另一方的控制权。参考国际财务报告准则第3号的相关指引，由于在该交易中，注入业务/公司的股东获得了合并后主体最大比例的表决权，并取得对上市公司的控制权，因此该交易实质为反向购买，即通过该交易，上市公司的相关活动被参与合并的另一方所控制。

如果前后两项交易不满足一揽子交易，在新控股股东将其控制时间在一年以上的子公司或业务注入上市公司，且承诺在一年内不会转让上市公司股权的情况下，应区别如下情形考虑：

1. 前后两项交易间隔在一年以上（含1年）。上市公司和标的公司或业务受新控股股东或实际控制人控制的时间均满足非暂时性要求，因此上市公司收购标的公司或业务的交易应作为同一控制下企业合并进行处理。

2. 前后两项交易间隔在一年以内（不含1年）。由于上市公司受新控股股东或实际控制人控制的时间不满足控制非暂时性的要求，因此上市公司收购标的公司或业务的交易应作为非同一控制下企业合并进行处理。

在本案例中，由于B公司取得A公司控制权的交易中，只是承诺在规定的时间内会解决同业竞争问题，而把存在同业竞争的业务按评估价转让给上市公司只是解决同业竞争的可能方式之一，并未明确约定具体的解决方案和条款。此外，A公司收购实际控制人王某控制的D公司股权的交易需经董事会等决策机构审批，该收购如果未被通过，并不影响B公司取得A公司控制权交易的发生。第一次交易发生在B公司和A公司的原控股股东之间，第二次交易发生在A公司和B公司之间，两次交易均按照评估价确定交易对价，不存在交易价格之间的相互影响。因此，B公司取得A公司控制权和A公司收购D公司股权不属于一揽子交易。

在此交易中，A公司和D公司在合并前后都受实际控制人王某控制。尽管B公司和王某承诺在获得A公司控制权后一年内不出售其持有的A公司股份，但A公司收购D公司之前，A公司受王某控制的期间只有2个多月，D公司受王某控制的时间大约为5年，不满足参与合并的企业在合并前均受王某控制且并非暂时性的要求。因此，A公司收购D公司100%的股权的交易不满足准则中同一控制下企业合并的定义，应该作为非同一控制下企业合并进行会计处理。

案例 3-02
购买日/合并日的判断

企业合并交易中，购买日/合并日的判断非常重要。非同一控制下企业合并，被购买方从购买日开始纳入购买方合并范围，合并成本和取得的被购买方可辨认净资产公允价值也都以购买日的价值计量。同一控制下企业合并，虽然被合并方从最终控制方开始实施控制时纳入合并范围，但如果合并日在资产负债表日之前，则可以将被合并方全年的报表纳入合并范围。合并日的确定对财务报表存在重大影响。

一、案例背景

A 公司是上市公司。2×13 年，A 公司向 B 公司非公开发行股份进行重大资产重组，B 公司以其所拥有的 15 家全资子公司的股权等对应的净资产作为认购非公开发行股票的对价，该交易为非同一控制下的企业合并。2×13 年 12 月 28 日收到中国证监会核准后，双方进行了资产交割，A 公司将购买日确定在 2×13 年 12 月 31 日。

截至 2×13 年 12 月 31 日，B 公司投入的 15 家子公司全部办妥变更后的企业法人营业执照，股东变更为 A 公司。2×13 年 12 月 30 日，双方签订移交资产约定书，约定自 2×13 年 12 月 30 日起 B 公司将标的资产交付上市公司，同时，A 公司自 2×13 年 12 月 31 日起接收该等资产与负债并向这些子公司派驻了董事、总经理等高级管理人员，对标的资产开始实施控制。

2×14 年 1 月，会计师事务所对 A 公司截至 2×13 年 12 月 31 日的注册资本进行了审验，并出具了验资报告。2×14 年 2 月，A 公司本次增发的股份在中国证券登记结算有限责任公司上海分公司办理了股权登记手续。

问题：购买日是否应该判断为 2×13 年 12 月 31 日？

二、会计准则及相关规定

《企业会计准则第 20 号——企业合并》第十条规定："购买日，是指购买方实际取得对被购买方控制权的日期。"

《企业会计准则第 20 号——企业合并（应用指南）》进一步规定："同时满足下列条件的，通常可认为实现了控制权的转移：

（一）企业合并合同或协议已获股东大会等通过。

（二）企业合并事项需要经过国家有关主管部门审批的，已获得批准。

（三）参与合并各方已办理了必要的财产权转移手续。

（四）合并方或购买方已支付了合并价款的大部分（一般应超过 50%），并且有能力、有计划支付剩余款项。

（五）合并方或购买方实际上已经控制了被合并方或被购买方的财务和经营政策，并享有相应的利益、承担相应的风险。"

《企业会计准则第 33 号——合并财务报表》（2014 年修订）第七条规定："合并财务报表的合并范围应当以控制为基础予以确定。控制，是指投资方拥有对被投资方的权力，通过参与被投资方的相关活动而享有可变回报，并且有能力运用对被投资方的权力影响其回报金额。"

三、案例解析

购买日/合并日是购买方/合并方获得对被购买方/被合并方控制权的日期。在实务操作中，应当结合企业合并合同或协议的约定及其他有关的影响因素，按照实质重于形式的原则进行判断。我们认为，会计准则中所提出的五项条件应该综合考虑。

一项企业合并，根据企业的内部制度和外部法规，需要经过内部决策机构和国家有关部门批准，取得相关批准是对企业合并交易或事项进行会计处理的前提，因此我们认为第（一）项和第（二）项条件都是判断购买日的必要条件。实务中，取得批准一般都有某种形式的批准文件和批准日期，因此判断起来难度并不大。但在一些案例中，哪些属于批准性程序，哪些属于备案性程序还需要具体情况具体分析。

第（三）项和第（五）项条件都是围绕着"控制"的定义来考虑的。

购买方实际上控制被购买方的财务和经营政策，享有相应的收益并承担相应的风险；购买方与出售方办理相关的财产权交接手续，才能够形成与取得股权或净资产相关的风险和报酬的转移。因此，这两项条件属于对实质控制权的判断，应该结合“控制”的定义来进行判断。

第（四）项条件是购买价款的收取。通常情况下，购买方要取得对被购买方的控制、取得被购买方净资产相关的风险和报酬，必然需要支付相应的对价。买卖双方在协议过程中势必会关注控制转移和价款支付方面的条款，对价的支付往往与财产权属和控制权的移交步骤相配合。在购买方尚未支付大部分价款，或者在无法确定购买方有能力支付所有价款的情况下，出售方一般不会放弃自己所控制的资产，除非有其他特殊原因使得出售方愿意提前放弃控制权。因此，第（四）项条件在一定意义上也是对“控制”转移的合理性判断。

在本案例中，截至2×13年12月31日，该项交易已经取得了所有必要的审批，15家目标公司全部完成了营业执照变更，双方签订了移交资产约定书。上市公司已经向被购买方派驻了董事、总经理等高级管理人员，对被购买方开始实施控制。虽然作为合并对价增发的股份在2×14年2月才办理了股权登记手续，但由于企业合并交易在2×13年已经完成所有的实质性审批程序，且A公司已经实质上取得了对15家目标公司的控制权，可以合理判断购买日为2×13年12月31日。

【相关案例之一】

（一）案例背景

A公司是上市公司，拟发行股份2,000万股收购B公司股权，此项交易为同一控制下的企业合并。交易于2×13年3月获得国务院国资委及国家发改委批准。2×13年4月经上市公司临时股东大会审议通过。2×13年5月获得国家商务部批准。2×13年12月20日收到证监会的批复。2×13年12月30日重组双方签订了资产交割协议，以2×13年12月31日作为本次重大资产重组的交割日。B公司高级管理层主要人员于2×13年12月31日变更为A公司任命。上市公司将购买日确定为2×13年12月31日。截至财务报告报出日，置入、置出资产工商变更、登记过户手续尚在办理中，但相关资产权属的变更不存在实质性障碍。

问题：A 公司本次交易的合并日是否应该确定为 2×13 年 12 月 31 日？

（二）案例解析

该交易为同一控制下的企业合并，截至 2×13 年 12 月 31 日，该项交易已经取得了所有必要的审批，重组双方签订了资产交割协议，以 2×13 年 12 月 31 日作为本次重大资产重组的交割日，B 公司高级管理层主要人员于 2×13 年 12 月 31 日变更为 A 公司任命，说明 A 公司已经开始对 B 公司实施控制。

虽然有关财产权属的过户手续尚未办理完毕，但由于权属变更不存在实质性障碍，合并日可以判断为 2×13 年 12 月 31 日。需要注意的是，合并日判断为 2×13 年 12 月 31 日，意味着 A 公司在 2×13 年合并财务报表中应将 B 公司纳入合并范围，同时调整合并财务报表的比较数，但是作为本次交易对价的 2,000 万股增发股份于 2×13 年 12 月 31 日尚未登记发行，因此 A 公司的股份数还是其原股份数。如果在计算每股收益的时候仍然简单地按照资产负债表日的股份数来计算，就会导致分子分母不配比。这种情况下，建议按照发行后的股份数来计算每股收益并在财务报表附注中披露并解释对股份数进行调整的原因。

【相关案例之二】

（一）案例背景

A 公司是上市公司，2×13 年 9 月，A 公司董事会审议同意 A 公司以 1,500 万元的价格收购 B 公司 70% 的股权。9 月 18 日，A 公司与出让方签订股权转让协议，约定以 2×13 年 7 月 31 日为股权收购基准日，上市公司有权享有 B 公司于基准日之后的利润，并承担相应的亏损，同时约定如果 B 公司 2×13 年 7 月 31 日至 9 月 30 日的实际净损益与股权收购基准日双方均认可的预计净损益严重不符（波动大于 20%），双方将相应调整购买对价；9 月 30 日，上市公司股东大会审议通过该议案，股权转让款项于同日以三方抵债的方式支付。B 公司董事会也于 9 月 30 日进行改选，改选后，A 公司派驻的董事占 B 公司董事会多数席位。此外，由于 B 公司

2×13年7月31日至9月30日的实际净损益与预计净损益并无重大差异，无须调整对价。

A公司认为，根据协议，A公司有权享有B公司于2×13年7月31日之后的利润并承担亏损，这说明B公司70%的股权于2×13年7月31日之后所带来的收益即归A公司所有，A公司从2×13年7月31日开始即拥有了B公司70%的股权，应该以2×13年7月31日作为对B公司的购买日。

问题：A公司的购买日判断是否恰当？

（二）案例解析

根据企业会计准则的规定，购买日，是指购买方实际取得对被购买方控制权的日期。股权转让协议中所约定的基准日，一般是在买卖双方谈判定价的过程中，为了确定目标公司的股权价值而定的评估基准日；或者是为了界定买卖双方的权利义务（如利润分配的归属）而设定的基准日，其属于买卖双方自行约定的一个日期，与控制权是否发生转移并不存在必然的联系。

《企业会计准则第33号——合并财务报表》（2014年修订）中对于控制的定义为："控制是指投资方拥有对被投资方的权力，通过参与被投资方的相关活动而享有可变回报，并且有能力运用对被投资方的权力影响其回报金额"。在购买日的判断条件中也提到"实际上已经控制了被合并方或被购买方的财务和经营政策，并享有相应的利益、承担相应的风险"。这体现了控制的三个要素：一是合并方拥有被合并方70%的股权比例，表明合并方拥有对被合并方的权力；二是合并方通过参与决定被合并方的财务和经营政策的相关活动而享有可变回报；三是合并方有能力通过权力影响其可变回报。三者缺一不可。一般情况下，作为理性市场经济人，买卖双方约定的利润分配的归属日期与控制权的转变日期不会存在较大的时间性差异，如果出现较大差异，通常双方也会通过协商调整购买对价的方式来进行修正。

此外，基准日订在交易的各项审批之前，在上市公司的董事会和股东大会批准该交易之前，不可能得出一项交易已经完成了的结论。

因此，结合准则中对于控制权转移的几个条件，本案例中，9月30日A公司股东大会审议通过该议案之后，假定不再需要其他审批机关的批准，这说明该交易取得了必要的批准；9月30日也以三方抵债的方式支付了对价；A公司在B公司的董事会中也占有了多数席位，A公司从当日开始实际控制B公司的财务和经营政策，并根据协议约定享有基准日之后的利润，应该以9月30日为购买日。

如果买卖双方约定B公司于2×13年12月31日之前的利润和亏损仍然归原股东所有，A公司只能参与分配B公司从2×14年1月1日之后产生的利润并承担相应的亏损，而且无论2×13年9月30日至2×13年12月31日的净损益金额有多大，均不影响最终交易对价。A公司从9月30日开始享有决策权，能够控制B公司的财务和经营政策。我们会发现，在2×13年9月30日到12月31日这段时间内，A公司虽然拥有决策权，但不享有这3个月的利润。这是否说明A公司还没有开始享有B公司股权带来的利益和风险，从而对购买日的确定产生影响。这可能需要具体情况具体分析，例如：

1. 在某些情况下，虽然A公司不享有这3个月的利润，但A公司已经开始享有及承担B公司净资产价值的增减值带来的利益和风险，而3个月的利润相比于净资产的长期增减值而言并不重大，那么A公司很有可能已经开始享有B公司股权带来的利益和风险。

2. 在某些情况下，购买方收购目标业务是出于并购竞争对手的品牌而巩固自身市场领先地位和市场份额的考虑，在这种情况下，B公司3个月的净损益对于A公司预期收购所能达到的整体市场协同效应而言也可能显得微不足道，A公司很有可能也已经开始享有B公司股权带来的利益和风险。

3. 在某些情况下，如在一些行业中，其主要资产均按照公允价值计量，净资产公允价值的变动已经反映在其利润表中；又或者是对于一些轻资产的行业，如服务业，一般长期资产的增减值并不重大。那么A公司也有可能尚未开始享有B公司股权所带来的利益和风险，从而未满足控制的条件。

4. 在实务中，在收益权仍然全部由卖方享有的情况下，还需要谨慎判断实际的决策权是否真正完全转移给买方。

综上所述，被购买方从哪个时点开始实现的利润归购买方享有，在某些情况下可能会影响到购买方是否享有其控制权带来的利益和风险，从而影响到控制权是否真正发生了转移的判断，需要结合具体情况进行分析。

案例3－03
非同一控制下企业合并中取得资产的后续计量

非同一控制下的企业合并采用购买法核算。购买方在期末编制合并财务报表的时候，应该以购买日确定的被购买方各项可辨认资产、负债的公允价值为基础对子公司的财务报表进行调整。实务中，由于对购买法的理解不够全面和透彻，一些公司在编制合并财务报表时对非同一控制下的企业合并取得子公司的资产负债的后续处理存在一些误区。

一、案例背景

A公司是上市公司，2×13年A公司收购B公司，该交易为非同一控制下的企业合并。B公司资产中包括一项应收账款——S公司850万元，已计提坏账准备50万元，账面价值及公允价值均为800万元，B公司的固定资产原值1,500万元，累计折旧300万元，净值1,200万元（公允价值为2,200万元）。

A公司在其合并财务报表附注中将合并B公司时取得的固定资产的公允价值分“原值”和“累计折旧”列报。

2×14年11月，由于S公司有了新股东的注资，经营状况有了明显的改善，现金流充裕，因此B公司估计合并前确认的对S公司的应收账款可以全额收回，从而在当月转回了与对S公司应收账款相关的坏账准备50万元。A公司在编制2×14年合并财务报表时也将其体现为坏账准备的转回，增加当期利润50万元。

问题：

（1）A公司是否应该将企业合并中取得的固定资产分为“原值”和“累计折旧”列报？

（2）A公司是否应该在2×14年合并财务报表中转回坏账准备50万元？

二、会计准则及相关规定

《企业会计准则讲解（2010）》第二十一章“企业合并”指出：“企业合并形成母子公司关系的，母公司应当设置备查簿，记录企业合并中取得的子公司各项可辨认资产、负债及或有负债等在购买日的公允价值。编制合并财务报表时，应当以购买日确定的各项可辨认资产、负债及或有负债的公允价值为基础对子公司的财务报表进行调整。”

《国际财务报告准则第 3 号——企业合并》第 B41 段指出，对于企业合并中取得的、以购买日公允价值计量的资产，购买方不应在购买日确认单独的估价备抵，因为未来现金流量不确定性的影响已经包括在公允价值计量中。

三、案例解析

企业合并发生后，被购买方的资产负债在被购买方自身财务报表中与在购买方的合并财务报表中的计量基础有所不同。

在被购买方自身财务报表中，原则上仍然按照持续经营假设，被购买方作为一个持续存在的会计主体，其资产、负债均应以历史成本为基础进行计量，后续发生的一些交易和事项的会计处理也应该基于历史成本计量。

在购买方的合并财务报表中，根据企业会计准则，被购买方的资产负债均应该按照购买日的公允价值进行计量。购买法的理念是被购买方的资产负债都是于购买日这一天购入的，在购买日初始计量，购买日的公允价值成为被购买方资产负债在合并报表中的历史成本。相应地，被购买方后续发生的一些交易和事项的会计处理也应该基于这些资产负债在购买日的公允价值。

另外，根据企业会计准则讲解的相关规定，非同一控制下的企业合并中，购买方通过企业合并取得被购买方 100% 股权的，被购买方可以按照合并中确定的可辨认资产、负债的公允价值调整其账面价值。实务中，如果被购买方依据上述规定调整了其资产负债的账面价值，则其后续交易和事项的会计处理在自身报表中与在购买方的合并报表中原则上应该是一致的。

在本案例中，根据购买法的理念——被购买方的资产负债都是在购买日购入的，既然是新购入的资产，应收款项和固定资产的初始计量自然也不应该出现备抵科目，其思路类似于购买一项应收款项或者二手固定资产。根据金融工具准则，购买一项应收账款时按照公允价值进行初始计量；根据固定资产准则，购买固定资产的时候按照成本计量，初始计量时原则上不会确认坏账准备和累计折旧。

在国际准则中，明确指出对于企业合并中取得的、初始按照公允价值计量的资产，购买方不应在购买日确认单独的估价备抵，因为其未来现金流的不确定性已经反映在公允价值计量中。

因此，在购买日将被购买方的资产负债纳入购买方的合并报表时，被购买方应收款项坏账准备、固定资产累计折旧这两个备抵科目不应该出现金额。

后续计量中，当有证据表明被购买方的应收款项能够被全额收回，在被购买方自身报表中需转回坏账准备，但在购买方的合并报表中，由于并不存在坏账准备余额，应收款项按照摊余成本计量，不应该体现出坏账准备转回。当最终被购买方全额收回该应收款项时，在购买方的合并报表中，其收回金额与应收款项余额的差额直接计入收回当期的损益。

【相关问题】

购买日后对企业合并中取得的被购买方资产、负债公允价值的调整

《企业会计准则讲解（2010）》第二十一章“企业合并”指出：“按照购买法核算的企业合并，基本原则是确定公允价值，无论是作为合并对价付出的各项资产的公允价值，还是合并中取得的被购买方各项可辨认资产、负债的公允价值，如果在购买日或合并当期期末，因各种因素影响无法合理确定的，合并当期期末，购买方应以暂时确定的价值为基础进行核算。

（一）购买日后 12 个月内对有关价值量的调整

合并当期期末，对合并成本或合并中取得的可辨认资产、负债以暂时确定的价值对企业合并进行处理的情况下，自购买日算起 12 个月内取得进一步的信息表明需对原暂时确定的企业合并成本或所取得的可辨认资

产、负债的暂时性价值进行调整的，应视同在购买日发生，进行追溯调整，同时对以暂时性价值为基础提供的比较报表信息，也应进行相关的调整。

（二）超过规定期限后的价值量调整

自购买日起12个月以后对企业合并成本或合并中取得的可辨认资产、负债价值的调整，应当按照《企业会计准则第28号——会计政策、会计估计变更和会计差错更正》的原则进行处理，即对于企业合并成本或合并中取得可辨认资产、负债公允价值等进行的调整，应作为前期差错处理。”

在实务中，对于购买日之后的价值调整，存在一些理解上的误区。一些企业简单地认为，自购买日起12个月内发生的价值调整，都应该调整商誉；而自购买日起12个月后发生的价值调整，都应该作为前期差错。

事实上，企业在对购买日之后发生的价值调整进行处理时，应该基于被购买方资产负债按照购买日的公允价值计量的原则去分析。购买日后新取得的信息和证据表明这些资产负债原在购买日确定的公允价值需要进行调整的，才应该调整商誉。如会计准则讲解中所举的情况：购买日比较接近年底，故企业合并发生的下一年才取得评估报告，评估对象是被购买方的资产负债，评估基准日是购买日，这种情况下才应该调整资产负债的价值并相应调整商誉。

对于购买日之后的价值调整，与资产负债表日后事项的判断原则较为接近。在确定公允价值的时候，应该考虑且仅考虑购买日已经存在的所有情况。如果是购买日后新发生的情况导致的价值变动，即便是购买日后12个月内发现也应该按照相关资产负债的后续计量要求处理。

自购买日起12个月后，才发现购买日资产负债的公允价值确定不够准确，难以合理解释购买日的公允价值在12个月内无法取得，应作为差错更正处理。如果是在期后因为有新的情况出现导致原来购买日的估计不够准确的，则需要判断这些新的情况是否属于购买日就已经存在的情况。如果不是购买日已经存在的情况，就不应该调整商誉。

案例 3－04
企业合并中交易费用的处理

在上市公司发行股份进行企业合并的交易中，一般会聘请证券公司、会计师、评估师、律师等中介提供服务。根据企业会计准则的规定，企业合并中，购买方为企业合并发生的中介费用于发生时计入当期损益；购买方作为合并对价发行股份的交易费用冲减资本公积。因此，在发生的中介费用中，需要区分哪些是与企业合并相关的费用、哪些是与发行股份相关的费用。

一、案例背景

A 公司为上市公司，其控股股东为 B 公司。2×14 年，A 公司向 B 公司发行股份购买其拥有的 5 家子公司的全部股权。该交易为同一控制下的企业合并。A 公司为该交易发生中介机构服务费用中包括以下费用：

1. 在常年法律顾问 C 律师事务所的常年法律顾问费之外，支付 C 律师事务所为增发股份而提供额外服务的相关费用约 20 万元。

2. 聘请 D 律师事务所对被收购的 5 家子公司提供尽职调查等法律服务，服务费约 40 万元。

3. 聘请 E 评估机构对被收购的 5 家子公司进行评估并出具评估报告，评估费用约 20 万元。

4. 聘请 F 会计师事务所对被收购的 5 家子公司进行审计并出具审计报告，对 5 家子公司的盈利预测出具审核意见，会计师费用约 50 万元。

5. 聘请 G 会计师事务所对新增股本进行验资。

6. 聘请 H 证券公司作为本次交易的财务顾问。

问题：上述费用应如何进行会计处理?

二、会计准则及相关规定

《企业会计准则第 20 号——企业合并》对同一控制下企业合并的相关成

本作出了如下规定："合并方为进行企业合并发生的各项直接相关费用，包括为进行企业合并而支付的审计费用、评估费用、法律服务费用等，应当于发生时计入当期损益。为企业合并发行的债券或承担其他债务支付的手续费、佣金等，应当计入所发行债券及其他债务的初始计量金额。企业合并中发行权益性证券发生的手续费、佣金等费用，应当抵减权益性证券溢价收入，溢价收入不足冲减的，冲减留存收益。"

《企业会计准则解释第4号》规定："非同一控制下的企业合并中，购买方为企业合并发生的审计、法律服务、评估咨询等中介费用以及其他相关管理费用，应当于发生时计入当期损益；购买方作为合并对价发行的权益性证券或债务性证券的交易费用，应当计入权益性证券或债务性证券的初始确认金额。"

《企业会计准则讲解（2010）》第二十一章"企业合并"指出："发行权益性工具相关的费用，不管是否与企业合并直接相关，均应自所发行权益性证券的发行收入中扣减；在权益性证券发行有溢价的情况下，自溢价收入中扣除，在权益性证券无溢价或溢价金额不足以扣减的情况下，应当冲减盈余公积或未分配利润。"

三、案例解析

发行股份进行企业合并过程中发生的证券公司、会计师、评估师、律师、财务顾问等中介服务费，应该计入当期损益还是从发行股份的溢价收入中扣减，应该根据具体的服务内容和目的进行判断。

1. 对于为了企业合并交易所发生的服务费用，例如与被收购的目标资产相关、为重大资产重组交易申报所需要的中介机构服务，应计入当期损益。

2. 对于为了发行股份而发生的服务费用，例如为了股份发行申报、股份登记等发生的中介机构费用，属于与发行股份相关的直接费用，应当冲减所有者权益。

在本案例中，上述费用中，第二、三、四项费用都属于针对被收购方发生的尽职调查、评估和审计费用，应该划分为与企业合并相关的交易费用，计入当期损益；第一、五项费用属于与发行股份相关的交易费用，应该冲减资本公积；第六项财务顾问费，则应该根据其具体服务内容来判断。根据《上市公司重大资产重组管理办法》，独立财务顾问应当审慎核查重大资产重组是否构成关联交易，并依据核查确认的相关事实发表明确意见。重大资产重组涉及关联交易的，独立财务顾问应当就本次重组对上市公司非关联股东的影响发表明确意见。如果H证券公司仅提供了上述核查服务，则应该作为企业合并相关的交易费用计入当期损益，如果H证券公司实际上提供了与股份发行相关的服务，则应该计入资本公积。

案例3－05
业务的判断

被合并的企业必须符合构成业务的条件是会计处理上适用企业合并准则的前提。因此业务的判断往往是决定是否能够应用企业合并相关会计处理的第一步。实务中，经常出现不能够明显区别出购买业务还是购买资产的交易，需要结合实际情况进行判断。

一、案例背景

A公司是不锈钢线材行业的上市公司，通过签订资产收购协议，A公司从第三方B公司收购了与吊装、过磅业务相关的资产，包括应收账款、机器设备、在建工程以及相关的订单处理系统和经营系统。同时，B公司相关业务人员全部转入A公司并重新签订了劳动合同。B公司具有吊装、过磅业务相关产出能力。购入的吊装及过磅业务相关资产的账面价值为2,400万元。根据评估报告，前述资产成本法评估值为2,100万元，收益法评估值为6,400万元。买卖双方达成协议，按收益法评估值6,400万元确定交易价格，评估增值4,000万元。

问题：A公司从B公司购买的是一组资产还是一项业务?

二、会计准则及相关规定

关于构成业务的要素，《企业会计准则解释第13号》规定："根据第20号准则的规定，涉及构成业务的合并应当比照第20号准则规定处理。根据第 20 号指南的规定，业务是指企业内部某些生产经营活动或资产的组合，该组合一般具有投入、加工处理过程和产出能力，能够独立计算其成本费用或所产生的收入。合并方在合并中取得的生产经营活动或资产的组合（以下简称组合）构成业务，通常应具有下列三个要素：（1）投入，指原材料、人工、必要的生产技术等无形资产以及构成产出能力的机器设备等其他长期资产的投入。（2）加工处理过程，指具有一定的管理能力、运营过程，能够组织投入形成产出能力的系统、标准、协议、惯例或规则。（3）产出，包括为客户提供的产品或服务、为投资者或债权人提供的股利或利息等投资收益，以及企业日常活动产生的其他的收益。"

关于构成业务的判断条件，《企业会计准则解释第 13 号》规定："合并方在合并中取得的组合应当至少同时具有一项投入和一项实质性加工处理过程，且二者相结合对产出能力有显著贡献，该组合才构成业务。合并方在合并中取得的组合是否有实际产出并不是判断其构成业务的必要条件。企业应当考虑产出的下列情况分别判断加工处理过程是否是实质性的：

1. 该组合在合并日无产出的，同时满足下列条件的加工处理过程应判断为是实质性的：（1）该加工处理过程对投入转化为产出至关重要；（2）具备执行该过程所需技能、知识或经验的有组织的员工，且具备必要的材料、权利、其他经济资源等投入，例如技术、研究和开发项目、房地产或矿区权益等。

2. 该组合在合并日有产出的，满足下列条件之一的加工处理过程应判断为是实质性的：（1）该加工处理过程对持续产出至关重要，且具备执行该过程所需技能、知识或经验的有组织的员工；（2）该加工处理过程对产出能力有显著贡献，且该过程是独有、稀缺或难以取代的。

企业在判断组合是否构成业务时，应当从市场参与者角度考虑可以将其作为业务进行管理和经营，而不是根据合并方的管理意图或被合并方的经营历史来判断。"

另外，《企业会计准则解释第 13 号》规定："判断非同一控制下企业合并中取得的组合是否构成业务，也可选择采用集中度测试。集中度测试是非同一控制下企业合并的购买方在判断取得的组合是否构成一项业务时，可以选择采用的一种简化判断方式。进行集中度测试时，如果购买方取得的总资产的公允价值几乎相当于其中某一单独可辨认资产或一组类似可辨认资产的公允价值的，则该组合通过集中度测试，应判断为不构成业务，且购买方无须按照上述（二）的规定进行判断；如果该组合未通过集中度测试，购买方仍应按照上述（二）的规定进行判断。”

三、案例解析

在本案例中，A公司虽然采用了资产收购的法律形式，但其购买对象究竟是一组打包的资产，还是实质上购买一项业务，应结合所取得相关资产、加工处理过程等进行综合判断。

A公司购入的这组资产包括与吊装、过磅业务相关的实物资产（如固定资产、在建工程）、人员投入以及与之相联系的实质性加工处理过程（如订单处理系统和经营系统以及具备相关经验的员工），B公司同时具有吊装、过磅业务的产出能力。这些因素综合起来考虑，A公司收购的这组资产很可能是一项业务。

值得注意的是，在本案例中，如果A公司不是向第三方进行收购，而是与控股股东进行上述交易，即同一控制下收购资产并转移人员及相关系统等，如果符合业务的定义，则适用同一控制下企业合并的会计处理原则进行处理。

【相关案例之一】

（一）案例背景

A公司是有色金属行业的上市公司，2×13年12月1日从第三方购入一小型矿业公司B公司68%的股权。B公司账面主要资产为无形资产（即某矿产区块的探矿权）和少量固定资产（即勘探设备和办公设备）。根据地质详查报告显示，该矿产区块位于某贵金属矿区的盆地中。而且，某家大型矿业公司也于近期在盆地周边发现了大额探明储量。B公司的地质勘探报告已通过了储量评审部门的审查并送交国土资源管理部门备案，相关采矿权正在申请办理中。虽然矿山建设尚未开始，管理层已经根据储量详查结果制定了矿产资源开发利用战略方案。除两位核心管理人员外，B公司的其他员工如勘探开采、财务、人事等不会在股权转让之后继续留在公司。

问题：A 公司购买的是一组资产还是业务？

（二）案例解析

在本案例中，B 公司虽然尚未开始矿山建设及采矿生产，其勘探、详查活动以及由此形成的地质勘探报告表明其计划的主要活动已经开始，而且其核心管理人员、存在的技术方案可行性、与当地国土资源管理部门及储量评审部门的沟通和联系、采矿权的申请、储量详查结果、管理层制定的矿产资源开发利用战略方案等都可能表明所具有的“投入”和“实质性加工处理过程”要素。

值得注意的是，根据《企业会计准则解释第 13 号》的规定，A 公司可以在进行上述判断之前，选择采用“集中度测试”。如果 A 公司取得的总资产的公允价值几乎相当于其中某一单独可辨认资产或一组类似资产的公允价值，则通过“集中度测试”，应判断 B 公司不构成业务。如果未通过“集中度测试”，则 A 公司仍需结合业务的定义进行上述判断。

【相关案例之二】

（一）案例背景

2×15 年 A 公司向 B 公司全体股东非公开发行股份购买其合计持有的 B 公司 100% 的股权。其中 B 公司及其子公司并无实际业务活动，主要通过注册在中国香港地区的全资子公司持有在某东南亚国家的 C 公司 95% 的股权。经评估机构评估，B 公司 100% 股权在评估基准日的评估值与账面价值间的差异主要为其孙公司 C 公司持有的固定资产及无形资产的增值。

C 公司为一家钾盐矿开采、钾肥生产企业，其拥有该东南亚国家特定区域钾盐矿开采特许权，该矿区勘查面积范围内钾盐矿资源储量约 10 亿吨，该资源储量已经过评审。截至收购完成日，C 公司仅有一条 10 万吨的钾盐矿实验生产线已投产，一期百万吨项目生产线正处于扩建阶段，预计 2×16 年底至 2×17 年投产。项目建设完成后，C 公司年生产能力由 10 万吨增加到 100 万吨。上述 10 万吨生产线累计开采原矿石量占探明储量比例不到 1%，但实验生产线验证过程中获得了专门用于该类矿产开采的技术专利，为百万吨项目及后续开采提供了关键技术和可行性论证。

A公司与B公司股东签订该收购股权交易价格较评估值溢价近7%。A公司接受以溢价成交的主要原因在于预期收购后将会形成协同效应和规模效应，而该预期并不在评估范围之内。上述百万吨产能扩建项目尚需投入大额资金，因此A公司在非公开发行股份购买资产的同时，也向特定投资者非公开发行募集资金，若无法募集到资金则存在无法完成百万吨生产线建设的风险。

问题：A公司收购的标的即B公司是否构成业务？

（二）案例解析

根据企业会计准则相关规定，业务是指企业内部某些生产经营活动或资产负债的组合，该组合具有投入、加工处理和产出能力，能够独立计算其成本费用或所产生的收入。有关资产或资产、负债的组合要构成一项业务，不一定同时具备上述三个要素，具备投入和加工处理过程两个要素即可认为构成一项业务。《国际财务报告准则第3号》附录二应用指南第9段指出，业务要素的性质往往随行业和主体经营活动的结构包括主体发展阶段的不同而不同。已建立业务通常有许多不同类型的“投入”“过程”和“产出”，而新成立的业务则通常没有多少“投入”和“过程”。

在本案例中，A公司收购B公司主要是为了获得其孙公司C公司的股权。根据背景信息，C公司拥有特定区域钾盐矿开采特许权，但仅有一条10万吨的钾盐矿实验生产线投产，累计开采原矿石量占探明储量比例不到1%，正式大规模投入生产的百万吨项目生产线仍处于扩建阶段。A公司该项收购对象是钾盐矿开采特许权和在建工程等资产还是一项业务，应结合所取得资产、负债的内在联系及加工处理过程等进行综合判断。案例中C公司仍处于发展阶段，虽然已投入生产的10万吨实验生产线仅占探明储量不到1%，以及后续生产线的扩建仍需要大量资金投入，但实际上其所计划的矿产开采加工活动已开始，且已正在进行生产产出的计划，包括已获得矿产开采特许权、投产10万吨的钾盐矿实验生产线的发明专利已为后续大规模开采加工提供了关键技术和加工过程准备、10万吨的实验生产线已经投产运营、百万吨项目生产线已在建设过程中等。同时，上述事实也表明其可能具有“投入”和“实质性加工处理过程”要素，其中“投入”包括钾盐矿开采特许权、专利技术等，“实质性加工处理过程”包括已投产的10万吨实验生产线、用于该类矿产开采关键技术及已具有可行性的生产线、已根据计划后续大规模开采加工的扩建工程已经在建等。可见，该案例中的情形表明A公司并非仅仅购买了一项矿产开采权，而是购买了一项能够进行矿产开采生产的业务。虽然在目前阶段，产出量较小，但根据准则，处于发展阶段但没有产出的主体仍然可能被视为业务。

同时，A公司与B公司股东签订该收购股权交易价格较评估值溢价近7%，如果仅购买一项资产或资产包，对于理性投资者而言不太可能会以评估值溢价7%的价格交易，而背景信息也表明上述A公司接受以溢价成交的主要原因在于收购后预期将会形成协同效应，可见A公司收购B公司仅为收购一项资产的可能性并不大。

当然，对处于发展阶段的主体，与正常经营过程体现出不同的特点，例如所计划的主要活动尚未开始、投入和加工处理过程几乎不存在等，可能认为不构成业务。如上述案例中，假设C公司实验生产线尚未搭建，是否能成功开采加工尚无法合理预知，其投入和实质性加工处理过程是否存在，从而是否构成业务仍值得探讨。如果是购买资产，购买价格与评估值存在差异，应考虑公允价值的判断并提供充分恰当的证据。

案例3-06
或有对价的确认与计量

在某种情况下，企业合并各方可能在合并协议中约定，根据未来一项或多项或有事项的发生，购买方通过发行额外证券、支付额外现金或其他资产等方式追加合并对价，或者要求返还之前已经支付的对价，这将产生企业合并的或有对价问题。

一、案例背景

A公司为上市公司，2×11年6月以现金2亿元向第三方B公司收购其持有的C公司60%的股权。该交易为非同一控制下的企业合并，购买日为

2×11年6月30日，A公司已向B公司全额支付2亿元的现金合并对价。此外，根据股权转让协议的约定，B公司就C公司的经营业绩向A公司作出业绩补偿承诺。B公司承诺C公司2×12年、2×13年、2×14年经审计扣除非经常性损益后归属于母公司股东的净利润分别不低于4,000万元、5,000万元、6,000万元。如果C公司未达到承诺业绩，B公司将在C公司每一相应年度的审计报告出具后30日内，按C公司实现的扣除非经常性损益后归属于母公司股东的净利润与同期承诺净利润差额，以现金方式对A公司进行补偿。购买日至2×11年12月31日期间，C公司的实际经营业绩与原预测情况差异不大。然而，2×12年度，由于宏观经济增速放缓，且主要竞争对手公司在2×12年度推出了性价比更高的新产品，分流了C公司部分主要客户的采购量，导致C公司收入规模较原预测有所下滑，C公司扣除非经常性损益后归属于母公司股东的净利润仅为2,500万元。C公司管理层预计如果不能尽快推出同类竞争产品，2×13年、2×14年的情况也不容乐观。

问题：

（1）就B公司作出的业绩补偿承诺事项，A公司于企业合并的购买日（2×11年6月30日），在合并财务报表和个别财务报表中应如何进行会计处理？

（2）就B公司作出的业绩补偿承诺事项，由于C公司利润未达标，A公司于2×12年12月31日，在合并财务报表和个别财务报表中应如何进行会计处理？

二、会计准则及相关规定

《企业会计准则第2号——长期股权投资》（2014年修订）第五条规定：“……非同一控制下的企业合并中，购买方在购买日应当以按照《企业会计准则第20号——企业合并》确定的合并成本作为长期股权投资的初始投资成本。”

《企业会计准则讲解（2010）》第二十一章“企业合并”指出：“某些情况下，合并各方可能在合并协议中约定，根据未来一项或多项或有事项的发生，购买方通过发行额外证券、支付额外现金或其他资产等方式追加合并对价，或者要求返还之前已经支付的对价。购买方应当将合并协议约定的或有对价作为企业合并转移对价的一部分，按照其在购买日的公允价值计入企业合并成本。根据《企业会计准则第 37 号——金融工具列报》、《企业会计准则第 22 号——金融工具确认和计量》以及其他相关准则的规定，或有对价符合权益工具和金融负债定义的，购买方应当将支付或有对价的义务确认为一项权益或负债；符合资产定义并满足资产确认条件的，购买方应当将符合合并协议约定条件的、可收回的部分已支付合并对价的权利确认为一项资产。”

“购买日后 12 个月内出现对购买日已存在情况的新的或者进一步证据而需要调整或有对价的，应当予以确认并对原计入合并商誉的金额进行调整；其他情况下发生的或有对价变化或调整，应当区分以下情况进行会计处理：或有对价为权益性质的，不进行会计处理；或有对价为资产或负债性质的，按照企业会计准则有关规定处理，如果属于《企业会计准则第 22 号——金融工具的确认和计量》中的金融工具，应采用公允价值计量，公允价值变化产生的利得和损失应按该准则规定计入当期损益；如果不属于《企业会计准则第 22 号——金融工具的确认和计量》中的金融工具，应按照《企业会计准则第 13 号——或有事项》或其他相应的准则处理。”

《企业会计准则第 22 号——金融工具确认和计量》（2017 年修订）第十九条规定：“企业在非同一控制下的企业合并中确认的或有对价构成金融资产的，该金融资产应当分类为以公允价值计量且其变动计入当期损益的金融资产，不得指定为以公允价值计量且其变动计入其他综合收益的金融资产”；第二十一条规定：“在非同一控制下的企业合并中，企业作为购买方确认的或有对价形成金融负债的，该金融负债应当按照以公允价值计量且其变动计入当期损益进行会计处理。”

《企业会计准则第 37 号——金融工具列报》（2017 年修订）第九条规定：“权益工具，是指能证明拥有某个企业在扣除所有负债后的资产中的剩余权益的合同。企业发行的金融工具同时满足下列条件的，符合权益工具的定义，应当将该金融工具分类为权益工具：（一）该金融工具应当不包括交付现金或其他金融资产给其他方，或在潜在不利条件下与其他方交换金融资产或金融负债的合同义务；（二）将来须用或可用企业自身权益工具结算该金融工具。如为非衍生工具，该金融工具应当不包括交付可变数量的自身权益工具进行结算的合同义务；如为衍生工具，企业只能通过以固定数量的自身权益工具交换固定金额的现金或其他金融资产结算该金融工具。企业自身权益工具不包括应按照本准则第三章分类为权益工具的金融工具，也不包括本身就要求在未来收取或交付企业自身权益工具的合同。”

《企业会计准则第22号——金融工具确认和计量》（2017年修订）第五条规定：“衍生工具，是指属于本准则范围并同时具备下列特征的金融工具或其他合同：（1）其价值随着特定利率、金融工具价格、商品价格、汇率、价格指数、费率指数、信用等级、信用指数或其他变量的变动而变动，变量为非金融变量的，该变量不应与合同的任何一方存在特定关系；（2）不要求初始净投资，或者与对市场因素变化预期有类似反应的其他合同相比，要求较少的初始净投资；（3）在未来某一日期结算。”

三、案例解析

在本案例中，A公司为企业合并交易的购买方，B公司为出让方，B公司根据标的企业未来业绩返还A公司已经支付的购买对价，其本质为交易双方根据未来或有事项的发生调整企业合并的对价，属于或有对价安排。对于问题（1），根据会计准则的相关规定，购买方于购买日应当将合并协议约定的或有对价作为合并对价的一部分，按照其在购买日的公允价值计入合并成本。因此，虽然A公司已经在购买日全额支付了2亿元，但并不代表2亿元即为企业合并的全部对价。A公司应在购买日基于对标的企业（C公司）未来业绩预测情况、或有对价支付方（B公司）信用风险、货币时间价值等因素确定或有对价的公允价值。A公司合并财务报表中，应在考虑或有对价的公允价值后，根据包含或有对价在内的全部对价和C公司可辨认净资产公允价值份额的差额确认企业合并形成的商誉。A公司个别财务报表中，也应基于包含或有对价的全部合并对价确认对C公司长期股权投资的初始投资成本。此外，由于或有对价公允价值的估计涉及专业判断和估计，A公司还应在财务报表附注中充分披露与此相关的重要会计估计和会计判断的依据。

问题（2）是问题（1）的延续，即或有对价的后续处理问题。在涉及或有对价的非同一控制下的企业合并中，或有对价的后续计量是否会对后续损益产生影响，取决于或有对价在购买日的分类。购买日初始分类时被划分为以权益结算的或有对价，将不需要重新计量其后续公允价值的变动。而被划分为以金融资产、金融负债结算的或有对价，其后续公允价值的变化将对后续期间的损益产生影响。在本案例中，A公司、B公司结算或有对价的方式为现金，不属于权益结算的或有对价。如果本案例中的交易不是以现金结算而是以A公司新发或回购自身股份进行结算，需要判断以购买方自身股份结算的或有对价是否属于权益结算的安排。根据金融工具准则相关规定，只有当购买方没有义务交付非固定数量的自身权益工具进行结算（非衍生工具安排），或者只有通过交付固定数量的自身权益工具换取固定数额的现金或其他金融资产进行结算时（衍生工具安排），才能被分类为权益工具。

（一）A 公司合并财务报表的会计处理

根据企业会计准则关于或有对价的有关规定，或有对价应当以公允价值进行初始及后续计量，但公允价值计量的影响是否应全额计入当期损益，还要取决于是否属于计量期间对合并对价的调整，并根据金融工具准则对该金融资产予以分类处理。

第一，根据企业会计准则的相关规定，购买日后 12 个月内出现对购买日已存在情况的新的或者进一步证据而需要调整或有对价的，应当予以确认并对原计入合并商誉的金额进行调整，其属于计量期间的调整。在本案例中，2×12 年 12 月 31 日距离购买日已经超过 12 个月不属于计量期间调整，然而，值得注意的是，即使间隔时间短于 12 个月，由于本案例中的或有条件为 C 公司在购买日后的实际盈利情况，而“被购买方于购买日后的实际盈利情况”并不属于“购买日已经存在的情况”，因此，该或有对价的变化即使发生在购买日后 12 个月内，也不属于计量期间调整事项，不应再对购买日合并对价及商誉的金额进行调整。

第二，应关注该项金融资产根据金融工具准则作出的具体分类。就 A 公司合并财务报表而言，如前所述，本案例中的或有对价安排属于以现金结算的安排，A 公司作为收购方，可以根据标的企业于购买日之后的盈利情况而要求出让方向其返回部分已经支付的对价，则 A 公司存在一项应收的金融资产。根据《企业会计准则第 22 号——金融工具确认和计量》（2017 年修订）的有关规定：“企业在非同一控制下的企业合并中确认的或有对价构成金融资产的，该金融资产应当分类为以公允价值计量且其变动计入当期损益的金融资产，不得指定为以公允价值计量且其变动计入其他综合收益的金融资产”。对金融资产公允价值进行估计和判断，应全面考虑各种因素的影响。当标的企业实际业绩未达到业绩承诺，出售方按规定需要向购买方返还部分对价时，对于购买方而言，其不能只是简单将合同约定需返还的金额认定为该金融资产的公允价值，不仅要考虑当期实际利润与当期承诺利润的差异，也要充分考虑未来剩余业绩承诺期的预期业绩达标情况，此外，还需要充分考虑对方的信用风险、货币的时间价值等，并在财务报表附注中作出相应的披露。

需要说明的是，假设在本案例中A公司收购C公司为同一控制下的企业合并，则A公司收到B公司支付的业绩补偿款属于同一控制下企业合并的或有对价。根据同一控制下企业合并的会计处理，合并方在合并中取得的净资产的入账价值与为进行企业合并支付的对价账面价值之间的差额，应当调整所有者权益的相关项目，不计入企业合并当期损益，那么A公司收到B公司的现金补偿款作为合并支付对价的调整也应计入资本公积。

另外，在本案例中，A公司于2×12年12月31日除了应考虑对或有对价的后续计量外，由于标的企业的实际业绩情况与承诺业绩有较大落差，合并形成的相关资产所能创造的净现金流量可能已远低于原预计金额，属于资产发生减值的迹象。因此，A公司除应每年对商誉进行减值测试外，还应当按照《企业会计准则第8号——资产减值》的规定，对所购买的C公司的相关资产进行详细的减值测试。

（二）A公司个别财务报表的会计处理

在个别财务报表层面，应根据《企业会计准则第2号——长期股权投资（应用指南）》（2014年修订）关于非同一控制下企业合并形成的长期股权投资的或有对价，参照企业合并准则的有关规定进行会计处理。具体可参见后续【相关案例】涉及或有对价的长期股权投资的会计处理。

【相关案例之一】

涉及或有对价的长期股权投资的会计处理

（一）案例背景

A公司在2×12年8月前持有B公司33%的股权，2×12年8月与B公司自然人股东C签订股权转让协议，受让C持有B公司29.95%的股权，交易完成后A公司拥有了对B公司的控制权（假设A公司与B公司不受同一或相同多方的最终控制）。标的资产B公司的评估值为6.5亿元，经双方签署的股权转让协议，股权转让价格暂定为19,467.50万元（65,000万元×29.95%）。A公司支付第一期股权的转让款8,691.43万元，并将剩余的第二期转让款10,776.04万元列为长期应付款，同时确认长期股权投资19,467.50万元。此外，协议还约定："若B公司2×13年度审计后的净利润低于3,000万元（不含本数）的，A公司有权单方要求解除"股权转让协议"，并要求各转让方退回股权转让款和行权保证金。若A公司未提出解除协议的，则视B公司2×14年的净利润，重新确定股权作价并支付股权转让款，具体计算条款如下：

1. 若B公司2×14年的净利润高于3,000万元（含本数），则B公司估值重新确定为6.5亿元、评估值、2×14年净利润的12倍三者孰低，股权转让款按确定的B公司估值×股权转让比例计算，A公司支付75%的股权转让款；若2×15年度及以后的任何一个年度B公司的净利润达到4,500万元时，A公司即支付剩余的25%股权转让款。

2. 若B公司2×14年的净利润低于3,000万元（不含本数）的，则B公司估值重新确定为3亿元，股权转让款重新确定为3亿元×股权转让比例。

2×13年度，B公司经审计净利润为-1,632.63万元，经A公司董事会及股东大会审议通过，A公司继续履行该合同。

2×14年度，B公司经审计净利润为-1,523.31万元。

由于2×13年度和2×14年度经审计的净利润均为负数，根据约定和实际情况将29.95%股权转让价格重新确定为8,985万元，重新确定的股权转让价格8,985万元与2×12年确定的股权转让价格19,467.50万元的差额为10,482.50万元。假设2×12年8月A公司与C签订的股权转让合同是基于双方真实意思的表达，2×15年年审机构重新聘请具备一定资质的评估机构对2×12年收购时的评估结果进行复核，未发现当时评估结果存在不公允、作价依据不充分的情况。

问题：对于重新确定的股权转让价格与2×12年确定的股权转让价格差额如何进行会计处理？

（二）会计准则及相关规定

《企业会计准则第2号——长期股权投资（应用指南）》（2014年修订）关于或有对价的规定指出："（1）同一控制下企业合并形成的长期股权投资的或有对价。同一控制下企业合并方式形成的长期股权投资，初始投资时，应按照《企业会计准则第13号——或有事项》（以下简称或有事项准则）的规定，判断是否应就或有对价确认预计负债或者确认资产，以及应确认的金额；确认预计负债或资产的，该预计负债或资产金额与后续或有对价结算金额的差额不影响当期损益，而应当调整资本公积（资本溢价或股本溢价），资本公积（资本溢价或股本溢价）不足冲减的，调整留存收益。（2）非同一控制下企业合并形成的长期股权投资的或有对价，参照企业合并准则的有关规定进行会计处理。”

（三）案例解析

1. 企业合并类型的判断。根据非同一控制下企业合并的定义，A公司和B公司不受同一或相同多方的最终控制，故其属于非同一控制下的企业合并。

2. 个别报表中长期股权投资会计处理。根据《企业会计准则第2号——长期股权投资（应用指南）》（2014年修订）关于或有对价的相关规定，非同一控制下企业合并形成的长期股权投资涉及的或有对价，在个别报表中不应对长期股权投资的账面价值进行调整，而应根据企业合并或有对价的相关规定“……或有对价为资产或负债性质的，按照企业会计准则有关规定处理，如果属于《企业会计准则第22号——金融工具确认和计量》中的金融工具，应采用公允价值计量，公允价值变化产生的利得和损失应按该准则规定计入当期损益……”进行处理，即或有对价在个别报表和合并报表会计处理相同。

在本案例中，A公司将或有对价公允价值的初始值评估为0，根据标的企业B公司未来业绩情况重新评估股权转让价格并相应调整股权支付对价，属于非同一控制下企业合并形成的长期股权投资涉及的或有对价后续计量。2×14年重新确定的股权转让价格8,985万元与2×12年确定的股权转让价格19,467.50万元的差额10,482.50万元，属于或有对价后续调整，该或有对价随着标的资产业绩的变化而变化，且为以现金结算的安排，则A公司存在一项应收的金融资产，根据企业会计准则的相关规定，该金融资产应以公允价值计量且其变动计入当期损益，因此将该变动金额10,482.50万元计入公允价值变动损益。在实际结算股权转让款的时候，减少应收的金融资产同时冲减长期应付款。

3. 长期股权投资资产减值。此外，我们注意到，标的企业已连续两年处于亏损，长期股权投资已出现减值的迹象，A上市公司应在资产负债表日按照《企业会计准则第8号——资产减值》的相关规定对长期股权投资进行减值测试，根据测试结果进行相关的会计处理。

如果在此案例中A公司并购B公司属于同一控制下的企业合并，则根据《企业会计准则第2号——长期股权投资（应用指南）》（2014年修订）关于同一控制下企业合并形成的长期股权投资的或有对价的相关规定，初始投资时A公司应根据《企业会计准则第13号——或有事项》来判断是否确认资产及应确认的金额，假设A公司初始投资时确认资产金额为0，那么A公司2×14年重新确定的股权转让价格8,985万元与2×12年确定的股权转让价格19,467.50万元的差额10,482.50万元，属于资产金额与后续或有对价结算金额的差额，该差额不影响当期损益，而应当调整资本公积（资本溢价或股本溢价），资本公积（资本溢价或股本溢价）不足冲减的，调整留存收益，同时冲减长期应付款。

【相关案例之二】

购买方的控股股东以特殊身份支付企业合并业绩补偿款的会计处理

（一）案例背景

2×13年1月，A上市公司召开临时股东大会，审议通过A公司非公开发行股票议案。A公司增发3亿股股票，B公司及其他基金公司等6家特定投资者以现金方式认购股票，募集资金总额为15亿元，部分募集资金用于购买C公司持有的D公司100%股权（标的资产）。2×13年12月A上市公司完成非公开发行股票，股票发行完成后，B公司成为A公司的控股股东和实际控制人。

2×14年1月，A公司与C公司签署了《股权转让协议》，以5亿元人民币的现金对价收购C公司持有的D公司100%股份。收购完成后，D公司成为A公司的全资子公司，同月完成相关的工商变更登记手续，A公司和C公司属于非关联方。B公司作为A公司的控股股东，基于本次募集资金投资项目未来良好的盈利前景，对本次募集资金所购买标的资产D公司3个会计年度内的盈利情况作出业绩补偿承诺，承诺标的资产D公司2×14年度、2×15年度及2×16年度每年实现的扣除非经常性损益后的净利润分别不低于2亿元、4亿元和6亿元。若每期实际扣除非经常性损益后的净利润数未达到承诺数，将按承诺利润数与实际盈利之间的差额以现金进行补偿。

2×14年度，D公司实现的扣除非经常性损益后的净利润为7,400万元，与承诺利润数差额为1.26亿元。2×15年8月A公司已全额收到B公司支付的现金补偿款。

A公司于2×15年确认补偿收益1.26亿元，并计入营业外收入。

问题：

(1) A公司将该业绩补偿金额确认为营业外收入是否符合企业会计准则的相关规定？

(2) A公司将补偿收益确认在2×15年是否恰当？

(二) 案例解析

问题(1)：

在本案例中，A上市公司收购C公司持有的D公司100%股权，视为非同一控制下的企业合并，A上市公司为购买方，D公司为被购买方。值得注意的是，该并购交易中对标的资产作出业绩承诺的是购买方的控股股东B公司，而非购买方A公司或出让方C公司。那么B公司对标的资产的业绩承诺是否属于非同一控制下企业合并中的或有对价呢？企业会计准则关于“或有对价”的定义强调“合并各方之间的协议约定，即购买方和被购买方之间由于对未来一项或多项或有事项发生的不确定性而对已支付的合并对价进行调整的约定”。本案例中购买方的控股股东B公司对标的资产作出业绩承诺并以现金支付业绩补偿款的行为，从表面上看是对标的公司业绩的不确定性进行的补偿，但实质上B公司既不属于购买方也不属于被购买方，既非购买方为了获得标的公司股权而产生，也非买卖双方对已支付合并对价的调整，而是属于或有对价外的第三方支付行为，因此，该补偿安排不属于或有对价。

在本案例中，B公司因认购A上市公司非公开发行股份而成为公司控股股东、实际控制人，B公司基于募集资金投资项目未来良好的盈利前景对A上市公司募集资金所购买资产的业绩进行承诺属于单方面义务，B公司没有法律义务对标的资产进行业绩承诺，完全是自愿行为，该交易完全基于双方特殊身份才得以发生，同时本次交易将使A上市公司明显地、单方面从中获益。因此，B公司作为A上市公司的控股股东、实际控制人，对A上市公司并购取得的标的资产作出业绩补偿承诺并以现金支付业绩补偿款，应当视为控股股东与A上市公司之间的权益性交易，相关利得计入资本公积。

综上所述，A上市公司将该业绩补偿金额确认为营业外收入不符合企业会计准则的相关规定。

问题（2）：

根据上述分析，尽管购买方的控股股东以特殊身份对购买方并购取得的标的资产作出业绩补偿承诺并以现金支付业绩补偿款的安排在形式上与或有对价类似，但其实质并不属于或有对价，而是控股股东与购买方之间的权益性交易。关于补偿收益的确认时点，现行企业会计准则并无明确规定，实务中有两种观点：一是参考金融工具准则中金融资产的核算要求。由于在该安排中，当承诺期内标的公司业绩不达标时，购买方有从其控股股东收取现金的合同权利，且应收取的业绩补偿金额随着标的公司实际实现业绩的情况发生变动，因此，购买方拥有一项金融资产，应按照金融工具准则的要求确定确认时点和计量方式，即该金融资产应当于购买日以及后续相关会计期间以公允价值计量，但由于该交易属于控股股东使上市公司单方面受益的权益性交易，因此其变动应计入权益而非损益。二是购买方从控股股东收取业绩补偿款的安排，对于购买方而言属于一项或有资产，其存在须通过未来标的公司的业绩达标与否予以证实，因此应根据《企业会计准则第13号——或有事项》进行核算。购买方应于购买日以及后续相关会计期间综合考虑当期标的公司实际利润和承诺利润的差异、支付方的信用风险、货币时间价值以及剩余业绩承诺期利润的风险等因素，评估业绩补偿收到的可能性及金额，只有在基本确定能够收到补偿金额时才确认为一项资产。若或有资产很可能会给企业带来经济利益，应当披露其形成的原因、预计产生的财务影响等，否则不应予以披露。根据《企业会计准则第13号——或有事项（应用指南）》，基本确定指可能性大于95%但小于100%，很可能指可能性大于50%但小于或等于95%。

上述两种观点各有一定的合理性和不足之处。两种观点均认可股东补偿属于权益性交易，贷方应计入权益，二者的差异为上市公司收取业绩补偿的合同权利适用金融工具还是或有事项准则，应用观点二确认补偿收益的时间可能会晚于观点一。结合本案例，2×14年度，A上市公司已确定当年标的资产D公司业绩未达标，实际实现的净利润低于承诺利润数1.26亿元，如果上市公司考虑控股股东的财务状况和支付意愿后判断基本确定可以全额收到该补偿款，则按照观点二，A上市公司应于2×14年度确认该补偿收益。而按照观点一，A上市公司需根据标的资产预计承诺期内业绩达标情况、支付方的信用风险、货币时间价值等因素，于购买日以及后续相关会计期间评估应收业绩补偿款的公允价值，则有可能需要于购买日确认相关资产，并于后续相关会计期间确认公允价值变动计入权益。

【相关案例之三】

因业绩补偿取得的股权处置损益确认问题

（一）案例背景

2×16年1月，A上市公司通过收购方式取得B公司60%的股权并控制B公司。收购时，转让方承诺B公司2×16年度和2×17年度业绩分别不低于2,300万元和2,700万元，如B公司业绩不达标，则转让方根据实际累计业绩与承诺累计业绩的差额补偿A公司，以其所持有B公司的剩余股权为限。2×16年度和2×17年度，因B公司未达到承诺利润，转让方根据约定分别向A公司无偿转让其所持B公司25.62%和14.38%的股份，转让后，B公司成为A上市公司全资子公司。A上市公司无偿受让B公司股份时，合并报表层面将所受让的B公司权益份额确认“资本公积——其他资本公积”增加（两次转让合计增加资本公积632.59万元），并减少“少数股东权益”。2×18年9月，A上市公司将持有的B公司100%的股权以1,500万元价格转让给第三方，合并报表层面将与B公司有关的632.59万元“资本公积——其他资本公积”转入当期损益。

问题：A上市公司于2×18年合并报表层面将与B公司有关的632.59万元“资本公积——其他资本公积”转入当期损益是否符合企业会计准则规定？

（二）案例解析

在本案例中，业绩承诺补偿属于企业合并中的或有对价，A上市公司应当在取得B公司控制权时按照该或有对价的公允价值进行初始计量。由于或有对价的总体金额、需返还的股份数量随着B公司实际实现业绩的情况发生变动，因此不满足权益工具的定义。对A公司而言，该安排使得A公司存在一项应收其子公司可变数量股权的金融资产，根据金融工具准则的相关规定，应分类为以公允价值计量且其变动计入当期损益的金融资产，并将该金融资产后续的公允价值变动计入变动当期损益。因此，后续计量中，A公司应分别在2×16年和2×17年综合考虑2×16年、2×17年预期业绩达标情况、支付方的信用风险、货币时间价值、B公司股份的公允价值等因素，根据对或有对价公允价值的估计调整当期公允价值变动损益。在A公司实际收到转让方（即少数股东）所持有的B公司股权时，应作为收购少数股东权益核算，终止确认上述或有对价形成的金融资产，同时冲减少数股东权益，差额计入资本公积（资本溢价或股本溢价）。

在本案例中，A公司由于未在承诺期内确认或有对价形成的金融资产及相关公允价值变动损益，直接将收到的其子公司B公司40%的股权在冲减少数股东权益的同时，计入资本公积，导致承诺期内收益低估，资本公积高估，而在2×18年处置子公司股权时因原本不应结转的资本公积而高估收益。

此外，《企业会计准则第33号——合并财务报表》（2014年修订）第五十条规定："企业因处置部分股权投资等原因丧失了对被投资方的控制权的，在编制合并财务报表时……与原有子公司股权投资相关的其他综合收益等，应当在丧失控制权时转为当期投资收益"，其中"与原有子公司股权投资相关的其他综合收益等"，不包括因与该原有子公司相关的权益性交易产生的对所有者权益的调整。因此，之前由于收到B公司股份补偿形成的资本公积不能于2×18年转入当期损益。

【相关案例之四】

或有对价公允价值的计量

（一）案例背景

A上市公司于2×15年以发行股份的方式购买B动漫公司100%的股权

时，与B动漫公司原股东乙签署了业绩补偿协议，B公司原股东乙承诺，若2×15—2×17年各年B动漫公司扣除非经常性损益后的净利润达不到约定金额，A公司将以1元对价回购B公司原股东乙所持A上市公司的限售股份，回购股份数量按照承诺期内截至各年末累计实际业绩与累计承诺业绩的差额除以发行价格（12.30元/股）确定。B动漫公司2×16年未完成业绩承诺，根据协议约定计算应获得股份补偿700.17万股。A公司于2×18年3月28日完成股份回购，并于2×18年3月29日完成注销。A公司按照股份补偿数量乘以股份发行价（12.30元/股），在2×16年中确认了5,475.10万元的损益。2×16年12月31日，A公司股票的收盘价格为25.40元/股。针对上述业绩不达标事项，公司于2×16年年报中就收购B动漫公司形成的10.24亿元的商誉计提了2,784.26万元的减值准备。

问题：补偿股份的公允价值按照发行价确定是否符合企业会计准则规定？

（二）会计准则及相关规定

《企业会计准则第39号——公允价值计量》第二条规定："公允价值是指市场参与者在计量日发生的有序交易中，出售一项资产所能收到或者转移一项负债所需支付的价格。"

《企业会计准则第39号——公允价值计量》第六条规定："企业以公允价值计量相关资产或负债，应当考虑该资产或负债的特征。相关资产或负债的特征，是指市场参与者在计量日对该资产或负债进行定价时考虑的特征，包括资产状况及所在位置、对资产出售或者使用的限制等。"

《企业会计准则第39号——公允价值计量（应用指南）》指出："企业以公允价值计量相关资产，应当考虑出售或使用该资产所存在的限制因素。企业为合理确定相关资产的公允价值，应当区分该限制是针对资产持有者的，还是针对该资产本身的。如果该限制是针对相关资产本身的，那么此类限制是该资产具有的一项特征，任何持有该资产的企业都会受到影响，市场参与者在计量日对该资产进行定价时会考虑这一特征。因此，企业以公允价值计量该资产，应当考虑该限制特征。如果该限制是针对资产持有者的，那么此类限制并不是该资产的特征，只会影响当前持有该资产的企业，而其他企业可能不会受到该限制的影响，市场参与者在计量日对该资产进行定价时不会考虑该限制因素。因此，企业以公允价值计量该资产时，也不应考虑针对该资产持有者的限制因素。”

《企业会计准则第39号——公允价值计量》第二十四条规定：“企业应当将公允价值计量所使用的输入值划分为三个层次，并首先使用第一层次输入值，其次使用第二层次输入值，最后使用第三层次输入值。第一层次输入值是在计量日能够取得的相同资产或负债在活跃市场上未经调整的报价。活跃市场，是指相关资产或负债的交易量和交易频率足以持续提供定价信息的市场。第二层次输入值是除第一层次输入值外相关资产或负债直接或间接可观察的输入值。第三层次输入值是相关资产或负债的不可观察输入值。”

《企业会计准则第39号——公允价值计量》第三十四条规定：“企业以公允价值计量负债或自身权益工具，应当遵循下列原则：

（1）存在相同或类似负债或企业自身权益工具可观察市场报价的，应当以该报价为基础确定该负债或企业自身权益工具的公允价值。

（2）不存在相同或类似负债或企业自身权益工具可观察市场报价，但其他方将其作为资产持有的，企业应当在计量日从持有该资产的市场参与者角度，以该资产的公允价值为基础确定该负债或自身权益工具的公允价值。

当该资产的某些特征不适用于所计量的负债或企业自身权益工具时，企业应当根据该资产的公允价值进行调整，以调整后的价值确定负债或企业自身权益工具的公允价值。这些特征包括资产出售受到限制、资产与所计量负债或企业自身权益工具类似但不相同、资产的计量单元与负债或企业自身权益工具的计量单元不完全相同等。

（3）不存在相同或类似负债或企业自身权益工具可观察市场报价，并且其他方未将其作为资产持有的，企业应当从承担负债或者发行权益工具的市场参与者角度，采用估值技术确定该负债或企业自身权益工具的公允价值。”

（三）案例解析

对于企业合并中，转让方以其所持购买方的股份进行业绩补偿的安排，所补偿股份的公允价值如何确定，在实务中存在两种不同的看法：

一种观点认为，补偿股份的公允价值应按照补偿协议约定的发行价格确定。理由如下：该业绩补偿安排中，B公司业绩未达标时，A公司将拥有一项金融资产，特征是A有权以1元对价回购乙公司持有A公司的限售股份。该金融资产的交易双方仅为A公司和乙公司，并无活跃市场交易价格可供参考；协议约定用于补偿A公司股份的单价为A公司向B公司的原股东乙公司定向发行股份的价格；乙公司将用向其定向发行的限售股份补偿A公司。乙公司持有的A公司股份在3年承诺期内，是受限制的不能流通的股份，其价值有别于市场上的一般流通股，故在锁定期内按发行价确认其公允价值。

另外一种观点认为，补偿股份的公允价值应根据合并日/资产负债表日A公司的股价（当天的收盘价）及该回购实现的可能性确定，并不能因为这些股票为限售股而用发行价格来计量。根据企业会计准则的相关规定，由于通常仅当一项权益工具不再存在或该权益工具的发行人向其持有人回购该工具时，发行人才能从该权益工具退出，因此，通常企业可能无法获得转移企业自身权益工具的公开报价。在上述情形下，企业应当确定该自身权益工具是否被其他方作为资产持有。对于不存在相同或类似企业自身权益工具报价但其他方将其作为资产持有的企业自身权益工具，如果对应资产存在活跃市场的报价，并且企业能够获得该报价，企业应当以对应资产的报价为基础确定该企业自身权益工具的公允价值。除非对应资产的某些特征不适用于企业自身权益工具，企业应当对该资产的市场报价进行调整，以调整后的价格确定该企业自身权益工具的公允价值，这些调整因素包括对应资产的出售受到限制等。因此，补偿股份的公允价值不应考虑出售受限的影响，应根据计量日A公司的股价及该回购实现的可能性确定。

观点二符合企业会计准则的规定。根据企业会计准则的有关规定，“活跃市场，指资产或负债的交易发生频率和数量足以持续提供定价信息的市场。”在活跃市场中，任一特定交易均存在确定的交易双方，因此不能因为某一具体交易存在明确的交易双方而认为相关权益工具不存在活跃市场；发行价格只是补偿协议中约定用来确定应补偿股份数量的参数，而非合并日/资产负债表日计量该股份公允价值的基础。因此，协议中的约定并不意味着发行价格即代表相关股份的公允价值；当对应资产的某些特征不适用于企业自身权益工具时，企业应对该资产的市场报价进行调整，以调整后的价格确定该企业自身权益工具的公允价值。在本案例中，对于B公司的原股东乙公司而言，其所持A公司的股份为受到限制的资产，但对于发行主体A公司来说，其自身的权益工具并不受任何限制，因此，A公司自身权益工具的公允价值并不应反映对应资产出售受限的影响，即A公司应收补偿股份的公允价值应当以上市公司股票在计量日的公开市场价格为基础确定，而非并购协议的发行价格。

【相关案例之五】

具有结算选择权的合并或有对价形成的金融工具分类问题

（一）案例背景

A公司为上市公司，2×18年10月以发行股份及支付现金方式向第三方B公司收购其持有的C公司100%股权。该交易为非同一控制下的企业合并，根据股权转让协议，B公司就C公司的经营业绩向A公司作出业绩补偿承诺，C公司2018—2020年度经审计扣除非经常性损益后归属于母公司股东的净利润不低于5,000万元、7,500万元、9,375万元，即累计承诺利润数不低于21,875万元。在利润承诺期内，若C公司累计实际净利润未能实现业绩承诺，则B公司以现金方式对A公司进行补偿，累计应补偿金额=累计净利润差额/累计承诺净利润数×收购C公司100%股份的交易对价。B公司应该在C公司累计承诺净利润实现数的《专项审计报告》出具日后30个工作日内履行完毕，若B公司未能以现金方式足额补偿，差额部分由B公司以等值的A公司股份进行补偿，该等应补偿股份由上市公司以1元价格回购并注销，应补偿的股份数量以并购日的股票收盘价为基准计算得出。

2×20年12月31日，C公司累计实现净利润数为6,126万元，未能实现业绩承诺，根据协议要求，B公司应向A公司补偿72,754万元。

问题：上述业绩对赌安排中，A公司根据标的业绩情况确定收回自身股份的数量，该或有对价在购买日不满足“固定换固定”的条件，应确认为一项金融资产。但当2×20年12月31日，C公司累计承诺净利润已确定，A公司能够确定当年应收回自身股份的具体数量时（此时尚不能确定B公司将会选择以现金结算还是股份结算），该或有对价是否应重分类为权益工具？

（二）会计准则及相关规定

《监管规则适用指引——会计类第1号》指出："非同一控制下企业合并形成的或有对价中，若购买方根据标的公司的业绩情况确定收回自身股份的数量，该或有对价在购买日不满足'固定换固定'的条件，不属于一项权益工具，而是属于一项金融资产。因此，购买方应当在购买日将该或有对价分类为以公允价值计量且其变动计入损益的金融资产。随着标的公司实际业绩的确定，购买方能够确定当期应收回的自身股份的具体数量，则在当期资产负债表日，该或有对价满足'固定换固定'的条件，应将其重分类为权益工具（其他权益工具），以重分类日相关股份的公允价值计量，并不再核算相关股份的后续公允价值变动。在实际收到并注销股份时，终止确认上述其他权益工具，并相应调整股本和资本公积等。"

《企业会计准则第22号——金融工具确认和计量》（2017年修订）第十三条规定："对于存在结算选择权的衍生工具（例如合同规定发行方或持有方能选择以现金净额或以发行股份交换现金等方式进行结算的衍生工具），发行方应当将其确认为金融资产或金融负债，但所有可供选择的结算方式均表明该衍生工具应当确认为权益工具的除外。"

（三）案例解析

本案例中，根据并购协议，A公司最终收回的自身股份数量取决于标的公司C公司的业绩情况。在2×18年的购买日，由于C公司未来经营业绩不确定，因此该或有对价不满足"固定换固定"的条件，不属于一项权益工具，而应当确认为一项金融资产。2×20年12月31日，C公司自2×18年至2×20年的3年累计净利润数已确定，此时A公司能够以购买日的股票收盘价为基准，确定当年应当收回的自身股份数量（即2×18年至2×20年的3年累计承诺净利润与实际实现的累计净利润的差额除以并购日A公司的股票收盘价）。但是，因该或有对价安排存在现金结算选择权，即使A公司能够确定其应从B公司收回的自身股份数量，B公司仍然可以根据2×20年12月31日期后A公司股价变动情况决定是否选择用现金偿付。因此，在2×20年12月31日，该或有对价尚未满足"固定换固定"的条件，不能将或有对价从金融资产重分类为权益工具，A公司仍然应当按照公允价值计量该或有对价所形成的金融资产，直至最终确定具体的补偿方案时，才能满足“固定换固定”的条件，从而将该项金融资产重分类为权益工具。

案例 3－07
同一控制下企业合并同时购买少数股东权益的交易中，转让方业绩承诺的会计处理

一、案例背景

2×17 年 1 月，A 上市公司以 9,000 万元自控股股东 C 公司购买 B 公司 60% 的股权，同时以 6,000 万元自独立第三方 D 公司购买 B 公司 40% 的股权，该交易以 B 公司的评估价值作为定价依据。交易前后，A 公司、B 公司均受 C 公司最终控制，且该控制是非暂时性的。交易前后的股权结构如图 3－1 所示。

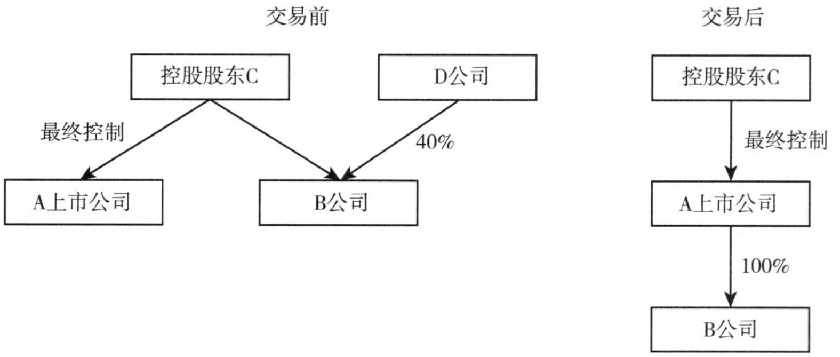

图 3－1　交易前后股权结构

根据股权转让协议的约定，两笔股权转让交易互为前提；并且 C 公司、D 公司承诺 B 公司在 2×17 年、2×18 年、2×19 年的净利润分别不低于 3,000 万元、4,000 万元、5,000 万元。B 公司 2×17 年完成了业绩承诺，2×18年实际净利润为 1,600 万元，未完成业绩承诺。根据协议约定，C 公

司、D公司应按股权转让比例分别补偿A公司1,800万元、1,200万元，合计3,000万元。

问题：

（1）A公司在合并日的合并报表中，应如何处理D公司的业绩补偿承诺？

（2）A公司在后续资产负债表日的合并报表中，应如何处理D公司业绩补偿承诺的账面价值变动？

二、会计准则及相关规定

《企业会计准则第2号——长期股权投资（应用指南）》（2014年修订）规定："同一控制下企业合并方式形成的长期股权投资，初始投资时，应按照《企业会计准则第13号——或有事项》（以下简称《或有事项准则》）的规定，判断是否应就或有对价确认预计负债或者确认资产，以及应确认的金额；确认预计负债或资产的，该预计负债或资产金额与后续或有对价结算金额的差额不影响当期损益，而应当调整资本公积（资本溢价或股本溢价），资本公积（资本溢价或股本溢价）不足冲减的，调整留存收益。"

《企业会计准则讲解2010》第十四章"或有事项"规定："影响或有负债和或有资产的多种因素处于不断变化之中，企业应当持续地对这些因素予以关注。随着时间推移和事态的进展，或有负债对应的潜在义务可能转化为现时义务，原本不是很可能导致经济利益流出的现时义务也可能被证实将很可能导致企业流出经济利益，并且现时义务的金额也能够可靠计量。在这种情况下，或有负债就转化为企业的预计负债，应当予以确认。或有资产也是一样，其对应的潜在资产最终是否能够流入企业会逐渐变得明确，如果某一时点企业基本确定能够收到这项潜在资产并且其金额能够可靠计量，应当将其确认为企业的资产。"

《企业会计准则解释第5号》规定："处置对子公司股权投资的各项交易的条款、条件以及经济影响符合以下一种或多种情况，通常表明应将多次交易事项作为一揽子交易进行会计处理：（1）这些交易是同时或者在考虑了彼此影响的情况下订立的；（2）这些交易整体才能达成一项完整的商业结果；（3）一项交易的发生取决于其他至少一项交易的发生；（4）一项交易单独看是不经济的，但是和其他交易一并考虑时是经济的。"

《企业会计准则第22号——金融工具确认和计量》（2017年修订）第十

九条规定：“企业在非同一控制下的企业合并中确认的或有对价构成金融资产的，该金融资产应当分类为以公允价值计量且其变动计入当期损益的金融资产，不得指定为以公允价值计量且其变动计入其他综合收益的金融资产。”第二十一条规定：“在非同一控制下的企业合并中，企业作为购买方确认的或有对价形成金融负债的，该金融负债应当按照以公允价值计量且其变动计入当期损益进行会计处理。”

三、案例解析

问题（1）：

首先，考虑A公司对于控股股东C公司作出的业绩承诺的会计处理。由于交易前后，A公司、B公司均受C公司最终控制且该控制是非暂时性的，因此，A公司自C公司购买B公司60%的股权的交易构成同一控制下的企业合并。根据企业会计准则相关规定，A公司应按照或有事项准则核算同一控制下企业合并中的或有对价。也就是说，A公司应在合并日和后续资产负债表日，判断是否基本确定能够收到这项潜在资产并且其金额能够可靠计量，即是否应就C公司作出的业绩承诺确认资产。该项资产的初始确认金额及后续变动金额，均不影响当期损益，而应当调整资本公积（资本公积不足冲减的，调整留存收益）。

其次，考虑A公司对于D公司作出的业绩承诺的会计处理，该会计处理取决于自D公司购买B公司40%的股权的交易性质的认定。在实务中，对于该交易性质的认定可能存在下述不同观点。

观点一认为，由于A公司与C公司、D公司之间的这两笔股权转让交易互为前提，因此应将其作为一揽子交易处理，即，将这两项交易均作为同一控制下企业合并交易处理。在该观点下，A公司对于D公司业绩承诺的会计处理原则与A公司对于C公司业绩承诺的会计处理原则一致，具体见上文分析。

观点二认为，A公司自C公司购买B公司60%股权后则能够控制B公司，B公司成为A公司的子公司，因而A公司自D公司购买B公司40%的股权的交易应作为购买子公司少数股权处理。会计准则对于母公司如何处理与少数股东之间的或有对价安排没有明确规定。在实务中通常认为，应以该或有对价的公允价值进行初始确认，并将其作为少数股东权益购买对价的一部分，将购买对价（即支付的现金对价扣除或有对价初始确认金额后的余额）与按照新增持股比例计算应享有子公司净资产份额的差额计入资本公积（资本公积不足冲减的，调整留存收益）。

我们认为，同一控制下企业合并的会计处理较为特殊，在实务中不宜扩大该特殊处理的适用范围；A 公司应将 D 公司的业绩补偿承诺作为与少数股东之间的或有对价处理，在合并日的合并财务报表中，以公允价值进行初始确认并将其作为购买少数股东权益的对价的一部分。

问题（2）：

对于 D 公司业绩补偿承诺的公允价值的后续变动如何处理，在实务中可能存在不同观点。

观点一认为，在不丧失控制权的情况下，母公司与少数股东之间转让子公司股权的交易，应作为权益性交易处理，相关差额计入资本公积；上述与少数股东的或有对价安排源于转让子公司股权的权益性交易，相关影响应一直视为权益性交易进行处理，因此其公允价值的后续变动应计入资本公积。

观点二认为，该或有对价公允价值的后续变动是基于交易日后标的公司的经营业绩进行的调整，该调整本身与少数股东之间的交易无关，不属于权益性交易；该或有对价属于一项金融工具，应按照金融工具准则的相关规定进行处理，将其公允价值的后续变动计入当期损益。

我们认为，由于 A 公司在合并日已取得 B 公司的 100% 股权，D 公司已不是 B 公司的少数股东，因此 D 公司作出的业绩补偿承诺的公允价值变动，不应再视为与少数股东之间的权益性交易处理；该或有对价属于一项金融工具，应根据金融工具准则的相关规定，将其公允价值的后续变动计入当期损益，即上述观点二。

案例 3－08
如何判断或有支付是否属于企业合并的或有对价

一、案例背景

A 公司是一家制药公司，从事药品的生产和销售。C 公司是一家药品研发企业，为制药企业提供药物研发专业服务，其研发团队正在进行若干个新药研发项目，同时对外提供临床研究外包、代理药品注册申请、药品上市后的推广等专业服务。C公司正在进行的新药研发项目处于不同的研发阶段，部分已取得阶段性成果，其中一个研发项目已进入临床试验Ⅲ期。

为了扩充自身的研发力量，A公司购买B公司持有的C公司100%股权，该交易构成非同一控制下的企业合并。交易价格的确定主要基于C公司研发业务的价值，即研发团队的研发能力。考虑到对于研发能力的评估存在较大不确定性，根据双方协商，交易价格为5,000万元，其中4,000万元于2×13年1月支付，其余1,000万元待未来事项进一步证实C公司的研发能力时支付。C公司正在进行若干药品研发项目，相较于其他项目，已进入临床研究Ⅲ期的研发项目未来的研究结果更能够在近期内提供C公司研发业务能力的证据。鉴于此，买卖双方约定，如果该新药研发项目可以按照预期完成临床试验、通过地方卫生部门的初审并在2×14年底之前完成卫生部门的审核并取得新药证书，则A公司支付其余1,000万元，否则其余1,000万元款项A公司不再支付。

根据评估，处于临床研究Ⅲ期、未来研发结果仍存在一定不确定性的该研发项目的公允价值为2,000万元，而类似研发成功的项目的公允价值约为2,300万元。

问题：对价中包括的1,000万元或有支付是否作为企业合并中的或有对价进行会计处理？

二、会计准则及相关规定

《国际财务报告准则第3号——企业合并》第51段、第52段规定：

“购买方和被购买方可能在开始协商企业合并之前就存在某种关系或安排，或是在协商中订立了一项独立于企业合并的安排。在上述任何一种情况下，购买方应识别那些不属于企业合并中购买方与被购买方（或与被购买方的前所有者）交易部分的金额，即并非为了被购买方交易的部分金额。购买方作为应用购买法的一部分应当确认的，仅限于为被购买方转移的定价、为换取被购买方所取得的资产和承担的负债。单独交易应当根据相关的国际财务报告准则进行会计处理。

在合并前，购买方参与或代表购买方参与，或者是主要为了购买方或合并后主体的利益（而非主要为了被购买方或其前所有者的利益）而参与的交易，很可能是单独交易。”

同时，《国际财务报告准则第 3 号——企业合并》第 B50 段规定：“购买方应当考虑下列因素（考虑时既不是相互排除也不是唯一决定），以确定交易是否是与被购买方交换的一部分或者该交易是否应单独于企业合并：（1）交易的原因；（2）哪方发起的交易；（3）交易的时间安排。”

三、案例解析

在本案例中，A 公司向 B 公司购入 C 公司 100% 的股权，双方达成的对价条款中存在一项或有支付，即 1,000 万元是否支付取决于未来某个研发项目的研发进度和研发结果。对于这部分或有支付，A 公司应结合企业合并中或有对价的定义和实质，根据交易的具体情况，分析确定该或有支付构成企业合并组成部分中的或有对价，还是应作为企业合并中的单独交易，即取得无形资产的或有对价进行会计处理。

根据企业合并或有对价的定义，或有对价是企业合并对价的一部分，换言之，购买方支付或有对价的目的是为了取得被收购业务，而不是专门针对某项具体的资产或服务。或有对价产生的根源在于被购买业务价值的不确定性以及买卖双方存在的信息不对称。这种情况下，买方为避免高价购入、卖方为避免低价卖出，往往会选择按照未来一项或多项或有事项的结果对于交易价格进行一定程度的调整，从而尽可能使得交易价格合理和公平。通常情况下，或有对价安排中的或有事项是可以反映被购买业务价值的事项。例如买卖双方根据业务未来的盈利能力估计被收购业务的价值，双方以购买日后一定时期被购买业务的净利润达到或者低于约定水平为或有事项，对交易价格进行调整，就是典型的企业合并或有对价。

结合企业合并或有对价的定义和实质，对本案例中双方安排或有支付的原因，以及选择或有事项的考虑进行分析如下：

第一，交易双方为什么在交易中安排或有支付？在本案例中，A 公司购买 C 公司的研发业务，目的是通过并购 C 公司的研发业务提高自身的研发能力，其看重的是 C 公司的整体研发业务、整体研发能力，而不是特定研发项目的研发结果。交易中安排或有支付，主要是源于对 C 公司整体研发业务估值、整体研发能力评估的不确定性，而不是源于对特定研发项目未来研发结果的不确定性。

第二，交易双方为什么选择某一特定研发项目的研发结果作为或有事项？本案例中，A 公司购买的是 C 公司的研发业务，与业务的净利润反映业务的业绩及价值类似，研发项目成功与否反映了研发业务的业绩及价值。在本案例中，交易双方选择以特定研发项目的研发结果作为决定 1,000 万元支付与否的或有事项，主要是 C 公司各个研发项目所处的阶段决定的，这个相对处于研发后期的项目可以在较短时期内为评估 C 公司的整体研发能力提供适当证据。就本案例而言，特定研发项目在合并日后一定时期的研发结果，与典型的企业合并或有对价中被收购业务在合并日后一定时期的净利润具有相同的经济意义。

第三，1,000 万元或有对价的构成也表明该或有支付主要是企业合并的或有对价。本案例中，特定研发项目的研发结果存在不确定性，这个处于临床研究Ⅲ期的研发项目的公允价值为 2,000 万元，类似已研发成功的项目的公允价值为 2,300 万元，两者相差 300 万元，该差异来自研发结果不确定性以及后续研发支出。这表明，1,000 万元或有支付中，特定项目研发结果不确定性的金额影响不超过 300 万元，1,000 万元或有支付的确定更多的是基于特定项目研发结果所反映出的被并购业务整体研发能力、研发业务的价值，该或有支付是企业合并的或有对价。

综上所述，在本案例中，根据特定研发项目在合并日后的研发结果决定 1,000 万元款项的支付，其形式上似乎是对于企业合并中取得的特定无形资产支付的价款，实质上是企业合并的或有对价，应按照《企业会计准则第 20 号——企业合并》中有关或有对价的规定进行确认和计量。

【相关案例之一】

购买方与标的公司转让方以外的其他股东进行业绩对赌

（一）案例背景

上市公司 A 拟收购标的公司 B，B 公司的业务主要是投资、运营幼儿园。B 公司股东为乙公司和自然人甲，双方分别持有 B 公司 60%、40% 的股权。自然人甲为 B 公司创始人、核心管理人员和实际控制人，乙公司为财务投资者。

B公司为自然人甲（持股40%）与另一自然人丙（持股60%）于2×14年设立。后来由于两人经营理念存在分歧，自然人丙退出B公司。自然人甲自身无足够资金收购丙持有的60%的股权，即安排乙公司收购自然人丙所持B公司60%的股权，乙公司的实际控制人、自然人丁是甲的朋友。在引进投资者乙时，自然人甲就B公司未来4年的业绩实现情况与乙公司达成协议，如果业绩达标，自然人甲可以低价对B公司增资；如果业绩不达标，则自然人甲需要以约定价格回购乙公司持有B的股份。一年后，因乙公司业务与B公司没有太多的关联度，乙公司打算撤出B公司。而上市公司A看好B公司业务，因此A公司与自然人甲、乙公司签订协议，约定：A公司收购乙持有的B公司60%的股权；与自然人甲进行业绩对赌：要求在A公司收购完成后的3年之内，B公司要达到一定的业绩，如果业绩达标，甲和B公司的其他高管可以低价对B公司增资；如果B公司业绩不达标，则自然人甲需要向A公司以现金或B公司股权进行补偿，但是其他高管没有补偿义务。A公司收购B公司60%的股权后，根据B公司修订后的公司章程，A公司和自然人甲共同控制B公司，因此，A公司将B公司作为合营企业核算。

问题：如何核算A公司与自然人甲的业绩对赌安排？

（二）案例解析

B公司除自然人甲以外的其他高管是员工身份，而非B公司的权益持有者。

《企业会计准则讲解（2010）》第十二章“股份支付”指出：“股份支付，是指企业为获取职工和其他方提供服务而授予权益工具或者承担以权益工具为基础确定的负债的交易。股份支付具有以下特征：一是股份支付是企业与职工或其他方之间发生的交易。二是股份支付是以获取职工或其他方服务为目的的交易。三是股份支付交易的对价或其定价与企业自身权益工具未来的价值密切相关。以权益结算的股份支付，是指企业为获取服务以股份或其他权益工具作为对价进行结算的交易。”因此，B公司的其他高管可以低价增资的安排是企业与高管之间的交易，实质为激励高管以获得其更优质的服务，且交易对价与企业自身权益工具的价值密切相关，因此该交易属于股份支付安排，应根据股份支付的原则进行会计处理。

而自然人甲在B公司存在股东和雇员双重身份，且其并非A公司的交易对手方，对于B公司业绩达标时授予自然人甲低价增资的安排，和B公司业绩不达标时自然人甲需要以现金或股份补偿上市公司A的或有支付安排，应如何进行会计核算，需区分对赌条款是因购买股权投资本身而产生，还是因对方的员工身份、提供管理服务而产生。该案例中，自然人甲与上市公司进行业绩对赌，尽管对赌的内容和其原来与乙公司签署的对赌协议并不完全一致，但实质为上市公司A承接乙公司原来享有的权利，对赌条款是因上市公司购买股权投资而产生，而非由于自然人甲的员工身份或提供管理服务而产生，因此自然人甲与A公司之间的业绩对赌安排应作为或有对价进行核算。

【相关案例之二】

购买方向标的公司的转让方以外的其他股东支付业绩补偿

（一）案例背景

A上市公司主要从事矿产资源开采与销售。B公司从事交通领域的融资租赁业务。B公司的直接控股股东为C公司，实际控制人为某地国资委。2×14年4月14日，C公司、D公司、E公司在当地联合产权交易所联合挂牌转让其分别所持B公司47.85%、8.00%和1.70%的股权，合计57.55%，挂牌转让价格为86,967.30万元。交易完成后，C公司对B公司的剩余持股比例为34%，D公司、E公司不再持有B公司股份。A公司参与竞买B公司57.55%的股权，该交易于2×14年12月31日完成，交易完成后，A公司获得对B公司的控制权，将其作为子公司核算。

A公司在收购B公司股权时，当地国资委和产权交易所挂牌公告要求，购买方应有能力将标的公司做大做强，并应承诺摘牌成功后的前五个会计年度内，保证标的公司每年实现净利润不低于人民币3.5亿元，若标的公司在承诺期内业绩不达标，购买方将对届时依旧持有标的公司股权的原股东（包括转让方和以外的其他股东）进行业绩补偿。据此，A公司在股权收购协议中约定了相关业绩补偿。

问题：购买方向标的公司的转让方以外的其他股东支付业绩补偿是否属于企业合并中的或有对价？

（二）案例解析

在本案例中，A公司之所以在股权收购协议中约定业绩补偿，并承诺若标的公司B在承诺期内业绩不达标，A公司将给予届时依旧持有B公司股权的B公司原股东（包括转让方和以外的其他股东）业绩补偿，是基于地方国资委和产权交易所对受让方应有能力和履约条件的要求，因此，尽管该业绩补偿安排中包括对非交易对手方的承诺，但作为交易达成的条件，其实质是为了获得标的公司股权而支付的对价，应作为或有对价处理。

案例3－09
区分企业合并的或有对价与职工薪酬

一、案例背景

A公司是上市公司，出于扩张业务目的，A公司于2×13年2月收购了B公司100%的股权，并于2×13年8月收购了C公司100%的股权，两次收购都是非同一控制的企业合并。

（一）B公司的收购对价为人民币5,000万元，以现金支付

B公司原本由自然人甲创立并持股，自然人甲在B公司担任首席执行官。A公司与自然人甲约定，如果2×13年、2×14年B公司收入总额达到约定水平，并且自然人甲在2×14年12月31日之前一直在B公司任职，则除了上述5,000万元价款之外，自然人甲将进一步获得按照以下方法计算的款项：

1. 如果2×13年B公司收入总额达到1亿元，则自然人甲可以按照2×13年B公司收入总额的1%获得现金；

2. 如果2×14年B公司收入总额达到1.2亿元，则自然人甲可以按照2×14年B公司收入总额的0.5%获得现金。

如果甲在2×14年12月31日之前离职，则自然人甲无权获得上述款项。为了B公司平稳过渡并持续发展，A公司希望收购完成后甲继续在B公司任职；同时，自然人甲拥有丰富的行业经验及广泛的关系网络，A公司希望甲能够带领B公司进一步扩大收入规模。

（二）C公司的收购对价为人民币8,000万元，以现金支付

该对价由交易双方根据C公司未来净利润的预测结果协商确定，其中，2×13年、2×14年以及2×15年C公司的预测净利润分别为1,500万元、1,800万元以及2,000万元。交易双方约定，如果2×13年、2×14年及2×15年C公司经审计的扣除非经常性损益后的净利润超过上述预测净利润，则在8,000万元对价之外，A公司按照以下方法计算并支付C公司原股东额外的款项：

应支付款项=（各年经审计的扣除非经常性损益后的净利润-该年度预测净利润）×原股东在C公司的持股比例

C公司的股权由8个自然人持有，其中5人在C公司担任关键管理人员，并在收购后仍自愿继续留任。在C公司担任关键管理人员的5名原股东共计持有C公司40%的股权。上述额外款项的支付与收购完成后原股东是否在C公司继续任职无关。不考虑上述或有支付，在C公司任职的原股东获得的薪酬与其他非原股东的关键管理人员获得的薪酬相当。

问题：对B公司与C公司的收购中包括的或有支付属于企业合并的或有对价还是职工薪酬？

二、会计准则及相关规定

《企业会计准则第9号——职工薪酬》（2014年修订）第二条规定：“职工薪酬，是指企业为获得职工提供的服务或解除劳动关系而给予各种形式的报酬或补偿。”

《企业会计准则讲解（2010）》第二十一章“企业合并”指出：“某些情况下，合并各方可能在合并协议中约定，根据未来一项或多项或有事项的发生，购买方通过发行额外证券、支付额外现金或其他资产等方式追加合并对价，或者要求返还之前已经支付的对价。购买方应当将合并协议约定的或有对价作为企业合并转移对价的一部分，按照其在购买日的公允价值计入企业合并成本。”

《国际财务报告准则第 3 号——企业合并》第 B54 和 B55 段对于区分企业合并中的或有对价与职工薪酬提供了具体的指引：

“对雇员或出售方股东的或有支付安排是企业合并中的或有对价，还是独立交易，取决于该安排的性质。理解该购买协议为何包括或有支付条款、谁发起该安排以及何时各方进行该安排，可能有助于评估该安排的性质。

如果尚未明确对雇员或出售方股东的支付安排是与被购买方交易的一部分还是单独于企业合并的交易，那么购买方应考虑下列指标：

（1）持续雇佣——对成为核心雇员的出售方股东的持续雇佣条款可能意味着该交易实质是一项或有对价安排。持续雇佣的相关条款可能包含在雇佣协议、购买协议或其他文件中。雇佣终止、支付自动丧失的或有支付安排是为企业合并后的服务提供的报酬。或有支付不受雇佣活动终止影响的安排则可能表明或有支付是额外支付的对价而非报酬。

（2）持续雇佣的时间——如果要求的雇佣期超过或有支付的期间或两者一致，该事实表明或有支付实质上是报酬。

（3）报酬的水平——如果不考虑或有支付安排，出售股份的股东作为职员的报酬与合并后主体其他核心雇员相比处于合理水平，则可能表明这项或有支付是额外的对价而非报酬。

（4）向雇员的增量支付——如果没有成为雇员的出售方股东收到的每股或有支付比那些成为合并后主体雇员的股东收到的要少，这一事实表明给予成为雇员的出售方股东或有支付的增量金额是报酬。

（5）拥有的股份数量——仍为核心雇员的出售方股东拥有的股份相对数量可能表明了或有对价安排的实质。例如，如果拥有被购买方几乎所有股份的出售方股东仍是核心雇员，该事实可能表明实质上是利润共享安排，意图是为合并后的服务提供报酬。另外，如果仍为核心雇员的出售方股东仅拥有少部分被购买方的股份，而且出售方股东每股获得相同金额的或有支付，这一事实可能表明或有支付是额外的对价。同时还要考虑与仍为核心雇员的出售方股东相关的各方（如家庭成员）所持有的合并前权益。

（6）与估值的关联——如果购买日转移的初始对价是基于被购买方估值所确定的数字范围的低端，并且该或有规则与估值方法相关，则该事实可能表明该或有支付是额外的对价。另外，如果或有支付规则与先前的利润分享安排一致，则该事实表明安排的实质是提供报酬。

（7）确定对价的规则——用于确定或有支付的规则可能有助于评估安

排的实质。例如，如果或有支付是建立在收益倍数基础上，则可能表明该义务是企业合并中的或有对价，且该规则是为了确定或核实被购买方的公允价值。相反，如果或有对价是收益的特定百分比，则可能表明对雇员的义务是为雇员提供的服务给予报酬的利润分享安排。

（8）其他协议和问题——与出售方股东的其他安排条款（比如非竞争协议、未执行的合同、咨询合同和财产租赁协议）和对或有对价的所得税处理表明或有支付可归属于其他事项而非为被购买方支付的对价。例如，与购买相关联，购买方可能与主要的出售方股东进行一项财产租赁。如果租赁合同规定的租金显著低于市场水平，此项或有支付安排要求的给出租人（出售方股东）的部分或全部或有支付，可能是为使用租赁资产而进行的支付，该租赁资产要在购买方合并后财务报表中单独确认。相反，如果租赁合同规定的租金与市场就该租赁资产的条款一致，对出售方股东的或有支付的安排可能就是企业合并中的或有对价。”

三、案例解析

企业会计准则对于企业合并中的或有对价作出了原则性的规定，该原则与国际财务报告准则一致。我们认为，区分或有对价和职工薪酬，取决于具体安排的性质，应结合《国际财务报告准则第 3 号——企业合并（应用指南)》第 55 段中所给出的具体分析要素综合判断。在本案例中，A 公司购买 B 公司及 C 公司 100% 的股权，在初始支付的对价之外，交易双方还约定了或有支付安排，基于未来特定事项的情况，向 B 公司及 C 公司的原股东支付相应的款项。由于 B 公司及 C 公司的全部或部分股东在被 A 公司合并之后的 B 公司及 C 公司任职，因此，对于这些原股东的或有支付，有可能是基于其员工身份、为取得其服务而支付的职工薪酬，也有可能是基于其原股东身份、为取得其持有的被购买方股权而支付的企业合并的或有对价。

根据《企业会计准则第 20 号——企业合并》，企业合并的或有对价是企业合并成本的一部分，也就是说，企业合并中，购买方支付或有对价仍是为了获取被购买方的股权，只是由于被购买方价值存在不确定性而将一部分合并成本安排为或有的形式。相应地，企业合并的或有对价中，或有事项大多是能够反映被购买方价值的事项。

根据《企业会计准则第 9 号——职工薪酬》（2014 年修订），职工薪酬是企业为获得职工提供的服务而给予的报酬，即企业支付款项是为了获取员工的服务。相应地，构成职工薪酬的或有支付中，或有事项大多是可以反映员工工作能力、服务水平的事项。

除上述企业合并或有对价以及职工薪酬的定义外，在实务中，企业还可以参考《国际财务报告准则第3号——企业合并》第B54段、第B55段给出的相关指引界定或有支付的性质。根据上述国际财务报告准则的规定，如果员工在约定期限到期前离职即无法获得或有支付，则可以直接得出或有支付构成职工薪酬的结论；除此以外，企业应结合或有支付的具体安排，综合考虑《国际财务报告准则第3号——企业合并》第B55段列示的各项指标，对或有支付的性质作出分析与判断。

（一）A公司收购B公司进行的或有支付安排

在本案例中，A公司收购B公司股权，B公司的唯一股东甲同时是B公司的首席执行官。对于甲的或有支付包括两个条件，一是2×13年及2×14年的收入达到合同约定的水平，二是甲在2×14年12月31日之前一直在B公司任职。

第一，参考《国际财务报告准则第3号——企业合并》第B55段的指引，该或有支付的发生以甲的任职为前提条件，如果甲在2×14年12月31日之前离职，则即使B公司在相应年度实现的收入达到约定水平，甲也无法获得支付，这样的安排表明，该或有支付的目的是为了获得甲的服务，属于职工薪酬，应按照《企业会计准则第9号——职工薪酬》（2014年修订）的相关规定进行会计处理。

第二，根据本案例的背景信息，为了实现B公司的平稳过渡及持续发展，A公司希望甲在收购完成后继续在B公司任职，并且A公司希望甲能够运用其行业经验及关系网络带领B公司进一步扩大收入规模，这些迹象也表明，该或有支付安排的原因是为了获取甲的服务，并通过绩效奖金的方式进行激励，而或有支付构成职工薪酬的判断适当地反映了这一交易安排的实质。

第三，在本案例中，企业合并的初始对价是根据B公司未来净利润的预测结果确定，而或有支付的金额则是未来年度B公司超额收入的较小百分比，这也表明该或有支付可能是针对员工服务给予的激励和报酬，而不是企业合并或有对价。

（二）A公司收购C公司进行的或有支付安排

在本案例中，A公司收购C公司股权，C公司的8名原股东中有5人在C

公司任职，对于C公司原股东的或有支付以相关年度C公司净利润超过合同约定金额为条件，与收购完成后原股东是否在C公司继续任职无关。这种情况下，或有支付有可能是企业合并的或有对价而非职工薪酬，但无法直接得出结论，企业应根据或有支付的具体安排，综合考虑相关因素进一步分析与判断。

第一，在C公司任职的原股东仅持有C公司40%的股权，该或有支付的对象不是仅限于在C公司任职的原股东，而是C公司全体股东。如果C公司净利润达到约定金额，在C公司任职的原股东与不在C公司任职的原股东就单位股权获得的或有支付是相同的，且担任关键管理人员的原股东即使离任，也不影响款项的支付。这一迹象表明该或有支付可能与员工服务无关，可能是企业合并的或有对价。

第二，该或有支付依据的或有事项、或有事项发生时用于计算或有支付金额的指标是相关年度C公司实现的扣除非经常性损益后的净利润，而这些净利润指标正是交易双方在确定C公司价值、协商交易对价时依据的指标。这一迹象表明，该或有支付安排的目的可能是根据未来C公司实际盈利情况调整交易对价，从而减少C公司盈利不确定性对于合并定价的影响，相应该或有支付的性质可能是企业合并的或有对价而非职工薪酬。

第三，如果不考虑或有支付，在C公司任职的原股东获得的薪酬与其他非原股东的关键管理人员获得的薪酬相当，这也表明该或有支付与员工服务无关，可能是企业合并的或有对价而非职工薪酬。

综上所述，A公司收购C公司股权时约定的或有支付是企业合并的或有对价，应按照《企业会计准则第3号——企业合并》的相关规定进行会计处理。

案例3-10
非同一控制下企业合并的合并财务报表中是否考虑评估增值部分的递延所得税

对于非同一控制下的企业合并，由于被购买方的资产、负债在购买方的合并财务报表上被重新计量，或者企业合并过程中缴纳了所得税等因素，有可能产生新的递延所得税差异，需要结合实际情况，根据所得税会计处理的相关规定确认递延所得税资产或递延所得税负债。

一、案例背景

A 上市公司于 2×12 年 8 月 1 日收购了 B 公司 100% 的股权并取得对 B 公司的控制，该项合并为非同一控制下的企业合并。收购完成后，B 公司成为 A 公司的子公司。B 公司于收购日的可辨认净资产账面价值为 6,000 万元，经评估确定的可辨认净资产公允价值为 8,000 万元，评估增值 2,000 万元（主要为生产设备以及土地使用权），基于经评估的公允价值，A 公司支付的合并对价为 8,000 万元。A 公司与 B 公司均为国内居民企业，适用的所得税税率均为 25%。

该项合并交易为控股合并，B 公司在被收购后仍作为独立法人继续存在，因此上述评估增值并不会对 B 公司财务报表产生影响，此外，B 公司并未因被收购而产生所得税纳税义务，各项资产负债的计税基础并未发生变化，假定计税基础与原账面价值一致为 6,000 万元。

问题：在 A 公司合并财务报表中，是否应当考虑上述评估增值部分的递延所得税影响？

二、会计准则及相关规定

《企业会计准则第 18 号——所得税》第四条规定："企业在取得资产、负债时，应当确定其计税基础。资产、负债的账面价值与其计税基础存在差异的，应当按照本准则规定确认所产生的递延所得税资产或递延所得税负债。"

《企业会计准则第 18 号——所得税（应用指南）》规定："由于企业会计准则规定与税法规定对企业合并的处理不同，可能会造成企业合并中取得资产、负债的入账价值与其计税基础的差异。比如非同一控制下企业合并产生的应纳税暂时性差异或可抵扣暂时性差异，在确认递延所得税负债或递延所得税资产的同时，相关的递延所得税费用（或收益），通常应调整企业合并中所确认的商誉。"

三、案例解析

企业会计准则要求对于资产、负债的计税基础与其账面价值的差异，确认相应的递延所得税。递延所得税的确认所依据的原则是权责发生制原则。按照权责发生制原则，即使在某项交易发生时，未产生当期所得税的纳税影响，例如本案例中的企业合并交易，但是如果该项交易使得相关资产或负债的账面价值发生变化从而与计税基础产生差异（某些交易下，也可能是计税基础发生变化从而与账面价值产生差异），则必然产生后续所得税影响，因此需要在交易发生时确认该所得税影响（递延所得税）。

为何计税基础与账面价值有差异即会有后续所得税影响呢？以资产为例说明，一方面，其账面价值所代表的意义是该资产至少应当能够以等于其账面价值的金额回收（否则，该项资产会因为其可收回金额低于账面价值而需要计提减值准备）。另一方面，资产的计税基础所代表的意义是该资产在将来回收时，该金额可作为在计算所得税时税前抵扣。因此，当资产的账面价值与计税基础有差异时，则说明资产在将来回收时，必定会产生所得税影响，因为回收金额与抵扣金额有差异。当账面价值（回收金额）大于计税基础（抵扣金额）时，未来需要纳税；反之，当账面价值（回收金额）小于计税基础（抵扣金额）时，未来可以抵税。上述暂时性差异是在交易发生时即产生的，按照权责发生制原则，就需要在交易发生时，相应地确认递延所得税负债（未来需要纳税的情形）或递延所得税资产（未来可以抵税的情形）。

在本案例中，A 公司因收购 B 公司使其成为子公司，因为属于非同一控制下的企业合并，在 A 公司合并财务报表中，B 公司纳入合并范围的各项资产、负债需要基于收购日的公允价值确认。在 A 公司合并财务报表的层面，A 公司及其所有纳入合并范围的子公司是作为一个报告主体存在的。因此，被收购方 B 公司在 A 公司合并财务报表中的各项资产负债的账面价值指的是上述基于收购日公允价值确认的金额，而非这些资产负债在 B 公司自身财务报表中的原账面价值。而 B 公司各项资产负债的计税基础并没有因为被收购而发生变化。因此，在 A 公司的合并财务报表中，B 公司各项资产负债的账面价值与计税基础产生差异。由于是评估增值，账面价值大于计税基础，如前所述，产生未来需要纳税的后续所得税影响，应当于企业合并发生时，确认递延所得税负债。同时，根据企业会计准则的相关规定，相应地调整所确认的商誉金额。综上所述，A 公司因该项企业合并，在其合并财务报表中，应确认纳入合并范围的 B 公司各项资产负债 8,000 万元，根据该账面价值与计税基础产生的暂时性差异确认递延所得税负债 500 万元（2,000 ×

25%），根据支付的对价与购买的可辨认净资产公允价值（包括确认的递延所得税负债）的差额，确认商誉500万元［8,000－（8,000－500）］。

案例3－11
同时向控股股东和少数股东购买股权交易的会计处理

在实务中，上市公司经常在收购控股股东控股的子公司的同时，向该子公司的少数股东购买股权，从而使被收购对象成为上市公司的全资子公司。对于同时向控股股东及第三方收购同一公司股权，并构成企业合并的交易，在合并财务报表及母公司个别报表中如何进行会计处理值得研究。

一、案例背景

A公司有两家子公司：全资子公司甲和控股子公司乙（持股比例60%），B公司持有乙公司40%的股权。甲公司和乙公司均为A公司多年前出资设立的子公司。2×13年，甲公司支付现金同时购买A公司持有的乙公司35%的股权和B公司持有的乙公司20%的股权，从而对乙公司实施控制。合并前后的股权结构如图3－2所示。

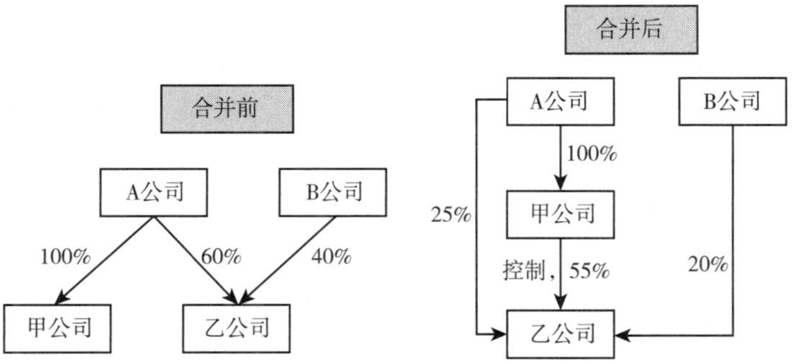

图3－2　合并前后股权结构

问题：

（1）甲持有乙公司55%的股权，其中35%是向最终控制方（A公司）购买，20%是向乙公司的少数股东B购买。甲公司合并乙公司，是否属于同

一控制下的企业合并？

（2）如果甲公司合并乙公司属于同一控制下的企业合并，甲公司应如何编制合并财务报表的比较信息？

（3）A公司个别和合并财务报表应当如何进行会计处理？

二、会计准则及相关规定

《企业会计准则第20号——企业合并》第五条规定："参与合并的企业在合并前后均受同一方或相同的多方最终控制且该控制并非暂时性的，为同一控制下的企业合并。"

《企业会计准则第20号——企业合并》第九条规定："合并利润表应当包括参与合并各方自合并当期期初至合并日所发生的收入、费用和利润。被合并方在合并前实现的净利润，应当在合并利润表中单列项目反映。"

《企业会计准则讲解（2010）》第二十一章"企业合并"指出："对于同一控制下企业合并，编制合并财务报表时，无论该项合并发生在报告期的任一时点，合并利润表、合并现金流量表均反映的是由母子公司构成的报告主体自合并当期期初至合并日实现的损益及现金流量情况，相应地，合并资产负债表的留存收益项目，应当反映母子公司如果一直作为一个整体运行至合并日应实现的盈余公积和未分配利润的情况。对于同一控制下的控股合并，在合并当期编制合并财务报表时，应当对合并资产负债表的期初数进行调整，同时应当对比较报表的相关项目进行调整，视同合并后的报告主体在以前期间一直存在。"

《企业会计准则第2号——长期股权投资》（2014年修订）第五条规定："同一控制下的企业合并中，合并方以支付现金、转让非现金资产或承担债务方式作为合并对价的，应当在合并日按照取得被合并方所有者权益在最终控制方合并财务报表中的账面价值的份额作为长期股权投资的初始投资成本。长期股权投资初始投资成本与支付的现金、转让的非现金资产以及所承担债务账面价值之间的差额，应当调整资本公积；资本公积不足冲减的，调整留存收益。"

《企业会计准则第2号——长期股权投资》（2014年修订）第六条规定："除企业合并形成的长期股权投资以外，其他方式取得的长期股权投资，应当按照下列规定确定其初始投资成本：（一）以支付现金取得的长期股权投资，应当按照实际支付的购买价款作为初始投资成本……”

《企业会计准则第 33 号——合并财务报表》（2014 年修订）第四十七条规定：“母公司购买子公司少数股东拥有的子公司股权，在合并财务报表中，因购买少数股权新取得的长期股权投资与按照新增持股比例计算应享有子公司自购买日或合并日开始持续计算的净资产份额之间的差额，应当调整资本公积（资本溢价或股本溢价），资本公积不足冲减的，调整留存收益。”

三、案例解析

1. 由于在合并前后，甲公司、乙公司均受 A 公司最终控制且该控制始于多年之前，符合同一控制下企业合并的定义，因此，甲公司合并乙公司的交易为同一控制下的企业合并。

2. 甲公司购买乙公司 55% 的股权为一项整体交易，其中 35% 是向同一最终控制人（A 公司）购买，20% 是向外部股东购买。因此：

（1）甲公司个别报表，对于 35% 股权为同一控制下企业合并形成的股权，其初始投资成本应等于乙公司所有者权益账面价值的 35%，初始投资成本与支付的对价（现金）的差额，应当调整资本公积，资本公积不足冲减的则冲减留存收益。值得注意的是，本案例中乙公司是由 A 公司出资设立的子公司，如果乙公司是由 A 公司以非同一控制下企业合并的方式，向第三方集团购买的子公司，则乙公司所有者权益账面价值应以其纳入 A 公司合并财务报表中的金额为基础确定。20% 的股权为购买少数股东权益形成的长期股权投资，其初始投资成本应等于实际支付给 B 公司的对价。

（2）甲公司在编制合并日的合并财务报表时，根据同一控制下企业合并以及购买子公司少数股东权益的相关要求，取得的乙公司的资产负债均按照乙公司的账面价值纳入合并范围，所支付的对价与取得的乙公司净资产账面价值份额的差额调整资本公积，资本公积不足冲减的冲减留存收益（合并日，同一控制下企业合并与购买子公司少数股权的处理思路类似，均作为权益性交易处理，故甲公司在编制合并日的合并财务报表时，两项交易的处理方法是一致的）。

（3）甲公司在编制合并财务报表的比较信息时，由于取得的乙公司 55% 的股权中，只有 35% 是从最终控制方取得的，其余 20% 是从外部少数股东处购买取得，因此，在比较期间只应合并乙公司 35% 的权益份额，其余65%均作为少数股东权益列报，于合并日持股比例增加至55%时，作为购买子公司少数股东权益，合并比例从35%增加至55%，少数股东权益比例则从65%下降至45%。

3. A公司个别报表：处置乙公司部分股权，对乙公司的直接持股比例由60%下降为25%，间接持股比例为55%，仍然控制乙公司。因此，仍应将乙公司作为子公司，采用成本法核算。

A公司合并财务报表：对于A公司来说，合并前直接持有乙公司60%的股权；合并后，直接及间接持有乙公司股权增加至80%。因此，A公司合并财务报表中作为购买少数股东权益处理。

【相关案例】

同时向控股股东和少数股东购买100%标的公司股权的会计处理

（一）案例背景

甲公司为上市公司，其最终控制方为A公司。同时，A公司一直持有乙公司51%的股权，并对其拥有控制权。第三方公司B持有乙公司49%的股权。2×19年，甲公司考虑业务板块扩张，以支付现金的方式向A公司和B公司购买其持有的乙公司100%的股权，从而对乙公司实施控制。该交易于2×19年4月1日完成。交易前后的股权结构如图3－3所示。

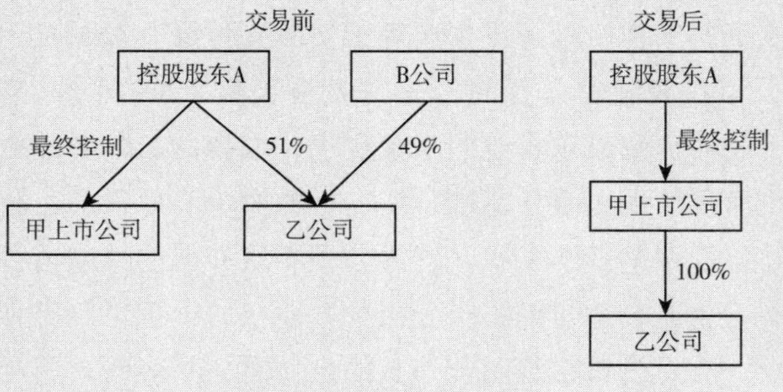

图3－3 交易前后股权结构

问题：甲公司的合并财务报表中，应如何考虑乙公司在合并日前归属于母公司的权益和归属于母公司的损益？

（二）案例解析

由于在合并前后，甲公司和乙公司均受A公司最终控制，符合同一控制下企业合并的定义，因此，甲公司合并乙公司的交易为同一控制下的企业合并。

在该项交易中，甲公司购买乙公司的100%股权为一项整体交易，其中51%的股权是向最终控制方A公司购买，49%的股权是向其他股东购买，而其他股东并非是由A公司控制的企业。因此，甲公司向其他股东购买乙公司49%的股权，从交易性质上来说属于购买少数股东权益。

在甲公司取得的乙公司100%股权中，只有51%的股权是从最终控制方取得的，其余49%的股权是从外部少数股东处取得，从最终控制方A公司的角度，在比较期间2×18年度及2×19年1—3月只拥有乙公司51%权益份额对应的经济利益。相应地，甲公司在比较期间2×18年度及2×19年1—3月也只能视同拥有最终控制方享有的经济利益（即乙公司的51%权益份额），其余49%的股权应作为少数股东权益列报。交易日2×19年4月1日，甲公司持有乙公司的股权比例增加至100%时，作为购买子公司少数股东权益的交易，合并比例从51%增加至100%，少数股东权益比例则从49%减少至0。根据企业会计准则的规定，购买少数股东权益的交易，不存在视同历史期间已经发生此项交易的特殊规定，不应追溯调整比较期间的财务报表。

案例3-12
非同一控制下企业合并分步购买是否构成一揽子交易的判断

一、案例背景

2×15年6月，A公司与独立第三方B公司及其关联方（以下简称B集团）签订股权转让协议，以现金方式收购B集团持有的C公司60%的股权。

股权转让价格为3.43亿元，该价格为基于具有证券从业资格的评估机构出具的以2×14年9月30日为评估基准日的资产评估报告评估结果协商确定，评估值为3.69亿元，增值率为1,159.92%。根据相关协议，其中约定业绩补偿方案，出让人对C公司2×15年、2×16年、2×17年扣除非经常性损益后的净利润进行承诺，如业绩未达标B集团将以现金方式补偿。截至2×15年9月，已完成上述股权交易相关的工商登记、股权过户等手续，并已完成董事会等机构成员的更换。

此外，根据股权转让协议约定，如果C公司完成2×15年业绩承诺，则受让方将在C公司2×15年度的审计报告出具之日起2个月内，与转让方签订股权转让合同，收购转让方持有的B公司剩余的40%股权；股权转让价格将以届时评估值为基础由双方协商确定。约定条款仅为双方意向性约定，对双方均不构成必须收购转让方剩余的40%股权的承诺。

2×16年3月，A公司公告拟以现金方式继续收购上述C公司的30%的股权。股权转让价格为2.06亿元，该价格为基于具有证券从业资格的评估机构出具的以2×15年9月30日为评估基准日的资产评估报告评估结果协商确定，评估值2.06亿元，评估增值率为1,093.64%。上述交易于2×16年4月经股东大会批准，并于2×16年4月最终完成。

上述两次交易均构成重大资产重组，均需要单独经过交易双方股东大会及中国证监会审核通过。上述两次交易完成后A公司共持有C公司90%的股权。

问题：A公司上述分步购买B公司股权的交易，是否构成一揽子交易？

二、会计准则及相关规定

《企业会计准则第33号——合并财务报表（应用指南）》（2014年修订）中规定："企业通过多次交易分步实现非同一控制下企业合并的，在合并财务报表上，首先，应结合分步交易的各个步骤的协议条款，以及各个步骤中所分别取得的股权比例、取得对象、取得方式、取得时点及取得对价等信息来判断分步交易是否属于一揽子交易。本准则第五十一条规定，各项交易的条款、条件以及经济影响符合以下一种或多种情况的：通常应将多次交易事项作为一揽子交易进行会计处理：

（1）这些交易是同时或者在考虑了彼此影响的情况下订立的；

（2）这些交易整体才能达成一项完整的商业结果；

（3）一项交易的发生取决于至少一项其他交易的发生；

（4）一项交易单独看是不经济的，但是和其他交易一并考虑时是经济的。如果分步取得对子公司股权投资直至取得控制权的各项交易属于一揽子交易，应当将各项交易作为一项取得子公司控制权的交易，并区分企业合并的类型分别进行会计处理。

如果不属于一揽子交易，在合并财务报表中，还应区分企业合并的类型分别进行会计处理。对于分步实现的非同一控制下企业合并，购买日之前持有的被购买方的股权，应当按照该股权在购买日的公允价值进行重新计量，公允价值与其账面价值的差额计入当期投资损益；购买日之前持有的被购买方的股权涉及权益法核算下的其他综合收益、其他所有者权益变动的，应当转为购买日所属当期收益，由于被投资方重新计量设定受益计划净负债或净资产变动而产生的其他综合收益除外。”

三、案例解析

在实务中，对分步购买是否属于一揽子交易的判断，要结合交易的实质、交易双方之间的协议或其他安排，以及考虑准则及相关规定中所提示的一种或多种情况来进行判断。

在本案例中，A 公司先后于 2×15 年 6 月和 2×16 年 3 月向 B 集团购买 C 公司 60% 和 30% 股权的交易，是否构成一揽子交易，根据准则并结合事实和情况分析如下：

第一，两项交易是否同时或者在考虑了彼此影响的情况下订立的。该两项交易的协议分别在 2×15 年和 2×16 年签订，并非同时订立。两项合同是否为考虑了彼此影响的情况下订立的呢？根据第一次股权转让协议约定，如果 C 公司完成 2×15 年业绩承诺，则受让方将在 C 公司 2×15 年度的审计报告出具之日起 2 个月内，与转让方签订股权转让合同，收购转让方持有的 B 公司剩余的 40% 股权；股权转让价格将以届时评估值为基础由双方协商确定。虽然在第一次股权协议中对后期收购计划进行了约定，但约定条款仅为双方意向性约定，对双方均不构成收购剩余 40% 股权的承诺。第二次股权协议签订与否取决于标的公司 2×15 年度业绩承诺的完成情况，股权转让价格为根据届时评估值为基础由双方协商确定，且两次交易均构成重大资产重组，均需单独经过交易双方的股东大会及中国证监会并购重组委员会的审核通过。可以判断，两项交易虽然存在联系但是以独立的条件、经过独立的审批流程等情况下进行的。

第二，两项交易是否整体才能达成一项完整的商业结果。根据背景信息，在第一次交易完成后，已完成相应的股权交割，并已更换董事会等权力机构，虽然存在业绩承诺条款以及未来分期支付股权款的安排，但该项交易已达到A公司控制标的公司的商业结果，并非需要第二次股权交易完成才能达到其完整的商业目的。

第三，一项交易的发生取决于至少一项其他交易的发生。虽然第二项交易将在第一次交易完成且标的公司达到业绩目标之后才会发生，但第一项交易并不会因后一项交易的变化而撤销或者更改，也并非第一项交易完成双方必须进行第二项交易。

第四，一项交易单独看是不经济的，但是和其他交易一并考虑时是经济的。根据两次交易价格及定价信息，第二次交易的每股单价为第一次每股单价的1.2倍，两次交易价格并不存在显著差异。两次交易价格分别以不同基础日的净资产评估结果为基础，而且从商业合理性而言，在第一次收购中获取标的公司的控股权后再以更高的价格收购剩余股权符合商业逻辑。

综上所述，虽然A公司在一年内两次自同一交易对手方收购标的公司股权，除非有其他相反证据，该两项交易并不构成一揽子交易，而应该分别进行会计处理，即第一次交易作为非同一控制下的企业合并进行会计处理，第二次交易作为收购少数股东权益的交易进行会计处理。

【相关案例】

一揽子交易分步实现非同一控制下企业合并的会计处理

（一）案例背景

2×14年，A公司与C公司原股东（非关联方）签订框架协议，拟分步购买C公司100%的股权，该交易整体为非同一控制下企业合并。协议约定，以C公司2×14年10月31日净资产公允价值为总交易价格，C公司当日净资产公允价值为15,000万元，该价格即为A公司购买C公司100%

股权的总价格。协议约定，购买交易分三步进行：

步骤一：2×14年12月31日前，A公司向C公司原股东支付第一期对价5,000万元，取得C公司10%的股权。第一步股权办理相关变更手续后，A公司暂不对C公司派驻董事等类似管理人员。

步骤二：2×15年7月1日前，A公司向C公司原股东支付第二期对价5,000万元，取得C公司40%的股权。股权办理相关变更手续后，A公司向C公司派驻董事2名，参与C公司经营决策，原股东派驻董事为3名。

步骤三：2×16年7月1日前，A公司向C公司原股东支付第三期对价5,000万元，取得C公司剩余的50%股权。股权办理相关变更手续后，原股东撤出派驻董事，由A公司取得C公司实质控制权。

框架协议同时明确，上述各步骤均为不可撤销安排，且各步骤互为前提，如果其中某一步骤无法完成，则之前步骤将被撤销。

问题：

（1）在该案例是否为一揽子交易？

（2）步骤一、步骤二所取得股权以及支付的价款应如何确认和计量？

（二）案例解析

在本案例中，A公司先后于2×14年12月31日前、2×15年7月1日前以及2×16年7月1日前取得了C公司10%、40%和50%的股权。首先应结合交易目的、交易双方的协议或其他安排，以及准则有关规定，判断上述三步交易是否构成一揽子交易：

第一，这些交易是否同时或者在考虑了彼此影响的情况下订立。本案例中，A公司分三步购买C公司100%的股权，是在一项协议中约定的交易安排，并且协议还约定以C公司2×14年10月31日净资产公允价值确定总共的股权转让对价（即15,000万元）。从交易实质上看，A公司是以15,000万元的价格，分三步购买C公司100%的股权，三步交易在规划设计时便考虑了彼此的影响。

第二，这些交易是否整体才能达成一项完整的商业结果。根据背景信息，协议约定以C公司2×14年10月31日净资产公允价值为总交易价格，即A公司的交易目的是购买C公司100%的股权，前两步交易完成后A公司还不能够控制C公司，只有在第三步交易完成后，A公司才能够控制C公司，从而达到了一开始的交易目的。

第三，一项交易的发生取决于至少一项其他交易的发生。根据背景信息，框架协议已明确上述各步骤均为不可撤销安排，且各步骤互为前提，如果其中某一步骤无法完成，则之前步骤将被撤销。因此三步交易是相互关联的，将会因前一步交易或后一步交易的变化而撤销或者更改。

第四，一项交易单独看是不经济的，但是和其他交易一并考虑时是经济的。案例中，A 公司先后于 2×14 年 12 月 31 日前、2×15 年 7 月 1 日前以及 2×16 年 7 月 1 日前取得了 C 公司 10%、40% 和 50% 的股权，而每次的交易价格均为 5,000 万元。可以看出，A 公司的每一步交易单独看是不经济的，也不符合一般的商业逻辑，只有把三步交易合并在一起考虑才可能是经济的。

综上所述，A 公司分三次购买 C 公司股权的交易构成一揽子交易。在构成一揽子交易的前提下，A 公司不应将步骤一、步骤二所分别取得 C 公司 10% 和 40% 的股权作为股权投资处理，而应将各交易步骤作为“取得控制权”的整体交易安排来考虑，结合合同条款及交易进度判断其取得控制权的时点，在取得其控制权时将 C 公司纳入合并范围。本案例中，A 公司应当在取得控制权日（即 2×16 年 7 月 1 日）按一项以 15,000 万元对价购买 C 公司 100% 股权的企业合并交易核算，对于 A 公司先前分两次支付的交易价款（各 5,000 万元），应作为预付投资款项进行会计处理。

案例 3－13
同一控制下不同交易对手之间的股权置换的会计处理

一、案例背景

2×16 年 3 月，上市公司 A 进行重大资产重组，向 B 公司出售下属三家子公司 51% 的股权，B 公司以发行股份的方式支付对价，交易完成后，A 公司将持有 B 公司 13.99% 的股权（A 公司取得股权后对 B 公司具有重大影响）；且 A 公司仍持有三家子公司 49% 的剩余股权，并具有重大影响。另外，A 公司向控股方 C 公司非公开发行股票购买其持有的下属三家子公司 100% 及一家子公司 51% 的股权（A 公司取得股权后控制该子公司），该交易构成同一控制下企业合并。其中 A 公司、B 公司同受 C 公司控制，D 集团为最终控制方。

根据上市公司披露信息，上述重组交易并非完全出于公司自身的经营管理需要，而是 D 集团为解决同业竞争历史遗留问题，提高上市公司的独立性等目的进行的一揽子交易。

问题：同一控制下不同交易对手之间的股权置换涉及的资产置出与置入是按公允价值还是按账面价值确认？

二、会计准则及相关规定

《企业会计准则第 33 号——合并财务报表》（2014 年修订）第五十条规定："企业因处置部分股权投资等原因丧失了对被投资方的控制权的，在编制合并财务报表时，对于剩余股权，应当按照其在丧失控制权日的公允价值进行重新计量。处置股权取得的对价与剩余股权公允价值之和，减去按原持股比例计算应享有原有子公司自购买日或合并日开始持续计算的净资产的份额之间的差额，计入丧失控制权当期的投资收益，同时冲减商誉。与原有子公司股权投资相关的其他综合收益等，应当在丧失控制权时转为当期投资收益。"

《企业会计准则第 20 号——企业合并》第五条规定："参与合并的企业在合并前后均受同一方或相同的多方最终控制且该控制并非暂时性的，为同一控制下的企业合并。"第六条规定："合并方在企业合并中取得的资产和负债，应当按照合并日在被合并方的账面价值计量。合并方取得的净资产账面价值与支付的合并对价账面价值（或发行股份面值总额）的差额，应当调整资本公积；资本公积不足冲减的，调整留存收益。"

《企业会计准则解释第 6 号》规定："同一控制下的企业合并，是指参与合并的企业在合并前后均受同一方或相同的多方最终控制，且该控制不是暂时性的。从最终控制方的角度看，其在合并前后实际控制的经济资源并没有发生变化，因此有关交易事项不应视为购买。合并方编制财务报表时，在被合并方是最终控制方以前年度从第三方收购来的情况下，应视同合并后形成的报告主体自最终控制方开始实施控制时起，一直是一体化存续下来的，应以被合并方的资产、负债（包括最终控制方收购被合并方而形成的商誉）在最终控制方财务报表中的账面价值为基础，进行相关会计处理。合并方的财务报表比较数据追溯调整的期间应不早于双方处于最终控制方的控制之下孰晚的时间。”

《企业会计准则第 2 号——长期股权投资》（2014 年修订）第六条规定：“除企业合并形成的长期股权投资以外，其他方式取得的长期股权投资，应当按照下列规定确定其初始投资成本……（三）通过非货币性资产交换取得的长期股权投资，其初始投资成本应当按照《企业会计准则第 7 号——非货币性资产交换》的有关规定确定……”

《企业会计准则第 7 号——非货币性资产交换》（2019 年修订）第六条规定：“非货币性资产交换同时满足下列条件的，应当以公允价值为基础计量：（一）该项交换具有商业实质；（二）换入资产或换出资产的公允价值能够可靠地计量。换入资产和换出资产的公允价值均能够可靠计量的，应当以换出资产的公允价值为基础计量，但有确凿证据表明换入资产的公允价值更加可靠的除外。”

《企业会计准则第 33 号——合并财务报表》（2014 年修订）第五十一条规定：“处置对子公司股权投资的各项交易的条款、条件以及经济影响符合下列一种或多种情况，通常表明应将多次交易事项作为一揽子交易进行会计处理：

（一）这些交易是同时或者在考虑了彼此影响的情况下订立的。

（二）这些交易整体才能达成一项完整的商业结果。

（三）一项交易的发生取决于其他至少一项交易的发生。

（四）一项交易单独考虑时是不经济的，但是和其他交易一并考虑时是经济的。”

三、案例解析

根据企业会计准则的相关规定，对于同一控制下的企业合并，从最终控制方的角度看，其在合并前后实际控制的经济资源并没有发生变化，因此有关交易事项不应视为购买，从而采用权益结合法进行会计处理。但是，在现有会计准则下，对于企业并购交易中置出子公司一方的会计处理，并未区分同一控制与非同一控制作出不同规定。另外，对于同一集团内重组行为，公司与最终控制方所控制的不同的交易对手之间的交易，是否可以适用一揽子交易，现有会计准则也并未提供明确依据。

对于本案例中，A 公司分别与同受 D 集团控制的 B 公司和 C 公司之间的股权置换涉及的资产置出和置入按公允价值还是账面价值确认，实务中存在如下不同观点：

观点一：确认置出子公司产生的利得，置入联营投资以及剩余股权均基于公允价值计量。该类观点认为，上述 A 公司股权置换交易均在 D 集团下，但其是分别与 B 公司和 C 公司两个企业之间的两项单独交易，并非互为前提，应分别进行相应会计处理。对于与 B 公司的交易，其置入联营企业并不构成同一控制下的企业合并，按照企业会计准则，A 公司处置三家子公司股权取得的对价与剩余股权公允价值之和，减去按原持股比例计算应享有原子公司自购买日或合并日开始持续计算的净资产的份额之间的差额，计入丧失控制权当期的投资损益。因此，A 公司对于三家原子公司剩余的 49% 股权应按照公允价值计量。作为上述资产的处置对价，A 公司取得的 B 公司 13.99% 的股权，作为对联营企业的投资，按照长期股权投资准则的规定进行核算。A 公司以持有的三家子公司 51% 的股权为对价换取 B 公司的股权，属于以非货币性资产交换取得的长期股权投资，由于交易具有商业实质，因此应基于换出资产的公允价值为基础确认对 B 公司联营投资的初始投资成本。而对于与 C 公司的交易，A 公司通过非公开发行股份以获取同受最终控股股东 D 集团控制的四家子公司股权，形成同一控制下企业合并，按照企业会计准则，合并方在企业合并中取得的资产、负债按照合并日在被合并方的账面价值计量，合并方取得的净资产账面价值与支付的合并对价账面价值（或发行股份面值总额）的差额，调整资本公积。

观点二：不确认置出子公司产生的利得，置入联营投资按照公允价值计量，剩余股权按照账面价值计量。该类观点认为，由于置入和置出交易是互为前提，可将置入和置出交易看作一揽子交易，属于一揽子交易的同一控制下企业合并。准则规定同一控制下企业合并的合并方应将取得的净资产账面价值与支付的合并对价账面价值（或发行股份面值总额）而非公允价值的差额调整资本公积。根据此原则，置出的三家原子公司 51% 的股权应按照其账面价值计量并计入合并对价，而三家原子公司剩余的 49% 的股权，按照享有的原合并报表中三家公司净资产账面价值的份额进行初始计量，不确认按照公允价值重新计量的损益。而换入的 B 公司的 13.99% 的联营投资，不构成企业合并，应按照非货币性资产交换取得的长期股权投资进行初始计量。

观点三：不确认置出子公司产生的利得，置入联营投资和剩余股权均按照账面价值计量。该观点中其他方面均与观点二相同，区别在于对于取得的B公司13.99%的联营投资按照D集团合并报表层面B公司的账面净资产的13.99%的份额计量。该类观点认为，虽然会计准则中对于同一控制下的处置交易没有类似于同一控制下企业合并的会计处理，但由于该案例中的一系列重组方案是D集团为解决同业竞争历史遗留问题，提高上市公司的独立性等目的进行的一揽子交易，并非完全出于公司自身的经营管理需要，从D集团整体而言并不存在任何经济利益的流入流出，整个交易应作为一项权益性交易，因而不应区分取得的是对联营公司的投资和对子公司的投资，均应按照同一控制下企业合并的思路，即按照享有的净资产账面价值的份额计量，差额计入权益。

在现有准则框架下，上述观点各有一定道理，但也存在不足之处。其中，观点一符合现有准则的规定，但上述重组完全是D集团为了解决同业竞争的历史遗留问题而在集团范围内进行的业务重新组合，并无经济利益的流入流出，从商业角度而言，不应产生损益影响及资产账面价值的变化。对于观点二，将上述交易视同为同一控制下的一揽子交易，将受同一控制下的不同交易对手作为一个交易对手看待，尚缺乏具体的准则依据，而且该观点下将置出子公司剩余股权均按账面价值处理，但将置入的联营企业按公允价值确认，在同一笔交易中采用不同的处理原则，逻辑上不太合理，也不符合交易的实质。对于观点三，将上述与不同交易对手之间的交易整体视同为同一控制下的一揽子交易的处理，虽然并无明确的准则依据，但从商业实质而言更为合理。

我们认为，对于同一集团下不同交易对手之间的股权置换交易，应视其具体交易背景和实质进行不同的会计处理：

如果该一系列交易在满足如下条件的情况下，采用上述观点三的处理更为合理：（1）该一系列是为解决同业竞争历史遗留问题，提高上市公司的独立性等目的进行，而并非完全出于公司自身的经营管理需要由上市公司自身主导提出进行的；（2）该一系列交易从集团整体而言不存在任何经济利益的流入流出；（3）该一系列交易满足《企业会计准则第33号——合并财务报表》中一揽子交易的条件，即该一系列交易同时或者在考虑了彼此影响的情况下订立的；这些交易整体才能达成一项完整的商业结果；一项交易的发生取决于其他至少一项交易的发生；一项交易单独考虑时是不经济的，但是和其他交易一并考虑时是经济的。

但是，如果该一系列交易不满足上述条件，例如，是出于公司自身的经营管理需要而由上市公司自身主导提出进行的，或交易涉及集团外的经营资源的经济利益流入流出，或者该一系列交易并不满足一揽子交易的条件等，则应根据企业会计准则的规定，采用上述观点一进行相应会计处理。

【相关案例】

同一控制下企业合并中业务置换并收取对价的会计处理

（一）案例背景

上市公司与其母公司进行业务置换，置入新业务，置出上市公司原有业务，置入业务与置出业务公允价值的差额由母公司以现金补足。对于上市公司而言，该交易构成了同一控制下企业合并。在收到现金补价的情形下，上市公司应遵循同一控制下企业合并的会计处理，不确认置出业务处置利得，还是应遵循业务处置的会计处理，确认全部处置利得，抑或按照补价比例确认部分置出业务处置利得，实务中存在争议。

例如：上市公司与其母公司进行业务置换，上市公司置入的新业务经评估公允价值为60亿元，置出业务为一个不可拆分的单项业务，公允价值为100亿元，差额40亿元由母公司以现金补足。由于现金对价占比较高，因而该交易不属于非货币性资产交换。

问题：上市公司应如何进行会计处理？

（二）案例解析

现行会计准则下，企业购买业务的会计处理区分是否为同一控制之下而有所不同，同一控制下的业务合并属于权益性交易，企业以转让非现金对价支付合并对价的，应将转让非现金对价账面价值计入合并对价，即不确认转让非现金资产的处置损益。但业务处置时并没有这一区分，即按照准则有关规定，企业在丧失对该业务控制权时，无论交易对手方是否为同一控制下的公司，企业应确认处置损益，除非有关交易包含权益性交易成分或其他交易安排。因此，对于本案例如何适用同一控制的相关规定，实务中存在如下不同的理解。

观点一：不确认置出业务处置利得。

从上市公司角度，该交易整体是与母公司之间的业务置换，应认定为一项交易，而非两项独立的交易。基于特殊规定优于普通规定的原则，该交易应优先适用同一控制下企业合并的相关规定，即该观点认为置出业务的经济实质是置入业务的交易对价，因此应将置出业务的账面价值作为合并对价，不确认置出业务处置利得。该观点下，企业应当将置入业务在最终控制方的账面价值与40亿元现金之和，扣除置出业务账面价值后的余额，计入所有者权益。

观点二：按照收到现金对价的比例，确认40%置出业务的处置利得。

该交易可以看作两个独立的交易，即同一控制下企业合并（交易对价为60亿元）与业务处置（交易对价为40亿元）。对于第一个交易，企业应当遵循同一控制下企业合并的处理原则，不确认损益；对于第二个交易，企业应当遵循业务处置有关规定，确认置出业务的处置利得。即该观点下，企业应当将置入业务在最终控制方的账面价值与置出业务账面价值60%部分的差额计入所有者权益；40亿元现金与置出业务账面价值40%部分的差额计入损益。

观点三：确认100%置出业务处置利得。

会计准则对于“同一控制下企业合并”与“业务处置”在准则适用中孰先孰后的问题，并没有明确规定。如果将交易的形式变更为上市公司以现金对价100亿元置出业务，同时以现金对价60亿元购买置入的业务，并与母公司以净额结算40亿元价差，则其交易结果与本例并无不同。这种情况下，置入业务是置出业务的处置对价组成部分，企业应当将置入业务的其公允价值以及40亿元现金之和，扣除置出业务账面价值的差额计入损益，即确认100%处置利得；同时置入业务应当遵循同一控制下企业合并的要求，企业应将置入业务在最终控制方的账面价值与其公允价值的差额计入所有者权益。

本案例的判断核心，在于将该交易整体视为以置出股权作为非现金对价取得同一控制下置入股权的业务，还是分别作为股权出售及股权购买两项交易。我们认为，在同时发生业务置入与置出的情况下，上市公司应当将此整体视为一项同一控制下企业合并交易处理，不确认置出业务的处置损益。如置出业务和置入业务未同时发生，而是存在一定时间间隔，上市公司亦应基于谨慎性考虑，恰当判断相关交易是否属于一揽子交易从而应整体作为同一控制下企业合并交易进行会计处理，减少人为构造交易的空间。

案例3－14
同一控制下股权置换中的所得税和递延所得税问题

一、案例背景

A公司为上市公司，2×17年8月与控股股东B公司进行重大资产重组，将子公司C的100%股权（置出资产）转让给控股股东B公司，控股股东B公司将其子公司D的100%股权（置入资产）转让给A公司。A公司、B公司、C公司、D公司均为居民企业且企业所得税税率均为25%。上述交易以基准日置出资产与置入资产的公允价值进行等值置换，置出和置入资产的公允价值分别为20亿元、30亿元，差额10亿元由A公司以现金方式向B公司支付。该交易构成同一控制下企业合并。因上述重大资产重组中现金对价占交易总价的比例超过《财政部　国家税务总局关于企业重组业务企业所得税处理若干问题的通知》（财税〔2009〕59号）中“特殊性税务处理”的规定，因此A公司就C公司股权公允价值20亿元与个别报表中对C公司长期股权投资的账面价值17亿的差额计算缴纳企业所得税7,500万元，置入股权的计税基础为其公允价值。在A公司合并报表层面，C公司净资产的账面价值为18亿元。

问题：

（1）A公司就置出资产交易对价与账面价值的差额缴纳的当期企业所得税应计入损益还是权益？

（2）置入资产计税基础高于其账面价值的暂时性差异是否应确认递延所得税？

二、会计准则及相关规定

《企业会计准则第18号——所得税》第二十二条规定：“与直接计入所有者权益的交易或者事项相关的当期所得税和递延所得税，应当计入所有者权益。”

《企业会计准则第18号——所得税》指出，对与子公司相关的可抵扣暂时性差异，同时满足暂时性差异在可预见的未来很可能转回，且未来很可能获得用来抵扣可抵扣暂时性差异的应纳税所得额时，企业应当确认相应的递延所得税资产。对与子公司相关的应纳税暂时性差异，企业应当确认相应的递延所得税负债。但是，投资企业能够控制暂时性差异转回的时间且该暂时性差异在可预见的未来很可能不会转回的除外。

《财政部　国家税务总局关于企业重组业务企业所得税处理若干问题的通知》（财税〔2009〕59号）指出：

“四、企业重组，除符合本通知规定适用特殊性税务处理规定的外，按以下规定进行税务处理：

（三）企业股权收购、资产收购重组交易，相关交易应按以下规定处理：

1. 被收购方应确认股权、资产转让所得或损失；

2. 收购方取得股权或资产的计税基础应以公允价值为基础确定；

3. 被收购企业的相关所得税事项原则上保持不变。

……

六、企业重组符合本通知第五条规定条件的，交易各方对其交易中的股权支付部分，可以按以下规定进行特殊性税务处理：

（二）股权收购，收购企业购买的股权不低于被收购企业全部股权的75%（根据2014年12月25日发布的《财政部　国家税务总局关于促进企业重组有关企业所得税处理问题的通知》（财税〔2014〕109号），该比例调整为50%），且收购企业在该股权收购发生时的股权支付金额不低于其交易支付总额的85%，可以选择按以下规定处理：

1. 被收购企业的股东取得收购企业股权的计税基础，以被收购股权的原有计税基础确定；

2. 收购企业取得被收购企业股权的计税基础，以被收购股权的原有计税基础确定；

3. 收购企业、被收购企业的原有各项资产和负债的计税基础和其他相关所得税事项保持不变。”

《监管规则适用指引——会计类第 1 号》规定：“同一控制下企业合并股权置换涉及的所得税问题：合并方以原有子公司股权置换同一控制下其他公司股权并取得控制权的，该交易构成同一控制下企业合并，合并方在该交易过程中可能会因股权处置所得缴纳企业所得税。股权处置所得应当分为股权持有期间产生的利润和股权增值所得两部分分别考虑相关所得税的会计处理。在合并财务报表中，当合并方对子公司股权的持有意图由长期持有变为对外出售时，不再满足不确认递延所得税的特殊情况，即投资企业能够控制暂时性差异转回的时间，且该暂时性差异在可预见的未来很可能不会转回。因此，合并方应就该子公司股权与持有期间产生的利润相关的暂时性差异确认递延所得税，并计入当期损益。针对股权增值所得部分，由于同一控制下股权置换交易属于权益性交易，与直接计入所有者权益的交易或者事项相关的当期所得税和递延所得税应当计入所有者权益。”

三、案例解析

根据《企业会计准则第 18 号——所得税》的有关规定，对与子公司相关的可抵扣暂时性差异，同时满足暂时性差异在可预见的未来很可能转回，且未来很可能获得用来抵扣可抵扣暂时性差异的应纳税所得额时，企业应当确认相应的递延所得税资产。对与子公司相关的应纳税暂时性差异，企业应当确认相应的递延所得税负债。但是，投资企业能够控制暂时性差异转回的时间且该暂时性差异在可预见的未来很可能不会转回的除外。因此，本案例中对子公司的长期股权投资是否需要确认递延所得税应当考虑投资方对该项投资的持有意图。在准备长期持有的情况下，相关暂时性差异在可预见的未来很可能不会转回，一般不确认递延所得税。在持有意图由长期持有转变为拟近期出售或清算的情况下，因长期股权投资的账面价值与计税基础不同产生的有关应纳税暂时性差异，应确认相应的递延所得税负债；若为可抵扣暂时性差异，在同时满足未来很可能获得用来抵扣可抵扣暂时性差异的应纳税所得额时，企业应当确认相应的递延所得税资产。

与子公司相关的投资包括两类暂时性差异。一类是“内部基础”暂时性差异，是指合并报表中各单项资产、负债的计税基础与其各自账面价值之间的差异。合并交易一般不会影响被合并方各单项资产、负债的计税基础，因此无须额外确认递延所得税项目。

另一类是“外部基础”暂时性差异，是对子公司投资的计税基础与其账面价值之间的差异。在本案例中，个别报表层面，收购企业对D公司股权的计税基础以公允价值确定（按照财税〔2009〕59号规定），账面价值是对D公司长期股权投资账面价值。合并报表层面，对D公司股权的计税基础仍是以公允价值确定，账面价值为合并报表中对D公司投资的账面价值（合并日与前述个别报表层面的金额相同）。如果母公司持有意图转为拟出售，预期处置股权至实际转移之间存在跨期时，应在个别报表与合并报表中考虑递延所得税的影响。

具体来说：本案例中，A公司以原有子公司C的股权置换同一控制下D公司的股权并取得控制权，该交易构成同一控制下企业合并，A公司在该交易过程中因股权处置所得缴纳了企业所得税7,500万元。股权处置所得应当分为“股权持有期间产生的利润”和“股权增值所得”分别考虑所得税相关会计处理。在A公司合并财务报表中，当A公司对原有子公司C股权的持有意图由长期持有变为对外出售时，不再满足准则中允许不确认递延所得税的特殊规定，即投资企业能够控制暂时性差异转回的时间，且该暂时性差异在可预见的未来很可能不会转回。因此，A公司应就持有子公司C股权期间子公司C经营利润所形成的暂时性差异确认递延所得税，并计入当期损益。针对子公司C股权增值所得部分，由于同一控制下股权置换交易属于权益性交易，根据会计准则有关规定，与直接计入所有者权益的交易或者事项相关的当期所得税和递延所得税应当计入所有者权益。考虑到A公司已经处置C公司，具体处理如下：

（1）持有期间产生的利润相关的所得税＝(18－17)×25%＝0.25（亿元）

（2）股权增值所得相关的所得税＝(20－18)×25%＝0.5（亿元）

因此，A公司就置出资产交易缴纳的当期企业所得税7,500万元，与持有期间产生的利润相关的所得税2,500万元，计入当期损益；与股权增值所得相关的所得税5,000万元，计入所有者权益。

案例 3－15
红筹架构拆除过程中高溢价收购 WFOE 公司股权的会计处理

一、案例背景

A 公司为境内经营实体，其实际控制人为境外自然人乙，自然人甲为 A 公司高管，受境外 C 公司指派成为 A 公司名义股东（甲并未出资）。实际控制人乙直接持有境外 C 公司的股权，境外 C 公司在境内设立外商独资企业 B 公司（即 WFOE 公司），B 公司通过一系列协议控制境内经营实体 A 公司。在 VIE 架构拆除前，B 公司有研发人员、知识产权，并从事经营活动，但业务均只发生在与 A 公司之间。

VIE 架构拆除前控制关系如图 3－4 所示。

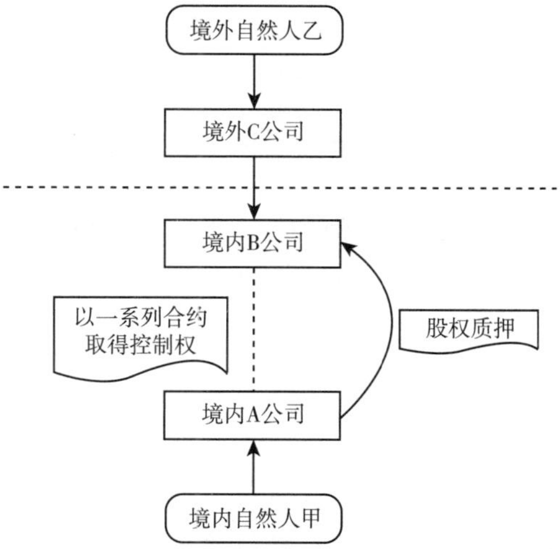

图 3－4　VIE 架构拆除前控制关系

VIE 架构拆除情况：

2×17 年初，自然人甲、A 公司与自然人乙及其控制的境外 C 公司签署了如下一系列协议：

1. 自然人甲向境外自然人乙支付资本补偿金3,000万元，各方签署终止协议，解除A公司的股权质押，自然人甲取得对A公司的控制权。

2. A公司与B公司的股东C公司签订股权转让协议，收购B公司100%的股权，股权受让价格为1亿元，A公司向C公司支付远高于B公司股权公允价值的股权受让款，将B公司变为A公司的全资子公司。

3. 自然人甲负责为A公司筹集资金，通过引入新投资人D公司，取得增资款9,000万元，但自然人甲仍然控制A公司。

A公司并购日为2×17年1月31日，并购日A公司净资产账面价值为6,000万元，B公司的净资产账面价值为100万元，B公司可辨认净资产的公允价值为2,000万元（主要资产为评估增值的知识产权，假设该金额与B公司股权的公允价值相同）。收购完成后，B公司被注销，B公司的研发人员和知识产权转移到A公司。

VIE架构拆除后控制关系如图3-5所示。

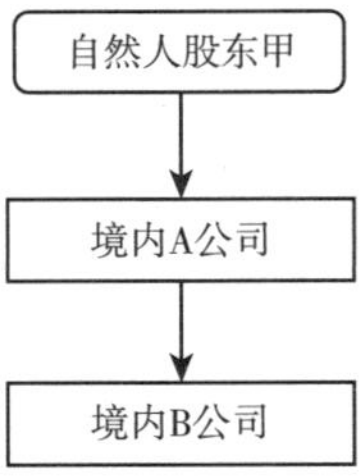

图3-5　VIE架构拆除后控制关系

问题：对于A公司收购B公司100%股权所支付的股权受让款，在A公司个别报表和合并报表中应如何进行会计处理？

二、会计准则及相关规定

《企业会计准则第20号——企业合并》规定："参与合并的企业在合并前后均受同一方或相同的多方最终控制且该控制并非暂时性的，为同一控制下的企业合并；参与合并的各方在合并前后不属于同一方或相同的多方最终控制的，为非同一控制下的企业合并。"

《企业会计准则第33号——合并财务报表》（2014年修订）第五十一条规定："各项交易的条款、条件以及经济影响符合以下一种或多种情况的，通常应将多次交易事项作为一揽子交易：（1）这些交易是同时或者在考虑了彼此影响的情况下订立的；（2）这些交易整体才能达成一项完整的商业结果；（3）一项交易的发生取决于至少一项其他交易的发生；（4）一项交易单独看是不经济的，但是和其他交易一并考虑时是经济的。”

三、案例解析

对于A公司收购B公司100%的股权所支付的股权受让款，在A公司个别报表和合并报表中应如何进行会计处理，实务中存在不同观点。

观点一：对A公司支付的高于B公司股权公允价值的股权转让款，应当按照权益性交易的原则进行处理，不确认商誉或当期损益。

自然人甲向境外自然人乙支付资本补偿金与A公司收购B公司100%的股权属于一揽子交易，最终目的就是使自然人甲获得A公司的控制权。A公司为收购B公司100%的股权，向境外C公司支付的款项包含两部分，即B公司股权的受让款和A公司原实际控制人自然人乙的投资退出款。对A公司支付的高于B公司公允价值的股权转让款，实质为代自然人甲支付给自然人乙的投资退出款，应冲减资本公积，资本公积不足冲减的，冲减留存收益。A公司在编制合并财务报表时，按照同一控制下企业合并进行会计处理。

观点二：A公司收购B公司的交易中不涉及权益性交易，全部作为非同一下控制下企业合并进行会计处理。

A公司和B公司在VIE架构拆除前后实际控制人发生了变化，拆除前的实际控制人为自然人乙，拆除后的实际控制人为自然人甲，根据企业合并准则的相关规定，不符合同一控制下企业合并的定义，应作为非同一控制下企业合并进行会计处理。1亿元全部为收购对价，其超过B公司可辨认净资产公允价值部分确认为商誉。

观点三：按照实务中绝大多数拆除VIE、拆除红筹的重组交易做法，B公司本身往往并不构成一项单独的业务，根据以往情况B公司从事的业务与A公司相互交织，不可割裂，B公司与A公司相结合才能构成一项完整的业务。在这种情况下，由于A公司与B公司构成的业务整体没有发生变化，即使控制方发生变化，仍属于业务在法律形式上的重组，A公司合并报表仍应沿用业务原来的账面价值，即与原B公司合并报表保持一致，并重述历史业绩。A公司个别报表中，可按B公司股权的公允价值2,000万元作为长期股权投资成本，与股权转让款的差额作为权益性交易处理。

上述看法中观点三更符合会计准则的规定。对于 VIE 架构，由于 A 公司和 B 公司整体构成完整的业务，上述交易中，并购日 A 公司净资产的账面价值为 6,000 万元，而甲支付的对价仅为 3,000 万元，B 公司的公允价值为 2,000 万元，而对价为 1 亿元，两项交易是在考虑了彼此影响的情况下订立的，只有一起考虑才是经济的，且两项交易整体才能达成一项完整的商业结果。因此，甲收购 A 公司，与 A 公司收购 B 公司实质为“一揽子交易”，一系列架构拆除安排的实质为 A 公司和 B 公司业务的股东从境外的自然人乙和 C 公司变为境内自然人甲和投资人 D 公司。境内主要经营实体 A 公司和 B 公司的资产和业务并未发生变化，应将 A 公司和 B 公司看作一个整体，其控股股东改变并不会改变其计量基础。因此在 A 公司合并报表层面，A 公司和 B 公司分别采用不同的计量基础不符合交易实质，应仍沿用业务原来的账面价值，即 A 公司合并报表应为原 B 公司合并报表的延续，A 公司所支付的 1 亿元对价应全部作为权益性交易处理。A 公司个别报表中，长期股权投资成本为 B 公司股权的公允价值 2,000 万元，A 公司收购 B 公司所支付的对价超出 B 公司净资产公允价值的部分实质为 A 公司代替其股东甲支付给原股东乙的投资退出款，应作为权益性交易处理。

案例 3 – 16
非同一控制下企业合并中少数股东持有的卖出期权的会计处理

一、案例背景

A 上市公司在 2×18 年 1 月 1 日从 C 公司收购了 B 公司 60% 的股权，构成非同一控制下企业合并，收购对价为 1.8 亿元。B 公司可辨认净资产在购买日的公允价值为 1.0 亿元。收购协议约定，C 公司有权在两年内将其持有的 B 公司剩余 40% 股权以 1.2 亿元转让给 A 公司（即卖出期权）。C 公司在行使卖出期权之前，享有 B 公司 40% 股权对应的权益，包括表决权、分红权等。收购前后的股权结构如图 3 - 6 所示。

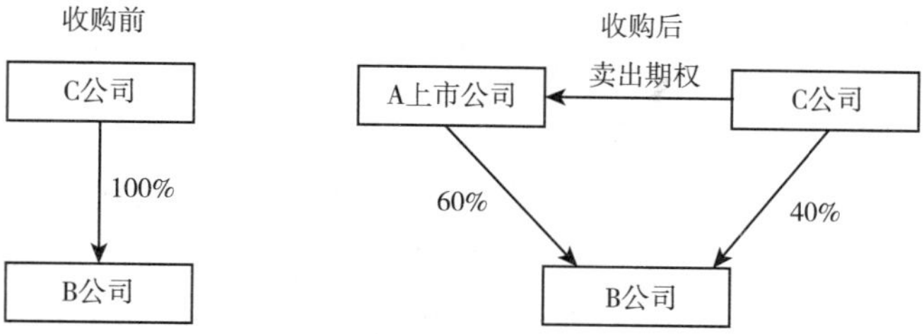

图 3 - 6 收购前后的股权结构

问题：

（1）A 公司在购买日的合并报表中，应如何处理少数股东 C 公司持有的卖出期权？

（2）A 公司在后续资产负债表日的合并报表中，应如何处理少数股东 C 公司持有的卖出期权的账面价值变动？

（3）A 公司在个别报表中应如何处理少数股东 C 公司持有的卖出期权？

二、会计准则及相关规定

《企业会计准则第 37 号——金融工具列报》（2017 年修订）第十一条规定："除根据本准则第三章分类为权益工具的金融工具外，如果一项合同使发行方承担了以现金或其他金融资产回购自身权益工具的义务，即使发行方的回购义务取决于合同对手方是否行使回售权，发行方应当在初始确认时将该义务确认为一项金融负债，其金额等于回购所需支付金额的现值（如远期回购价格的现值、期权行权价格的现值或其他回售金额的现值）。如果最终发行方无须以现金或其他金融资产回购自身权益工具，应当在合同到期时将该项金融负债按照账面价值重分类为权益工具。"

《企业会计准则第 37 号——金融工具列报（应用指南）》（2018 年修订）例 10 指出，"甲公司为乙公司的母公司，其向乙公司的少数股东签出一份在未来 6 个月后以乙公司普通股为基础的看跌期权。如果 6 个月后乙公司股票价格下跌，乙公司少数股东有权要求甲公司无条件地以固定价格购入乙公司少数股东所持有的乙公司股份。……在集团合并报表层面，由于看跌期权使集团整体承担了不能无条件避免的支付现金的合同义务，因此该少数股东权益不再符合权益工具定义，而应确认为一项金融负债，其金额等于回购所需支付金额的现值。”

《企业会计准则第22号——金融工具确认和计量》（2017年修订）第五条规定：“衍生工具，是指属于本准则范围并同时具备下列特征的金融工具或其他合同：（1）其价值随着特定利率、金融工具价格、商品价格、汇率、价格指数、费率指数、信用等级、信用指数或其他变量的变动而变动，变量为非金融变量的，该变量不应与合同的任何一方存在特定关系；（2）不要求初始净投资，或者与对市场因素变化预期有类似反应的其他合同相比，要求较少的初始净投资；（3）在未来某一日期结算。”

三、案例解析

问题（1）：

在A上市公司的合并报表层面，首先需考虑是否应就少数股东持有的卖出期权确认负债。根据金融工具列报准则相关规定，当企业承担了回购自身权益工具的义务时，应将回购所需支付金额的现值确认为一项金融负债。在本案例中，A公司因卖出期权而承担了购买少数股东所持有的B公司40%的股权的义务，而少数股东持有的B公司股权在合并财务报表中属于A集团的自身权益工具（即少数股东权益），因此，A公司应就卖出期权形成的回购义务确认相关负债，金额为回购所需支付金额的现值（本例中为1.2亿元）。

就A公司在确认上述负债时借方应如何处理，在实务中可能存在不同方法。

方法一：视同A公司在购买日购入B公司100%的股权，并将上述负债视为合并成本的一部分。在该方法下，A公司在进行企业合并会计处理时，确认购买B公司100%的股权对应的商誉，且不在合并财务报表中确认B公司的少数股东权益。相关会计处理如下（单位：万元）：

借：B公司可辨认净资产	10,000	
商誉	20,000	
贷：卖出期权负债		12,000
现金		18,000

方法二：认为A公司在购买日取得了B公司60%的股权，剩余的40%股权仍为少数股东权益。在该方法下，A公司在进行企业合并会计处理时，确认购买B公司60%的股权对应的商誉，并在确认卖出期权负债时冲减资

本公积（资本公积不足冲减的，冲减留存收益）。相关会计处理如下（单位：万元）：

借：B 公司可辨认净资产	10,000	
商誉	12,000	
贷：少数股东权益		4,000
现金		18,000
借：资本公积	12,000	
贷：卖出期权负债		12,000

我们认为，采用上述方法一或方法二的关键在于判断少数股东权益是否实质上仍然存在，通常需考虑的因素包括：卖出期权的行权价格与子公司少数股权的公允价值之间的关系，以及少数股东持有的子公司股权是否实质上拥有普通股的权利和义务（例如享有表决权、分红权、股票增值权）等。如果在行使卖出期权之前，实质上已经没有了少数股东权益，则采用方法一较为恰当。例如，卖出期权的行权价格远高于子公司少数股权的公允价值，使得 A 公司在购买日基本确定少数股东将会行使该项卖出期权；又如，少数股东实质上不拥有子公司的表决权、分红权，不享有子公司股权增值相关的利得，而仅享有固定分红回报。反之，如果在行使卖出期权之前，少数股东权益实质上仍然存在，则采用方法二更为恰当。在本案例中，考虑到卖出期权的行权价格与购买日 B 公司 40% 的股权的公允价值相当，且少数股东 C 享有 B 公司 40% 的股权对应的权益（包括表决权、分红权、股票增值权等），因此 A 公司在合并财务报表中采用方法二更为恰当。

问题（2）：

关于 A 公司合并财务报表层面如何核算卖出期权负债的账面价值的后续变动，在实务中可能存在不同观点。

观点一认为，在不丧失控制权的情况下，母公司与少数股东之间转让子公司股权的交易，应作为权益性交易处理，相关差额计入资本公积；上述卖出期权安排是公司与少数股东进行的权益性交易，相关影响应一直视为权益性交易进行处理，因此相关负债账面价值的后续变动应计入资本公积（资本公积不足冲减的，调整留存收益）。

观点二认为，卖出期权相关负债账面价值的后续调整是基于货币时间价值或者标的公司的公允价值变动等因素，该价值调整本身与少数股东之间的交易无关，不属于权益性交易；卖出期权负债属于一项金融工具，应根据金融工具准则的相关规定，将该负债账面价值的后续变动计入当期损益。

考虑到卖出期权负债属于一项金融工具，我们倾向认为，应根据金融工具准则的相关规定，将该负债账面价值的后续变动计入当期损益，即上述观点二。

问题（3）：

在A上市公司个别财务报表中，子公司少数股东持有的卖出期权并未导致A公司承担回购自身权益工具的义务（因为在A公司个别报表中，不对子公司的少数股东权益进行核算），因此A公司无须在个别报表层面就卖出期权确认全额负债。

该安排是A公司未来以约定价格购买子公司少数股权的一项衍生金融工具，应以该衍生工具的公允价值进行初始确认和后续计量。在确定卖出期权的公允价值时，需基于子公司少数股权的约定购买价格与少数股权的公允价值之间的差额，并综合考虑剩余行权期限、子公司股权价值的波动性等因素。

第四章
反向购买

近年来，资本市场反向购买个案不断涌现，非上市公司通过反向购买上市公司从而实际上取得了上市地位。在交易过程中，上市公司向非上市公司的股东定向增发股票，非上市公司的股东以非上市公司的股权（或经营性资产）认购上市公司增发的股票，从而在交易完成后成为上市公司的控股股东，非上市公司取得上市地位。这类交易属于反向购买，在资本市场中一般被称为“借壳上市”。由于交易中出现了会计购买方与法律购买方的不同，且在进行会计处理的时候，还需要区分为一般的反向购买和权益性交易两种情况，该类交易一直是会计处理和监管中的难点问题。

案例 4－01
被购买方不构成业务的权益性交易

反向购买中，非上市公司通过反向购买上市公司从而实际上取得了上市地位。就上市公司如何进行会计处理的问题，财政部《关于非上市公司购买上市公司股权实现间接上市会计处理的复函》（财会便〔2009〕17 号）规定，非上市公司借壳上市的交易，应该区分两种情况处理：上市公司持有的资产构成业务的，按照一般的反向购买处理原则，合并成本与取得的上市公司可辨认净资产公允价值份额的差额应当确认为商誉或是计入当期损益；上市公司持有资产不构成业务的，按照权益性交易的原则进行会计处理。

根据上述规定，在借壳上市的交易中，上市公司持有的资产是否构成业务，对会计处理的结果会产生相当大的影响。市场相关各方在执行过程中对上市公司不构成业务仍存在不同的理解，对于各种“借壳上市”方案下是否应确认商誉在实务中也存在不同做法，引发了一些争议。

一、案例背景

A公司为上市公司，其控股股东为B公司，持有A公司40%的股权（约8,000万股），经监管部门核准，A公司在2×14年9月实施重大资产重组，交易日定为2×14年9月30日，资产重组方案主要内容如下：

1. A公司在交易日将其全部资产和负债出售给B公司，出售价款约为6亿元；

2. B公司向C公司转让其持有的8,000万股A公司股票，转让款约为4亿元；

3. A公司向C公司购买其业务包D（含相关资产、负债、股权等），交易价款约为17亿元，其中向C公司支付现金约为5亿元，其余全部以向C公司定向发行股票的方式支付，发行价格确定为4元/股，共发行约3亿股；

4. 上述三项交易互为条件，同时实施；

5. A公司原股份为2亿股，定向发行结束后，A公司的股本变更为5亿股，C公司持有A公司的股权比例约为76%；

6. A公司2×14年归属于母公司股东的净利润约为1亿元，业务包D于2×13年模拟计算的净利润约为8,000万元。

问题：A公司在上述资产重组交易中是否应确认商誉？

二、会计准则及相关规定

《关于非上市公司购买上市公司股权实现间接上市会计处理的复函》（财会便〔2009〕17号）规定："非上市公司以其所持有的对子公司投资等资产为对价取得上市公司的控制权，构成反向购买的，上市公司编制合并财务报表时应当区别以下情况处理：

（一）交易发生时，上市公司未持有任何资产负债或仅持有现金、交易性金融资产等不构成业务的资产或负债的，上市公司在编制合并财务报表时，应当按照《财政部关于做好执行会计准则企业2008年年报工作的通知》（财会函〔2008〕60号）的规定执行；

（二）交易发生时，上市公司保留的资产、负债构成业务的，应当按照《企业会计准则第20号——企业合并》及相关讲解的规定执行，即对于形成非同一控制下企业合并的，企业合并成本与取得的上市公司可辨认净资产公允价值份额的差额应当确认为商誉或是计入当期损益。”

《财政部关于做好执行会计准则企业2008年年报工作的通知》（财会函〔2008〕60号）规定：“企业购买上市公司，被购买的上市公司不构成业务的，购买企业应按照权益性交易的原则进行处理，不得确认商誉或确认计入当期损益。”

《关于执行会计准则的上市公司和非上市企业做好2009年年报工作的通知》（财会〔2009〕16号）规定：“企业合并应当关注是否构成业务。业务是指企业内部某些生产经营活动或资产、负债的组合，该组合具有投入、加工处理过程和产出能力，能够独立计算其成本费用或所产生的收入等，可以为投资者等提供股利、更低的成本或其他经济利益等形式的回报。有关资产或资产、负债的组合具备了投入和加工处理过程两个要素即可认为构成一项业务。”

三、案例解析

（一）对于借壳上市的交易

在实务中，首先应该根据会计准则对于业务的定义判断壳公司的资产是否构成业务，简单地按照壳公司资产金额的大小或占借壳方资产金额的比例来判断其是否为业务是不妥当的。在应用业务的定义时，需要注意，尽管业务通常都会有产出，但产出并不是被认定为业务的必要条件。业务需要两项必备要素——投入和作用于这些投入的过程，两者将共同用于创造产出。然而，如果市场参与者有能力购买业务并能持续产出（例如把业务和其自身的投入和加工处理过程结合），业务并不需要包括卖方在经营该项业务中使用的所有投入和过程。此外，确定某组特定集合的资产和活动是否是业务，应当基于该组集合是否能够由市场参与者作为业务进行经营和管理。因此，在评估某组特定集合是否为业务时，卖方是否将该组集合作为业务经营或者购买方是否意欲将该组集合作为业务经营，都是不相关的。

如果构成业务，则应该按照企业合并中一般的反向购买原则进行会计处理，并确认相应的商誉。

如果壳公司的资产不构成业务，则不能按照一般的反向购买原则对该交易进行会计处理，不应确认商誉。但是，由于延续的会计主体仍然是拟借壳方，仍然可以借鉴反向购买的思路，视同拟借壳方向壳公司的股东发行股票，获取上市公司的资产和上市地位。在此情况下，拟借壳方（法律上的子公司）支付的对价，与壳公司净资产公允价值之间的差额，实质上是为了取得上市地位而支付的对价（即壳的价值），应当根据（财会函〔2008〕60号）的规定，按照权益性交易的原则进行处理。

（二）实务中常见的“不构成业务”的借壳上市交易

此种交易主要包括以下三种类型：

1. 上市公司通过一定的交易安排置出全部资产负债（即“空壳”上市公司），非上市公司的股东以持有的股权或资产认购上市公司向其定向发行的股票，成为发行后上市公司的控股股东，从而实现非上市公司“借壳上市”。

2. 上市公司除现金和金融资产外无其他非货币性资产，非上市公司的股东通过认购上市公司向其定向发行的股票成为发行后上市公司的控股股东，从而实现非上市公司借壳上市。

3. 上市公司和非上市公司进行重大资产置换，在上市公司向非上市公司的股东出售其全部资产负债的同时，上市公司从非上市公司的股东处购入其持有的非上市公司的股权，上述两项交易的价款差额由上市公司向非上市公司的股东定向发行股票进行支付，由此实现非上市公司借壳上市。

我们认为，上述类型的借壳上市交易，一般可以认定为被购买的上市公司不构成业务。

针对本案例，需要作如下考虑：

第一，应判断A公司此次资产重组的交易类型。本次资产重组涉及的交易事项主要包括三部分：上市公司A出售其资产负债给其原控股股东B公司、原控股股东B转让其持有的全部上市公司A的股份给新控股股东C公司、上市公司A向新控股股东C公司支付现金并增发股份用以收购新控股股东的业务包D。由于“上述三项交易互为条件，同时实施”，因此应该作为一项整体交易来考虑。

根据本案例，重组前A公司控股股东为B公司。交易中，A公司向C公司发行权益性证券购买业务包D，由于业务包D的规模比A公司的规模大，导致交易完成后A公司变为被C公司控制，涉及上市公司控制权转移的，应按照（财会便〔2009〕17号）进行处理。

第二，按照（财会便〔2009〕17号）要求，企业需要判断交易发生时，上市公司保留的资产、负债是否构成业务，不构成业务的，应按照权益性交易的原则进行处理。本案例中A公司在重组时处置了其全部资产、负债，保留的资产仅为货币资金，不构成业务，应按照权益性交易的原则处理。

综上所述，我们认为A公司在上述资产重组交易中不应确认商誉。

案例4－02
购买方为多个主体的反向购买

反向购买交易中，法律上的子公司被视为会计上的购买方。如果多家公司同时被上市公司收购，均成为“法律上的子公司”；或者重组方注入上市公司一组构成业务的资产，却并非一个法律实体，这种交易是否属于反向购买，是否应按照反向购买的原则进行处理的问题，实务中一直存在不同的理解，甚至出现了一个上市公司对同一交易在交易申报时和交易完成后采取不同的会计处理的现象。

一、案例背景

A公司是上市公司，主营业务为建筑业。2×14年2月1日，A公司临时股东大会审议通过向B公司非公开发行股份，购买B公司持有的C、D、E三家建筑公司的100%股权。A公司此次非公开发行前的股份为2,000万股，向B公司发行股份数量为6,000万股，非公开发行完成后，B公司控制A公司。C、D、E公司经评估确认的公允价值分别是3,000万元、9,000万元、12,000万元，A公司按有关规定确定的股票价格为每股4元。2×14年9月1日，非公开发行经监管部门核准并办理完成股份登记等手续。

问题：A公司此次企业合并的合并成本是多少？

二、会计准则及相关规定

《企业会计准则讲解（2010）》第二十一章“企业合并”指出：“某些企业合并中，发行权益性证券的一方因其生产经营决策在合并后被参与合并的另一方所控制的，发行权益性证券的一方虽然为法律上的母公司，但其为会计上的被购买方，该类企业合并通常称为反向购买。”

《企业会计准则讲解（2010）》第一章“基本准则”指出：“会计主体，是指企业会计确认、计量和报告的空间范围。……会计主体不同于法律主体。”

《企业会计准则讲解（2010）》第三十四章“合并财务报表”指出：“子公司可以是企业，如《公司法》所规范的股份有限公司、有限责任公司等；也可以是主体，如非企业形式的、但形成会计主体的其他组织，如基金以及信托项目等特殊目的主体等。”

三、案例解析

在反向购买的定义中，并未要求会计上的购买方是一个法律实体，我们认为，作为会计处理中的判断，应该更关注其是否构成会计主体，而不应该片面地将其理解为一个法律实体。

不能简单地因为法律上的被购买方不是一个法律主体就判断交易不是反向购买，而应该判断法律上的被购买方是否构成一个会计主体。

1. 需要判断本次交易的类型。在本次合并中，A 公司发行股票向 B 公司定向增发实施合并，在合并完成后，B 公司控制 A 公司，构成反向购买。A 公司是会计上的被购买方，而法律上的子公司成为会计上的购买方。但在本案例中，法律上的子公司为 C 公司、D 公司、E 公司，存在多个法律实体，如何判定谁是购买方？

在准则有关“主体”的指引中，强调了会计上的主体并不等同于法律实体。在本案例中，C 公司、D 公司、E 公司三家建筑公司在交易前同受 B 公司控制，交易后同时成为 A 公司的子公司，且这三家公司符合会计主体（以下简称为 CDE 主体）的定义。CDE 主体是购买方。

2. 反向购买中，合并成本应以假设法律上的子公司（购买方）以发行权益性证券的方式为获取在合并后报告主体的股权比例，应向法律上母公司（被购买方）的股东发行的权益性证券数量与权益性证券公允价值计算的结果。本交易中，会计上的购买方为 CDE 主体，包含多个法律实体的情况下，应该如何计算和假设 CDE 主体会发行的权益性证券的数量和公允价值？

在第一个分析中，C 公司、D 公司、E 公司三家公司一起构成会计上的购买方——CDE 主体。因此，可以合理地假定购买方 CDE 主体在购买日的公允价值等于 C 公司、D 公司、E 公司三个公司公允价值之和。假设购买方 CDE 主体在合并之前发行在外的股份为 X 股，其以向 A 公司股东发行股份的方式实施合并。

根据上述假定和假设，反向购买合并成本计算过程如下：

（1）购买方 CDE 主体的公允价值 = 3,000 + 9,000 + 12,000 = 24,000（万元）

（2）合并交易完成后，B 公司对 A 公司的持股比例 = 6,000 ÷（2,000 + 6,000）= 75%

（3）购买方 CDE 主体合并前权益性证券的每股价值 = 24,000 ÷ X 万元

假设购买方 CDE 主体以向 A 公司股东发行股份的方式实施合并，那么 CDE 主体在合并后主体中所占比例也应为 75%，由此购买方 CDE 主体向 A 公司股东发行的股份数量 = X ÷ 75% − X

（4）合并成本 = 购买方 CDE 主体向 A 公司股东发行股份的公允价值 = CDE 主体合并前权益性证券公允价值 × 购买方 CDE 主体向 A 公司股东发行的股份数量 = 24,000 ÷ X ×（X ÷ 75% − X）= 24,000（1 ÷ 75% − 1）= 8,000（万元）

综上所述，我们认为 A 公司此次企业合并的合并成本为 8,000 万元。同时，通过本案例，我们可以进一步总结，在反向购买中，如果会计上的购买方对应多个法律实体，应把多个法律实体视同为一个会计主体，并假设这个主体向会计上被购买方的原股东发行权益性证券，反向购买交易的合并成本可以公式化为：购买方的公允价值合计 ×（1 ÷ 购买方在合并后主体中所占的股权比例 − 1）。

案例 4 – 03
反向购买中每股收益的计算

在上市公司发生反向购买交易之后，合并报表中以法律上的子公司作为购买方进行会计处理，在很多方面是以法律上子公司作为延续的报告主体来看待。但是就股本数量而言，必须反映上市公司这一法律实体的股份数，在这种情况下，每股收益的计算有别于正常的计算方法，尤其是在反向购买的购买日之前，利润表中反映的完全是法律上子公司的利润，股份数如果简单

地使用上市公司的股份数，则会出现不匹配的情况。

一、案例背景

A 公司为上市公司。经批准，A 公司于 2×13 年 9 月 30 日以发行 1.2 亿股（发行价格为每股 10 元）为对价，向 B 公司购买其持有的 C 公司 100% 的股权（评估作价为 12 亿元）。交易完成后，B 公司成为 A 公司的控股股东，持股比例为 60%。该交易为反向购买，交易前 A 公司的股本为 0.8 亿股，交易完成后，A 公司的股本变更为 2 亿股。A 公司 2×13 年度按照相关会计准则规定编制的合并报表中归属于母公司股东的合并净利润约为 1.6 亿元。

问题：A 公司应当如何计算 2×13 年度每股收益？

二、会计准则及相关规定

《企业会计准则讲解（2010）》第二十一章“企业合并”指出：“发生反向购买当期，用于计算每股收益的发行在外普通股加权平均数为：

1. 自当期期初至购买日，发行在外的普通股数量应假定为在该项合并中法律上母公司向法律上子公司股东发行的普通股数量。

2. 自购买日至期末发行在外的普通股数量为法律上母公司实际发行在外的普通股股数。

反向购买后对外提供比较合并财务报表的，其比较前期合并财务报表中的基本每股收益，应以法律上子公司的每一比较报表期间归属于普通股股东的净损益除以在反向购买中法律上母公司向法律上子公司股东发行的普通股股数计算确定。

上述假定法律上子公司发行的普通股股数在比较期间内和自反向购买发生期间的期初至购买日之间内未发生变化。如果法律上子公司发行的普通股股数在此期间发生了变动，计算每股收益时应适当考虑其影响进行调整。”

三、案例解析

上市公司发生反向购买，应当按照《企业会计准则讲解（2010）》的指引，计算每股收益。

根据企业会计准则中的相关规定，反向购买情况下计算每股收益的关键在于确定加权平均的股份数。

1. 自当期期初至购买日，普通股数量为在该项合并中法律上母公司向法律上子公司股东发行的普通股数量。本案例中，法律上母公司A公司为收购C公司发行了1.2亿股。

2. 自购买日至期末发行在外的普通股数量为法律上母公司实际发行在外的普通股股数，本案例中为2亿股。

普通股加权平均数 $=1.2\times9\div12+2\times3\div12=1.4$（亿股）

A公司2×13年度每股收益 $=1.6\div1.4=1.14$（元/股）

案例4－04
包含现金对价的反向购买中每股收益的计算

本章案例4－03讨论了反向购买中每股收益的计算，是基于上市公司只发行股份向重组方收购的情况，如果上市公司支付的对价既包括发行股份又包括现金对价，应该如何计算每股收益，企业会计准则并没有明确规定。该类交易中，上市公司是以现金加所发行股份的公允价值之和作为换取目标资产的对价。

一、案例背景

A公司为上市公司，原股本为6,000万元，经批准，2×13年6月30日，该公司以现金2亿元及定向发行的1亿普通股（每股8元）为对价，自B公司处购买其所持有的C公司100%股权，C公司净资产评估作价10亿元。6月30日，交易完成后，B公司持有A公司62.5%的股份。A公司2×13年按照相关会计准则规定编制的合并报表中归属于普通股股东的净利润为0.9亿元。C公司2×13年期初到交易日的股本始终为4亿元。

问题：A公司2×13年度的每股收益应该如何计算？

二、会计准则及相关规定

《企业会计准则讲解（2010）》第二十一章“企业合并”指出：“发生反向购买当期，用于计算每股收益的发行在外普通股加权平均数为：

1. 自当期期初至购买日，发行在外的普通股数量应假定为在该项合并中法律上母公司向法律上子公司股东发行的普通股数量；

2. 自购买日至期末发行在外的普通股数量为法律上母公司实际发行在外的普通股股数。

反向购买后对外提供比较合并财务报表的，其比较前期合并财务报表中的基本每股收益，应以法律上子公司的每一比较报表期间归属于普通股股东的净损益除以在反向购买中法律上母公司向法律上子公司股东发行的普通股股数计算确定。

上述假定法律上子公司发行的普通股股数在比较期间内和自反向购买发生期间的期初至购买日之间内未发生变化。如果法律上子公司发行的普通股股数在此期间发生了变动，计算每股收益时应适当考虑其影响进行调整。”

三、案例解析

《企业会计准则讲解（2010）》对反向购买当期和比较期间如何确定加权平均股数提出了基本思路，但对上市公司以发行股票加现金为对价方式购买拟借壳公司股权的情况并未作出明确规定。

我们通过一个简单的示例来进行分析。

上市公司 A 公司于 2×12 年 1 月 1 日向 B 公司的原股东收购 B 公司 100% 的股权，该交易为反向购买。假设 A 公司的股价为 2 元/股，B 公司的公允价值为 8,000 万元。2×11 年年底 A 公司和 B 公司信息如表 4－1 所示，采用不同的方案（如表 4－2、表 4－3 所示）将导致 A 公司不同的每股收益。

表 4－1　A 公司和 B 公司净利润与股份数

	A 公司	B 公司
合并净利润	100 万元	1,000 万元
实际股份数	1,000 万股	5,000 万股

表 4-2　　方案一

A 公司发行 4,000 万股用于收购 B 公司。
在 A 公司 2×12 年度合并财务报表中，每股收益的计算如下：

	2×11 年	2×12 年
合并净利润	1,000 万元	1,100 万元
实际股份数	1,000 万股	5,000 万股
每股收益	0.25 元/股	0.22 元/股

表 4-3　　方案二

A 公司发行 3,000 万股并支付现金 2,000 万元用于收购 B 公司。
在 A 公司 2×12 年度合并财务报表中，每股收益的计算如下：

	2×11 年	2×12 年
合并净利润	1,000 万元	1,100 万元
实际股份数	1,000 万股	4,000 万股
每股收益	0.25 元/股	0.275 元/股

2×12 年 A 公司收购 B 公司之后的合并净利润为 1,100 万元。

方案一中，比较期间 2×11 年度的每股收益 = B 公司 2×11 年度净利润 1,000 万元 ÷ A 公司为收购 B 公司而发行的股份数 4,000 万股 = 0.25（元/股）

2×12 年度的每股收益 = A 公司与 B 公司合并后净利润 1,100 万元 ÷ A 公司实际发行在外的股份数 5,000 万股 = 0.22（元/股）

方案二中，比较期间 2×11 年度的每股收益 = B 公司 2×11 年度净利润 1,000 万元 ÷（A 公司为收购 B 公司而发行的 3,000 万股 + 支付的现金折合的股份数 1,000 万股） = 1,000/4,000 = 0.25（元/股）

2×12 年度的每股收益 = A 公司与 B 公司合并后净利润 1,100 万元 ÷ A 公司实际发行在外的股份数 4,000 万股 = 0.275（元/股）

通过上面两个方案的对比，我们可以看出，同样的净利润水平，采用发行股份 + 支付现金的方式（方案二），2×12 年度的每股收益相对较高，看上去似乎有些不合理或者前后期间不可比。但我们理解，方案二与方案一相比，交易完成后，A 公司集团的货币资金减少了 2,000 万元，股份数减少 1,000 万股，其效果与股东减资的效果类似，在股东减资的情况下，公司会直接以减资后的股份数计入加权平均股份数，而不会进行任何的模拟调整。因此，在方案二中，也应该直接以实际的 4,000 万股作为合并日后的股份数去计算加权平均股份数。需要说明的是，由于支付现金对价视为股东减资，导致每股收益升高。

案例 4－05
反向购买中同时收购了会计上购买方子公司少数股权以及联营企业其他股权时的会计处理

上市公司所进行的反向购买交易中，法律上可能体现为上市公司发行股份收购了多项股权。这种情况下，需要判断其中哪一个或者哪几个被收购方是会计上的购买方，所收购的其他股权应该如何进行会计处理。

一、案例背景

甲公司为上市公司（壳公司），无实质经营（不构成业务）。甲公司与A公司、B公司、C公司、D公司、E公司达成如下重组协议：

1. 以定向增发股票的方式购买A公司持有的子公司乙60%的股权，同时购买乙公司的少数股东B公司持有的40%的股权，使乙公司成为甲公司的全资子公司。

2. 以定向增发股票的方式购买C公司、D公司持有的丙公司70%的股权。丙公司为乙公司的联营企业。

3. 以定向增发股票的方式购买E公司持有的丁公司20%的股权。丁公司为乙公司的控股子公司。

交易完成后，A公司成为甲公司的实际控制人。假设A公司、B公司、C公司、D公司、E公司不存在关联关系。

上述公司在重组交易前后的股权架构如图4－1所示。

问题：

（1）在上述反向购买中，谁是会计上的购买方？

（2）购买的其他股权应该如何进行会计处理？

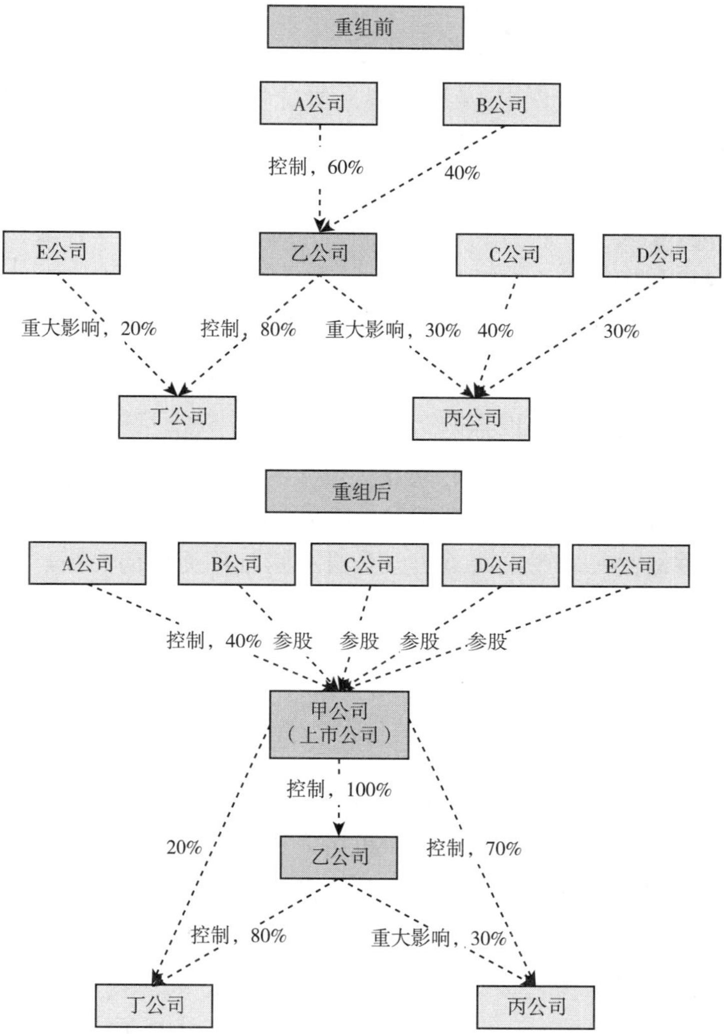

图 4－1　重组前后股权架构

二、会计准则及相关规定

《企业会计准则讲解（2010）》第二十一章“企业合并”指出：“某些企业合并中，发行权益性证券的一方因其生产经营决策在合并后被参与合并的另一方所控制的，发行权益性证券的一方虽然为法律上的母公司，但其为会计上的被购买方，该类企业合并通常称为反向购买。”

《企业会计准则讲解（2010）》第二十一章中在讨论企业合并中如何判

断购买方时，提到的相关考虑因素包括："（1）以支付现金、转让非现金资产或承担负债的方式进行的企业合并，一般支付现金、转让非现金资产或是承担负债的一方为购买方。（2）考虑参与合并各方的股东在合并后主体的相对投票权，其中股东在合并后主体具有相对较高投票比例的一方一般为购买方。（3）参与合并各方的管理层对合并后主体生产经营决策的主导能力，如果合并导致参与合并一方的管理层能够主导合并后主体生产经营政策的制定，其管理层能够实施主导作用的一方一般为购买方。（4）参与合并一方的公允价值远远大于另一方的，公允价值较大的一方很可能为购买方。（5）企业合并是通过以有表决权的股份换取另一方的现金及其他资产的，则付出现金或其他资产的一方很可能为购买方。（6）通过权益互换实现的企业合并，发行权益性证券的一方通常为购买方。但如果有证据表明发行权益性证券的一方，其生产经营决策在合并后被参与合并的另一方控制，则其应为被购买方，参与合并的另一方为购买方。该类合并通常称为反向购买。"

三、案例解析

（一）判断会计上的购买方

在本案例中，甲公司增发股份，交换了乙公司、丙公司和丁公司的股权，涉及甲、乙、丙、丁四家公司。重组完成后，这四家公司形成一个集团公司，即一个报告主体，乙公司原来的控股股东（A公司）取得了对这个新的集团公司的控制权，符合反向购买的定义，甲公司为会计上的被购买方。

丙公司的原股东为乙公司（持股30%）、C公司（持股40%）和D公司（持股30%）。交易完成后，C公司和D公司取得了新的集团公司少数股权，不能够控制上市公司，因此，丙公司不是会计上的购买方。丁公司的原控股股东即为乙公司，交易完成后仍然由乙公司控制，因此丁公司也不是会计上的购买方。

综上所述，由于乙公司的原控股股东（A公司）取得了对交易后主体的控制权，乙公司的公允价值应该也高于其他三个公司各自的公允价值，根据准则中关于购买方的判断标准，乙公司为会计上的购买方。

（二）收购的其他股权在合并财务报表中应该如何进行会计处理

1. 甲公司。重组完成日，甲公司的合并财务报表应以乙公司（会计上的购买方）为会计主体，将甲公司（会计上的被购买方）财务报表按照公允价值进行合并，由于甲公司没有业务，应按照权益性交易的原则，不确认商誉或计入当期损益，相关差额直接计入所有者权益。

2. 丙公司。重组后，上市公司的合并财务报表将以乙公司作为购买方进行反映，对于乙公司而言，丙公司在重组前是一个联营企业，重组后成为乙公司的子公司，所以按照分步实现非同一控制下企业合并进行处理。

3. 丁公司。重组后，上市公司的合并财务报表将以乙公司作为购买方进行反映，对于乙公司而言，丁公司在重组前后均为乙公司的子公司，持股比例从80%增加至100%，应该按照购买子公司少数股权进行会计处理。

重组完成后，在编制年度合并财务报告的对比信息时，应反映乙公司（会计上的购买方）前期合并财务报表（乙公司原有的实际架构），不按重组后的架构进行追溯。比较报表的所有者权益中，股本应反映乙公司（会计上的购买方）比较期间合并财务报表的股本。

综上所述，在反向购买中，被重组方（会计上的被购买方）发行股份同时收购重组方（会计上的购买方）的子公司的少数股东股权、联营企业的其他股东拥有的股权并在重组后对联营企业实施控制的情况下，在合并财务报表中，对购买重组方子公司少数股权按照权益性交易进行处理；对购买联营企业其他股东持有的股权，按照分步实现非同一控制下企业合并处理。

案例4-06
反向购买中涉及现金对价的会计核算

一、案例背景

A公司为上市公司，已发行1亿股普通股，每股市场价格为2.00元/股。B公司已发行2亿股普通股，每股市场价格为2.50元。2×16年9月30日，A公司通过向B公司的股东发行2亿股普通股（价值4亿元）及支付1亿元现金取得B公司100%的股份。该交易完成后，A公司的生产经营决策被B公司的原股东所控制。因此认为该交易中B公司的原股东取得了对A公司的控制权，应将该合并作为反向购买进行会计处理，即B公司（法律上的子公司/会计上的购买方）收购了A上市公司（法律上的母公司/会计上的被购买方）。

问题：

（1）合并财务报表中如何确定会计上购买方的合并成本？

（2）合并财务报表中应如何对A公司支付的1亿元现金进行会计处理？

二、会计准则及相关规定

《企业会计准则讲解（2010）》第二十一章“企业合并”指出：“反向购买中，法律上的子公司（购买方）的企业合并成本是指其如果以发行权益性证券的方式为获取在合并后报告主体的股权比例，应向法律上母公司（被购买方）的股东发行的权益性证券数量与权益性证券的公允价值计算的结果。购买方的权益性证券在购买日存在公开报价的，通常应以公开报价作为其公允价值；购买方的权益性证券在购买日不存在可靠公开报价的，应参照购买方的公允价值和被购买方的公允价值二者之中有更为明显证据支持的作为基础，确定假定应发行权益性证券的公允价值。”

三、案例解析

通常反向购买中合并成本的计算，是基于上市公司只发行股份向重组方收购的情况，如果上市公司支付的对价既包括发行股份又包括现金对价，如针对本案例，在应用《企业会计准则讲解（2010）》的相关要求确定合并成本时可能会出现以下两种结果：

计算结果1：A公司在该项合并中向B公司原股东增发2亿股普通股，因而合并后B公司的原股东持有A公司的股权比例为66.67%（2亿股÷3亿股），而A公司的原股东持有33.33%（1亿股÷3亿股）的股份。如果假定B公司发行本企业普通股使得其股东在合并后主体中享有同样的股权比例，则B公司应当向A公司的股东发行的普通股股数为1亿股（2亿股÷66.67%－2亿股），从而合并成本为1亿股×2.50元/股＝2.5（亿元）。

计算结果2：如果没有现金对价，则A公司应向B公司的原股东发行2.5亿股普通股，因而B公司的原股东拥有A公司71.43%（2.5亿股÷3.5亿股）的股权，A公司的原股东拥有28.57%（1亿股÷3.5亿股）的股权。

如果假定 B 公司发行本企业普通股使得其股东在合并后主体中享有同样的股权比例，那么 B 公司应当向 A 公司的股东发行 8,000 万股普通股（2 亿股 ÷ 71.43% －2 亿股），以使其股东在合并后主体中拥有相同比例的股权，从而合并成本的价值为 8,000 万股 ×2.50 元/股 =2（亿元）。

因该交易中 B 公司有效收购 A 公司 100% 的股权，如果假设 A 公司股份的公允价值更为可靠，则根据 A 公司股票的市场价格计量合并成本的公允价值为 2 亿元（1 亿股 ×2.00 元/股），该结果应与使用 B 公司的股价所确定的合并成本价值相等，此亦说明上述计算结果 2 正确，计算结果 1 不恰当。

反向购买交易中，如果上市公司（法律上的母公司/会计上的被购买方）支付的对价既包括发行股份又包括现金对价，合并财务报表中应如何核算其中的现金对价，企业会计准则并没有明确规定，实务中存在如下两种不同观点。

一种观点是将会计上被购买方支付的现金同时作为合并对价和会计上购买方取得净资产的减少，从而不会对商誉产生影响。但是，我们认为该方法并不恰当，因为 A 公司作为会计上的被购买方，其支付的任何对价（无论现金对价还是股份对价）都无法构成会计上购买方支付的合并对价。

另一种观点认为，虽然针对反向购买编制的合并财务报表以法律上的母公司（A 公司）的名义发布，但实质为法律上的子公司（B 公司）财务报表的延续。因此，A 公司（会计上的被购买方）支付的现金对价应在购买日作为合并主体对会计上购买方（B 公司）的股东的分配进行会计处理。

根据上述分析，在本案例中会计上购买方 B 公司收购 A 公司的合并成本为 2 亿元。我们可合理认为在视同 B 公司发行的 1 亿股中，只有 8,000 万股用于收购原 A 公司的股份，额外的 2,000 万股用于补偿 A 公司的股东，因为 B 公司的原股东已经获得 1 亿元的现金分配，即 2,000 万股实质是 B 公司向 A 公司的原股东分配了 5,000 万元（2,000 万股 ×2.50 元/股）的股票，从而 B 公司原股东和 A 公司股东获得的分配金额分别占总分配金额 1.5 亿元的 66.67% 和 33.33%，与其在合并主体中的持股比例一致。但是，由于合并财务报表的股权结构（即股份的数量和类型）反映的是法律上母公司（A 公司）的股权结构，这种“股票分配”实际上并未显示，而唯一作为权益变动列示的分配仅是支付给 B 公司原股东的 1 亿元现金。

案例 4－07
反向购买中或有对价的会计处理

一、案例背景

A 上市公司于 2×11 年 9 月 30 日以发行 1,200 万股股票为对价，向 B 公司购买其持有的 C 公司（标的公司）100% 的股权。交易完成后，B 公司成为 A 公司的控股股东，持股比例为 60%。该交易构成反向购买。根据股权转让协议的约定，B 公司就 C 公司的经营业绩向 A 公司作出业绩补偿承诺。如果 C 公司未达到承诺业绩，B 公司按照 C 公司实现的净利润与承诺净利润的差额，以退还上市公司股份的方式对 A 公司进行补偿。2×12 年 C 公司未达到承诺业绩，2×13 年，A 公司收到 B 公司返还的股票 100 万股。

非同一控制下企业合并交易中，被购买方的业绩补偿通常按或有对价的相关规定进行会计处理。但本例中 C 公司是法律上的被购买方，会计上的购买方。

问题：反向购买中，上市公司 A 收到的针对会计上购买方 C 公司的业绩补偿应当如何进行会计处理？

二、会计准则及相关规定

《企业会计准则讲解（2010）》第二十一章“企业合并”指出：“某些情况下，合并各方可能在合并协议中约定，根据未来一项或多项或有事项的发生，购买方通过发行额外证券、支付额外现金或其他资产等方式追加合并对价，或者要求返还之前已经支付的对价。购买方应当将合并协议约定的或有对价作为企业合并转移对价的一部分，按照其在购买日的公允价值计入企业合并成本。根据《企业会计准则第 37 号——金融工具列报》《企业会计准则第 22 号——金融工具确认和计量》以及其他相关准则的规定，或有对价符合权益工具和金融负债定义的，购买方应当将支付或有对价的义务确认为一项权益或负债；符合资产定义并满足资产确认条件的，购买方应当将符合合并协议约定条件的、可收回的部分已支付合并对价的权利确认为一项资产。”

三、案例解析

对于以上的问题，实务中可能存在如下三种观点：

观点一：按照或有对价进行会计处理。

根据或有对价的定义，“合并各方可能在合并协议中约定，根据未来一项或多项或有事项的发生，购买方通过发行额外证券、支付额外现金或其他资产等方式追加合并对价，或者要求返还之前已经支付的对价”，或有对价并不局限于对于被购买企业业绩的对赌，根据未来一项或多项或有事项的发生调整对价，均为可变对价。本案例针对会计上购买方业绩进行对价调整，也符合或有对价的定义。根据或有对价的相关规定，基于C公司业绩完成情况应收可变数量的自身权益工具应确认为一项金融资产，以公允价值计量且其变动计入当期损益。

观点二：按权益内部结构调整进行会计处理。

在反向购买中，C公司购买上市公司的合并成本应按C公司假定应发行的权益性证券数量与C公司权益性证券的公允价值计算。由于购买方C公司的权益性证券在购买日不存在活跃市场报价，而被购买方A公司为上市公司，合并成本以A上市公司100%股权在购买日的市值进行计量更可靠。因此，无论C公司权益性证券的估值是多少，以及基于该估值C公司（模拟）发行的权益性证券的数量是多少，合并成本总是等于被购买上市公司100%股权在购买日的市值，与C公司是否完成业绩对赌的预期无关，故不属于或有对价，不按或有对价进行会计处理。

从商业实质来看，针对购买方C公司业绩的对赌，实际上是对C公司权益性证券原估值的调整，并按调整后的估值调整应发行的权益性证券数量。购买方权益性证券单价和数量的调整属于权益内部结构的调整，不影响损益，也不影响购买方权益总额。正向来看，则应体现为上市公司权益结构的调整。因此，2×13年，A公司应在收到B公司返还的股票100万股，应借记股本100万元，贷记资本溢价100万元。

观点三：参照同一控制下企业合并的或有对价原则处理。

反向购买交易中，A公司收购B公司所持的C公司100%股权，B公司成为包含 A 公司和 C 公司的上市公司集团的控股股东，B 公司对 C 公司所作出业绩承诺的形式以及本质上看均是上市公司的股东对上市公司自身业绩的补偿，应当参照同一控制下企业合并的或有对价处理原则核算，即初始确认或有对价以及后续结算或有对价的影响，均调整资本公积（资本溢价），不影响损益。

我们认为，在反向购买中的业绩承诺是会计上的购买方对于自身业务的业绩承诺，而非对于被收购方业绩的承诺，但是这个业绩承诺影响了 B 公司所获得的上市公司发行的股数，相应调低了购买方在合并后集团中所占的股权份额，这本质上也是对购买价格的调整，因此倾向于认为属于非同一控制下企业合并的或有对价，即观点一。

第五章
其他长期资产和资产减值

案例 5-01
工程在建阶段的土地使用权摊销应计入在建工程成本还是当期损益

一、案例背景

A 公司是上市公司，为了扩大公司产能，于 2×12 年 3 月取得一项土地使用权用于建设新厂房。该土地使用权在无形资产科目核算，土地使用权账面原值为 2 亿元，使用年限 50 年，年摊销额为 400 万元。新厂房的工程建设于 2×12 年 5 月开始，至 2×13 年 11 月完工，A 公司将建设期内该土地使用权的摊销金额 600 万元计入新厂房的在建工程成本。

问题：在建设期间，A 公司土地使用权的摊销是否能够计入新厂房的在建工程成本？

二、会计准则及相关规定

《企业会计准则第 6 号——无形资产（应用指南）》第五条规定：“某项无形资产包含的经济利益通过所生产的产品或其他资产实现的，其摊销金额应当计入相关资产的成本。”

《企业会计准则讲解（2010）》第七章“无形资产”第四节“无形资产后续计量”规定：“无形资产的摊销一般应计入当期损益，但如果某项无形资产是专门用于生产某种产品的，其所包含的经济利益是通过转入到所生产的产品中体现的，无形资产的摊销费用应构成产品成本的一部分。”

《企业会计准则讲解（2010）》第七章“无形资产”第二节“无形资产

的初始计量”指出：“企业取得的土地使用权通常应确认为无形资产。土地使用权用于自行开发建造厂房等地上建筑物时，土地使用权的账面价值不与地上建筑物合并计算其成本，而仍作为无形资产进行核算，土地使用权与地上建筑物分别进行摊销和提取折旧。”

《企业会计准则第4号——固定资产》第九条规定：“自行建造固定资产的成本，由建造该项资产达到预定可使用状态前所发生的必要支出构成”。

三、案例解析

鉴于该土地专门用于新厂房建设，在建设过程中，占用了该无形资产并且消耗了其一部分的经济利益，符合《企业会计准则讲解（2010）》第七章第四节中所述的条件，即在建设期内该土地使用权所包含的经济利益是通过建设新厂房而实现的。同时土地使用权在房屋建造期间的摊销，是建造该项资产达到预定可使用状态前所发生的必要支出，属于自行建造固定资产的成本，应计入在建工程成本，而不应当直接计入当期损益。

将土地使用权的摊销费用计入在建工程成本与《企业会计准则讲解（2010）》有关土地使用权单独作为无形资产核算并单独摊销的规定并不存在冲突。在本案例中，土地使用权仍然在无形资产科目中单独核算，并且按照其预计使用寿命进行摊销，并未与地上建筑物合并计算成本或合并计提折旧。

类似于借款费用资本化的要求，在实务操作中，判断在建阶段的土地使用权摊销应计入在建工程成本还是当期损益，还应当密切关注在建工程的建设活动开始的时点、非正常中断以及达到预定可使用状态的时点，以确定摊销是否属于厂房正常建设期间的在建工程成本。

案例5-02
公允价值模式下自建投资性房地产的核算和计量

一、案例背景

A公司自行建造一物业，地下共3层，地上共16层，其中-3层至7层拟建为用于出租的地下停车场及购物广场，剩余楼层为用于出售的房产。A公司采用公允价值模式计量投资性房地产。A公司因地下停车场、购物广场和将用于出售的房产属于同一个项目、部分开发成本需要在出租物业和出售物业之间进行分摊，所以在建造过程中将整个物业作为存货（开发成本）核算。该物业主体于2×12年9月底竣工验收，2×13年第二季度，地下停车场、购物广场的-1层至3层装修完工，A公司根据招商情况（含签订合同、意向书，或者处于洽谈完成待签协议等情形）确定这些层的大部分面积可出租，达到预定可使用状态，且A公司预计购物广场可在年末全部完成装修，实现整体开业。A公司在2×13年第二季度末先将地下停车场和购物广场-1层至3层从存货转入投资性房地产。地下停车场和购物广场-1层至3层根据评估确定的公允价值约为27.22亿元，开发成本约为9.30亿元，确认相关的递延所得税负债约4.48亿元后，A公司2×13年上半年净利润增加约13.44亿元，其中归属于母公司所有者的净利润约8.06亿元。

问题：在公允价值模式下，应如何对这一自建物业中的投资性房地产进行核算和计量？

二、会计准则及相关规定

《企业会计准则第3号——投资性房地产》第三条规定："本准则规范下列投资性房地产：（1）已出租的土地使用权。（2）持有并准备增值后转让的土地使用权。（3）已出租的建筑物。"

《企业会计准则讲解（2010）》第四章"投资性房地产"中规定："已出租的建筑物是指企业拥有产权的、以经营租赁方式出租的建筑物，包括自行建造或开发活动完成后用于出租的建筑物以及正在建造或开发过程中将来用于出租的建筑物。"

《企业会计准则讲解（2010）》第四章"投资性房地产"中规定："作为存货的房地产通常是指房地产开发企业在正常经营过程中销售的或为销售而正在开发的商品房和土地。"

《企业会计准则讲解（2010）》第四章"投资性房地产"中规定："采用公允价值模式计量投资性房地产，应当同时满足以下两个条件：（1）投资性房地产所在地有活跃的房地产交易市场；（2）企业能够从房地产交易市场上取得同类或类似房地产的市场价格及其他相关信息，从而对投资性房地产的公允价值作出科学合理的估计。这两个条件必须同时具备，缺一不可。采用公允价值模式对投资性房地产进行后续计量的企业，对于在建投资性房地产（包括企业首次取得的在建投资性房地产），如果其公允价值无法可靠确定但预期该房地产完工后的公允价值能够持续可靠取得的，应当以成本计量该在建投资性房地产，其公允价值能够可靠计量时或完工后（两者孰早），再以公允价值计量。”“‘同类或类似’的房地产，对建筑物而言，是指所处地理位置和地理环境相同、性质相同、结构类型相同或相近、新旧程度相同或相近，可使用状况相同或相近的建筑物；对土地使用权而言，是指同一位置区域、所处地理环境相同或相近、可使用状况相同或相近的土地。”

《国际会计准则第40号——投资性房地产》第65条规定：“当主体完成一项将按公允价值计价的自建投资性房地产的建造或开发活动时，在完成之日该项房地产的公允价值与其原先的账面金额之间的任何差额应确认为损益。”

三、案例解析

在本案例中，由于A公司建造地下停车场和购物广场时已明确为出租目的，符合投资性房地产定义，故不应在建造过程中将其与为销售而开发的商品房一起作为存货核算，而在建造期间即应作为投资性房地产核算和列报，归集地下停车场和购物广场整体的开发成本，不会产生随部分楼层的装修完工而在不同的会计科目中进行核算的情况。此外，根据企业会计准则，在公允价值模式下，如果在建投资性房地产的公允价值无法可靠确定但预期该房地产完工后的公允价值能够持续可靠取得的，应当以成本计量该在建投资性房地产，在其公允价值能够可靠计量时或完工后（两者孰早），再以公允价值计量。投资性房地产的公允价值高于其成本的差额通过“公允价值变动损益”科目在利润表中反映。所以，如果A公司认为在建的地下停车场和购物广场的公允价值无法可靠取得，则应在公允价值能够可靠计量或完工时以公允价值计量，其公允价值大于账面成本的部分计入当期损益。

案例 5－03
以收取提成费方式许可使用无形资产的会计处理

一、案例背景

甲公司与乙公司投资设立合营企业 A 公司，持股比例各占 50%。其后，甲公司、乙公司约定对 A 公司同比例增资。甲公司与乙公司签订增资协议的同时，甲公司与 A 公司签订技术许可使用协议。具体情况如下：

1. 甲公司以授权许可的方式许可 A 公司使用其生产技术（包括工业产权、专有技术和技术文件的使用权）。

2. A 公司享有在中国境内生产和销售以该技术生产的发动机（合同产品）的独占权。甲公司不得将上述许可授予除甲公司全资子公司之外的任何区域内的第三方生产和销售合同产品。

3. 协议期限为 10 年。

4. A 公司支付的对价分为两部分：（1）1 亿元作为甲公司对 A 公司的增资；（2）5,000 万元以提成费的形式支付给甲公司。

5. 提成费的具体条款：

（1）A 公司生产的合同产品，需向甲公司支付提成费 200 元/台；提成费上限为 5,000 万元。

（2）协议期内，累计支付的提成费总额达到 5,000 万元，则以后不再支付；协议期满时，即使累计支付的提成费未达到 5,000 万元，也不再支付。

A 公司根据市场需求自主决定是否生产协议产品。如果合同产品的生产被提前终止，提成费仅按照截至终止日实际生产的合同产品支付，即使提成费总额还没有完成。

6. 合同产品的试生产期内，甲公司应向 A 公司提供技术援助并对 A 公司技术人员进行培训（技术援助及培训相关协议另行签订、单独收费）。

许可使用是以甲公司提供技术资料（纸质及光盘等为载体）的方式实现。在甲公司提供了技术资料后，即使没有后续的技术援助及培训，A 公司仍能完成技术的转化与应用。

上述协议下的技术授权许可经评估后双方认可的价值为1.5亿元。

A公司预计，在协议期内，支付的提成费很可能达到5,000万元。

甲公司预计，在协议期内，很可能收回5,000万元提成费。

上述估计与评估师采用的假设一致。

问题：

（1）A公司对该事项应如何进行会计处理？

（2）甲公司对该事项应如何进行会计处理？

二、会计准则及相关规定

（一）与A公司对该事项会计处理相关的准则规定

《企业会计准则第6号——无形资产》第十二条规定："无形资产应当按照成本进行初始计量。外购无形资产的成本，包括购买价款、相关税费以及直接归属于使该项资产达到预定用途所发生的其他支出。购买无形资产的价款超过正常信用条件延期支付，实质上具有融资性质的，无形资产的成本以购买价款的现值为基础确定。实际支付的价款与购买价款的现值之间的差额，除按照《企业会计准则第17号——借款费用》应予资本化的以外，应当在信用期间内计入当期损益。"

《企业会计准则第6号——无形资产》第十四条规定："投资者投入无形资产的成本，应当按照投资合同或协议约定的价值确定，但合同或协议约定价值不公允的除外。"

《企业会计准则第13号——或有事项》第四条规定："与或有事项相关的义务同时满足下列条件的，应当确认为预计负债：（一）该义务是企业承担的现时义务；（二）履行该义务很可能导致经济利益流出企业；（三）该义务的金额能够可靠地计量。"

《企业会计准则第13号——或有事项》第五条规定："预计负债应当按照履行相关现时义务所需支出的最佳估计数进行初始计量。所需支出存在一个连续范围，且该范围内各种结果发生的可能性相同的，最佳估计数应当按照该范围内的中间值确定。在其他情况下，最佳估计数应当分别下列情况处理：（一）或有事项涉及单个项目的，按照最可能发生金额确定。"

《企业会计准则第13号——或有事项》第六条规定："企业在确定最佳

估计数时，应当综合考虑与或有事项有关的风险、不确定性和货币时间价值等因素。货币时间价值影响重大的，应当通过对相关未来现金流出进行折现后确定最佳估计数。”

《企业会计准则第 13 号——或有事项（应用指南）》规定：“有确凿证据表明相关未来事项将会发生的，如未来技术进步、相关法规出台等，确定预计负债金额时应考虑相关未来事项的影响。”

《企业会计准则讲解（2010）》第十四章“或有事项”规定：“预计负债应当与应付账款、应计项目等其他负债严格区分。因为与预计负债相关的未来支出的时间或金额具有一定的不确定性。”

《国际会计准则第 38 号——无形资产》关于单独取得的无形资产的初始计量的规定与《企业会计准则第 6 号——无形资产》基本一致，对于投资者投入的无形资产的初始计量，《国际会计准则第 38 号——无形资产》没有明确规定，但根据其结论基础 Z44 段规定：“国际会计准则委员会拒绝了允许按公允价值对无形资产进行初始确认的建议（在企业合并中取得的、通过不同类资产交换取得的或者通过政府补助方式取得的资产除外）。”

国际财务报告准则解释委员会（IFRIC）于 2016 年 3 月又进一步讨论了与本案例相关的议题《不动产、厂场和设备或无形资产——资产购买中的可变付款》，并没有就是否在购买日将基于购买方未来活动的可变付款确认为一项负债以及如何计量该负债达成共识。IFRIC 还注意到，在修订的租赁准则中，国际会计准则理事会（IASB）并没有就与未来表现或基础资产的使用挂钩的可变付款在租赁开始日是否符合负债的定义得出结论，而是在相关未来表现或基础资产的使用实际发生时确认。IFRIC 最终决定不将其纳入其议程。

（二）与甲公司对该事项会计处理相关的会计准则及其他规定

《企业会计准则第 14 号——收入》（2017 年修订）第十条规定：“企业向客户承诺的商品同时满足下列条件的，应当作为可明确区分商品：（一）客户能够从该商品本身或从该商品与其他易于获得资源一起使用中受益；（二）企业向客户转让该商品的承诺与合同中其他承诺可单独区分。下列情形通常表明企业向客户转让该商品的承诺与合同中其他承诺不可单独区分：

1. 企业需提供重大的服务以将该商品与合同中承诺的其他商品整合成合同约定的组合产出转让给客户。

2. 该商品将对合同中承诺的其他商品予以重大修改或定制。

3. 该商品与合同中承诺的其他商品具有高度关联性。”

《企业会计准则第 14 号——收入（应用指南）》（2018 年修订）规定：“知识产权许可与所售商品不可明确区分的情形包括：一是该知识产权许可构成有形商品的组成部分并且对于该商品的正常使用不可或缺，例如，企业向客户销售设备和相关软件，该软件内嵌于设备之中，该设备必须安装了该软件之后才能正常使用；二是客户只有将该知识产权许可和相关服务一起使用才能够从中获益，例如，客户取得授权许可，但是只有通过企业提供的在线服务才能访问相关内容。”

《企业会计准则第 14 号——收入》（2017 年修订）第三十六条规定：“企业向客户授予知识产权许可的，应当按照本准则第九条和第十条规定评估该知识产权许可是否构成单项履约义务，构成单项履约义务的，应当进一步确定其是在某一时段内履行还是在某一时点履行。企业向客户授予知识产权许可，同时满足下列条件时，应当作为在某一时段内履行的履约义务确认相关收入；否则，应当作为在某一时点履行的履约义务确认相关收入：（一）合同要求或客户能够合理预期企业将从事对该项知识产权有重大影响的活动；（二）该活动对客户将产生有利或不利影响；（三）该活动不会导致向客户转让某项商品。”

《企业会计准则第 14 号——收入（应用指南）》（2018 年修订）规定：“当该项知识产权具有重大的独立功能，且该项知识产权绝大部分的经济利益来源于该项功能时，客户从该项知识产权中获得的利益可能不受企业从事的相关活动的重大影响，除非这些活动显著改变了该项知识产权的形式或者功能。”

《企业会计准则第 14 号——收入》（2017 年修订）第三十七条规定：“企业向客户授予知识产权许可，并约定按客户实际销售或使用情况收取特许权使用费的，应当在下列两项孰晚的时点确认收入：（一）客户后续销售或使用行为实际发生；（二）企业履行相关履约义务。”

《企业会计准则第 2 号——长期股权投资》（2014 年修订）第六条规定：“……（三）通过非货币性资产交换取得的长期股权投资，其初始投资成本应当按照《企业会计准则第 7 号——非货币性资产交换》的有关规定确定。”

《企业会计准则第 7 号——非货币性资产交换》（2019 年修订）第六条规定：“非货币性资产交换同时满足下列条件的，应当以公允价值为基础计量：（一）该项交换具有商业实质；（二）换入资产或换出资产的公允价值能够可靠地计量。换入资产和换出资产的公允价值均能够可靠计量的，应当以换出资产的公允价值为基础计量，但有确凿证据表明换入资产的公允价值更加可靠的除外。”

《企业会计准则第 2 号——长期股权投资（应用指南）》（2014 年修订）规定：“对于投资方或纳入投资方合并财务报表范围的子公司与其联营企业及合营企业之间发生的未实现内部交易损益应予抵销。即，投资方与联营企业及合营企业之间发生的未实现内部交易损益，按照应享有的比例计算归属于投资方的部分，应当予以抵销，在此基础上确认投资损益……”

三、案例解析

（一）A 公司对该事项的会计处理

方法一：将可变对价包含于无形资产的初始确认金额中。

A 公司通过该协议安排获得了甲公司特许使用的生产技术，除此之外，A 公司还获得了甲公司未来提供技术援助及培训服务的承诺。因为技术转移是以甲公司提供技术资料（纸质及光盘等为载体）的方式实现，在甲公司提供了技术资料后，即使没有后续的技术援助及培训，A 公司仍能完成技术的转化与应用，所以技术许可事项应单独考虑。授权许可取得的生产技术应确认为无形资产；而技术援助及培训属于待执行合同，将在合同执行时确认相应的费用。

根据《企业会计准则第 6 号——无形资产》的规定，投资者投入的无形资产应以投资合同或协议约定且公允的价值计量。在本案例中，可以认为该无形资产的初始确认金额为 1.5 亿元。

在本案例中，无形资产的对价一部分作为资本投入（1 亿元），其余部分将于 A 公司在未来以提成费的形式支付。对于这部分提成费中归属于已转让的技术的部分，属于 A 公司预计很可能支付的现时义务，因而符合《企业会计准则第 13 号——或有事项》第四条所规定的预计负债的确认条件。A 公司应根据协议期内合同产品的预计生产情况考虑货币时间价值影响是否重大。如果货币时间价值影响不重大，则无须考虑折现因素，此时，确认的预计负债金额为无形资产入账价值与确认为资本投入金额的差额（5,000 万元）；如果货币时间价值影响重大，则在确认预计负债时需考虑折现因素的影响，同时应注意评估无形资产价值时是否也考虑了折现因素的影响。

当合同所述相关技术援助及培训实际提供时，A 公司确认费用及相关负债。

确认的无形资产应根据《企业会计准则第 6 号——无形资产》第十七条的规定，选择反映该无形资产预期未来经济利益的预计消耗方式的摊销方法，并一致地运用于不同会计期间。

方法二：将可变对价排除于无形资产的初始确认金额外，待确定时计入损益。

此方法与方法一的区别在于，无形资产初始确认时不考虑可变对价的公允价值，而后续当合同产品实际生产并相应产生确定的支付义务时，根据生产量和每台应负担的使用权费确认负债并计入费用（或生产成本）。

其他方面的处理与方法一相同。

如前文所述，关于本案例中取得无形资产或固定资产的部分对价根据相关资产的未来使用情况确定的情况，准则制定机构所关心的第一个问题也是可变对价在相关资产初始确认时是否应包含在资产成本中，并相应地确认负债。应当注意的是，《企业会计准则第 21 号——租赁》（2018 年修订）指出，取决于指数或比率的可变租赁付款额包含于使用权资产和相关租赁负债的初始确认金额中，《国际财务报告准则第 16 号——租赁》（2016 年修订）中也有类似规定，但基于未来表现（Future Performance）或标的资产使用（Use of an Underlying Asset）的可变租赁付款额不包含于使用权资产和相关租赁负债的初始确认金额中。如果以此类推，本案例中取得无形资产的部分对价根据相关资产使用而确定，该部分对价可能不包含在无形资产初始确认金额中。

IASB 对取得无形资产或固定资产的部分对价根据相关资产未来使用情况确定的情况尚无定论，在目前这种情况下，A 公司这两种会计处理方法均可接受。

（二）甲公司对该事项的会计处理

甲公司向 A 公司提供了特许使用的生产技术、技术援助、培训服务。因为技术转移是以甲公司提供技术资料（纸质及光盘等为载体）的方式实现，在甲公司提供了技术资料后，即使没有后续的技术援助及培训，A 公司仍能完成技术的转化与应用，A 公司能够从特许使用的生产技术本身使用中受益，甲公司向 A 公司转让该技术的承诺与合同中其他承诺可单独区分，因此特许使用生产技术是一项单独的履约义务。

甲公司授权的发动机生产技术具有重大的独立功能，且该项生产技术绝大部分的经济利益来源于该项功能，A 公司从该项生产技术中获得的利益不受甲公司从事的相关活动的重大影响，该技术许可不满足在某一时段内履行履约义务的条件，甲公司应当将其作为在某一时点履行的履约义务确认相关收入。

甲公司根据 A 公司后续使用该技术的生产情况收取特许权使用费，应当在 A 公司后续实际生产与甲公司履行履约义务孰晚的时点确认收入。因此，对于固定金额 1 亿元，甲公司应当在许可使用时确认收入，并相应计入长期股权投资；对于其余以提成费的形式收取的部分，在 A 公司合同产品实际生产时，相应确认收入。

此外，由于交易双方为投资方与被投资方关系，甲公司与乙公司共同控制 A 公司，对其有共同控制，因此甲公司作为合营方采用权益法核算对 A 公司的投资时，应当注意未实现交易损益的抵销。

案例 5－04
出租土地建造建筑物的核算

一、案例背景

A 公司（非政府授权进行招标的企业）将一块土地使用权出租给 B 公司，并签署协议约定：租期为 15 年，每年租金 500 万元，B 公司在该土地上投资建设通用生产经营建筑物（使用寿命在 30 年以上），投资额计划为 5,000 万元；建设项目的施工合同由 A 公司、B 公司及施工方共同签署，A 公司协助办理施工审批手续，相关的施工成本、质量、工期的监理和验收由 A 公司、B 公司双方共同负责，工程款项由 B 公司按工程进度支付给 A 公司，再由 A 公司支付给施工方。该建筑物（不含土地使用权）建设完成后，所有权归 A 公司，租赁开始日的公允价值约为 1.5 亿元。B 公司在土地租赁期间拥有该建筑物的使用权。租赁期结束，该通用生产经营建筑物及其上附着的所有固定建筑物及设施的所有权及使用权均归 A 公司所有，且 B 公司应确保该建筑物交付时处于正常可使用状态。

问题：A 公司应如何对租用土地使用权、建设和使用建筑物进行核算？

二、会计准则及相关规定

《企业会计准则——基本准则》（2014 年修订）第二十条规定：“资产是指企业过去的交易或者事项形成的、由企业拥有或者控制的、预期会给企业带来经济利益的资源。前款所指的企业过去的交易或者事项包括购买、生产、建造行为或其他交易或者事项。预期在未来发生的交易或者事项不形成资产。由企业拥有或者控制，是指企业享有某项资源的所有权，或者虽然不享有某项资源的所有权，但该资源能被企业所控制。预期会给企业带来经济利益，是指直接或者间接导致现金和现金等价物流入企业的潜力。”

《企业会计准则——基本准则》（2014 年修订）第二十一条规定：“符合本准则第二十条规定的资产定义的资源，在同时满足以下条件时，确认为资产：（一）与该资源有关的经济利益很可能流入企业；（二）该资源的成本或者价值能够可靠地计量。”

《企业会计准则第 21 号——租赁》（2018 年修订）第三十五条规定：“……融资租赁，是指实质上转移了与租赁资产所有权有关的几乎全部风险和报酬的租赁。其所有权最终可能转移，也可能不转移。经营租赁，是指除融资租赁以外的其他租赁……”

《企业会计准则第 21 号——租赁》（2018 年修订）第三十六条规定：“一项租赁属于融资租赁还是经营租赁取决于交易的实质，而不是合同的形式。如果一项租赁实质上转移了与租赁资产所有权有关的几乎全部风险和报酬，出租人应当将该项租赁分类为融资租赁。

一项租赁存在下列一种或多种情形的，通常分类为融资租赁：（一）在租赁期届满时，租赁资产的所有权转移给承租人。（二）承租人有购买租赁资产的选择权，所订立的购买价款与预计行使选择权时租赁资产的公允价值相比足够低，因而在租赁开始日就可以合理确定承租人将行使该选择权。（三）资产的所有权虽然不转移，但租赁期占租赁资产使用寿命的大部分。（四）在租赁开始日，租赁收款额的现值几乎相当于租赁资产的公允价值。（五）租赁资产性质特殊，如果不作较大改造，只有承租人才能使用。

一项租赁存在下列一项或多项迹象的，也可能分类为融资租赁：（一）若承租人撤销租赁，撤销租赁对出租人造成的损失由承租人承担。（二）资产余值的公允价值波动所产生的利得或损失归属于承租人。（三）承租人有能力以远低于市场水平的租金继续租赁至下一期间。”

《企业会计准则第3号——投资性房地产》第三条规定：“本准则规范下列投资性房地产：（1）已出租的土地使用权。（2）持有并准备增值后转让的土地使用权。（3）已出租的建筑物。”

《企业会计准则讲解（2010）》第四章“投资性房地产”规定：“已出租的建筑物是指企业拥有产权的、以经营租赁方式出租的建筑物，包括自行建造或开发活动完成后用于出租的建筑物以及正在建造或开发过程中将来用于出租的建筑物。”

三、案例解析

在本案例中，虽然B公司是建筑物的投资建造者，根据企业会计准则基本准则第二十条和第二十一条对于资产的定义，A公司与B公司的协议约定属于“其他交易或者事项”，A公司享有该建筑物的所有权，而A公司与B公司的交易实质上相当于B公司通过代A公司出资建造该地上建筑物等资产，相对应地取得在一段期间内该资产的使用权，对A公司而言，该建筑物符合准则中资产的定义和资产确认条件，因此可确认该建筑物为A公司的资产。

在判断该建筑物租赁的分类时，根据《企业会计准则第21号——租赁》（2018年修订）第三十五条和第三十六条，建成后B公司在土地租赁期间（15年）享有该建筑物的使用权，但是租赁期（15年）与该建筑物的使用寿命（30年以上）相比不占大部分；B公司投资建设金额（5,000万元）与该建筑物租赁开始日的公允价值（1.5亿元）相比不相当；租赁期届满时，该建筑物的所有权没有转移给B公司，B公司也没有购买建筑物的选择权；并且该建筑物为通用生产经营建筑物，使用范围不仅限于B公司。综上可以判断，与该建筑物所有权有关的几乎全部风险和报酬实质上并未转移，应该视为A公司以经营租赁的方式出租给B公司。因此，A公司对该建筑物应按投资性房地产进行核算，计量模式根据A公司的会计政策确定。采用成本模式时，A公司应将B公司支付的投资工程款（5,000万元）作为该投资性房地产初始成本的一部分，并将该金额确认为一项递延收益，在租赁期内分期确认为租赁收入，该投资性房地产的后续计量适用固定资产准则。采用公允价值计量模式时，B 公司支付的投资工程款的会计处理与成本模式下相同（即作为投资性房地产初始成本的一部分，并确认为递延收益在租赁期内分摊），该投资性房地产的后续公允价值计量变动应计入当期损益。

案例 5－05
被收购业务出现重大变化时的商誉减值问题

一、案例背景

B 公司以前年度从第三方购买子公司 A，合并日确认商誉人民币 28,480 万元，该商誉后续发生减值，2×11 年 12 月 31 日的账面价值为人民币 9,435 万元。

A 公司是 B 公司内唯一经营铁道媒体业务的子公司，2×12 年 A 公司主营业务收入的 40%（2×11 年主营业务收入的 30%）来自铁道媒体业务。

2×12 年 11 月 29 日，铁道部相关部门在北京产权交易所发布公告，拟对全国铁路旅客列车专用读物即杂志摆放权进行招商，并公布了杂志摆放权费底价。

B 公司于 2×13 年 1 月 18 日发布的提示性公告（公告的签署日为 2×13 年 1 月 17 日）说明，如果 B 公司成功竞标，B 公司每年至少需额外支付 2,450 万元渠道费，其铁道媒体业务（即 A 公司）存在亏损的风险；如果公司不参加公开招标，或未能中标，则其出版的杂志将无法在旅客列车上摆放，在这种情况下，公司现有铁道媒体业务可能需要另觅途径分销其出版的杂志，或将停止刊印。B 公司于 2×13 年 1 月 21 日（公告的签署日为 2×13 年 1 月 18 日）发布了关于退出参与全国铁路旅客列车杂志摆放权招标的公告。从 2×13 年 2 月起，其出版的杂志已停止在客车上摆放发行，B 公司的铁道媒体业务处于停滞状态。

B 公司 2×12 年年度财务报表的批准报出日为 2×13 年 1 月 17 日。

问题：B 公司编制 2×12 年度合并财务报表时对收购 A 公司产生的商誉进行减值测试时应如何考虑？

二、会计准则及相关规定

《企业会计准则第 8 号——资产减值》第四条规定："因企业合并所形成的商誉和使用寿命不确定的无形资产，无论是否存在减值迹象，每年都应当进行减值测试。"第六条规定："可收回金额应当根据资产的公允价值减去处置费用后的净额与资产预计未来现金流量的现值两者之间较高者确定。"第八条规定："……企业按照上述规定仍然无法可靠估计资产的公允价值减去处置费用后的净额的，应当以该资产预计未来现金流量的现值作为其可收回金额。"第二十三条规定："企业合并所形成的商誉，至少应当在每年年度终了进行减值测试。商誉应当结合与其相关的资产组或者资产组组合进行减值测试。"

《企业会计准则第 8 号——资产减值（应用指南）》规定："预计资产未来现金流量，通常应当根据资产未来期间最有可能产生的现金流量进行预测。采用期望现金流量法更为合理的，应当采用期望现金流量法预计资产未来现金流量。"

《企业会计准则讲解（2010）》第九章"资产减值"指出："企业管理层应当在合理和有依据的基础上对资产剩余使用寿命内整个经济状况进行最佳估计，并将资产未来现金流量的预计，建立在经企业管理层批准的最近财务预算或者预测数据之上。"

《企业会计准则第 29 号——资产负债表日后事项》第二条规定："资产负债表日后事项，是指资产负债表日至财务报告批准报出日之间发生的有利或不利事项。"第四条规定："企业发生的资产负债表日后调整事项，应当调整资产负债表日的财务报表。"第五条规定："企业发生的资产负债表日后调整事项，通常包括下列各项……（二）资产负债表日后取得确凿证据，表明某项资产在资产负债表日发生了减值或者需要调整该项资产原先确认的减值金额。"

《企业会计准则讲解（2010）》第三十章"资产负债表日后事项"指出："资产负债表日后调整事项，是指对资产负债表日已经存在的情况提供了新的或进一步证据的事项"，"如果资产负债表日后事项对资产负债表日的情况提供了进一步的证据，证据表明的情况与原来的估计和判断不完全一致，则需要对原来的会计处理进行调整。"

三、案例解析

根据《企业会计准则第 8 号——资产减值》，企业合并所形成的商誉，至少应当在每年年度终了进行减值测试。由于商誉难以独立产生现金流量，B 公司应结合与收购 A 公司相关的资产组或者资产组组合进行商誉减值测试。

鉴于 2×12 年 11 月 29 日，铁道部相关部门已在北京产权交易所发布公告，拟对全国铁路旅客列车专用读物即杂志摆放权进行招商，并公布了杂志摆放权费底价，B 公司于资产负债表日（2×12 年 12 月 31 日）已经有条件得知该招商对 A 公司业务产生的影响，这种影响体现在如下两种情况：

1. 如果 B 公司能够成功竞标，A 公司未来能够继续运营铁路媒体业务，但需要支付额外的成本费用（每年至少需额外支付人民币 2,450 万元渠道费）；

2. 如果 B 公司放弃投标或者不能成功竞标，A 公司的铁路媒体业务将会停止，未来的业务收入会减少。

无论哪种情况发生，都会影响 A 公司预计未来现金流量，进而影响与该商誉相关的资产组（或者资产组组合）的预计未来现金流量现值及商誉减值测试结果。

B 公司为应对该经营环境变化须作出相应的经营决策，包括是否参与招标等。B 公司进行商誉减值测试所依据的假设等应包含其在财务报表报出日之前能够获得的关于资产负债表日相关状况的全部信息，并与管理层进行经营决策时依据的假设及决策结果一致。例如，资产负债表日或财务报表报出前管理层决定参与投标，并预计可以投标成功，则应根据上述第一种情况的相应假设进行商誉的减值测试。如果财务报表报出时管理层相关经营决策过程尚未完成，则可根据最有可能发生的情况的相应假设进行商誉减值测试。

B 公司 2×12 年年度财务报表的批准报出日为 2×13 年 1 月 17 日。B 公司于 2×13 年 1 月 18 日发布关于铁道媒体业务的提示性公告（公告的签署日为 2×13 年 1 月 17 日），于 2×13 年 1 月 21 日发布退出杂志摆放权招标的公告（公告的签署日为 2×13 年 1 月 18 日）。根据上述公告的签署日，B 公司管理层在 2×12 年年度财务报表的批准报出日（2×13 年 1 月 17 日）很可能已经确定其将退出杂志摆放权的招标。如果这一决定与 B 公司 2×12 年 12 月 31 日对收购 A 公司所产生的商誉进行减值测试时的估计不完全一致，B 公司需要考虑其是否应作为资产负债表日后调整事项处理。如果只是 2×12

年 12 月 31 日相关经营决策尚未作出，而在财务报表报出日已经作出，决策过程依据的其他假设不变，其应作为资产负债表日后调整事项，按照修正后的预计未来现金流量确定与该商誉相关的资产组（或者资产组组合）的预计未来现金流量现值，并根据更新后的商誉减值测试结果调整 B 公司 2×12 年年度合并财务报表。

案例 5-06
与商誉相关的资产组构成变化及相关处理

一、案例背景

2×16 年 3 月 1 日，A 上市公司以发行股份购买资产方式收购 B 公司 100% 的股权，由此形成并确认商誉，同时募集配套资金用于 B 公司研发中心建设。为提升在新能源汽车电机驱动系统业务领域的核心竞争力，2×16 年 12 月，A 公司和 B 公司投资设立 C 公司，其中 A 公司持股 15%，B 公司持股 85%。2×18 年 7 月，C 公司以自有积累资金购建的年产能 12 万台套（单班）的生产线正式投产，全部为 B 公司提供产品加工服务。2×18 年 11 月，B 公司投资建设的研发中心验收，A 上市公司新能源汽车电机驱动系统业务将形成 B 公司以研发为主、C 公司以生产加工为主的产业布局。在购买日，A 上市公司将 B 公司整体作为一个与商誉相关的资产组。2×18 年末，A 上市公司进行商誉减值测试时认为：C 公司与 B 公司共同构成公司新能源汽车电机驱动系统业务的经营组成部分，且 C 公司不能独立产生现金流量，故公司确定 B 公司与 C 公司共同构成与商誉相关的资产组。

问题：A 公司关于商誉相关资产组的认定是否正确？

二、会计准则及相关规定

《企业会计准则第 8 号——资产减值》第十八条规定："有迹象表明一项资产可能发生减值的，企业应当以单项资产为基础估计其可收回金额。企业难以对单项资产的可收回金额进行估计的，应当以该资产所属的资产组为基础确定资产组的可收回金额。

资产组的认定，应当以资产组产生的主要现金流入是否独立于其他资产或者资产组的现金流入为依据。同时，在认定资产组时，应当考虑企业管理层管理生产经营活动的方式（如是按照生产线、业务种类还是按照地区或者区域等）和对资产的持续使用或者处置的决策方式等。

几项资产的组合生产的产品（或者其他产出）存在活跃市场的，即使部分或者所有这些产品（或者其他产出）均供内部使用，也应当在符合前款规定的情况下，将这几项资产的组合认定为一个资产组。如果该资产组的现金流入受内部转移价格的影响，应当按照企业管理层在公平交易中对未来价格的最佳估计数来确定资产组的未来现金流量。

资产组一经确定，各个会计期间应当保持一致，不得随意变更。如需变更，企业管理层应当证明该变更是合理的，并根据本准则第二十七条的规定在附注中作相应说明。”

《企业会计准则第 8 号——资产减值》第十九条规定：“资产组账面价值的确定基础应当与其可收回金额的确定方式相一致。

资产组的账面价值包括可直接归属于资产组与可以合理和一致地分摊至资产组的资产账面价值，通常不应当包括已确认负债的账面价值，但如不考虑该负债金额就无法确定资产组可收回金额的除外。

资产组的可收回金额应当按照该资产组的公允价值减去处置费用后的净额与其预计未来现金流量的现值两者之间较高者确定。

资产组在处置时如要求购买者承担一项负债（如环境恢复负债等）、该负债金额已经确认并计入相关资产账面价值，而且企业只能取得包括上述资产和负债在内的单一公允价值减去处置费用后的净额的，为了比较资产组的账面价值和可收回金额，在确定资产组的账面价值及其预计未来现金流量的现值时，应当将已确认的负债金额从中扣除。”

《企业会计准则第 8 号——资产减值》第二十四条规定：“企业进行资产减值测试，对于因企业合并形成的商誉的账面价值，应当自购买日起按照合理的方法分摊至相关的资产组；难以分摊至相关的资产组的，应当将其分摊至相关的资产组组合。

在将商誉的账面价值分摊至相关的资产组或者资产组组合时，应当按照各资产组或者资产组组合的公允价值占相关资产组或者资产组组合公允价值总额的比例进行分摊。公允价值难以可靠计量的，按照各资产组或者资产组组合的账面价值占相关资产组或者资产组组合账面价值总额的比例进行分摊。

企业因重组等原因改变了其报告结构，从而影响到已分摊商誉的一个或者若干个资产组或者资产组组合构成的，应当按照与本条前款规定相似的分摊方法，将商誉重新分摊至受影响的资产组或者资产组组合。”

三、案例解析

按照企业会计准则的有关规定，为了减值测试的目的，企业合并中取得的商誉应当于取得日分摊到购买方的预计能从企业合并的协同效应中受益的每一资产组或资产组组合。在一般情况下，企业合并取得的商誉的初始分摊应于购买日完成，后续期间除非发生了因企业重组等原因导致报告结构发生变更，从而影响到已分摊商誉的一个或若干个资产组或资产组组合构成的，通常不应改变其分摊结果。

在本案例中，购买日 A 上市公司认为预计能从企业合并的协同效应中受益的资产组是 B 公司，并将商誉全部分摊至 B 公司所在资产组。在 2 × 18 年末对商誉进行减值测试时，又将 B 公司与 C 公司共同认定为与商誉相关的资产组。此时应考虑 B 公司新增研发中心和 C 公司新增生产线是否构成资产组，如其中任一构成资产组，则需进一步分析购买方确定其购买对价的预计未来现金流量所对应的资产组是否包含 B 公司研发中心或 C 公司。如两项新增资产均不构成资产组，则为资产组内部资产变动，而非分摊商誉的资产组发生变更。

（一）C 公司新增生产线是否构成资产组的考虑因素

C 公司新增生产线全部为 B 公司提供产品加工服务，虽然该生产线的产出并未直接在市场上进行交易并产生现金流入，但仍应考虑 C 公司生产线所提供的加工服务是否可在市场上单独销售或采购。如果 C 公司提供的加工服务可在市场上单独销售或采购，则无论这些服务是用于对外提供还是仅供企业内部使用，均能够独立产生现金流入，在符合其他相关条件的情况下，应当将 C 公司生产线认定为资产组；如果 C 公司提供的加工服务无法在市场上单独销售或采购，那么 C 公司生产线提供加工服务的现金流入依赖于 B 公司对其加工服务的需求，则不能认为 C 公司生产线产生了基本上独立于 B

公司产品的现金流入，该生产线不构成资产组。

（二）B公司新建研发中心是否构成资产组的考虑因素

分析同上，虽然B公司研发中心并未对外提供研发服务，但在分析其是否构成资产组时，仍应考虑该研发服务是否可在市场上单独销售或采购。如果B公司的研发服务能够在市场上单独销售或采购，B公司研发中心构成资产组；如果B公司的研发服务不能在市场上单独销售或采购，B公司研发中心不构成资产组。

（三）分摊商誉

1. 若B公司研发中心或C公司构成资产组，由于该两个资产组在购买日分摊商誉时并不存在，因此基于减值测试目的的商誉分摊并未分摊至该两个资产组。在后续期间进行商誉减值测试时，商誉分摊的基本原则是，企业合并中取得的商誉应当于取得日分摊到购买方预计能从企业合并的协同效应中受益的每一资产组或资产组组合。在实务中，应分析购买方确定其购买对价时预计未来现金流所对应的资产组是否包含B公司研发中心或C公司，如包含，就表明属于预计能从企业合并的协同效应中受益的资产组，则应分摊商誉；如购买方确定购买对价时不包含B公司研发中心或C公司，则不应分摊商誉。

2. 若B公司研发中心或C公司不构成资产组，则该新建仅为资产组内部资产的增加，不涉及资产组的变更，资产组的账面价值的确定方式与其可收回金额的确定方式相一致即可。

案例5－07
与商誉相关资产组及其可收回金额的确定

一、案例背景

甲上市公司（以下简称甲公司或公司）于2×18年8月收购A影院投资公司100%的股权，股权收购对价为4亿元。其中，A公司在购买日存在18家子公司，均在不同的城市或地区独立运营影院。公司将股权收购对价与可辨认净资产公允价值的差额3.55亿元确认为商誉。2×18年公司对上述商誉计提2.7亿元减值准备。

（一）资产组范围的确定

经对A公司的18家子公司在购买日的净资产进行评估，只有两家子公司（C公司和D公司）的购买对价高于其可辨认净资产公允价值，因此公司将上述两家子公司作为与商誉相关的资产组。2×19年度，A公司又新设26家子公司（其中15家系甲公司确定购买对价时A公司已承诺将新设的公司，剩余11家系A公司在购买日后根据新的经营计划所新设的公司），同样均在不同的城市或地区独立运营影院。2×19年末，公司对商誉进行减值测试时，以购买日的两家子公司作为与商誉相关的资产组，产生了较大额商誉减值。公司认为，新增设的26家子公司尚不能量化计入本次商誉减值测试所在资产组组合，主要原因如下：

新设立的26家子公司，虽然全部为A公司的全资子公司，但购买日确定的与商誉相关的资产组只有两家子公司（C公司和D公司）。因此，在2×19年末进行商誉减值测试时，仍以C公司和D公司作为与商誉相关的资产组，未改变与商誉相关的资产组的范围。

（二）可收回金额的计算

公司在进行减值测试时，仅采用资产组预计未来现金流量的现值计算资产组的可收回金额，而未考虑资产组的公允价值减去处置费用后的净额。

公司认为，在进行商誉减值测试时，相关资产组不存在销售协议和资产活跃市场，且采用与相同或类似资产组交易案例或比较对象数据进行比较也不可行。基于上述原因，公司无法获取相关资产组的公允价值，因此根据资产组的公允价值减去处置费用后的净额确定资产组的可收回金额不具备基础。由于商誉所涉及的资产组的未来现金流量可预测，因此，本次商誉减值测试采用资产组预计未来现金流量的现值计算资产组的可收回金额。

问题：

（1）2×19年末，公司划定的与商誉有关的资产组是否正确？

（2）确定可收回金额的方法是否正确？

二、会计准则及相关规定

《企业会计准则第8号——资产减值》第六条规定：“资产存在减值迹

象的，应当估计其可收回金额。

可收回金额应当根据资产的公允价值减去处置费用后的净额与资产预计未来现金流量的现值两者之间较高者确定。

处置费用包括与资产处置有关的法律费用、相关税费、搬运费以及为使资产达到可销售状态所发生的直接费用等。"

《企业会计准则第 8 号——资产减值》第七条规定："资产的公允价值减去处置费用后的净额与资产预计未来现金流量的现值，只要有一项超过了资产的账面价值，就表明资产没有发生减值，不需再估计另一项金额。"

《企业会计准则第 8 号——资产减值》第八条规定："资产的公允价值减去处置费用后的净额，应当根据公平交易中销售协议价格减去可直接归属于该资产处置费用的金额确定。

不存在销售协议但存在资产活跃市场的，应当按照该资产的市场价格减去处置费用后的金额确定。资产的市场价格通常应当根据资产的买方出价确定。

在不存在销售协议和资产活跃市场的情况下，应当以可获取的最佳信息为基础，估计资产的公允价值减去处置费用后的净额，该净额可以参考同行业类似资产的最近交易价格或者结果进行估计。

企业按照上述规定仍然无法可靠估计资产的公允价值减去处置费用后的净额的，应当以该资产预计未来现金流量的现值作为其可收回金额。"

《企业会计准则第 8 号——资产减值》第十八条规定："有迹象表明一项资产可能发生减值的，企业应当以单项资产为基础估计其可收回金额。企业难以对单项资产的可收回金额进行估计的，应当以该资产所属的资产组为基础确定资产组的可收回金额。

资产组的认定，应当以资产组产生的主要现金流入是否独立于其他资产或者资产组的现金流入为依据。同时，在认定资产组时，应当考虑企业管理层管理生产经营活动的方式（如是按照生产线、业务种类还是按照地区或者区域等）和对资产的持续使用或者处置的决策方式等。

资产组一经确定，各个会计期间应当保持一致，不得随意变更。如需变更，企业管理层应当证明该变更是合理的，并根据本准则第二十七条的规定在附注中作相应说明。"

《企业会计准则第 8 号——资产减值》第十九条规定："资产组账面价值的确定基础应当与其可收回金额的确定方式相一致。

资产组的账面价值包括可直接归属于资产组与可以合理和一致地分摊至资产组的资产账面价值，通常不应当包括已确认负债的账面价值，但如不考虑该负债金额就无法确定资产组可收回金额的除外。

资产组的可收回金额应当按照该资产组的公允价值减去处置费用后的净额与其预计未来现金流量的现值两者之间较高者确定。

资产组在处置时如要求购买者承担一项负债（如环境恢复负债等）、该负债金额已经确认并计入相关资产账面价值，而且企业只能取得包括上述资产和负债在内的单一公允价值减去处置费用后的净额的，为了比较资产组的账面价值和可收回金额，在确定资产组的账面价值及其预计未来现金流量的现值时，应当将已确认的负债金额从中扣除。”

《企业会计准则第 8 号——资产减值》第二十四条规定：“企业进行资产减值测试，对于因企业合并形成的商誉的账面价值，应当自购买日起按照合理的方法分摊至相关的资产组；难以分摊至相关的资产组的，应当将其分摊至相关的资产组组合。”

三、案例解析

问题（1）：

由于并购取得的 18 家子公司及 2 ×19 年新增的子公司均在不同的城市或地区独立运营影院，因此通常认为每家子公司的全部资产构成产生现金流入的最小资产组，这里所指的现金流在很大程度上独立于其他资产或者资产组的现金流。所以，每家影院子公司是一个资产组。

按照企业会计准则的有关规定，为了减值测试的目的，企业合并中取得的商誉应当于取得日分摊到购买方预计能从企业合并的协同效应中受益的每一资产组或资产组组合。因此并非并购进来的所有资产都包含商誉，即商誉并不一定分摊至被购买方的所有资产组。如购买方认为商誉仅与两家盈利公司相关，则可只分摊至两家盈利公司的有关资产组，但应在附注中披露该情况，即应披露其预计能从企业合并的协同效应中受益的资产组组成情况及其原因。

对于后续期间新增的资产组，同样应分析该类资产组是否属于预计能从企业合并的协同效应中受益的资产组，而该协同效应所产生的收益通常会反映在其购买对价中。换言之，分摊商誉的资产组仅包含购买方在确定其购买对价时预计未来现金流所对应的资产组。在本案例中，甲公司在确定购买 A 公司的对价时，考虑了 A 公司承诺未来将新增 15 家公司的现金流量，故分摊商誉的资产组应包含新增的 15 家公司，不应包含剩余 11 家公司。在确定与商誉相关的资产组的可收回金额时，既应包含 15 家新增公司的未来现金流入，也应包含 15 家新增公司的未来现金流出。

问题（2）：

资产减值准则将可收回金额定义为资产的公允价值减去处置费用后的净额与资产预计未来现金流量的现值两者之间较高者。然而，并不总是需要同时确定二者。如果资产的公允价值减去处置费用后的净额与其预计未来现金流量的现值中的任何一项超过其账面价值，资产就没有减值，无须再估计另一金额。

在本案例中，公司认为资产不存在销售协议和活跃市场，无法估计其公允价值。但准则规定，在不存在销售协议和资产活跃市场的情况下，应当以可获取的最佳信息为基础，估计资产的公允价值减去处置费用后的净额，该净额可以参考同行业类似资产的最近交易价格或者结果进行估计。

案例 5－08
将商誉分摊至资产组或资产组组合及其后续变更问题

一、案例背景

2×10 年，甲上市公司（以下简称甲公司或公司）购入乙公司 100% 的股权，合并成本 6.2 亿元，乙公司可辨认净资产公允价值 5.9 亿元，差额 0.3 亿元形成合并报表商誉。

乙公司主要从事房地产开发和租赁业务，购买日乙公司账面资产主要包括货币资金、应收款项、存货（已完工商品房）及固定资产（自用房屋建筑物）等，甲公司认为与商誉相关的能够从企业合并的协同效应中受益的资产组包括存货及固定资产项目。出于商誉减值测试的目的，甲公司根据《乙公司资产评估报告书》的评估结果，将乙公司相关商誉的账面价值在购买日按评估价值分摊至每一项存货及固定资产（假设每个项目均构成资产组）。部分存货及固定资产项目自2×10年—2×18年陆续开盘售出，公司在2×18年对截至期末已售出项目对应的商誉全额计提减值准备。

然而，公司在后续每年商誉减值测试过程中，将商誉相关的资产（存货及固定资产）分为"地产开发业务资产组"和"物业出租业务资产组"两个资产组，其中"地产开发业务资产组"为存货项目的资产组合。公司认为，因"地产开发业务资产组"中每年末均有未来可开发楼盘项目的预计未来现金流入，并且经测试其预计未来现金净流量的现值远远高于分摊商誉后资产组账面价值，因此，虽然该资产组在各年度均有地产项目出售，但整体资产组对应的商誉不需要计提减值。乙公司开发的最后一个楼盘在2×18年已实现销售，截至2×18年12月31日，乙公司已无新的可开发楼盘。由于地产开发业务对应资产基本已售完，同时，考虑到当前房地产形势，乙公司近期无新的地产开发计划。因此，截至2×18年末，乙公司"地产开发业务资产组"已无对应的现金流入，公司2×18年对"地产开发业务资产组"分摊的商誉全额计提减值2,659.32万元，占公司2×18年净利润的27.67%。

问题：甲公司上述商誉减值的会计处理是否正确？

二、会计准则及相关规定

《企业会计准则第8号——资产减值》第十八条规定："有迹象表明一项资产可能发生减值的，企业应当以单项资产为基础估计其可收回金额。企业难以对单项资产的可收回金额进行估计的，应当以该资产所属的资产组为基础确定资产组的可收回金额。

资产组的认定，应当以资产组产生的主要现金流入是否独立于其他资产或者资产组的现金流入为依据。同时，在认定资产组时，应当考虑企业管理层管理生产经营活动的方式（如是按照生产线、业务种类还是按照地区或者区域等）和对资产的持续使用或者处置的决策方式等。

几项资产的组合生产的产品（或者其他产出）存在活跃市场的，即使部分或者所有这些产品（或者其他产出）均供内部使用，也应当在符合前款规定的情况下，将这几项资产的组合认定为一个资产组。如果该资产组的现金流入受内部转移价格的影响，应当按照企业管理层在公平交易中对未来价格的最佳估计数来确定资产组的未来现金流量。

资产组一经确定，各个会计期间应当保持一致，不得随意变更。如需变更，企业管理层应当证明该变更是合理的，并根据本准则第二十七条的规定在附注中作相应说明。”

《企业会计准则第 8 号——资产减值》第二十四条规定：“企业进行资产减值测试，对于因企业合并形成的商誉的账面价值，应当自购买日起按照合理的方法分摊至相关的资产组；难以分摊至相关的资产组的，应当将其分摊至相关的资产组组合。

在将商誉的账面价值分摊至相关的资产组或者资产组组合时，应当按照各资产组或者资产组组合的公允价值占相关资产组或者资产组组合公允价值总额的比例进行分摊。公允价值难以可靠计量的，按照各资产组或者资产组组合的账面价值占相关资产组或者资产组组合账面价值总额的比例进行分摊。

企业因重组等原因改变了其报告结构，从而影响已分摊商誉的一个或者若干个资产组或者资产组组合构成的，应当按照与本条前款规定相似的分摊方法，将商誉重新分摊至受影响的资产组或者资产组组合。”

《企业会计准则讲解（2010）》第九章“资产减值”指出：“为了进行资产减值测试，因企业合并形成的商誉的账面价值，应当自购买日起按照合理的方法分摊至相关资产组；难以分摊至相关的资产组的，应当将其分摊至相关的资产组组合。这些相关的资产组或资产组组合应当是能够从企业合并的协同效应中受益的资产组或者资产组组合，应当代表企业基于内部管理目的对商誉进行监控的最低水平，但不应当大于按照《企业会计准则第 35 号——分部报告》所确定的报告分部。”

三、案例解析

企业会计准则规定，企业进行资产减值测试时，对于因企业合并形成的商誉的账面价值，应当自购买日起按照合理的方法分摊至相关的资产组。基于减值测试目的，企业合并中形成的商誉应当于购买日分摊到购买方预计能从企业合并的协同效应中受益的每一资产组或资产组组合。此外，资产组一经确定，各个会计期间应当保持一致，不得随意变更。如需变更，企业管理层应当证明该变更是合理的，并披露变更的原因以及前期和当期资产组组成情况。同时，在认定资产组时，应当考虑企业管理层管理生产经营活动的方式（如是按照生产线、业务种类还是按照地区或者区域等）和对资产的持续使用或者处置的决策方式等。

在本案例中，管理层于购买日将商誉分摊到每一项存货及固定资产，表明其最低监控水平为每一项存货及固定资产，其后又改为开发和出租两个组合，监控水平发生了变化，且管理方式从精细化转为粗放化。管理层应当证明并披露该变更，是否有合理原因以及确凿证据支持，并在财务报表附注中进行充分披露。

【相关案例】

轻资产公司人员整合后，与商誉相关的资产组变更问题

（一）案例背景

2×16年，甲上市公司收购北京A设计公司51%的股权，确认商誉3,433万元。同年，又收购深圳B设计公司51%的股权，确认商誉8,394万元。甲上市公司自购买日起将北京A设计公司和深圳B设计公司作为两个独立的资产组进行减值测试。

自2×18年末起，北京A公司受企业资质及市场环境影响，直接承接业务越来越少，甲上市公司将北京A公司在编核心员工逐步转至深圳B公司。由于A、B两家公司经营范围相似，并且拥有共同的管理团队，为了进一步增强设计品牌的市场占有率和品牌影响力优势，甲上市公司拟统一整合业务和行业设计资质资源，计划于2×19年将北京A公司重整为深圳B公司旗下的子公司。甲上市公司认为两家公司实质上已形成一个不可分割的资产组，因此将A公司、B公司两个资产组合并成一个资产组进行减值测试。

问题：甲公司减值测试时对资产组的调整是否符合准则规定？

（二）案例解析

按照企业会计准则的有关规定，为了减值测试的目的，企业合并中取得的商誉应当于取得日分摊到购买方预计能从企业合并的协同效应中受益的每一资产组或资产组组合。在一般情况下，企业合并取得的商誉的初始分摊应于购买日完成，除非发生了因企业重组等原因导致报告结构发生变更，从而影响到已分摊商誉的一个或若干个资产组或资产组组合构成的，

通常不应改变其分摊结果。

若因企业重组等原因导致报告结构发生变更，应分析购买日确定购买对价时是否考虑将购买的两项业务或新购买的业务与原业务进行整合。如果确定购买对价时考虑了业务整合，则后续减值测试时需按照整合后的业务进行减值测试；否则不应考虑业务整合对减值测试的影响。通常情况下，轻资产公司的人员及结构调整涉及人员整合及编制变更的方式。

1. 人员整合。如购买方主要看好北京A公司和深圳B公司的核心技术人员，且在确定其购买对价时已考虑北京A公司和深圳B公司技术人员整合所形成的协同效应，则后续应按照整合后的业务进行减值测试；如确定其购买对价时并未考虑上述整合所形成的协同效应，则后续减值测试仍应分别进行，在这种情况下由于北京A公司的人员已整合至深圳B公司，且受企业资质及市场环境影响，业务量已显著减少，很可能表明A公司及其商誉已存在明显减值迹象。

2. 编制变更。如果本案例中的整合仅仅是将北京A公司的核心技术人员编制变更到深圳B公司，而其研发团队及研发项目仍是独立进行，则仅为架构及编制的调整，不涉及业务调整，资产组产生现金流量的方式亦未发生变化。此时资产组实际未发生变更，后续减值测试时无须考虑整合，仍应分别进行减值测试。

案例5-09
多次并购形成的商誉如何确定与之相关的资产组

一、案例背景

2×16年8月1日，甲上市公司通过现金购买的方式，作价8,700万元收购乙公司原股东持有的60%股权，并形成商誉A 2,580万元。

2×18年5月31日，乙公司以1,580万元的对价取得丙公司100%的股权，并形成商誉B 3,957万元。上述两项交易独立进行，不构成一揽子交易。

2×18 年末在进行商誉减值测试时，甲公司认为，由于乙公司及丙公司业务关联性较强，且管理层的监控和决策方式基本是一体化管理，故将上述两个公司合并为一个资产组进行商誉减值测试。按照收益法评估，乙公司资产组于评估基准日可收回金额为 17,434.88 万元。2×18 年 12 月 31 日，乙公司（含丙公司）合并报表层面与商誉相关的资产组账面价值为 18,243.77 万元，计提商誉减值金额 808.89 万元。

问题：商誉 A 和商誉 B 应分摊至哪些资产组和资产组组合？

二、会计准则及相关规定

《企业会计准则第 8 号——资产减值》第二十四条规定："企业进行资产减值测试，对于因企业合并形成的商誉的账面价值，应当自购买日起按照合理的方法分摊至相关的资产组；难以分摊至相关的资产组的，应当将其分摊至相关的资产组组合。

在将商誉的账面价值分摊至相关的资产组或者资产组组合时，应当按照各资产组或者资产组组合的公允价值占相关资产组或者资产组组合公允价值总额的比例进行分摊。公允价值难以可靠计量的，按照各资产组或者资产组组合的账面价值占相关资产组或者资产组组合账面价值总额的比例进行分摊。

企业因重组等原因改变了其报告结构，从而影响到已分摊商誉的一个或者若干个资产组或者资产组组合构成的，应当按照与本条前款规定相似的分摊方法，将商誉重新分摊至受影响的资产组或者资产组组合。"

《企业会计准则讲解（2010）》第九章"资产减值"指出："为了进行资产减值测试，因企业合并形成的商誉的账面价值，应当自购买日起按照合理的方法分摊至相关资产组；难以分摊至相关的资产组的，应当将其分摊至相关的资产组组合。这些相关的资产组或资产组组合应当是能够从企业合并的协同效应中受益的资产组或者资产组组合，应当代表企业基于内部管理目的对商誉进行监控的最低水平，但不应当大于按照《企业会计准则第 35 号——分部报告》所确定的报告分部。"

三、案例解析

《国际会计准则第 36 号——资产减值》指出，企业合并中确认的商誉是一项资产，该项资产代表在企业合并中从某些不能独立认定和单独确认的资产中取得的未来经济利益。商誉不能独立于其他资产或资产组合为企业带来现金流量，并且经常对多个资产组的现金流量都有贡献。因此，为了减值测试的目的，企业合并中取得的商誉应当于购买日分摊到购买方预计能从企业合并的协同效应中受益的每一资产组或资产组组合。准则要求分摊商誉的每一资产组或资产组组合代表企业基于内部管理目的对商誉进行监控的最低水平。

在本案例中，为简化分析，假定甲、乙、丙公司的全部资产分别代表一项资产组，且三项资产组的组合不大于报告分部。商誉 A 和商誉 B 应分别于购买日分摊至预计能够产生协同效应的资产组：

（一）分摊商誉 A

甲公司购买乙公司形成商誉 A，甲公司应于购买日确定预计能从企业合并的协同效应中受益的资产组，此时购买方的资产组包括甲公司资产组和乙公司资产组，从企业合并的协同效应中受益的资产组可以仅是甲公司资产组或乙公司资产组，也可以是这两个资产组。同时，分析购买方基于内部管理目的对商誉进行监控的最低水平。假设商誉 A 预计能从乙公司资产组的协同效应中受益，且乙公司资产组代表企业基于内部管理目的对商誉进行监控的最低水平，则商誉 A 应分摊至乙公司资产组。

（二）分摊商誉 B

分析同上，此时购买方的资产组包括甲公司资产组、乙公司资产组和丙公司资产组，同样应基于协同效应受益及商誉监控的最低水平分析商誉对应的资产组。假设商誉 B 预计能从乙公司资产组和丙公司资产组的协同效应中受益，此时应基于商誉监控的最低水平，分析是否应将商誉分摊至乙公司资产组和丙公司资产组，还是该两个资产组组合。由于分摊商誉 A 时已确定企业基于内部管理的目的对商誉进行监控的最低水平是乙公司资产组，因此，应将商誉 B 分摊至乙公司资产组和丙公司资产组，而不是两家公司资产组形成的组合。

（三）商誉 A 和商誉 B 的减值测试

基于以上分析，我们将商誉 A 和商誉 B 进行分摊后，结果如下：

乙公司包含商誉的资产组的账面价值 = 乙公司资产组账面价值 + 分摊的商誉 A + 分摊的商誉 B

丙公司包含商誉的资产组的账面价值 = 丙公司资产组账面价值 + 分摊的

商誉 B

因此，商誉 A 和商誉 B 在完成初始分摊之后，除非改变了报告结构，从而影响到已分摊商誉的一个或者若干个资产组或者资产组组合构成的，通常不应考虑合并不同的商誉，并按所分摊的资产组为单位进行减值测试。如因多次合并导致同一资产组被分摊了多项商誉的，则进行减值测试的账面价值为该资产组的账面价值及分摊的多项商誉的金额，并与该资产组的可收回金额比较以确定减值金额。

案例 5－10
资产组账面价值可否包含流动资产或负债

一、案例背景

2×15 年 12 月，甲公司（以下简称公司）向乙公司收购其持有的 A 公司 75% 股权，收购对价为 5,241 万元，可辨认净资产的公允价值为－20,856 万元，形成商誉约 2.08 亿元。

在购买日，公司将 A 公司全部资产作为与商誉相关的资产组，并将这些资产进一步划分为生产线及营运资金等经营性资产、有息负债和其他长期资产，其中其他长期资产为 A 公司无形资产中的商业用地（A 公司在该土地上主要从事生产经营活动）和持有的 B 公司 20% 股权（持有目的为投资，具有重大影响）。

2×16—2×17 年公司在对商誉进行减值测试时，A 公司资产组产生的可收回金额为全部资产未来现金流量现值。

2×18 年公司在对 A 公司进行商誉减值测试时，变更了与商誉相关的资产组的范围，2×18 年与商誉相关的资产组确定为 A 公司经营性资产，不包括其他长期资产及有息负债，相关资产组的可收回金额为经营性资产未来现金流量现值。公司称 2×18 年资产组范围改变的主要原因系公司认为与 A 公司商誉相关的资产组不应包含其他长期资产及有息负债，因此 2018 年进行商誉减值测试时资产组的范围并非是以前年度的 A 公司全部资产，而应剔除其他长期资产及有息负债。

问题：

（1）资产组的认定及账面价值的确定是否符合会计准则的规定？

（2）如何将商誉分摊至资产组或资产组组合？

二、会计准则及相关规定

《企业会计准则第 8 号——资产减值》第十二条规定：“预计资产的未来现金流量，应当以资产的当前状况为基础，不应当包括与将来可能会发生的、尚未作出承诺的重组事项或者与资产改良有关的预计未来现金流量。

预计资产的未来现金流量也不应当包括筹资活动产生的现金流入或者流出以及与所得税收付有关的现金流量。”

《企业会计准则第 8 号——资产减值》第十八条规定：“有迹象表明一项资产可能发生减值的，企业应当以单项资产为基础估计其可收回金额。企业难以对单项资产的可收回金额进行估计的，应当以该资产所属的资产组为基础确定资产组的可收回金额。

资产组的认定，应当以资产组产生的主要现金流入是否独立于其他资产或者资产组的现金流入为依据。同时，在认定资产组时，应当考虑企业管理层管理生产经营活动的方式（如是按照生产线、业务种类还是按照地区或者区域等）和对资产的持续使用或者处置的决策方式等。

几项资产的组合生产的产品（或者其他产出）存在活跃市场的，即使部分或者所有这些产品（或者其他产出）均供内部使用，也应当在符合前款规定的情况下，将这几项资产的组合认定为一个资产组。如果该资产组的现金流入受内部转移价格的影响，应当按照企业管理层在公平交易中对未来价格的最佳估计数来确定资产组的未来现金流量。

资产组一经确定，各个会计期间应当保持一致，不得随意变更。如需变更，企业管理层应当证明该变更是合理的，并根据本准则第二十七条的规定在附注中作相应说明。”

《企业会计准则第 8 号——资产减值》第十九条规定：“资产组账面价值的确定基础应当与其可收回金额的确定方式相一致。

资产组的账面价值包括可直接归属于资产组与可以合理和一致地分摊至资产组的资产账面价值，通常不应当包括已确认负债的账面价值，但如不考虑该负债金额就无法确定资产组可收回金额的除外。

资产组的可收回金额应当按照该资产组的公允价值减去处置费用后的净额与其预计未来现金流量的现值两者之间较高者确定。

资产组在处置时如要求购买者承担一项负债（如环境恢复负债等）、该负债金额已经确认并计入相关资产账面价值，而且企业只能取得包括上述资产和负债在内的单一公允价值减去处置费用后的净额的，为了比较资产组的账面价值和可收回金额，在确定资产组的账面价值及其预计未来现金流量的现值时，应当将已确认的负债金额从中扣除。”

《国际会计准则第36号——资产减值》第79段规定：“就实务而言，在认定现金产出单元的可收回金额时，有时还需考虑并不属于该现金产出单元的资产（例如，应收款项或其他金融资产）或一些已确认的负债（例如，应付款、养老金或其他准备）。此时，现金产出单元的账面金额随资产账面金额而增加，随负债账面金额而减少。”

三、案例解析

（一）资产组的认定

资产组是企业可以认定的最小资产组合，其产生的现金流入应当基本上独立于其他资产或者资产组。在本案例中，经营性资产通常能够基本独立于其他资产产生现金流入，故应划分为一个资产组（以下称为资产组1）。关于其他长期资产中的商业用地，需要考虑持有商业用地的目的，本案例中的商业用地主要用来支持甲公司的生产活动，则不能单独作为一项能独立产生现金流入的资产，故需要纳入经营性资产的资产组中进行减值测试。此外，持有的B公司20%股权也需要分析其持有目的，比如是以投资为目的还是以稳定客户或供应商关系为目的，本案例中持有的股权是基于投资目的，能够基本上独立于其他资产产生现金流入，应划分为一个资产组（以下称为资产组2）。综上，甲公司应划分为两个资产组。

（二）资产组账面价值的确定

资产减值准则在其适用范围部分明确规定，存货的减值、采用公允价值模式计量的投资性房地产的减值、消耗性生物资产的减值、建造合同形成的资产的减值、递延所得税资产的减值、融资租赁中出租人未担保余值的减值及金融工具准则规范的金融资产的减值分别适用其他准则。由此可以看出，资产减值准则规范的主要是长期资产，不包含短期资产。

资产组账面价值的确定，应与其可收回金额的确定方法保持一致。《国际会计准则第 36 号——资产减值》第 43 段规定，在估计使用价值（即资产的预计未来现金流量现值）时，为了避免重复计算，未来现金流量的估计不包括：（1）在持续使用中产生现金流入的资产所产生的、基本上独立于所估计资产（例如，应收款项等金融资产）的现金流入；以及（2）与已经确认为负债（例如，应付款项、养老金或准备）的义务有关的现金流出。

根据上述规定，在预计未来现金流量时，一般并不包括应收账款、应付账款等资产和负债的现金流量，因此，资产组账面价值原则上也不应包括这些资产和负债的账面价值。

但是，作为实务简化方法，《国际会计准则第 36 号——资产减值》第 79 段规定，在认定资产组的可收回金额时，有时还需考虑并不属于该资产组的资产（如应收款项或其他金融资产）或一些已确认的负债（如应付款项、养老金或其他准备）。此时，资产组的账面价值随着额外增加的资产而增加，随着额外增加的负债而减少。

也就是说，资产组账面价值原则上应当剔除应收款项、应付款项等资产和负债，但是，在实务操作中，资产组账面价值也可以包括此类资产和负债。《企业会计准则第 8 号——资产减值》第十九条规定，资产组账面价值的确定基础应当与其可收回金额的确定方式相一致，在预计未来现金流量时，也应当同样包含此类资产和负债，从而使资产组账面价值和可收回金额确定基础保持一致。

此外，准则规定预计资产的未来现金流量也不应当包括筹资活动产生的现金流入或流出，即在确定资产组的可收回金额时不应考虑有息负债的现金流入和流出，因此资产组 1 的账面价值不应包含有息负债。

（三）分摊商誉

分摊商誉的资产组或者资产组组合应当是预计能从企业合并的协同效应中受益的资产组或者资产组组合，应当代表企业基于内部管理目的对商誉进行监控的最低水平。管理层在购买日应明确其对商誉进行监控的最低水平。在本案例中，管理层在购买日将 A 公司全部资产认定为与商誉相关的资产组组合，即表明其对商誉监控的最低水平是上述资产组 1 和资产组 2 的组合。资产组一经确定，各个会计期间应当保持一致，不得随意变更。此外，因企业合并形成的商誉的账面价值，应当自购买日起按照合理的方法分摊至相关的资产组。如需变更，企业管理层应当证明该变更是合理的，并披露变更的原因以及前期和当期资产组组成情况。在本案例中，甲公司于购买日将商誉分摊至资产组1和资产组2的组合，2×18年只将商誉分摊至资产组1，而其变更理由是与商誉相关的资产组不应包含其他长期资产。如果该变更理由合理，则表明甲公司在购买日分摊商誉的资产组存在差错；如果该变更理由不合理，则不应变更商誉分摊的资产组。

（四）是否需对以前年度的商誉减值进行追溯调整

根据上述分析，甲公司在以前年度划分资产组、确定可收回金额及分摊商誉均存在差错，应重新进行减值测试。如测试结果显示公司2×16—2×17年商誉可能已发生减值损失，应根据《企业会计准则第28号——会计政策、会计估计变更及会计差错更正》关于会计差错更正的规定追溯调整以前年度商誉减值。如测试结果显示以前年度未发生减值，也应披露上述差错。

案例5-11
因其他股东增资导致母公司股权稀释时的商誉减值处理

一、案例背景

B公司为一集团公司，C公司为B公司2007年非同一控制下收购的控股子公司，形成商誉800万元，2020年末持股比例68%，商誉未发生减值。2021年2月，D公司对C公司增资，增资后B公司对C公司的持股比例降为45%，但B公司仍然能够对C公司实施控制，因此C公司仍纳入合并范围。

根据企业会计准则，无论商誉是否发生减值，每年至少应对商誉进行一次减值测试。

2021年6月30日，B公司对商誉进行减值测试，对于应确认的商誉减值损失金额，有两种方案（如表5-1所示）：

表 5-1　　　　B 公司确认商誉减值损失的两种方案

项目	方案 1：按原持股比例分摊商誉减值损失	方案 2：按增资后的持股比例分摊商誉减值损失
原持股比例①	68%	68%
现持股比例②	45%	45%
原 B 公司合并报表层面商誉③	800.00	800.00
原少数股东商誉④ = ③/① × (1 - ①)	376.47	376.47
原全部商誉⑤ = ③/①	1,176.47	1,176.47
资产组账面价值⑥	2,000.00	2,000.00
包含全部商誉的资产组账面价值⑦ = ⑥ + ⑤	3,176.47	3,176.47
包含全部商誉资产组可收回金额⑧	3,000.00	3,000.00
包含全部商誉资产组的减值损失⑨ = ⑦ - ⑧	176.47	176.47
归属于母公司资产组的商誉减值损失⑩ = ⑨ × ①（或②）	120.00	79.41

问题：D 公司对 C 公司增资后，B 公司对 C 公司的持股比例由 68% 降为 45%，但仍对 C 公司实施控制，那么在资产负债表日（2021 年 6 月 30 日），B 公司对商誉进行减值测试时，应按照原持股比例 68% 还原为全部商誉并计算商誉减值金额？还是按新的持股比例 45% 分摊商誉减值金额？

二、会计准则及相关规定

《企业会计准则讲解（2010）》第九章"资产减值"指出："由于按照《企业会计准则第 20 号——企业合并》的规定，因企业合并所形成的商誉是母公司根据其在子公司所拥有的权益而确认的商誉，子公司中归属于少数股东的商誉并没有在合并财务报表中予以确认。因此，在对与商誉相关的资产组或者资产组组合进行减值测试时，由于其可收回金额的预计包括归属于少数股东的商誉价值部分，因此为了使减值测试建立在一致的基础上，企业应当调整资产组的账面价值，将归属于少数股东权益的商誉包括在内，然后根据调整后的资产组账面价值与其可收回金额进行比较，以确定资产组（包括商誉）是否发生了减值。"

《监管规则适用指引——会计类第 1 号》指出："母公司不丧失控制权情况下处置子公司部分股权时，在合并财务报表中，可以把子公司净资产分为两部分，一是归属于母公司的所有者权益（包含子公司净资产和商誉），二是少数股东权益（包含子公司净资产，但不包含商誉）。母公司购买或出售子公司部分股权时，为两类所有者之间的交易。当母公司购买少数股权时，按比例把少数股东权益（包含子公司净资产，但不包含商誉）的账面价值调整至归属于母公司的所有者权益。反之，当母公司出售部分股权时，按比例把归属于母公司的所有者权益（包含子公司净资产和商誉）的账面价值调整至少数股东权益。”

《企业会计准则第 33 号——合并财务报表（应用指南）》（2014 年修订）规定：“有时，子公司的其他股东对子公司进行增资，由此稀释了母公司对子公司的股权比例，在这种情况下，应当按照增资前的母公司股权比例计算其在增资前子公司账面净资产中的份额，该份额与增资后按母公司持股比例计算的在增资后子公司账面净资产份额之间的差额计入资本公积，资本公积不足冲减的，调整留存收益。”

三、案例解析

（一）减值测试应还原全部商誉

因企业合并所形成的商誉是母公司根据其在子公司所拥有的权益而确认的商誉，子公司中归属于少数股东的商誉并未在合并财务报表中予以确认。因此，在对与商誉相关的资产组或者资产组组合进行减值测试时，由于其可收回金额的预计包括归属于少数股东的商誉价值部分，因此为了使减值测试建立在一致的基础上，企业应当调整资产组的账面价值，将归属于少数股东权益的商誉包括在内，然后根据调整后的资产组账面价值与其可收回金额进行比较，以确定资产组（包括商誉）是否发生了减值。

本案例中，初始收购的比例为 68%，增资后，B 公司对 C 公司的持股比例由 68% 被稀释为 45%，但未丧失控股权，属于少数股东权益发生变更，由于合并财务报表中列报的商誉金额并未发生改变，为进行商誉减值测试，应当将商誉按原持股比例 68% 还原为 100% 商誉进行减值测试。

（二）出现商誉减值时的减值损失金额分摊

根据企业会计准则规定，包含完整商誉的资产组如发生减值，应当首先抵减商誉的账面价值，但由于根据上述方法计算的商誉减值损失包括了应由少数股东权益承担的部分，而少数股东权益拥有的商誉价值及其减值损失均不在合并财务报表中反映，合并财务报表只反映财务报表上确认的商誉减值损失。

本案例中，D公司对C公司增资后，B公司对C公司的持股比例由68%被稀释为45%，但仍对C公司实施控制，该持股比例的变更属于少数股权变更交易。根据《监管规则适用指引——会计类第1号》，在母公司处置部分股权但不丧失控制权时，按处置比例把归属于母公司的所有者权益（包含子公司净资产和商誉）的账面价值调整至少数股东权益。若商誉发生减值损失，因合并报表中的商誉已经按照股权比例部分调整至少数股东权益，故所确认的商誉减值损失（包含在当期损益中）在划分归属于母公司和归少数股东损益时也应当按照调整后的股权比例进行分配，即归属于母公司损益的比例为45%，剩余部分划分为少数股东损益。

第六章
收入和费用

案例 6－01
合同能源管理业务的收入确认

合同能源管理（Energy Management Contract，EMC），是一种基于市场运作的全新的节能新机制。从事合同能源管理的节能服务公司与用能单位以契约形式约定节能项目的节能目标，节能服务公司为实现节能目标，向用能单位提供必要的服务，用能单位以节能效益支付节能服务公司的投入及其合理利润。在合同能源管理项目下，节能服务公司能够为客户提供用能状况诊断、节能项目设计、融资、改造（施工、设备安装、调试）、运行管理等服务，并从客户进行节能改造后获得的节能效益中收回投资并取得利润。

合同能源管理在 20 世纪 70 年代已经在西方兴起并逐步发展起来。在我国，虽然起步较晚，但是近年来，我国政府加大了对合同能源管理商业模式的扶持力度，2010 年 4 月 2 日国务院办公厅转发了发改委等部门《关于加快推行合同能源管理促进节能服务产业发展意见的通知》、财政部出台了《关于印发合同能源管理财政奖励资金管理暂行办法》，从政策上、资金上给予大力支持，促进节能服务产业的健康快速发展。

随着合同能源管理行业在我国的迅速发展，如何对其进行会计处理，特别是如何确认合同能源管理的收入越来越成为企业和财务报表使用者关注的问题。在目前的企业会计准则中，并未对合同能源管理的收入确认提供特别明确的指引，不同的企业在实务中的操作也不尽相同，而不同的会计处理方法对于企业的收入、利润等确认可能存在较大影响。

一、案例背景

A 公司为上市公司，其主营业务为新能源工程的设计、技术开发和咨询、技术服务、技术转让、工程安装及工程总承包；机械、电气、自动化控制设备及其零部件的研发、组装、销售。A 公司与客户签订能源服务合同，在客户所在地设立一家项目公司，该项目公司利用客户工厂产生的余热或蒸汽进行综合利用，为其配套建设余热发电装置。

余热发电项目所在地的土地使用权归客户所有，项目的立项审批、竣工验收及并网发电等政府相关的审批手续均以客户的名义进行。项目公司负责余热发电项目的投资建设，具体内容包括对整个工程的设计、设备选型、设备采购、工程安装和调试。余热发电项目的资产所有权归项目公司所有，自建成投产之日起，项目公司运营 8 年后无偿转让给客户。

余热发电项目建成后由项目公司负责运营，项目公司向客户提供电力，协议电价为当地上年平均电价的 105%。为保证项目公司投资的收回，每台机组每月发电收入如低于 200 万元，按 200 万元结算；如高于 200 万元，则按实际情况结算。

问题：A 公司在建设电厂的过程中是否应该确认收入，应该如何确认？

二、会计准则及相关规定

《企业会计准则第 14 号——收入》（2017 年修订）第三条规定："本准则适用于所有与客户之间的合同，但下列各项除外：……（三）由《企业会计准则第 21 号——租赁》规范的租赁合同，适用《企业会计准则第 21 号——租赁》……"

《企业会计准则第 14 号——收入》（2017 年修订）第四条规定："企业应当在履行了合同中的履约义务，即在客户取得相关商品控制权时确认收入。

取得相关商品控制权，是指能够主导该商品的使用并从中获得几乎全部的经济利益。"

《企业会计准则第 14 号——收入》（2017 年修订）第九条规定："合同开始日，企业应当对合同进行评估，识别该合同所包含的各单项履约义务，并确定各单项履约义务是在某一时段内履行，还是在某一时点履行，然后，在履行了各单项履约义务时分别确认收入。"

《企业会计准则第 14 号——收入》（2017 年修订）第十三条规定："对于在某一时点履行的履约义务，企业应当在客户取得相关商品控制权时点确认收入。在判断客户是否已取得商品控制权时，企业应当考虑下列迹象：

（一）企业就该商品享有现时收款权利，即客户就该商品负有现时付款义务。

（二）企业已将该商品的法定所有权转移给客户，即客户已拥有该商品的法定所有权。

（三）企业已将该商品实物转移给客户，即客户已实物占有该商品。

（四）企业已将该商品所有权上的主要风险和报酬转移给客户，即客户已取得该商品所有权上的主要风险和报酬。

（五）客户已接受该商品。

（六）其他表明客户已取得商品控制权的迹象。"

《企业会计准则第 14 号——收入》（2017 年修订）第十四条规定："企业应当按照分摊至各单项履约义务的交易价格计量收入。

交易价格，是指企业因向客户转让商品而预期有权收取的对价金额。企业代第三方收取的款项以及企业预期将退还给客户的款项，应当作为负债进行会计处理，不计入交易价格。"

《企业会计准则第 14 号——收入》（2017 年修订）第十六条规定："合同中存在可变对价的，企业应当按照期望值或最可能发生金额确定可变对价的最佳估计数，但包含可变对价的交易价格，应当不超过在相关不确定性消除时累计已确认收入极可能不会发生重大转回的金额。企业在评估累计已确认收入是否极可能不会发生重大转回时，应当同时考虑收入转回的可能性及其比重。

每一资产负债表日，企业应当重新估计应计入交易价格的可变对价金额。可变对价金额发生变动的，按照本准则第二十四条和第二十五条规定进行会计处理。"

《企业会计准则第 14 号——收入》（2017 年修订）第十七条规定："合同中存在重大融资成分的，企业应当按照假定客户在取得商品控制权时即以现金支付的应付金额确定交易价格。该交易价格与合同对价之间的差额，应当在合同期间内采用实际利率法摊销。

合同开始日，企业预计客户取得商品控制权与客户支付价款间隔不超过一年的，可以不考虑合同中存在的重大融资成分。"

《企业会计准则第 14 号——收入》（2017 年修订）第二十条规定："合同中包含两项或多项履约义务的，企业应当在合同开始日，按照各单项履约义务所承诺商品的单独售价的相对比例，将交易价格分摊至各单项履约义务。企业不得因合同开始日之后单独售价的变动而重新分摊交易价格。”

《企业会计准则第 21 号——租赁》（2018 年修订）规定：“租赁是指在约定的期间内，出租人将资产使用权让与承租人，以获取租金的协议。确定一项协议是否属于或包含租赁业务，应重点考虑以下两个因素：一是履行该协议是否依赖某特定资产；二是协议是否转移了资产的使用权。属于租赁业务的，按租赁准则进行会计处理；其他部分按相关会计准则处理。”

《企业会计准则第 21 号——租赁》（2018 年修订）第四条规定：“在合同开始日，企业应当评估合同是否为租赁或者包含租赁。如果合同中一方让渡了在一定期间内控制一项或多项已识别资产使用的权利以换取对价，则该合同为租赁或者包含租赁。”

《企业会计准则第 21 号——租赁》（2018 年修订）第五条规定：“为确定合同是否让渡了在一定期间内控制已识别资产使用的权利，企业应当评估合同中的客户是否有权获得在使用期间内因使用已识别资产所产生的几乎全部经济利益，并有权在该使用期间主导已识别资产的使用。”

《企业会计准则第 21 号——租赁》（2018 年修订）第十一条规定：“在分拆合同包含的租赁和非租赁部分时，承租人应当按照各租赁部分单独价格及非租赁部分的单独价格之和的相对比例分摊合同对价，出租人应当根据《企业会计准则第 14 号——收入》（2017 年修订）关于交易价格分摊的规定分摊合同对价。”

三、案例解析

对于不同业务活动产生的收入，企业应当按照相应的准则规定进行会计处理。如本案例背景情况所述，在合同能源管理项目中，节能服务企业为客户提供的服务可能是多种多样的，既包括为客户提供节能项目设计、融资、改造（施工、设备安装、调试）、运行管理等服务，也可能包括向客户销售其生产的节能设备或产品。在实务中，节能服务企业需要考虑其与客户签订的合同，对合同所涵盖的各项业务的实质进行综合判断，选用适当的准则进行会计处理。

在本案例中，根据 A 公司与客户签订的能源服务合同，其业务模式主要具有以下特点：

（1）项目公司负责余热发电装置的建造；

（2）余热发电装置的所有权将在 8 年后移交给客户；

（3）项目公司负责余热发电装置的运营并且按照协议电价和实际发电量收取电费；

（4）运营期间项目公司实际收取的电费收入不确定，但能够保证最低收入。

这是一种特殊的业务模式：企业向另一企业提供建设、运营等多种服务且在一定期间后进行产权移交，企业会计准则并未对此作出明确规定。实务中各企业根据其业务特点，分别借鉴不同的会计处理思路进行会计处理，其中比较有代表性的做法和观点有两种：一种观点认为建造活动是建造自用的固定资产，应该按照实际发生的支出计入在建工程的成本；另一种观点认为是为客户提供建造服务，应该确认建造服务的收入。两种观点的争议在于为谁建造，合同能源管理项下的资产是为客户建造还是企业自建固定资产。

观点一：自建固定资产并为客户提供服务。

按照建造成本确认在建工程成本，并在项目达到预定可使用状态时转为固定资产并开始计提折旧，在运营期间确认电费收入，最后移交的时候作为固定资产处置进行会计处理。在此类情况下，关于收入的会计处理：首先需要判断将该资产提供给客户使用的安排是否构成租赁。在本案例中，合同的履行取决于特定资产的使用，并且根据合同约定，客户享有设备的全部实际产出，且客户支付的价款既不是固定单价，也不是实际产出交付时的市场价格。因此，该业务构成租赁，A 公司在运营期内收取的服务费中的一部分应视为租金。在现行租赁准则下，余热发电设施为已识别资产，客户有权获得因使用余热发电设施所产生的几乎全部经济利益（即电力），并有权通过决定工厂的运营时间从而决定余热发电设施的运营时间，因此该业务在现行租赁准则下仍构成租赁。

在本案例中，租金根据租赁期内的实际产出计算，且有保底金额，A 公司应根据租赁准则对于融资租赁的定义，判断该租赁属于融资租赁还是经营租赁，并进行相应的会计处理。

此外，A 公司在运营期内收取的电费收入中，一部分为租金收入，另一部分为提供运营服务的收入，A 公司可参照租赁准则关于租赁和非租赁组成部分的对价分摊原则［即根据《企业会计准则第 14 号——收入》（2017 年修订）关于交易价格分摊的规定分摊合同对价］，将电费分摊到租赁和运营服务。

观点二：为客户提供建造服务并提供运营服务。

在分析项目公司应该如何确认收入的时候，应该考虑项目公司实质上从事什么业务，提供了什么样的商品和服务。根据上面对业务模式的描述，项目公司的主要经营活动包括了建造服务和发电运营。

根据《企业会计准则第14号——收入》（2017年修订），企业应按五个步骤分析其与客户签订合同所产生的收入（通常称为“五步法”）：（1）识别客户合同；（2）识别合同中的履约义务；（3）确定交易价格；（4）将交易价格分摊至合同中的履约义务；（5）在企业履行履约义务时（或履约过程中）确认收入。

本案例的关键在于识别履约义务、确定交易价格、将交易价格分摊至合同中的履约义务以及在企业履行履约义务时（或履约过程中）确认收入的判断，以下就这些关键点进行分析：

（一）识别履约义务

根据案例中对业务模式的描述，项目公司的主要经营活动包括建造活动和发电运营。建造活动又包括工程设计、采购、建设和安装等内容。对于建造活动，项目公司提供了重大整合服务，设计、采购、建设和安装等内容无法明确区分，整体建造活动属于一项履约义务。根据合同的约定余热发电项目运营8年后，将无偿转让给客户，由客户自行运营使用，因此，客户能够从单独使用建造活动和发电运营服务或与其他易于获得的资源一起使用中获益，且建造活动和发电运营在合同层面也可明确区分，因此，这两项活动根据准则第十条的标准判断，可明确区分，属于两项单独的履约义务。

（二）确定交易价格

在案例中关于合同价格的约定为，在8年的运营期内“每台机组每月发电收入如低于200万元，按200万元结算；如高于200万元，则按实际情况结算”，该合同对价为一部分固定价格加一部分可变对价。

根据《企业会计准则第14号——收入》（2017年修订）第十六条的规定，公司未来收取的对价具有较多的可能结果，按照期望值确定可变对价的最佳估计数可能是较为合适的方法，并且对合同对价的估计应当以相关的不确定性消除时极可能不会发生重大转回的金额为上限。以后的每一资产负债表日，公司应当重新估计应计入交易价格的可变对价金额，并按照准则第二十四条和第二十五条的方法在履约义务间进行分摊。

此外，还需要注意的是，由于合同存续时间较长（建设期+运营期8年），因此合同对价中可能存在重大融资成分，公司对于存在重大融资成分的合同应当按照准则第十七条的规定，以假定客户在取得商品控制权时，即以现金支付的应付金额确定交易价格。该交易价格与合同对价之间的差额，应当在合同期间内采用实际利率法摊销。

（三）将交易价格分摊至合同中的履约义务

根据准则第二十条至第二十二条的规定，公司应将确定的交易价格在建造活动和发电运营服务中进行分摊。

如果公司对两项履约义务均存在单独售价的，将确定的交易价格按照各履约义务单独售价的相对比例进行分摊。各项履约义务的单独售价无法直接观察的，公司可以采用市场调整法、成本加成法估计单独售价。由于公司主要业务为“新能源工程的设计、技术开发和咨询、技术服务、技术转让、工程安装及工程总承包；机械、电气、自动化控制设备及其零部件的研发、组装、销售”，合同中的运营服务如果未曾单独销售且未单独定价，在这种情况下，公司也可以在使用适当方法估计建造活动的单独售价后，采用余值法估计运营服务的单独售价。如果有确凿证据表明固定对价或可变对价仅与合同中一项履约义务相关的，公司应当将该对价分摊至该义务。

（四）在企业履行履约义务时（或履约过程中）确认收入

如果案例中的余热发电项目在客户的现有场地上进行建造，如果客户能够控制在建的厂房和设备，或者厂房、设备等进行专门定制的程度较高，不能轻易用于其他用途，满足“企业履约过程中所产出的商品（或服务）不具有可替代用途”的条件，并且在由于客户或其他方原因终止合同的情况下，企业有权就累计至今已完成的履约部分收取能够补偿其已发生成本和合理利润的款项，该权利具有法律约束力，建造服务满足“企业在整个合同期间内有权就累计至今已完成的履约部分收取款项”的条件。例如，合同中明确约定因客户或其他方原因导致项目终止的，客户应按照已经发生的成本和合理利润进行结算；或者在客户终止合同的情况下保留（且不返还）客户的预付款的权利是可执行的，且在整个合同期任何时点，该预付款均能补偿企业已经发生的成本和合理利润等。

此时该建造活动属于在一段时间内履行的履约义务。如果建造活动不满足上述条件，则属于在某一时点履行的履约义务。

公司提供的运营服务满足“客户在企业履约的同时即取得并消耗企业履

约所带来的经济利益”的条件，属于在一段时间内履行的履约义务。

在合同期间内，公司按照各履约义务的履约进度确认收入。

综上所述，我们认为，观点一不需要进行大量的会计估计和判断，便于操作，而观点二涉及较多的判断和估计，相比而言，观点一更切合实际。

【相关案例之一】

水泥余热发电项目合同能源管理收入确认

（一）案例背景

某节能服务公司A（乙方）与某水泥企业（甲方）签订“水泥余热发电合同能源管理协议”，合同约定：

1. 甲方提供场地，乙方负责对甲方的生产线进行设计、改造，增加余热发电装置，建成一座余热发电站，并负责相关设备在运营期内的维护。

2. 项目建设期为12个月，运营期为10年。

3. 效益分享期（即运营期）内，以协议电价（上年平均电价×60%+当月电价与上年平均电价的差×40%）为计算标准，按照实际产出的电量乘以协议电价，再乘以5%收取服务费。

4. 合同期内，项目资产的所有权归属于乙方，合同运营期结束后，项目资产无偿转让给甲方。

问题：A公司（乙方）在上述合同能源管理业务中应如何进行会计处理？

（二）案例解析

对本案例中合同能源管理业务的性质有两类观点，一类观点是，在项目的建设期和运营期内，项目资产的所有权均归属于乙方（设备建设方），且项目资产的实际运营、维护和管理也由乙方负责，因此可视为乙方自行建造设备，提供给甲方使用，并收取一定费用。另一类观点是，整个余热发电项目建于甲方（客户）的场地上，由于土地使用权归甲方所有，因此项目资产的权属可能是有争议的，并且从整个业务的商业目的来看，乙方建设的项目是对甲方的生产线进行技术改造，连接相关节能设备，以进行发电。因此，乙方实质上是在为甲方提供设计建造服务及后续的运营维护服务，只不过相关服务的价款是按照后续节能产出的一定比例分期收取。

上述两种观点的主要争议在于乙方究竟是自建项目，还是为甲方建设项目。考虑到实务中两种观点均有一定的道理，我们进一步对两种观点下的会计处理进行如下分析。假设乙方提供后续运营服务仅需要少量的人工和备件，服务收费相对于合同总收益而言微乎其微。

观点一：自建设备提供给客户使用。

(1) 项目资产的处理：根据《企业会计准则第4号——固定资产》核算相应资产的建设成本，并在运营期内按照合理的方法计提折旧。

(2) 收入的处理：首先需要判断将该资产提供给客户使用的安排是否构成租赁。在本案例中，合同的履行取决于特定资产的使用，但使用权是否转移还需进一步分析。根据合同约定，项目资产的运营维护都由乙方负责，甲方（客户）无权决定资产的使用或指示节能公司操作，更无权控制项目资产实体的接触和使用，但是运营期内，甲方（客户）享有设备的全部实际产出，其他方并未取得高于不重大金额的产出，并且甲方向乙方支付的价款既不是合同约定的固定单位产出价，也不是实际产出交付时的市场价格。因此，该业务构成租赁，运营期内收取的服务费视为租金。在租赁准则下，余热发电设施为已识别资产，客户有权获得因使用余热发电设施所产生的几乎全部经济利益（即电力），并有权通过决定水泥厂的生产时间从而决定余热发电设施的运营时间，因此该业务在现行租赁准则下仍构成租赁。

按照租赁准则对融资租赁实质的判断指引，即租赁资产所有权的风险报酬是否全部转移，该交易中所有的租金都是根据各租赁期的实际产出计算的或有租金，且租赁结束后资产无偿转让给甲方，因此乙方能否获得报酬具有很大不确定性，即与租赁资产所有权相关的风险仍然由乙方承担，并未转移给承租人（甲方）。综上所述，该交易应属于经营租赁，出租人取得的与经营租赁有关的未计入租赁收款额的可变租赁付款额，应当在实际发生时计入当期损益。

观点二：为客户提供建造服务。

根据《企业会计准则第14号——收入》（2017年修订），企业应按五步法分析其与客户签订合同所产生的收入。在本案例中分析的关键在于确定交易价格以及在企业履行履约义务时（或履约过程中）确认收入。

（1）确定交易价格。在案例中，合同的对价以未来10年运营期的实际产出为基础确定，该合同对价为可变对价。根据准则第十六条的规定，乙方未来收取的对价具有较多的可能结果，按照期望值确定可变对价的最佳估计数可能是较为合适的方法。同时，准则对于最佳估计数的上限作了较为严格的规定，即对合同对价的估计应当以相关的不确定性消除时极可能不会发生重大转回的金额为限。以后的每一资产负债表日，乙方应当重新估计应计入交易价格的可变对价金额。

（2）在企业履行履约义务时（或履约过程中）确认收入。根据准则第十一条，案例中余热发电站对甲方的生产线进行设计、改造，增加余热发电装置，如果甲方能够控制在建的余热发电站，或者项目装置不能轻易用于其他用途，满足“企业履约过程中所产出的商品具有不可替代用途”，并且在由于甲方或其他方原因终止合同的情况下，乙方有权就累计至今已完成的履约部分收取能够补偿其已发生成本和合理利润的款项，且该权利具有法律约束力，建造活动满足“企业在整个合同期间内有权就累计至今已完成的履约部分收取款项”的条件，此时该建造活动属于在一段时间内履行履约义务。如果建造活动不满足准则第十一条的条件，属于在某一时点履行履约义务。

如果建造活动属于在一段时间内履行的履约义务，交易价格确定后，乙方在建造期间按照履约进度确认收入，履约进度不能合理确定时，乙方已经发生的成本预计能够得到补偿的，应当按照已经发生的成本金额确认收入，直到履约进度能够合理确定为止。

如果建造活动属于在某一时点履行的履约义务，根据准则规定应在履行了合同中的履约义务，即在客户取得相关商品控制权时确认收入。在本案例中，发电站在甲方的生产线上进行设计、改造，增加余热发电装置，对甲方的余热进行转换，并且发电站运营收入的绝大部分归甲方所有。因此，在发电站建设活动完成后，甲方能够主导该商品的使用并从中获得几乎全部的经济利益，取得了发电站的控制权，在发电站建设活动完成后确认收入。

对比上述两种观点的处理，虽然都有合理的商业实质和适当的准则依据，但观点二涉及较多的判断和估计因素。因此，实务中，观点二的会计处理结果缺乏准确性和合理性，相比之下，采用观点一更切合实际。

【相关案例之二】

矿热炉余热发电合同能源管理收入确认

（一）案例背景

某节能服务公司A（乙方）与一大型冶炼企业（甲方）签订“矿热炉余热发电合同能源管理协议”，合同约定：

1. 甲方提供场地，乙方为甲方设计建造矿热炉余热发电系统，并和甲方一起分享节能效益。

2. 项目效益分享期为5年，自项目试运行结束之日起算。

3. 效益分享期内，甲乙双方的节能效益分享比例如表6－1所示。

表6－1　　甲乙双方的节能效益分享比例　　单位：%

	第一年	第二年	第三年	第四年	第五年
甲方	15	25	30	40	45
乙方	85	75	70	60	55

4. 节能收益根据甲、乙双方约定的电价0.45元/千瓦时计算，月度节能效益的计算公式为：月度节能效益＝月供电量×电价－月运营成本。

其中，月供电量和月运营成本均为设备建设完成后，甲乙双方共同进行30天的测试所得出的数值，并且，测试期内的日平均发电量需超过50,000千瓦时，视为测试合格，节能设备正式交付使用。月度节能效益在运行期内视为不变。

5. 乙方按照合同约定负责该合同项目的设计、建设、运营及维护，合同到期前，项目资产的所有权归属于乙方，合同执行完毕后，项目资产无偿转让给甲方。

问题：A公司（乙方）在上述合同能源管理业务中应如何进行会计处理？

（二）案例解析

对本案例中合同能源管理业务的性质有两类观点：一类观点是在项目的建设期和运营期内，项目资产的所有权均归属于乙方（设备建设方），且项目资产的实际运营、维护和管理也由乙方负责，因此可视为乙方自行建造设备，提供给甲方使用，并收取一定费用。另一类观点是整个余热发电项目建于甲方（客户）的场地上，由于土地使用权归甲方所有，因此项目资产的权属可能是有争议的，并且从整个业务的商业目的来看，乙方建设的项目是利用甲方生产过程中的余热进行发电，可以合理推测该项目资产是与甲方的生产设备相连接，且相关设备的能耗产出等技术参数也是与甲方的生产线相匹配的。因此，乙方实质上是在为甲方建造余热发电设备，只不过该建造服务的价款是通过分享各运营期内的节能效益来收回的。

上述两种观点的主要争议在于乙方究竟是自建项目，还是为甲方建设项目。考虑到实务中两种观点均有一定的道理，我们进一步对两种观点下的会计处理进行如下分析。假设乙方提供后续运营服务仅需要少量的人工和备件，服务收费和成本相对于合同总收益和成本而言微乎其微。

观点一：自建设备提供给客户使用。

（1）项目资产的处理：根据《企业会计准则第 4 号——固定资产》核算相应资产的建设成本。

（2）收入的处理：首先需要判断将该资产提供给客户使用的安排是否构成租赁。在本案例中，合同的履行取决于特定资产的使用，但使用权是否转移还需进一步分析。根据合同约定，项目资产的运营维护全由乙方负责，甲方（客户）无权决定资产的使用或指示节能公司操作，更无权控制项目资产实体的接触和使用，但是在运营期内，甲方（客户）享有设备的全部实际产出，其他方并未取得高于不重大金额的产出，甲方支付的对价虽然是根据合同约定的比例，基于试运行 30 天内的月度节能效益计算的固定数额，但该价款并不是针对设备的实际产出的每单位对价，即甲方为产出所支付的对价既不是合同约定的固定单位产出价，也不是实际产出交付时的市场价格，而是一个与实际产出的电量无关的固定对价，因此该业务满足构成租赁的条件之一，应当将运营期内分享的收益视为租金收入。在现行租赁准则下，余热发电系统为已识别资产，客户有权获得因使用余热发电系统所产生的几乎全部经济利益（即电力），并有权通过决定冶炼时间从而决定余热发电系统的运营时间，因此该业务在租赁准则下仍构成租赁。

根据合同安排，项目运营期为5年，运营期满后设备无偿转让给甲方。并且，余热发电系统在正式交付使用之前，30天试运行期内的日平均发电量需超过50,000千瓦时，即乙方每月分享的节能收益有可确定的保底金额，由此可以合理推测，乙方在运营期内按照合同约定收取的价款应该已几乎相当于相关资产的公允价值。可见，与租赁资产所有权相关的风险报酬已全部转移给承租人（甲方），而乙方通过收取固定的租金已回收相关设备的价款。因此，根据租赁准则，该交易属于融资租赁，应按照融资租赁的相关规定进行会计处理。

观点二：为客户提供建造服务。

根据《企业会计准则第14号——收入》（2017年修订），企业应按五个步骤分析其与客户签订合同所产生的收入（通常称为五步法）。在本案例中分析的关键在于确定交易价格和在企业履行履约义务时（或履约过程中）确认收入。

（1）确定交易价格。在案例中，乙方按照既定的比例分享月度节能效益，月度节能效益根据试运行30天的运行情况计算，余热发电系统在正式交付使用之前30天试运行期内的日平均发电量需超过50,000千瓦时，该合同对价一部分为固定价格（日平均50,000千瓦时对应的节能收益分享额），另一部分为可变对价（试运行期间实际发电量超过日平均50,000千瓦时对应的节能收益分享额）。对于该可变对价，根据准则第十六条的规定，乙方未来收取的对价具有较多的可能结果，按照期望值确定可变对价的最佳估计数可能是较为合适的方法。同时，准则对于最佳估计数的上限作了较为严格的规定，即对合同对价的估计应当以相关的不确定性消除时极可能不会发生重大转回的金额为限。对价确定前的每一资产负债表日，乙方应当重新估计应计入交易价格的可变对价金额。

（2）在企业履行履约义务时（或履约过程中）确认收入。在本案例中，乙方为甲方设计建造矿热炉余热发电系统，并和甲方一起分享节能效益。需要根据具体情况分析甲方是否可以控制在建的发电系统、发电系统为甲方特别定制的程度、用作其他用途的限制以及乙方在整个合同期间内是否有权就累计至今已完成的履约部分收取款项等因素判断建造活动是属于在某一时段内履行的履约义务还是属于某一时点履行的履约义务，并根据建造活动所属类型确认收入。如果建造活动属于在某一时段内履行的履约义务，在建造期内按照履约进度确认建造收入，履约进度不能合理确定时，乙方已经发生的成本预计能够得到补偿的，应当按照已经发生的成本金额确认收入，直到履约进度能够合理确定为止。

综上所述，采用观点二有可能在建设期分阶段确认收入，而观点一则只能在运营开始后才能确认相关收入。但观点二涉及的估计和判断因素较多，可能会给相关会计和审计工作带来较大挑战。

【相关案例之三】

水源热泵蓄冷蓄热合同能源管理收入确认

（一）案例背景

某节能服务公司A（乙方）为其客户（甲方）在原有电制冷+锅炉的基础上增加水源热泵以及蓄冷蓄热技术，建设科技创业园区水源热泵水蓄冷（热）中央空调系统。

乙方以合同能源管理模式提供节能系统并负责技术服务。乙方的设计和建设方案需经甲方批准。项目建成后，由乙方负责项目的运行管理，乙方以能源收费方式回收投资和获得合理利润，并拥有项目所有权。乙方获得全部合同款项后，将项目所有权转移给甲方，并由甲方享有项目转移后的全部收益。

项目建设期为5个月，甲方收到乙方验收申请后一个月内完成竣工考核验收。验收通过后，甲方于30个工作日内出具竣工验收证明文件。

合同签订后15日内，甲方向乙方支付第一笔设备投资款500万元；制冷主机到货并安装完毕后，甲方向乙方支付第二笔设备投资款700万元；机房安装调试完毕后，甲方向乙方支付第三笔设备投资款400万元；正式运行之日起15日内支付第四笔设备投资款300万元；余下设备投资款由甲方分15年按月支付，自甲方收到乙方第一次供冷时提交竣工考核申请之日起，甲方于每月10日前向乙方支付当月的固定设备投资款33.5

万元，180 个月付清，合计 6,030 万元，占总设备投资款的 76.04%。

乙方为本项目能源站提供 15 年（相当于项目设备的预计使用寿命）的运行维护，每年运营费用 300 万元。自正式运行之日起，甲方于每月 10 日前向乙方支付当月能源站运营费用，180 个月付清。

乙方负责项目资金筹集、项目施工、设备及材料采购、安装与调试、配合甲方建设，按期完成项目建设。

项目竣工验收后，整个项目运行权由乙方负责。在甲方未付清全款之前，项目的所有权属于乙方；甲方按合同约定给付乙方全款后，乙方即与甲方办理项目所有权移交手续，甲方取得项目的所有权。

问题：A 公司（乙方）在上述合同能源管理业务中应如何进行会计处理？

（二）案例解析

在本案例中，虽然合同规定在建设和运营期内，项目的资产所有权归属于乙方，并由乙方负责项目资产的实际运营和维护管理。然而，乙方是在甲方原有电制冷 + 锅炉的基础上增加水源热泵以及蓄冷蓄热技术，为甲方建设水源热泵水蓄冷（热）中央空调系统，因此设备整体是建在甲方的生产线上，与甲方的生产工艺和需求相匹配的；并且，该节能系统的设计和建造方案需经甲方批准，甲乙双方已就固定的设备价款达成了支付安排，且项目建成后，由甲方进行验收，并出具验收证明；此外，整个空调系统安装在甲方，归甲方使用，设备在整个使用寿命期内的实际产出都归甲方享有，乙方进行运营和维护管理是由甲方向其支付固定报酬。因此，节能系统相关资产的风险和报酬实质上在设计、建造及运营阶段一直归属于甲方。综合看来，整个项目大致可分为两部分，其中一部分是乙方为甲方建设了一系列设备，由于设备造价较高，因此采用分期付款的方式结算；而另一部分是由于乙方掌握着设备的相关技术，因此设备建成后，由乙方为甲方提供运营服务，并单独收取运营服务费，即乙方实质上为甲方提供了建造服务和运营服务。

根据《企业会计准则第 14 号——收入》（2017 年修订），企业应按五个步骤分析其与客户签订合同所产生的收入（通常称为五步法）。本案例中分析的关键在于将交易价格分摊至合同中的履约义务以及在企业履行履约义务时（或履约过程中）确认收入。

在本案例中，公司（乙方）为其客户（甲方）在原有电制冷+锅炉的基础上增加水源热泵以及蓄冷蓄热技术，建设科技创业园区水源热泵水蓄冷（热）中央空调系统，并为本项目能源站提供15年（相当于项目设备的预计使用寿命）的运行维护。根据准则第十条的规定，增加节能系统和提供运行维护属于可单独区分的承诺，属于两项单独的履约义务。

1. 将交易价格分摊至合同中的履约义务。根据准则第二十条，合同中包含两项履约义务，乙方应当在合同开始日，按照建造活动和运营服务的单独售价的相对比例，将交易价格分摊至各单项履约义务。

如果合同条款中约定的设备价款和运营服务费都真实、公允地反映了合同中各项义务的单独售价，乙方可以直接将其作为建设活动和运营维护的交易价格。

2. 在企业履行履约义务时（或履约过程中）确认收入。案例中的整个节能系统整体是建在甲方的生产线上，与甲方的生产工艺和需求相匹配的。考虑到项目建设期较短，节能系统虽建设在甲方生产线上，但是如果乙方无须发生重大成本就可以将系统改装后用于另一用途，建造活动可能不满足准则十一条中“具有不可替代用途”的条件。此外，如果在由于客户或其他方原因终止合同的情况下，乙方无权就累计至今已完成的履约部分收取能够补偿其已发生成本和合理利润的款项，也说明建造活动不属于在某一时段内履行履约义务。

需要补充说明的是，根据《企业会计准则第14号——收入（应用指南）》（2018年修订），“在整个合同期间内有权就累计至今已完成的履约部分收取款项”的条件要求乙方因对方终止合同时有权获得的金额应该在建造期间的任何时点均代表至少就其累计至今已完成的履约部分作出必要补偿的金额。因此，仅按照合同里程碑支付的进度款，即使不必返还，也并不满足该条件。乙方不能仅根据有权按照合同里程碑收取进度款项认为建造活动满足了“在整个合同期间内有权就累计至今已完成的履约部分收取款项”的条件。

因此，乙方需要根据具体条件审慎判断建造活动所属类型。

根据判断，如果建造活动属于在一段时间内履行履约义务，准则规定按照履约进度在建设期内确认收入；如果建造活动属于在某一时点履行履约义务，节能系统建设完成、验收通过后，整个空调系统安装在甲方，归甲方使用，设备在整个使用寿命期内的实际产出都归甲方享有，乙方进行运营和维护管理是由甲方向其支付固定报酬。甲方能够主导该商品的使用并从中获得几乎全部的经济利益、取得节能系统的控制权，乙方可以按照履约义务的对价确认收入。在确定交易价格时，应当考虑合同对价中是否存在重大融资成分，并按照《企业会计准则第 14 号——收入》（2017 年修订）第十七条的规定进行处理。

公司提供的运营维护服务，符合“客户在企业履约的同时即取得并消耗企业履约所带来的经济利益”的条件，属于在某一时段内履行的履约义务，在运营期内按照履约进度确认收入。如果乙方履行履约义务所做的工作或投入在履约期间内平均消耗，可以采用投入法预计履约进度，且按直线法确认为收入可能是恰当的。

【相关案例之四】

煤气发电合同能源管理收入确认

（一）案例背景

A 公司是一家节能服务公司，其主营业务是以合同能源管理（EMC）模式为客户提供节能减排解决方案。具体业务方式为：A 公司与用户签订能源管理合同，为用户提供节能诊断、投资、改造和运营管理等服务。以节能效益分享方式回收投资和获得合理利润，即用能单位以节能效益支付节能服务公司的投入及其回报。

A 公司与某钢铁厂签订煤气发电能源服务协议，采取 EMC 方式对某钢铁厂实施节能改造，利用钢铁厂生产过程中产生的煤气发电，产生的电量全部供钢铁厂使用，项目投资和建设、运营均由 A 公司承担，用户不需要投入资金，仅是在合同期内与 A 公司分享节能收益。钢铁厂不保证煤气的最低供气量，项目的投资风险由 A 公司承担。

A 公司投资 1.2 亿元，与客户签订的合同约定的效益分享期为 4 年，在合同效益分享期前期分享比例较高，后期较低。前 2 年与客户约定的效益分享比例是 65%，后 2 年比例降为 35%，合同提及 4 年平均按 55% 分享。效益分享期结束时，A 公司将煤气发电项目无偿转让给钢铁厂。

A公司定期以节能量（即发电量）及与用能企业在EMC合同中约定的分享比例确认主营业务收入。

问题：A公司应按合同约定的收益分享比例确认收入还是按合同期内的平均分享比例确认收入？

（二）会计准则及相关规定

根据《企业会计准则第14号——收入（应用指南）》（2018年修订）的规定，产出法，是根据已转移给客户的商品对于客户的价值确定履约进度的方法。通常可采用实际测量的完工进度、评估已实现的结果、已达到的里程碑、时间进度、已完工或交付的产品等产出指标确定履约进度。在评价是否运用产出法计量履约进度时，主体应当考虑所选择的产出能否如实反映主体履约义务的履约进度。如果所选择的产出指标无法计量某些控制权已转移给客户的商品时，不应采用产出法。

投入法，是根据企业履行履约义务的投入确定履约进度的方法，通常可采用投入的材料数量、花费的人工工时或机器工时、发生的成本和时间进度等投入指标确定履约进度。当企业从事的工作或发生的投入在整个履约期间内平均发生时，企业也可以按直线法确认为收入。

（三）案例解析

对本案例中合同能源管理业务的性质有两类观点：一类观点是在项目的建设期和运营期内，项目资产的所有权均归属于A公司，且项目资产的实际运营和维护管理也由A公司负责，因此可视为A公司自行建造设备，提供给其客户（钢铁厂）使用，并收取一定费用。另一类观点是整个煤气发电项目建于客户的场地上，因此项目资产的权属可能是有争议的，并且从整个业务的商业目的来看，A公司实质上是在为客户建造煤气发电设备，只不过该建造服务的价款是通过分享各运营期内的节能效益来回收的。上述两种观点的主要争议在于究竟是自建项目，还是为客户建设项目。

观点一：自建设备提供给客户使用。

（1）项目资产的处理：根据《企业会计准则第4号——固定资产》核算相应资产的建设成本，并在运营期内按照合理的方法计提折旧。

（2）收入的处理：首先需要判断将该资产提供给客户使用的安排是否构成租赁。在本案例中，合同的履行取决于特定资产的使用，并且根据合同约定，客户享有节能设备的全部实际产出，且客户支付的价款既不是固定单价，也不是实际产出交付时的市场价格。因此，该业务构成租赁，A公司在运营期内收取的服务费应视为租金。在租赁准则下，节能设备为已识别资产，客户有权获得因使用节能设备所产生的几乎全部经济利益（即电力），并有权通过决定钢铁厂的生产时间从而决定节能设备的运营时间，因此该业务在现行租赁准则下仍构成租赁。

按照租赁准则对融资租赁实质的判断指引，即资产所有权的风险报酬是否全部转移，本案例中所有的租金都是根据各租赁期的实际产出计算的或有租金，且租赁结束后资产无偿转让给客户，因此A公司能否获得报酬具有很大不确定性，即与租赁资产所有权相关的风险仍然由A公司承担，并未转移给承租人（客户）。综上所述，该交易应属于经营租赁，出租人取得的与经营租赁有关的未计入租赁收款额的可变租赁付款额，应当在实际发生时计入当期损益，即A公司应按合同约定的收益分享比例确认租金收入。

此外，A公司在运营期内收取的服务费中，一部分为租金收入，另一部分为提供运营服务的收入，A公司可参照租赁准则关于租赁和非租赁组成部分的对价分摊原则（即根据《企业会计准则第14号——收入》（2017年修订）关于交易价格分摊的规定分摊合同对价），将服务费分摊到租赁和运营服务。

观点二：为客户提供建造服务及节能运营服务。

在本案例中，A公司的履约义务包括建造服务和运营服务。A公司在4年的合同期内收取的对价是按照节能收益的一定比例分成，属于可变对价，A公司应当对可变对价进行合理估计，并且应该以相关不确定性消除时极可能不会发生重大转回的金额为上限计入交易价格。后续期间的每一资产负债表日，A公司应当重新进行估计。A公司应当按照建造服务和运营服务单独售价的相对比例，将估计的交易价格进行分摊，并分别确认收入。

对于建造服务，如果客户能够控制在建的煤气发电设备装置，或者该设备装置不能轻易用于其他用途，满足“企业履约过程中所产出的商品（或服务）具有不可替代用途”的条件，且由于客户或其他方的原因导致合同终止时，A公司有权就累计至今已经完成的履约义务收取能够补偿其已发生成本和合理利润的款项，满足“企业在整个合同期间内有权就累计至今已完成的履约部分收取款项”的条件，则该建造服务属于在一段时间内履行的履约义务；否则，属于在某一时点履行的履约义务。A公司按照分摊至建造服务的交易价格相应确认收入。

对于节能运营服务，该节能服务符合“客户在企业履约的同时即取得并消耗企业履约所带来的经济利益”的条件，属于在一段时间内履行的履约义务。因此，在提供节能服务期间，A公司可以采用产出法或投入法确定履约进度，在履约期间按照履约进度确认收入。在本案例中，如果节能效益分享比例前高后低恰好体现了不同时期的产出相对于客户价值的计量结果，按照履约进度确认收入的结果可能出现前高后低的情况；如果公司提供节能服务的相关工作或投入在4年履约期间内平均消耗，则按直线法确认为收入可能是恰当的。

案例6－02
附回购义务的担保融资租赁条款的收入确认

一、案例背景

A公司为上市公司。A公司与其客户B公司签订EPC总承包合同，即A公司受B公司委托，按照合同约定对光伏太阳能电站进行设计、采购、施工、试运行进行承包，电站验收合格后转让给B公司。假定A公司为B公司建造光伏电站仅包含一项履约义务，且不满足在一段时间内确认收入的条件。

由于光伏电站的资金需求较大，B公司于电站移交时支付全部款项存在困难。A公司为减少应收款项、加速资金回笼，决定改为通过融资租赁销售模式实施该项目。由A公司、B公司以及融资租赁公司签署补充协议，约定A公司将光伏太阳能电站建成后销售给融资租赁公司，再由融资租赁公司向B公司提供融资租赁服务。同时，A公司和融资租赁公司签订回购担保协议，如果B公司不能按期支付融资租赁款，A公司需要按约定条件回购该电站项目，如图6－1所示。

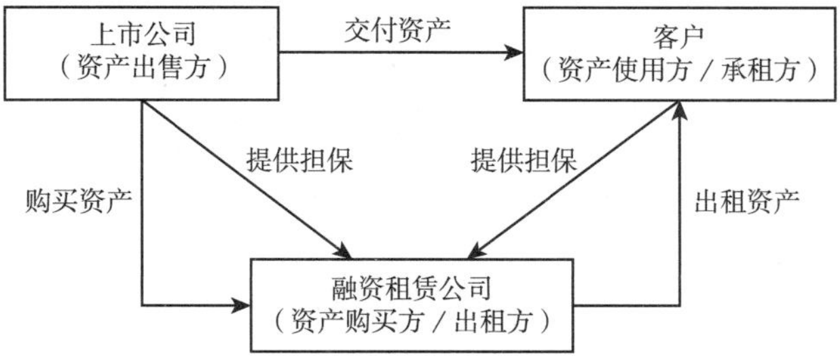

图6－1 担保融资租赁流程

问题：卖方信贷模式附有回购义务情形下资产销售方的收入如何确认？

二、会计准则及相关规定

《企业会计准则第14号——收入》（2017年修订）第四条规定："企业应当在履行了合同中的履约义务，即在客户取得相关商品控制权时确认收入。

取得相关商品控制权，是指能够主导该商品的使用并从中获得几乎全部的经济利益。"

《企业会计准则第14号——收入》（2017年修订）第五条规定："当企业与客户之间的合同同时满足下列条件时，企业应当在客户取得相关商品控制权时确认收入：

（一）合同各方已批准该合同并承诺将履行各自义务；

（二）该合同明确了合同各方与所转让商品或提供劳务（以下简称'转让商品'）相关的权利和义务；

（三）该合同有明确的与所转让商品相关的支付条款；

（四）该合同具有商业实质，即履行该合同将改变企业未来现金流量的风险、时间分布或金额；

（五）企业因向客户转让商品而有权取得的对价很可能收回。"

《企业会计准则第14号——收入》（2017年修订）第六条规定："在合同开始日不符合本准则第五条规定的合同，企业应当对其进行持续评估，并在其满足本准则第五条规定时按照该条的规定进行会计处理。

对于不符合本准则第五条规定的合同，企业只有在不再负有向客户转让商品的剩余义务，且已向客户收取的对价无须退回时，才能将已收取的对价确认为收入；否则，应当将已收取的对价作为负债进行会计处理。没有商业实质的非货币性资产交换，不确认收入。”

《企业会计准则第 14 号——收入》（2017 年修订）第十一条规定：“满足下列条件之一的，属于在某一时段内履行履约义务；否则，属于在某一时点履行履约义务：

（一）客户在企业履约的同时即取得并消耗企业履约所带来的经济利益。

（二）客户能够控制企业履约过程中在建的商品。

（三）企业履约过程中所产出的商品具有不可替代用途，且该企业在整个合同期间内有权就累计至今已完成的履约部分收取款项。

具有不可替代用途，是指因合同限制或实际可行性限制，企业不能轻易地将商品用于其他用途。

有权就累计至今已完成的履约部分收取款项，是指在由于客户或其他方原因终止合同的情况下，企业有权就累计至今已完成的履约部分收取能够补偿其已发生成本和合理利润的款项，并且该权利具有法律约束力。”

《企业会计准则第 14 号——收入》（2017 年修订）第十三条规定：“对于在某一时点履行的履约义务，企业应当在客户取得相关商品控制权时点确认收入。在判断客户是否已取得商品控制权时，企业应当考虑下列迹象：

（一）企业就该商品享有现时收款权利，即客户就该商品负有现时付款义务。

（二）企业已将该商品的法定所有权转移给客户，即客户已拥有该商品的法定所有权。

（三）企业已将该商品实物转移给客户，即客户已实物占有该商品。

（四）企业已将该商品所有权上的主要风险和报酬转移给客户，即客户已取得该商品所有权上的主要风险和报酬。

（五）客户已接受该商品。

（六）其他表明客户已取得商品控制权的迹象。”

三、案例解析

近年来，资本市场出现了较多创新型的经营模式和盈利模式，较传统模式而言，创新模式下的经营活动更为特殊和复杂，在相关收入确认方面需要充分了解业务模式进而判断收入确认条件是否得到满足。

在本案例中，A 公司将建成的光伏电站销售给融资租赁公司，再由融资租赁公司向 B 公司提供融资租赁服务。在法律形式上，融资租赁公司是购买方和出租方，B 公司是资产使用方和承租方，但是在交易实质上，融资租赁公司在该业务中仅是为 B 公司提供融资安排，B 公司是该光伏电站真正的购买方，是 A 公司的客户。

根据《企业会计准则第 14 号——收入》（2017 年修订）的相关规定，在上述业务模式下，公司需要首先评估客户（资产使用方）的信用风险，以判断向客户转让商品而有权取得的对价是否很可能收回，即客户是否很可能按合同约定向融资租赁公司支付融资租赁款。如果公司认为向客户转让商品而有权收取的对价很可能收回，且同时满足准则第五条规定的其他条件，在本案例中，公司销售商品属于某一时点履行的履约义务，应在客户取得该商品的控制权时确认收入；如果公司认为向客户转让商品而有权收取的对价不是很可能收回，则只有在不再负有向客户转让商品的剩余义务，且已向客户收取的对价无须退回时，才能将已收取的对价确认为收入。在卖方信贷销售模式下，公司在销售时面临未来代偿、无法追偿的风险，能否确认收入，在实务中应当根据客户信用风险、承担回购担保责任的重大程度等情况予以判断。

第一，企业应当基于对客户信用状况的了解等相关信息，评估承担回购担保责任的可能性和程度等，进而判断合同价款的可回收性。如果基于历史交易信息，企业对资产使用方的信用状况存在一定的了解和判断，则应根据客户（资产使用方）历史和当前信用状况，综合考虑首付比例、贷款年限与机械使用寿命、产品市场价格走势、客户信用、购买目的等因素，判断销售商品相关的合同价款是否很可能收回。如果企业面临的都是新客户且并无历史信息或其他充分信用证据，则需进行较为谨慎的专业判断，在此模式下，如果买卖双方向融资租赁公司提供担保，但担保物仅为标的资产本身，在未来客户（资产使用方）无法及时付款时出售方还需回购标的资产，则可能表明合同价款收回存在较高不确定性；如果在标的资产抵押的基础上增加了其他担保，如对后续期间回款存在其他支持或担保物，则有可能在一定程度上降低合同价款收回的不确定性。

第二，如果企业经评估后，认为向客户销售商品的合同价款很可能收回，企业承担回购担保责任的风险较低，则在将商品的控制权转移给客户时确认收入。在本案例中，通常可认为在商品验收合格交付给客户时，客户取得了该商品的控制权。

第三，如果企业认为可以确认收入，应提供相应支持性证据并予以充分披露，如客户（资产使用方）现金流、信用状况如何、是否存在保证及时回款措施、是否存在标的资产之外的担保物且能在一定的基础上覆盖标的资产的风险等。

此外，A 公司与融资租赁公司签订回购担保协议如果构成财务担保合同，A 公司应根据同业经验及与租赁公司签订的回购条款对回购情况下公司可能承担的回购损失进行合理估计，按照金融工具准则确定的损失准备金额以及该财务担保合同初始确认金额扣除按照收入准则相关规定所确定的累计摊销额后的余额孰高进行计量。

案例 6 – 03
识别履约义务相关的问题

企业与客户签订合同，应当在合同开始日对合同进行评估，识别合同中包含的单项履约义务，并且在每一单项履约义务履行时确认收入。履约义务，是指合同中企业向客户转让可明确区分商品的承诺。商品可明确区分，应当同时满足两个条件，一是客户能够从该商品本身或从该商品与其他易于获得资源一起使用中受益；二是企业向客户转让该商品的承诺与合同中其他承诺可单独区分。

一、案例背景

A 公司主要从事高科技产品的研发业务。A 公司与 B 公司签订购买定制模块产品的合同，合同约定 A 公司需向 B 公司交付的商品为产品设计方案、样片和最终产品 X 套。合同中约定的三个阶段如表 6 – 2 所示，B 公司以此作为付款节点。

表 6－2

阶段	主要工作	时间	交付项	收款进度
第一阶段	按照B公司的需求进行设计，并将详细设计方案提交B公司审定	15个月	详细设计方案	45%
第二阶段	按照审定的设计方案生产样片并测试	15个月	样片及测试报告	35%
第三阶段	按照最终版本的样片进行批量生产	4个月	最终产品X套	20%

该交易中技术含量最高的部分为第一阶段；第二阶段的工作也需要一定的技术能力，但不如第一阶段；第三阶段的生产工艺较为简单。

A公司提交详细设计方案后，B公司对方案进行可行性评估和审定，判定设计方案可行之后，A公司按照该设计方案生产样片。在样片的生产与测试过程中，可能产生不同版本的样片（通常为三轮测试），A公司需向B公司提交每一版本的样片和测试报告。A公司通常单独提供研发设计服务，但不从事生产活动，故在该交易中A公司委托第三方C公司进行样片的生产和测试，以及最终产品的生产。C公司由A公司自行选择，合同由双方协商签订。B公司仅知晓C公司负责样片的生产和测试，以及最终产品的生产，但不参与A公司与C公司之间的交易谈判。C公司在进行样片的生产和测试的过程中，在A公司同意的前提下，会对设计方案中的某些参数进行修改。最终版样片通过测试之后，C公司根据最终版样片生产最终产品，在生产过程中，不会对设计方案及样片进行任何修改。B公司取得A公司提交的设计方案之后，可以自行选择其他方进行生产和测试，但是由于某些特殊原因，B公司无法与A公司签订仅提供研发服务的合同，而只能签订采购商品的合同。

问题：A公司与B公司签订的合同中包含几个单项履约义务？

二、会计准则及相关规定

《企业会计准则第14号——收入》（2017年修订）第九条规定：“合同开始日，企业应当对合同进行评估，识别该合同所包含的各单项履约义务，并确定各单项履约义务是在某一时段内履行，还是在某一时点履行，然后，在履行了各单项履约义务时分别确认收入。

履约义务，是指合同中企业向客户转让可明确区分商品的承诺。履约义务既包括合同中明确的承诺，也包括由于企业已公开宣布的政策、特定声明或以往的习惯做法等导致合同订立时客户合理预期企业将履行的承诺。企业为履行合同而应开展的初始活动，通常不构成履约义务，除非该活动向客户转让了承诺的商品。”

《企业会计准则第 14 号——收入》（2017 年修订）第十条规定：“企业向客户承诺的商品同时满足下列条件的，应当作为可明确区分商品：

（一）客户能够从该商品本身或从该商品与其他易于获得资源一起使用中受益；

（二）企业向客户转让该商品的承诺与合同中其他承诺可单独区分。

下列情形通常表明企业向客户转让该商品的承诺与合同中其他承诺不可单独区分：

1. 企业需提供重大的服务以将该商品与合同中承诺的其他商品整合成合同约定的组合产出转让给客户。

2. 该商品将对合同中承诺的其他商品予以重大修改或定制。

3. 该商品与合同中承诺的其他商品具有高度关联性。”

三、案例解析

在本案例中，A 公司对 B 公司的承诺包括：提供设计服务、生产测试样片和生产最终产品，A 公司需要分析这些承诺是否可明确区分。

一是这些承诺本身是否能够明确区分。A 公司通常单独提供研发设计服务，市场上有其他供应商（例如 C 公司）能够根据设计方案生产测试样片及生产最终产品，B 公司可以自行选择其他方进行生产和测试，表明 B 公司能够从设计服务、生产测试样片和生产最终产品本身或与其他易于获得的资源一起使用中受益。因此，A 公司提供的设计服务、生产测试样片和生产最终产品本身可以明确区分。

二是这些承诺在合同中是否可明确区分。A 公司提交详细设计方案后，B 公司对方案进行可行性评估和审定，判定设计方案可行之后，A 公司按照该设计方案进行样片的生产和测试。在样片的生产与测试过程中，A 公司会根据测试结果对设计方案中的某些参数进行修改，进而再根据修改后的设计方案重新生产样片并测试，如此反复，大约需要经过三轮测试，以确定最终的设计方案和样片。最终版本的样片确定之后，交付 C 公司用于生产最终产品，最终产品的生产工艺较为简单，且在生产过程中，也不会对设计方案和样片进行任何修改。

在这一过程中，对于A公司提供的设计服务和样片的生产与测试而言，二者彼此之间具有高度关联性，在合同层面不可明确区分。对于生产最终产品而言，A公司并未提供重大整合服务将其与合同中的其他承诺（设计方案、样片的生产和测试）整合成组成产出，其没有对其他承诺进行重大修改和定制化，也没有和其他承诺高度关联，因此，生产最终产品在合同层面可以明确区分。

综上所述，A公司与B公司签订的合同中包含两个单项履约义务，一是提供设计服务和生产测试样片，二是生产最终产品。

【相关案例】

房地产企业销售精装修商品房

（一）案例背景

A公司从事房地产开发业务，根据规划不同，其开发销售的商品房既有毛坯房，也有精装修房。A公司也可以单独为购房人提供精装修服务。2×19年10月，A公司就其近期开发的某住宅小区商品房进行预售。A公司在该项目的备案文件和楼书中，均承诺所销售的商品房为精装修房屋。根据A公司与购房人签订的预售合同，A公司销售的商品房为精装修房屋，房屋的装修设计和装修标准由A公司统一制定，购房人无权选择是否接受装修以及何时开始装修，也不能变更装修的设计方案和装修标准，装修期间不得进入施工现场观看施工，也不得要求施工人员更改施工内容。合同价款为不含装修的毛坯房价格加上精装修价格。装修工程全部完工后，A公司向购房人发出入住通知书，购房人对精装修房屋进行验收并办理收房手续。

问题：A公司与购房人签订的精装修商品房销售合同中包含几个单项履约义务？

（二）案例解析

在本案例中，A公司与购房人签订的合同中可能被认为包含两项承诺，即销售毛坯房及提供精装修服务。由于A公司单独销售毛坯房，也单独提供精装修服务，表明毛坯房和精装修服务本身能够明确区分。然而，A公司在合同中承诺向购房人交付的是精装修房屋，A公司需要提供重大整合服务，将毛坯房和装修服务整合成一个合同约定的组合产出，即精装修房屋，因此两者在合同层面不能明确区分。此外，在上述交易安排中，房屋的装修设计和装修标准由A公司统一制定，购房人无权选择是否接受装修以及何时开始装修，也不能变更装修的设计方案和装修标准，装修期间不得进入施工现场观看施工，也不得要求施工人员更改施工内容，A公司并非为购房人提供实质性的装修服务，因此，从业务实质看，A公司并非为客户提供一项装修服务。

综上所述，A公司与购房人签订的精装修商品房销售合同中仅包含一个单项履约义务，即销售精装修房屋。

案例6－04
按时点法或时段法确认收入的判断

《企业会计准则第14号——收入》（2017年修订）不再区分销售商品、提供劳务和建造合同，对于所有与客户之间的合同采用统一的模型，在商品或服务的控制权转移时确认收入。在判断收入确认时点时，先判断是否满足在某一时段内确认收入的条件，如不满足，则在控制权转移的某一时点确认收入。

一、案例背景

A公司为一家医药研究企业，其接受B公司委托进行某项新药的药理药效研究项目并向B公司提交一份符合国家规定的药理药效研究报告，用于B公司后续的临床医药研究。合同中明确约定，A公司需要每月向B公司提交实验数据或实验报告等，同时，A公司研究过程中所形成的任何试验数据、报告及相关知识产权等均归B公司所有，B公司有权自行处置，例如用于申请专利、发表科技论文或作为商业机密保存等，对于A公司在履行合同过程中形成的中间产物，其所有权均归属于B公司。在研究项目完成之前，如果合同终止，A公司需要将截至目前已完成但尚未提交的所有试验成果（包括试验数据、报告、试验形成的中间产物及相关知识产权等）提交给B公司，B公司可聘请其他企业在此基础上继续完成该药理药效研究报告。

根据双方约定，B公司按照合同里程碑付款，即在合同签订日后十天之内，支付合同价款的30%；在A公司完成研究报告初稿时，支付合同价款的30%；在A公司完成并提交研究报告终稿时，支付剩余40%的合同价款。假定在由于B公司或其他方原因终止合同的情况下，A公司有权收取的款项不能补偿其累计至今已发生成本和合理利润。

问题：A公司进行的该项药理药效研究项目应当如何确认收入？

二、会计准则及相关规定

《企业会计准则第14号——收入》（2017年修订）第四条规定："企业应当在履行了合同中的履约义务，即在客户取得相关商品控制权时确认收入。

取得相关商品控制权，是指能够主导该商品的使用并从中获得几乎全部的经济利益。"

《企业会计准则第14号——收入》（2017年修订）第十一条规定："满足下列条件之一的，属于在某一时段内履行履约义务；否则，属于在某一时点履行履约义务：

（一）客户在企业履约的同时即取得并消耗企业履约所带来的经济利益。

（二）客户能够控制企业履约过程中在建的商品。

（三）企业履约过程中所产出的商品具有不可替代用途，且该企业在整个合同期间内有权就累计至今已完成的履约部分收取款项。

具有不可替代用途，是指因合同限制或实际可行性限制，企业不能轻易地将商品用于其他用途。

有权就累计至今已完成的履约部分收取款项，是指在由于客户或其他方原因终止合同的情况下，企业有权就累计至今已完成的履约部分收取能够补偿其已发生成本和合理利润的款项，并且该权利具有法律约束力。"

《企业会计准则第14号——收入（应用指南）》（2018年修订）指出，"企业在履约过程中是持续地向客户转移企业履约所带来的经济利益的，该履约义务属于在某一时段内履行的履约义务，企业应当在履行履约义务的期间确认收入。……对于难以通过直观判断获知结论的情形，企业在进行判断时，可以假定在企业履约的过程中更换为其他企业继续履行剩余履约义务，当该继续履行合同的企业实质上无须重新执行企业累计至今已经完成的工作时，表明客户在企业履约的同时即取得并消耗了企业履约所带来的经济利益。

客户能够控制企业履约过程中在建的商品。企业在履约过程中在建的商品包括在产品、在建工程、尚未完成的研发项目、正在进行的服务等，由于客户控制了在建的商品，客户在企业提供商品的过程中获得其利益，因此，该履约义务属于在某一时段内履行的履约义务，应当在该履约义务履行的期间内确认收入。”

三、案例解析

收入准则下，企业向客户销售商品或提供劳务，应当在客户取得相关商品或劳务控制权时确认收入。如果客户是在企业履行合同的过程中持续取得相关商品或劳务的控制权，则企业在履行合同的期间内按照适当的履约进度确认收入；如果客户是在企业履行合同的某一时点才取得相关商品或劳务的控制权，则企业在该控制权转移的时点确认收入。客户取得商品或劳务的控制权，应当能够主导该商品或劳务的使用，并从中获益。

在本案例中，A公司的履约义务为接受B公司的委托，向其交付一项符合国家规定的药理药效研究报告，用于B公司后续的临床医药研究。对于该项履约义务是否满足在某一时段内确认收入的条件，实务中可以从不同角度进行理解：

角度一：A公司在研究过程中需要定期向B公司提交实验数据或实验报告等，在研究项目完成之前，如果合同终止，A公司需要将截至目前已完成但尚未提交的所有试验成果提交给B公司，B公司可聘请其他企业在此基础上继续完成该研究报告，其他企业实质上无须重复执行A公司已经完成的工作，表明B公司在A公司履约的同时即取得并消耗了A公司履约所带来的经济利益。因此，A公司进行的该项药理药效研究项目满足在某一时段内确认收入的条件。

角度二：该研究报告是一项研究成果，在A公司履约过程中，B公司可能并未直接在A公司履约的同时即取得并消耗其履约所带来的经济利益。

然而，根据合同约定，A 公司在研究过程中所形成的任何试验数据、报告及知识产权等均归 B 公司所有，B 公司有权自行处置，例如 B 公司有权将相关实验结果和知识产权等用于申请专利、发表科技论文或作为商业机密保存等，且 A 公司在履行合同过程中形成中间产物的所有权均归属于 B 公司。在研究项目完成之前，如果合同终止，A 公司需要将截至目前已完成但尚未提交的所有试验成果提交给 B 公司，B 公司可聘请其他企业在此基础上继续完成该药效药理研究报告。这些均表明，A 公司在履约过程中所创建的资产均归 B 公司所有，B 公司有权决定这些资产的使用方式，并通过申请专利、发表论文或委托其他企业继续完成研究等方式，获取这些资产的经济利益。因此，B 公司能够控制 A 公司在履约过程中所创建的中间产物，A 公司进行的该项药理药效研究项目满足在某一时段内确认收入的条件。

从上述不同角度理解，A 公司进行的药理药效研究项目均满足在某一时段内确认收入的条件。

需要说明的是，A 公司应当采用恰当的方法确定该合同的履约进度，并且在履行合同的过程中按照履约进度确认收入。A 公司不应简单按照合同约定的付款里程碑作为履约进度的确定方式，这是因为，如果在达到合同约定的里程碑时才确认收入，且在各个里程碑之间产生了重大的未向客户转移的合同履约成本，这与该合同下 A 公司的履约义务满足在某一时段内确认收入的条件，即 A 公司将其在履约过程中形成的产出的控制权持续转移给客户的结论是相悖的。

【相关案例之一】

客户能够控制企业履约过程中在建的商品的理解

（一）案例背景

甲公司为客户提供一套由设备和基础设施共同组成的系统。甲公司为履行合同进行的一系列活动分为三个阶段：第一阶段是甲公司在自身场地上，基于客户的需求进行开发设计；第二阶段是甲公司基于设计结果在其自己场地制造若干设备和配件；第三阶段是甲公司根据设计方案在客户场地进行相应基础设施的建设，并在基础设施建设过程中陆续将制造的设备和配件运至客户场地并进行安装。假设甲公司上述承诺构成一项履约义务。

问题：

（1）甲公司承诺的该项履约义务是否属于在某一时段内履行的履约义务？

（2）若满足时段法要求，应何时开始确认收入？

（二）会计准则及相关规定

《企业会计准则第14号——收入》（2017年修订）第九条规定："企业为履行合同而应开展的初始活动，通常不构成履约义务，除非该活动向客户转让了承诺的商品。"

《国际财务报告准则第15号——客户合同收入》第25段规定："履约义务并不包括主体为履行合同而必须实施的活动，除非该活动向客户转让了商品或服务。例如，服务提供方可能需要执行各类行政任务以便为合同的订立做好准备，这些任务的执行并未在其实施时向客户转让一项服务。因此，这些准备活动并非履约义务。"

BC93 IASB和FASB还澄清，主体不应考虑其可能实施的未向客户转让商品或服务的活动。在主体实施不会直接向客户转让商品或服务的单独活动的许多合同中（例如，需要大量准备成本的服务合同），则可能发生这种情况，尽管此类活动是成功转让客户合同的标的商品或服务所必需的。IASB和FASB断定，将此类活动纳入履约义务不符合收入确认的核心原则，因为此类活动不会导致主体向客户转让商品或服务。

TRG Agenda ref 46：某些长期供应合同要求企业执行前期工程和设计活动，以创造出新技术或对现有技术按客户需要进行改进。生产前期活动通常是交付产品合同标的的先决条件。企业如何确定生产前期活动是属于承诺商品或服务，还是包含在一段时间内履行的履约义务完工进度的计量中？TRG成员认为，企业应当评价其向客户承诺的性质，生产前活动是属于承诺的商品或服务，还是属于并未向客户转让商品或服务的活动，如设立或履约活动。此外，TRG成员认为，该评价需要判断：如果企业对确定生产前期活动是否属于承诺的商品或服务存在困难，则考虑该商品或服务的控制权是否需要向客户转移可能是有帮助的。如果需要转移控制权，则该活动很可能是合同承诺的商品或服务，如果活动并未导致商品或服务的控制权向客户转移，则生产前期活动可能属于履约活动。

（三）案例解析

商品控制权，是指能够主导该商品的使用并从中获得几乎全部的经济利益，也包括有能力阻止其他方主导该商品的使用并从中获得经济利益。企业在判断商品的控制权是否发生转移时，应当从客户的角度进行分析，即客户是否取得了相关商品的控制权以及何时取得该控制权。

问题1：

判断某项履约义务是否满足“客户能够控制企业履约过程中在建的商品”而属于“在某一时段内履行的履约义务”时，核心在于判断企业是否能够“控制在建商品”，而与开展生产活动的场所无直接关系（即使在客户的场地上开展建设活动，也不一定代表客户能够控制该项商品）。企业应基于业务模式、合同约定及相关在建商品的使用方式等综合判断，若在商品生产、建造过程中，客户能够主导该项商品的使用，并获取几乎全部的经济利益，则表明客户控制了在建商品，企业在履约的过程中逐步转移了商品的控制权，该项履约义务属于“在某一时段内履行的履约义务”。

在具体判断时，企业应结合商品的属性特征，分析客户主导使用该项商品及获取经济利益的方式。在案例中，若客户可以在商品建设过程中更换第三方供应商，后续供应商可在此基础上继续开展后续活动，客户通过减少后续现金流出的方式实现了经济利益，则表明客户能够控制在建过程中的商品。

问题2：

对于在某一时段内履行的履约义务，企业应结合其向客户转让商品的模式，分析相关活动是否向客户转移了商品的控制权，并根据控制权转移情况计量履约进度。案例中，相关设计、设备生产及施工建设过程共同构成了一项履约义务，表明企业履约过程中，相关阶段的产出的控制权转移给了客户，应在提供相关产品时按照相应履约进度确认收入。

【相关案例之二】

测绘地理信息业务的收入确认应采用时段法还是时点法

（一）案例背景

某地理测绘公司（以下简称甲公司）主要业务为测绘地理信息业务，

通过现代测绘技术采集地面标的物的信息，进行编辑、图件编制并形成数据库、图件等成果。

在项目实施过程中，甲公司一般根据业主方的要求，测量标的项目涉及的地形情况，通过测量为设计方案提供地形数据。在项目作业过程中，公司每日将已采集的统一格式测量数据传回业主方，业主方可以利用此数据同步进行设计。项目的成果包括数据库、图件等，甲公司在作业过程中会阶段性地向业主方提供，在项目完成后提供最终成果，阶段性成果和最终成果均为标准化的数据格式。

问题：甲公司上述测绘地理信息业务收入确认应采用时段法还是时点法？

（二）案例解析

1. 项目的交付形成业主方的一项资产。测绘地理信息业务为使用全站仪等设备，采用现代测绘技术，通过外业数据采集获取地面标的物的三维坐标及属性信息，并对外业采集的数据信息进行内业编辑、图件编制形成数据库、图件等成果。

测绘地理信息业务通过持续的劳务投入，利用专业化的设备、技术采集数据并进行编辑，最终形成定制化的数据库、图件等工作成果。作业过程中形成的阶段性成果及最终交付成果均形成业主方的一项资产（有形或无形）。

2. 业主方可以主导使用项目作业过程中形成的阶段性成果，并获得几乎全部的经济利益。业主方可获得经济利益主要体现在其主导在建的商品的使用，并能够减少对项目的现金流出。如项目执行过程中业主方更换实施方，后续实施方可在公司已完成工作基础上继续履行剩余工作内容，无须重复实施，具体分析如下：

（1）业主方可以从在建商品中直接获益。项目执行过程中，公司基于内外业一体化软件，将外业采集的数据即时存储至软件平台，作业人员通过数字化测图软件随时对外业采集的数据进行编辑，形成数据库、图件等阶段性成果。如客户需要，公司可随时交付阶段性成果供业主方使用并获益。

（2）项目如在执行过程中更换实施方，后续实施方可以继续执行剩余工作，无须重复执行。公司的测绘地理信息业务在执行过程中需要参照国家、地方以及行业相关标准，并形成标准化数据格式的阶段性成果。公司需要根据国家、地方以及行业规程、规范及标准等细化的业务流程、操作规范等进行作业，确保每个项目的阶段性成果均满足上述规范要求及质量标准，其阶段性成果也均为标准化的数据格式。因此，项目在任意工序执行过程中更换实施方，后续实施方均可在前期已完成的工作基础上继续执行剩余工作，无须重复执行。

基于以上分析，公司的测绘地理信息业务符合“客户能够控制企业履约过程中在建的商品”的条件，属于在某一时段内履行履约义务，满足按时段法确认收入的条件。

【相关案例之三】

企业能否仅依据民法典的违约责任条款认定为具有合格收款权

（一）案例背景

A公司（乙方）在与客户（甲方）订立的合同中存在如下三种约定条款：

1. 甲、乙双方按照《中华人民共和国民法典》的规定承担违约责任。

2. 任何一方违约，对方可以要求违约的一方继续履约。当事人一方不履行合同义务或者履行合同义务不符合约定，造成对方损失的，损失赔偿额应当相当于因违约所造成的损失，包括合同履行后可以获得的利益。

3. 非乙方原因导致合同终止，甲方应按照乙方的投入及合理利润向乙方支付相关的费用。

A公司认为：根据《中华人民共和国民法典》（以下简称《民法典》）第三编合同第一分编通则之第八章违约责任里的相关条款，已经明确规定了守约方的各项权利，包括要求违约方继续履约，如对方不履约，能够获取的赔偿额包括了“合同履行后可以获得的利益”，说明企业有权收取的款项能够补偿已发生的成本和合理利润，因此上述三种约定条款，均能够满足《企业会计准则第14号——收入》（2017年修订）第十一条关于时段履约的第（三）类条件中的“该企业在整个合同期间内有权就累计至今已完成的履约部分收取款项”（以下简称合格收款权）的规定。

同时，A公司认为2021年1月1日之前根据《中华人民共和国合同法》（1999）（以下简称《合同法》）第七章违约责任约定的类似条款也同样能够满足收入准则中有关合格收款权的上述规定。

由于A公司履约过程中产出的商品属于收入准则中具有不可替代用途的情形，A公司认为其相关合同属于在某一时段内履行的履约义务，因此在该段时间内按照履约进度确认收入。

问题：A公司对合格收款权的判断是否符合收入准则的相关规定？

（二）会计准则及相关规定

《企业会计准则第14号——收入（应用指南）》（2018年修订）指出：“需要强调的是，合同终止必须是由于客户或其他方而非企业自身的原因所致，在整个合同期间内的任一时点，企业均应当拥有此项权利。企业在进行判断时，需要注意下列五点：第一，企业有权收取的该款项应当大致相当于累计至今已经转移给客户的商品的售价，即该金额应当能够补偿企业已经发生的成本和合理利润。第二，该规定并不意味着企业拥有现时可行使的无条件收款权。第三，当客户只有在某些特定时点才有权终止合同，或者根本无权终止合同时，客户终止了合同（包括客户没有按照合同约定履行其义务），但是，合同条款或法律法规要求，企业应继续向客户转移合同中承诺的商品并因此有权要求客户支付对价，此种情况也符合“企业有权就累计至今已完成的履约部分收取款项”的要求。第四，企业在进行判断时，既要考虑合同条款的约定，还应当充分考虑适用的法律法规、补充或者凌驾于合同条款之上的以往司法实践以及类似案例的结果等。例如，即使在合同没有明确约定的情况下，相关的法律法规等是否支持企业主张相关的收款权利；以往的司法实践是否表明合同中的某些条款没有法律约束力；在以往的类似合同中，企业虽然拥有此类权利，却在考虑了各种因素之后没有行使该权利，这是否会导致企业主张该权利的要求在当前的法律环境下不被支持等。第五，企业和客户之间在合同中约定的付款时间进度表，不一定就表明企业有权就累计至今已完成的履约部分收取款项，这是因为合同约定的付款进度和企业的履约进度可能并不匹配。此种情况下，企业仍需要证据对其是否有该收款权进行判断。”

《民法典》关于违约责任的相关规定：

“第三编合同第一分编通则第八章违约责任

第五百七十七条 当事人一方不履行合同义务或者履行合同义务不符合约定的，应当承担继续履行、采取补救措施或者赔偿损失等违约责任。

第五百七十八条 当事人一方明确表示或者以自己的行为表明不履行合同义务的，对方可以在履行期限届满前请求其承担违约责任。

第五百七十九条 当事人一方未支付价款、报酬、租金、利息，或者不履行其他金钱债务的，对方可以请求其支付。

第五百八十条 当事人一方不履行非金钱债务或者履行非金钱债务不符合约定的，对方可以请求履行，但是有下列情形之一的除外：(1) 法律上或者事实上不能履行；(2) 债务的标的不适于强制履行或者履行费用过高；(3) 债权人在合理期限内未请求履行。

有前款规定的除外情形之一，致使不能实现合同目的的，人民法院或者仲裁机构可以根据当事人的请求终止合同权利义务关系，但是不影响违约责任的承担。

第五百八十四条 当事人一方不履行合同义务或者履行合同义务不符合约定，造成对方损失的，损失赔偿额应当相当于因违约所造成的损失，包括合同履行后可以获得的利益；但是，不得超过违约一方订立合同时预见到或者应当预见到的因违约可能造成的损失。

第五百八十五条 当事人可以约定一方违约时应当根据违约情况向对方支付一定数额的违约金，也可以约定因违约产生的损失赔偿额的计算方法。

约定的违约金低于造成的损失的，人民法院或者仲裁机构可以根据当事人的请求予以增加；约定的违约金过分高于造成的损失的，人民法院或者仲裁机构可以根据当事人的请求予以适当减少。

当事人就迟延履行约定违约金的，违约方支付违约金后，还应当履行债务。”

(三) 案例解析

1. 企业应当审慎判断法律条款或合同条款能否等同于会计准则规定的合格收款权。在目前我国法律环境下，《民法典》(或《合同法》) 中虽然提及“当事人一方不履行合同义务或者履行合同义务不符合约定，造成对方损失的，损失赔偿额应当相当于因违约所造成的损失，包括合同履行后可以获得的利益”，但并未对“损失”和“合同履行后可以获得的利益”如何计算作出明确的界定。这条规定在司法实践中常见诉讼双方对损失和利益的金额如何计算存在争议，往往难以界定和执行，实际判决或和解的结果与收入准则中的“已发生成本和合理利润”通常并不对等。因此，不能仅仅因为《民法典》（或《合同法》）的条款规定而直接认定为企业具有合格收款权。

鉴于合格收款权是会计准则的规定，是会计概念，而法律条款或合同条款是法律上的概念，因此会计上在判断是否存在合格收款权时，更需要强调实质重于形式，关注各方对收款权的认定是否能够达成一致并满足会计准则的要求。

背景信息中的三种约定方式都存在类似问题，即对于收款权的约定过于笼统或宽泛，没有作出明确界定。第1种约定方式直接指向《民法典》的规定；第2种约定方式是将《民法典》中的条款在合同中明确出来；第3种约定方式看起来比前两种更接近于准则规定，但仍需要关注，甲、乙双方对于“投入”“合理利润”如何计算有没有明确规定或达成共识。例如，合同中明确约定了计算方式；又如，在过往的违约事件中，双方已经形成了关于投入和合理利润如何计算的习惯做法（如按履约进度支付合同价款）；再如，行业中存在可观察的商业惯例或习惯做法来支持存在合格收款权。

同样地，即使合同中的条款照搬了准则的规定，如约定为：“乙方在整个合同期间内有权就累计至今已完成的履约部分收取款项”，仍需进一步考虑合同双方是否对“已完成的履约部分收取款项”如何计算作出明确规定或达成共识。

2. 即使合同中明确约定了合格收款权，还需充分考虑其有效性和可执行性。即使合同双方对“损失”“合同履行后可以获得的利益”“投入”（或“已发生成本”）、“合理利润”或“已完成的履约部分收取款项”如何计算作出了明确规定，还应当充分考虑适用的法律法规、司法实践、行业惯例、企业过往的经验等相关事实和情况，进一步考虑这些合同条款的有效性和可执行性，必要时利用专家的工作，如咨询律师意见，获取律师的法律意见书等。

3. 综上所述，不应仅仅因为《民法典》（或《合同法》）的条款规定而直接认定为企业具有合格收款权。合同中对于合格收款权的约定应有明确的计算方法，或有充分证据表明合同各方对合格收款权如何计算存在共识，且符合准则所界定的“已发生成本和合理利润”的范畴。同时，合同约定的合格收款权在当前的法律环境下应能够得到司法实践的支持，具有法律约束力并且能够得到执行。

案例 6－05
采用产出法确定履约进度时，应当如何确认履约成本

《企业会计准则第 14 号——收入》（2017 年修订）下，对于在某一时段内履行的履约义务，企业应当在该段时间内按照履约进度确认收入。企业应当考虑商品的性质，采用产出法或投入法确定恰当的履约进度。企业为履行合同发生的各种成本中，不属于其他相关企业会计准则规范范围的，应当按照收入准则进行会计处理。

一、案例背景

2×19 年 1 月 1 日，甲公司与客户签订合同，为其建造一栋办公楼，建造期为 3 年，合同总收入为 500 万元，预计合同总成本为 400 万元。假定该合同仅包含一项履约义务，且满足在某一时段内确认收入的条件。

甲公司采用产出法计量履约进度，其他相关信息如表 6－3 所示：

表 6－3

组成部分	履约进度（%）	使用产出法分摊的收入（元）	实际成本（元）	毛利率（%）	按履约进度计算的成本（元）
地基	42%	2,100,000	2,000,000	4.8%	1,680,000
墙体	24%	1,200,000	1,000,000	16.7%	960,000

续表

组成部分	履约进度（%）	使用产出法分摊的收入（元）	实际成本（元）	毛利率（%）	按履约进度计算的成本（元）
门窗	16%	800,000	500,000	37.5%	640,000
房顶	18%	900,000	500,000	44.4%	720,000
合计	100%	5,000,000	4,000,000	20.0%	4,000,000

截至2×19年12月31日，甲公司已完成地基部分的建设，采用产出法确定的履约进度为42%，确认收入金额为210万元。甲公司实际发生的成本为200万元，按照履约进度计算的成本为168万元。

问题：地基部分的成本应当如何确认？

二、会计准则及相关规定

《企业会计准则第14号——收入》（2017年修订）第十二条规定："对于在某一时段内履行的履约义务，企业应当在该段时间内按照履约进度确认收入，但是，履约进度不能合理确定的除外。企业应当考虑商品的性质，采用产出法或投入法确定恰当的履约进度。其中，产出法是根据已转移给客户的商品对于客户的价值确定履约进度；投入法是根据企业为履行履约义务的投入确定履约进度。对于类似情况下的类似履约义务，企业应当采用相同的方法确定履约进度。

当履约进度不能合理确定时，企业已经发生的成本预计能够得到补偿的，应当按照已经发生的成本金额确认收入，直到履约进度能够合理确定为止。"

《企业会计准则第14号——收入》（2017年修订）第二十六条规定："企业为履行合同发生的成本，不属于其他企业会计准则规范范围且同时满足下列条件的，应当作为合同履约成本确认为一项资产：

（一）该成本与一份当前或预期取得的合同直接相关，包括直接人工、直接材料、制造费用（或类似费用）、明确由客户承担的成本以及仅因该合同而发生的其他成本；

（二）该成本增加了企业未来用于履行履约义务的资源；

（三）该成本预期能够收回。"

《企业会计准则第 14 号——收入》（2017 年修订）第二十七条规定：“企业应当在下列支出发生时，将其计入当期损益：

（一）管理费用。

（二）非正常消耗的直接材料、直接人工和制造费用（或类似费用），这些支出为履行合同发生，但未反映在合同价格中。

（三）与履约义务中已履行部分相关的支出。

（四）无法在尚未履行的与已履行的履约义务之间区分的相关支出。”

三、案例解析

在本案例中，截至 2×19 年 12 月 31 日，地基部分实际发生的所有成本并未增加甲公司未来用于履行该合同履约义务的资源，不满足《企业会计准则第 14 号——收入》（2017 年修订）第二十六条作为合同履约成本确认为一项资产的条件。同时，地基部分的建设工作已经完成，该部分实际发生的成本是与履约义务中已经履行的部分（即建设地基）相关的支出，即该支出与企业过去的履约活动相关，根据《企业会计准则第 14 号——收入》（2017 年修订）第二十七条的相关规定，应将其在发生时计入当期损益。

因此，截至 2×19 年 12 月 31 日，地基部分实际发生的成本 200 万元应当计入当期损益。

案例 6－06
土地一级开发收入确认

一、案例背景

A 公司与当地土地储备中心签订协议，受托负责对土地储备中心拥有的若干地块进行土地一级开发，令其达到“七通一平”的建设用地出让条件。

甲地块：收益为土地开发总成本的 10%，连同所发生的成本费用与土地储备中心按季度结算。

乙地块：收益分为保底收益和收益分成两部分。保底收益为该合同项下土地开发总成本的10%，连同所发生的成本费用与土地储备中心按季度结算；收益分成为土地储备中心出让该地块所获净收益的50%，在土地使用权出让后结算。

问题：

（1）对于甲、乙两个地块，A公司应如何确认收入？

（2）如果甲地块不是定期结算，而是在土地使用权出让时方予结算，且土地储备中心明确以该土地使用权出让款项作为向A公司支付的资金来源（别无其他资金来源）时，以上结论是否发生变化？

二、会计准则及相关规定

《企业会计准则第14号——收入》（2017年修订）第四条规定："企业应当在履行了合同中的履约义务，即在客户取得相关商品控制权时确认收入。取得相关商品控制权，是指能够主导该商品的使用并从中获得几乎全部的经济利益。"

《企业会计准则第14号——收入》（2017年修订）第五条规定："当企业与客户之间的合同同时满足下列条件时，企业应当在客户取得相关商品控制权时确认收入：

（一）合同各方已批准该合同并承诺将履行各自义务；

（二）该合同明确了合同各方与所转让商品或提供劳务（以下简称'转让商品'）相关的权利和义务；

（三）该合同有明确的与所转让商品相关的支付条款；

（四）该合同具有商业实质，即履行该合同将改变企业未来现金流量的风险、时间分布或金额；

（五）企业因向客户转让商品而有权取得的对价很可能收回。

在合同开始日即满足前款条件的合同，企业在后续期间无须对其进行重新评估，除非有迹象表明相关事实和情况发生重大变化。合同开始日通常是指合同生效日。"

《企业会计准则第14号——收入》（2017年修订）第六条规定："在合同开始日不符合本准则第五条规定的合同，企业应当对其进行持续评估，并在其满足本准则第五条规定时按照该条的规定进行会计处理。

对于不符合本准则第五条规定的合同，企业只有在不再负有向客户转让商品或提供服务的剩余义务，且已向客户收取的对价无须退回时，才能将已收取的对价确认为收入；否则，应当将已收取的对价作为负债进行会计处理。没有商业实质的非货币性资产交换，不确认收入。”

《企业会计准则第 14 号——收入》（2017 年修订）第九条规定：“合同开始日，企业应当对合同进行评估，识别该合同所包含的各单项履约义务，并确定各单项履约义务是在某一时段内履行，还是在某一时点履行，然后，在履行了各单项履约义务时分别确认收入。”

《企业会计准则第 14 号——收入》（2017 年修订）第十一条规定：“满足下列条件之一的，属于在某一时段内履行履约义务；否则，属于在某一时点履行履约义务：

（一）客户在企业履约的同时即取得并消耗企业履约所带来的经济利益。

（二）客户能够控制企业履约过程中在建的商品。

（三）企业履约过程中所产出的商品具有不可替代用途，且该企业在整个合同期间内有权就累计至今已完成的履约部分收取款项。

具有不可替代用途，是指因合同限制或实际可行性限制，企业不能轻易地将商品用于其他用途。有权就累计至今已完成的履约部分收取款项，是指在由于客户或其他方原因终止合同的情况下，企业有权就累计至今已完成的履约部分收取能够补偿其已发生成本和合理利润的款项，并且该权利具有法律约束力。”

《企业会计准则第 14 号——收入》（2017 年修订）第十二条规定：“对于在某一时段内履行的履约义务，企业应当在该段时间内按照履约进度确认收入，但是，履约进度不能合理确定的除外。企业应当考虑商品的性质，采用产出法或投入法确定恰当的履约进度。其中，产出法是根据已转移给客户的商品对于客户的价值确定履约进度；投入法是根据企业为履行履约义务的投入确定履约进度。对于类似情况下的类似履约义务，企业应当采用相同的方法确定履约进度。

当履约进度不能合理确定时，企业已经发生的成本预计能够得到补偿的，应当按照已经发生的成本金额确认收入，直到履约进度能够合理确定为止。”

《企业会计准则第 14 号——收入》（2017 年修订）第十六条规定：“合

同中存在可变对价的，企业应当按照期望值或最可能发生金额确定可变对价的最佳估计数，但包含可变对价的交易价格，应当不超过在相关不确定性消除时累计已确认收入极可能不会发生重大转回的金额。企业在评估累计已确认收入是否极可能不会发生重大转回时，应当同时考虑收入转回的可能性及其比重。

每一资产负债表日，企业应当重新估计应计入交易价格的可变对价金额。可变对价金额发生变动的，按照本准则第二十四条和第二十五条规定进行会计处理。”

《企业会计准则第 14 号——收入》（2017 年修订）第二十四条规定：“对于可变对价及可变对价的后续变动额，企业应当按照本准则第二十条至第二十三条规定，将其分摊至与之相关的一项或多项履约义务，或者分摊至构成单项履约义务的一系列可明确区分商品中的一项或多项商品。

对于已履行的履约义务，其分摊的可变对价后续变动额应当调整变动当期的收入。”

三、案例解析

土地一级开发项目往往开发时间长、占用资金量大，其会计处理结果对公司的经营成果和财务状况的影响较大。虽然各家公司土地一级开发项目涉及的具体合同条款不尽相同，但总体而言，大致可以归类为保底收益、或有分成或者两者兼而有之的模式。保底收益多为依据经核定的开发成本采用成本加成法计算收益。或有分成则多约定为按照政府取得的土地使用权出让净收益的一定比例进行分成。

根据《企业会计准则第 14 号——收入》（2017 年修订），企业应按五个步骤分析其与客户签订合同所产生的收入：（1）识别客户合同；（2）识别合同中的履约义务；（3）确定交易价格；（4）将交易价格分摊至合同中的履约义务；（5）在主体履行履约义务时（或履约过程中）确认收入（通常称为五步法）。

在本案例中，A 公司受托对甲、乙地块进行土地一级开发，令其达到“七通一平”的建设用地出让条件，其中甲地块收益为土地开发总成本的 10%，与土地储备中心按季度结算；乙地块收益分为保底收益和收益分成两部分。保底收益为该合同项下土地开发总成本的 10%，与土地储备中心按季度结算；收益分成为土地储备中心出让该地块所获净收益的50%，在土地使用权出让后结算。因此，本案例在应用上述五步法时，关键在于确定交易价格以及在主体履行履约义务时（或履约过程中）确认收入的判断，以下就该关键点进行分析：

（一）确定交易价格

由于甲地块属于固定收益率的合同，并且按季结算，交易价格的确定较为容易。因此主要对乙地块的价格确定进行分析（根据协议，乙地块除“开发总成本10%”的保底收益以外的收益部分采用分成方式取得，分成收益为土地储备中心出让该地块所获净收益的50%，在土地使用权出让后结算，这一部分对价属于可变对价）。

根据准则第十六条的规定，由于合同中存在可变对价，A公司可以综合考虑所在地区的土地出让价格、出让条件、土地交易活跃程度等各种相关因素确定乙地块可变对价的最佳估计数，估计的金额应当以“相关不确定性消除时累计已确认收入极可能不会发生重大转回的金额”为上限。每一资产负债表日，A公司应当重新估计应计入交易价格的可变对价金额。

（二）在主体履行履约义务时（或履约过程中）确认收入

案例中，甲地块和乙地块的协议中都只包含单一履约义务，且该履约义务符合“客户能够控制企业履约过程中在建的商品”，因此，土地一级开发属于在某一时段内履行履约义务。

根据准则第十二条的规定，对于在某一时段内履行的履约义务，企业应当在该段时间内按照履约进度确认收入，但是履约进度不能合理确定的除外。

在本案例中，如果甲地块的款项不是定期结算，而是在土地使用权出让时方予结算，且土地储备中心明确以该土地使用权出让款项作为向A公司支付的资金来源（别无其他资金来源），此种情况下，如果公司综合考虑该土地上是否存在实质性障碍、是否列入年度土地使用权出让计划、定价是否合理、该区域土地交易是否活跃等一系列因素后，认为服务对价很可能收回，土地一级开发合同满足准则第五条的条件，应对甲地块土地一级开发收入的确认参考前面对乙地块分成收益部分的分析进行判断。

另外，在此类业务中还需要关注的问题是，如果A公司在土地使用权出让环节通过招拍挂方式取得了乙地块土地使用权，那么还应进一步分析一级开发和土地使用权出让是否属于独立的交易。实务中可以观察到，虽然乙地块使用权是A公司通过招拍挂的方式取得的，但由于A公司可以分享高达出让该地块所获净收益的50%的收益分成，因此往往有动力以较高的报价参加招拍挂。收益分成越高，A公司竞价成功的可能性也就越大。如果A公司进行乙地块一级开发的目的就是为了顺利地获取土地使用权用于自身的二级开发，那么这两项行为是否构成一揽子交易从而影响收入的确认和计量，需要认真考虑，不能一概而论。具体而言，需要结合A公司和当地土地储备中心之间的合同约定、业务谈判记录、经营计划、一级开发土地和招拍挂土地的地理位置及面积是否一一对应、一级土地开发的定价结构（利润分成和固定收益的比重）、一级开发利润是否合理、参与招拍挂的竞拍人的实际准入情况等方面进行综合判断。

案例6－07
涉及或有收费的收入确认

一、案例背景

A公司主营业务为提供管理咨询服务，现A公司与客户B公司控股股东（B公司股东会授权控股股东）签订一份服务合同。合同约定："B公司控股股东将其持有的B公司30%股份以零对价转让给A公司，A公司对B公司整体管理运营进行合理规划并提供日常经营管理咨询，使其在3年后达到特定经营目标，如销售额增长1倍、成本下降30%等。如约定经营目标未实现，则之前转让的30%股份再以零对价转让给B公司控股股东，同时作为补偿，B公司控股股东支付约定的固定咨询服务费。如约定目标实现，A公司已受让的30%股份无须退还，但不再收取相关服务费用。根据合同日对B公司30%股权的评估，其价值高于约定的固定咨询服务费。上述30%股权尚未正式过户，仅在约定经营目标实现时才办理过户等手续，A公司在股权正式过户前不参与表决、不享有分红权。"

问题：上述涉及特殊或有收费安排的咨询服务合同，应如何进行收入确认？

二、会计准则及相关规定

《企业会计准则第 14 号——收入》（2017 年修订）第九条规定：“合同开始日，企业应当对合同进行评估，识别该合同所包含的各单项履约义务，并确定各单项履约义务是在某一时段内履行，还是在某一时点履行，然后，在履行了各单项履约义务时分别确认收入。

履约义务，是指合同中企业向客户转让可明确区分商品的承诺。履约义务既包括合同中明确的承诺，也包括由于企业已公开宣布的政策、特定声明或以往的习惯做法等导致合同订立时客户合理预期企业将履行的承诺。企业为履行合同而应开展的初始活动，通常不构成履约义务，除非该活动向客户转让了承诺的商品。

企业向客户转让一系列实质相同且转让模式相同的、可明确区分商品的承诺，也应当作为单项履约义务。转让模式相同，是指每一项可明确区分商品均满足本准则第十一条规定的、在某一时段内履行履约义务的条件，且采用相同方法确定其履约进度。”

《企业会计准则第 14 号——收入》（2017 年修订）第十一条规定：“满足下列条件之一的，属于在某一时段内履行履约义务；否则，属于在某一时点履行履约义务：

（一）客户在企业履约的同时即取得并消耗企业履约所带来的经济利益。

（二）客户能够控制企业履约过程中在建的商品或服务。

（三）企业履约过程中所产出的商品具有不可替代用途，且该企业在整个合同期间内有权就累计至今已完成的履约部分收取款项。

具有不可替代用途，是指因合同限制或实际可行性限制，企业不能轻易地将商品用于其他用途。

有权就累计至今已完成的履约部分收取款项，是指在由于客户或其他方原因终止合同的情况下，企业有权就累计至今已完成的履约部分收取能够补偿其已发生成本和合理利润的款项，并且该权利具有法律约束力。”

《企业会计准则第 14 号——收入》（2017 年修订）第十二条规定：“对于在某一时段内履行的履约义务，企业应当在该段时间内按照履约进度确认收入，但是，履约进度不能合理确定的除外。企业应当考虑商品的性质，采用产出法或投入法确定恰当的履约进度。其中，产出法是根据已转移给客户的商品对于客户的价值确定履约进度；投入法是根据企业为履行履约义务的投入确定履约进度。对于类似情况下的类似履约义务，企业应当采用相同的方法确定履约进度。

当履约进度不能合理确定时，企业已经发生的成本预计能够得到补偿的，应当按照已经发生的成本金额确认收入，直到履约进度能够合理确定为止。"

《企业会计准则第14号——收入》（2017年修订）第十六条规定："合同中存在可变对价的，企业应当按照期望值或最可能发生金额确定可变对价的最佳估计数，但包含可变对价的交易价格，应当不超过在相关不确定性消除时累计已确认收入极可能不会发生重大转回的金额。企业在评估累计已确认收入是否极可能不会发生重大转回时，应当同时考虑收入转回的可能性及其比重。

每一资产负债表日，企业应当重新估计应计入交易价格的可变对价金额。"

三、案例解析

在本案例中，A公司与客户B公司控股股东签订服务合同，对B公司提供管理咨询服务，并依据3年后是否完成约定经营目标，获得约定的咨询服务费或B公司30%的股权，在应用收入准则五步法时，关键在于识别履约义务、确定交易价格以及在主体履行履约义务时（或履约过程中）确认收入的判断，以下就该关键点进行分析：

（一）识别履约义务

合同开始日，企业应当对合同进行评估，识别该合同所包含的各项履约义务。在本案例中，A公司与B公司控股股东签订服务合同，为B公司提供3年期的管理咨询服务，在履约期内对B公司整体管理运营进行规划并提供日常经营管理咨询服务，为向客户（即B公司控股股东）转让一系列实质相同且转让模式相同的、可明确区分商品（或服务）的承诺，构成一项履约义务。

（二）确定交易价格

在本案例中，A公司提供管理咨询服务这项履约义务后，所获得的对价将取决于标的公司是否完成约定经营目标，而获得固定咨询服务费或标的公司30%股权，即A公司履约义务的交易价格取决于企业是否满足特定绩效条件，并且结果存在不确定性，属于可变对价。

对于合同开始时A公司所取得B公司30%的股权，由于B公司能否实现特定经营目标具有不确定性，而一旦不能实现则需将所取得的B公司30%的股权返还给B公司的大股东；而且该30%股权在约定目标实现前并未办理正式过户，在约定的特定经营目标考核期内，A公司并不享有该股权的分红权，因此A公司在合同履约开始时并不享有B公司30%股权的当前权益，不能确认相应的股权资产。

在本案例中，由于A公司可能获得的对价只有两个可能结果，即收取固定的咨询服务费或者收取B公司30%的股权，A公司应当预计其最可能发生金额以确定可变对价的最佳估计数。同时，要求计入交易价格的可变对价金额，应当以与可变对价相关的不确定性消除时极可能不会发生累计已确认收入的重大转回为限。本案例中，除非A公司预测B公司在3年后达到特定经营目标的不确定性消除时，极可能收到B公司30%的股权，否则应将固定咨询服务费作为其对可变对价的最佳估计。在每个报告期末，A公司需根据其对B公司3年后是否能达到经营目标的情况进行预期，如发生变化则需更新对可变对价的估计。

（三）在主体履行履约义务时（或履约过程中）确认收入

A公司在3年期内提供的服务是对B公司进行整体管理运营规划并提供日常经营管理咨询，A公司提供该项服务的同时影响着B公司的经营成果，即客户B公司控股股东在A公司履约的同时即取得并消耗A公司履约所带来的经济利益，A公司提供管理咨询服务的相关工作或投入如果在3年履约期间内平均消耗，可以采用投入法预计履约进度，且按直线法确认为收入可能是恰当的。根据上文分析，3年后是否能达到经营目标将受到市场环境、企业经营等多项复杂因素的影响，是否能收到30%股权都面临极大的不确定性，仅在与可变对价相关的不确定性被消除时已确认的累计收入金额极可能不会发生重大转回的情况下，主体才应将估计的部分或全部可变对价金额纳入交易价格。如果A公司仅在3年履约期到期时才能确定是否能收到30%的股权，则其应该在3年履约期内，按直线法摊销约定的固定咨询服务费，在3年期到期达到经营目标的情况下，以B公司30%股权的公允价值减去已确认的固定咨询服务费的金额确认剩余的交易对价。

案例 6－08
可再生能源上网电价补贴是否存在重大融资成分

企业与客户的合同中存在重大融资成分的，应当按照假定客户在取得商品控制权时即以现金支付的应付金额（即现销价格）确定交易价格。企业向客户转让商品与客户支付相关款项之间存在时间间隔并不足以表明合同包含重大融资成分，如果合同承诺的对价金额与现销价格之间的差额是由于向客户或企业提供融资利益以外的其他原因所导致的，且这一差额与产生该差额的原因是相称的，则该合同并没有包含重大融资成分。

一、案例背景

A 公司主要从事光伏发电业务。2×19 年 1 月，A 公司建成一座光伏电站，并取得上网发电许可。A 公司与当地电网公司签订购售电合同，开始并网发电。A 公司的发电收入主要由两部分构成：一部分是从当地电网公司取得的上网电费，另一部分是可再生能源上网电价补贴款。根据相关政策规定，可再生能源上网电价补贴款通常在发电企业取得可再生能源电价附加资金补助目录登记批准或纳入补助项目清单（以下简称目录清单）后，才会由国家相关部门将补贴资金拨付至购电人，再由购电人支付给发电企业。发电企业申请目录的时间由国家相关部门统一安排。

A 公司根据相关政策和历史经验，可以合理估计其能够取得目录的登记批准。但是，由于申请目录的企业较多，且审批流程较为繁琐，A 公司预计将于 2×21 年 1 月才能取得目录审批，进而取得可再生能源上网电价补贴款。

问题：A 公司取得的上网电价补贴收入中是否包含重大融资成分？

二、会计准则及相关规定

《企业会计准则第 14 号——收入》（2017 年修订）第十七条规定：“合

同中存在重大融资成分的，企业应当按照假定客户在取得商品控制权时即以现金支付的应付金额确定交易价格。该交易价格与合同对价之间的差额，应当在合同期间内采用实际利率法摊销。

合同开始日，企业预计客户取得商品控制权与客户支付价款间隔不超过一年的，可以不考虑合同中存在的重大融资成分。”

《企业会计准则第 14 号——收入（应用指南）》（2018 年修订）进一步指出：“当企业将商品的控制权转移给客户的时间与客户实际付款的时间不一致时，如企业以赊销的方式销售商品，或者要求客户支付预付款等，如果各方以在合同中明确（或者以隐含的方式）约定的付款时间为客户或企业就转让商品的交易提供了重大融资利益，则合同中即包含了重大融资成分，企业在确定交易价格时，应当对已承诺的对价金额作出调整，以剔除货币时间价值的影响。

企业向客户转让商品与客户支付相关款项之间存在时间间隔并不足以表明合同包含重大融资成分。企业向客户转让商品与客户支付相关款项之间虽然存在时间间隔，但两者之间的合同没有包含重大融资成分的情形有：一是客户就商品支付了预付款，且可以自行决定这些商品的转让时间。二是客户承诺支付的对价中有相当大的部分是可变的，该对价金额或付款时间取决于某一未来事项是否发生，且该事项实质上不受客户或企业控制。三是合同承诺的对价金额与现销价格之间的差额是由于向客户或企业提供融资利益以外的其他原因所导致的，且这一差额与产生该差额的原因是相称的。”

三、案例解析

A 公司并网发电之后，确认发电收入。A 公司根据相关政策和历史经验，可以合理估计其能够取得目录的登记批准，并取得可再生能源电价补贴款，因此，A 公司将该补贴计入交易价格。A 公司预计于 2×21 年 1 月才能取得目录审批，并取得补贴款。虽然 A 公司确认收入的时间和取得可再生能源电价补贴款的时间间隔超过一年，但是其主要原因是国家有关部门需要履行相关的审批登记程序，且该时间间隔是履行上述程序所需经历的必要时间，其性质上并非为国家有关部门提供融资利益。因此，在本案例中，更倾向认为 A 公司因发电取得的可再生能源电价补贴款不存在重大融资成分。

案例 6－09
应付客户对价的会计处理问题

随着电商行业竞争加剧，为了扩大点击率，积累客户数量，电商往往会推出各种促销活动。例如，发放优惠券，以低于与合作方的结算价格销售等。电商经常亏损销售，因而产生了电商应该如何确认收入以及对于电商亏损的部分应该冲减收入还是计入销售费用等问题。

一、案例背景

A 公司为一家电商平台，商家（供应商）在平台上销售商品，自行定价，直接发货给买家，并自行负责售后服务，A 公司代为收取款项。A 公司作为代理人，通过向商家收取平台服务费赚取收入，服务费比例为交易金额的 5%，A 公司将代收款项扣除服务费后支付给平台商家。

A 公司为了推广自己的平台，向买家提供优惠券。例如，某买家购买了 300 元商品，使用优惠券后可减免 10 元，即只需向 A 公司支付 290 元，而 A 公司需要支付全额价款 300 元给商家，在支付之前 A 公司会扣除平台服务费 15 元，最终支付给商家 285 元。通常情况下 A 公司赚取的手续费高于优惠券金额，有些情况下手续费也可能会低于优惠券金额。

问题：不考虑相关税费的影响，上述 A 公司提供给买家的优惠券应当冲减 A 公司的收入还是作为 A 公司的销售费用核算？

二、会计准则及相关规定

《企业会计准则第 14 号——收入》（2017 年修订）第十九条规定：“企业应付客户（或向客户购买本企业商品的第三方，本条下同）对价的，应当将该应付对价冲减交易价格，并在确认相关收入与支付（或承诺支付）客户对价两者孰晚的时点冲减当期收入，但应付客户对价是为了向客户取得其他可明确区分商品的除外。”

《企业会计准则第 14 号——收入》（2017 年修订）第三条规定：“本准则所称客户，是指与企业订立合同以向该企业购买其日常活动产出的商品或服务（以下简称商品）并支付对价的一方。”

《企业会计准则第 14 号——收入》（2017 年修订）第十四条规定：“企业应当按照分摊至各单项履约义务的交易价格计量收入。交易价格，是指企业因向客户转让商品而预期有权收取的对价金额。企业代第三方收取的款项以及企业预期将退还给客户的款项，应当作为负债进行会计处理，不计入交易价格。”

《企业会计准则第 14 号——收入（应用指南）》（2018 年修订）指出：“企业需要向其支付款项的第三方是本企业客户的客户，但处于企业分销链之外，如果企业认为该第三方也是本企业的客户，或者根据企业与其客户的合同约定，企业有义务向该第三方支付款项，则企业向该第三方支付的款项也应被视为应付客户对价进行会计处理。”

《监管规则适用指引——会计类第 3 号》指出：“企业应分析其向客户支付对价的目的，若企业自客户取得了可明确区分的商品或服务，并且能够从主导相关商品或服务的使用中获益，企业通常应将其支付给客户的款项作为向客户购买商品或服务（而非应付客户对价）处理。例如，对于企业基于自身宣传需要支付给超市等客户的推广支出，如果有明确证据表明企业向客户支付对价是为了取得明确可区分的推广服务，并且能够主导推广服务的使用（如主导商品上架区域、堆放位置，以及展示时间、频率、方式等），企业应将其作为从客户购买推广服务处理，按照支付对价中与推广服务公允价值相当的部分确认销售费用，支付对价超过推广服务公允价值的部分冲减销售收入。”

三、案例解析

A 公司提供给买家的优惠券应当冲减 A 公司的收入还是应当作为 A 公司的销售费用有下列不同的观点：

观点一：买家不是 A 公司的客户，因此 A 公司提供给买家的优惠券不属于应付客户对价，而应当视为 A 公司的销售费用。

在本案例中，A 公司作为代理人，提供交易平台服务，商家为 A 公司的客户，考虑到买家并未购买 A 公司的服务，也不是上述《企业会计准则第

14号——收入》（2017年修订）第十九条所述的“向客户购买本企业商品的第三方”，因此可以认为买家并非A公司的客户。A公司也没有承诺代商家向买家发放该优惠券。对A公司而言，向买家提供满300减10元的优惠券，目的是为了提高A公司平台的知名度，增加A公司平台的流量，本质上是A公司的一种宣传推广行为，而非应付客户对价，因此应将10元计入销售费用，A公司的客户商家仍然实现了300元的收入，A公司从商家获得的收入为15元。

观点二：平台提供的是居间服务，买家也是A公司的客户，因此A公司提供给买家的优惠券视为应付客户对价，冲减交易价格，冲减后收入有可能为负数（当收取的服务费小于优惠券金额时）。

A公司的服务费是从商家收取的，A公司提供给买家优惠券的行为是为了获得更多的服务费收入而进行的打折活动，其实际上是向商家和买家提供平台服务，协助双方完成交易，因此商家和买家都是A公司的客户。因此，A公司应当根据上述《企业会计准则第14号——收入》（2017年修订）第十九条的规定，将向买家提供的满300减10元的优惠券作为应付客户对价，冲减服务费收入。当A公司收取的服务费小于优惠券金额时，收入会出现负数。

综上所述，对供应商和客户之间的关系分析，在一定程度上将影响会计处理结果，而不断创新的商业环境下，供应商与客户之间的关系也日益复杂。按照《企业会计准则第14号——收入》（2017年修订），客户是指与企业订立合同以向企业购买其日常活动产出的商品或服务并支付对价的一方。

该案例中，平台的作用是为商家提供销售的渠道，向商家收取佣金，买家购买的是商家的商品，而不是平台的服务，因而倾向于认为买家不是平台A公司的客户，即观点一的会计处理。

【相关案例之一】

导流公司支付给平台公司的软件服务费

（一）案例背景

随着电子商务多年的发展，通过在线商品的推广以促进销售的导流公司应运而生。导流公司的合作方通常为各知名电商平台，包括天猫、淘宝、京东、苏宁易购、苹果中国官方商城等。导流公司会与众多营销或电商平台签订协议，为平台上的商家提供导流服务。在业务模式上，商家向电商平台提交推广需求，电商平台将推广需求推送至导流公司，导流公司根据该推广需求设计自身的推广计划、创建在线链接对最终消费者进行营销推广。有意向的最终消费者通过点击导流公司的链接定位到该商家的商品线上销售界面并最终完成交易。交易完成后，商家将全额佣金支付给电商平台，电商平台扣除一定比例的“软件服务费”后将剩余款项支付给导流公司。

在该业务模式下，电商平台制定统一的导流推广规范，导流公司必须先登记注册为电商平台认证的合格导流商，电商平台根据众多不同导流公司推广渠道的类型、流量质量等因素确定是否与该导流公司合作，并统一设定商家支付给导流公司佣金比例的上下限。如果商家与导流公司针对导流服务质量产生无法解决的纠纷，一般也交由电商平台先进行统一协调和处理。

在法律形式上，电商平台与商家和导流公司分别签订协议，为双方的导流服务事项提供相关软件服务，但该协议为电商平台标准格式条款协议，电商平台提供给商家的格式条款与提供给导流公司的格式条款一致，导流公司在与电商平台签订的协议上能明确看到商家的权利与义务，商家与电商平台签订的协议上也能明确看到导流公司的权利与义务，且协议上均明确注明，商家无须承担“软件服务费”，而导流公司则需基于商家支付佣金的一定比例承担“软件服务费”。因此，商家和导流公司均明确知晓，“软件服务费”全部由导流公司承担。

例如，某电商平台为建立统一的平台形象，统一为平台上的商家进行电子营销管理。某商家需推广某个商品，该商品的销售价为100元，商家如果选择在该电商平台进行推广，导流公司的返还佣金比例为30%，即当商品销售后，商家将支付商品售价的30%作为其推广成本，电商平台基于上述30%返佣金的10%收取软件服务费。从现金流而言，商品成功交易后，最终消费者通过平台的支付渠道支付100元给商家，电商平台将其中的70元（100－100×30%）支付给商家，并扣除3元（100×30%×10%）的软件使用费之后，将剩余的27元（100×30%－3）支付给导流公司。

问题：对于导流公司而言，电商平台扣除的“软件服务费”3元应作为收入抵减还是应作为成本费用列示？

（二）案例解析

导流公司支付给电商平台的“软件使用费”应当抵减收入还是计入成本费用，在实务中存在不同的观点。

观点一：该软件使用费的经济实质是应付客户对价，应抵减收入，即导流公司应当按照27元的净额确认收入。

在这一观点下，又存在两种不同的理解：

一种理解认为，电商平台和商家共同构成导流公司的客户。在本案例中，电商平台统一为平台上的商家进行电子营销管理，接收商家的推广需求，再将该需求推送至其认证合格的导流公司。电商平台对于导流公司向商家收取的佣金比例的定价有一定的影响，且负责协调处理商家与导流公司之间因导流服务质量产生的纠纷。在该业务模式下，商家和电商平台实质上共同构成了导流公司的客户，导流公司实质上同时为商家和电商平台提供了导流服务，使两者同时获益，导流成功后的商品购销交易使商家赚取了相应商品销售的利润，同时，导流过程也为电商平台带来更多的客户流量。因此，从商业角度而言，电商平台和商家均构成导流公司的用户，导流公司为其提供导流服务，获取佣金收入为30元。

导流公司向平台和商家进行的导流服务在电商平台展开，势必需要运用到基于电商平台的软件系统环境，导流公司收取导流佣金，并支付“软件服务费”的两项交易无法明确拆分。因此，当同时认定电商平台和商家均是导流公司的客户时，由于“软件服务”和导流服务无法明确区分，导流公司支付给电商平台的3元视为应付客户对价，且未取得可明确区分的商品或服务，故应当做抵减收入处理。

另一种理解认为，导流公司向商家提供导流服务，并收取导流服务佣金，商家是导流公司的客户，而电商平台未明确构成导流公司的客户。尽管如此，导流公司实质上替其客户（即商家）承担了应付给电商平台的软件服务费，因此也应当视同为应付客户对价，抵减收入。在导流的过程中，电商平台作为平台，势必同时向商家和导流公司都提供软件使用服务，商家和导流公司两者均在使用该软件服务的过程中获益，即导流公司通过该软件服务获得导流业务收入，商家通过该软件成功促成了商品的成交，获取商品销售收入。虽然从合同形式上，仅列明了导流公司需要按照返还佣金额的10%支付软件服务费，商家无须承担软件服务费，然而，考虑电商平台同时向商家及导流公司提供了软件服务，从商业角度考虑，导流公司为了赚取30%的导流服务佣金才会愿意让渡部分收益给商家，换而言之，导流公司支付给电商平台的软件服务费中势必包含了代替商家支付给电商平台的软件服务费。

从经济实质而言，商家接受了平台的中介服务但不承担任何的服务费明显脱离经济实质，该安排实质上很明显属于导流公司替商家承担软件服务费，即导流公司在实质上降低了向商家收取的佣金，且导流公司向电商平台支付的软件使用费中，也无法拆分其自身承担和替商家承担的具体比例。在这种情况下，根据《企业会计准则第14号——收入》（2017年修订）有关应付客户对价的规定，如果根据企业与客户的合同约定，企业有义务向该第三方支付款项，则企业向该第三方支付的款项也应被视为应付客户对价进行会计处理。自客户取得商品和服务的公允价值不能可靠计量的，也应全额冲减收入。因此，导流公司支付给电商平台的3元应全部视为应付客户对价，抵减收入。

观点二：导流公司确认30元的收入及3元的软件服务费成本。

根据《企业会计准则第14号——收入》（2017年修订）的相关规定，当企业向客户销售商品涉及其他方参与时，应当考虑自身在该交易中是主要责任人还是代理人。导流公司对商家的履约义务是进行在线的商品推广服务，而电商平台在整个导流交易中只扮演了平台角色，撮合了商家和导流公司的导流服务交易。在上述导流服务中，导流公司作为导流服务的主要责任人，电商平台为导流服务的代理人，商家是导流公司的客户。故导流公司应当将商家支付的佣金30元全额确认为收入，将电商平台扣取的“软件服务费”3元计入成本费用。

根据本案例的背景信息，考虑到交易的商业逻辑、电商平台在上述业务中的作用和影响力、商家向导流公司支付的推广费以及平台向导流公司收取的软件服务费的合同安排形式、定价方式等因素，更倾向于观点一，将电商平台与商家一起视为导流公司的客户，导流公司同时为商家和电商平台提供导流服务，导流公司支付给电商平台的“软件服务费”按照应付客户对价的原则进行处理。

【相关案例之二】

汽车厂商支付给经销商的形象店建设补贴和培训补贴

（一）案例背景

甲公司是一家汽车生产商，通过经销商销售汽车，甲公司将其生产的汽车以买断形式销售给经销商，经销商再向最终消费者销售。为了支持经销商，甲公司对各类经销商提供形象店建设补贴和经销商培训补贴。

形象店建设补贴主要为，甲公司要求经销商按照甲公司的统一标准对4S店进行装修，包括整体装修风格、展厅布置等。4S店建成之后需要经过甲公司验收，审批合格后，甲公司将向经销商支付形象店建设补贴款100万元至150万元。

经销商培训补贴主要为，经销商有义务定期参加甲公司组织的相关培训和认证，且需要经过测评，合格之后可享受甲公司给予的培训补贴。培训补贴按照测评分数分级，分数大于90分，给予每天300元补贴；分数为80—90分，给予每天200元补贴；分数为70—80分，给予每天100元补贴。

问题：甲公司支付给经销商的形象店建设补贴和培训补贴应当如何进行会计处理？

（二）案例解析

甲公司向经销商销售其产品，经销商是甲公司的客户。甲公司支付给经销商的形象店建设补贴和培训补贴属于应付客户对价，应当按照准则有关应付客户对价的原则进行会计处理。

甲公司应当首先判断其支付给经销商的上述补贴是否从经销商取得了可明确区分的商品或服务，如果取得，还需进一步分析补贴金额是否超过了该可明确区分商品或服务的公允价值，以确定上述补贴款的会计处理。如果甲公司支付的补贴款并未取得可明确区分的商品或服务，则相关金额应冲减甲公司对经销商的销售收入；如果甲公司支付的补贴款取得了可明确区分的商品或服务，但补贴款金额超过了可明确区分商品或服务的公允价值，则可明确区分商品或服务的公允价值对应的部分作为正常采购进行处理，超过部分应冲减销售收入。对于该问题，在实务中存在不同的观点。

观点一：根据甲公司的相关补贴政策，经销商只需按照甲公司的统一标准对4S店进行装修，或者按时参加甲公司组织的相关培训并测评合格，便可以享受甲公司支付的补贴款。在这一过程中，经销商只是对其自有的销售门店进行改良，或对其员工进行培训，甲公司向经销商支付的上述补偿主要目的是对经销商进行激励，而并未从经销商取得可明确区分的商品或服务。因此，甲公司向经销商支付的形象店建设补贴和培训补贴应当冲减销售收入。

观点二：经销商通过提高销售门店的建店标准并提高销售人员的专业能力，有助于提升甲公司的品牌形象，提升消费者的消费体验，进而促进甲公司产品的整体销量。经销商为甲公司提供了一定程度的品牌宣传和营销推广服务，甲公司因此向经销商支付形象店建设补贴和培训补贴，该补贴应当计入销售费用。

根据上述分析，更倾向认为观点一更符合此类安排的商业实质，即甲公司向经销商支付的补贴款并未取得可明确区分的商品或服务，应当冲减销售收入。此外，在观点二下，即使认为经销商为甲公司提供了品牌宣传和营销推广服务，还需要进一步分析该服务的公允价值是否与甲公司支付的补贴款相匹配，在实务中，此类服务的公允价值通常难以计量，在这种情况下，甲公司支付的上述补贴款仍应冲减销售收入。

【相关案例之三】

供应商向零售商支付的广告费用

（一）案例背景

某药品制造商A（以下简称A公司）销售药品给其客户B（某大型连锁线下药店，以下简称药店B），由药店B在其零售柜台上销售药品，该项交易中，A公司在将药品运送至药店B时，即转移控制权，确认收入。同时，为提高药品销量，A公司与药店B签订协议，A公司向药店B支付款项，用于广告和市场推广。药店B提供的广告推广服务主要包括如下几种：

1. 在药店B店内的LED屏幕上滚动播放A公司产品的广告。

2. 在药店B门口或外墙上张贴含有A公司产品的海报。

3. 在药店B门口摆放A公司产品，并提供试用。

如果对方不是药店B的供应商，药店B通常不会在店内向其提供广告推广服务。

（二）案例解析

制造商在通过零售商或电商平台销售商品的同时，常常会支付款项用于商品的推广，如大型商超的上架费、展示费，电商平台企业的首页展示费、产品推广费等。对于支付给零售商的款项，应结合款项支付的目的进行分析判断。

根据企业会计准则规定，企业应付客户对价的，应当将该应付对价冲减交易价格，并在确认相关收入与支付（或承诺支付）客户对价二者孰晚的时点冲减当期收入，但应付客户对价是为了向客户取得其他可明确区分商品的除外。假设此案例中制造商向零售商销售的产品满足控制权转移判断，可确认商品销售收入（不考虑该项交易中主要责任人与代理人的判断），零售商为制造商的客户。制造商应分析，其向零售商支付的款项，是否从零售商处取得了可明确区分的商品或服务。

在判断制造商是否取得了可明确区分的商品或服务时，应重点考虑其是否能够根据自身要求，规划或选择广告服务的提供方式、播放时间、摆放位置等以主导广告服务的使用，若制造商能够取得对广告服务的控制，则应将其作为取得可明确区分的商品或服务计入销售费用（未超过商品或服务公允价值前提下），否则应作为应付客户对价进行会计处理。

案例 6－10
约定客户未来需退回产品残料的收入问题

一、案例背景

A公司主要从事研发、生产高纯稀有金属靶材，该材料应用于高端液晶面板的生产。按照行业惯例，A公司与客户B公司签订金属靶材销售合同约定，经B公司正常溅射使用后，金属靶材的相应残靶应退回给A公司。溅射工艺是以一定能量的粒子轰击固体表面，使固体近表面的原子或分子获得足够大的能量而最终逸出固体表面的工艺。溅射属于物理过程，对金属靶材的化学成分并无影响，经过B公司溅射使用后，金属靶材表面的稀有金属被利用，减少了原金属靶材重量，剩余的残靶中稀有金属的单位纯度并未发生变化，因此，残靶的再利用价值较高。B公司生产工艺成熟，对金属靶材的利用率相对稳定，残靶重量可以通过历史数据合理予以估计。

合同约定的靶材销售价格，系基于完整靶材的市场价格扣除预计可收回残靶部分价格后的金额确定。

B公司为保证其生产的高端液晶面板的产品质量，在金属靶材被溅射利用到一定比例后就废弃不用。在通常情况下，A公司在金属靶材销售实现后6个月内能够收回相应残靶。残靶的利用方式有两种，一种是参照当期金属原粉价格直接销售给C公司等材料企业，另一种是由A公司进行深度清洗、高温加热、轧机轧制等深加工后形成成品金属靶材，再销售给B公司等高端液晶面板生产企业。与金属原粉投入生产线相比，回收的残靶无须经过筛粉、过滤、成型、烧结等生产工序，从残靶到成品金属靶材的半生产流程与金属原粉到产成品的全生产流程相比，生产成本有所降低，因此，A公司基本采用深加工的方式，较少对外销售收回的残靶。

问题：A公司在确认营业收入时是否包含残靶部分的价格？

二、会计准则及相关规定

《企业会计准则第14号——收入》（2017年修订）第十八条规定："客户支付非现金对价的，企业应当按照非现金对价的公允价值确定交易价格。"

《企业会计准则第14号——收入》（2017年修订）第三十二条规定："对于附有销售退回条款的销售，企业应当在客户取得相关商品控制权时，按照因向客户转让商品而预期有权收取的对价金额（即不包含预期因销售退回将退还的金额）确认收入，按照预期因销售退回将退还的金额确认负债；同时，按照预期将退回商品转让时的账面价值，扣除收回该商品预计发生的成本（包括退回商品的价值减损）后的余额，确认为一项资产，按照转让商品转让时的账面价值，扣除上述资产的成本的净额结转成本。每一资产负债表日，企业应当重新估计未来销售退回情况，如有变化，应当作为会计估计变更进行会计处理。”

《企业会计准则第 14 号——收入（应用指南）》（2018 年修订）指出：“企业在向客户转让商品的同时如果客户向企业投入材料、设备或人工等商品，以协助企业履行合同，企业应当评估其是否取得了对这些商品的控制权，取得这些商品控制权的，企业应当将这些商品作为从客户收取的非现金对价进行会计处理。”

三、案例解析

关于 A 公司确认的收入是否应该包含残靶的价值，实务中有两种观点。

观点一：A 公司应该就全部靶材的价格确认收入。

A 公司应该确认完整靶材的销售收入，残靶是靶材销售获得的非现金对价。

假若 B 公司并未允诺将使用后金属靶材的相应残靶退回给 A 公司，则 A 公司在与 B 公司签订靶材销售合同时，应基于完整靶材的市场价格定价，不会以扣除残靶价值后的金额作为合同定价基础。假若随着 B 公司生产工艺的进一步提高，对金属靶材的利用率加大，使残靶的重量逐步减少，则 A 公司也会在销售价格的制定上有所考虑。因此，金属靶材的销售对价应等于应收款项加上残靶价值。

在销售实现时，A 公司应将残靶作为一项资产入账。残靶的入账价值为残靶的估计售价减去估计将要发生的成本、销售费用以及相关税费后的金额。在资产负债表日，若因市场波动造成残靶减值，应对残靶的账面价值计提减值准备。

观点二：残靶部分没有实现销售，A 公司的销售收入不应该包括残靶的价格。

实际销售的靶材是完整靶材扣除可回收残靶的部分，而不包含应无偿收回的残靶。A、B 公司签署的靶材销售合同约定 B 公司无偿退回残靶，合同约定的靶材的销售价格，系基于完整靶材的市场价格扣除预计可收回残靶的价值后的金额确定。因此，金属靶材的销售收入和成本结转均对应于不包含残靶部分收入和成本。

上述两种观点的基本分歧在于残靶部分是否实现销售。

根据《企业会计准则第14号——收入》（2017年修订），残靶部分作为完整靶材的一部分，虽然实物形态整体转移到B公司，但对于残靶部分，B公司只能退给A公司，B公司没有支配使用的权利，残靶部分控制权没有转移给B公司，不能确认收入，也难以作为整个靶材销售的非现金对价。

另外，如果认为A公司已将全部靶材予以销售，应收对价的一部分为货币资金，另一部分为残靶，把部分靶材和残靶交换看作非货币性资产交换。由于残靶和完整靶材的部分本质上相同、纯度相同，即完整靶材中B公司现有工艺无法利用的部分为残靶，因此残靶部分的交换不具有商业实质。从这个角度也能证明残靶部分没有实现销售，不能确认收入。

将该案例引申，假设合同中约定交易价格为整个靶材的价格，B公司在未来靶材溅射使用之后，可以将残靶根据残存比例对应原合同价出售给A公司或者按照市场价格出售给其他公司。在这种情形下，A公司该如何确认收入？

在这种情形下，B公司可以将残靶根据残存比例对应原合同价出售给A公司，残靶部分靶材的销售属于附有销售退回条款的销售。

A公司应当在客户取得商品控制权时，估计预期将退回的残靶部分的金额，按照总金额减去预期退回部分的金额确认收入，预期将退还的金额确认为预计负债；同时，按照预期将退回残靶转让时的账面价值，扣除收回该残靶预计发生的成本（包括退回商品的价值减损）后的余额，确认为应收退货成本，按照完整靶材的账面价值，扣除上述应收退货成本的净额结转成本。每一资产负债表日，应当重新估计未来销售退回情况，如有变化，应当作为会计估计变更进行会计处理。

【相关案例之一】

不同形式收入对价的确认及后续处理问题

（一）案例背景

甲公司向光伏企业提供切片服务，即利用自己的生产设备为光伏企业提供的单晶硅棒或多晶硅棒进行切片。委托加工合同约定，单晶硅棒或多晶硅棒的所有权归光伏企业所有，甲公司通过提供切片服务，并根据合同规定数量内的切片数量，按照标准向光伏企业收取切片服务费用；超过规定切片数量的节余则归甲公司所有，委托企业可以按照当时的市价购买。甲公司具有较先进的切片工艺，能够产出超过市场的平均切片量，以现金结算的切片费仅能够弥补成本，故甲公司签订该类型合同是为获取超额切片（或节余切片），并通过销售该部分切片获取经济利益。

问题：对于超过规定切片数量的节余切片，甲公司应如何进行会计处理？

（二）案例解析

案例中，甲公司以委托加工合同的方式为光伏企业提供切片服务，甲公司未取得单晶硅棒或多晶硅棒的控制权，而是就提供的切片服务确认收入。同时，因甲公司工艺超过市场平均水平，在向委托方返还合同约定数量的切片之后，可取得剩余切片的控制权，因此，在该项交易中，甲公司同时取得了现金及切片（非现金对价）两项经济利益。对于取得的非现金对价，应根据收入准则中非现金对价的相关要求进行会计处理；同时，若取得、销售节余切片为企业日常活动，应将该部分切片确认为存货，并在后续销售切片时确认营业收入。

【相关案例之二】

垫料加工业务收入的会计处理

（一）案例背景

某贵金属回收加工公司（以下简称甲公司）主要业务为受托加工回收贵金属，其中一种业务模式为垫料加工业务，具体方式如下：甲公司向A客户收取金属废液，约定一定量的废液返还一定数量的金属产品，如约定1吨废液返还1,000克金属产品，同时收取固定加工费。由于金属产品具有同质性，甲公司在收到A客户废液的同时，即将合同约定数量的库存金属产品交付给客户，后续再通过提纯A客户废液形成金属产品并作为库存商品入库。除产品交付时间不同外，垫料加工业务和普通加工业务在定价方式、业务模式上均无明显差异。

问题：甲公司上述垫料加工业务收入应如何进行会计处理？

（二）案例解析

从理论上分析，加工业务是独立的购销交易，还是委托加工业务，重点在于对原材料控制权的判断，若加工方具有主导原材料（废液）使用并获取几乎全部经济利益的权利，则加工方应将其作为购销业务进行会计处理，确认产成品销售收入及取得废液对价（非现金对价），后续通过加工废液获取产成品时再继续销售成品；废液销售方则通过销售废液取得非现金对价（加工后的产成品）。若加工方未取得废液的控制权，则双方按照委托加工业务进行会计处理，此时加工方取得加工服务费收入。

前述两种分析的区别在于，若加工方取得了废液的控制权，则会导致其"重复"确认与加工提炼的金属相关的收入，"增大"收入金额。在技术较为成熟、加工工艺较为简单、产出数量稳定、加工方不存在较大产出风险的情况下，该项"以物易物"交易可能不具有商业实质，不能按照购销交易进行会计处理，而是将其作为加工业务进行会计处理更为恰当。

案例 6-11
收入应该按照总额还是净额确认

收入是指企业在日常活动中形成的、会导致所有者权益增加的、与所有者投入资本无关的经济利益的总流入。企业在确认收入时，需要根据上述定义进行判断，只有由企业本身所从事的日常活动所产生的经济利益的总流入才能确认为企业的收入。在某些交易安排下，企业在日常经营活动中从客户所收取的款项中可能包含了代第三方收取的金额，在这种情况下，该代收款项并不会为企业带来经济利益的流入，也并不会导致企业所有者权益的增加，故不能确认为企业的收入。

一、案例背景

A 公司为上市公司，主要从事外贸进出口贸易，其中自营进出口贸易收入占总收入的 2/3，代理进出口、转口贸易收入占总收入的 1/3。A 公司在核算代理进出口、转口贸易业务时，将从客户收取的全部款项和支出的全部款项（包括上述业务中所涉及的进出口商品的采购价款及相关税费）中分别按全额确认为收入和成本，但公司代理的进出口商品价值并未计入资产负债表内的存货项目。

从事代理进出口、转口业务时，代理方 A 公司通常与委托方进行权利和义务约定，签署代理协议。以代理进口业务为例，委托方自行指定国外供应商，并与国外供应商商定进口合同各项条款，并对国外供应商的资信及其履行对外合同负全部责任。进口合同签署后，委托方作为实际进口方，承担所有进口合同中商品品质、数量、技术指标方面的风险。委托方承担因自身原因、政策和汇率风险等致使合同不能履行或不能全部履行的责任。代理方 A 公司则根据委托方拟定的进口合同条款，以 A 公司名义与国外供应商签订进口合同。A 公司办理有关进口手续。代理进口过程中的一切税费由委托方承担，如需 A 公司代为缴纳的，须由委托方提前汇入 A 公司指定账户。

假定 B 公司委托 A 公司进口某商品，并签署代理协议，A 公司开展该项代理进口业务的基本操作流程如下：

1. 合同生效后，B 公司安排 A 公司签署进口合同。

2. B 公司向 A 公司支付开立信用证所需保证金，A 公司收到保证金并经 B 公司书面确认后，根据进口合同的要求从银行开出信用证，保证金利息归 B 公司所有。

3. 进口商品装运后，B 公司安排海运保险事宜，保险受益人为 A 公司。

4. A 公司收到国外供应商的付款通知后，经 B 公司书面同意后，A 公司垫付货款。

5. A 公司收取国外供应商的全套单据包括提货单，商品到港后，A 公司持提货单和报关单等资料办理报关手续，相关费用由 B 公司承担。

6. 报关完成后，A 公司向 B 公司发出付款通知单，包括购销汇凭证等。

7. B 公司收到 A 公司的付款通知单后，将进口商品的货款及其税费、支付给 A 公司的代理佣金等，扣除已支付的保证金后全额折合成人民币支付给 A 公司。

8. A 公司收到货款后，向 B 公司发送进口商品，代理进出口合同履行完毕。

问题：

（1）A 公司代理进出口业务的收入应按总额确认还是净额确认？

（2）A公司应在何时确认代理进出口业务收入？

（3）委托代理合同中的商品是否应计入A公司期末存货？

二、会计准则及相关规定

《企业会计准则第14号——收入》（2017年修订）第二条规定："收入，是指企业在日常活动中形成的、会导致所有者权益增加的、与所有者投入资本无关的经济利益的总流入。"

《企业会计准则第14号——收入》（2017年修订）第四条规定："企业应当在履行了合同中的履约义务，即在客户取得相关商品或服务控制权时确认收入。

取得相关商品控制权，是指能够主导该商品的使用并从中获得几乎全部的经济利益。"

《企业会计准则第14号——收入》（2017年修订）第十四条规定："企业应当按照分摊至各单项履约义务的交易价格计量收入。

交易价格，是指企业因向客户转让商品而预期有权收取的对价金额。企业代第三方收取的款项以及企业预期将退还给客户的款项，应当作为负债进行会计处理，不计入交易价格。"

《企业会计准则第14号——收入》（2017年修订）第三十四条规定："企业应当根据其在向客户转让商品前是否拥有对该商品的控制权，来判断其从事交易时的身份是主要责任人还是代理人。企业在向客户转让商品前能够控制该商品的，该企业为主要责任人，应当按照已收或应收对价总额确认收入；否则，该企业为代理人，应当按照预期有权收取的佣金或手续费的金额确认收入，该金额应当按照已收或应收对价总额扣除应支付给其他相关方的价款后的净额，或者按照既定的佣金金额或比例等确定。

企业向客户转让商品前能够控制该商品或服务的情形包括：

（一）企业自第三方取得商品或其他资产控制权后，再转让给客户。

（二）企业能够主导第三方代表本企业向客户提供服务。

（三）企业自第三方取得商品控制权后，通过提供重大的服务将该商品与其他商品整合成某组合产出转让给客户。

在具体判断向客户转让商品前是否拥有对该商品的控制权时，企业不应仅局限于合同的法律形式，而应当综合考虑所有相关事实和情况，这些事实和情况包括：

（一）企业承担向客户转让商品的主要责任。

（二）企业在转让商品之前或之后承担了该商品的存货风险。

（三）企业有权自主决定所交易商品的价格。

（四）其他相关事实和情况。”

《企业会计准则第 14 号——收入（应用指南）》（2018 年修订）指出："在企业向客户销售商品的同时，约定企业需要将商品运送至客户指定的地点的情况下，企业需要根据相关商品的控制权转移时点判断该运输活动是否构成单项履约义务。通常情况下，控制权转移给客户之前发生的运输活动不构成单项履约义务，而只是企业为了履行合同而从事的活动，相关成本应当作为合同履约成本；相反，控制权转移给客户之后发生的运输活动则可能表明企业向客户提供了一项运输服务，企业应当考虑该项服务是否构成单项履约义务。

企业与客户订立合同，向客户销售其生产的产品并且负责将该产品运送至客户指定的地点，假定销售产品和提供运输服务是两项履约义务，企业需要分别判断其在这两项履约义务中的身份是主要责任人还是代理人。”

三、案例解析

根据会计准则的相关规定，收入是指企业在日常活动中形成的、会导致所有者权益增加的、与所有者投入资本无关的经济利益的总流入。

《企业会计准则第 14 号——收入》（2017 年修订）对于判断企业在一项交易中是作为主要责任人还是代理人提供了具体指引。

1. 在本案例中，根据 A 公司签署的前述代理进口协议中对委托方和代理方的权利、责任条款以及 A 公司的业务操作流程，对照《企业会计准则第 14 号——收入》（2017 年修订）的相关规定进行综合分析，我们可以作如下判断：

（1）A 公司在从事代理进出口业务中的身份为代理人；

（2）A 公司应按净额法确认代理进出口业务的收入，即按 A 公司向委托方收取的代理佣金金额确认收入。

在本案例中，A 公司的日常活动是根据代理协议为委托人提供代理服务以赚取代理佣金，而并非自身进行进出口贸易买卖商品以赚取商品差价而获利，因此 A 公司仅应当将其赚取的代理佣金收入确认为收入，即以净额确认收入。

2. A公司代理进出口业务收入的确认时间。A公司应当根据与B公司签订的代理协议的相关约定进行判断，如果该代理服务满足《企业会计准则第14号——收入》（2017年修订）有关在一段时间内确认收入的条件，A公司应当在履行合同的期间内按照适当的履约进度确认收入；如果该代理服务不满足在一段时间内确认收入的条件，A公司应当在该代理服务控制权转移的时点确认收入。假定该代理服务不满足在一段时间内确认收入的条件，根据A公司代理B公司进口业务的基本操作流程，对照准则的相关规定，如果在A公司收取B公司货款并向B公司发货后，B公司已经取得该项代理业务相关的控制权，且收入确认的其他条件也都得到满足，则A公司应在与B公司的代理协议履行完毕时确认代理佣金收入。

3. 委托代理合同中的商品是否应计入A公司期末存货。A公司作为代理人，在正常情况下对购入的代理货物不需要在资产负债表中确认为存货。但是在极端的情况下，如B公司有违约的可能等，A公司就需要在资产负债表日根据A公司与B公司的代理协议，以及A公司与国外供应商签订的购销合同，综合考虑A公司对进口商品所承担的风险和报酬因素，判断是否应将该商品计入期末存货。

【相关案例之一】

大宗商品贸易收入净额法案例

（一）案例背景

A上市公司2×12年年报显示，物流贸易收入是其营业收入的主要来源，占总营业收入的74%，同时，物流贸易的毛利率仅为0.91%。A公司的物流贸易业务以煤炭、有色金属、矿产品等大宗商品物流贸易为主，具体交易安排如下：

1. A公司大宗商品贸易模式通常为以销定采。A公司的供应商与A公司的客户不是关联方，但A公司在选择供应商时，需征得其客户同意。

2. A公司在同一日期分别与其供应商和客户签订合同，除价格条款外，购货合同与销售合同在产品种类、定价方式、货物数量及保管上均基本相同。

3. 在实务中，如果由于各种原因，A 公司的供应商未能按照合同约定履行发货义务，如出现延迟发货、品质不符合要求等问题，A 公司的客户将直接与 A 公司的供应商协商解决，A 公司不承担由此造成的违约风险。

4. 交货方式为 A 公司的供应商直接将货物发到 A 公司客户的仓库。运输途中出现任何问题，供应商承担相应的风险。客户签收货物时，供应商和 A 公司同时完成交货义务。

5. 采购价格和销售价格分别在同一基础定价上减去和加上相同的价差，该正负价差即为 A 公司的利润。基础价格由 A 公司的供应商和客户根据行业惯例协商确定，上下浮动价差由三方协商确定，A 公司在一组采购和销售业务中获取固定的利润。

6. 结算方式：A 公司的客户先付款项给 A 公司，A 公司收到货款后，将其中采购价款部分支付给供应商。在供应商已经交货的情况下，如果客户不付款或者应收客户的款项不能收回，A 公司无须付款给供应商。

7. 票据方面，在购和销两个环节，按照合同约定的结算方式进行结算，经 A 公司分别与其供应商和客户确认后，取得该次贸易的进项增值税发票，向销售客户开具增值税发票。

问题：A 上市公司应按总额还是净额确认收入？

（二）案例解析

本案例中，企业向客户提供的特定商品为客户采购的具体商品。尽管在法律形式上，A 公司分别与供应商和客户签订购销合同，且分别取得进项增值税发票及开具增值税销售发票，但在将客户购买的商品转移给客户之前，A 公司并未控制该商品，具体分析如下：

1. A 公司并未承担按照有关合同条款向客户提供商品的主要责任。A 公司选择供应商需征得客户同意，A 公司无权自主选择供应商。并且无论出现什么情况，供应商未能按照合同约定履行发货义务，客户将直接与供应商协商解决，A 公司并不承担由此造成的违约风险，因此，A 公司并未承担按照有关合同条款向客户提供商品的主要责任。

2. A 公司在转让商品之前或之后并未承担该商品的存货风险。由于合同约定交货方式为供应商直接将货物发到客户的仓库。客户签收货物时，供应商和A公司同时完成交货义务，运输途中的任何风险均由供应商承担。且在该交易中，销售价格主要由供应商和客户协商确定，A公司只是按照销售数量获得固定利润。因此在该交易过程中，A公司并未承担与所交易商品有关的价格变动风险、滞销积压风险，也不会承担商品可能减值或毁损的损失，即A公司在交易中并未承担所交易商品的存货风险。

3. A公司没有自主定价权。所交易商品的采购价格和销售价格分别在同一基础定价上减去和加上相同的价差，该正负价差即为A公司的利润。基础价格由供应商和客户根据行业惯例协商确定，上下浮动价差由三方协商确定，以确保A公司获取固定利润。因此，对于采购和销售价格，A公司无自主定价权。

综上所述，虽然A公司分别与供应商和客户签署购销合同，但A公司与供应商之间的交易实质上并不独立于A公司与客户之间的交易，相关商品在转让给客户之前，A公司并未取得该商品的控制权，根据收入准则的相关判断原则，A公司在该交易中的承诺仅为安排供应商向客户提供特定商品，其身份是代理人，应按净额法确认和列报收入。

收入按照总额法还是净额法确认虽然不会影响公司的净利润和净资产，但可能对其他一些规模、业绩指标存在重大影响。为便于财务报表使用者更好地理解公司的财务状况和经营成果，上市公司应在财务报表附注中对于收入确认的会计政策和会计估计作出充分的披露。

【相关案例之二】

劳务派遣的收入确认

（一）案例背景

A公司对外提供劳务派遣服务，并根据服务内容和具体业务量收取项目服务费。劳务派遣服务的显著特征在于，劳动力的雇用和劳动的消耗与使用是分离的。劳务派遣服务中一般包括派遣机构、劳动者以及用工单位三方。

A公司所提供的劳务派遣具体模式为：派遣机构与劳动者订立劳动合同，经用工单位面试通过后，劳动者作为派遣人员向用工单位给付劳务；

派遣机构与用工单位就劳务服务签订服务合同，对服务标准、服务要求、服务收费标准进行约定，并对派遣人员的劳动成果负责。派遣单位需要按条件向用工单位派遣员工，且对所派遣员工提供的服务是否满足用工单位的标准承担责任。如用工单位认为派遣人员不能满足服务标准，则派遣机构有义务更换派遣人员；费用给付方面，用工单位按月向派遣机构支付派遣员工相关工资、社会保险以及劳务/项目服务费，派遣机构无论是否从用工单位收到与服务相关的费用，均须按照约定向派遣人员发放工资、缴纳社保。

问题：A公司应按总额还是净额确认收入？

（二）案例解析

在本案例中，A公司向用工单位提供的特定服务是劳务服务，虽然实际提供该服务的是派遣人员，但是派遣人员是A公司按条件选派的，需要按照A公司与用工单位约定的服务标准和服务要求为用工单位提供劳务，表明A公司能够主导派遣人员向用工单位提供服务。

A公司实际承担了按照有关服务合同向用工单位提供服务的主要责任。根据与用工单位的劳动协议，A公司负有派遣恰当劳动者的合同义务，如果派遣人员不能满足用工单位的要求，A公司需要无条件为用工单位派遣满足其要求的劳动者，并就派遣人员的劳动成果向用工单位承担违约责任。

派遣机构在选择劳动者，即服务提供者方面存在自主权。尽管劳动者在劳务派遣前需要经过用工单位的面试，但是派遣机构可以自主对劳动者进行选择并签署劳动合同，具有完全的自主权，且需要就劳动者的劳动成果向用工单位负责。无论劳动者派驻与否、是否从用工单位收到服务相关费用，派遣机构仍负有按照劳动合同向劳动者支付工资和社会保险的义务，因此实际风险承担方为A公司。

在服务定价方面，服务标准、服务要求、服务收费标准均由派遣机构和用工单位协商确认，尽管服务价格中对劳务人员工资、社会保险费以及劳务项目进行了区分，但不存在其他相反证据的情况下，仍可认定A公司具备自主的定价权。

综合上述因素，A公司在劳务派遣安排中更多地体现了主要责任人的特征，可按照总额法确认相应收入。

【相关案例之三】

物流公司转包服务业务收入的确认

（一）案例背景

某物流公司为客户提供综合性的海洋和陆路运输、报关、仓储、配送等一揽子物流服务，假定该一揽子物流服务构成一项单独的履约义务。由于该物流公司自身的运输力量有限，大部分运输环节的服务由物流公司另外委托承运人完成；同时，理货、装卸等环节的服务也大多委托其他公司完成。具体安排如下：

1. 物流公司与客户签署合同，约定物流公司为客户提供的具体服务的内容。例如，客户进口某设备，物流公司负责从境外生产企业仓库提取设备并运至港口、安排舱位并装船、完成进口报关并将设备运送至客户指定的地点。

2. 根据合同约定，物流公司负责保证客户的全部货物安全、准时、顺利地运抵目的地。

3. 物流公司与客户商定服务价格，另外与承运人、港口等确定运输服务、装卸服务价格，从中赚取价差。

4. 客户对于提供运输服务的承运人没有特殊要求，物流公司根据需要及市场情况自主选择承运人。

5. 客户负责货物运输过程中的保险，物流公司负责谨慎处理货物装卸运输过程的各个环节，如有货物损失，物流公司负责做好证据保全，协助客户向保险公司索赔；物流公司负责协调港口关系，保证承运人及港口尽快装船、卸车，防止压车；同时，物流公司督促承运人及时安排运输。由于物流公司原因造成的货物损毁、压车损失、运输时间延迟，由物流公司承担相关责任。

6. 承运人、港口等外部单位提供相关服务后，物流公司必须向其支付相关劳务金额，而无论其向客户收取的有关金额是否能够收回。

问题：该物流公司应如何确认转包服务业务的收入？

（二）案例解析

1. 物流公司在提供物流服务方面承担主要责任。尽管物流公司会根据需要另外委托承运人完成货物的运输，或委托港口等第三方完成理货、装卸等服务。但在此交易中，物流公司根据需要及市场情况自主选择承运人和客户，并且根据物流公司与客户的合同约定，物流公司负责保证客户的全部货物安全、准时、顺利地运抵目的地，因此，物流公司是物流服务的主要责任人。

2. 物流公司在交易过程中承担了与服务相关的主要风险。在交易过程中，由于物流公司原因造成的货物损毁、压车损失、运输时间延迟，由物流公司承担相关责任。

3. 物流公司具有自主定价权。物流公司分别与客户商定服务价格，与承运人、港口等确定运输服务、装卸服务价格，从中赚取价差。

综上所述，虽然物流公司未实际提供运输等服务，但物流公司与供应商之间的交易独立于物流公司与客户之间的交易，对于包括运输服务在内的一揽子物流服务，物流公司能够主导承运人等其他方代表其为客户提供服务，物流公司是主要责任人，按照会计准则的相关规定，按总额法确认和列报收入更为合理。

鉴于收入按照总额法还是净额法确认对公司业绩影响重大，为便于财务报表使用者更好地理解公司的财务状况和经营成果，上市公司应在财务报表附注中对于收入确认的会计政策和会计估计作出充分的披露。

【相关案例之四】

航空机票业务收入确认问题

（一）案例背景

X 公司主营业务包括差旅服务和软件产品销售，其中差旅服务中的航空机票业务为 X 公司目前主要业务。

航空机票业务具体模式：X 公司在与客户签订《差旅服务协议》后，客户自由选择机票预订服务、会议服务、差旅流程管理、财务管理等服务。客户通过 X 公司提供的平台系统下单预订机票，X 公司按照客户的需求向航空公司预订机票，并代垫相关的机票价款，如果客户在平台里发出退、改签指令，平台联系航空公司予以退改签，相关费用由客户承担。结算周期届满，X公司向客户收取机票款及对应的差旅服务费，并由X公司向客户开具发票或提供机票行程单。

2018年X公司为应对“营改增”后客户的开具增值税发票需求，将部分业务收入的确认方法由净额法变更为总额法，X公司认为：

1. 原公司收入包括代理机票、酒店等差旅服务收入和技术服务收入，而代理行业的收入为代理费，是按照机票、酒店收入的一定比例收取，企业的利润表收入是不含机票流水的净收入。

2. 公司的财务报表中应收账款统计口径为销售金额，而收入统计口径为代理业务净额，造成计算应收账款周转率时口径不一致。

3. 在编制现金流量表销售商品、提供劳务收到的现金时则不能包含销售流水，流水则计入收到其他与经营活动有关的现金，都需要单独的解释。

X公司按照客户是否开具增值税发票要求进行分类，若客户要求开具增值税发票，X公司按照包含机票流水和服务费总额确认收入（总额法），对应的全部现金流计入现金流量表“销售商品、提供劳务收到的现金”项下；若客户不要求开具增值税发票，X公司将机票行程单交付客户，X公司按照代理费金额确认收入（净额法），代理费现金流计入现金流量表“销售商品、提供劳务收到的现金”项下，相关的机票流水则计入现金流量表“收到其他与经营活动有关的现金”项下。

总额法与净额法并存于公司2018年、2019年机票相关业务收入确认中，自2020年1月1日起，公司开始执行修订后的收入准则。

问题：

（1）以是否开具增值税发票为标准划分收入总额法还是净额法确认是否合理？

（2）部分航空机票业务采取总额法确认收入是否合理？

（二）案例解析

根据《企业会计准则第14号——收入》（2017年修订）的第三十四条的规定，企业应当根据其在向客户转让商品前是否拥有对该商品的控制权，来判断其从事交易时的身份是主要责任人还是代理人。X公司按照客户的需求进行订票，不能将机票销售给特定客户以外的客户，不能决定以何等价格以及向哪些客户销售，在机票转让前后不承担机票价格变动而导致的价格风险以及存货风险。根据以上情况，X公司在机票销售给客户之前不能控制机票，很可能是代理人。

在判断是否为代理人时，与增值税发票的开票方式无关。同时，在未改变交易模式、合同条款等情况下，公司将收入确认由净额法调整为总额法（假设变更为总额法是合理的），应适用前期差错更正进行处理。

根据《企业会计准则第31号——现金流量表》的规定，通常情况下，现金流量应当分别按照现金流入和流出总额列报，但是，下列各项可以按照净额列报：（1）代客户收取或支付的现金。（2）周转快、金额大、期限短项目的现金流入和现金流出。（3）金融企业的有关项目，包括短期贷款发放与收回的贷款本金、活期存款的吸收与支付、同业存款和存放同业款项的存取、向其他金融企业拆借资金，以及证券的买入与卖出等。根据《企业会计准则讲解（2010）》的规定，当项目由于周转快，在企业停留的时间短，企业加以利用的余地比较小，净额更能说明其对企业支付能力、偿债能力的影响；反之，如果以总额反映，反而会放大现金流量，对评价企业的支付能力和偿债能力、分析企业的未来现金流量产生误导。

因此，企业应该判断，如果能够满足相关要求时，可按照净额列报现金流量变动情况。

同时，现金流量的列报方式不应影响对收入按照“总额”“净额”确认的判断。

【相关案例之五】

互联网广告营销服务的收入确认

（一）案例背景

近年来，互联网广告行业高速发展，创新的商业模式层出不穷。对于互联网广告营销服务相关收入应按总额确认还是按净额确认，实务中存在分歧。

甲公司的主要业务是为其客户在某互联网移动平台上提供广告营销业务。公司主要通过数据挖掘和分析，为客户准确洞察用户兴趣偏好与需求，构建用户精准画像数据仓库，以适当的广告位置组合，为客户在移动平台进行广告投放，并随时记录、监控传播效果和实施进一步的优化。

甲公司主要通过招投标程序获取订单，与客户签订互联网广告服务年度框架合同，该框架服务合同约定服务内容、服务期限、结算方式等相关内容。合同约定，甲公司提供互联网广告服务最终以双方确认的客户排期单为准。客户排期单具体对应投放媒体、位置、时间等要素。

在单波次投放前，客户首先提出波次营销需求并确定单独的 KPI（例如，曝光达到 1 亿次），甲公司进行数据分析并提出营销策略，客户确认执行方案并形成双方认可的执行客户排期单，甲公司根据客户排期单进行广告投放，投放过程包括媒介购买、策略指导、投放检测等。客户提供的广告素材投放后，甲公司对广告投放效果进行监控，如需对广告位置和投放时间进行优化则与客户制定新的客户排期单。客户根据甲公司所执行的客户排期单与甲公司进行结算。波次投放结束后，甲公司按照客户要求向客户提交投放结案报告。

甲公司与客户之间的合同定价方式，与甲公司与供应商（即媒介平台）之间的定价方式相同，均是按照投放广告实际消耗的流量费用（CPM，千人成本）进行结算。甲公司与客户在排期表中明确说明“排期中的点位按照 CPM 购买，仅承诺 PV（Page View，页面浏览量），单击和点击率仅供参考不作承诺”。

在互联网广告市场上，广告供应商提供的价格是固定且透明的。实际执行该业务过程中，供应商会向甲公司提供返利，甲公司也会向客户提供返利。甲公司盈利的主要来源为两端返利的差额。

甲公司认为通过大数据分析进行精准营销是其向客户提供的价值所在，但最终营销方案（包括排期表）系甲公司提出建议，最终需要客户认可才开始执行。有观点认为，按照收入准则，在客户认可前，双方尚未形成有法律约束力的权利义务，合同尚未成立。

问题：对于上述广告营销业务，甲公司应按总额确认收入还是净额确认收入？

（二）案例解析

甲公司应识别该项交易中的商品或服务，并判断其是否取得了相关商品或服务的控制权，以判断其是主要责任人或代理人。

广告营销业务中，甲公司应将广告资源看成一项商品，结合广告发布、推广服务综合判断其在该项业务中提供的履约义务类型，若甲公司将广告资源及广告服务进行重大整合以提供给客户，则应将其作为一项履约义务进行会计处理，在此情形下，甲公司为主要责任人，应按总额确认收入成本；若甲公司在该项交易中提供了两项履约义务，则应分别判断其是否为主要责任人。

假设甲公司提供一项履约义务。案例中，甲公司未向客户提供广告制作服务，而是根据客户制作完成的广告及确定的排期安排，向客户指定的投放平台购买流量后为客户提供广告投放服务（该项业务类似于“以销定采”模式）。甲公司在该项业务中，根据客户需求投放广告，对于广告流量用于投放何种广告、广告流量的使用时间、使用方式等并没有主导的权利，应将其作为代理人更为恰当。

【相关案例之六】

上市公司 CIF 销售模式下运保费收入确认问题

（一）案例背景

B 公司在外销业务时，存在购销双方在合同中约定以 CIF 价（即到岸价格）结算的形式，即买方支付的货价中包括了从装运港至约定目的地港的运费和保险费，卖方在装运港当货物越过船舷时即完成交货，但卖方需支付从装运港至约定目的地港的运费和保险费。

问题：CIF 销售模式下，在货物从装运港运至约定目的港的运输和保险服务中，卖方身份为代理人还是主要责任人?

（二）案例解析

在 CIF、FOB（即离岸价格）等业务模式下，通常来说，商品在越过船舷时即完成交货，商品控制权转移给客户。对于商品控制权转移后的运输服务，若企业能够选择运输服务商、与运输服务商协商确定运输价格、根据与客户约定的交货时间安排发货等，通常表明企业能够控制运输服务，应作为主要责任人按照总额确认收入。

公司应基于上述原则对与保险相关的支出进行分析判断。

案例 6 - 12 以购销合同方式进行的委托加工收入的确认

一、案例背景

A 上市公司是主要从事工业专用装备及大型特殊钢精锻件的研发、生产、销售和服务的大型锻件生产企业。最近两年，A 公司与无关联第三方公司通过签订销售合同的形式将材料“销售”给第三方公司并委托第三方公司进行加工，同时，与第三方公司签订商品采购合同将加工后的商品购回。具体交易安排如下：

1. A 公司向无关联第三方销售商品，与无关联第三方签订了销售合同，同日，A 公司与该无关联第三方也签订了采购合同。同日签订的销售合同内容和采购合同内容交易标的、数量是一样的，但交易价格略有差异，一般是采购价格大于销售价格。

2. A 公司与无关联第三方签订的采购或销售合同的合同要素，类似于加工承揽合同。有的合同标题直接为：A 公司采购（加工）合同，或销售（加工）合同，或 A 公司加工合同。合同内容显示：委托方为 A 公司，加工方为无关联第三方。质量技术标准为：按委托方图纸尺寸及技术要求加工；运输费无论是采购合同还是销售合同，一般由无关联的加工方承担。

3. A 公司与无关联第三方同日签订的外协加工合同（分为采购合同和销售合同）在管理上可一一对应。如 A 上市公司与无关联第三方客户签订“A 公司采购合同”中，如果销售合同编号为：XS - A - 2012 - 12 - 2A（其中“XS”意为销售），对应的采购合同编号为：CG - A - 2012 - 12 - 2B（其中“CG”意为采购）。

4. A 公司销售凭证后面有提货单、销售通知单；采购合同后面附有采购入库单。

5. A 公司对采购合同不具有撤销的权利。

6. 加工方收到待加工的材料后，必须严格按照与 A 公司签订的销售

（加工）合同要求加工后再销售给A公司，除此之外，加工方无权按照自身意愿使用或处置该等材料。

7. 加工期间，加工方应妥善保管所加工材料。由于加工方保管不善致使A公司之供料毁损、灭失的，由加工方承担责任。但非加工方保管不善导致的A公司之供料毁损、灭失的，由A公司承担相应风险。

8. A公司提供原材料和主要材料，占比非常小的辅助材料由加工方自行采购。

9. 票据方面，根据销售（加工）合同和相应的采购合同，A公司分别向加工方开具增值税销售发票，并从加工方取得进项增值税发票。

10. 结算方式：A公司将材料交给加工方时及加工方将加工完成后的商品交货给A公司时，双方均记往来款，随后，A公司将采购价款高于销售价款的差额支付给加工方。

问题：A公司的上述经济业务作为销售与采购进行会计处理是否适当？

二、会计准则及相关规定

《企业会计准则第14号——收入》（2017年修订）第四条规定："企业应当在履行了合同中的履约义务，即在客户取得相关商品控制权时确认收入。

取得相关商品控制权，是指能够主导该商品的使用并从中获得几乎全部的经济利益。"

《企业会计准则第14号——收入》（2017年修订）第十三条规定："对于在某一时点履行的履约义务，企业应当在客户取得相关商品控制权时点确认收入。在判断客户是否已取得商品控制权时，企业应当考虑下列迹象：

（一）企业就该商品享有现时收款权利，即客户就该商品负有现时付款义务。

（二）企业已将该商品的法定所有权转移给客户，即客户已拥有该商品的法定所有权。

（三）企业已将该商品实物转移给客户，即客户已实物占有该商品。

（四）企业已将该商品所有权上的主要风险和报酬转移给客户，即客户已取得该商品所有权上的主要风险和报酬。

（五）客户已接受该商品。

（六）其他表明客户已取得商品控制权的迹象。”

《企业会计准则第 1 号——存货》规定：“存货是指企业在日常活动中持有以备出售的产成品或商品、处在生产过程中的在产品、在生产过程或提供劳务过程中耗用的材料和物料等。存货应当按照成本进行初始计量。存货成本包括采购成本、加工成本和其他成本。”

《企业会计准则讲解（2010）》进一步明确：“企业通过进一步加工取得的存货主要包括产成品、在产品、半成品、委托加工物资等，其成本由采购成本、加工成本构成。某些存货还包括使存货达到目前场所和状态所发生的其他成本，如可直接认定的产品设计费用等。通过进一步加工取得的存货的成本中采购成本是由所使用或消耗的原材料采购成本转移而来的，因此，计量加工取得的存货的成本，重点是要确定存货的加工成本。”

《企业会计准则——应用指南（2016）》附录“会计科目和主要账务处理”指出：“‘委托加工物资’科目核算企业委托外单位加工的各种材料、商品等物资的实际成本。”

三、案例解析

在本案例中，A 公司与无关联第三方公司通过签订销售合同的形式将原材料“销售”给第三方公司并委托第三方公司进行加工，同时，与第三方公司签订商品采购合同将加工后的商品购回。在这种情况下，应根据合同或协议条款判断加工方是否已经取得对商品的控制权，以确定是否确认销售商品收入。

根据收入准则中对控制转移的考虑，尽管 A 公司分别与加工方签订购销合同，且在“购销”环节，A 公司分别开具增值税销售发票并取得进项增值税发票，然而根据合同约定：由于“A 公司对采购合同不具有撤销的权利，且在交易一开始，A 公司即与加工方同时签订销售（加工）和采购（加工）合同，锁定材料销售价格和加工后产品的采购价格”，因此在该交易中，加工方的收益是固定的，在交易一开始即被锁定，加工方并不会承担与加工材料有关的价格变动风险，也不存在加工后的产品销售不出去的风险。其次，待加工材料发送给加工方后，非加工方保管不善导致的 A 公司之供料毁损、灭失，A 公司承担相应风险。此外，因“加工方无权按照自身意愿使用或处置该等材料”，因此加工方不能主导加工材料的使用，无法享有与所加工材料所有权有关的报酬，即通过处置或使用等形成的经济利益，加工方不能对该等材料实施有效控制。

虽然企业会计准则没有针对性地明确规定“委托加工”的会计处理，但是通过《企业会计准则第1号——存货》及科目使用说明可以看出，“委托加工物资”为资产负债表中“存货”科目下的明细科目。即委托加工模式下所加工的材料物资，仍然属于委托方的存货。根据A公司与加工方签署的销售和采购合同，A公司与加工方的交易实质上属于由委托方提供原料和主要材料，受托方只垫付少量辅助材料，按照委托方的要求加工货物并收取加工费的经营活动，在此交易中，A公司仍然保留与所加工材料所有权有关的主要风险和报酬，继续对材料实施有效控制，所加工的材料仍然属于A公司的存货。

综上所述，所加工材料的控制权并未从A公司转移给加工方，而是仍然保留在A公司，故A公司不应确认销售商品收入，而应当将整个业务作为委托加工进行处理。

本案例主要针对通过购销合同形式进行委托加工的委托方如何进行会计处理予以分析。而事实上，如果站在受托方的角度，也应当充分考虑在此交易中是否取得了所交易的商品或服务的控制权，恰当判断其应按照总额法还是净额法进行收入确认。

【相关案例】

以购销合同方式进行的受托加工收入的确认

（一）案例背景

A公司为B公司生产加工空调配件，主要材料为B公司提供的毛坯件。A公司向B公司采购原材料后，按照B公司的设计、技术和精度要求，通过其自有的机器设备进行加工生产，再将加工后的零部件销售给B公司。具体交易安排如下：

1. A公司与B公司签订购销合同，并开具发票，B公司将毛胚件以卖断的形式销售给A公司，A公司进行加工生产后，形成产品销售给B公司。

2. B公司不参与A公司的实际生产过程，但要求A公司按照B公司的设计要求验收产品。

3. 双方约定，按毛坯件成本加工费的模式进行定价结算，加工费与成本有一定比例关系。

4. A公司向B公司采购的毛坯件，由于数量有限，实际上只用于加工生产B公司的产品，未作其他用途；A公司生产加工的成品只能销售给B公司，而不允许向第三方销售。

5. A公司对收到的毛坯件承担保管责任，如果在生产过程中，由于A公司的原因导致毛坯件发生损坏或丢失，A公司需承担相应责任。

问题：A公司向B公司销售零部件应当按照总额还是净额确认收入？

（二）案例解析

在本案例中，在法律形式上，A公司与B公司签订了购销合同，A公司先从B公司采购毛坯件，按照B公司的要求生产加工之后，再将加工好的零部件销售给B公司，但是，在进行会计处理时，A公司应当根据相关合同或协议条款，判断其是否取得了毛坯件的控制权。如果A公司取得了毛坯件的控制权，且将该毛坯件用于生产加工产品，则A公司应当将购入的毛坯件确认为一项存货，该业务的实质为A公司以自有存货为B公司加工零部件，将加工好的零部件销售给B公司时，按照总额确认收入。相反，如果A公司未取得毛坯件的控制权，则A公司购入的毛坯件不能确认为其自身存货，A公司用该毛坯件为B公司加工零部件时，该业务的实质为A公司为B公司提供受托加工服务，应当按照净额（即A公司收取的加工费）确认收入。

根据《企业会计准则第14号——收入》（2017年修订）的相关规定，取得相关商品控制权，是指能够主导该商品的使用并从中获得几乎全部的经济利益。根据上述定义，如果认为A公司取得了毛坯件的控制权，A公司应当有能力按照其自身意愿决定该毛坯件的使用方式，并获得其几乎全部的经济利益，例如，A公司购入毛坯件后，可自行决定将其用于生产加工零部件后再出售或是直接对外出售，可自行决定销售对象和销售价格等。然而，根据A公司和B公司的约定，A公司取得毛坯件后，实际上只能将其用于按照B公司的要求为其加工零部件，加工好的零部件也只能销售给B公司，而不能用于其他用途。从定价方式看，A公司向B公司销售的零部件价格按照毛坯件成本加加工费的方式确定，A公司并不承担毛坯件价格波动的风险和收益。虽然A公司需要承担毛坯件在加工过程中发生的损坏或丢失的风险，但这仅是保管风险，并不表明A公司实质上承担了毛坯件的存货风险。

综上所述，A公司不能主导毛坯件的使用，并获取其几乎全部经济利益，A公司并未取得毛坯件的控制权。因此，A公司从事上述业务的实质是为B公司提供受托加工服务，A公司仅能按净额确认收入。

案例6-13
主要责任人通过代理人向最终客户销售商品时，如何确定交易价格

《企业会计准则第14号——收入》（2017年修订）规定，当企业向客户销售商品涉及其他方参与其中时，企业应当确定其自身在该交易中的身份是主要责任人还是代理人。主要责任人应当按照已收或应收对价总额确认收入；代理人应当按照预期有权收取的佣金或手续费的金额确认收入。

一、案例背景

甲公司通过代理商乙公司向最终客户销售A商品，甲公司是主要责任人，乙公司是代理人。根据合同相关约定，甲公司根据乙公司的销量，按照每件100元的固定单价和乙公司进行结算，并按该价格向乙公司开具增值税发票。甲公司制定的A商品对最终客户销售时的指导价格为不超过每件120元，乙公司对外销售时可根据当时市场情况和自身销售策略，向最终客户提供一定的折扣。根据历史经验，乙公司向最终客户销售A商品时，收取的价格为每件100元至120元，乙公司按照其向最终客户收取的实际价格向最终客户开具增值税发票。乙公司向甲公司支付的价格始终为每件100元。甲公司不知道乙公司向最终客户销售时收取的价格。上述价格均不包含增值税。

问题：甲公司应当如何确定销售A商品确认的收入金额？

二、会计准则及相关规定

《企业会计准则第 14 号——收入》（2017 年修订）第十四条规定：“企业应当按照分摊至各单项履约义务的交易价格计量收入。

交易价格，是指企业因向客户转让商品而预期有权收取的对价金额。企业代第三方收取的款项以及企业预期将退还给客户的款项，应当作为负债进行会计处理，不计入交易价格。”

《企业会计准则第 14 号——收入》（2017 年修订）第十六条规定：“合同中存在可变对价的，企业应当按照期望值或最可能发生金额确定可变对价的最佳估计数，但包含可变对价的交易价格，应当不超过在相关不确定性消除时累计已确认收入极可能不会发生重大转回的金额。企业在评估累计已确认收入是否极可能不会发生重大转回时，应当同时考虑收入转回的可能性及其比重。

每一资产负债表日，企业应当重新估计应计入交易价格的可变对价金额。可变对价金额发生变动的，按照本准则第二十四条和第二十五条规定进行会计处理。”

《企业会计准则第 14 号——收入》（2017 年修订）第三十四条规定：“企业应当根据其在向客户转让商品前是否拥有对该商品的控制权，来判断其从事交易时的身份是主要责任人还是代理人。企业在向客户转让商品前能够控制该商品的，该企业为主要责任人，应当按照已收或应收对价总额确认收入；否则，该企业为代理人，应当按照预期有权收取的佣金或手续费的金额确认收入，该金额应当按照已收或应收对价总额扣除应支付给其他相关方的价款后的净额，或者按照既定的佣金金额或比例等确定。”

《国际财务报告准则第 15 号——与客户的合同产生的收入》结论基础 385X 段和 385Z 段指出，部分过渡资源小组（TRG）参会人员询问，如果主要责任人不知道中间代理人向最终客户收取的价款时，应当如何估计收入金额。国际会计准则理事会（IASB）认为，上述情况通常会在两种情形下出现，即中间代理人具有一定的定价权，或者中间代理人代替最终客户购买商品或服务。IASB 没有特别考虑在这些情形下应当如何运用准则中有关估计交易价格的要求，但是如果主体是主要责任人，通常应当有能力基于所取得的相关事实和情况，判断并确定其有权收取的对价金额。

《国际财务报告准则第 15 号——与客户的合同产生的收入》结论基础 385Y 段指出，美国财务会计准则委员（FASB）决定不对收入准则进行相应修改。但是，FASB 在其发布的 ASU No. 2016－08 结论基础第 38 段中指出，准则中有关可变对价的指引用于确定相关金额是否应当被确认为收入。可变对价的一个关键原则是，交易价格中的不确定性在某一时点终将消除。如果该不确定性预期最终不会消除，则主体有权从中间代理人收取的金额与中间代理人向最终客户收取的金额之间的差额并不是可变对价，因此，该部分金额不构成主体的交易价格。

三、案例解析

在本案例中，甲公司按照每件 100 元的固定单价和乙公司进行结算，但是，由于乙公司对最终客户销售 A 商品时有一定的定价权，甲公司并不知道乙公司向最终客户收取的价款，因此，甲公司应当如何确定销售 A 商品确认的收入金额，实务中存在不同观点。

观点一：甲公司作为主要责任人，应当估计乙公司向最终客户销售 A 商品收取的对价金额，并以此金额确认收入。甲公司通过乙公司向最终客户销售 A 商品，在该交易中，甲公司是主要责任人，乙公司是代理人，甲公司的客户是最终客户。根据《企业会计准则第 14 号——收入》（2017 年修订）的相关规定，甲公司应当按照向客户（即最终客户）销售 A 商品而有权收取的对价总额确认收入，将支付给乙公司的佣金确认为费用。虽然乙公司对最终客户销售 A 商品时的价格存在一定浮动空间，但是甲公司作为主要责任人，应当有能力根据所取得的相关信息合理估计乙公司向最终客户收取的价款。因此，甲公司应当估计乙公司向最终客户销售 A 商品收取的对价金额，并按照该金额确认收入。

观点二：甲公司按照从乙公司收取的固定价格每件 100 元确认收入。在向最终客户销售 A 商品的交易中，虽然甲公司是主要责任人，乙公司是代理人，但是乙公司可以在一定程度上决定对最终客户的销售价格，甲公司无法获知该销售价格。如果甲公司必须对乙公司向最终客户销售的价格进行估计，难免过于主观，进而可能影响收入信息的可靠性。在这种情况下，甲公司可直接按照从乙公司收取的价格，即每件 100 元确认收入。

根据《企业会计准则第 14 号——收入》（2017 年修订）的相关规定，

甲公司作为主要责任人，应当按照因销售 A 商品而有权从其客户（即最终用户）收取的对价金额确认收入，同时将支付给乙公司的佣金确认为费用，除非甲公司能够证明，根据相关事实和情况，其可靠估计乙公司对最终客户销售 A 商品的价格不切实可行。

案例 6－14
授予影视剧播映权的收入确认问题

一、案例背景

A 公司为一家影视制作公司，主要从事电视剧的制作和销售业务。A 公司将其制作完成的某电视剧（共 30 集，每集 45 分钟）的播映权授权给 B 公司运营的视频网站播放，该电视剧已经取得相关审批。B 公司的收入主要来自视频网站会员支付的会员费以及广告收入。2×18 年 12 月 15 日，A 公司与 B 公司签订合同，并交付母带。B 公司应当于合同签订之日起 5 日内支付 50% 的合同价款，其余合同价款将于首播日一次性支付给 A 公司。B 公司取得母带之后，可以在其视频网站中播放预告片，也可以开始进行广告招商工作。

根据 A 公司与 B 公司的约定，该电视剧在 B 公司视频网站的首播时间为 2×19 年 3 月 1 日。如因该电视剧主创人员的个人行为（包括但不限于涉毒、涉黄等），或电视剧违反国家相关法律法规、政策，导致电视剧停播或被要求整改，A 公司必须按要求整改消除导致电视剧停播的原因，双方以补充协议的方式重新商定播出时间和采购价格，若停播原因永久无法消除，双方将视电视剧是否已经播出等情况，通过退款或者部分退款的方式解决。

假定 A 公司向 B 公司视频网站授权的电视剧播映权构成一项履约义务。

问题：A 公司向 B 公司视频网站授权该电视剧播映权应当如何确认收入？

二、会计准则及相关规定

《企业会计准则第14号——收入》（2017年修订）第四条规定：“企业应当在履行了合同中的履约义务，即在客户取得相关商品控制权时确认收入。

取得相关商品控制权，是指能够主导该商品的使用并从中获得几乎全部的经济利益。”

《企业会计准则第14号——收入》（2017年修订）第十三条规定：“对于在某一时点履行的履约义务，企业应当在客户取得相关商品控制权时点确认收入。在判断客户是否已取得商品控制权时，企业应当考虑下列迹象：

（一）企业就该商品享有现时收款权利，即客户就该商品负有现时付款义务。

（二）企业已将该商品的法定所有权转移给客户，即客户已拥有该商品的法定所有权。

（三）企业已将该商品实物转移给客户，即客户已实物占有该商品。

（四）企业已将该商品所有权上的主要风险和报酬转移给客户，即客户已取得该商品所有权上的主要风险和报酬。

（五）客户已接受该商品。

（六）其他表明客户已取得商品控制权的迹象。”

《企业会计准则第14号——收入》（2017年修订）第三十六条规定：“企业向客户授予知识产权许可的，应当按照本准则第九条和第十条规定评估该知识产权许可是否构成单项履约义务，构成单项履约义务的，应当进一步确定其是在某一时段内履行还是在某一时点履行。

企业向客户授予知识产权许可，同时满足下列条件时，应当作为在某一时段内履行的履约义务确认相关收入；否则，应当作为在某一时点履行的履约义务确认相关收入：

（一）合同要求或客户能够合理预期企业将从事对该项知识产权有重大影响的活动；

（二）该活动对客户将产生有利或不利影响；

（三）该活动不会导致向客户转让某项商品。”

《企业会计准则第14号——收入》（2017年修订）第三十七条规定：

“企业向客户授予知识产权许可，并约定按客户实际销售或使用情况收取特许权使用费的，应当在下列两项孰晚的时点确认收入：

（一）客户后续销售或使用行为实际发生；

（二）企业履行相关履约义务。”

《企业会计准则第 14 号——收入（应用指南）》（2018 年修订）指出：“企业从事的活动存在下列情况之一的，将会对该项知识产权有重大影响：一是这些活动预期将显著改变该项知识产权的形式（如知识产权的设计、内容）或者功能（如执行某任务的能力）；二是客户从该项知识产权中获益的能力在很大程度上来源于或者取决于这些活动，即这些活动会改变该项知识产权的价值，例如企业授权客户使用其品牌，客户从该品牌获得的利益价值取决于企业为维护或提升其品牌价值而持续从事的活动。当该项知识产权具有重大的独立功能，且该项知识产权绝大部分的经济利益来源于该项功能时，客户从该项知识产权中获得的利益可能不受企业从事的相关活动的重大影响，除非这些活动显著改变了该项知识产权的形式或者功能。具有重大独立功能的知识产权主要包括软件、生物合成物或药物配方以及已完成的媒体内容（例如电影、电视节目以及音乐录音）版权等。

授予知识产权许可如果不属于在某一时段内履行的履约义务的，应当作为在某一时点履行的履约义务，在履行该履约义务时确认收入。在客户能够使用某项知识产权许可并开始从中获利之前，企业不能对此类知识产权许可确认收入。例如，企业授权客户在一定期间内使用软件，但是，在企业向客户提供该软件的密钥之前，客户都无法使用该软件，因此，企业在向客户提供该密钥之前虽然已经得到授权，但也不应确认收入。”

三、案例解析

（一）A 公司向 B 公司授予的影视剧播映权属于某一时段内还是某一时点履行的履约义务

根据《企业会计准则第 14 号——收入》（2017 年修订）的相关规定，在某一时段内履行的授予知识产权许可，需要同时满足三个条件，其中之一是合同要求或客户能够合理预期企业将从事对该项知识产权有重大影响的活动，即这些活动将显著改变该项知识产权的形式（如知识产权的设计、内容）或功能（如执行某任务的能力），或者改变该项知识产权的价值。

A 公司授予 B 公司播放的电视剧已经拍摄完成，内容确定，可直接用于播放，B 公司从该电视剧获取经济利益也主要与其内容有关，包括吸引更多的付费会员以及由该电视剧带来的广告收入等。因此，该电视剧属于具有重大独立功能的知识产权，且其绝大部分的经济利益来源于该功能，并不会受到 A 公司从事的相关活动（如有）的重大影响，故该电视剧播映权不满足在某一时段内履行的履约义务的条件，而是属于在某一时点履行的履约义务。

（二）A 公司向 B 公司授予的影视剧播放权的收入确认时点

根据《企业会计准则第 14 号——收入》（2017 年修订）的相关规定，在某一时点履行的履约义务，应当在客户取得相关商品控制权时点，即客户能够主导该商品的使用并从中获得几乎全部的经济利益的时间，确认收入。授予知识产权许可如果属于在某一点履行的履约义务，在客户能够使用某项知识产权许可并开始从中获利之前，企业不能对此类知识产权许可确认收入。

A 公司于 2×18 年 12 月 15 日将电视剧母带交付给 B 公司，但 B 公司于 2×19 年 3 月 1 日才可以开始播放该电视剧，B 公司从哪一时点开始能够使用该知识产权并从中获利，从而能够确认收入，实务中存在不同的观点。

观点一：A 公司应在该电视剧在 B 公司视频网站的首播日确认收入。

电视剧属于有重大独立功能的知识产权，B 公司取得该电视剧的播映权后，主要的使用方式是在其视频网站播放，并从该电视剧的内容中获益。B 公司虽然在 2×18 年 12 月 15 日已经取得了该电视剧的母带，但是在 2×19 年 3 月 1 日之前，B 公司无法自主决定播出时间，表明其不能主导该电视剧的使用。

此外，B 公司获取该电视剧播映权后，其主要通过吸引付费用户和广告收入获利。广告主要在电视剧每集的片头、片中和片尾播放，需随电视剧的播出而播放。付费用户购买的是一段时间的会员资格，为了吸引用户成为会员，B 公司采取的营销策略通常为，非会员用户可免费观看一定集数，付费成为会员之后才能继续观看或者可以提前观看后续部分的电视剧，用户会为了能够观看或者提前观看某电视剧等原因付费取得会员资格。因此，从电视剧收益方式来看，广告收入和该电视剧所带来的新增付费用户均是在电视剧播出之后才获取的。

因此，A 公司应当在该电视剧在 B 公司视频网站首播的时间，即 2×19

年3月1日确认收入。因为在此之前，B公司无法主导使用该电视剧播映权并从中获益。

观点二：A公司应在将该电视剧母带交付给B公司时确认收入。

尽管B公司视频网站在该电视剧播放之后才能取得来自新增付费用户和广告的收益，但是当A公司将电视剧母带交付给B公司之后，B公司已经可以基于母带制作片花等进行广告宣传，增加点击率，吸引更多免费用户。对于视频网站而言，网络用户流量的增加，一方面能够增加B公司的整体企业价值，另一方面也能使B公司开展的其他业务获取更多收益，例如，B公司可通过分流等业务获取更多收益，其广告价格也可能会有所增加。因此，A公司将该电视剧母带交给B公司之后，B公司已经可以使用该母带并且从中获利，A公司应当在该时点确认收入。

根据上述分析，电视剧播映权主要是通过播放实现其经济利益，而非其他衍生的经济利益，在B公司能够在其视频网站播放该电视剧之前，B公司无法通过主导其播放而获取由播放而实现的经济利益，因此，A公司应当在B公司能够播放该电视剧时，才能确认收入。

此外，A公司转让该电视剧播映权而有权收取的部分款项，可能受到该电视剧主创人员的个人行为和电视剧内容等因素的影响，存在不确定性，属于可变对价。A公司应当充分考虑这些因素对于合同价款的影响，并且在后续期间持续进行评估，只有当相关不确定性消除时，累计已确认的收入极可能不会发生重大转回的部分，才能计入交易价格，确认为收入。

【相关案例之一】

（一）案例背景

2×20年11月30日，某影业传媒公司（乙方）与某影视股份公司（甲方）签订独占专有许可协议，获得甲方授权某电视剧的转授权。甲方于2×20年12月15日将授权节目介质和相关版权文件交付给乙方。

1. 授予的权利。转授权，是指权利方有权许可第三方拥有上述信息网络传播权以及网络定时播放的权利、点播院线放映权，有权对第三方进行转授权（包括独占授权），有权许可并认可后续各层次第三方再行转授权。

其中，信息网络传播权以及网络定时播放权，指以有线或无线方式向公众提供作品，通过各种传输技术和传输网络进行传输，在不同地理场所，以计算机、电视机、手持移动设备等各种具有网络接入功能的播放器等设备，为公众提供点播、回看、定时播放等方式进行传播的权利和与之相关的增值业务的权利。

点播院线放映权，是指在电影院和流动放映场所之外，为观众观看自选影片提供放映服务的权利。

2. 授权期限。转授权的权利期限，乙方自收到甲方版权文件和节目介质验收合格且支付全部许可使用费之日起，有权将节目转授权给第三方。

第三方行使授权节目的信息网络传播权以及网络定时播放权利、点播院线放映权应自甲方向乙方授权开始日起至授权期限结束止（即2×21年7月1日–2×31年6月30日）。

3. 合同价款及支付方式。合同约定许可使用费为300万元。

（1）本协议签订后10个工作日内且乙方收到甲方提供的与应付款项对等的增值税专用发票后，向甲方支付本协议约定转授权收费的50%；

（2）乙方应当收到甲方交付的授权节目介质和相关版权文件与增值税发票，经确认有效并满足乙方使用条件后且不晚于2×20年12月31日，乙方应向甲方支付转授权收费的50%。

4. 节目介质及版权文件的交付。甲方应当向乙方提供以下材料：

（1）甲方经最新年检的企业法人营业执照副本复印件，甲方拥有本协议下授权节目版权或相关权利的证明文件，包括含授权作品版权信息的完整字幕截图打印加盖公章，电影公映许可证公证件、授权节目原始版权人（指公映许可证上署名单位，及影视节目字幕中出品方、联合出品方、摄制方、联合摄制方）授权给甲方的中间授权链条的权利证明文件的原件或公证件。

（2）甲方就本协议下授权节目相关权利授权给乙方的授权书原件。

（3）甲方应在本协议生效日起20个工作日内向乙方提供本协议所授权节目介质及版权文件，但不应迟于2×20年12月31日。

5. 乙方转授权业务。乙方在获得上述授权文件后，于2×20年12月31日与第三方签订转授权文件，将特定播映渠道相关的信息网络传播权以及网络定时播放权、点播院线放映权授予给第三方并收取了相应款项。

问题：甲方应各自在何时确认收入？

（二）案例解析

假设此案例中授予客户的知识产权许可构成单项履约义务，且该知识产权许可具有独立功能，后续无须从事对客户有重大影响的活动，属于在某一时点确认收入的履约义务。

根据准则规定，企业应当在履行了合同中的履约义务，即在客户取得相关商品控制权时确认收入。取得相关商品控制权，是指能够主导该商品的使用并从中获得几乎全部的经济利益，也包括有能力阻止其他方主导该商品的使用并从中获得经济利益。

企业在判断商品的控制权是否发生转移时，应当从客户的角度进行分析，即客户是否取得了相关商品的控制权以及何时取得该控制权。

知识产权许可中，对某一时点履行的履约义务规定，“在客户能够使用某项知识产权许可并开始从中获利之前，企业不能对此类知识产权许可确认收入。”

案例中，乙方取得了甲方的知识产权许可，其实现经济利益的方式是将影视剧转授权给第三方。乙方取得相关许可后，与第三方签订了转授权文件，通过转授权产生的经济利益流入了企业。因不同经济利益的流入时间不同，对于甲方何时转移了控制权，存在以下两种不同的观点：

观点一：乙方取得甲方版权介质及转授权文件时，甲方即可确认收入。

合同中约定的权利为转授权，客户虽然还不能通过播放或放映获利，但是客户可以通过转授权获得该知识产权相关的经济利益，因而可认为乙方取得了控制，甲方可确认收入。

观点二：应在甲乙双方约定的授权期开始后，甲方才能确认收入。

乙方取得甲方版权介质及转授权文件，由于知识产权许可不同于一般的商品，乙方能够使用并获利应该指最终客户有权播放的期间的起点，合同规定的授权期间为（2×21年7月1日－2×31年6月30日），在2×21年7月1日之前最终客户尚不能使用该许可并从中获利，因而不应该确认收入。

根据上述分析，不同观点的分歧在于理解乙方何时主导使用并获取经济利益。在授权期限开始之前，乙方虽然具有了对第三方转授权的权利，并在随后签订转授权合同并取得经济利益，但从第三方来说，其后续能否使用、播放影视剧，亦取决于甲乙双方签订的合同授权期限，第三方并未真正取得控制权，乙方也未获取真正意义上的经济利益流入（对于乙方来说，其收取的款项构成一项合同负债）。因此，甲方应在合同授权期限开始时确认收入，在此之前收到的款项应确认为合同负债。

【相关案例之二】

视频网站付费收入的确认

（一）案例背景

A 公司从事视频网站平台运营业务。平台提供不同的视频内容并制定不同的收费政策以向用户提供视频播放服务，供不同的用户观看。相关政策安排情况如下：

1. 免费播放视频。平台提供部分免费播放的视频，用户可随时通过网页或者 APP 播放相关视频。

2. 注册成为免费会员后免费播放部分视频。为提升注册用户数，鼓励用户注册成为会员（无须付费），视频平台提供部分免费视频，在用户注册完成后即可免费播放相关视频。

3. 成为付费会员后播放视频。视频平台设定部分付费会员可播放视频内容，在用户成为付费会员之后，即可播放付费会员可播放视频及其他免费用户可播放的视频。用户在支付会员费时，可选取付费会员有效期，分别包括一个月、三个月、六个月、十二个月等期间，付费会员到期后可续费。

4. 单独购买付费视频。对于部分视频，用户需单独付费购买，并在有效期内重复播放。有效期到期后，用户需再次购买该视频方能继续播放。

为便于用户播放视频及知识产权保护要求，用户可选择在网页上播放视频，亦可将上述不同收费政策下的视频离线下载至 APP 内或者 A 公司自有的视频播放软件内，通过APP、播放软件播放，但下载后不可通过其他软件APP播放。

假设不考虑会员期间的购买选择权等因素。

问题：对于不同收费模式下的视频播放服务，A公司应如何确认收入？

（二）案例解析

视频播放平台根据其营销策略，在向客户提供视频服务时，分为免费播放、付费播放两种模式，其中付费播放模式又包括付费会员、单独付费购买模式。

结合企业会计准则相关规定，对各业务模式分析如下：

1. 识别与客户的合同。合同，是指双方或多方之间订立有法律约束力的权利义务的协议。合同包括书面形式、口头形式以及其他形式（如隐含于商业惯例或企业以往的习惯做法中等）。从A公司角度来说，其通过合同具有向客户交付商品的义务，同时取得向客户收取交易对价的权利。

案例中，在免费模式下，A公司向用户提供视频播放服务，但其不具有向用户收取交易对价的权利，双方之间未通过书面、口头或其他形式订立合同，不属于收入准则规范的业务。

在收费模式下，用户注册成为付费会员或单独付费购买视频后，A公司与用户之间构成了合同权利及义务，即A公司应按照付费会员服务或者单独付费购买视频协议的相关要求，为用户提供视频播放服务，并通过提供服务向用户收取交易对价。

2. 识别合同中的单项履约义务。履约义务，是指合同中企业向客户转让可明确区分商品的承诺。授予知识产权许可，是指企业授予客户对企业拥有的知识产权享有相应权利。常见的知识产权包括软件和技术、影视和音乐等的版权、特许经营权以及专利权、商标权和其他版权等。

A公司向用户提供视频播放服务，相关视频需在平台网站或者APP上播放。A公司向用户提供服务时，提供了平台网站或者APP、相关视频两项知识产权许可。因知识产权保护等原因，用户只能在A公司的视频网站或者APP上观看视频，用户只有将网站或APP与相关视频一起使用才能从中获益，A公司应将其整体作为一项履约义务进行会计处理。

3. 时点法、时段法的判断。授予客户的知识产权许可构成单项履约义务的，企业应当根据该履约义务的性质，进一步确定其是在某一时段内履行还是在某一时点履行。

案例中，A公司向用户提供视频播放平台（网站或者APP），用户仅能通过平台观看视频。在提供服务期间，A公司负有持续运营、维护平台以供用户观看视频的义务，其相关运营、维护义务将影响用户从该知识产权许可中获益的能力；若平台关闭或者出现故障等，将对用户产生不利影响（无法播放）；同时，A公司的平台运营、维护义务未导致其向用户转让某项商品。综合分析来看，A公司提供的视频播放服务满足相关条件，应将其作为一项在某一时段内履行的履约义务确认收入。

4. 收入确认。结合上述分析，A公司向用户提供的付费播放业务，属于在某一时段内履行的履约义务，应选取恰当的方法确定履约进度并确认收入。

在付费会员收费模式下，在会员有效期内，A公司向用户提供了一项随时准备播放视频的服务，且该服务在会员有效期内随着时间的流逝而被履行，A公司应按照时间进度确定履约进度，并在付费会员有效期内按照直线法确认收入。

在单独付费购买模式下，A公司对单独付费购买的视频设定了播放时间，在播放时间内，其向用户提供了随时播放视频的服务，A公司亦应按照时间进度确定履约进度，并在付费会员有效期内按照直线法确认收入。

5. 引申。上述案例中，A公司向用户提供视频播放服务，用户只能在A公司网站、APP或播放软件上播放视频，视频播放与A公司提供的播放平台间不可或缺，用户只能将其一起使用才能够获益。

假设A公司提供视频播放服务，对于单独付费购买的视频，用户可下载至其电脑、手机等存储设备上，后续无需通过A公司提供的APP、播放软件即可播放，则在这种情况下，用户在付费购买下载视频时，即取得了相关视频的控制权。

【相关案例之三】

分期收取使用费模式下软件授权使用许可的收入确认问题

（一）案例背景

B公司主要通过软件授权的方式对外销售各类人工智能算法和软件。根据B公司与客户签署的软件技术授权协议，按照业务合同的不同类型划分，公司的收费模式可划分为固定费用模式和计件模式两种模式。其中，固定费用模式，即按合同约定的软件授权期限，收取固定金额的软件授权费用。客户在软件授权期限，针对某款、某系列的特定设备内，可以无限量生产装载有B公司算法技术的智能设备。计件模式，即在合同约定的软件授权期内，按照客户生产的装载有B公司算法技术智能设备的数量进行收费。如客户就某款算法或算法组合与B公司签署了计件模式合同，则客户需要根据合同约定，在约定时间向B公司报告其出货量。固定费用模式下又分为两种情况，即合同约定一次性收取使用费或分期收取使用费。

问题：B公司应如何进行会计处理？

（二）案例解析

对于授予知识产权许可的交易，应判断该项知识产权许可是否属于在某一时段内履行的履约义务，并确定该项交易的交易价格。在考虑交易价格时，对于"基于销售或使用情况的特许权使用费"的例外规定，应当在客户后续销售或使用行为实际发生与企业履行相关履约义务二者孰晚的时点确认收入；对于不适用该例外规定的特许权使用费，应当按照估计可变对价的一般原则进行处理。

案例中，B公司主要通过软件授权的方式对外销售各类人工智能算法和软件，该知识产权许可构成单项履约义务。B公司应结合不同收费安排判断交易对价以计量收入。对于固定金额的软件授权费用，其不适用"基于销售或使用情况的特许权使用费"的例外规定，应按应收取的价款总额确认收入；对于分期付款情形，若履约的时间与付款时间间隔较长，应判断该项合同中是否存在重大的融资成分，若不存在重大融资成分则应按照应收取款项金额，在授予知识产权时确认收入。对于"计价模式"的收费安排，其适用“基于销售或使用情况的特许权使用费”的例外规定，应在客户使用行为实际发生与履行履约义务二者孰晚时点确认收入。

案例 6－15
购物网站授予客户奖励积分相关的负债应确认为合同负债还是金融负债

一、案例背景

A 公司经营一家购物网站，在该网站销售自营商品。同时，也有其他商家在 A 公司的购物网站向消费者销售商品，A 公司为这些商家提供平台服务，并按照商家销售金额的 5% 收取平台服务费。当消费者在该购物网站购买其他商家销售的商品时，A 公司代为收取款项，A 公司将代收款项扣除服务费后支付给商家。消费者在该购物网站购买 A 公司自营商品时，A 公司是主要责任人；消费者在该购物网站购买其他商家的商品时，A 公司是代理人。

根据 A 公司的相关政策，消费者在该网站购买 A 公司自营商品时，可获得 A 公司授予的奖励积分。消费者既可以使用该积分兑换 A 公司自营的商品，也可以兑换入驻该购物网站的任一其他商家的商品。当客户选择兑换其他商家的商品时，A 公司按照所兑换商品的货款扣除平台服务费后的净额向该商家支付款项。

2×19 年 7 月 1 日，消费者 B 在该购物网站购买 A 公司自营商品，消费 5,000 元，获取 500 个积分。假定不考虑相关税费。

问题：A 公司分摊至该奖励积分的价款，应当确认为合同负债还是金融负债？

二、会计准则及相关规定

《企业会计准则第 14 号——收入》（2017 年修订）第三条规定：“本准

则适用于所有与客户之间的合同，但下列各项除外：

（一）由《企业会计准则第2号——长期股权投资》《企业会计准则第22号——金融工具确认和计量》《企业会计准则第23号——金融资产转移》《企业会计准则第24号——套期会计》《企业会计准则第33号——合并财务报表》以及《企业会计准则第40号——合营安排》规范的金融工具及其他合同权利和义务，分别适用《企业会计准则第2号——长期股权投资》《企业会计准则第22号——金融工具确认和计量》《企业会计准则第23号——金融资产转移》《企业会计准则第24号——套期会计》《企业会计准则第33号——合并财务报表》以及《企业会计准则第40号——合营安排》。"

《企业会计准则第14号——收入》（2017年修订）第二十条规定："合同中包含两项或多项履约义务的，企业应当在合同开始日，按照各单项履约义务所承诺商品的单独售价的相对比例，将交易价格分摊至各单项履约义务。企业不得因合同开始日之后单独售价的变动而重新分摊交易价格。"

《企业会计准则第14号——收入》（2017年修订）第三十五条规定："对于附有客户额外购买选择权的销售，企业应当评估该选择权是否向客户提供了一项重大权利。企业提供重大权利的，应当作为单项履约义务，按照本准则第二十条至第二十四条规定将交易价格分摊至该履约义务，在客户未来行使购买选择权取得相关商品控制权时，或者该选择权失效时，确认相应的收入。客户额外购买选择权的单独售价无法直接观察的，企业应当综合考虑客户行使和不行使该选择权所能获得的折扣的差异、客户行使该选择权的可能性等全部相关信息后，予以合理估计。

客户虽然有额外购买商品选择权，但客户行使该选择权购买商品时的价格反映了这些商品单独售价的，不应被视为企业向该客户提供了一项重大权利。"

《企业会计准则第14号——收入》（2017年修订）第四十一条规定："企业应当根据本企业履行履约义务与客户付款之间的关系在资产负债表中列示合同资产或合同负债。企业拥有的、无条件（即仅取决于时间流逝）向客户收取对价的权利应当作为应收款项单独列示。

合同负债，是指企业已收或应收客户对价而应向客户转让商品的义务。如企业在转让承诺的商品之前已收取的款项。"

《企业会计准则第14号——收入（应用指南）》（2018年修订）指出："当企业与客户之间的合同部分属于本准则规范范围，而其他部分属于上述其他企业会计准则规范范围时，如果上述其他企业会计准则明确规定了如何对合同中的一个或多个组成部分进行区分或初始计量，企业应当首先按照这些规定进行处理，并将按照上述其他准则进行初始计量的合同组成部分的金额排除在本准则规定的交易价格之外；否则，企业应当按照本准则对合同中的一个或多个组成部分进行区分和初始计量。”

《企业会计准则第22号——金融工具确认和计量》（2017年修订）第六条规定：“除下列各项外，本准则适用于所有企业各种类型的金融工具：

……

（六）由《企业会计准则第14号——收入》规范的属于金融工具的合同权利和义务，适用《企业会计准则第14号——收入》，但该准则要求在确认和计量相关合同权利的减值损失和利得时应当按照本准则规定进行会计处理的，适用本准则有关减值的规定。”

《企业会计准则第37号——金融工具列报》（2017年修订）第八条规定：“金融负债，是指企业符合下列条件之一的负债：

（一）向其他方交付现金或其他金融资产的合同义务。”

三、案例解析

消费者在A公司的购物网站购买A公司的自营商品，消费者是A公司的客户，其与A公司达成的买卖A公司商品的合同，适用收入准则进行会计处理。A公司在向消费者销售商品的同时，向其授予奖励积分，消费者可使用奖励积分在该网站免费兑换商品，因此，A公司授予消费者的奖励积分向其提供了一项额外购买选择权，且构成重大权利，应当作为一项单独的履约义务。在这种情况下，消费者购买A公司自营商品而支付的价款实际上取得了两项单独的商品，一是其原本购买的商品，二是奖励积分，A公司需要将销售商品收取的价款在二者之间按照其单独售价的相对比例进行分摊，分摊至奖励积分的部分，先确认为负债，在消费者未来使用该奖励积分取得相关商品的控制权，或者在该奖励积分失效时确认收入。

在本案例中，由于消费者B可以使用奖励积分兑换A公司自营商品或其他商家销售的商品，如果其选择兑换其他商家销售的商品，则A公司承担了向其他商家支付货款的合同义务，该义务产生于消费者购买A公司商品并取得奖励积分，适用收入准则进行会计处理。在收入准则下，A公司在销售商品时已经收取的全部合同价款，在消费者 B 选择如何兑换奖励积分或该奖励积分失效之前，A 公司需要随时准备为消费者 B 兑换积分提供商品。因此，A 公司收取的价款中，分摊至该奖励积分的部分，确认为合同负债。

消费者 B 使用积分兑换商品时，A 公司需要判断在该交易中其是主要责任人还是代理人，并相应进行会计处理。

案例 6－16
回迁房的收入确认

一、案例背景

A 公司是一家房地产开发企业，通过招拍挂方式取得当地政府出让的土地使用权，土地占用面积为 5 万平方米，规划建筑面积为 10 万平方米。土地出让合同约定土地出让价款为 4 亿元，且该出让宗地须配建 2 万平方米的住宅用于安置被搬迁的居民，并约定以低于同类可售商品房公允价值的固定价格售予回迁业主或其他指定方。

A 公司在预售时与回迁业主或其他指定方按照土地出让合同中约定的销售价格签订商品房买卖合同，并按合同所载销售价格收取销售房款并开具发票。根据合同约定，回迁房销售均价为 1,000 元/平方米；购买土地使用权时的同类可售商品房市场均价为 10,000 元/平方米；回迁业主签订回迁房销售合同并交付价款时，同类可售商品房市场均价为 12,000 元/平方米。

问题：A 公司如何对回迁房销售进行会计处理？

二、会计准则及相关规定

《企业会计准则第 7 号——非货币性资产交换》（2019 年修订）第二条规定："非货币性资产交换，是指交易双方主要以存货、固定资产、无形资产和长期股权投资等非货币性资产进行的交换。该交换不涉及或只涉及少量的货币性资产（即补价）。"

《企业会计准则第 7 号——非货币性资产交换》（2019 年修订）第三条规定：“本准则适用于所有非货币性资产交换，但下列各项适用其他相关会计准则：

（一）企业以存货换取客户的非货币性资产的，适用《企业会计准则第 14 号——收入》。”

《企业会计准则第 7 号——非货币性资产交换》（2019 年修订）第六条规定：“非货币性资产交换同时满足下列条件的，应当以公允价值为基础计量：

（一）该项交换具有商业实质；

（二）换入资产或换出资产的公允价值能够可靠地计量。

换入资产和换出资产公允价值均能够可靠计量的，应当以换出资产的公允价值为基础计量，但有确凿证据表明换入资产的公允价值更加可靠的除外。”

《企业会计准则第 7 号——非货币性资产交换》（2019 年修订）第七条规定：“满足下列条件之一的非货币性资产交换具有商业实质：

（一）换入资产的未来现金流量在风险、时间和金额方面与换出资产显著不同。

（二）使用换入资产所产生的预计未来现金流量现值与继续使用换出资产不同，且其差额与换入资产和换出资产的公允价值相比是重大的。”

《企业会计准则第 7 号——非货币性资产交换》（2019 年修订）第八条规定：“以公允价值为基础计量的非货币性资产交换，对于换入资产，应当以换出资产的公允价值和应支付的相关税费作为换入资产的成本进行初始计量；对于换出资产，应当在终止确认时，将换出资产的公允价值与其账面价值之间的差额计入当期损益。

有确凿证据表明换入资产的公允价值更加可靠的，对于换入资产，应当以换入资产的公允价值和应支付的相关税费作为换入资产的初始计量金额；对于换出资产，应当在终止确认时，将换入资产的公允价值与换出资产账面价值之间的差额计入当期损益。”

《企业会计准则第 7 号——非货币性资产交换》（2019 年修订）第九条规定：“以公允价值为基础计量的非货币性资产交换，涉及补价的，应当按照下列规定进行处理：

（一）支付补价的，以换出资产的公允价值，加上支付补价的公允价值和应支付的相关税费，作为换入资产的成本，换出资产的公允价值与其账面价值之间的差额计入当期损益。

有确凿证据表明换入资产的公允价值更加可靠的，以换入资产的公允价值和应支付的相关税费作为换入资产的初始计量金额，换入资产的公允价值减去支付补价的公允价值，与换出资产账面价值之间的差额计入当期损益。

（二）收到补价的，以换出资产的公允价值，减去收到补价的公允价值，加上应支付的相关税费，作为换入资产的成本，换出资产的公允价值与其账面价值之间的差额计入当期损益。

有确凿证据表明换入资产的公允价值更加可靠的，以换入资产的公允价值和应支付的相关税费作为换入资产的初始计量金额，换入资产的公允价值加上收到补价的公允价值，与换出资产账面价值之间的差额计入当期损益。"

《企业会计准则第 14 号——收入》（2017 年修订）发文通知中指出："企业以存货换取客户的固定资产、无形资产等的，按照本准则的规定进行会计处理；其他非货币性资产交换，按照《企业会计准则第 7 号——非货币性资产交换》的规定进行会计处理。"

《企业会计准则第 14 号——收入》（2017 年修订）第二条规定："收入，是指企业在日常活动中形成的、会导致所有者权益增加的、与所有者投入资本无关的经济利益的总流入。"

《企业会计准则第 14 号——收入》（2017 年修订）第十一条规定："满足下列条件之一的，属于在某一时段内履行履约义务；否则，属于在某一时点履行履约义务：

（一）客户在企业履约的同时即取得并消耗企业履约所带来的经济利益。

（二）客户能够控制企业履约过程中在建的商品。

（三）企业履约过程中所产出的商品具有不可替代用途，且该企业在整个合同期间内有权就累计至今已完成的履约部分收取款项。

具有不可替代用途，是指因合同限制或实际可行性限制，企业不能轻易地将商品用于其他用途。有权就累计至今已完成的履约部分收取款项，是指在由于客户或其他方原因终止合同的情况下，企业有权就累计至今已完成的履约部分收取能够补偿其已发生成本和合理利润的款项，并且该权利具有法律约束力。"

《企业会计准则第 14 号——收入》（2017 年修订）第十三条规定：

"对于在某一时点履行的履约义务，企业应当在客户取得相关商品控制权时点确认收入。在判断客户是否已取得商品控制权时，企业应当考虑下列迹象：

（一）企业就该商品享有现时收款权利，即客户就该商品负有现时付款义务。

（二）企业已将该商品的法定所有权转移给客户，即客户已拥有该商品的法定所有权。

（三）企业已将该商品实物转移给客户，即客户已实物占有该商品。

（四）企业已将该商品所有权上的主要风险和报酬转移给客户，即客户已取得该商品所有权上的主要风险和报酬。

（五）客户已接受该商品。

（六）其他表明客户已取得商品控制权的迹象。"

《企业会计准则第 14 号——收入》（2017 年修订）第十四条规定："企业应当按照分摊至各单项履约义务的交易价格计量收入。

交易价格，是指企业因向客户转让商品而预期有权收取的对价金额。企业代第三方收取的款项以及企业预期将退还给客户的款项，应当作为负债进行会计处理，不计入交易价格。"

《企业会计准则第 14 号——收入》（2017 年修订）第十八条规定："客户支付非现金对价的，企业应当按照非现金对价的公允价值确定交易价格。非现金对价的公允价值不能合理估计的，企业应当参照其承诺向客户转让商品的单独售价间接确定交易价格。非现金对价的公允价值因对价形式以外的原因而发生变动的，应当作为可变对价，按照本准则第十六条规定进行会计处理。单独售价，是指企业向客户单独销售商品的价格。"

三、案例解析

回迁房通常是按照城市危旧房改造政策，将危改区内的私房或承租的公房拆除，然后按照回迁政策标准，被拆迁人回迁，取得改造后新建的房屋。对取得的回迁房的收入，应结合相关拆迁补偿协议、企业内部管理等的具体情况，判断交易实质，以确定收入确认的方式。

1. 如果回迁房的经济实质与商品房销售类似，回迁人可选择的房屋类型、配建标准、择房条件等与商品房无差异，如未指定回迁户只能购买特定的楼或楼层、特定的户型或面积，回迁楼的建造标准也与其他商品房类似，则其经济实质是回迁户以原自住的土地和房屋换取房地产开发商准备建造的房屋，并以1,000元/平方米支付补价。

根据交易的实质，1,000元/平方米的补价占整个资产交换金额的比例较小，如低于25%，且由于该非货币性资产交换换入资产与换出资产在风险、时间、金额、未来现金流等方面不同，应作为具有商业实质的非货币性资产交换处理。房地产开发企业是以其建造的房屋换取回迁户原自住的土地和房屋，按照《企业会计准则第14号——收入》(2017年修订)发文通知中的规定“企业以存货换取客户的固定资产、无形资产等的，按照本准则的规定进行会计处理”，即这一交易适用收入准则，应以取得土地的公允价值确认收入，同时结转相应的成本。

根据《企业会计准则第14号——收入》(2017年修订)第十八条的规定：“客户支付非现金对价的，企业应当按照非现金对价的公允价值确定交易价格。非现金对价的公允价值不能合理估计的，企业应当参照其承诺向客户转让商品的单独售价间接确定交易价格。”在本案例中，公司首先应根据取得的土地的公允价值来确定作为支付对价的回迁房的公允价值，如果取得土地的公允价值不能合理估计，可以采用房屋的单独售价确定交易价格。

在本案例中，假设取得土地的公允价值不能合理估计，因此采用房屋的单独售价确定交易价格。A公司购买的土地使用权成本4亿元（合楼面单价4,000元/平方米），配建的回迁房于取得土地使用权时的公允价值扣除实际收到的回迁业主支付的固定价款合计1.8亿元（10,000×20,000－1,000×20,000），土地使用权的购置成本合计为5.8亿元，合楼面单价为5,800元/平方米（5.8亿元/10万平方米）。假设使回迁房及其他商品房达到预计可交付状态的其他建造成本为2,000元/平方米，回迁房及其他商品房包括土地成本在内的建造成本共计7,800元/平方米。回迁房部分确认收入2亿元（1万元/平方米×2万平方米），相应结转营业成本1.56亿元（7,800元/平方米×2万平方米）。

2. 在回迁房的经济实质与商品房销售存在显著差距的情况下，可视具体情况的不同进行会计处理：

（1）如果房地产企业配建回迁房的目的并非销售回迁房并获取利润，而是为取得土地使用权承担的义务；回迁房的销售对象、价格、交付时间等相关活动于取得土地使用权时均已被约定，企业并未主导或参与回迁房的销售活动，该情况下签订回迁房买卖合同的回迁业主并非是房地产企业的“客户”，配建的回迁房是为了履行土地使用权所必须承担的义务，回迁房不确认收入，企业配建回迁房的成本扣除收到的补价，计入土地成本。

在本案例中，配建的回迁房交付时不确认收入，回迁房单位成本6,000元/平方米（4,000 + 2,000）扣除收到的价款1,000元/平方米，即5,000元/平方米，合计1亿元（5,000 × 20,000）作为取得其他商品房土地使用权成本的一部分，于其他商品房交付时结转至营业成本。

（2）如果建设回迁房的活动实质上是由政府委托房地产企业去开展，价格和面积都是执行此前政府与回迁户达成的补偿标准，房地产企业并没有实际的定价权；建造回迁房的土地是单独划定的，政府已指定用途，指定建造标准，房地产企业对于建设完成的回迁房没有所有权和处置权，回迁房的建设并非企业自主开发销售房地产，而是受政府委托建造。此时，对于回迁房和商品房，企业实际提供了不同商品和服务。该交易的实质是公司以提供回迁房部分的建造服务和现金对价换取政府商品房部分的土地使用权。

根据交易的实质，对于回迁房所对应的土地使用权，企业从未享有其风险和报酬，未取得其控制权，在回迁房的安排中，企业仅仅是提供了建造相关的服务，应确认相关的建造收入，回迁房不承担土地成本。公司以提供回迁房部分的建造服务和现金对价向政府换取商品房部分的土地使用权，属于客户对建造服务支付了非现金对价，根据准则第十八条的规定，公司应首先根据取得的土地的公允价值来确定作为支付对价的回迁房的公允价值，如果取得的土地的公允价值不能合理估计，则可以提供建造服务的单独售价确定交易价格。在本案例中，假设取得土地的公允价值不能合理估计，因此采用建造服务的单独售价确定交易价格。

假定企业的回迁房建造成本为2,000元/平方米，成本加成率10%（该比例为企业提供建造服务的合理毛利率），则每平方米的建造收入为2,200元。A公司应确认建造收入4,400万元（2,200 × 20,000），建造成本4,000万元（2,000 × 20,000）。收到的回迁房资金2,000万元，剩余2,400万元（4,400 - 2,000）作为建设其他商品房的土地成本。

案例 6－17
标准仓单交易核算问题

仓单是指保管人向存货人填发的表明双方仓储保管关系的存在、并向持有人无条件履行交付仓储物义务的一种权利凭证，是仓储公司签发给存储人或货物所有权人的记载仓储货物所有权的唯一合法的物权凭证，仓单持有人随时可以凭仓单直接向仓储方提取仓储货物。仓单可分为：普通仓单和标准仓单两种。其中，普通仓单系指仓储公司自行制作的、供仓单持有人提取货物的凭证；标准仓单则是指符合期货交易所统一要求的，由指定交割仓库在完成入库商品验收、确认合格后签发给货主用于提取商品的，并经交易所注册生效的标准化提货凭证。

标准仓单又可分为期货标准仓单、现货标准仓单。期货标准仓单指由期货交易所统一制定的、规定在将来某一特定的时间和地点交割一定数量和质量标的物的标准化合约。现货标准仓单则是指一份在现在或者将来的一段时间内可以到指定仓库内购入或者销出仓单所规定的标准货物的凭证。

开展标准仓单交易具有优化期货交割业务、促进期货市场功能更好发挥、促进现货市场规范高效发展，提升期货市场服务实体经济的能力。

一、案例背景

上海期货交易所（以下简称上期所）自 2018 年起开展现货标准仓单交易业务。A 上市公根据《上海期货交易所标准仓单交易管理办法》，注册成为交易商，在上期所平台参与标准仓单交易。标准仓单交易账户实行一户一码，即一个仓单交易商只能拥有一个交易账户。目前已获得交易商资格的公司有产业链、贸易商、风险管理公司三类。

标准仓单挂牌交易分为卖方挂牌交易和买方挂牌交易，卖方挂牌是指卖方在规定的交易时间内，以挂牌方式发出标准仓单卖出信息，买方仓单交易商摘牌后，于当日完成结算交收的交易方式。买方挂牌是指买方在规定的交易时间内，以挂牌方式发出标准仓单需求信息，卖方以挂牌方式响应，买方在已响应的卖方挂牌中作出选择，摘牌后于当日完成结算交收的交易方式。

挂牌交易的仓单为电子形式的标准仓库仓单，包含仓单号、仓单状态、仓库、品种、商标、重量等信息。标准仓单挂牌交易采用全款交易方式。公司作为买方时，必须保证交易账户中保证金余额不低于拟购入仓单总金额时，才能摘牌成功。

交易商挂牌（包括卖方挂牌和买方挂牌）时，须填写仓单报价。挂牌交易的报价方式分为全价报价和升贴水报价。全价报价是指仓单交易商在挂牌时填写挂牌标准仓单固定单位价格；升贴水报价是指仓单交易商在挂牌时选定挂牌标准仓单对应品种的某一月份期货合约并填写升贴水。买方交易商摘牌作为对交易的确认，摘牌报价即为最终成交价格。上期所对标准仓单交易实行价格限制制度。交易所根据相应品种基准价上下一定比例确定价格限制区间，仓单交易商超过价格限制区间的报价无效。

A 上市公司按照交易所要求在指定存管银行开设银行结算账户，用于资金存放和划转。仓单交易商之间的买卖资金往来全部通过交易所标准仓单交易专用结算账户进行划转。每个交易日闭市后，交易所根据交易结果和有关规定对仓单交易商货款、交易手续费、仓储费、过户费等相关款项进行结算。

标准仓单交易实行当日交收制度。买卖双方仓单交易商采取仓单过户的方式实现交易标的标准仓单所有权的转移。买卖双方仓单交易商在成交当日完成标准仓单过户。每个交易日闭市后，交易商收到上期所发来的当日结算报表。

标准仓单采用“匿名”交易方式。完成标准仓单过户后，交易所与仓单交易商还需完成增值税专用发票的开具。对于公司作为买方的仓单交易，由交易所向公司开具增值税专用发票，对于公司作为卖方的仓单交易，则公司需向交易所开具增值税专用发票。

问题：A 上市公司应如何对上述业务交易进行会计处理？

二、会计准则及相关规定

《企业会计准则第 1 号——存货》第三条规定：“存货，是指企业在日常活动中持有以备出售的产成品或商品、处在生产过程中的在产品、在生产过程或提供劳务过程中耗用的材料和物料等。”

《企业会计准则第 14 号——收入》(2017 年修订)第二条规定:“收入,是指企业在日常活动中形成的、会导致所有者权益增加的、与所有者投入资本无关的经济利益的总流入。”

《企业会计准则第 14 号——收入》(2017 年修订)第三条规定:“本准则适用于所有与客户之间的合同,但下列各项除外:(一)由《企业会计准则第 22 号——金融工具确认和计量》、《企业会计准则第 23 号——金融资产转移》、《企业会计准则第 24 号——套期会计》规范的金融工具及其他合同权利和义务,分别适用《企业会计准则第 22 号——金融工具确认和计量》、《企业会计准则第 23 号——金融资产转移》、《企业会计准则第 24 号——套期会计》。本准则所称客户,是指与企业订立合同以向该企业购买其日常活动产出的商品或服务(以下简称‘商品’)并支付对价的一方。本准则所称合同,是指双方或多方之间订立有法律约束力的权利义务的协议。合同有书面形式、口头形式以及其他形式。”

《企业会计准则第 14 号——收入》(2017 年修订)第三十四条规定:“企业应当根据其在向客户转让商品前是否拥有对该商品的控制权,来判断其从事交易时的身份是主要责任人还是代理人。企业在向客户转让商品前能够控制该商品的,该企业为主要责任人,应当按照已收或应收对价总额确认收入;否则,该企业为代理人,应当按照预期有权收取的佣金或手续费的金额确认收入,该金额应当按照已收或应收对价总额扣除应支付给其他相关方的价款后的净额,或者按照既定的佣金金额或比例等确定。”

《企业会计准则第 14 号——收入(应用指南)》(2018 年修订)指出:“日常活动,是指企业为完成其经营目标所从事的经常性活动以及与之相关的活动。例如,工业企业制造并销售产品、商品流通企业销售商品、咨询公司提供咨询服务、软件公司为客户开发软件、安装公司提供安装服务、建筑企业提供建造服务等,均属于企业的日常活动。日常活动所形成的经济利益的流入应当确认为收入。”

《企业会计准则第 22 号——金融工具确认和计量》(2017 年修订)第二条规定:“金融工具,是指形成一方的金融资产并形成其他方的金融负债或权益工具的合同。”

《企业会计准则第 22 号——金融工具确认和计量》(2017 年修订)第三条规定:“金融资产,是指企业持有的现金、其他方的权益工具以及符合下列条件之一的资产:(1)从其他方收取现金或其他金融资产的合同权利。

（2）在潜在有利条件下，与其他方交换金融资产或金融负债的合同权利。（3）将来须用或可用企业自身权益工具进行结算的非衍生工具合同，且企业根据该合同将收到可变数量的自身权益工具。（4）将来须用或可用企业自身权益工具进行结算的衍生工具合同，但以固定数量的自身权益工具交换固定金额的现金或其他金融资产的衍生工具合同除外。其中，企业自身权益工具不包括应当按照《企业会计准则第 37 号——金融工具列报》分类为权益工具的可回售工具或发行方仅在清算时才有义务向另一方按比例交付其净资产的金融工具，也不包括本身就要求在未来收取或交付企业自身权益工具的合同。”

《企业会计准则第 22 号——金融工具确认和计量》（2017 年修订）第八条规定：“对于能够以现金或其他金融工具净额结算，或者通过交换金融工具结算的买入或卖出非金融项目的合同，除了企业按照预定的购买、销售或使用要求签订并持有旨在收取或交付非金融项目的合同适用其他相关会计准则外，企业应当将该合同视同金融工具，适用本准则。对于能够以现金或其他金融工具净额结算，或者通过交换金融工具结算的买入或卖出非金融项目的合同，即使企业按照预定的购买、销售或使用要求签订并持有旨在收取或交付非金融项目的合同的，企业也可以将该合同指定为以公允价值计量且其变动计入当期损益的金融资产或金融负债。企业只能在合同开始时做出该指定，并且必须能够通过该指定消除或显著减少会计错配。该指定一经做出，不得撤销。会计错配，是指当企业以不同的会计确认方法和计量属性，对在经济上相关的资产和负债进行确认或计量而产生利得或损失时，可能导致的会计确认和计量上的不一致。”

《企业会计准则第 22 号——金融工具确认和计量（应用指南）》（2018 年修订）指出：“以现金或其他金融工具净额结算，或者通过交换金融工具结算的买入或卖出非金融项目的合同可能有以下情况：（1）合同条款允许合同一方以现金或其他金融工具进行净额结算或通过交换金融工具结算。（2）合同条款没有明确规定，但是企业具有对类似合同以现金或其他金融工具进行净额结算或通过交换金融工具进行结算的惯例。（3）企业具有收到合同标的（如贵金属）之后在短期内将其再次出售以从短期波动中获取利润的惯例。（4）作为合同标的的非金融项目易于转换为现金。符合上述（2）或（3）所述条件的合同并非企业按照预定的购买、出售或使用要求签订并持有、旨在收取或交付非金融项目的合同，因此属于本准则的范围。对于符合上述（1）或（4）所述条件的合同，企业应进行评估以确定其是否为按照预定的购买、出售或使用要求签订并持有、旨在收取或交付非金融项目的合同。”

《国际会计准则第 2 号——存货》第 IN9 段：“本准则不适用于按公允价值减去出售费用后的余额计量的商品经纪人的存货的计量。”

《国际会计准则第 2 号——存货》第 5 段：“经纪人是指那些为他人或为自己买进或出售商品的人。第 3 段（2）中所指的存货，其取得目的主要是在不久的将来予以出售并从价格波动中获取利润或经纪人盈余。如果这些存货按公允价值减去出售费用后的余额计量，则它们仅仅不包括在本准则的计量要求中。”

《国际财务报告准则第 9 号——金融工具：结论基础》第 BCZ 2.20 段：“根据《国际会计准则第 39 号》核算的合同包括购买或销售非金融项目并可以现金净额结算的合同（包括可以其他金融工具进行净额结算或通过交换金融工具进行结算），这些合同将被视同金融工具。此外，《国际会计准则第 39 号》指出有多种不同方式将购买或出售非金融项目的合同以现金净额结算。例如，即使合同条款没有明确规定以现金净额结算，但主体具有以现金净额结算类似合同的惯例，则该合同被视为可以现金净额结算。”

第 BCZ 2.21 段：“但是，如果这类合同是根据主体的预期购买、出售或使用要求、以获取或交付非金融项目为目的而签订并持续持有的，则被排除在《国际会计准则第 39 号》适用范围之外。这样的情况常被称为《国际会计准则第 39 号》的‘自用’范围例外。《国际会计准则第 39 号》的‘自用’范围例外主要适用于商品购买或销售的合同。”

第 BCZ 2.22 段：“在《国际会计准则第 39 号》适用范围之内且符合衍生工具定义的商品合同并不少见。很多商品合同满足以现金净额结算的标准，因为在很多情况下商品易于转换为现金。当这样的合同被作为衍生工具核算时，应以公允价值计量并将公允价值的变动计入损益。如果主体签订了衍生工具合同以对商品合同的公允价值变动进行套期，则该衍生工具也应以公允价值计量并将公允价值的变动计入损益。因为商品合同和衍生工具公允价值的变动均被计入损益，主体无须进行套期会计。”

第 BCZ 2.23 段：“但是，当商品合同不在《国际会计准则第 39 号》的适用范围内时，它将被作为正常的销售或采购合同核算（以下简称‘待执行合同’）。因此，如果主体签订了衍生工具合同以对不在《国际会计准则第 39 号》适用范围内的商品供应合同的公允价值变动进行套期，则将会产生会计错配。这是因为衍生工具公允价值的变动被计入损益，而商品供应合同公允价值的变动则没有被确认（除非是亏损合同）。”

第 BCZ 2. 24 段：“为了消除这一会计错配，主体可以采用套期会计。主体可以指定（符合确定承诺的定义的）商品供应合同为公允价值套期中的被套期项目。这样做的结果是，该商品供应合同将以公允价值计量，且其公允价值的变动将抵销衍生工具公允价值的变动（以有效套期部分为限）。但是，在这些情况下的套期会计会带来较重的管理负担，并且往往产生的结果不如公允价值会计有意义。而且，在主体签订大量商品合同时，有些头寸可能相互抵销。主体因此一般会在净头寸的基础上进行套期。此外，在很多业务模式中，这一净头寸也包括实物多头头寸，例如，商品存货。主体将净头寸作为一个整体使用衍生工具进行管理以使（套期后的）净头寸为零（或接近于零）。主体一般每天对净头寸进行监控、管理和调整。因为净头寸变动频繁，使用衍生工具对净头寸进行调整使之为零或接近于零的操作也将十分频繁；如果主体采用套期会计，就不得不频繁调整公允价值套期关系。”

第 BCZ 2. 25 段：“理事会指出，在这种情况下，套期会计将不会成为高效的解决方案，因为主体以动态方式管理衍生工具、待执行合同及实物多头头寸的净头寸。因此，理事会考虑修订《国际会计准则第 39 号》的范围，从而允许商品合同在此情况下按衍生工具处理。在修订《国际会计准则第 39 号》适用范围的问题上，理事会考虑了两种替代方案：（1）允许主体选择按衍生工具核算商品合同（即自由选择）；或（2）按衍生工具核算商品合约，前提是这与主体以公允价值为基础的风险管理策略一致。”

第 BCZ 2. 26 段：“理事会指出，给予主体按衍生工具核算商品合同的选择，将等同于允许对‘自用’范围例外进行选择，这将与按照美国公认会计原则核算的结果类似。此方法实质上是允许主体在合同一开始或较晚日期选择采用‘自用’范围例外，而非衍生工具会计处理。主体一旦选择适用该范围例外，将不得改变其选择，不得变更至以衍生工具会计方式处理。”

第 BCZ 2. 27 段：“但是，理事会指出，这种会计处理方式将会与《国际会计准则第 39 号》中的会计处理方式不一致，因为：（1）按照《国际会计准则第 39 号》的要求，会计处理方式取决于（并反映）主体为了购买或出售非金融项目而签订并持续持有的合同的目的（即其是否为‘自用’）。这与自由选择不同，自由选择允许（但不要求）会计处理反映合同目的。（2）按照

《国际会计准则第39号》的要求，若类似合同以净额结算，那么为购买或出售非金融项目并以现金净额结算的合同必须作为衍生工具处理。而自由选择会允许主体将商品合同按衍生工具核算，无论类似合同是否以现金净额结算。因此，在《套期会计》征求意见稿中，理事会决定不建议主体可选择将商品合同按衍生工具核算。”

第BCZ 2.28段：“另外，理事会考虑采用衍生工具会计方式处理商品合同，前提是这与主体的基本业务模式及合同管理方式一致。因此，实际结算类型（即是否以现金净额结算）并非是评估会计处理是否恰当的结论性依据。相反，主体将不仅考虑目的（完全基于实际结算类型），也将考虑合同是如何管理的。因此，若主体的基本业务模式改变，主体不再按公允价值基础管理其商品合同，则该合同将回归到‘自用’范围例外的情形。这与对金融工具采用公允价值选择权的标准（即消除会计错配，或若金融工具是以公允价值基础管理）相一致。”

第BCZ2.29段：“因此，理事会建议，符合‘自用’范围例外的合同应适用衍生工具会计处理方式，前提是这与主体以公允价值为基础的风险管理策略一致。理事会认为，此法对以公允价值基础管理整体业务的主体而言，能忠实表述其财务状况及绩效，能为财务报表使用者提供更多有用的信息，且较之于套期会计能减轻主体负担。”

三、案例解析

本案例中，关键在于判断A上市公司从事的标准仓单买卖业务适用的会计准则。

标准仓单是指保管人向存货人填发的表明双方仓储保管关系的存在、并向持有人无条件履行交付仓储物义务的一种权利凭证，其指向对象为货物的所有权，不满足金融资产的定义，属于非金融资产项目。

参与标准仓单交易业务的交易商，主要为标准仓单货物产业链相关企业、商品贸易商、风险管理公司等。

如果企业按照其预定的购买、出售或使用有关仓单标的资产的目的而签订仓单买卖合同，在此种情形下，企业参与仓单交易业务属于“自用”目的，有观点认为企业应适用收入准则对其进行会计处理；但如果企业进行仓单买卖业务主要为了获取交易利差而非为了“自用”，例如企业采用了“逐日盯市”的方式，判断仓单现货、期货价格走势，并执行买入、卖出仓单交易以获利，对于此类交易，将该类仓单买卖合同按照金融工具准则进行核算更为合理。

案例 6－18
受托运营体育场馆获得的运营补贴会计处理

一、案例背景

甲公司是一家体育场馆运营公司。政府与甲公司签订委托运营管理服务合同，委托甲公司对各类体育中心及场馆提供运营管理服务并按合同规定向甲公司支付相应的运营补贴。

甲公司在受托运营管理期限（30 年）内享有依法自主运营管理的权利，享有场馆的使用权、招商权、冠名权等，但需保障公益服务、公益培训和政府赛事预留，并约定政府在一定年限内给予运营补贴。具体补贴方式和金额为：第 1～5 年每年按固定递减金额进行补贴（第 1 年 2,100 万元、第 2 年 1,200 万元、第 3 年 1,200 万元、第 4 年 1,100 万元、第 5 年 900 万元）、第 6～9 年每年仅按经审计的运营亏损额进行补贴，同时规定了运营补贴上限，分别为第 6 年 600 万元、第 7 年 480 万元、第 8 年 370 万元、第 9 年 250 万元。剩余运营期不再进行补贴。

补贴支付结合成本控制办法，政府按照当年亏损金额据实补贴，再依据全年绩效考核得分情况对补贴金额进行调整。运营补贴按季度发放，4 个季度共支付全年补贴的 80%。考核完成后，政府向公司支付当年应付金额的余款。若考核结果为不合格，须在考核结束后 10 个工作日内退还当年已支付的运营补贴。

其中，公益服务包括：场馆和区域内的公共体育场地和设施免费、低收费向社会开放。每周开放时间不少于 35 小时，全年开放时间不少于 330 天。公休日、法定节假日、学校寒暑假期间等，每天开放时间不少于 8 小时；场馆对学生、老年人、残疾人等免费、低收费开放等。公益培训包括每年举办公益性体育赛事活动不少于4次；每年开展体育健身技能培训1,000人次以上等。政府赛事预留包括提供每年累计50天以内的政府重大活动及赛事举办场地使用，同时免费提供必要的支持等。

上缴权利金：运营期第19～30年，甲公司向政府方上缴权利金。其中，运营期第19～24年，上缴金额为200万元/年；运营期第25～30年，上缴金额为300万元/年；共计3,000万元。甲公司向政府方上缴权利金，不受经营状况等因素的影响。

问题：

（1）该合同中是否包含租赁？

（2）甲公司获得的上述补贴是政府补助还是营业收入？甲公司向地方政府上缴的权利金应当如何进行会计处理？

二、会计准则及相关规定

《企业会计准则第14号——收入》（2017年修订）第二条规定："收入，是指企业在日常活动中形成的、会导致所有者权益增加的、与所有者投入资本无关的经济利益的总流入。"

《企业会计准则第16号——政府补助》（2017年修订）第二条规定："本准则中的政府补助，是指企业从政府无偿取得货币性资产或非货币性资产。"

《企业会计准则第16号——政府补助》（2017年修订）第三条规定："政府补助具有下列特征：

（一）来源于政府的经济资源。对于企业收到的来源于其他方的补助，有确凿证据表明政府是补助的实际拨付者，其他方只起到代收代付作用的，该项补助也属于来源于政府的经济资源。

（二）无偿性。即企业取得来源于政府的经济资源，不需要向政府交付商品或服务等对价。"

《企业会计准则第16号——政府补助》（2017年修订）第五条规定："下列各项适用其他相关会计准则：

（一）企业从政府取得的经济资源，如果与企业销售商品或提供服务等活动密切相关，且是企业商品或服务的对价或者是对价的组成部分，适用《企业会计准则第14号——收入》等相关会计准则。"

《企业会计准则解释第 14 号》规定：

“本解释所称 PPP 项目合同，是指社会资本方与政府方依法依规就 PPP 项目合作所订立的合同，该合同应当同时符合下列特征（以下简称‘双特征’）：（1）社会资本方在合同约定的运营期间内代表政府方使用 PPP 项目资产提供公共产品和服务；（2）社会资本方在合同约定的期间内就其提供的公共产品和服务获得补偿。

本解释所称社会资本方，是指与政府方签署 PPP 项目合同的社会资本或项目公司；政府方，是指政府授权或指定的 PPP 项目实施机构；PPP 项目资产，是指 PPP 项目合同中确定的用来提供公共产品和服务的资产。

本解释规范的 PPP 项目合同应当同时符合下列条件（以下简称‘双控制’）：（1）政府方控制或管制社会资本方使用 PPP 项目资产必须提供的公共产品和服务的类型、对象和价格；（2）PPP 项目合同终止时，政府方通过所有权、收益权或其他形式控制 PPP 项目资产的重大剩余权益。

对于运营期占项目资产全部使用寿命的 PPP 项目合同，即使项目合同结束时项目资产不存在重大剩余权益，如果该项目合同符合前述‘双控制’条件中的第（1）项，则仍然适用本解释。除上述情况外，不同时符合本解释‘双特征’和‘双控制’的 PPP 项目合同，社会资本方应当根据其业务性质按照相关企业会计准则进行会计处理。”

三、案例解析

甲公司在受托运营管理期限（30 年）内运营管理体育馆，第 1 ~ 9 年从政府获得运营补贴，第 19 ~ 30 年向政府上交权利金。虽在不同年度款项收付方式有所区别，甲公司运营管理资产的方式相同，不应对不同年度的会计处理作出不一样的判断。

（一）从政府收取款项的性质分析

甲公司自政府获得的补贴收入与其对体育场馆的运营活动直接相关，不满足政府补助的无偿性要求，故甲公司获得的补贴收入不应适用政府补助准则。

（二）适用准则分析

甲公司运营体育场资产，根据资产主导使用权的不同，可能存在多种形式，如甲公司向政府租入资产，在租赁期内能够主导资产的使用，通过运营资产产生后续收益，适用租赁准则进行会计处理；甲公司向政府提供运营服务获取收益，此时政府方具有主导资产使用的权利，应进一步判断该项交易应适用解释14号关于社会资本方对政府和社会资本合作（PPP）项目合同的规定，还是适用收入准则，以进行后续会计处理。

1. 甲公司主导资产的使用。如果资产的主导使用权在甲公司，即政府将体育场馆的资产使用权让渡给了甲公司，相关协议约定甲公司需向政府支付权利金，甲公司应当按照租赁准则要求确认使用权资产和租赁负债；其运营所租入的体育场馆而对公众收取的场馆使用费和冠名权收费等应按照收入准则进行确认。

2. 政府主导资产的使用。在此情形下，甲公司向政府提供运营服务并获取收益。

PPP项目合同是指社会资本方与政府方依法依规订立的、满足“双控制”“双特征”的合同。其中，双控制下，政府方控制或管制社会资本方使用PPP项目资产必须提供的公共产品和服务的类型、对象和价格；PPP项目合同终止时，政府方通过所有权、收益权或其他形式控制PPP项目资产的重大剩余权益。结合案例背景，若场馆使用收费的价格由企业自行确定，非政府控制或者管制，则该安排不满足PPP项目合同的定义，此时应认为甲公司向政府提供了资产运营管理服务，按照收入准则进行处理。对于收到的运营补贴款，作为交易对价确认为收入，对于上缴的权利金，应作为收入抵减项冲减收入。

案例6－19
受托管理房地产项目收入确认会计处理问题

一、案例背景

A公司及其下属子公司C公司（以下简称A公司）和B房地产开发公司（以下简称B公司）签署了《委托开发管理合同》，B公司委托A公司对其作为业主拥有的相关房地产项目进行开发管理。A公司具体需履约内容如下：

一是前期管理工作，即B公司委托A公司对项目的整体定位、运营思路和方案进行统筹规划，并由A公司负责办理本项目开发、建设所需的具体审批和行政许可等手续，相应费用由B公司承担，B公司对A公司工作应予以积极协助。二是规划设计管理（具体内容略，下同）。三是成本管理。四是工程管理。五是营销管理。六是竣工验收及交付管理。七是客户服务及房产保修管理。八是物业服务。九是档案管理、人力资源管理、行政管理、资金管理和财务处理等。

A公司在履约中除提供人力资源外，不提供其他资金、资产支持。派出人员的工资由A公司承担且构成公司在此类服务业务中的主要成本之一。此外，A公司在履约过程中可能发生的成本费用还包括项目营销费用（为宣传、销售本项目商品房及其他物业而发生的费用和税费）、日常管理费用（包括但不限于社会化招聘员工工资、奖金、各种补贴等，通信费、水电费，低值易耗品摊销、办公场所装修费、办公场所绿化费、办公租金及物业费、维修费等）。

A公司接受委托后，派遣各类管理人员到相应受托项目，开展相应委托管理服务。公司认为其提供的此等项目管理服务符合《企业会计准则第14号——收入》第十一条关于“客户在企业履约的同时即取得并消耗企业履约所带来的经济利益”的有关规定，属于在某一时段内的履约义务，应当按时段法确认收入。公司以产出法确定履约进度，即以受托项目累计签约金额占该项目商业计划书预测的整体销售额的比例确定履约进度。同时双方约定，按项目累计签约回款金额的一定比例（5%）按月支付委托管理服务费。公司当年按上述模式确认大额收入。

问题：针对上述业务，A公司应如何进行会计处理？

二、会计准则及相关规定

《企业会计准则第14号——收入》（2017年修订）第十条规定：“企业向客户承诺的商品同时满足下列条件的，应当作为可明确区分商品：（1）客户能够从该商品本身或从该商品与其他易于获得资源一起使用中受益；（2）企业向客户转让该商品的承诺与合同中其他承诺可单独区分。

下列情形通常表明企业向客户转让该商品的承诺与合同中其他承诺不可单独区分：（1）企业需提供重大的服务以将该商品与合同中承诺的其他商

品整合成合同约定的组合产出转让给客户。（2）该商品将对合同中承诺的其他商品予以重大修改或定制。（3）该商品与合同中承诺的其他商品具有高度关联性。"

《企业会计准则第 14 号——收入》（2017 年修订）第十一条规定："满足下列条件之一的，属于在某一时段内履行履约义务；否则，属于在某一时点履行履约义务：（1）客户在企业履约的同时即取得并消耗企业履约所带来的经济利益。（2）客户能够控制企业履约过程中在建的商品。（3）企业履约过程中所产出的商品具有不可替代用途，且该企业在整个合同期间内有权就累计至今已完成的履约部分收取款项。"

《企业会计准则第 14 号——收入》（2017 年修订）第十二条规定："对于在某一时段内履行的履约义务，企业应当在该段时间内按照履约进度确认收入，但是，履约进度不能合理确定的除外。企业应当考虑商品的性质，采用产出法或投入法确定恰当的履约进度。其中，产出法是根据已转移给客户的商品对于客户的价值确定履约进度；投入法是根据企业为履行履约义务的投入确定履约进度。对于类似情况下的类似履约义务，企业应当采用相同的方法确定履约进度。

当履约进度不能合理确定时，企业已经发生的成本预计能够得到补偿的，应当按照已经发生的成本金额确认收入，直到履约进度能够合理确定为止。"

《企业会计准则第 40 号——合营安排》第二条规定："合营安排，是指一项由两个或两个以上的参与方共同控制的安排。合营安排具有下列特征：（1）各参与方均受到该安排的约束；（2）两个或两个以上的参与方对该安排实施共同控制。任何一个参与方都不能够单独控制该安排，对该安排具有共同控制的任何一个参与方均能够阻止其他参与方或参与方组合单独控制该安排。"

《企业会计准则第 40 号——合营安排》第五条规定："共同控制，是指按照相关约定对某项安排所共有的控制，并且该安排的相关活动必须经过分享控制权的参与方一致同意后才能决策。

本准则所称相关活动，是指对某项安排的回报产生重大影响的活动。某项安排的相关活动应当根据具体情况进行判断，通常包括商品或劳务的销售和购买、金融资产的管理、资产的购买和处置、研究与开发活动以及融资活动等。"

三、案例解析

依据背景资料介绍，A 公司的工作是向 B 公司提供房地产项目开发管理，伴随着项目开发的不同阶段，工作内容不同，包括：前期管理工作、规划设计管理、成本管理、工程管理、营销管理、竣工验收及交付管理、客户服务及房产保修管理、物业服务以及档案管理、人力资源管理、行政管理、资金管理和财务处理等工作。

（一）适用准则的判断

影响房地产项目可变回报的相关活动包括规划设计、建造成本、销售定价等，如果相关活动是由 A、B 公司共同决定，则需判断该合同是否属于共同经营。

如果不属于共同经营，则 A 公司向 B 公司提供的上述服务应按照收入准则要求进行会计处理。

案例中，未具体明确 A、B 公司在该项交易中的决策机制，以下内容以该项交易不构成共同经营展开分析。

（二）履约义务的识别

案例中，A 公司派出人员为 B 公司提供相关服务，应进一步判断 A 公司所提供的服务的性质，即 A 公司系出借人力资源的劳务服务，还是接受 B 公司委托提供与物业开发相关的各项服务。若属于提供物业开发的各项服务，则应进一步分析，其各项服务是否构成单项履约义务？（例如，判断其中交房后提供的物业服务和房地产开发的管理服务是否属于两项履约义务等）。

（三）时点与时段的判断

若判断相关服务合并构成单项履约义务，应进一步判断该项履约义务应按照时点法还是时段法确认收入。A 公司应结合业务内容进行分析，若中途 B 公司更换供应商，且新的供应商无须重新执行 A 公司累计至今已经完成的工作，则表明 A 公司履约的同时，B 公司即取得并消耗了其履约所带来的经济利益，A 公司满足按时段法确认收入的条件。

对于在某一时段内履行的履约义务，企业应当判断是否能合理确定合同履约进度，并考虑商品的性质，采用产出法或投入法确定恰当的履约进度。如果履约进度不能合理确定时，按照预计能够得到补偿的已发生的成本金额确认收入，直到履约进度能够合理确定为止。

确定履约进度的方法应当能够恰当地反映向客户转移商品/服务的控制权情况。A公司以受托项目累计签约金额占该项目商业计划书预测的整体销售额的比例确定履约进度的做法很可能并不能如实反映其向客户提供服务的进度，例如项目管理从前期开始到竣工验收一共5年，第2年开始预售并在当年完成了90%的签约预售。按照A公司的确定履约进度方法，收入确认将会集中在第2年。

计量收入的方法包括产出法、投入法，其中，产出法是根据已转移给客户的商品对于客户的价值确定履约进度的方法，通常可采用实际测量的完工进度、评估已实现的结果、已达到的里程碑、时间进度、已完工或交付的产品等产出指标确定履约进度。当产出法的某些产出指标获取成本过高时，也可能会采用投入法。投入法是根据企业履行履约义务的投入确定履约进度的方法，通常可采用投入的材料数量、花费的人工工时或机器工时、发生的成本和时间进度等投入指标确定履约进度。考虑到A公司所提供的服务在不同期间内容是不同的，产出法很可能无法获取合适的产出指标时，A公司可以考虑采用投入法。

案例6-20
酒店管理公司收取“项目费”的会计处理

一、案例背景

A公司为一家酒店管理公司，其主要业务为向拥有酒店房地产权的业主提供酒店管理服务。A公司2×21年与某国际知名酒店集团B集团签订20年合作协议，根据该协议，A公司将获得B集团旗下××品牌在中国的独家运营权。A公司在20年内可以自主选择和国内酒店（需满足B集团的一些标准，例如只能在一、二线城市等）业主签订酒店管理协议，并使用××品牌以及B集团关于××品牌的一系列标准对该酒店进行管理。

根据A公司后续与所选择的国内酒店的业主签订的协议，A公司主要向其收取两项费用，一项为管理费，按照酒店年收入的4%收取。另一项为

“项目费”，按照酒店年收入的2%收取。项目费的收取理由为A公司需要在全国范围内推广B集团的××品牌，虽然不是直接针对A公司所管理的该酒店进行推广，但酒店业主因为实际“用了”B集团的××品牌，也将间接获益。

根据A公司与B集团的合作协议，A公司在20年内需要向B集团支付××品牌许可使用费，支付的金额基于其向酒店业主收取的管理费的50%计算，并且B集团不会承担酒店业主的信用风险，即如果酒店业主不能按时偿付A公司管理费，A公司仍旧需要向B集团支付××品牌许可费。

此外，根据A公司与B集团的合作协议，A公司向酒店业主收取的项目费，需要以A公司名义在银行设立共管账户进行存放，专门用于在全国范围内推广B集团××品牌。并且每一笔从该账户支出的现金都必须经过A公司和B集团的共同批准。当20年合作期届满，该账户如有剩余款项，全部归B集团所有。

问题：A公司向酒店收取的项目费是否可以确认为收入？

二、会计准则及相关规定

《企业会计准则——基本准则》规定：“资产是指企业过去的交易或者事项形成的、由企业拥有或者控制的、预期会给企业带来经济利益的资源。”

《企业会计准则第14号——收入》（2017年修订）第十四条规定：“交易价格，是指企业因向客户转让商品而预期有权收取的对价金额。企业代第三方收取的款项以及企业预期将退还给客户的款项，应当作为负债进行会计处理，不计入交易价格。”

三、案例解析

案例中，A公司向酒店业主收取项目费，专项用于推广B集团品牌。该项推广服务虽不直接针对酒店业主，但酒店业务亦能从该项推广中获益。同时，A公司收取的项目费需专项存储于共管账户中，每一笔账户支出的现金都必须经过A公司、B公司的共同批准。因此，案例中应重点判断，A公司收取的“项目费”，是否具有主导使用的权利。如果A公司能够主导该款项的使用（B公司的批准仅是为了确保款项用于品牌推广，不影响A公司对其款项使用的决策权利），则 A 公司应将取得的款项确认为收入，相关支出确认为成本/费用。如果 A 公司不能够主导该款项的使用，则 A 公司应将其作为代收代付款项进行处理。

案例 6-21
乘用车企业双积分中正积分的会计处理

一、案例背景

根据《乘用车企业平均燃料消耗量与新能源汽车积分并行管理办法》（以下简称《积分办法》），若乘用车企业平均燃料消耗量和新能源车积分（以下简称双积分）优于标准值，乘用车企业将获得平均燃料消耗量正积分和新能源汽车正积分。乘用车企业平均燃料消耗量正积分可以结转或者在关联企业间转让，乘用车企业新能源汽车正积分可以依据本办法自由交易。

2×21 年乘用车企业的全行业新能源汽车正积分达到 679 万分，与 2×20 年的 420 万分相比，涨幅超过 60%；2×21 年平均燃料消耗量正积分也创出 1,594 万分的历史纪录，正积分对新能源车企的财务报表的影响越来越大。此外，随着新能源汽车财政补贴标准的逐年退坡，正积分带来的收益对新能源汽车行业的影响也相对加大，正积分产生的收益也随之增多。

乘用车企业双积分申报、交易以及核算的主要流程如下：

1. 乘用车企业应当于每年 12 月 20 日前，向工信部提交下一年度乘用车企业平均燃料消耗量与新能源汽车积分年度预报告。

2. 乘用车企业应当于每年 3 月 1 日前，向工信部提交上一年度乘用车企业平均燃料消耗量与新能源汽车积分执行情况年度报告。

3. 工信部会同财政部、商务部、海关总署、市场监管总局于每年 6 月 30 日前，对乘用车企业提交的企业平均燃料消耗量与新能源汽车积分执行情况年度报告和相关数据进行核实，并发布上一年度乘用车企业平均燃料消耗量与新能源汽车积分核算情况报告。

4. 双积分交易平台的开放时间是每年的 7 月 1 日至 8 月 31 日。持有正积分的乘用车企业可以通过该交易平台开展平均燃料量积分转/受让、新能源汽车积分交易。实务中，在双积分交易平台开放时间之前，部分乘用车企业可能会提前对正积分的转让、销售达成交易协议或者框架协议。

问题：乘用车企应如何核算其取得的积分，对于积分交易产生的收益应如何进行会计处理？

二、会计准则及相关规定

《企业会计准则第 14 号——收入》（2017 年修订）第二条规定："收入，是指企业在日常活动中形成的、会导致所有者权益增加的、与所有者投入资本无关的经济利益的总流入。"

三、案例解析

乘用车企业在双积分业务中，并未直接从政府方取得经济资源，不属于政府补助的范畴。在确认出售积分的收益时，若构成日常活动，可适用收入准则进行会计处理。

此外，因乘用车积分系车辆生产过程中的产出组成部分，应将其作为乘用车生产过程中的副产品分配相应成本，并在销售积分时结转至当期损益。

案例 6－22
合同合并的判断

一、案例背景

J 公司与医院分别签订设备销售合同及相应医用耗材销售合同，设备销售合同约定，J 公司将以低于成本的价格将该医用设备销售给医院，医用耗材销售合同约定，J 公司向医院销售专用于该设备的耗材。同时，医用耗材销售合同条款中，仅约定销售价格，未约定销售数量（以实际为准）。

问题：J 公司能否将设备销售合同与耗材销售合同进行合并以进行会计处理？

二、会计准则及相关规定

《企业会计准则第 14 号——收入》（2017 年修订）第七条规定：“企业与同一客户（或该客户的关联方）同时订立或在相近时间内先后订立的两份或多份合同，在满足下列条件之一时，应当合并为一份合同进行会计处理：（1）该两份或多份合同基于同一商业目的而订立并构成一揽子交易。（2）该两份或多份合同中的一份合同的对价金额取决于其他合同的定价或履行情况。（3）该两份或多份合同中所承诺的商品（或每份合同中所承诺的部分商品）构成本准则第九条规定的单项履约义务。”

《企业会计准则第 14 号——收入（应用指南）》（2018 年修订）指出：“本准则所称合同，是指双方或多方之间订立有法律约束力的权利义务的协议。企业与客户之间的合同同时满足下列五项条件的，企业应当在履行了合同中的履约义务，即在客户取得相关商品控制权时确认收入：一是合同各方已批准该合同并承诺将履行各自义务；二是该合同明确了合同各方与所转让商品相关的权利和义务；三是该合同有明确的与所转让商品相关的支付条款；四是该合同具有商业实质，即履行该合同将改变企业未来现金流量的风险、时间分布或金额；五是企业因向客户转让商品而有权取得的对价很可能收回。”

三、案例解析

从商业逻辑来看，该笔业务实质系 J 公司采用低价销售的形式向医院销售设备，后续通过持续向医院销售耗材以保持长期合作关系，设备销售的亏损实际系通过后续耗材的销售来弥补。设备销售合同与耗材销售合同系建立在一定的商业逻辑基础上作出的商业决策，具有一定的关联性。

从企业会计准则分析，合同是指双方或多方之间订立有法律约束力的权利义务的协议。耗材销售合同条款中，虽约定了耗材销售单价，但未约定采购数量，未形成明确的与转让商品相关的支付条款，不满足收入准则中合同的定义。因此，不应将设备销售合同与耗材销售合同进行合并。

案例 6 – 23
模具业务的会计处理

在汽车产业中，零部件厂商是汽车制造生产不可或缺的重要环节，其为整车厂商进行模具的设计、制造并运用模具进行量产，大量的零部件生产厂商为各类整车厂商源源不断地提供各种类型的零部件，然而，车体车型不同，所需要的零部件的规格型号也不同，需要零部件厂商设计各种类型的模具以满足零件生产的差异化需求。在模具的设计、制造及实现零部件量产过程中，由于模具类型，交易双方的产业地位等因素导致同类业务模式的合同条款存在差异，同时，企业的分析判断也存在差异，因此实务中零部件厂商对模具的会计处理存在不一致。

一、案例背景

A 上市公司是一家从事汽车零部件生产制造企业，主要为主机厂提供配套服务。在汽车零部件生产过程中，需要用到一些模具等，过往年度，该部分模具均由主机厂提供。从今年开始，模具业务模式发生了变化，不再由主机厂提供，而改为由 A 公司先行购买模具并进行产品生产，主机厂在后续采购产品时，通过采购定价调整方式对 A 公司购买的模具支出进行补偿。

问题：针对模具，A 公司应如何进行会计处理？

二、会计准则及相关规定

《企业会计准则第 14 号——收入》（2017 年修订）第十条规定："企业向客户承诺的商品同时满足下列条件的，应当作为可明确区分商品：（1）客户能够从该商品本身或从该商品与其他易于获得资源一起使用中受益；（2）企业向客户转让该商品的承诺与合同中其他承诺可单独区分。下列情形通常表明企业向客户转让该商品的承诺与合同中其他承诺不可单独区分：（1）企业需提供重大的服务以将该商品与合同中承诺的其他商品整合成合同约定的组合产出转让给客户。（2）该商品将对合同中承诺的其他商品予以重大修改或定制。（3）该商品与合同中承诺的其他商品具有高度关联性。

《企业会计准则第14号——收入（应用指南）》（2018年修订）规定：

“（1）企业应当在履行了合同中的履约义务，即在客户取得相关商品控制权时确认收入。取得相关商品控制权，是指能够主导该商品的使用并从中获得几乎全部的经济利益，也包括有能力阻止其他方主导该商品的使用并从中获得经济利益。企业在判断商品的控制权是否发生转移时，应当从客户的角度进行分析，即客户是否取得了相关商品的控制权以及何时取得该控制权。取得商品控制权同时包括下列三项要素：一是，能力。企业只有在客户拥有现时权利，能够主导该商品的使用并从中获得几乎全部经济利益时，才能确认收入。二是，主导该商品的使用。客户有能力主导该商品的使用，是指客户在其活动中有权使用该商品，或者能够允许或阻止其他方使用该商品。三是，能够获得几乎全部的经济利益。客户必须拥有获得商品几乎全部经济利益的能力，才能被视为获得了对该商品的控制。

（2）企业向客户承诺的商品同时满足下列两项条件的，应当作为可明确区分的商品：

①客户能够从该商品本身或从该商品与其他易于获得资源一起使用中受益，即该商品本身能够明确区分。

②企业向客户转让该商品的承诺与合同中其他承诺可单独区分，即转让该商品的承诺在合同中是可明确区分的。企业确定了商品本身能够明确区分后，还应当在合同层面继续评估转让该商品的承诺是否与合同中其他承诺彼此之间可明确区分。这一评估的目的在于确定承诺的性质，即根据合同约定，企业承诺转让的究竟是每一单项商品，还是由这些商品组成的一个或多个组合产出。很多情况下，组合产出的价值应当高于或者显著不同于各单项商品的价值总和。

在确定企业转让商品的承诺是否可单独区分时，需要运用判断并综合考虑所有事实和情况。下列情形通常表明企业向客户转让商品的承诺与合同中的其他承诺不可单独区分：一是，企业需提供重大的服务以将该商品与合同中承诺的其他商品进行整合，形成合同约定的某个或某些组合产出转让给客户。换言之，企业以该商品作为投入，生产或向客户交付其所要求的组合产出。因此，企业应当评估其在合同中承诺的每一单项商品本身就是合同约定的各项产出，还是仅为一个或多个组合产出的投入。二是，该商品将对合同中承诺的其他商品予以重大修改或定制。如果某项商品将对合同中的其他商品作出重大修改或定制，实质上每一项商品将被整合在一起（即作为投入）以生产合同约定的组合产出。三是，该商品与合同中承诺的其他商品具有高度关联性。也就是说，合同中承诺的每一单项商品均受到合同中其他商品的重大影响。合同中包含多项商品时，如果企业无法通过单独交付其中的某一单项商品而履行其合同承诺，可能表明合同中的这些商品会受到彼此的重大影响。”

三、案例解析

A 公司应结合模具的相关情况进行分析判断：

（一）是否转移模具的控制权

根据案例背景，A 公司应首先判断其是否向客户转移了对模具的控制权，即客户能否主导模具的使用并获取几乎全部的经济利益，或有能力阻止其他方主导该商品的使用并从中获得经济利益。若客户能够自主决定模具使用情况，或者限制 A 公司将模具用于其他使用用途时，可能表明 A 公司向客户转移了模具控制权。若 A 公司未向客户转移模具的控制权，则模具不构成一项履约义务，A 公司应将模具确认为一项资产（如固定资产等）。

（二）若 A 公司向客户转移了模具的控制权，且模具与产品本身能够明确区分，A 公司应继续判断模具、产品在合同中是否可明确区分

结合上述合同中是否可明确区分的相关情形分析判断如下：

1. 企业需提供重大的服务以将该商品与合同中承诺的其他商品进行整合，形成合同约定的某个或某些组合产出转让给客户：在案例中，A 公司不需将模具与产品进行整合，以将其作为整体供应给客户，不满足该条件。

2. 该商品将对合同中承诺的其他商品予以重大修改或定制：在案例中，在模具与产品间，A 公司未通过某项商品或服务对另外一项商品进行重大修改或定制，不满足该条件。

3. 该商品与合同中承诺的其他商品具有高度关联性：在判断时，应关注合同中承诺的每一单项商品是否均受到合同中其他商品的重大影响，即模具与产品生产是否存在相互重大影响。在案例中，模具生产完毕后，按照确定的模具生产产品，产品无法对模具产生重大影响，模具与产品间不具有高

度关联性，不满足该条件。A 公司模具的供应与产品生产之间，在合同层面能够明确区分，应将其作为两项履约义务进行会计处理。

案例 6 – 24
返利的会计处理

一、案例背景

A 公司每年与经销商签订《经销商合同》，确定每家经销商月度、季度和年度销售目标，同时约定一定比例的返利，包括现金返利和实物返利。现金返利是指，A 公司按照约定的返利返还要求及标准，当客户达到约定的销售目标时，A 公司给予经销商已销售商品一定折扣的优惠，并以原销售折扣与计提返利后的折扣间的差额，计提应返还给客户的现金金额；该现金通常不直接支付给客户，而是将其冲抵客户下一批次货物的购买价款，减少客户采购应支付的现金金额。实物返利是指，A 公司按照约定的返利返还要求及标准，当客户达到约定的销售目标时，向客户发送额外的产品，客户无须支付相应对价。

问题：A 公司应如何对返利进行会计处理？

二、会计准则及相关规定

《企业会计准则第 14 号——收入（应用指南）》（2018 年修订）规定："企业与客户的合同中约定的对价金额可能是固定的，也可能会因折扣、价格折让、返利、退款、奖励积分、激励措施、业绩奖金、索赔等因素而变化。企业在判断交易价格是否为可变对价时，应当考虑各种相关因素（如企业已公开宣布的政策、特定声明、以往的习惯做法、销售战略以及客户所处的环境等），以确定其是否会接受一个低于合同标价的金额，即企业向客户提供一定的价格折让。

……

企业在判断合同中是否存在可变对价时，不仅应当考虑合同条款的约定，在下列情况下，即使合同中没有明确约定，合同的对价金额也是可变的：一是根据企业已公开宣布的政策、特定声明或者以往的习惯做法等，客户能够合理预期企业将会接受低于合同约定的对价金额，即企业会以折扣、返利等形式提供价格折让。二是其他相关事实和情况表明，企业在与客户签订合同时即打算向客户提供价格折让……合同中存在可变对价的，企业应当对计入交易价格的可变对价进行估计。

……

每一资产负债表日，企业应当重新估计可变对价金额（包括重新评估对可变对价的估计是否受到限制），以如实反映报告期末存在的情况以及报告期内发生的情况变化。

……

某些情况下，企业在销售商品的同时，会向客户授予选择权，允许客户可以据此免费或者以折扣价格购买额外的商品。企业向客户授予的额外购买选择权的形式包括销售激励、客户奖励积分、未来购买商品的折扣券以及合同续约选择权等。

对于附有客户额外购买选择权的销售，企业应当评估该选择权是否向客户提供了一项重大权利。如果客户只有在订立了一项合同的前提下才取得了额外购买选择权，并且客户行使该选择权购买额外商品时，能够享受到超过该地区或该市场中其他同类客户所能够享有的折扣，则通常认为该选择权向客户提供了一项重大权利。该选择权向客户提供了重大权利的，应当作为单项履约义务。在这种情况下，客户在该合同下支付的价款实际上购买了两项单独的商品：一是客户在该合同下原本购买的商品；二是客户可以免费或者以折扣价格购买额外商品的权利。企业应当将交易价格在这两项商品之间进行分摊，其中，分摊至后者的交易价格与未来的商品相关，因此，企业应当在客户未来行使该选择权取得相关商品的控制权时，或者在该选择权失效时确认为收入。在考虑授予客户的该项权利是否重大时，应根据其金额和性质综合判断……

企业提供的额外购买选择权构成单项履约义务的，企业应当按照交易价格分摊的相关原则，将交易价格分摊至该履约义务……

当客户享有的额外购买选择权是一项重大权利时，如果客户行使该权利购买的额外商品与原合同下购买的商品类似，且企业将按照原合同条款提供该额外商品的，则企业可以无须估计该选择权的单独售价，而是直接把其预计将提供的额外商品的数量以及预计将收取的相应对价金额纳入原合同，并进行相应的会计处理。这是一种便于实务操作的简化处理方式……”

三、案例解析

经销模式下，企业通常采用预收款方式销售货物。该模式通常需占用经销商一定的资金，经销商需要通过及时销售货物取得回款后，方能扩大销售。货款支付能力往往决定了经销商提货规模及销售能力。为鼓励经销商销售商品，提高产品销售量，企业通常根据不同经销商制定提货指标及相应的销售折扣，并约定当经销商在约定时间内，产品销售达到一定数量时，企业向经销商支付返利，以促进经销商扩大销售规模，提升销售业绩。

常见的返利类型包括现金返利、实物返利，针对不同的返利类型，结合企业会计准则相关规定，理解分析如下：

（一）现金返利

现金返利，是指A公司按照约定的返利返还要求及标准，当客户达到约定的销售目标时，A公司给予经销商已销售商品一定折扣的优惠，并以原销售折扣与计提返利后的折扣间的差额，计提应返还给客户的现金金额；该现金通常不直接支付给客户，而是将其冲抵客户下一批次货物的购买价款，减少客户采购应支付的现金金额。

根据企业会计准则的规定，A公司应将其应向客户计提并支付的现金返利金额作为“应付客户对价+可变对价”进行会计处理。

当A公司向经销商销售货物时，A公司应根据其制定的返利政策，结合经销商的过往销售情况、销售能力等，合理预估应计提的现金返利金额，并按照可变对价估计限制的相关要求，确认销售收入。

对于计提的现金返利，根据A公司的返利政策，通常不向经销商支付现金，而是抵减下一批次采购货款。公司应结合具体合同条款及负债义务情况，确认为相应的负债科目。

（二）实物返利

实物返利，是指A公司按照约定的返利返还要求及标准，当客户达到约定的销售目标时，向客户发送额外的产品，客户无须支付或支付部分对价。

当A公司根据返利政策而需向客户支付实物返利时，通常表明公司向客户提供了额外购买选择权（免费或者折扣价格购买额外的商品），应将其作为“附有客户额外购买选择权的销售”进行会计处理。因客户享有额外购买选择权，客户行使该权利购买的额外商品与原合同下购买的商品类似，且A公司将按照原合同条款提供该额外商品，A公司无须估计该选择权的单独售价，而是直接把其预计将提供的额外商品的数量以及预计将收取的相应对价金额纳入原合同，并进行相应的会计处理。

当A公司向经销商销售货物时，应按照销售货物金额、返利标准，结合经销商过往销售情况，将收取的总价款在“已向经销商销售的数量与预计应向经销商支付的实物返利数量”间进行分配，并将计提的实物返利金额，确认为相应负债项目。

案例6－25
点价销售模式下的收入确认

一、案例背景

点价，又称作价，是指以某月份的期货价格为计价基础，以期货价格加上或减去双方协商同意的升贴水来确定双方买卖现货商品的价格的交易方式。

点价交易从本质上看是一种为现货贸易定价的方式，交易双方并不需要参与期货交易。在一些大宗商品贸易中，例如大豆、铜、石油等贸易，点价交易已经得到了普遍应用。以大豆国际贸易为例，在大豆的国际贸易中，通常以芝加哥期货交易所（CBOT）的大豆期货价格作为点价的基础；在铜精矿和阴极铜的贸易中通常利用伦敦金属交易所（LME）或纽约商品交易所（COMEX）的铜期货价格作为点价的基础。之所以使用期货市场的价格来为现货交易定价，主要是因为期货价格是通过集中、公开竞价方式形成的，价格具有公开性、连续性、预测性和权威性。使用大家都公认的、合理的期货价格来定价，可以省去交易者搜寻价格信息、讨价还价的成本，提高交易的效率。

与传统的贸易不同，在点价交易中，贸易双方并非直接确定一个价格，而是以约定的某月份期货价格为基准，在此基础上加减一个升贴水来确定。升贴水的高低，与点价所选取的期货合约月份的远近、期货交割地与现货交割地之间的运费以及期货交割商品品质与现货交割商品品质的差异有关。在国际大宗商品贸易中，由于点价交易被普遍应用，升贴水的确定也是市场化的，有许多经纪商提供升贴水报价，交易商可以很容易确定升贴水的水平。

A 糖业有限公司与 B 贸易公司签订白砂糖合作协议合同，约定如下：

1. A 公司将白砂糖存入郑州商品交易所指定的仓库，取得仓单。

2. A 公司向 B 公司销售 1 万吨白砂糖，单价：郑交所 SR2009 合约价并升水 100 元/吨，暂按每吨 5,800 元收取款项。A 公司在收到 B 公司的预付款三天之后，将货权转移给 B 公司。货权转移书，其中包括货名、品牌、租金的承担方式等等。在货权转移的当天，双方并未确定用哪一天 SR2009 合约价结算，但约定 A 公司必须在未来 30 日内确定价格。B 公司取得货权转移书后，B 公司可根据自身需求使用该货权项下的货物。

3. A 公司每天需要确定销售价格和数量，并告知 B 公司。在实际交易中，假设 2×20 年 4 月 10 日，A 公司将 1 万吨货权转移给 B 公司。2×20 年 4 月 12 日上午 10：10，A 公司确定以该时点郑商所的 SR2009 合约价并升水 100 元/吨与 B 公司结算 500 吨，尚未结算部分可在约定时间内随时通知 B 公司结算。

4. 实际定价后，A 按照实际销售价款与向 B 公司预收款之间的差额，向 B 公司多退少补。

问题：A 确认收入的时点和金额如何确定？相关款项应如何进行会计处理？

二、会计准则及相关规定

《企业会计准则第 14 号——收入》（2017 年修订）第十四条规定：“企业应当按照分摊至各单项履约义务的交易价格计量收入。交易价格，是指企业因向客户转让商品而预期有权收取的对价金额。企业代第三方收取的款项以及企业预期将退还给客户的款项，应当作为负债进行会计处理，不计入交易价格。”

《企业会计准则第 14 号——收入》（2017 年修订）第十六条规定：“合

同中存在可变对价的，企业应当按照期望值或最可能发生金额确定可变对价的最佳估计数，但包含可变对价的交易价格，应当不超过在相关不确定性消除时累计已确认收入极可能不会发生重大转回的金额。企业在评估累计已确认收入是否极可能不会发生重大转回时，应当同时考虑收入转回的可能性及其比重。每一资产负债表日，企业应当重新估计应计入交易价格的可变对价金额。可变对价金额发生变动的，按照本准则第二十四条和第二十五条规定进行会计处理。”

《企业会计准则第 14 号——收入（应用指南）》（2018 年修订）规定："企业应当在履行了合同中的履约义务，即在客户取得相关商品控制权时确认收入。取得相关商品控制权，是指能够主导该商品的使用并从中获得几乎全部的经济利益，也包括有能力阻止其他方主导该商品的使用并从中获得经济利益。企业在判断商品的控制权是否发生转移时，应当从客户的角度进行分析，即客户是否取得了相关商品的控制权以及何时取得该控制权。”

《企业会计准则第 22 号——金融工具确认和计量》（2017）第十六条规定："企业应当根据其管理金融资产的业务模式和金融资产的合同现金流量特征，将金融资产划分为以下三类：（1）以摊余成本计量的金融资产。（2）以公允价值计量且其变动计入其他综合收益的金融资产。（3）以公允价值计量且其变动计入当期损益的金融资产。”

《企业会计准则第 22 号——金融工具确认和计量》（2017）第十七条规定："金融资产同时符合下列条件的，应当分类为以摊余成本计量的金融资产：（1）企业管理该金融资产的业务模式是以收取合同现金流量为目标。（2）该金融资产的合同条款规定，在特定日期产生的现金流量，仅为对本金和以未偿付本金金额为基础的利息的支付。”

《企业会计准则第 22 号——金融工具确认和计量》（2017）第二十七条规定："企业改变其管理金融资产的业务模式时，应当按照本准则的规定对所有受影响的相关金融资产进行重分类。”

三、案例解析

点价交易中，公司向客户销售商品的同时，双方约定定价机制，并在约定期间内，公司具有按某个基准确定结算价的权利。在该项交易安排中，公司与客户本质上仍是采用现金方式进行结算（区别于“非现金对价”），只是赋予A公司后续调整款项金额的权利。在该项安排中，交易价格的变动受两种因素影响：A公司向B公司交付的商品数量、A公司在将商品交付给B公司之后结算基准日的选取。其中，因受商品交付数量的变化而导致的结算金额的变化，应作为可变对价处理；因结算基准日的选取而导致的结算金额的变化，因其价值变化取决于不受双方控制的商品或原材料价格指数，因指数变动导致的价款变化应视为合同对价中嵌入一项衍生金融工具进行会计处理。具体而言：

（一）收入确认时点

案例中，A公司向B公司销售白砂糖，在将货权转移书提交给B公司时，B公司具有了主导该项商品使用的权利，商品控制权发生转移，此时A公司应确认收入。

（二）收入确认金额

在该项交易安排中，A公司在向B公司转移商品时，A公司应按照控制权转移日、基于双方约定的价格调整机制而计算得出的当日价格作为收入确认金额。

同时，因合同对价中嵌入一项衍生金融工具，A公司应确认为以公允价值计量且其变动计入当期损益的金融资产。对于控制权转移日之后的款项变动，应计入公允价值变动损益。

后续A公司根据合同约定结算款项时，A公司应向B公司收取的款项金额得以确定，此时，因A公司管理该项金融资产的业务模式未发生变化，仍应将其确认为以公允价值计量且其变动计入当期损益的金融资产，结算款项与控制权转移日交易金额的差额确认为公允价值变动损益

案例6-26
合同中约定的违约金、罚款的会计处理

一、案例背景

企业在与客户交易过程中，可从客户取得或向客户支付不同类型的款

项。企业应判断款项性质，分析收到的款项是否构成交易对价并进行相应会计处理。区分不同情景如下：

（一）违约金

实务中，合同中约定如果客户取消合同，需要向企业支付一定比例的违约金，该违约金是否属于交易价格，是否应该计入营业收入？

情形1：企业根据客户的订单需求，进行了生产备货；后续由于市场的需求变化，客户取消了相关订单，同时支付给公司一笔赔偿款，收到的赔偿款如何进行会计处理？

情形2：合同取消时，企业尚未进行任何履约行为，没有任何商品和服务的控制权转让给客户，该违约金是否也应该计入营业收入？

（二）罚款

销售环保设备，并在客户现场安装，合同中约定安装时要遵循客户的安全管理规定，如戴安全帽、清理废弃材料等，如果违反，将被罚款，该罚款是否应该按照可变对价计入营业收入？

（三）奖励

合同约定，如果在某一约定的时间按时完成合同，将获得一定金额的按时完工奖，如果超过该时间则没有奖励甚至罚款，该奖励/罚款是否属于可变对价？

二、会计准则及相关规定

《企业会计准则第14号——收入》（2017年修订）第十四条规定："企业应当按照分摊至各单项履约义务的交易价格计量收入。交易价格，是指企业因向客户转让商品而预期有权收取的对价金额。企业代第三方收取的款项以及企业预期将退还给客户的款项，应当作为负债进行会计处理，不计入交易价格。"

《企业会计准则第14号——收入》（2017年修订）第十五条规定："企业应当根据合同条款，并结合其以往的习惯做法确定交易价格。在确定交易价格时，企业应当考虑可变对价、合同中存在的重大融资成分、非现金对价、应付客户对价等因素的影响。"

《企业会计准则第14号——收入（应用指南）》（2018年修订）规定："合同各方均有权单方面终止完全未执行的合同，且无需对合同其他方作出补偿的，在应用本准则时，该合同应当被视为不存在。"

企业与客户的合同中约定的对价金额可能是固定的，也可能会因折扣、价格折让、返利、退款、奖励积分、激励措施、业绩奖金、索赔等因素而变化。此外，企业有权收取的对价金额，将根据一项或多项或有事项的发生有所不同的情况，也属于可变对价的情形。

三、案例解析

交易价格，是指企业因向客户转让商品而预期有权收取的对价金额。交易价格的确认应与企业提供履约义务相关，若企业向客户收取款项的权利，系由于履行履约义务而产生的，则应将该部分款项计入营业收入中。

（一）违约金

企业根据客户的订单需求，进行了生产备货；后续由于市场的需求变化，客户取消了相关的订单，同时支付给公司一笔赔偿款，该部分款项系由于企业履行履约义务而产生的向客户收取款项的权利，应将其作为营业收入。

（二）罚款

企业按照合同约定要求提供履约义务，在履行履约义务的过程中，应按照合同规定要求开展工作，包括与安全相关的管理要求，如戴安全帽、清理废弃材料等。因此，在违反相关合同约定的情形下而支付的罚款，属于与履行履约义务相关的款项的变动，应冲减营业收入。

（三）奖励

合同约定，如果在某一约定的时间按时完成合同，将获得一定金额的按时完工奖，如果超过该时间则没有奖励甚至罚款，该部分款项属于与履行履约义务相关的款项的变动，应确认或冲减营业收入。

案例 6－27
商家通过电商平台销售产品时的收入确认分析

一、案例背景

随着电子商务的兴起，网购已成为日常生活的一部分。得益于电子商务平台的推广及销售能力，企业与电子商务平台开展合作，有助于拉近企业与终端消费者间的距离，消费者更容易获取商品信息并采购相应商品。

电子商务平台公司在发展过程中，基于其平台定位、商品类型、客户群体等的不同，逐渐发展出不同的商业模式。基于货物所有权、价格制定权、价款结算方式等的不同，可能存在的类型如下：

情形1：所有权明确在电商平台出售时转移。

A公司为某电商平台的供货商，某电商平台买断A公司产品并按照自营模式对外出售。在流程上，电商平台向A公司下达订单，A公司将产品送达至电商平台自有仓库，由于A公司产品为标准化产品，电商平台在产品送达时并不作实质性验收，只核对数量并作签收。根据合同约定，在产品入库时并不对产品进行结算，A公司此时无权向电商平台收款，合同约定商品所有权在电商平台对外出售时才由A公司转移至电商平台，理论上商品完成对外销售前，A公司仍然有权将产品调回，但是实践中由于电商平台较为强势，A公司实践中从未调回过。

待电商平台完成对外销售后，电商平台再根据实际对外销售金额与A公司结算货款，开具发票，若产品无法对外售出，电商平台可以无条件将未售出商品退还给A公司。

情形2：所有权明确在电商平台签收货物时即转移。

如果合同约定所有权是在产品送达至电商平台自有仓库时已转移给电商平台，在此之后根据合同约定A公司没有调货权，但是，仍然是待电商平台完成对外销售后，电商平台才根据实际对外销售货物情况与A公司确定结算义务。

问题：A公司通过上述电商平台销售货物，在不同业务模式下，应如何进行会计处理？

二、会计准则及相关规定

《企业会计准则第14号——收入》（2017年修订）第三条规定："本准则所称客户，是指与企业订立合同以向该企业购买其日常活动产出的商品或服务（以下简称'商品'）并支付对价的一方。"

《企业会计准则第14号——收入》（2017年修订）第四条规定："企业应当在履行了合同中的履约义务，即在客户取得相关商品控制权时确认收入。取得相关商品控制权，是指能够主导该商品的使用并从中获得几乎全部的经济利益。”

《企业会计准则第14号——收入》（2017年修订）第十三条规定：“对于在某一时点履行的履约义务，企业应当在客户取得相关商品控制权时点确认收入。在判断客户是否已取得商品控制权时，企业应当考虑下列迹象：（1）企业就该商品享有现时收款权利，即客户就该商品负有现时付款义务。（2）企业已将该商品的法定所有权转移给客户，即客户已拥有该商品的法定所有权。（3）企业已将该商品实物转移给客户，即客户已实物占有该商品。（4）企业已将该商品所有权上的主要风险和报酬转移给客户，即客户已取得该商品所有权上的主要风险和报酬。（5）客户已接受该商品。（6）其他表明客户已取得商品控制权的迹象。”

《企业会计准则第14号——收入》（2017年修订）第十四条规定：“企业应当按照分摊至各单项履约义务的交易价格计量收入。交易价格，是指企业因向客户转让商品而预期有权收取的对价金额。企业代第三方收取的款项以及企业预期将退还给客户的款项，应当作为负债进行会计处理，不计入交易价格。”

《企业会计准则第14号——收入》（2017年修订）第三十二条规定：“对于附有销售退回条款的销售，企业应当在客户取得相关商品控制权时，按照因向客户转让商品而预期有权收取的对价金额（即，不包含预期因销售退回将退还的金额）确认收入，按照预期因销售退回将退还的金额确认负债；同时，按照预期将退回商品转让时的账面价值，扣除收回该商品预计发生的成本（包括退回商品的价值减损）后的余额，确认为一项资产，按照所转让商品转让时的账面价值，扣除上述资产成本的净额结转成本。每一资产负债表日，企业应当重新估计未来销售退回情况，如有变化，应当作为会计估计变更进行会计处理。”

《企业会计准则第14号——收入》（2017年修订）第三十四条规定：“企业应当根据其在向客户转让商品前是否拥有对该商品的控制权，来判断其从事交易时的身份是主要责任人还是代理人。企业在向客户转让商品前能够控制该商品的，该企业为主要责任人，应当按照已收或应收对价总额确认收入；否则，该企业为代理人，应当按照预期有权收取的佣金或手续费的金额确认收入，该金额应当按照已收或应收对价总额扣除应支付给其他相关方的价款后的净额，或者按照既定的佣金金额或比例等确定。”

三、案例解析

企业通过电商平台将商品销售至消费者，从交易链条来看，商品的控制权最终转移给了消费者，消费者为该交易的“终端客户”。在向消费者转移商品的控制权之前，涉及“由谁向消费者转移商品控制权”“企业与平台如何取得各自的交易对价”等问题。

在判断“由谁向消费者转移商品控制权”时，存在两种控制权转移方式：（1）企业将商品控制权转移给平台，再由平台将商品控制权转移给消费者；（2）由企业直接将商品控制权转移给消费者，平台未取得商品的控制权。

收入准则强调企业应当在客户取得相关商品控制权时确认收入。取得相关商品控制权，是指能够主导该商品的使用并从中获得几乎全部的经济利益。对于在某一时点履行的履约义务，在判断客户是否已取得商品控制权时，准则提供了一些迹象，包括现时收款权利、法定所有权、商品实物转移、商品所有权上的主要风险和报酬转移、客户已接受商品及其他迹象。因此，商品的法定所有权转移仅是商品控制权转移的其中一个迹象，商品法定所有权转移的时点与商品控制权转移的时点并不一定完全一致。

在业务交易过程中，与主导商品使用相关的权利包括取回、调换、移送、售出商品等，企业应在不同交易情形下，分析判断与主导商品使用相关的权利是否发生转移。

情形一：所有权明确在电商平台出售时转移。

A公司将产品转移至电商平台时，货物所有权仍归属于A公司所有，且A公司保留了商品调货的相关权利。

从商品调配权利来看，电商平台并未取得主导商品销售相关的权利，A公司未将商品控制权转移给电商平台，A公司为该交易的主要责任人，应在电商平台将商品销售至消费者（即终端客户）时，按应收消费者的价款总额确认收入。A公司支付给电商平台的款项并不增加公司未来用于履行履约义务（即销售的商品）的资源，不属于企业为履行与客户之间的合同发生的成本，因此不属于合同履约成本，应确认为一项销售费用。

情形二：所有权明确在电商平台签收货物时即转移。

在该情形下，A公司将产品转移至电商平台时，因商品所有权归属于电商平台公司，A公司无商品调货的权利，此时A公司将商品控制权转移至电商平台，满足收入确认时点的要求。

在计量收入时，A 公司应根据其与电商平台的结算条款（如按照终端销售金额的一定比例收取价款），按照可变对价的相关要求确认应确认收入的金额。若此时电商平台公司具有将商品退回给 A 公司的权利，则 A 公司应按照附有销售退回条款的销售进行会计处理。

案例 6－28
为客户提供整体耐火炉料承包业务中履约义务识别和收入确认

一、案例背景

A 公司主营业务为钢铁、有色、石化、建材、环保等工业用高温材料及冶金炉料辅料的研发设计、配置配套、生产制造、安装施工、使用维护与技术服务为一体的“全程在线服务”的整体承包业务。目前 A 公司的 80% 业务收入均来自此类业务。

1. A 公司在为钢铁行业提供“全程在线服务”的整体承包业务的业务流程。A 公司按照合同约定了解客户需要提供耐热保护的炼钢炉的具体信息并在自身工厂内预先设计并模拟砌筑高温保护包，之后将产品发至客户工厂内并按合同要求进行施工，将多种耐火材料砌筑到炼钢器具中。

在客户使用该炼钢器具进行生产过程中，A 公司将指派人员在现场，保障砌筑的高温保护包满足正常炼钢需求（有约定期限、约定炼制钢铁数量或约定炼制钢铁次数等几种形式），在此过程中会涉及将部分失去耐热保护功能的筑体进行更换的维护活动。因为炼钢成本较高，如果出现耐热问题导致某次炼钢活动失败，A 公司需要按照合同约定对客户予以相应赔偿。单个高温保护包一般可持续使用数月。

2. “全程在线服务”的整体承包业务下，A 公司与其客户的主要结算方式：

（1）结算方式一：针对单个高温保护包进行结算，具体分为两种方式：

①按照在特定某个炼钢炉上砌筑的特定高温保护包进行结算，结算价即为合同约定单包结算价格。双方会在合同中约定了特定高温保护包相应的寿命考核条款。

②按照在特定炼钢炉上砌筑的高温保护包所在炼钢炉炼制钢铁的吨数进行结算，结算频率是每次炼制钢铁完成后，结算价 = 每次炼钢数量 × 合同约定的每吨炼钢服务单价。

（2）结算方式二：在合同约定的固定承包期限内定期结算，具体分为两种方式：

①每月按照当月高温保护包使用炉次（即炼制钢铁次数）及每炉次炼制钢铁量进行结算，每月结算金额 = 本月内每次炼钢数量合计 × 合同约定的每吨炼钢服务单价。

②每月按照当月约定的所有承包的炼钢炉炼制的所有钢铁产量乘以合同约定的每吨炼钢服务单价进行结算。

3. 根据过往使用经验来看，降温结束后高温保护包上剩余的可用耐热材料仍可从客户处拆除用于其他合同。在结算方式一情形下，A 公司一般与客户谈判合同时即预计了单个高温保护包的使用寿命，因此在合同结束时剩余的可用耐热材料价值基本可忽略不计。

4. 假设有关交易安排中不含租赁成分。

问题：A 公司应如何对上述业务进行会计处理？

二、会计准则及相关规定

《企业会计准则第 14 号——收入》（2017 年修订）第四条规定：“企业应当在履行了合同中的履约义务，即在客户取得相关商品控制权时确认收入。取得相关商品控制权，是指能够主导该商品的使用并从中获得几乎全部的经济利益。”

《企业会计准则第 14 号——收入》（2017 年修订）第九条规定：“合同开始日，企业应当对合同进行评估，识别该合同所包含的各单项履约义务，并确定各单项履约义务是在某一时段内履行，还是在某一时点履行，然后，在履行了各单项履约义务时分别确认收入。履约义务，是指合同中企业向客户转让可明确区分商品的承诺。”

《企业会计准则第 14 号——收入》（2017 年修订）第十条规定：“企业向

客户承诺的商品同时满足下列条件的，应当作为可明确区分商品：（1）客户能够从该商品本身或从该商品与其他易于获得资源一起使用中受益；（2）企业向客户转让该商品的承诺与合同中其他承诺可单独区分。

下列情形通常表明企业向客户转让该商品的承诺与合同中其他承诺不可单独区分：（1）企业需提供重大的服务以将该商品与合同中承诺的其他商品整合成合同约定的组合产出转让给客户。（2）该商品将对合同中承诺的其他商品予以重大修改或定制。（3）该商品与合同中承诺的其他商品具有高度关联性。”

《企业会计准则第 14 号——收入》（2017 年修订）第十一条规定：“满足下列条件之一的，属于在某一时段内履行履约义务；否则，属于在某一时点履行履约义务：（1）客户在企业履约的同时即取得并消耗企业履约所带来的经济利益。（2）客户能够控制企业履约过程中在建的商品。（3）企业履约过程中所产出的商品具有不可替代用途，且该企业在整个合同期间内有权就累计至今已完成的履约部分收取款项。”

《企业会计准则第 14 号——收入》（2017 年修订）第十二条规定：“对于在某一时段内履行的履约义务，企业应当在该段时间内按照履约进度确认收入，但是，履约进度不能合理确定的除外。企业应当考虑商品的性质，采用产出法或投入法确定恰当的履约进度。其中，产出法是根据已转移给客户的商品对于客户的价值确定履约进度；投入法是根据企业为履行履约义务的投入确定履约进度。对于类似情况下的类似履约义务，企业应当采用相同的方法确定履约进度。”

三、案例解析

（一）履约义务的识别

履约义务，是指合同中企业向客户转让可明确区分商品的承诺。履约义务的识别，应以商品或服务控制权是否转移作为判断前提。根据案例背景介绍，对于高温保护包，在使用结束之后，A 公司可将其拆除后用于其他合同，表明 A 公司并未将高温保护包相关的控制权转移给客户。

“全程在线服务”的业务模式是，A 公司基于客户需求设计高温保护包并将其安装、砌筑至客户炼钢器具中，以此为基础向客户提供降温服务，并在履行合同的过程中将“降温服务”转移给客户，客户获得降温服务所产生的经济利益。

因此，A公司应将其向客户提供的“全程在线服务”整体作为一项履约义务进行确认。

（二）收入确认

A公司应在履行合同中的履约义务，即客户取得相关商品或服务的控制权时确认收入。A公司应判断其向客户提供的履约义务是否满足某一时段内履行的条件。结合上述A公司的业务模式特征，在A公司提供服务的同时，持续为客户的炼钢锅炉进行降温，客户取得并消耗了相关经济利益，满足“客户在企业履约的同时即取得并消耗企业履约所带来的经济利益”条件，A公司应按照“某一时段内履行的履约义务”确认收入。

根据案例背景，A公司与客户间存在两种结算模式。两种结算模式的实质均体现为A公司根据其向客户提供服务的产出结果，向客户收取价款。因此，A公司可根据其与客户结算金额确认收入。

案例6－29
分布式光伏电站收入确认问题

一、案例背景

（一）业务模式

A公司自2×17年开始从事户用分布式光伏电站业务，将光伏电站产品安装在农户屋顶，以农户名义并网后发电取得电费及补贴收入。公司该业务以赊销模式为主，业务模式介绍如下：

公司以自有资金为农户提供分布式光伏电站设计、施工、安装和并网等服务，电站自首次并网完成之日起完成交付。合同约定农户每年以发电收益向公司支付电站款项，并分20年支付，付款期限届满未能收回产品总价的，公司有权延长分期付款期限直至付清产品总价；农户有提前付清合同价款的选择权。

合同约定农户将电站抵押给公司，农户还清价款后，电站抵押及其他权利的限制全部解除。国家电网定期向农户结算电费到电费结算卡中，公司委托银行代扣每期还款额，预留给农户的共享收益定期结算。付款期内，农户每年享有的共享收益为每年每片组件 20 元。产品总价付清后，农户享有剩余使用期间的全额收益。

（二）销售合同主要条款

公司自开展赊销业务以来不断修改销售合同条款，梳理公司与农户签订的不同销售合同版本，总结主要共性条款如下：

产品总价：以单瓦售价乘以电站容量（以瓦为单位）确定电站产品总价。

付款期限：采用分期付款，付款期限 20 年，并约定每年的付款金额；若付款期限届满公司未能全额收回产品总价，则公司有权依据付款明细延长分期付款期限至付清产品总价；付款期限尚未届满，农户自愿提前付清的，应与公司另行签订合同。

付款方式：光伏电站产生的全部电费及补贴扣除农户收益（农户收益定义见下条）后，剩余部分全部用于向公司支付产品总价。

农户收益：付款期内，农户仅享有固定的共享收益（全额上网模式下，每年每片组件 20 元；余电上网模式下，根据装机容量不等农户享有少量固定度数用电量）；还清电站总价后，农户可全额享受电站发电收益。

产品交付：公司设计光伏电站并提供施工、安装、并网等一站式服务，电站安装后农户以其自身名义办理并网手续，电站自首次并网完成之日起即完成交付。

电站所有权：并网后光伏电站的所有权归农户。公司收齐产品总价后，不负责电站拆除事宜。

质保：光伏电站组件质保期 20 年，逆变器质保期 20 年，自电站交付之日起算；质保期内出现质量问题，公司应对安装工艺、材料和产品质量等原因造成的设备或部件的损坏提供免费维修和保养。

电站处置：付款期限届满前，未经公司书面同意，农户不得通过转售、转租、设立担保等方式处置电站；农户不得擅自移动、拆装、改造电站，若因此造成光伏电站受损、影响使用或发电量明显降低的，公司有权从农户收益中扣除等额维修、换新费用；农户应妥善保管电站，若因保管不善、使用不善造成电站受损、影响使用或发电量明显降低的，公司有权从农户收益中扣除等额维修、换新费用。

电站抵押：农户同意在付清电站总价前，将电站抵押给公司。

关于拆迁规定：付款期限未满，若遇房屋拆迁农户应及时通知公司，农户有两种选择，第一种是于电站拆除前向公司支付提前还清价，付清价款后，电站的一切收益及政府补偿全部归农户。第二种是双方配合申报电站价值，积极争取政府补偿，农户享有电站补偿款的 10%，公司享有电站补偿款的 90%；农户全权委托公司参与电站与政府处理补偿事宜，并按照公司要求积极配合申报并提供相关文件；农户关于电站与政府达成的任何补偿协议，均须经公司书面认可；若最终关于电站的补偿款高于当时提前还清价的，提前还清价部分按上述比例分享，高于提前还清价部分，双方各享 50%；如农户履行前述全部义务，公司同意如最终未取得政府补偿，不追究农户责任。

特别约定：光伏电站发电所产生的碳减排指标（包括但不限于碳豆等）归公司所有。

不可抗力：合同期限内，因不可抗力或非公司产品质量原因导致电站不能正常发电，且期限超过 30 天的，农户无权获得当季度的农户收益，公司有权不同意农户从电费结算卡中支取当季度的农户收益。

违约责任：合同生效后，农户擅自提前解除合同的或因农户原因无法继续履行合同的，应当赔偿公司全部损失，包括但不限于损失及预期收益（发电收入及补贴）等。

问题：A 公司光伏电站赊销业务的会计处理是否合理？

二、会计准则及相关规定

《企业会计准则第 14 号——收入》（2017 年修订）第四条规定："企业应当在履行了合同中的履约义务，即在客户取得相关商品控制权时确认收入。取得相关商品控制权，是指能够主导该商品的使用并从中获得几乎全部的经济利益。"

三、案例解析

本案例应基于实质重于形式原则判断，重点关注 A 公司开展此业务的商业逻辑是否合理、适用的法律政策是否恰当，进而判断 A 公司在该商业模式下究竟是销售光伏电站还是租用农户屋顶发电售电。在分析过程中，除了关注合同条款、资产产权归属以外，还应结合电站资产的使用方式、经济利益享有情况进行分析。

主导使用权方面，分布式光伏电站的使用方式为在安装完成之后发电并网，因产品抵押给 A 公司，客户在使用期间若变更用途，应经过 A 公司同意，因此难以认定客户已取得该商品的主导使用权。

经济利益享有方面，电站资产使用获取的经济利益主要包括三类：并网发电电费收入、电费补贴收入，在拆迁等特殊情形下的相关处置款项等。案例中，A 公司与客户约定的还款时间为 20 年，根据 A 公司自身同类资产的折旧年限及设备生命周期来看，产品使用期间约 20 年，客户还款周期几乎等于产品的生命周期。根据还款安排来看，对于资产使用期间取得的现金流入（包括发电电价收入、电费补贴收入），应优先用于偿还 A 公司设备款，从实际收益分配角度看，农户在此期间内的收益占比约为 10%，客户获取的收益金额相对较小。

综上，在产品使用用途预先确定的情况下，因农户未取得产品使用时间内的主要收益，倾向于认为 A 公司仍主导该项商品的使用并获取经济利益，未转移控制权，应将该电站作为自身资产继续确认。

在进行分析判断时，应进一步结合该光伏电站的实际使用情况、该项交易的经济实质、农户是否实质承担了向 A 公司支付电站款项的义务（假设电网补贴收入无法覆盖成本等情形下，农户是否实质承担了相应的付款义务）、农户是否具备实质还款能力等。同时也应对业务模式的合规性（如补贴申请、农户合理权益保障等行业政策）予以充分关注。

案例 6－30
合同资产与应收账款的区分问题

一、案例背景

B 上市公司是一家园林工程施工企业。针对其中的 EPC 项目和一般工程项目，公司与业主单位签订合同后，工程管理中心根据项目内容进行统筹管理和任务分配，组建项目部负责项目的实施；公司与业主单位之间按合同约定的结算付款条件进行结算和付款，一般按月或分阶段支付工程进度款，工程竣工验收合格、经审计并办理工程竣工决算手续后支付大部分工程款，工程竣工验收合格至工程竣工决算审价之间通常会间隔几个月甚至更长时间；剩余部分款项作为工程质保金，于质保期内分期支付或质保期结束时一次性支付完成。对此类业务，公司按履约进度在一段时间内确认收入。

问题：在收入准则下，B 公司在工程竣工验收合格时，除了将工程质保金确认为合同资产外，对其余未结算款项应如何区分合同资产与应收账款？具体而言，在工程竣工验收合格时点，是将其余未结算款项（不包含工程质保金）确认为应收账款，还是先确认为合同资产，至决算审价完成时将之转为应收账款？

二、会计准则及相关规定

《企业会计准则第 14 号——收入》（2017 年修订）第四十一条规定："企业应当根据本企业履行履约义务与客户付款之间的关系在资产负债表中列示合同资产或合同负债。企业拥有的、无条件（即仅取决于时间流逝）向客户收取对价的权利应当作为应收款项单独列示。

合同资产，是指企业已向客户转让商品而有权收取对价的权利，且该权利取决于时间流逝之外的其他因素。如企业向客户销售两项可明确区分的商品，企业因已交付其中一项商品而有权收取款项，但收取该款项还取决于企业交付另一项商品的，企业应当将该收款权利作为合同资产。"

三、案例解析

应收账款，是指企业拥有的、无条件（即仅取决于时间流逝）向客户收取对价的权利，其他的已向客户转让商品而有权收取对价的权利应作为合同资产。通常来说，对于在竣工结算审计期间应收取的对价，其不满足仅取决于时间流逝的无条件收款权要求，应确认为合同资产。

案例 6－31
通过股权转让的方式出售资产是否可以列报为营业收入

一、案例背景

实务中，一些行业出于税收或者法律限制等原因，会采取将资产所在的项目公司股权整体出售而非直接出售资产的形式来实现资产处置的利得，且该方式是这些行业的企业为完成其经营目标所从事的经常性活动。例如，国际和国内常见的房地产行业开发的商业地产，以及光伏企业出售光伏电站所在项目公司的股权。

A 公司从事新能源电站开发、建设、出售业务。A 公司成立股权管理部，制定《资产出售管理办法》，每年制定年度电站出售计划和预算，已将三批电站出售计划纳入 2×11 年和 2×12 年经营计划和财务预算。A 公司申请新能源项目核准时，通常将项目核准至项目所在地注册的子公司名下，因此出售电站体现为出售电站子公司的股权。

问题：A 公司能否参照收入准则，将处置电站子公司股权产生的损益确认为收入成本？

二、会计准则及相关规定

《企业会计准则第 14 号——收入》（2017 年修订）第二条规定："收入，是指企业在日常活动中形成的、会导致所有者权益增加的、与所有者投入资本无关的经济利益的总流入。"

《企业会计准则第 14 号——收入》（2017 年修订）第三条规定："本准则适用于所有与客户之间的合同，但下列各项除外：（一）由《企业会计准则第 2 号——长期股权投资》《企业会计准则第 22 号——金融工具确认和计量》《企业会计准则第 23 号——金融资产转移》《企业会计准则第 24 号——套期会计》《企业会计准则第 33 号——合并财务报表》以及《企业会计准则第40号——合营安排》规范的金融工具及其他合同权利和义务，分别适用《企业会计准则第2号——长期股权投资》《企业会计准则第22号——金融工具确认和计量》《企业会计准则第23号——金融资产转移》《企业会计准则第24号——套期会计》《企业会计准则第33号——合并财务报表》以及《企业会计准则第40号——合营安排》。”

三、案例解析

通常情况下，企业出售子公司股权，导致丧失控制权的交易应当遵循《企业会计准则第33号——合并财务报表》准则要求进行核算，并将处置净损益列报在投资收益。

实务中，不同行业中业务开展的方式有所不同。受所处行业的法律法规影响，个别行业企业的日常业务模式之一就是通过股权出售的形式来实现经济利益。以光伏电站为例，光伏企业成立子公司，并以此为主体进行开发、建设，在达到预定条件后，以股权处置的方式对外销售子公司，实现经济利益。同时，股权处置子公司交易行为可能构成了该类光伏企业的日常活动。

从交易的形式来看，该类光伏企业以股权处置方式实现经济利益，看似处置了子公司，穿透本质来看，实为处置子公司所拥有的电站资产，对于该类销售行为，按照实质重于形式原则，将处置损益分别列报为收入、成本，亦具有一定的合理性。企业在判断其是否可将以股权处置方式产生的损益列报为收入成本时，应结合以下方面进行分析讨论：

1. 企业以出售项目公司股权形式出售资产属于企业的日常活动，为公司的业务模式之一。日常活动是指企业为完成其经营目标所从事的经常性活动以及与之相关的活动，企业应充分论证说明，处置股权交易行为非偶发性交易行为。

2. 企业应持有所出售子公司100%的股权，并将其全部对外转让。即股权转让之前，企业拥有了该项子公司及其资产100%权益，具有主导资产使用的能力；在出售股权之后未享有与资产相关的剩余收益，即通过处置资产获取了处置行为产生的经济利益，对于已处置股权或资产，不具有“主导或者参与”使用的权利。

3. 所出售项目公司不构成业务，业务的判断遵循《企业会计准则解释第 13 号》的规定。如果所出售项目公司满足集中度测试，可认为其不构成业务。

此外，需综合考虑企业所处的行业法律法规规定，判断以处置股权的方式完成资产的转让交易是否合规以及是否具有业务实质。

第七章 政府补助

案例 7 – 01 政府补助的认定

为了体现一个国家的经济政策，鼓励或扶持特定行业、地区或领域的发展，国家通常会对有关企业予以经济支持，如无偿拨款、担保、放弃或者不收缴应收收入等。《企业会计准则第 16 号——政府补助》（2017 年修订）中将政府补助定义为“企业从政府无偿取得货币性资产或非货币性资产”。政府补助的特点在于其属于来源于政府的经济资源及无偿性。虽然政府补助具有无偿性，但是并不代表任何企业都可以获得。获得政府补助需要满足一定的条件。如何区分企业是因满足一定条件（例如企业有某些政府鼓励的行为）而获得了政府补助，还是与政府作为参与交易的一方，要求企业为政府提供某些商品或服务而支付给企业的对价，是实务中该类交易的处理难点。

一、案例背景

A 公司为上市公司，从 2×08 年开始受政府委托进口医药类特种原料 M，再将 M 销售给国内的生产企业，加工成产品 N 销售给最终顾客。产品 N 的销售价格由政府确定。由于国际市场上原料 M 的价格上涨，而国内产品 N 的价格保持稳定不变，形成进销倒挂的局面。2×11 年之前，A 公司销售给生产企业的时候以原料 M 的进口价格为基础定价，国家财政对生产企业进行补贴；2×11 年之后，国家规范补贴款管理，改为限定 A 公司对生产企业的销售价格，然后 A 公司的进销差价损失由国家财政给予返还，差价返还金额以销售价格减去加权平均采购成本的价差乘以销售给生产企业的数量计算。

问题：A 公司收到的差价返还款是否应作为政府补助进行处理？

二、会计准则及相关规定

《企业会计准则第 16 号——政府补助》（2017 年修订）第二条规定："本准则中的政府补助，是指企业从政府无偿取得货币性资产或非货币性资产。"

《企业会计准则第 16 号——政府补助》（2017 年修订）第五条规定："下列各项适用其他相关会计准则：（一）企业从政府取得的经济资源，如果与企业销售商品或提供服务等活动密切相关，且是企业商品或服务的对价或者是对价的组成部分，适用《企业会计准则第 14 号——收入》等相关会计准则。"

《企业会计准则第 16 号——政府补助》（2017 年修订）第八条规定："与资产相关的政府补助，应当冲减相关资产的账面价值或确认为递延收益。与资产相关的政府补助确认为递延收益的，应当在相关资产使用寿命内按照合理、系统的方法分期计入损益。按照名义金额计量的政府补助，直接计入当期损益。"

《企业会计准则第 16 号——政府补助》（2017 年修订）第九条规定：

"与收益相关的政府补助，应当分情况按照以下规定进行会计处理：

（一）用于补偿企业以后期间的相关成本费用或损失的，确认为递延收益，并在确认相关成本费用或损失的期间，计入当期损益或冲减相关成本；

（二）用于补偿企业已发生的相关成本费用或损失的，直接计入当期损益或冲减相关成本。"

《企业会计准则第 14 号——收入》（2017 年修订）将收入定义为"企业在日常活动中形成的、会导致所有者权益增加的、与所有者投入资本无关的经济利益的总流入。"

三、案例解析

一般情况下，从政府无偿获得的货币性和非货币性资产属于政府补助，但不是所有来源于政府的货币性和非货币性资产都是政府补助，应该具体问题具体分析。

在本案例中，A 公司从政府取得货币资产，这从形式上符合政府补助的定义，按照政府补助准则，收到的政府补助在总额法下应当确认为“其他收益”，但是这样处理，会导致 A 公司的报表呈现主营业务的负毛利和较大金额的其他收益，未能反映 A 公司的业务模式和交易实质，也未能反映企业的真实经营状况。

第一，该部分来自政府的货币资产是政府对企业日常销售价格进行限定之后的补偿。2×11 年之后，国家改变补贴管理方式，直接限定 A 公司的销售价格，A 公司的进销差价损失由国家财政补贴，来自政府的补贴款本质上是 A 公司商品价格的组成部分。从对 A 公司财务状况的影响来看，采购并销售 M 材料的交易不会给其带来亏损，但是在 A 公司的报表中却呈现主营业务的亏损。

第二，从 2×11 年前后对比来看，在 2×11 年之前，国家将补贴直接支付给购买 M 原料的生产企业，A 公司按照正常价格销售，不存在政府补助问题；而 2×11 年之后，国家将补贴直接支付给 A 公司，该变化的主要原因是购买 M 原料的生产企业数量较多，直接支付给 A 公司便于国家的监督和管理，交易的性质不应该因为支付前移而发生变化。该补助的实质是对最终顾客的补助，对于前端进口和生产企业而言，都是一种限制正常售价后的价格补偿。

第三，从交易实质看，A 公司受政府委托进口原料，A 公司为政府提供服务，政府支付的价款为交易对价的一部分。政府补助最本质的特点是无偿性。该案例中，政府给予补贴的原因是 A 公司售价被政府管制，差价由政府补偿，这一切都和 A 公司进口并销售原料而且没有按正常价格销售有关，不具有无偿性。此外，将在同一项交易中，针对同一标的资产从指定企业收到的销售款作为收入，而将从政府收到的对价部分确认为其他收益，这样处理没有公允地反映交易实质。

综上所述，A 公司从国外进口 M 材料，按照限定的价格销售给指定企业，并从政府取得的差价补偿，与其销售商品或提供服务等活动密切相关，属于企业商品或服务的对价或者是对价的组成部分，应适用《企业会计准则第 14 号——收入》（2017 年修订）等相关会计准则，不属于政府补助。

案例7－02
政府补助类别的判断

企业会计准则规定，对于政府补助的会计处理，无论其是通过何种形式取得的，都应当划分为与资产相关的政府补助和与收益相关的政府补助。两种类别的政府补助，会计处理原则不同，对各期损益的影响也不同。然而在实务操作中，往往容易混淆这两种类别的政府补助。

一、案例背景

A公司为上市公司，2×13年12月，A公司与其所在地工业园管委会签订协议，实施异地搬迁扩建。A公司将在该工业园建设新的厂房。协议约定：

（1）A公司将以150元/平方米的单价取得20万平方米土地使用权，土地出让金总金额3,000万元。

（2）A公司缴纳全部土地出让金后5个工作日内，管委会以“进园企业科技创新扶持资金”的形式向A公司支付3,000万元扶持资金。

A公司认为，其在与管委会进行进园谈判时，就提出了科技创新扶持资金的申请，但对方表示当地经济落后，政府财政资金少，能否在引入成功时再提供。因此，考虑到在A公司缴纳土地出让金之后，对方就有财政收入，故约定第一笔科技创新扶持资金应该在对方收到土地出让金之后拨付。A公司认为该资金并不是针对土地款进行的补偿，而是与收益相关的政府补助。

问题：A公司将3,000万元科技创新扶持资金作为与收益相关的政府补助是否恰当？

二、会计准则及相关规定

《企业会计准则第16号——政府补助》（2017年修订）第四条规定：

“政府补助分为与资产相关的政府补助和与收益相关的政府补助。与资产相关的政府补助，是指企业取得的、用于购建或以其他方式形成长期资产的政府补助。与收益相关的政府补助，是指除与资产相关的政府补助之外的政府补助。”

《企业会计准则第 16 号——政府补助》（2017 年修订）第十条规定：“对于同时包含与资产相关部分和与收益相关部分的政府补助，应当区分不同部分分别进行会计处理；难以区分的，应当整体归类为与收益相关的政府补助。”

三、案例解析

政府补助的形式多种多样，如财政拨款、财政贴息、税收返还或无偿划拨非货币性资产等。确定了来源于政府的经济资源属于政府补助后，还应当对其进行恰当的分类。根据政府补助准则的规定，政府补助应当划分为与资产相关的政府补助和与收益相关的政府补助。这两类政府补助给企业带来经济利益或者弥补相关成本费用的形式不同，从而在具体会计处理上存在差别。

同时，对于一些综合性政府补助，在相关文件中未明确不同补助对象的金额，只有一个总金额。通常企业收到的政府补助都是有相关申请文件的，申请文件中通常需要提供补贴对象的相关预算明细。政府审核相关申请文件，最后批准补助的金额，可能是相关预算的全部，也可能是其中的一部分。如果是补贴的全部，则可以直接根据预算明细表，识别其中与资产相关的部分和与收益相关的部分；如果是补贴的一部分，也可以基于补贴占预算的比例，将补贴资金分配到预算明细的不同项目中，从而确定与资产相关的补助金额和与收益相关的补助金额。如果企业并没有相关申请文件，或者相关申请文件中并未提供预算明细，则需要进一步确凿证据（如管理层关于补贴资金使用计划等）作为政府补助不同类别划分的依据。

另外，在实务中还存在政府补助文件中直接列明会计处理方式的情况，如计入资本公积或计入营业外收入。这种情况可能会给会计处理提供方向，但也可能与会计准则有关规定存在冲突，这时如何进行具体会计处理需要具体分析。根据准则规定，与资产相关的政府补助是指用于购建或以其他方式形成长期资产的政府补助。在本案例中，按照协议约定，A 公司收到的第一笔 3,000 万元资金，是以“进园企业科技创新扶持资金”的形式取得的，并不是针对土地款进行的补偿，也不是针对随后的厂房建设。之所以要以土地出让金的缴纳为前提，是出于政府财政资金的考虑。此外，A 公司在申请补助时，也是以科技创新扶持的名义提出的申请。

因此，本案例中没有充分证据表明 A 公司收到的第一笔 3,000 万元科技创新扶持资金属于与资产相关的政府补助。按照企业会计准则的规定，公司应将其作为与收益相关的政府补助处理。

【相关案例之一】

如何判断政府补助是与资产相关还是与收益相关

（一）案例背景

A 公司是主业为制造业的上市公司。2×13 年 10 月，A 公司某节能技术改造项目正式经当地经济发展局核准，该项目属于国家重点节能技术改造项目，项目总投资为 1.8 亿元，其中长期资产的建设投资额为 1.5 亿元，流动资金等其他投资额合计 3,000 万元。A 公司同时也就该技改项目向当地政府申请补助，补助用途为资产建设投资。2×14 年度，A 公司全额收到"中央预算投资"项下的政府补助 1,000 万元，相关补助文件未明确上述政府补助是与收益相关还是与资产相关。

问题：A 公司收到的政府补助应分类为与资产相关还是与收益相关？

（二）案例解析

按照企业会计准则的有关规定，与资产相关的政府补助，是指企业取得的、用于购建或以其他方式形成长期资产的政府补助。如果政府补助文件明确规定了补助对象，则一般不存在判断的难度。实务中会计处理的难点在于，有时候政府补助的文件并未明确列明其补助的对象。我们认为，上市公司不应因政府文件并未表明补助对象就可以任意将其认定为是与收益相关的政府补助，而应结合公司向政府申请补助时所注明的目的、项目性质、补助用途以及政府下发补助时索引的政策依据等，基于实质重于形式的原则进行综合判断。如果在相关政府补助文件中指明了补助资金所对应的项目，且所对应项目主体为购建资产的，则政府补助应作为与资产相关的政府补助进行会计处理。

在本案例中，A 公司申请补助的项目为节能技术改造项目，项目主体是购建长期资产，且A公司向政府申请补助时的用途也注明是用于资产建设投资，因此可以判断该补助为与资产相关的政府补助。此外，A公司还应当在财务报表附注中充分披露将该项政府补助划分为与资产相关的政府补助的判断依据。

【相关案例之二】

与技改项目相关政府补助的类别

（一）案例背景

A公司为上市公司，2×11年，A公司所在地市经济发展局核准A公司某节能技改项目总投资2.3亿元，其中建设投资2亿元，流动资金等其他投资3,000万元。2×12年，根据国家发改委通知，A公司技改项目作为重点节能工程示范项目，获得"中央预算内投资"项下政府补助2,000万元，并于2×12年9月全部收到。

2×14年8月，A公司技改项目完成通过验收。A公司认为政府补助的文件中并未明确该项政府补助是与收益相关还是与资产相关，因此，拟作为与收益相关的政府补助，全额计入2×14年度其他收益。

问题：A公司将技改项目的政府补助判断为与收益相关是否恰当？

（二）案例解析

根据本案例背景，我们可以看出，A公司的某节能技改项目属于国家发改委规定的重点节能工程示范项目，所以A公司能够取得2,000万元的政府补助。该项补助是为了鼓励企业进行节能技改，针对此节能技改项目作出的补偿。A公司此项节能技改项目的主体为建设投资，可以判断该项补助属于与资产相关的政府补助。

一项政府补助是与资产相关还是与收益相关，应根据企业会计准则进行判断，在相关的政府补助文件中通常不会也无须对此作出规定，企业不应该因为补助文件未注明是与资产相关的政府补助就将其作为与收益相关的政府补助。如果在相关政府补助文件中指明了收到的补助资金所对应的项目，且补助资金是用于购建或以其他方式形成长期资产的，那么应将收到的政府补助作为与资产相关的政府补助进行会计处理。

案例 7－03
搬迁补偿事项的会计处理

一、案例背景

A 公司是制造业上市公司。为实施城市规划，进行旧区改建，2×13 年 3 月，当地工业改造指挥部与 A 公司签订搬迁补偿协议。协议约定，以第三方评估结果为基准，当地工业改造指挥部支付 5 亿元补偿费收回 A 公司某地块的厂区土地、地上建筑物及水电配套设施。2×13 年 12 月，A 公司已全部清空并撤出原厂区，并将房屋建筑物及土地使用权的权属证明上交工业改造指挥部。A 公司在原地块上的资产产权关系清晰，没有权属争议。补偿协议未就 A 公司应如何使用补偿费进行规定，工业改造指挥部也未有其他另行规定。

问题：A 公司的搬迁补偿事项应如何进行会计处理？

二、会计准则及相关规定

《企业会计准则解释第 3 号》规定：

“四、企业收到政府给予的搬迁补偿款应当如何进行会计处理？

企业因城镇整体规划、库区建设、棚户区改造、沉陷区治理等公共利益进行搬迁，收到政府从财政预算直接拨付的搬迁补偿款，应作为专项应付款处理。其中，属于对企业在搬迁和重建过程中发生的固定资产和无形资产损失、有关费用性支出、停工损失及搬迁后拟新建资产进行补偿的，应自专项应付款转入递延收益，并按照《企业会计准则第 16 号——政府补助》进行会计处理。企业取得的搬迁补偿款扣除转入递延收益的金额后如有结余的，应当作为资本公积处理。企业收到除上述之外的搬迁补偿款，应当按照《企业会计准则第 4 号——固定资产》《企业会计准则第 16 号——政府补助》等会计准则进行处理。”

《企业会计准则第 16 号——政府补助》（2017 年修订）第二条规定："本准则中的政府补助，是指企业从政府无偿取得货币性资产或非货币性资产。"

《企业会计准则第 16 号——政府补助》（2017 年修订）第三条规定："政府补助具有下列特征：（1）来源于政府的经济资源。对于企业收到的来源于其他方的补助，有确凿证据表明政府是补助的实际拨付者，其他方只起到代收代付作用的，该项补助也属于来源于政府的经济资源。（2）无偿性。即企业取得来源于政府的经济资源，不需要向政府交付商品或服务等对价。"

《监管规则适用指引——会计类第 3 号》指出："对于企业收到的不满足专项应付款确认条件（'因公共利益进行搬迁'以及'政府从财政预算直接拨付'）的搬迁补偿款，一般情况下认为，在满足市场化原则、补偿价格公允的前提下，该款项实质上是政府为取得土地使用权等资产向企业支付的交易对价。对于实践中存在的各类搬迁补偿名目，企业通常应当将其整体作为资产处置对价进行会计处理，除非有确凿证据表明搬迁补偿款存在政府补助成分（如提前搬迁奖励款等附带额外政策条件和使用条件的奖励），且政府补助与资产处置部分能够明确区分，则对于政府补助部分，企业应当按照政府补助准则相关规定进行会计处理。对于企业为履行上述资产处置交易而发生的房屋及其他附属物拆除损失、搬迁费用、停产停业期间支付的职工薪酬等费用，如果预计能够通过未来资产处置对价予以补偿的，企业可以按照流动性将其暂时计入其他流动资产或其他非流动资产，在处置资产终止确认时转入损益，否则应当在相关费用发生时计入损益。"

三、案例解析

根据《企业会计准则解释第 3 号》（以下简称解释 3 号）的相关规定，搬迁补偿事项只有在满足两个要素的前提下，才能适用解释 3 号的特殊规定，即先将收到政府从财政预算直接拨付的搬迁补偿款作为专项应付款处理。其中，属于对企业在搬迁和重建过程中发生的固定资产和无形资产损失、有关费用性支出、停工损失及搬迁后拟新建资产进行补偿的，应自专项应付款转入递延收益，并按照《企业会计准则第 16 号——政府补助》进行会计处理。企业取得的搬迁补偿款扣除转入递延收益的金额后如有结余的，作为资本公积处理。

上述两个要素是指“因公共利益进行搬迁”及“收到政府从财政预算直接拨付的搬迁补偿款”。公共利益搬迁包括因城镇整体规划、库区建设、棚户区改造、沉陷区治理等搬迁。一般而言，公司是否因公共利益进行搬迁，结合具体搬迁事项的原因、背景和协议约定进行分析，其结论一般不会引起争议。实务中分歧点较多的是如何判断财政预算直接拨付的概念。根据《中华人民共和国预算法》，财政预算由政府编制并经人民代表大会审批，有严格的发放审批流程和发放途径。如果没有客观证据证明，公司收取的搬迁款属于财政预算内支出且收取方式是财政直接拨付，则不能认定满足这一要素。

在本案例中，虽然 A 公司的搬迁原因是为了配合城市规划和旧区改建，具有公共利益的因素。但是，A 公司与当地工业改造指挥部签订搬迁协议，搬迁款的拨付单位为当地工业改造指挥部，并非出自财政部门直接拨付的预算支出资金，并不同时满足适用解释 3 号特殊规定的两个前提要素，因此，不能适用解释 3 号的特殊规定。

进一步分析本案例中 A 公司的搬迁背景，A 公司在原地块上的资产产权关系清晰，没有权属争议，该地块所在地也存在房地产交易市场。A 公司的搬迁补偿款的定价依据为第三方评估值，搬迁协议也未就 A 公司如何具体使用补偿款进行规定。该交易的实质是 A 公司将自身的资产与当地工业改造指挥部进行平等交换，用资产公平换取所谓的“补偿款”，款项的本质并非政府补助而是交易对价。该交易与 A 公司向其他非政府部门处置资产并收取处置对价并不存在本质区别。除非有明确的证据表明 A 公司收到的款项明显高于市场价值，且附带额外的政策条件和使用条件，含有政府补助的成分，否则应当全部按照资产处置的一般原则进行会计处理。

【相关案例之一】

搬迁补偿中政府补助的认定

（一）案例背景

A 公司为制造业上市公司。2×12 年 1 月，A 公司收到当地国土资源局关于收回 A 公司位于 B 片区的 C 地块土地使用权的通知。通知规定，为实施城市规划，进行旧区改建，依照《中华人民共和国土地管理法》

和《中华人民共和国城市房地产管理法》等法律法规，经报当地人民政府批准，收回A公司位于B片区旧城改造项目用地范围内的C地块的土地使用权，作为B片区国有土地使用权公开挂牌捆绑出让的旧城改造项目用地。收回A公司用地过程中涉及拆迁安置补偿的，由该改造项目挂牌竞得人按国家规定程序取得拆迁人资格后，按照国家城市房屋拆迁有关法规政策规定进行安置补偿。2×12年4月，甲房地产开发公司通过参加当地国土资源局土地交易中心举行的土地公开挂牌捆绑出让程序，取得了上述B片区的拆迁人资格，并负责相关拆迁安置工作。2×12年6月，A公司与甲公司签订搬迁补偿协议，约定以现金方式补偿，由A公司自行安置。补偿价格以第三方评估结果为基准确定，补偿总金额为2.3亿元。A公司在C地块上的资产产权关系清晰，没有权属争议。

问题：A公司的搬迁补偿事项应如何进行会计处理？

（二）案例解析

在本案例中，虽然A公司的搬迁原因是为了配合城市规划和旧区改建，具有公共利益的因素。但是，A公司与甲公司签订搬迁协议，搬迁款的支付对象为甲公司，并非出自财政部门直接拨付的预算支出资金，不同时满足适用解释3号规定的两个前提要素，因此，不适用解释3号的规定。

如果进一步分析本案例中A公司的搬迁背景，甲公司作为房地产开发公司，根据有关程序取得B片区整体的拆迁人资质，就B片区进行整体改造。A公司在原地块上的资产产权关系清晰，没有权属争议，该地块所在地也存在房地产交易市场。A公司的搬迁补偿款的定价依据为第三方评估值，搬迁协议也未就A公司如何具体使用补偿款进行规定。甲公司与A公司的交易实质是，A公司将自身的资产与甲公司进行平等交换，用资产公平换取所谓的“补偿款”，款项的本质是交易对价。该交易与A公司向其他非政府部门处置资产并收取处置对价并不存在本质区别。除非有明确的证据表明A公司收到的款项明显高于市场价值，且附带额外的政策条件和使用条件，含有政府补助的成分，否则应当全部按照资产处置的一般原则进行会计处理。

【相关案例之二】

拆迁补偿能否递延到未来期间确认收益

（一）案例背景

某医药公司根据当地政府的统一规划，2×18年2月与政府下属的土地开发公司签订拆迁补偿协议，给予公司补偿总金额为1.9亿元，一次性支付。具体补偿项目及金额包括房屋建筑物及其附属物价款4,000万元、设备价款5,000万元、停产停业损失补助2,000万元、品种转移费8,000万元。

在拆迁补偿谈判中，医药公司与土地开发公司就品种转移费进行了协商。按照目前在产的药品品种数量以及预计的每种药品的变更注册、重新认证等相关费用进行估计，土地开发公司同意向医药公司支付品种转移费8,000万元。品种转移费源于《药品注册管理办法》等文件的规定，药品生产场地变更需要重新注册申请，涉及申报、审评、审批等程序。医药公司从现在的注册经营地搬迁到新的生产地点之后，需要就每一类药品的新生产场地重新注册申请，相应会发生试生产及注册申请相关费用；另外，各种药品的重新注册申请是分阶段进行的，相关费用逐期发生。医药公司预计，2×18年年底之前将房屋建筑物腾空交付；10%的药品将在2×18年完成新生产场地的重新注册申请；其余药品在未来期间陆续完成生产场地重新注册申请，在完成重新注册之前，医药公司将委托其他生产厂商代为生产这些药品。

问题：医药公司是否应该将上述补偿中的品种转移补偿费递延到未来注册申请费用发生的期间确认为收益？

（二）案例解析

首先，该业务中，政府按照市场价格征收土地，医药公司将房屋建筑物腾空交付土地开发公司，此后不再有任何后续义务，本质上是一种商业行为，补偿价款属于交易对价，不具有无偿性的特征，与企业向其他非政府部门处置资产并收取对价并不存在区别。

除非有明确证据表明企业收到的款项明显高于所交付资产的市场价格，否则不适用政府补助准则。

其次，该交易实质为资产处置，对价所包含内容只是定价时的考虑因素，是定价的一种方式。

最后，政府提供的类似于房屋建筑物和设备补偿款是对房屋建筑物和设备损失的补偿，品种转移费本质上是对企业以前年度经营形成的生产经营资质因搬迁而提供的补偿。

综上所述，鉴于该业务性质为资产处置而非政府补助，对应的损益应该在完成房屋建筑物交付时作为资产处置损益一次性确认，不应该将上述补偿中的品种转移补偿在未来注册申请费用发生期间分期确认为收益。

案例7－04
政府补助的确认时点和以应收金额计量的条件

一、案例背景

A公司为制造业上市公司，2×12年12月20日，A公司收到了某市经济技术开发区管理委员会《关于给予A公司科技三项补贴的批复》，该批复同意拨付A公司2×13年“科技三项”财政补贴资金2,780万元。2×13年1月15日，A公司实际收取该笔补贴款。

问题：A公司在编制2×12年年报时是否可以按应收金额确认和计量相关政府补助？

二、会计准则及相关规定

《企业会计准则第16号——政府补助》（2017年修订）第六条规定：“政府补助同时满足下列条件的，才能予以确认：

（一）企业能够满足政府补助所附条件；

（二）企业能够收到政府补助。”

《企业会计准则第16号——政府补助》（2017年修订）第七条规定：

"政府补助为货币性资产的，应当按照收到或应收的金额计量。"

《企业会计准则第 16 号——政府补助（应用指南）》（2018 年修订）指出："政府补助为货币性资产的，应当按照收到或应收的金额计量。如果企业已经实际收到补助资金，应当按照实际收到的金额计量；如果资产负债表日企业尚未收到补助资金，但企业在符合了相关政策规定后就相应获得了收款权，且与之相关的经济利益很可能流入企业，企业应当在这项补助成为应收款时按照应收的金额计量。"

《监管规则适用指引——会计类第 1 号》指出："政府补助通常在企业能够满足政府补助所附条件以及企业能够收到政府补助时才能予以确认。判断企业能够收到政府补助，应着眼于分析和落实企业能够符合财政扶持政策规定的相关条件且预计能够收到财政扶持资金的'确凿证据'，例如，关注政府补助的发放主体是否具备相应的权力和资质，补助文件中索引的政策依据是否适用，申请政府补助的流程是否合法合规，是否已经履行完毕补助文件中的要求，实际收取资金前是否需要政府部门的实质性审核，同类型政府补助过往实际发放情况，补助文件是否有明确的支付时间，政府是否具备履行支付义务的能力等因素。"

三、案例解析

在本案例中，A 公司能否在 2×12 年确认相关政府补助不能一概而论，应着眼于分析和落实企业能够符合财政扶持政策规定的相关条件且预计能够收到财政扶持资金的"确凿证据"，例如，关注政府补助的发放主体是否具备相应的权力和资质，补助文件中索引的政策依据是否适用，A 公司申请政府补助的流程是否合法合规，A 公司是否已经履行完毕补助文件中的要求，实际收取资金前是否需要政府部门的实质性审核，历史上同类型政府补助的实际发放情况等因素。此外，如果 A 公司判断其可以在 2×12 年确认相关的政府补助，还应按发放补助的单位和补助项目逐项披露应收款项的期末余额、账龄以及预计收取的时间、金额及依据。如 A 公司未能在预计时点收到预计金额的政府补助的，还应披露原因。

【相关案例】

满足政府补助条件且已实际收取补助资金时，是否可以将政府补助递延至下一会计期间确认

（一）案例背景

A公司为农业上市公司。根据财政部、农业部印发的成品油价格补助专项资金管理办法，省级行业主管部门对企业是否具备取得专项资金的资格进行年度审核，审核通过并取得资格证书的企业，根据补助用油量和固定补助价格申报专项补助资金，省级行业主管部门负责用油量的测算和核查。

A公司历年来均通过年度资质审核核查，且历年来A公司申报的补助用油量和补助金额与省级行业主管部门测算和核查的结果并无实质差异。A公司2×11年年报披露，虽然A公司已经通过了2×11年度的资质审查，但是由于未实际收取补助款项，出于谨慎性角度考虑，公司并未确认尚未实际收取的2×11年度专项补助，待实际收取时方予以确认并计入收到当期的其他收益。2×12年3月，A公司再次通过了2×12年度的资质审核。2×12年6月，A公司实际收取了其2×11年度的价格补助专项资金共计3,600万元。2×12年12月，根据当地财政厅和行业主管部门《关于预拨2×12年度成品油价格改革财政补贴资金预算指标的通知》，财政厅和行业主管部门根据A公司上报测算的2×12年度补助用油量，预拨A公司2×12年度补贴资金共计2,100万元。2×13年2月，当地行业主管部门批复的实际补助用油量与A公司上报测算数量一致。A公司2×12年年报在2×13年2月尚未公告。

问题：A公司在编制2×12年年报时，是否应将实际收取的2×12年度的补贴资金确认为当期收益？

（二）案例解析

第一，需要判断A公司取得政府补助的类别。

在本案例中，A公司取得的专项资金补助并非用于购建或以其他方式形成长期资产的目的，因此其性质应判断为与收益相关的补助。由于该专

项补助对象为A公司2×12年用油成本，属于补偿A公司已发生的相关费用或损失，因此，当判断满足政府补助的确认条件时，A公司应将其直接计入当期收益或者冲减当期成本费用。

第二，需要判断A公司在2×12年是否满足政府补助的确认条件。

在实务中，针对“企业是否能够满足政府补助所附条件”“是否能够收到资金”进行分析时，应关注政府补助的发放主体是否具备相应的权力和资质，补助文件中索引的政策依据是否适用，A公司申请政府补助的流程是否合法合规、A公司是否已经履行完毕补助文件中的要求，实际收取资金前是否需要政府部门的实质性审核，历史上同类型政府补助的实际发放情况等因素。

在本案例中，A公司已经在2×12年实际收取了2×12年度的专项补助资金。因此，A公司能否在2×12年确认相关专项补助的关键点在于其是否已经符合财政扶持政策规定的相关条件，是否存在退还补助款的可能性。本案例中，A公司取得的专项补助的发放主体为当地财政厅和省级行业主管部门，补助文件中索引的政策依据清晰无歧义，A公司已经通过了2×12年度的资质审核，且期后行业主管部门批复的实际用油量与原测算数量一致。因此，在已经符合财政扶持政策规定的相关条件且已足额或部分收取补助金额的情况下，A公司应将取得的政府补助计入2×12年收益或者冲减2×12年成本费用。

案例7-05
新能源汽车财政补贴的会计处理

一、案例背景

甲公司为汽车整车生产企业，主要从事轿车、SUV的生产和销售。近年来，随着国家对个人新能源汽车补贴政策的推出和不断补充，甲公司新能源汽车的销售量逐年快速增长。

根据财政部、科技部、工业和信息化部、国家发展改革委于2010年5月31日发布的《关于开展私人购买新能源汽车补贴试点的通知》（财建〔2010〕230号）等相关规定，甲公司每辆新能源汽车的补贴情况具体如下：

1. 补助对象：补助对象是消费者。新能源汽车生产企业在销售新能源汽车产品时按照扣减补助后的价格与消费者进行结算，中央财政按程序将企业垫付的补助资金再拨付给生产企业。

2. 补助产品：中央财政补助的产品是纳入《新能源汽车推广应用工程推荐车型目录》（以下简称《推荐车型目录》）的纯电动汽车、插电式混合动力汽车和燃料电池汽车。

3. 补助标准：补助标准主要依据节能减排效果，并综合考虑生产成本、规模效应、技术进步等因素进行补贴，并自2016年起实行逐步减少。2017—2020年除燃料电池汽车外其他车型补助标准适当减少，其中：2017—2018年补助标准在2016年的基础上下降20%，2019—2020年补助标准在2016年的基础上下降40%。

根据目前中央和地方执行的新能源汽车补贴标准，新能源汽车的财政补贴分为两部分，即中央财政补贴和地方财政补贴，其中中央财政补贴按车型参数执行，地方财政补贴根据车型参数和地方补贴标准各地有所不同。根据甲公司的销售区域情况，平均每辆新能源轿车的补贴金额约为8万元，其中中央财政补贴5万元，地方财政补贴3万元；平均每辆新能源客车的补贴金额约为70万元，其中中央财政补贴50万元，地方财政补贴20万元。

根据上述标准计算，按每辆新能源轿车售价13万元（其中补贴8万元），新能源客车售价100万元（其中补贴70万元）计算，甲公司每年的新能源轿车的销售量为4,000辆，新能源客车的销售量为2,000辆，则销售收入为8亿元［4,000辆×（13－8）万元＋2,000辆×（100－70）万元］；新能源汽车补贴金额为17.2亿元（4,000辆×8万元＋2,000辆×70万元）。

每辆新能源轿车的生产成本约为12万元，新能源客车的生产成本约为80万元，即销售成本为20.8亿元（4,000辆×12万元＋2,000辆×80万元）。

问题：根据上述情况，甲公司新能源汽车销售取得的中央和地方财政补贴，应根据《企业会计准则第14号——收入》（2017年修订）的规定确认为营业收入，还是应根据《企业会计准则第16号——政府补助》（2017年修订）的规定进行会计处理？

二、会计准则及相关规定

《企业会计准则第 16 号——政府补助》（2017 年修订）第二条规定："本准则中的政府补助，是指企业从政府无偿取得货币性资产或非货币性资产。"

《企业会计准则第 16 号——政府补助》（2017 年修订）第五条规定："下列各项适用其他相关会计准则：（一）企业从政府取得的经济资源，如果与企业销售商品或提供服务等活动密切相关，且是企业商品或服务的对价或者是对价的组成部分，适用《企业会计准则第 14 号——收入》等相关会计准则。"

三、案例解析

根据《企业会计准则第 16 号——政府补助》（2017 年修订）的规定，企业从政府取得的经济资源，如果与企业销售商品或提供服务等活动密切相关，且是企业商品或服务的对价或者是对价的组成部分，适用《企业会计准则第 14 号——收入》等相关会计准则。

在本案例中，根据新能源汽车补贴的相关规定，补助对象是消费者，新能源汽车生产企业在销售新能源汽车产品时按照扣减补助后的价格与消费者进行结算，中央财政按程序将企业垫付的补助资金再拨付给生产企业。对新能源汽车厂商而言，如果没有政府的新能源汽车财政补贴，企业不会以低于成本的价格进行销售，政府补贴实际上是新能源汽车销售对价的组成部分。

因此，新能源汽车厂商从政府取得的补贴，与其销售新能源车密切相关，且是新能源车对价的组成部分，企业应当按照《企业会计准则第 14 号——收入》（2017 年修订）的规定进行会计处理。中央和地方财政补贴实质上是为消费者购买新能源汽车承担和支付了部分销售价款，其拨付的补贴金额应属于整车生产企业销售商品的资金流入，确认为收入可以更完整地反映整车生产企业新能源汽车的销售收入。因此，该款项在满足收入确认条件时应该将其确认为汽车企业的收入。

在实际确认收入的过程中，由于新能源汽车补贴是在汽车销售给最终消费者后由新能源汽车生产厂商根据实际销售情况向财政部门申请，但是实际的销售过程是新能源汽车生产厂商将新能源汽车销售给4S店之后，再由4S店销售给最终消费者，而根据国家目前的新能源汽车的补贴政策和标准，新能源汽车的补贴标准自2017年起执行逐步退坡政策，即2017—2020年除燃料电池汽车外其他车型补助标准适当退坡，其中：2017—2018年补助标准在2016年基础上下降20%，2019—2020年补助标准在2016年基础上下降40%。整车生产企业将新能源轿车销售给4S店并到达产品销售收入确认时点时，并不能准确判断4S店何时可实现新能源轿车的对外销售，可能无法准确计算可申报新能源汽车补贴的时间和金额。针对此情形，汽车生产企业应当根据中央和地方的相关补贴政策合理估计未来可收取补贴款的金额。当政策可能出现变化的情况下（如补贴比例逐年退坡），还需合理预计相关车辆最终出售给消费者的时间，根据相应年度的补贴标准确定补贴款的最佳估计数，计入销售价款。

案例7-06
废弃电子产品处理基金补贴的会计处理

一、案例背景

废弃电器电子产品处理基金是国家为促进废弃电子产品回收处理而设立的政府性基金。2012年财政部、原环保部等相关部门联合发布《废弃电器电子产品处理基金征收使用管理办法》，对于废弃电器电子产品处理基金的征收和使用管理作出规定。

（一）对于基金征收管理的主要规定

电器电子产品生产者、进口电器电子产品的收货人或者其代理人应当按照《废弃电器电子产品处理基金征收使用管理办法》的规定履行基金缴纳义务。基金分别按照电器电子产品生产者销售、进口电器电子产品的收货人或者其代理人进口的电器电子产品数量定额征收。电器电子产品生产者、进口电器电子产品的收货人或者其代理人缴纳的基金计入生产经营成本，准予在计算应纳税所得额时扣除。

（二）关于基金使用管理的主要规定

依照《废弃电器电子产品回收处理管理条例》和《废弃电器电子产品处理资格许可管理办法》的规定取得废弃电器电子产品处理资格的企业（以下简称处理企业），对列入《废弃电器电子产品处理目录》的废弃电器电子产品进行处理，可以申请基金补贴。

对处理企业按照实际完成拆解处理的废弃电器电子产品数量给予定额补贴。基金补贴标准为：电视机 85 元/台、电冰箱 80 元/台、洗衣机 35 元/台、房间空调器 35 元/台、微型计算机 85 元/台。实际完成拆解处理的废弃电器电子产品是指整机，不包括零部件或散件。

财政部会同环境保护部、国家发展改革委、工业和信息化部根据废弃电器电子产品回收处理成本变化情况，在听取有关企业和行业协会意见的基础上，适时调整基金补贴标准。

处理企业按季度对完成拆解处理的废弃电器电子产品种类、数量进行统计，按季度报送各省（区、市）环境保护主管部门，环境保护主管部门接到处理企业报送的拆解处理情况表及相关资料后组织开展审核工作，确认后以书面形式上报环境保护部。环境保护部负责对各省上报情况再进行核实，并汇总提交财政部。财政部按照环境保护部提交的废弃电器电子产品拆解处理种类、数量和基金补贴标准，核定对每个处理企业的补贴金额并支付资金。

在实务中，有的拆解企业将取得的电子产品处理基金补贴作为政府补助并冲减拆解成本；有的拆解企业将该基金补贴确认为主营业务收入，金额由公司根据拆解量暂估，后续根据环保部门审核确认的拆解量对已确认收入进行调整。

问题：企业收到的废弃电子产品处理基金补贴应如何处理？

二、会计准则及相关规定

《企业会计准则第 16 号——政府补助》（2017 年修订）第二条规定：“本准则中的政府补助，是指企业从政府无偿取得货币性资产或非货币性资产。”

《企业会计准则第 16 号——政府补助》（2017 年修订）第五条规定：

“企业从政府取得的经济资源，如果与企业销售商品或提供服务等活动密切相关，且是企业商品或服务的对价或者是对价的组成部分，适用《企业会计准则第 14 号——收入》等相关准则。”

三、案例解析

在本案例中，相关拆解业务应按照政府补助准则还是收入准则进行会计处理，关键在于政府在拆解业务中扮演什么角色。如果认为企业自身从事拆解业务并从其相关活动中获取经济利益，政府仅为鼓励其从事该项业务并给予其资金补助，则应按政府补助准则进行会计处理；如果认为政府是拆解业务的服务接受方并支付服务对价，则应按收入准则进行会计处理。我们认为，上述两种理解及相关会计处理在实务中均具有合理性。

如按照政府补助准则进行会计处理，企业可按照净额法将取得的废弃电器电子产品处理基金冲减相关成本费用，也可按照总额法将其计入其他收益。

如按照收入准则进行会计处理，企业从事拆解业务的收入主要来自两个方面：一是政府作为服务接受方提供的废弃电器电子产品处理基金补贴收入；二是企业对外出售拆解完成的废弃电器电子产品的交易对价。由于两笔收入的确认时点不同，处理企业应根据两部分收入的金额按比例先后结转拆解成本。

第八章
破产重整、债务重组、权益性交易等特殊交易

案例 8－01
破产重整的收益确认时点

2006 年 8 月修订的《中华人民共和国企业破产法》（以下简称《破产法》）引入了破产债务重整制度，专门辟出一章分三节共计二十五个法条对破产重整的法律程序作了较为细致的规定。在此之前，1986 年制定的《中华人民共和国企业破产法》（试行）也设计了破产重整程序，在这部老破产法中被称为“整顿”，与修订的破产法中的重整制度完全不同。

2006 年修订的《破产法》于 2007 年 6 月 1 日施行，ST 类上市公司通过破产重整确认债务重组收益的情况逐渐增多。根据《破产法》，债务人或者债权人可以依照《破产法》直接向人民法院申请对债务人进行重整，人民法院经审查认为重整申请符合《破产法》规定的，应当裁定债务人重整，并予以公告。债务人或者管理人应当自法院裁定债务人重整之日起 6 个月内，向法院和债权人会议提交重整计划草案。依据债权分类，债权人会议分优先债权组、职工债权组、税款债权组和普通债权组对重整计划草案分组进行表决。在实际工作中，优先债权组、职工债权组、税款债权组通常会由于全额偿付而通过重整计划草案，但普通债权组（债权人通常为商业银行，占总债权比例通常较高）通常会由于最终偿付比例过低（通常为 10% ~20%，最低为 2%）而无法通过重整计划草案。

即使出现上述情况，债务人或者管理人仍可在符合《破产法》第八十七条规定的情况下，申请人民法院批准重整计划草案。人民法院经审查认为重整计划草案符合规定的，应当自收到申请之日起 30 日内裁定批准，终止重整程序，并予以公告。经人民法院裁定批准的重整计划，对债务人和全体债权人均有约束力。

因此，自修订后的《破产法》实施以来，上市公司破产重整债务重组通常通过人民法院强制判决对债务人进行法律约束并对债权人进行保护。根据《破产法》，一旦重整计划实施完毕，按照重整计划减免的债务，自重整计划执行完毕时起，债务人不再承担清偿责任。

由于重整计划涉及债务重组，自2007年年报以来，不少ST类上市公司在法院批准重整计划后立即确认债务重组收益。例如，某破产重整上市公司，当地法院于2006年12月批准了该公司的重整计划草案，其中大额普通债权中超过50万元的部分将按照13%的偿付比例以现金清偿，在重整计划执行期满12个月的月底前清偿10%，满24个月的月底前清偿35%，满36个月的月底前清偿55%，该公司重整后债务约为98亿元。根据法院判决，该公司在2007年年报中确认了约20亿元债务重组收益。对于ST类公司是否能够按照重整计划的要求按期履行偿债义务，市场相关各方一直存在较大疑问，由此引发了较大争议，即破产重整上市公司是否可以在法院批准重整计划后立即确认债务重组收益。

一、案例背景

A公司为上市公司，拟进行破产重整。2×12年2月，当地法院批准了公司的重整计划，对于超过10万元以上部分的普通债权，A公司按照12%的比例以现金进行清偿，并在重整计划获法院裁定批准之日起三年内分三期清偿完毕，每年为一期，每期偿还1/3。破产重整方案中还规定，只有在A公司履行重整计划规定的偿债义务后，债权人才能根据重整计划豁免其剩余债务，否则，管理人或债权人有权要求终止重整计划，债权人在重整计划中所做的债权调整承诺也随之失效。A公司根据前述重整计划的安排，在2×12年2月确认了约10亿元债务重组收益。

2×12年底，A公司发布重大事项公告，称公司目前未能按照重整计划确定的第一期债务清偿时间和金额偿还债务。为了避免破产清算，公司一方面书面致函各相关债权人恳请延期偿还债务，截至2×12年12月31日，尚未收到各债权人及相关部门的书面异议；另一方面正全力加大工作力度和加快工作进程，力争在最短的时间内筹集到相应资金偿付第一期债务。公司将根据事情的进展情况及时履行信息披露义务。

问题：A公司是否能在2×12年年报中确认上述破产重整债务重组收益？

二、会计准则及相关规定

《企业会计准则第 12 号——债务重组》（2019 年修订）第二条规定：“债务重组，是指在不改变交易对手方的情况下，经债权人和债务人协定或法院裁定，就清偿债务的时间、金额或方式等重新达成协议的交易。”

《企业会计准则第 12 号——债务重组》（2019 年修订）第四条规定：“本准则适用于所有债务重组，但下列各项适用其他相关会计准则：（一）债务重组中涉及的债权、重组债权、债务、重组债务和其他金融工具的确认、计量和列报，分别适用《企业会计准则第 22 号——金融工具确认和计量》和《企业会计准则第 37 号——金融工具列报》。”

《企业会计准则第 12 号——债务重组》（2019 年修订）第十二条规定：“采用修改其他条款方式进行债务重组的，债务人应当按照《企业会计准则第 22 号——金融工具确认和计量》和《企业会计准则第 37 号——金融工具列报》的规定，确认和计量重组债务。”

《企业会计准则第 22 号——金融工具确认和计量》（2017 年修订）第十二条规定：“金融负债（或其一部分）的现时义务已经解除的，企业应当终止确认该金融负债（或该部分金融负债）。”

《企业会计准则第 22 号——金融工具确认和计量》（2017 年修订）第十三条规定：“企业（借入方）与借出方之间签订协议，以承担新金融负债方式替换原金融负债，且新金融负债与原金融负债的合同条款实质上不同的，企业应当终止确认原金融负债，同时确认一项新金融负债。企业对原金融负债（或其一部分）的合同条款做出实质性修改的，应当终止确认原金融负债，同时按照修改后的条款确认一项新金融负债。”

《企业会计准则第 22 号——金融工具确认和计量》（2017 年修订）第十四条规定：“金融负债（或其一部分）终止确认的，企业应当将其账面价值与支付的对价（包括转出的非现金资产或承担的负债）之间的差额，计入当期损益。”

《企业会计准则第 22 号——金融工具确认和计量（应用指南）》（2018 年修订）规定：“企业与交易对手方修改或重新议定合同，未导致金融负债终止确认，但导致合同现金流量发生变化的，应当重新计算该金融负债的账面价值，并将相关利得或损失计入当期损益。重新计算的该金融负债的账面价值，应当根据将重新议定或修改的合同现金流量按金融负债的原实际利率或按《企业会计准则第24号——套期会计》第二十三条规定的重新计算的实际利率（如适用）折现的现值确定。对于修改或重新议定合同所产生的所有成本或费用，企业应当调整修改后的金融负债账面价值，并在修改后金融负债的剩余期限内进行摊销。”

《破产法》第七十八条规定：“在重整期间，有下列情形之一的，经管理人或者利害关系人请求，人民法院应当裁定终止重整程序，并宣告债务人破产：

（一）债务人的经营状况和财产状况继续恶化，缺乏挽救的可能性；

（二）债务人有欺诈、恶意减少债务人财产或者其他显著不利于债权人的行为；

（三）由于债务人的行为致使管理人无法执行职务。”

《破产法》第九十三条规定：“债务人不能执行或者不执行重整计划的，人民法院经管理人或者利害关系人请求，应当裁定终止重整计划的执行，并宣告债务人破产。

人民法院裁定终止重整计划执行的，债权人在重整计划中作出的债权调整的承诺失去效力。债权人因执行重整计划所受的清偿仍然有效，债权未受清偿的部分作为破产债权。”

三、案例解析

根据《破产法》的规定，经法院批准的债务豁免，其实质是有条件豁免，只有在债务人履行重整计划规定的偿债义务后，债权人才根据重整计划豁免其剩余债务，否则，管理人或债权人有权要求人民法院终止重整计划，债权人在重整计划中所作的债权调整承诺也随之失效。而在破产重整过程中，有关债务重组协议的执行过程和结果存在较大不确定性，主要表现在：

1. 实施破产重整的上市公司（即债务人）多为退市风险警示（*ST）或特别处理（ST）类公司，这些公司在破产重整之前大多曾发生过未及时足额归还银行借款的违约行为。

2. 上市公司获得债务豁免后，是否就能够启动正常生产经营活动，产生足够的现金流，用于按期履行重整计划中的偿债义务具有相当大的不确定性。

3. 重整计划规定的分期偿债期间一般较长，债务人分批按期偿还债务，在履行重整计划期间，债务人偿债义务尚未解除。

因此，不能简单地认为法院裁定批准了重整计划，被豁免的债务就符合了终止确认的条件。破产重整实质上属于一种特殊的债务重组，应该在符合企业会计准则所规定的金融负债终止确认条件，或者虽然未构成终止确认但是对债务的合同现金流量进行了修改的情况下才能够确认债务重组利得。由于大多数经法院批准的债务豁免都是有条件豁免，只有在债务人履行重整计划规定的偿债义务后，债权人才根据重整计划豁免债务，或者依据修改后的合同安排偿还债务。因此，一般应等到法院裁定破产重整实施完毕才能够确认债务重组收益，债务人不应在法院批准其重整计划时，立即确认破产重整债务重组收益。

根据 A 公司的破产重整方案，“只有在 A 公司履行重整计划规定的偿债义务后，债权人才根据重整计划豁免其剩余债务，否则，管理人或债权人有权要求终止重整计划，债权人在重整计划中所做的债权调整承诺也随之失效”。这说明，债权人所作出的债务豁免承诺只有在 A 公司按照重整计划的规定履行完所有偿债义务之后才生效，在此之前，A 公司不应该确认重组收益。

在本案例中，A 公司已于 2×12 年底前发布重大事项公告，称公司目前未能按照重整计划确定的第一期债务清偿时间和金额偿还债务，这进一步证明，在 2×12 年底，无法确定 A 公司是否能够按照破产重整方案履行完毕所有的偿债义务。因此，A 公司不应在 2×12 年度确认相关债务重组收益。

案例 8－02
资产负债表日后的债务重组

上市公司与债权人进行债务重组，由于涉及债权的认定、清偿比例、清偿方式与期限等很多具体事项的协商和讨论，通常需要经历一段较长的时间才能够达成协议。因此，实务中常常出现这样的情况，上市公司在报告期内已经开始与银行或者其他债权人协商债务重组，在报告期资产负债表日尚未签订债务重组协议。之后，在报告期的资产负债表日后到财务报告批准报出日之间，上市公司与相关债权人签订债务重组协议。这种情况下，是否能够作为资产负债表日后调整事项，根据所签订的债务重组协议，在报告期确认债务重组收益，是实务中部分企业感到困惑的问题。

另外，如果上市公司在报告年度开始实施破产重整计划，在报告期资产负债表日后完成重整计划并由法院裁定破产重整实施完毕，是否能够作为资产负债表日后调整事项，将破产重整收益计入报告年度，是在上述问题的基础上衍生出来的问题。

一、案例背景

A 公司为上市公司。2×11 年 A 公司向 B 银行借款 2 亿元，借款协议约定的正常年利率为 6%，罚息年利率为 7%。由于 A 公司资金困难，未能按时偿还本息。故 A 公司从 2×13 年 1 月开始按照罚息年利率 7% 计提该笔借款的逾期利息，2×13 年度计提逾期利息 1,400 万元。

2×14 年，A 公司与 B 银行积极协商，B 银行也已向 B 银行总行申请减免 A 公司部分利息。2×14 年 12 月 31 日，A 公司根据与 B 银行债务重组的进度情况，预计双方将于近期达成减免利息的协议。据此判断 2×13 年度及 2×14 年度按照罚息年利率 7% 支付逾期利息的可能性很小，故 2×14 年按照 6% 的正常年利率计提该笔借款利息 1,200 万元，同时冲回应付利息期初余额中包含的 2×13 年利息 200 万元。

2×15 年 4 月 27 日，在 2×14 年度财务报告批准报出日之前，A 公司与 B 银行签订了“利息减免协议”，协议的主要内容与之前 A 公司估计的情况基本相符，即在 A 公司一次性归还全部借款本金和分期偿还利息的前提下，A 公司只需按照 6% 的正常年利率支付 2×13 年度和 2×14 年度的利息。

问题：

（1）A 公司能否基于资产负债表日债务重组的谈判进度来估计应付利息的金额？

（2）资产负债表日后期间达成的债务重组协议是否应该作为调整事项？

二、会计准则及相关规定

《企业会计准则第 29 号——资产负债表日后事项》规定：“资产负债表

日后调整事项，是指对资产负债表日已经存在的情况提供了新的或进一步证据的事项。资产负债表日后非调整事项，是指表明资产负债表日后发生的情况的事项。”

《企业会计准则第 12 号——债务重组》（2019 年修订）第四条规定：“本准则适用于所有债务重组，但下列各项适用其他相关会计准则：（一）债务重组中涉及的债权、重组债权、债务、重组债务和其他金融工具的确认、计量和列报，分别适用《企业会计准则第 22 号——金融工具确认和计量》和《企业会计准则第 37 号——金融工具列报》。”

《企业会计准则第 12 号——债务重组》（2019 年修订）第十三条规定：“采用修改其他条款方式进行债务重组的，债务人应当按照《企业会计准则第 22 号——金融工具确认和计量》和《企业会计准则第 37 号——金融工具列报》的规定，确认和计量重组债务。”

《企业会计准则第 22 号——金融工具确认和计量》（2017 年修订）第十二条规定：“金融负债（或其一部分）的现时义务已经解除的，企业应当终止确认该金融负债（或该部分金融负债）。”

《企业会计准则第 22 号——金融工具确认和计量》（2017 年修订）第十三条规定：“企业（借入方）与借出方之间签订协议，以承担新金融负债方式替换原金融负债，且新金融负债与原金融负债的合同条款实质上不同的，企业应当终止确认原金融负债，同时确认一项新金融负债。

企业对原金融负债（或其一部分）的合同条款做出实质性修改的，应当终止确认原金融负债，同时按照修改后的条款确认一项新金融负债。”

《企业会计准则第 22 号——金融工具确认和计量》（2017 年修订）第十四条规定：“金融负债（或其一部分）终止确认的，企业应当将其账面价值与支付的对价（包括转出的非现金资产或承担的负债）之间的差额，计入当期损益。”

《企业会计准则第 22 号——金融工具确认和计量（应用指南）》（2018 年修订）规定：“企业与交易对手方修改或重新议定合同，未导致金融负债终止确认，但导致合同现金流量发生变化的，应当重新计算该金融负债的账面价值，并将相关利得或损失计入当期损益。重新计算的该金融负债的账面价值，应当根据将重新议定或修改的合同现金流量按金融负债的原实际利率或按《企业会计准则第 24 号——套期会计》第二十三条规定的重新计算的实际利率（如适用）折现的现值确定。对于修改或重新议定合同所产生的所有成本或费用，企业应当调整修改后的金融负债账面价值，并在修改后金融负债的剩余期限内进行摊销。”

三、案例解析

要解决此类问题，关键在于两方面的判断：一是判断相关的债务重组和破产重整的确认时点；二是判断资产负债表日后事项是否属于调整事项。

（一）债务重组的确认时点

根据债务重组准则及金融工具准则的相关规定，企业在满足金融负债终止确认条件之后，即现时义务全部或部分已经解除时，可以终止确认全部或部分金融负债从而确认重组收益；或者根据修改后的债务合同，虽不能终止确认金融负债，但相关合同现金流量已经发生变化时，可以确认重组收益。

如果是破产重整这一特殊的债务重组事项，应该按照本章案例 8 – 01 所讨论的确认原则，通常应该在债务人按照经法院批准的破产重整方案履行完所有的偿债义务，法院裁定破产重整实施完毕之后，确认债务重组收益。

（二）判断资产负债表日后事项是否属于调整事项

企业会计准则规定，资产负债表日后调整事项，是指对资产负债表日已经存在的情况提供了新的或进一步证据的事项。因此，判断一个资产负债表日后事项是否属于调整事项，关键在于判断这一事项是否属于资产负债表日已经存在的情况。一般来讲，债务重组协议签订于报告年度资产负债表日后期间，为一个新的事项，不属于日后调整事项。债务重组协议明确规定了偿债条件的，在相关债务未按规定偿付之前，相关金融负债不满足终止确认条件，不能够作为资产负债表日后调整事项。

在本案例中，A 公司在 2 ×14 年底，根据管理层的估计，认为按照 7% 的罚息年利率支付 2 ×13 年度和 2 ×14 年度利息的可能性很小，故按照 6% 的正常年利率计提 2 ×14 年度应付利息 1,200 万元，同时冲回应付利息期初余额中包含的 2 ×13 年利息 200 万元。

应付利息与银行借款均属于金融负债，A 公司的这种做法，有可能是混淆了金融负债与预计负债的概念，将金融负债按照预计负债的方法进行了会计处理。

预计负债是符合负债确认条件的或有事项，根据《企业会计准则第 13

号——或有事项》，或有事项是“过去的交易或者事项形成的，其结果须由某些未来事项的发生或不发生才能决定的不确定事项”。预计负债的金额“按照履行相关现时义务所需支出的最佳估计数进行初始计量”，并在每个资产负债表日“按照当前最佳估计数对该账面价值进行调整”。因此，预计负债是基于最佳估计数的一项负债。

金融负债的确认和计量应当遵循《企业会计准则第 22 号——金融工具确认和计量》（2017 年修订）。金融负债的定义是指“向其他单位交付现金或其他金融资产的合同义务”，金融负债终止确认的相关规定中也强调了合同义务的全部或者部分解除。可以看出，金融负债更强调的是合同义务。除以公允价值计量且其变动计入当期损益的金融负债以外，其他金融负债一般应按照摊余成本计量，每个资产负债表日账面价值不反映其公允价值的波动，也不反映会计估计的变动，只要企业的合同义务没有全部或者部分解除，债务条款没有发生实质修改，就不能终止确认原来的债务。

2×15 年 4 月 27 日，A 公司与 B 银行签订了利息减免协议，在该协议签订之前，原借款协议一直有效，则 A 公司按照 7% 的罚息年利率支付利息的合同义务一直存在，直至利息减免协议的签署。因此，在 2×14 年 12 月 31 日，A 公司应该按照 7% 的年利率计提应付利息。资产负债表日后期间签订的利息减免协议是一项新发生的事件，该事件在资产负债表日尚未存在，因此，不能作为报告年度资产负债表日后调整事项。

此外，根据 A 公司与 B 银行签订的利息减免协议，利息减免是有条件减免，前提条件是 A 公司一次性归还全部借款本金和分期偿还利息。因此，在该前提条件满足之前，A 公司不应确认债务重组收益。

综上所述，A 公司不能基于资产负债表日债务重组的谈判进度来估计应付利息的金额；资产负债表日后期间达成的债务重组协议不属于日后调整事项。

【相关案例之一】

资产负债表日后债务重组收益的确认期间

（一）案例背景

A 公司为上市公司，2×12 年 5 月按法院裁定进行破产债务重整，2×12 年

10月法院裁定批准了A公司的破产重整计划。截至2×13年1月20日，A公司已经清偿了所有应以现金清偿的债务；截至2×13年4月10日，应清偿给债权人的5,000万股股票已经过户到相应的债权人名下，预留给尚未登记债权人的股票也过户到管理人指定的账户。

A公司于2×13年4月25日披露的2×12年年报中确认了破产重整收益，理由是：在年报披露之前，有关重整事项已经基本执行完毕，公司认为很可能将得到法院的最终裁定。

问题：A公司能否将破产重整收益计入2×12年？

（二）案例解析

在破产重整过程中，债务重组协议的执行和结果存在重大不确定性，故上市公司通常应在法院裁定破产重整协议履行完毕后确认债务重组收益。

本案例中，由于A公司是在2×13年实施的主要重整债务清偿，法院将在2×13年裁定A公司破产重整计划执行完毕。“债务偿还”与“法院裁定”这两件事情均发生在资产负债表日后，不属于资产负债表日已经存在的情况。A公司在2×12年12月31日尚不能可靠判断重整债务的清偿是否能够顺利实施。期后的债务偿还和法院裁定不属于资产负债表日后调整事项，不应在2×12年年报中确认债务重组收益。

如果A公司在2×12年12月31日前已将需以现金清偿的债务对应的现金支付至管理人账户，需清偿给债权人的股票也过户到管理人指定账户，可以视为存在确凿证据表明破产重整协议执行过程及结果的重大不确定性消除，确认为债务重组收益。

【相关案例之二】

（一）案例背景

A公司分别在2×19年12月27日和12月31日收到了C债权人和B债权人的债务豁免协议，协议的主要内容为：如果A公司能在2×20年3月31日前，偿还B债权人5,000万元和C债权人830万元的本金，将豁免公司剩余的本金、利息、复利等相关费用。2×20年4月2日A公司公告，通过向第三方借款，已经于2×20年3月31日偿还了上述两个债权人的债务，债务豁免协议生效，分别为A公司带来8,561.68万元、1,437.51万元的收益。2×20年4月15日，A公司发布2×19年度业绩预告修正公告，拟将上述债务豁免事项计入营业外收入。

问题：上述债务重组收益确认在2×19年度是否准确？

（二）会计准则及相关规定

《企业会计准则第29号——资产负债表日后事项》第二条规定："资产负债表日后调整事项，是指对资产负债表日已经存在的情况提供了新的或进一步证据的事项。"

《企业会计准则第12号——债务重组（应用指南）》（2019年修订）指出："债务重组中涉及的债权和债务的终止确认，应当遵循《企业会计准则第22号——金融工具确认和计量》和《企业会计准则第23号——金融资产转移》有关金融资产和金融负债终止确认的规定。债权人在收取债权现金流量的合同权利终止时终止确认债权，债务人在债务的现时义务解除时终止确认债务。

由于债权人与债务人之间进行的债务重组涉及债权和债务的认定，以及清偿方式和期限等的协商，通常需要经历较长时间，例如破产重整中进行的债务重组。只有在符合上述终止确认条件时才能终止确认相关债权和债务，并确认债务重组相关损益。对于在报告期间已经开始协商、但在报告期资产负债表日后的债务重组，不属于资产负债表日后调整事项。"

（三）案例解析

1. 是否属于资产负债表日后事项。根据《企业会计准则第29号——资产负债表日后事项》第二条的规定，资产负债表日后调整事项，是指对资产负债表日已经存在的情况提供了新的或进一步证据的事项。因此，判断一个资产负债表日后事项是否属于调整事项，关键在于判断这一事项是否属于资产负债表日已经存在的情况。资产负债日后偿还债务，为一个新的事项，不属于日后调整事项。

2. 债务重组收益的确认时点。本案例中，债务豁免附有先决条件，即A公司必须在2×20年3月底之前偿还两个债权人共计5,830万元债务，才可以获得剩余债务的豁免。因此，在该条件满足之前，A公司不能在2×19年年报中确认债务重组收益，除非其有充足的证据证明履行协议的重大不确定性已经消除。

案例 8－03
破产重整收益时点及潜在利得确认

一、案例背景

A 上市公司因经营持续亏损，不能按期清偿到期债务，经债权人申请，法院受理后于 2×12 年 10 月 19 日裁定公司进行破产重整，并于 2×12 年 12 月 25 日裁定批准重整计划，2×13 年 4 月 3 日裁定重整计划执行完毕。A 公司第一大股东持股比例为 9.11%，另通过受托同一国资所属四家公司持有的 A 公司股份并行使股东权利，形成一致行动人，合计拥有 A 公司 28.09% 的表决权。第一大股东和上述四家股东，共同成为 A 公司的控股股东。

经法院批准的 A 公司破产重整方案为：以公司股票停牌前总股本 4.82 亿股为基数，以资本公积金按每 10 股转增 6 股的比例转增股份，合计转增 2.89 亿股。其中，1 亿股将通过向 B 公司转让变现处置以获得资金 2.5 亿元，用以支付重整相关费用及偿还部分债务；1.39 亿股基于市价以每股 2.5 元作价，按债权比例分配给普通债权人以偿还其债权；剩余的 5,000 万股用于后续重组，以引入有实力重组方向上市公司注入优质资产。

根据重整计划，A 公司债权人申报并得到确认的债权 36.97 亿元，其中全额清偿的债权 3,800 万元，包括有担保的债权、普通债权中 4 万元以下的债权和职工债权。非全额清偿的债权 36.59 亿元。非全额清偿的债权的受偿方案为：以现金 1.46 亿元清偿 4%，以资本公积转增形成的 1.39 亿股份分配给债权人，清偿 9.50%（每 100 元的债权分配 3.8 股，按每股 2.5 元计价，合计为 3.48 亿元），以全部其他应收款抵偿债权人，清偿 40.36%（按评估值 14.77 亿元计），合计受偿比例为 53.86%，债务减免比例为 46.14%。用以偿债的其他应收款，为 A 公司对子公司的债权，账面价值为 23.44 亿元，评估值为 14.77 亿元，账面价值和评估值之间的差额为 8.67 亿元。

2×12 年 12 月 24 日，偿债计划方案分别经有担保债权人、职工、普通债权人表决通过。

2×12 年 12 月 25 日，法院裁定批准重整计划，A 公司至此转入重整计划的执行阶段。2×12 年 12 月 26 日，A 公司管理人与 B 公司签订了股份转让协议，B 公司同日向管理人指定账户支付 2.5 亿元资金。2×13 年 1 月前，全部债权人均获得现金清偿部分的分配。2×13 年 2 月 22 日，为资本公积金转增股本的股权登记日，2×13 年 2 月 25 日转增股份划转至 A 公司管理人破产企业财产处置专用账户，A 公司管理人完成了向主要债权人及 B 公司的股份划转工作。2×13 年 3 月 22 日前，A 公司管理人向债权人送达相关债权转让通知，并收到债权人的有关回执。

2×13 年 3 月 22 日，A 公司管理人向法院提交了“A 公司管理人监督报告”，2×13 年 4 月 3 日法院出具民事裁定书，裁定确认 A 公司重整计划执行完毕，按照重整计划减免的债务，自重整计划执行完毕时起，A 公司不再承担清偿责任。

问题：

（1）破产重整收益何时确认？

（2）A 公司收到管理人处置其 1 亿股权的价款 2.5 亿元并以 1.39 亿股分配给债权人用以抵偿其债权时，如何进行会计处理？

（3）债务重组收益如何计算？

（4）A 公司对子公司的债权账面价值 23.44 亿元，评估价值为 14.77 亿元，评估值与账面价值差额 8.67 亿元。子公司作为这些债权的债务人对这些负债或者合并报表层面对这些负债，是否可按评估值进行后续计量？

二、会计准则及相关规定

《企业会计准则第 12 号——债务重组》（2019 年修订）第四条规定：“（三）债权人或债务人中的一方直接或间接对另一方持股且以股东身份进行债务重组的，或者债权人与债务人在债务重组前后均受同一方或相同的多方最终控制，且该债务重组的交易实质是债权人或债务人进行了权益性分配或接受了权益性投入的，适用权益性交易的有关会计处理规定。”

《企业会计准则第 12 号——债务重组》（2019 年修订）第十条规定：“以资产清偿债务方式进行债务重组的，债务人应当在相关资产和所清偿债务符合终止确认条件时予以终止确认，所清偿债务账面价值与转让资产账面价值之间的差额计入当期损益。”

《企业会计准则第 12 号——债务重组》（2019 年修订）第十一条规定：“将债务转为权益工具方式进行债务重组的，债务人应当在所清偿债务符合终止确认条件时予以终止确认。债务人初始确认权益工具时应当按照权益工具的公允价值计量，权益工具的公允价值不能可靠计量的，应当按照所清偿债务的公允价值计量。所清偿债务账面价值与权益工具确认金额之间的差额，应当计入当期损益。”

《企业会计准则第 12 号——债务重组》（2019 年修订）第十二条规定：“采用修改其他条款方式进行债务重组的，债务人应当按照《企业会计准则第 22 号——金融工具确认和计量》和《企业会计准则第 37 号——金融工具列报》的规定，确认和计量重组债务。”

《企业会计准则第 12 号——债务重组》（2019 年修订）第十三条规定：“以多项资产清偿债务或者组合方式进行债务重组的，债务人应当按照本准则第十一条和第十二条的规定确认和计量权益工具和重组债务，所清偿债务的账面价值与转让资产的账面价值以及权益工具和重组债务的确认金额之和的差额，应当计入当期损益。”

《企业会计准则解释第 5 号》指出：“问：企业接受非控股股东（或非控股股东的子公司）直接或间接代为偿债、债务豁免或捐赠的，应如何进行会计处理？

答：企业发生破产重整，其非控股股东因执行人民法院批准的破产重整计划，通过让渡所持有的该企业部分股份向企业债权人偿债的，企业应将非控股股东所让渡股份按照其在让渡之日的公允价值计入所有者权益（资本公积），减少所豁免债务的账面价值，并将让渡股份公允价值与被豁免的债务账面价值之间的差额计入当期损益。控股股东按照破产重整计划让渡了所持有的部分该企业股权向企业债权人偿债的，该企业也按此原则处理。”

《监管规则适用指引——会计类第 1 号》指出：“对于上市公司因破产重整而进行的债务重组交易，由于涉及破产重整的债务重组协议执行过程及结果存在重大不确定性，因此，上市公司通常应在破产重整协议履行完毕后确认债务重组收益，除非有确凿证据表明上述重大不确定性已经消除。”

三、案例解析

（一）破产重整收益确认时点

根据《监管规则适用指引——会计类第 1 号》，债务重组收益确认的时点为“通常应在破产重整协议履行完毕后确认债务重组收益，除非有确凿证据表明上述重大不确定性已经消除”。表明上述重大不确定性已经消除的确凿证据通常应当是能够表明债务人已经履行完毕与重整计划相关义务的证据，包括确定以现金偿还的负债已经支付、确定以偿债的股权已经过户、抵债的债权转让协议已经各方签署，相关债权已移交并收到回执。法院裁定重整计划执行完毕的时间通常都会在重整协议实际履行完毕之后，因此法院的裁定并不是构成破产重整协议履行完毕、重大不确定性已经消除的必要条件。A 公司的偿债行为，包括现金偿付、股权划转、债权转让确认都发生在 2×12 年 12 月 31 日之后，因此，截至 2×12 年 12 月 31 日，A 公司应当属于重整协议尚未履行完成、重大不确定性仍未完全消除的状态，破产重整收益应当于 2×13 年满足前述确认条件后予以确认。

（二）A 公司收到管理人处置其 1 亿股股权的价款 2.5 亿元及以 1.39 亿股股份分配给债权人用以抵偿其债权时，如何进行会计处理

在本案例中，全体股东共同以其拥有的、以资本公积转增的股份变现，经济实质应该为股东出售部分股权，将出售后的价款提供给公司用以偿还债务，实质是股东投入，是权益性交易。因此，根据 5 号解释的规定，处置 1 亿股股权取得的 2.5 亿元，应按权益性交易处理，股权公允价值 2.5 亿元确认为资本公积。

直接将资本公积转增的 1.39 亿股股份分配给债权人用以抵偿债务，可能会出现债务转资本和全体股东代替还债两种理解。但无论怎么理解，都会出现增加权益同时冲减债务的结果，只不过途径不一致而已。按前者的理解，股权的公允价值为每股 2.5 元，直接增加股本 1.39 亿元，增加资本公积 2.09 亿元，股份公允价值与抵偿债务账面价值的差额按债务重组准则处理；按后者的理解，全体股东代替偿还债务，应该是权益性交易，转增时，先增加实收股本 1.39 亿元，同时减少资本公积 1.39 亿元。根据 5 号解释的规定，冲减债务时，按股权的公允价值每股 2.5 元减少债务，同时增加资本公积 3.48 亿元（1.39 亿股乘以 2.5 元每股），股份的公允价值与抵偿债务的账面价

值之间的差额应按债务重组准则的规定处理。处理后的结果一致，即转增的1.39亿股的公允价值3.48亿元应作为债务清偿的成本计入股本和资本公积。

（三）债务重组收益如何计算

按照《企业会计准则第12号——债务重组》（2019年修订）第十条至第十三条的规定，A公司应当将所清偿债务的账面价值与支付的现金、转让的其他应收款的账面价值、股东让渡股权或债务转股本的确认金额之和的差额，计入当期损益。

（四）子公司对债权人的负债或合并报表层面的负债是否可按评估值14.77亿元计量

子公司对债权人的负债是否可按评估值14.77亿元计量，需要根据A公司与债权人的破产重整计划和后续债权转移的具体约定进行分析判断。

若根据破产重整计划转移相关债权时，债权转移双方之间只是约定了受让方拥有对相关债权的权利，没有明确约定债务人（A公司的子公司）的具体偿还金额或受让人享有收款权利的具体金额，则债权受让人拥有的是收回全部债权23.44亿元（债权原值）的权利，相关债务人（A公司的子公司）承担的是偿还全部债务23.44亿元（债务账面值）的义务，这种情况下，债务重组后新债务的金额为23.44亿元。

若根据破产重整计划转移相关债权时，债权转移双方之间不仅约定了受让方拥有对相关债权的权利，还明确约定了债务人（A公司的子公司）的具体偿还金额或受让人享有收款权利的具体金额为14.77亿元，则相关债务人（A公司的子公司）承担的只是相关债权转移时与受让人约定的金额合计14.77亿元，而不是全部债务23.44亿元，在这种情况下，新债务的金额为14.77亿元。

案例8－04
破产重整收益与债务重组收益的确认

一、案例背景

截至2×08年3月31日，A上市公司、B公司对C债权人合计负债1.78

亿元，其中A公司负债0.16亿元，B公司负债1.62亿元，A公司为B公司债务承担连带担保责任。B公司为A公司子公司，A公司持有其62%股权。

2×08年4月，A公司、B公司、C债权人和D公司签订转债协议，约定由D公司承接并负责偿还A公司、B公司对C公司1.78亿元债务，或D公司将持有的A公司24,944,668股股权质押给C公司，以解除A公司、B公司对C公司的付款和担保义务。同时A公司与D公司签订了定向转增协议，该协议约定，作为对D公司承接A公司、B公司对C公司债务和担保责任的补偿，A公司以资本公积定向转增股本的方式向D公司发行股份24,944,668股，股份计算依据为每10元债务抵偿1.4股A公司股票。

2×09年1月16日，A公司将资本公积金定向转增股份中的24,920,000股（1.78亿元÷10×1.4）股份过户至D公司名下，过户日，股票的公允价值（考虑了除权因素的收盘价）为2.87元/股。但股权过户后，D公司未偿还上述全额债务，只偿还了A公司、B公司合计债务中的5,300万元（占A公司、B公司对C公司合计债务的30%，其中偿还A公司债务1,600万元，偿还B公司债务3,700万元）；也未按转债协议中的约定，将上述股份或未偿债部分对应的股权质押给C公司。2×09年1月底，A公司持有的B公司62%股权被法院拍卖给D公司。A公司在2×09年年报中，终止确认应付款0.16亿元、确认对B公司的其他应收款1.62亿元，同时按股权的公允价值确认资本公积7,200万元（24,944,668×2.87），债务重组收益1.06亿元（0.16+1.62-0.72）。A公司确认对B公司应收款的理由是A公司将相关的股权已经划转至D公司，A公司应依法取得对B公司的追偿权，但B公司以转债协议中未明确约定定向转增股份后形成的债权债务关系为由，以及D公司并未全额偿还B公司对C公司债务，不承认A公司对B公司的追偿权。

2×10年1月25日，债权人以A公司不能清偿到期债务为由，向人民法院申请对公司重整。2×10年9月16日法院作出裁定：受理债权人的重整申请，裁定A公司进入重整程序。重整计划的内容之一为D公司让渡上述股份中的70%，即17,461,268股（24,944,668×70%）给重组方，作为重组方获得的部分重组对价。A公司要求D公司让渡上述股份70%的原因是，D公司在2×09年只按照上述转债协议的约定，偿付了约定债务的30%。

2×12年9月30日，D公司持有的A公司股份17,461,268股转至重组方，A公司终止确认对B公司其他应收款1.13亿元（1.62×70%），并按比例转回资本公积 4,600 万元（1.13 ÷ 1.78 × 0.72）和营业外收入 6,700 万元（1.13 ÷ 1.78 × 1.06）。

2×13 年 2 月 20 日，人民法院裁定截至 2×12 年 9 月 30 日，A 公司已完成了出资人权益调整、股票划转、资产处置等实质性工作，除个别少数债权人的 100 万元左右清偿资金未能提供资金账户暂时无法向其支付预留外，其他债权人已经获得了清偿，重整计划基本执行完毕。

2×12 年 9 月 30 日，A 公司确认了 2×10 年 9 月后开始的债务重组收益。

问题：

（1）破产重整收益或债务重组收益确认时点？

（2）2×09 年 A 公司确认对 B 公司的应收款 1.62 亿元是否恰当？

（3）2×09 年 A 公司确认债务重组收益是否恰当？

二、会计准则及相关规定

《企业会计准则第 12 号——债务重组》（2019 年修订）第十一条规定：“将债务转为权益工具方式进行债务重组的，债务人应当在所清偿债务符合终止确认条件时予以终止确认。债务人初始确认权益工具时应当按照权益工具的公允价值计量，权益工具的公允价值不能可靠计量的，应当按照所清偿债务的公允价值计量。所清偿债务账面价值与权益工具确认金额之间的差额，应当计入当期损益。”

《企业会计准则第 22 号——金融工具确认和计量》（2017 年修订）第十二条规定：“金融负债（或其一部分）的现时义务已经解除的，企业应当终止确认该金融负债（或该部分金融负债）。”

《企业会计准则第 22 号——金融工具确认和计量（应用指南）》（2018 年修订）指出：“企业将用于偿付金融负债的资产转入某个机构或设立信托，偿付债务的义务仍存在的，不应当终止确认该金融负债，也不能终止确认转出的资产。”

《企业会计准则解释第 5 号》指出：

“问：企业接受非控股股东（或非控股股东的子公司）直接或间接代为偿债、债务豁免或捐赠的，应如何进行会计处理？

答：企业发生破产重整，其非控股股东因执行人民法院批准的破产重整计划，通过让渡所持有的该企业部分股份向企业债权人偿债的，企业应将非控股股东所让渡股份按照其在让渡之日的公允价值计入所有者权益（资本公积），减少所豁免债务的账面价值，并将让渡股份公允价值与被豁免的债务账面价值之间的差额计入当期损益。控股股东按照破产重整计划让渡了所持有的部分该企业股权向企业债权人偿债的，该企业也按此原则处理。”

《监管规则适用指引——会计类第 1 号》指出：“对于上市公司因破产重整而进行的债务重组交易，由于涉及破产重整的债务重组协议执行过程及结果存在重大不确定性，因此，上市公司通常应在破产重整协议履行完毕后确认债务重组收益，除非有确凿证据表明上述重大不确定性已经消除。”

三、案例解析

（一）破产重整收益或债务重组收益确认的时点

破产重整或债务重组收益确认时点，根据证监会的上述规定，通常应当在协议履行完毕后进行确认。实务中，法院的相关裁定可能滞后于破产重整协议相关义务的实际履行时间，以法院裁定时间为债务重组收益确认时间可能不合理。但裁定中提及的截止日期是否是实际履行时间，仍需要根据具体情况和破产重整协议的约定确定，核心是债务实际履行，且相关义务的解除已不存在重大不确定性。

2×09 年，因 D 公司未完整履行相关协议的债务支付义务，尽管 A 公司已按定向转增协议的约定将相关的股权登记到 D 公司，但 D 公司尚未清偿的 A 公司负债（对 B 公司的债务担保）相关义务并未解除，根据企业会计准则第 22 号的规定，A 公司及 B 公司尚不能终止确认这一部分债务，相应的债务重组收益也就不能确认。

根据 2×13 年 2 月人民法院出具的裁定书，A 公司截至 2×12 年 9 月 30 日已经完成了出资人权益调整、股票划转、资产处置等实质性工作。若破产重整协议中约定的 A 公司债务履行义务已经全部履行，相关债权人已全部解除其债务义务，不确定性已经消除，根据《监管规则适用指引——会计类第 1 号》的规定，公司于 2×12 年 9 月 30 日确认破产重组收益是适当的。但如果只是如法院的裁定书所述，仅完成了出资人权益调整、股票划转、资产处置等实质性工作，尚未履行完毕破产重整协议约定的债务履行义务，或虽已履行，但存在企业会计准则第 22 号应用指南中所述“企业将用于偿付金融负债的资产转入某个机构或设立信托，偿付债务的义务仍存在的，不应当终止确认该金融负债”的情形，A 公司和 B 公司在 2×12 年 9 月 30 日不能终止确认其债务，相关债务重组收益也不能确认。

（二）2×09 年 A 公司确认对 B 公司应收款 1.62 亿元是否恰当

转债协议涉及四方，债务人和股权发行人 A 公司、债务人 B 公司、债权人 C 公司和股权受让人及代偿债务人 D 公司。转债协议中，D 公司的义务包括两项：一是 D 公司代 A 公司偿付债务；二是 D 公司代 B 公司偿付债务，并解除 A 公司对 B 公司债务的担保责任。A 公司、B 公司解除对 C 公司债务偿还义务和担保义务的前提条件是 D 公司代 A 公司、B 公司偿还债务，或者将相关股权质押给 C 公司。在 D 公司没有代 A 公司、B 公司偿还债务，或者未将相关股权质押给 C 公司时，A 公司、B 公司根据协议仍然具有还款义务，A 公司仍具有对 B 公司债务的担保义务，即在 D 公司履行还款义务或股权质押义务前，A 公司、B 公司对 C 公司的债务不能终止确认。

2×09 年，D 公司按协议代 A 公司还债 1,600 万元，归还 B 公司部分债务 3,700 万元，剩余 1.25 亿元未偿还。B 公司对 C 公司未偿还部分债务的偿还义务和 A 公司对此的担保义务仍未解除。因此，根据企业会计准则第 22 号的规定，相关债权债务的确认或终止确认，应当分以下三部分进行分析：

1. 对于 D 公司代 A 公司还债部分 1,600 万元，A 公司对债务终止确认。

2. D 公司代偿 B 公司债务 3,700 万元，根据转债协议和定向增发协议的约定，这一部分的偿还义务和担保义务已经实际解除，且 D 公司代偿是以 A 公司向其发行股份为对价的，因此，B 公司可以终止确认对 C 公司的债务 3,700 万元，增加确认对 A 公司的债务 3,700 万元，A 公司同时应确认对 B 公司的债权 3,700 万元。

3. 对于 D 公司未代偿的 B 公司债务 1.25 亿元，因 B 公司对 C 公司的偿还义务及 A 公司对此债务的担保义务并未解除，根据企业会计准则第 22 号的规定，B 公司尚不能终止确认对 C 公司的该项负债。A 公司向 D 公司所发行的股份，因 D 公司未实际履行代偿义务，A 公司应当按 D 公司未偿还债务所对应的 17,461,268 股股权，以发行时股份的公允价值 2.87 元/股，确认对 D 公司的应收款 5,000 万元。

（三）2×09 年 A 公司确认债务重组收益是否恰当

A 公司全体股东将资本公积转增的股份过户给 D 公司，由 D 公司代偿债务，由于D 公司偿还的债务实际分成三部分，因此，债务重组收益是否确认，如何计量，也应分别分析：

1. D 公司代 A 公司还债部分 1,600 万元，A 公司对债务终止确认，对应的股份数量为 2,271,913 股（1,600 万元 ÷ 10 × 1.4），股权公允价值为 650 万元，按照《企业会计准则第 12 号——债务重组》（2019 年修订）第十一条的规定，确认债务重组收益 950 万元（1,600 - 650）。

2. D 公司代偿 B 公司债务 3,700 万元，对应的股份数量为 5,211,487 股（3,700 万元 ÷ 10 × 1.4），股权公允价值为 1,500 万元（2.87 × 5,211,487），再按前项分析，确认对 B 公司其他应收款的同时，差额部分 2,200 万元（3,700 - 1,500）可确认为债务重组收益。

3. D 公司未按协议偿还的 1.25 亿元，对应的股份数量为 17,461,268 股（1.25 亿元 ÷ 10 × 1.4），股权公允价值为 5,000 万元；由于 D 公司接受了股权而未履行相关义务，A 公司应当按股权公允价值确认为对 D 公司的其他应收款 5,000 万元，不确认相关债务重组收益。这一部分应当根据破产重整协议和实际偿还情况，在债务相关的义务已经解除，不存在重大不确定性时，确认相关的重组收益。

案例 8 - 05
破产重整涉及以股抵债和修改其他条款方式的会计处理

一、案例背景

E 上市公司持续亏损，不能按期清偿到期债务，债权人向法院提出对公司重整的申请。2 × 19 年 7 月 31 日法院裁定批准债权人会议表决通过的《重整计划》并终止公司重整程序。公司重整计划进入执行阶段。

根据重整计划，50 万元以上的普通债权的清偿方案为：

1. 金融类普通债权 50 亿元，其中 40% 留债展期清偿，分 5 年偿还，利率为原借款合同约定利率的 80%，由控股股东提供保证担保；60% 部分通过以股抵债的方式清偿，股票的抵债价格为 8 元/股。

2. 经营类普通债权 9 亿元，债权人可以选择全部留债展期，也可以选择 40% 部分留债展期，分 5 年偿还，不计息；60% 部分以股抵债，抵债价格为 8 元/股。最终选择全部留债展期的经营类债权有 4 亿元。

此外，重整计划约定了计划执行完毕的认定标准为同时满足相关条件，包括："向债权人分配的抵债股票已经全额分配至债权人指定的证券账户，或债权人未受领的抵债股票已全额提存至管理人指定的证券账户""对留债展期部分已经按照重整计划的规定明确清偿安排"。

E 公司通过资本公积转增股本用于抵债，转增股本登记至债权人名下的日期为 2×19 年 9 月 20 日（收盘价 6.2 元/股）。法院于 2×19 年 9 月 30 日裁定确认《重整计划》执行完毕（收盘价 6 元/股）。

注：E 公司虽然历经破产重整，仍满足持续经营假设，以持续经营为基础编制财务报表。

问题：

（1）E 公司应于何时确认债务重组收益？

（2）以股抵债的部分，E 公司在初始确认权益工具时如何确定权益工具的公允价值？

（3）E 公司在判断能否终止确认原金融负债时，应如何考虑？

二、会计准则及相关规定

《企业会计准则第 12 号——债务重组》（2019 年修订）第十条规定："以资产清偿债务方式进行债务重组的，债务人应当在相关资产和所清偿债务符合终止确认条件时予以终止确认，所清偿债务账面价值与转让资产账面价值之间的差额计入当期损益。"第十一条规定："将债务转为权益工具方式进行债务重组的，债务人应当在所清偿债务符合终止确认条件时予以终止确认。债务人初始确认权益工具时应当按照权益工具的公允价值计量，权益工具的公允价值不能可靠计量的，应当按照所清偿债务的公允价值计量。所清偿债务账面价值与权益工具确认金额之间的差额，应当计入当期损益。"第十二条规定："采用修改其他条款方式进行债务重组的，债务人应当按照《企业会计准则第 22 号——金融工具确认和计量》（2017 年修订）和《企业会计准则第 37 号——金融工具列报》（2017 年修订）的规定，确认和计量重组债务。”第十三条规定：“以多项资产清偿债务或者组合方式进行债务重组的，债务人应当按照本准则第十一条和第十二条的规定确认和计量权益工具和重组债务，所清偿债务的账面价值与转让资产的账面价值以及权益工具和重组债务的确认金额之和的差额，应当计入当期损益。”

《企业会计准则第 22 号——金融工具确认和计量》（2017 年修订）第十二条规定：“金融负债（或其一部分）的现时义务已经解除的，企业应当终止确认该金融负债（或该部分金融负债）。”第十三条规定：“企业（借入方）与借出方之间签订协议，以承担新金融负债方式替换原金融负债，且新金融负债与原金融负债的合同条款实质上不同的，企业应当终止确认原金融负债，同时确认一项新金融负债。企业对原金融负债（或其一部分）的合同条款做出实质性修改的，应当终止确认原金融负债，同时按照修改后的条款确认一项新金融负债。”

《企业会计准则第 22 号——金融工具确认和计量（应用指南）》（2018 年修订）规定：“企业（借入方）与借出方之间签订协议，以承担新金融负债方式替换原金融负债（或其一部分），且合同条款实质上不同的，企业应当终止确认原金融负债（或其一部分），同时确认一项新金融负债。其中‘实质上不同’是指按照新的合同条款，金融负债未来现金流量（包括支付和收取的任何费用）现值与原金融负债的剩余期间现金流量现值之间的差异至少相差 10%。有关现值的计算均采用原金融负债的实际利率。”

《监管规则适用指引——会计类第 1 号》指出：“对于上市公司因破产重整而进行的债务重组交易，由于涉及破产重整的债务重组协议执行过程及结果存在重大不确定性，因此，上市公司通常应在破产重整协议履行完毕后确认债务重组收益，除非有确凿证据表明上述重大不确定性已经消除。”

三、案例解析

（一）债务重组收益确认的时点

本案例属于以组合方式（债务转为权益工具方式和修改其他条款方式）进行的债务重组，且属于破产重整这一特殊的债务重组事项，应该按照本章案例 8－01 所讨论的确认原则进行。

E 公司的重整计划中约定重整计划执行完毕的认定标准包括：以股抵债的部分为“向债权人分配的抵债股票已经全额分配至债权人指定的证券账户，或债权人未受领的抵债股票已全额提存至管理人指定的证券账户”；留债展期部分为“对留债展期部分已经按照重整计划的规定明确清偿安排”。即，不以债务的全部偿还作为计划执行完毕的认定标准。法院在所约定的条件均已满足的情况下，裁定重整计划执行完毕的日期为 2×19 年 9 月 30 日。虽然此时 E 公司尚未偿还该留债展期的债务，但从法律实务的角度，一般认为，除非有特别约定，一旦法院裁定重整计划执行完毕，即意味着重整计划减免或调整债务已经生效，即使 E 公司未来不能按期偿还留债展期的债务，债权人也仅能针对该留债展期债务进行追偿，而不能推翻重整计划对原有债务的减免或调整，即不能再就重整前的原债权进行追偿。

因此，法院裁定重整计划执行完毕，可以理解为相当于《监管规则适用指引——会计类第 1 号》中的“破产重整协议履行完毕”，E 公司可于 2×19 年 9 月 30 日确认相关的债务重组收益。

（二）如何确定权益工具的公允价值

根据《企业会计准则第 12 号——债务重组》第十一条的规定，将债务转为权益工具方式进行债务重组的，债务人应当在所清偿债务符合终止确认条件时予以终止确认。债务人初始确认权益工具时，应当按照权益工具的公允价值计量，权益工具的公允价值不能可靠计量的，应当按照所清偿债务的公允价值计量。所清偿债务账面价值与权益工具确认金额之间的差额，记入当期损益（应用指南进一步规定计入“投资收益”科目）。

本案例中，权益工具初始确认时点与债务重组损益的确认时点一致，即于法院裁定重整计划执行完毕日确认，相应的公允价值为 2×19 年 9 月 30 日的收盘价格 6 元/股。

（三）判断能否终止确认原金融负债时，应如何考虑

债务重组存在两种结果：一是重组完成后双方解除了债权债务关系；二是重组完成后双方仍然存在着债权债务关系。后者即准则中的“采用修改其他条款方式进行债务重组”。基于债务方的角度，这种重组方式即相当于《企业会计准则第 22 号——金融工具确认和计量》（2017 年修订）第十三条中“企业（借入方）与借出方之间签订协议，以承担新金融负债方式替换原金融负债”或“企业对原金融负债（或其一部分）的合同条款做出修改”的情形。

根据该第十三条，如果“新金融负债与原金融负债的合同条款实质上不同的”，或者“对原金融负债（或其一部分）的合同条款做出实质性修改的”，企业应当终止确认原金融负债，同时确认一项新金融负债。两者的差额计入当期损益。“实质上不同”是指按照新的合同条款，金融负债未来现金流量（包括支付和收取的任何费用）现值与原金融负债的剩余期间现金流量现值之间的差异至少相差 10%。

反之，如果没有“实质上不同”或“实质性修改”，则原金融负债不能终止确认，但需要根据金融工具确认和计量准则第四十二条的规定，重新计算金融负债的账面余额，即根据相关约定调整原金融负债的账面余额，并将相关利得或损失计入当期损益。

“终止确认原金融负债同时确认一项新金融负债”，与“不终止确认原金额负债但重新计算原金融负债的账面余额”，两者的差别在于：前者是对一项新金融负债进行初始确认，后者是对原金融负债进行后续计量；前者按照新金融负债在初始确认日的公允价值计量，后者根据重新议定的合同现金流量按照金融负债的原实际利率折现的现值确定。因此两种情况下，计入当期损益的金额可能是不一样的。

有鉴于此，E 公司在对债务重组进行会计处理时，需要先判断原金融负债能否终止确认。

本案例除选择全部留债展期的 4 亿元经营类普通债权外，其他普通债权属于以组合方式进行的债务重组，即 E 公司相关债务的 60% 转为权益工具，40% 修改条款留债展期偿还。

1. 针对 60% 转为权益工具，40% 修改条款留债展期偿还的债权。鉴于重整计划是一揽子交易谈判的结果，针对一项债权以两种方式偿还，在考虑债务重组前后同一项债权现金流量现值的差异时，应当将以股抵债和留债展期两部分对现金流量的影响合并考虑。

根据准则相关规定，判断合同条款是否实质上不同主要通过计算比较变更前后金融负债未来现金流量现值。根据金融工具确认和计量准则应用指南：“其中‘实质上不同’是指按照新的合同条款，金融负债未来现金流量（包括支付和收取的任何费用）现值与原金融负债的剩余期间现金流量现值之间的差异至少相差 10%。有关现值的计算均采用原金融负债的实际利率。”

2. 针对全部留债展期的经营类普通债权。E 公司的经营类普通债权主要为应付供应商的款项（应付账款），因不含有融资成分，其预计存续期的估计未来现金流量等于该金融负债的摊余成本，据以计算的实际利率为0，也即原金融负债的实际利率为0。A公司相关金融负债修改条款后留债展期分5年偿还，也不计息。那么，这种情况下，是否就意味着不存在“实质上不同”？

“实质性修改”能否从定性角度判断，以及是否/如何“合并考虑”现金流量的影响，实务中存在不同观点。

观点一：按照上述应用指南的规定采用0利率测算的结果，其未来现金流量的现值将没有差异，不存在“实质上不同”，即不终止确认原金融负债。

根据金融工具确认和计量准则第四十二条及相关应用指南：未导致金融负债终止确认，但导致合同现金流量发生变化的，应当重新计算该金融负债的账面价值，并将相关利得或损失计入当期损益。重新计算的该金融负债的账面价值，应当根据将重新议定或修改的合同现金流量按金融负债的原实际利率折现的现值确定。其结果是原实际利率为0，继续确认全部留债展期的经营类普通债权4亿元，但列报上需重分类为长期应付款和一年内到期的非流动负债。

观点二：经营类普通债权由原来随时需要还款，修改为按5年分期偿还，本身就是实质性的修订，应终止确认原金融负债，按修改后的条款确认一项新金融负债。

案例8-06
是否构成债务重组问题

一、案例背景

2×15年12月1日，某上市公司的子公司A公司与另一上市公司B公司的孙公司C公司签订49兆峰瓦光伏发电站系统集成项目EPC总承包合同。在该项目建设过程中，C公司未能按照合同约定履行相关义务，致使A公司未完成电站的全部建造工作。截至2×16年12月，A公司已完成26兆瓦的建造工作，并于2×16年12月27日实现首次部分并网发电。受B公司债务危机影响，C公司无力支付供应商款项及员工工资，C光伏电站缺少必要的维护。2×18年4月，河北省电力调度中心要求C光伏电站全部光伏阵列退出运行，至此C光伏电站处于停止发电状态，C公司中止经营。

2×19年4月24日，法院受理了C公司母公司的破产清算申请，并于次日指定了破产清算的管理人。2×19年8月29日，管理人发布了关于C公司100%股权的破产拍卖公告，2×19年10月1日，A公司成功竞价取得该股权。2×19年12月30日，A公司通过下属企业完成了对C公司100%股权收购的工商变更登记，整体收购价格为160万元。

截至2×19年10月31日，C公司的主要资产系电站前期投入成本，负债主要系电站建造所欠A公司工程款2.46亿元，根据与A公司沟通，A公司未免除相关债务。A公司认为，C公司主要资产为C光伏电站，该电站自2×18年停止发电以来，所有人员均已离职，由于缺少管理，该电站处于废置状态，前端光伏组件被严重遮蔽，电力传输电缆破损短路，逆变器损坏严重，后端升压站变压器短路漏油，中心数控机房设备年久失修，已不能通过发电并网产生任何经济效益。购买日，C公司所持有的电站已破损不堪，缺少生产经营相关的人员以及相关权证，不具有投入、加工处理过程和产出能力，且取得的总资产的公允价值几乎相当于C光伏电站的价值，能通过集中度测试。因此，A公司收购C公司100%的股权为不构成业务的收购，不适用于企业合并会计准则。同时，A公司认为，通过司法程序竞拍C公司股权，实质是法拍和并购的行为导致触发了实质债务重组的事项，而并非因债权人和债务人双方约定进行的债务重组行为，因此不适用签署债务重组协议的程序。

问题：A公司将通过司法拍卖买入C公司100%的股权确认为一项债务重组是否合理？

二、会计准则及相关规定

《企业会计准则第12号——债务重组》（2019年修订）第二条规定：“债务重组，是指在不改变交易对手方的情况下，经债权人和债务人协定或法院裁定，就清偿债务的时间、金额或方式等重新达成协议的交易。”

《企业会计准则第12号——债务重组》（2019年修订）第四条规定：“本准则适用于所有债务重组，但下列各项适用其他相关会计准则：（一）债务重组中涉及的债权、重组债权、债务、重组债务和其他金融工具的确认、计量和列报，分别适用《企业会计准则第 22 号——金融工具确认和计量》和《企业会计准则第 37 号——金融工具列报》。”

《企业会计准则第 12 号——债务重组》（2019 年修订）第八条规定：“采用修改其他条款方式进行债务重组的，债权人应当按照《企业会计准则第 22 号——金融工具确认和计量》的规定，确认和计量重组债权。”

《企业会计准则第 22 号——金融工具确认和计量》（2017 年修订）第十二条规定：“金融负债（或其一部分）的现时义务已经解除的，企业应当终止确认该金融负债（或该部分金融负债）。”

《企业会计准则第 22 号——金融工具确认和计量》（2017 年修订）第十三条规定：“企业（借入方）与借出方之间签订协议，以承担新金融负债方式替换原金融负债，且新金融负债与原金融负债的合同条款实质上不同的，企业应当终止确认原金融负债，同时确认一项新金融负债。企业对原金融负债（或其一部分）的合同条款做出实质性修改的，应当终止确认原金融负债，同时按照修改后的条款确认一项新金融负债。”

三、案例解析

根据《企业会计准则第 12 号——债务重组》（2019 年修订）第二条的规定，债务重组，是指在不改变交易对手方的情况下，经债权人和债务人协定或法院裁定，就清偿债务的时间、金额或方式等重新达成协议的交易。

本案例中，A 公司向 C 公司提供光伏 EPC 建造服务，形成应收 C 公司债权长期未收回。后续 A 公司通过 C 公司母公司的破产拍卖取得 C 公司股权，属于 A 公司与 C 公司母公司之间的交易。在 A 公司与 C 公司之间没有达成债务重组协议，或者三方未就股权抵债达成协议的情况下，因交易对手方发生变化，司法拍卖取得股权的交易不满足债务重组的定义。A 公司取得 C 公司股权，应当按照企业合并准则判断合并日 C 公司是否构成业务，进一步确定应按照业务合并还是购买资产进行会计处理，并判断 A 公司对 C 公司的债权是否构成收购对价的一部分以进行会计处理。

案例 8－07
通过潜在控制人达成的债务重组收益的确认

一、案例背景

2×08 年 9 月，A 上市公司的控股股东某市国资委与 B 公司签署《关于无偿划转 A 公司股权协议书》，根据协议约定，某市国资委将所持 A 上市公司股权无偿划转给 B 公司，但股权划转协议生效须经国务院国资委和中国证监会审批通过；且 A 上市公司与各债权人，包括各债权银行达成债务重组方案是协议上报国务院国资委审批的必备要件。

2×09 年 5 月，A 上市公司公告，因债务重组工作受阻，B 公司与某市国资委签署的《关于无偿划转 A 上市公司股权协议书》已于 2×09 年 3 月 28 日到期终止。经 B 公司与某市国资委协商，双方于 2×09 年 6 月 29 日签订了《A 上市公司股权托管协议》，某市国资委委托 B 公司行使其持有的 A 公司股权。托管期限为协议生效之日起 5 年。截至 2×13 年 3 月 31 日，B 公司持有 A 上市公司 7.60% 的股份，是 A 公司第二大股东，同时，为 A 公司控股股东的托管方，是 A 公司实际控制人。

截至 2×13 年 3 月 31 日，A 上市公司所欠各债权银行债务总额为 124,807.07 万元，资产负债率达 155%。2×13 年 5 月底，A 上市公司通过 B 公司与各债权银行进行“一对一”的反复协商，由 B 公司承接 A 上市公司对各债权银行的债务，支付给各债权银行合计金额为 68,136.52 万元，支付完成后，上述各债权银行免除 A 上市公司的全部债务。2×13 年 5 月 29 日，A 上市公司与 B 公司签署债务重组协议，A 上市公司回购所欠 B 公司债务，金额为 68,136.52 万元。

2×13 年 5 月 29 日，某市国资委与 B 公司签署了《某市政府国有资产监督管理委员会与 B 公司无偿划转 A 公司股权协议书》（股权划转协议）。2×13 年 8 月、9 月国务院国资委、中国证监会分别批复了上述股权划转协议。

2×13 年 5 月 30 日，A 上市公司发布公告，拟以向 B 公司及其他投资者定向增发股份的方式，取得资金偿还B公司的债务。

各债权银行与A公司、B公司之间均不存在关联方关系。

问题：

（1）B公司承接A上市公司对各债权银行的债务，支付给各债权银行合计金额为68,136.52万元后，各债权银行免除A上市公司的全部债务124,807.07万元。之后，A上市公司又以68,136.52万元回购B公司向各债权银行代偿的债务。是否可将这几项交易按一揽子交易，认定为债权银行对A上市公司的债务豁免？

（2）A上市公司是否可以确认债务重组收益？

（3）A上市公司确认相关债务重组收益的时点？

二、会计准则及相关规定

《企业会计准则第12号——债务重组》（2019年修订）第四条规定："（三）债权人或债务人中的一方直接或间接对另一方持股且以股东身份进行债务重组的，或者债权人与债务人在债务重组前后均受同一方或相同的多方最终控制，且该债务重组的交易实质是债权人或债务人进行了权益性分配或接受了权益性投入的，适用权益性交易的有关会计处理规定。"

《企业会计准则第12号——债务重组》（2019年修订）第十条规定："以资产清偿债务方式进行债务重组的，债务人应当在相关资产和所清偿债务符合终止确认条件时予以终止确认，所清偿债务账面价值与转让资产账面价值之间的差额计入当期损益。"

《企业会计准则解释第5号》中关于"一揽子交易"的判断规定："各项交易的条款、条件以及经济影响符合以下一种或多种情况，通常表明应将多次交易事项作为一揽子交易进行会计处理：

（1）这些交易是同时或者在考虑了彼此影响的情况下订立的；

（2）这些交易整体才能达成一项完整的商业结果；

（3）一项交易的发生取决于其他至少一项交易的发生；

（4）一项交易单独看是不经济的，但是和其他交易一并考虑时是经济的。"

《关于做好执行会计准则企业2008年年报工作的通知》（财会函〔2008〕60号）中规定："企业接受的捐赠和债务豁免，按照会计准则规定符合确认条件的，通常应当确认为当期收益。如果接受控股股东或控股股东的子公司直接或间接的捐赠，从经济实质上判断属于控股股东对企业的资本性投入，应作为权益性交易，相关利得计入所有者权益（资本公积）。”

《监管规则适用指引——会计类第 1 号》指出：“上市公司与其控股股东或者其他关联方之间可能以多种形式进行权益性交易，其主要特征概括如下：

1. 权益性交易的交易对象。权益性交易除所有者以其所有者身份与主体之间的交易外，还包括不同所有者之间的交易，且后者多为合并财务报表层面不同所有者（母公司与子公司少数股东）之间。

2. 权益性交易对主体权益总额的影响。主体与所有者之间的权益性交易会导致主体权益总额发生增减变动，所有者之间的权益性交易不影响权益总额，但会改变权益内部各项目金额。

3. 权益性交易的会计处理结果。与权益性交易有关的利得和损失应直接计入权益，不会影响当期损益。

对于所有者之间的权益性交易，如果涉及合并财务报表的，应从合并财务报表主体的范围来界定其是否属于权益性交易。如果母公司因转让子公司股权（权益）而丧失控制权的，被转让公司不再纳入合并财务报表范围，母公司不以所有者身份进行交易；如果母公司转让子公司股权（权益）但未丧失控制权，该子公司仍然纳入合并财务报表范围，就合并财务报表主体而言，母公司以子公司所有者身份与其他所有者之间进行的交易应作为权益性交易处理。

监管实践发现，部分公司对于权益性交易的认定和会计处理存在偏差和分歧。现就如何适用上述原则的意见如下：

对于上市公司的股东、股东控制的其他关联方、上市公司的实际控制人对上市公司进行直接或间接的捐赠、债务豁免等单方面的利益输送行为，由于交易是基于双方的特殊身份才得以发生，且使得上市公司明显的、单方面的从中获益，因此，应认定其经济实质具有资本投入性质，形成的利得应计入所有者权益。上市公司在判断是否属于权益性交易时应分析该交易是否公允以及商业上是否存在合理性。上市公司与潜在股东之间发生的上述交易，应比照上述原则进行处理。”

《监管规则适用指引——会计类第 1 号》指出：“对于上市公司因破产重整而进行的债务重组交易，由于涉及破产重整的债务重组协议执行过程及结果存在重大不确定性，因此，上市公司通常应在破产重整协议履行完毕后确认债务重组收益，除非有确凿证据表明上述重大不确定性已经消除。”

三、案例解析

（一）一揽子交易的认定

A 上市公司支付 68,136.52 万元，实现银行债务 124,807.07 万元的义务全部解除是基于两项交易达成的：（1）B 公司向各债权人银行合计支付 68,136.52 万元，获得各债权银行对 A 上市公司 124,807.07 万元债务的免除；（2）A 上市公司以“回购”的方式偿还 B 公司代为偿还的 68,136.52 万元。A 上市公司所欠 B 公司款与 B 公司所付银行款项完全一致，且债务豁免是 A 上市公司、B 公司和各债权银行共同达成的，即 A 上市公司全程参与了与银行的债务重组谈判，各债权银行是直接基于 A 上市公司作出的债务豁免。因此，参照《企业会计准则解释第 5 号》有关判断一揽子交易的标准，有理由认为上述两项交易实质是 A 上市公司与各债权人银行之间的债务重组，B 公司仅仅是“过桥”，债务重组与债务回购是一揽子交易。

（二）债务重组收益的确认

虽然 A 上市公司是通过 B 公司与各债权银行进行一对一的反复协商，由 B 公司承接 A 上市公司对各债权银行的债务，并偿还其中一部分后，获得了全部债务的免除，但在 A 上市公司将 B 公司向债权银行支付的款项全额偿还给 B 公司后，B 公司在这一过程中，并未直接向 A 上市公司输送利益，各债务银行的债务豁免仍然是直接针对 A 上市公司的。因此，根据《企业会计准则第 12 号——债务重组》（2019 年修订）的相关规定，A 公司有理由将债务豁免金额 56,670.55 万元确认为债务重组收益。

但在该案例中，对 A 上市公司是否能够确认债务重组收益仍有以下两点需要关注：

第一，某市国资委是在实现了各债权银行对 A 上市公司的债务豁免后，才与 B 公司签署股权划转协议。从形式上分析，B 公司获取划转股权是以其协助 A 上市公司获取各债权银行的债务豁免为前提条件的。为此，B 公司是否进行了间接的利益输送或给予了相关债权银行其他利益承诺，需要关注。若 B 公司存在上述行为，则这些间接利益输送或其他利益承诺，构成了 B

公司无偿获取A上市公司股权事实上的对价，各债权银行对A上市公司的债务豁免实际上是某市国资委作为控股股东的间接利益输送，因此，A上市公司应按权益性交易进行会计处理。

第二，是否有证据表明B公司能以高于其代偿金额的价格将承接的债权出售给其他无关联的第三方。尽管债务重组是不存在关联关系的A上市公司与各债权银行之间的行为，且交易历时5年才得以达成，但债务重组是以B公司承接各银行的债权，并由B公司支付一定金额后，各债权银行免除全部债务这一方式进行的。如果B公司能够向第三方转让这些债权，且转让价格高于其取得全部债权的成本68,136.52万元，则A上市公司以其原价回购则存在事实上的、基于其与B公司特定关系的利益输送，A上市公司应按权益性交易处理。

（三）上市公司债务重组收益的确认时点

债务重组收益的确认，应当按照《监管规则适用指引——会计类第1号》的规定，“在破产重整协议履行完毕后确认债务重组收益”，即A上市公司已取得各债权银行解除其全部负债义务，且已与B公司就回购形成不可撤销的协议或已经实际执行时，确认债务重组收益的实现。

案例8－08
以零对价受让子公司少数股权的处理

一、案例背景

A上市公司原持有C公司51%股份。2×12年6月30日，A上市公司以零对价受让C公司原少数股东B公司（与A公司不存在关联关系）持有的C公司49%的股权。2×12年6月30日，C公司账面净资产金额2.1亿元，49%股权所对应的C公司净资产份额为1.03亿元。

2×08年，当相关产品市场在中国启动之时，B公司通过受让A公司原持有的C公司股权开始与A公司进行合作：B公司利用A公司在国内的销售渠道拓展国内市场，而A公司则利用B公司的技术优势研发产品。但随着相关行业产能过剩，产品市场行情低迷，B公司急于退出相关行业。

问题：受让少数股东股权的A公司母公司个别报表中，对C公司49%股权的初始计量，是按照0，还是按对相关股权进行评估，以评估值入账（考虑可能的捐赠利得）或按净资产49%份额入账？

二、会计准则及相关规定

《企业会计准则第2号——长期股权投资》（2014年修订）第六条规定：“除企业合并形成的长期股权投资以外，其他方式取得的长期股权投资，应当按照下列规定确定其初始投资成本：以支付现金取得的长期股权投资，应当按照实际支付的购买价款作为初始投资成本……”

《企业会计准则第33号——合并财务报表》（2014年修订）第四十七条规定：“母公司购买子公司少数股东拥有的子公司股权，在合并财务报表中，因购买少数股权新取得的长期股权投资与按照新增持股比例计算应享有子公司自购买日或合并日开始持续计算的净资产份额之间的差额，应当调整资本公积（资本溢价或股本溢价），资本公积不足冲减的，调整留存收益。”

三、案例解析

B公司以零对价转让股权的可能原因应该有两方面：一是C公司所处行业产能过剩，产品市场行情低迷；二是B公司通过受让A公司原持有的C公司股权与A公司合作的初衷是利用A公司在国内的销售渠道拓展国内市场，这一初衷可能在以前年度已经实现，故在产品市场行情低迷时，选择了以零对价转让其股份退出。A公司与B公司是在行业中经营多年的市场竞争者，对于行业现状应该有充分的了解和准确的判断。A公司与B公司之间不存在关联关系，双方的交易应该是完全的市场行为，并非基于双方特定关系，也不存在单方利益输送。

基于以上分析，在A公司未对受让B公司股权作任何其他承诺或补偿的情况下，B公司以零对价向A公司转让C公司股权，是熟悉情况的双方，自愿进行股权转让，有理由认为该交易是一项公允交易。因此，按照《企业会计准则第2号——长期股权投资》（2014年修订）第六条的规定，A公司在母公司个别报表对新增49%的C公司股权的初始入账金额应当是0。在编制合并财务报表时，按照《企业会计准则第33号——合并财务报表》(2014年修订）第四十七条的规定，将购买少数股权新取得的长期股权投资与按照新增持股比例计算应享有子公司自购买日（或合并日）开始持续计算的净资产份额之间的差额，调整所有者权益（资本公积）。

案例8-09
以名义价格转让亏损子公司或评估值为负的资产负债组的会计处理

一、案例背景

A公司持有子公司B公司50.396%的股权，B公司2×15年前三季度亏损33.45亿元，截至2×15年9月30日账面净资产-1.97亿元，评估值-6.41亿元，A公司持有的B公司50.396%股权的评估值为-3.23亿元。A公司将上述50.396%的股权出售给控股股东C集团，交易价格1元。此次交易完成后，A公司合并报表层面扣除已确认的B公司累计经营亏损，形成处置收益9,900万元。

问题：公司向控股股东转让超额亏损子公司按一般性交易确认投资收益是否合理，是否应按照权益性交易的原则进行会计处理？

二、会计准则及相关规定

《关于做好执行会计准则企业2008年年报工作的通知》（财会函〔2008〕60号）指出："企业接受的捐赠和债务豁免，按照会计准则规定符合确认条件的，通常应当确认为当期收益。如果接受控股股东或控股股东的子公司直接或间接的捐赠，从经济实质上判断属于控股股东对企业的资本性投入，应作为权益性交易，相关利得计入所有者权益（资本公积）。"

中国证监会在2008年年底发布《关于做好上市公司2008年年度报告相

关工作安排的公告》（证监会公告〔2008〕48 号），在会计准则规定的基础上，对上市公司涉及股东捐赠行为的会计处理原则作出了明确规定："公司应充分关注控股股东、控股股东控制的其他关联方、上市公司的实际控制人等向公司进行直接或间接捐赠行为（包括直接捐赠现金或实物资产、直接豁免或代为清偿债务等）的经济实质。如果交易的经济实质表明属于控股股东、控股股东控制的其他关联方或上市公司实际控制人向上市公司资本投入性质的，公司应当按照企业会计准则中'实质重于形式'的原则，将该交易作为权益交易，形成的利得计入所有者权益（资本公积）。"

《监管规则适用指引——会计类第 1 号》指出："上市公司与其控股股东或者其他关联方之间可能以多种形式进行权益性交易，其主要特征概括如下：

1. 权益性交易的交易对象。权益性交易除所有者以其所有者身份与主体之间的交易外，还包括不同所有者之间的交易，且后者多为合并财务报表层面不同所有者（母公司与子公司少数股东）之间。

2. 权益性交易对主体权益总额的影响。主体与所有者之间的权益性交易会导致主体权益总额发生增减变动，所有者之间的权益性交易不影响权益总额，但会改变权益内部各项目金额。

3. 权益性交易的会计处理结果。与权益性交易有关的利得和损失应直接计入权益，不会影响当期损益。

对于所有者之间的权益性交易，如果涉及合并财务报表的，应从合并财务报表主体的范围来界定其是否属于权益性交易。如果母公司因转让子公司股权（权益）而丧失控制权的，被转让公司不再纳入合并财务报表范围，母公司不以所有者身份进行交易；如果母公司转让子公司股权（权益）但未丧失控制权，该子公司仍然纳入合并财务报表范围，就合并财务报表主体而言，母公司以子公司所有者身份与其他所有者之间进行的交易应作为权益性交易处理。

监管实践发现，部分公司对于权益性交易的认定和会计处理存在偏差和分歧。现就如何适用上述原则的意见如下：

对于上市公司的股东、股东控制的其他关联方、上市公司的实际控制人对上市公司进行直接或间接的捐赠、债务豁免等单方面的利益输送行为，由于交易是基于双方的特殊身份才得以发生，且使得上市公司明显的、单方面的从中获益，因此，应认定其经济实质具有资本投入性质，形成的利得应计入所有者权益。上市公司在判断是否属于权益性交易时应分析该交易是否公允以及商业上是否存在合理性。上市公司与潜在股东之间发生的上述交易，应比照上述原则进行处理。”

《中华人民共和国公司法》（2023 年修订）第三条和第四条分别指出：“公司是企业法人，有独立的法人财产，享有法人财产权。公司以其全部财产对公司的债务承担责任。”“有限责任公司的股东以其认缴的出资额为限对公司承担责任；股份有限公司的股东以其认购的股份为限对公司承担责任。”

三、案例解析

根据企业会计准则及相关规定，判断与实际控制人、控股股东、控股股东控制的其他关联方之间的交易是否构成权益性交易，关键在于该项交易是否基于双方的特殊身份才得以发生，且使得交易一方明显的、单方面的从中获益。如果符合上述情形，则应认定为其经济实质具有资本投入性质，属于权益性交易，形成的利得应计入所有者权益。

在本案例中，A 公司将持有的评估值为 -3.23 亿元的子公司 B 的股权转让给控股股东 C 集团，交易作价为 1 元。判断此项交易是否属于权益性交易的关键在于确定该项交易是否具有商业实质、交易价格是否公允，A 公司是否明显的、单方面的从中获益。

根据《中华人民共和国公司法》（2023 年修订），有限责任公司、股份有限公司股东以出资额或认购股份为限对公司承担责任，因此，如果不存在出资不到位或者其他特殊交易安排（如超出出资额的承诺），处置有限责任公司或者股份有限公司的合理对价将大于或者等于 0，一般不会是负数，否则为使利益最大化或者损失最小化，股东将选择清算而非处置。反之，如果存在出资不到位或者其他特殊交易安排承诺，则处置有限责任公司或者股份有限公司的合理对价可能是负数，即出让方可能需要向受让方支付合理对价，原因在于受让方承担了额外的支付义务。

另外，即使名义对价公允，还应考虑此项交易在商业上的合理性。此案例中，交易对手是控股股东，对于商业合理性的考虑应更谨慎，如亏损子公司转移的巨额负债控股股东是否能够承受，上市公司是否对受让方存在潜在担保，控股股东受让亏损子公司是否仅由于亏损子公司限于政策、监管等原因暂时无法清算，控股股东是否存在改善亏损子公司的措施，亏损子公司与控股股东现有业务的相关性、协同性等。

如该项交易不能满足对价公允或商业合理性，则很可能表明其中存在权益性交易，A公司应将形成的利得计入所有者权益。

【相关案例】

关于处置超额亏损子公司是否构成权益性交易的问题

（一）案例背景

1. 挂牌公司A公司收购事项：2×20年12月21日，某地产权交易所发布：上市公司甲公司的控股子公司乙公司竞得B公司及其控股子公司C公司所持挂牌公司A公司共76.3574%的股份，挂牌公司控股股东拟发生变化。根据挂牌公司2×20年年报：截至2×20年年报披露日，该股份拟特定事项协议转让事项尚未经过监管部门审核通过，后续待我司确认后再完成中国登记结算公司的过户手续。

2. 处置子公司事项：A公司的控股股东B转让其所持挂牌公司全部股份时，B通过非公开协议方式收购了A公司持有的D公司100%的股权，收购价格以经有权备案机构备案后的D公司净资产评估值为依据。因D公司持续亏损，评估机构预估净资产估值为负值，本次收购价格预估为1元。同时，A公司将对D公司享有的债权全部用于等额抵偿对B公司的债务（B公司将对A公司享有的部分债权，变更为对D公司享有），抵偿金额以D公司工商变更完成时D公司欠A公司本息累计金额为准。

3. 挂牌公司A公司会计处理：在上述交易过程中，A公司处置超额亏损子公司D公司的交易对手方为其控股股东B公司，D公司的评估价格为-1.16亿元，交易作价为1元。其按照投资收益=收购价-处置子公司净资产+内部交易未实现利润（因交易事项已实现部分）的计算逻辑，当期确认了投资收益1.64亿元，对报告期的财务状况及经营成果具有重大影响。

问题：A公司会计处理是否恰当？

（二）会计准则及相关规定

《监管规则适用指引——会计类第3号》指出：“企业处置子公司时，

在合并财务报表中，对应收的原子公司款项应当按照金融工具准则有关规定进行会计处理，确认和计量的金额与该应收款项在母公司个别财务报表原账面余额之间的差额抵减处置子公司产生的投资收益。”

（三）案例解析

案例中存在多项交易事项：(1) 挂牌公司A公司原控股股东B公司将其持有的A公司控股权转让给第三方；(2) A公司将其净资产为负的子公司D公司处置给原控股股东B公司；(3) A公司将其应收子公司D公司的债权与应付原控股股东B公司的债务对抵，B公司将应收A公司款项转换为应收D公司款项。

A公司对于上述交易 (2) 和交易 (3) 的会计处理如下：

交易 (2) 中，A公司将其净资产为负的子公司D公司处置给原控股股东B公司。企业会计准则对于处置子公司的交易，并未要求区分是否为同一控制，即A公司将其所持有的D公司股权转让给B公司时，可按照会计准则的规定确认处置子公司的处置损益。在合并财务报表中，对应收的原子公司D公司款项应当按照金融工具准则有关规定进行会计处理，确认和计量的金额与该应收款项在A公司个别财务报表原账面余额之间的差额抵减处置子公司产生的投资收益。因D公司净资产为负数，需关注A公司在单体报表中对D公司的债权在处置之前是否已经按金融工具准则减值的要求适当计提信用减值损失；处置时，因该应收债权不再进行合并层面抵销，应重点考虑单体层面所计提的信用减值损失是否充分适当、是否需要补提或者冲回部分预期信用减值损失。

交易 (3) 中，B公司同意将应收A公司的债权置换为应收D公司的债权（按债权的本息金额进行置换），由于后者的净资产为负数，相关债权的公允价值合理推测应该是远低于前者，B公司所做的利益让渡本质上是属于其与第三方进行的交易 (1)（即买卖双方对A公司的股权）对价调整一部分，只是该调整的对价支付给交易标的A公司。因此，对于A公司而言，其将应收D公司的债权抵偿应付B公司的债务（在A公司信用良好的情况下，债务的公允价值与其账面价值接近），债务价值较债权公允价值高的部分实质系B公司基于其股东的身份给予的经济让渡，属于权益性交易，应计入资本公积。

案例 8－10
权益性交易中交易对手性质的认定

一、案例背景

案例材料 1

截至 2×14 年 12 月 13 日，A 上市公司应付债权人 B 公司 3,309 万元。同日，A 公司与 B 公司签订债务重组协议，B 公司同意 A 公司在足额偿还 1,500 万元欠款的前提下，豁免其剩余债务 1,809 万元。B 公司对 A 公司的债权，是 B 公司 2×11 年年末通过债权转让受让的 A 公司原债权人某资产管理公司对 A 公司的债权。2×14 年 12 月 29 日，A 公司按债务重组协议，向 B 公司偿还债务 1,500 万元，资金来源于 A 公司向其控股股东 C 公司的新增借款，偿还后，B 公司解除了 A 公司的全部还款义务。B 公司在 2×11 年年末作为主债权人免除了 A 公司作为担保人为 D 公司 412 万元借款的连带保证义务；C 公司和 B 公司办公地址为同一栋办公楼；历史上 B 公司与 C 公司存在资金往来。

问题：B 公司对 A 公司的债务豁免，相关利得是确认为当期损益，还是作为权益性交易？

案例材料 2

经国家发展改革委的备案批复，F 公司进行××生产线的拆迁改造，2×14年某市财政局拨给 F 公司××生产线拆迁补偿资金 5,970.96 万元。收到补偿资金后，F 公司于 2×14 年 12 月 31 日前将上述补贴资金全部划转至其控股的 E 上市公司账户。同时，F 公司承诺，为规避同业竞争，F 公司相关搬迁改造后的××生产线将在“最佳时机”转让给 E 上市公司。E 上市公司 2×12 年、2×13 年、2×14 年未发生相关搬迁支出。截至 2×14 年 12 月 31 日，F 公司尚未将其拥有的拆迁改造的生产线转让给 E 上市公司。

问题：F 公司将政府补助转划给上市公司，是认定为政府对上市公司的政府补助，还是控股股东对上市公司的利益输送？

二、会计准则及相关规定

《企业会计准则第 12 号——债务重组》（2019 年修订）第四条规定："（三）债权人或债务人中的一方直接或间接对另一方持股且以股东身份进行债务重组的，或者债权人与债务人在债务重组前后均受同一方或相同的多方最终控制，且该债务重组的交易实质是债权人或债务人进行了权益性分配或接受了权益性投入的，适用权益性交易的有关会计处理规定。"

《企业会计准则第 12 号——债务重组》（2019 年修订）第十条规定："以资产清偿债务方式进行债务重组的，债务人应当在相关资产和所清偿债务符合终止确认条件时予以终止确认，所清偿债务账面价值与转让资产账面价值之间的差额计入当期损益。"

《关于做好执行会计准则企业 2008 年年报工作的通知》（财会函〔2008〕60 号）："企业接受的捐赠和债务豁免，按照会计准则规定符合确认条件的，通常应当确认为当期收益。如果接受控股股东或控股股东的子公司直接或间接的捐赠，从经济实质上判断属于控股股东对企业的资本性投入，应作为权益性交易，相关利得计入所有者权益（资本公积）。"

《企业会计准则解释第 5 号》指出：

"企业接受非控股股东（或非控股股东的子公司）直接或间接代为偿债、债务豁免或捐赠的，应如何进行会计处理?

答：企业接受代为偿债、债务豁免或捐赠，按照企业会计准则规定符合确认条件的，通常应当确认为当期收益；但是，企业接受非控股股东（或非控股股东的子公司）直接或间接代为偿债、债务豁免或捐赠，经济实质表明属于非控股股东对企业的资本性投入，应当将相关利得计入所有者权益（资本公积）。"

《企业会计准则解释第 3 号》指出：

"问：企业收到政府给予的搬迁补偿款应当如何进行会计处理?

答：企业因城镇整体规划、库区建设、棚户区改造、沉陷区治理等公共利益进行搬迁，收到政府从财政预算直接拨付的搬迁补偿款，应作为专项应付款处理。其中，属于对企业在搬迁和重建过程中发生的固定资产和无形资产损失、有关费用性支出、停工损失及搬迁后拟新建资产进行补偿的，应自专项应付款转入递延收益，并按照《企业会计准则第 16 号——政府补助》

进行会计处理。企业取得的搬迁补偿款扣除转入递延收益的金额后如有结余的，应当作为资本公积处理。企业收到除上述之外的搬迁补偿款，应当按照《企业会计准则第 4 号——固定资产》《企业会计准则第 16 号——政府补助》等会计准则进行处理。”

《监管规则适用指引——会计类第 1 号》指出：“上市公司与其控股股东或者其他关联方之间可能以多种形式进行权益性交易，其主要特征概括如下：

1. 权益性交易的交易对象。权益性交易除所有者以其所有者身份与主体之间的交易外，还包括不同所有者之间的交易，且后者多为合并财务报表层面不同所有者（母公司与子公司少数股东）之间。

2. 权益性交易对主体权益总额的影响。主体与所有者之间的权益性交易会导致主体权益总额发生增减变动，所有者之间的权益性交易不影响权益总额，但会改变权益内部各项目金额。

3. 权益性交易的会计处理结果。与权益性交易有关的利得和损失应直接计入权益，不会影响当期损益。

对于所有者之间的权益性交易，如果涉及合并财务报表的，应从合并财务报表主体的范围来界定其是否属于权益性交易。如果母公司因转让子公司股权（权益）而丧失控制权的，被转让公司不再纳入合并财务报表范围，母公司不以所有者身份进行交易；如果母公司转让子公司股权（权益）但未丧失控制权，该子公司仍然纳入合并财务报表范围，就合并财务报表主体而言，母公司以子公司所有者身份与其他所有者之间进行的交易应作为权益性交易处理。

监管实践发现，部分公司对于权益性交易的认定和会计处理存在偏差和分歧。现就如何适用上述原则的意见如下：

对于上市公司的股东、股东控制的其他关联方、上市公司的实际控制人对上市公司进行直接或间接的捐赠、债务豁免等单方面的利益输送行为，由于交易是基于双方的特殊身份才得以发生，且使得上市公司明显的、单方面的从中获益，因此，应认定其经济实质具有资本投入性质，形成的利得应计入所有者权益。上市公司在判断是否属于权益性交易时应分析该交易是否公允以及商业上是否存在合理性。上市公司与潜在股东之间发生的上述交易，应比照上述原则进行处理。”

三、案例解析

案例材料 1

A 公司向控股股东 C 公司借款，按债务重组协议的约定履行还款义务，是借款和债务重组两项交易。如果 C 公司并未为 B 公司对 A 公司的债务豁免提供任何承诺或补偿，则 C 公司为 A 公司提供借款以偿还对 B 公司的债务，不影响 A 公司与 B 公司交易的经济实质。B 公司豁免 A 公司债务，应按照《企业会计准则第 12 号——债务重组》（2019 年修订）第十条的规定，在债务豁免生效，不确定性消除时，将豁免的 1,809 万元债务确认为当期损益。

A 公司控股股东 C 公司和 B 公司办公地址为同一栋办公楼，B 公司历史上免除过 A 公司的担保义务，C 公司与 B 公司之间存在资金往来，是 A 公司与 B 公司或 C 公司与 B 公司之间存在关联关系的迹象。A 公司在对上述交易进行会计处理时，以及 A 公司聘请的会计师在对财务报表进行审计时均应关注这些事项，并核实彼此之间是否存在特殊关系。

如果 C 公司与 B 公司资金往来不是基于正常的经济业务而发生，历史资金往来说明 B 公司与 C 公司之间存在实质上的控制关系，或被同一方共同控制等，相关交易实质上是控股股东的权益性投入，则 B 公司对 A 公司的债务豁免应按权益性交易处理。

如果 C 公司作为 A 公司的控股股东，为 B 公司的债务豁免提供了各种具有实际经济利益的补偿，包括直接提供资金补偿、以明显低的价格转让资产或承接债务、为 B 公司提供担保等补偿方式，则应将 C 公司对 B 公司提供的补偿与 B 公司对 A 公司的债务豁免一并考虑，B 公司对 A 公司的债务豁免仍然具有 C 公司变相权益性投入的性质，应按权益性交易处理。

综上所述，在该案例中，A 公司的债务重组利得是确认为损益还是权益，需要结合双方的关系，分析其交易的经济实质，依据经济实质来认定。

案例材料 2

根据报国家发改委的备案文件，实施拆迁改造的主体为 F 公司，政府拨款补偿的对象也为 F 公司，补偿的是 F 公司的拆迁改造行为，与其控股的 E 上市公司没有任何关系。F 公司将其收到的政府拆迁补偿款划转给其控股的

E 上市公司，完全是 F 公司的企业行为，与政府没有关系。E 上市公司最近几年没有发生过拆迁行为，无相关方面的支出。基于以上分析，F 公司将其收到的政府补偿款划转给 E 上市公司，是 F 公司与 E 上市公司之间的经济行为，是基于 F 公司控股 E 上市公司的特殊身份才发生的资金划转，是一种单方面的利益转移行为或资金划转行为，不属于 3 号解释所规范的“企业收到政府给予的搬迁补偿款”会计处理问题。具体应根据 F 公司是否有权收回划转给 E 公司的资金作出处理。若 F 公司已明确划转的资金无须偿还，且无任何额外义务，则应该按照财政部财会函〔2008〕60 号文和《监管规则适用指引——会计类 1 号》的规定，认定为 F 公司对 E 上市公司的资本性投入，按权益性交易处理。若 F 公司已明确划转的资金需要偿还，则应按一般的债权债务进行会计处理。

案例 8－11
公司第二大股东债务免息事项的确认

一、案例背景

B 公司是原国有银行改制时设立的一家全资国有的专业资产管理公司，主要负责承接和处理银行转来的不良债权。截至 2×10 年 1 月，B 公司通过债权转股权的方式，持有 A 上市公司 37.78% 的股权，成为 A 上市公司控股股东。2×14 年 B 公司将 20% 股权出让给 C 公司。股权转让后，C 公司成为 A 公司的第一大股东，持股比例为 20%，第二大股东为 B 公司，持股比例为 17.78%。2×14 年 11 月 12 日，A 上市公司收到 B 公司批复，B 公司同意 A 公司归还截至协议生效日前 2.37 亿元债务所欠利息 7,277.10 万元的 10% 后，免除剩余 90% 利息。

问题：第二大股东豁免 A 公司债务利息应确认为损益还是资本公积？

二、会计准则及相关规定

《企业会计准则第 12 号——债务重组》（2019 年修订）第四条规定：“（三）债权人或债务人中的一方直接或间接对另一方持股且以股东身份进行债务重组的，或者债权人与债务人在债务重组前后均受同一方或相同的多方最终控制，且该债务重组的交易实质是债权人或债务人进行了权益性分配或接受了权益性投入的，适用权益性交易的有关会计处理规定。”

《企业会计准则第 12 号——债务重组》（2019 年修订）第十条规定：“以资产清偿债务方式进行债务重组的，债务人应当在相关资产和所清偿债务符合终止确认条件时予以终止确认，所清偿债务账面价值与转让资产账面价值之间的差额计入当期损益。”

《企业会计准则解释第 5 号》指出：“企业接受非控股股东（或非控股股东的子公司）直接或间接代为偿债、债务豁免或捐赠的，应如何进行会计处理？

答：企业接受代为偿债、债务豁免或捐赠，按照企业会计准则规定符合确认条件的，通常应当确认为当期收益；但是，企业接受非控股股东（或非控股股东的子公司）直接或间接代为偿债、债务豁免或捐赠，经济实质表明属于非控股股东对企业的资本性投入，应当将相关利得计入所有者权益（资本公积）。”

《监管规则适用指引——会计类第 1 号》指出：“上市公司与其控股股东或者其他关联方之间可能以多种形式进行权益性交易，其主要特征概括如下：

1. 权益性交易的交易对象。权益性交易除所有者以其所有者身份与主体之间的交易外，还包括不同所有者之间的交易，且后者多为合并财务报表层面不同所有者（母公司与子公司少数股东）之间。

2. 权益性交易对主体权益总额的影响。主体与所有者之间的权益性交易会导致主体权益总额发生增减变动，所有者之间的权益性交易不影响权益总额，但会改变权益内部各项目金额。

3. 权益性交易的会计处理结果。与权益性交易有关的利得和损失应直接计入权益，不会影响当期损益。

对于所有者之间的权益性交易，如果涉及合并财务报表的，应从合并财务报表主体的范围来界定其是否属于权益性交易。如果母公司因转让子公司股权（权益）而丧失控制权的，被转让公司不再纳入合并财务报表范围，母公司不以所有者身份进行交易；如果母公司转让子公司股权（权益）但未丧失控制权，该子公司仍然纳入合并财务报表范围，就合并财务报表主体而言，母公司以子公司所有者身份与其他所有者之间进行的交易应作为权益性交易处理。

监管实践发现，部分公司对于权益性交易的认定和会计处理存在偏差和分歧。现就如何适用上述原则的意见如下：

对于上市公司的股东、股东控制的其他关联方、上市公司的实际控制人对上市公司进行直接或间接的捐赠、债务豁免等单方面的利益输送行为，由于交易是基于双方的特殊身份才得以发生，且使得上市公司明显的、单方面的从中获益，因此，应认定其经济实质具有资本投入性质，形成的利得应计入所有者权益。上市公司在判断是否属于权益性交易时应分析该交易是否公允以及商业上是否存在合理性。上市公司与潜在股东之间发生的上述交易，应比照上述原则进行处理。”

三、案例解析

B 公司向 C 公司转让 A 公司股权后，不再是 A 公司的控股股东。在分析 B 公司对 A 公司债务豁免的性质时，应考虑其经济实质是否为资本性投入。根据案例提供的相关材料，B 公司主要职能是管理和处置因收购国有银行不良贷款形成的资产，其豁免相关债务的行为，属其经常性的经营管理行为，是市场化交易行为，在没有其他证据表明该项债务豁免的经济实质属于 B 公司作为非控股股东对 A 上市公司的资本性投入或权益性投入时，按照《企业会计准则解释第 5 号》及《企业会计准则第 12 号——债务重组》（2019 年修订）的相关规定，A 上市公司对该项债务豁免在按照企业会计准则规定符合确认条件时，可以确认为当期损益。

但需要强调的是，在确定非控股股东与上市公司之间交易的经济实质时，应当结合交易双方的业务性质进行综合分析，判断企业接受非控股股东债务豁免，是否应当按照《企业会计准则解释第 5 号》及《企业会计准则第 12 号——债务重组》（2019 年修订）的相关规定认定为非控股股东对企业的资本性投入或权益性投入。

案例 8-12
控股股东托管资产经营收益的确认

一、案例背景

A 上市公司受托管理控股股东的房屋、场地及附属设施，托管期限 10 年 6 个月（后 6 个月为免租期），托管费用共 2,500 万元。A 上市公司将上述资产租赁给不存在关联关系的 B 公司，租赁期 10 年 6 个月（后 6 个月为免租期），收入总计 9,346.14 万元，其中绿化养护服务收入 1,500 万元（服务成本约为服务收入的 90%），物业管理服务收入 1,300 万元（服务收入约为服务成本的 85%），其余为租赁收入 6,546.14 万元。相关房屋、场地的改造、提升、重整、修缮、维护费用由 B 公司承担。经测算，2×12—2×22 年，A 公司收入扣除支付给控股股东的托管费、提供的物业管理及绿化服务费后，年均利得为 258 万元—326 万元，10 年利得合计数约为 2,997 万元。

问题：A 上市公司租赁收入扣除支付给大股东的托管费后，相关利得是计入损益还是所有者权益？

二、会计准则及相关规定

《关于做好执行会计准则企业 2008 年年报工作的通知》（财会函〔2008〕60 号）指出："企业接受的捐赠和债务豁免，按照会计准则规定符合确认条件的，通常应当确认为当期收益。如果接受控股股东或控股股东的子公司直接或间接的捐赠，从经济实质上判断属于控股股东对企业的资本性投入，应作为权益性交易，相关利得计入所有者权益（资本公积）。"

《监管规则适用指引——会计类第 1 号》指出："上市公司与其控股股东或者其他关联方之间可能以多种形式进行权益性交易，其主要特征概括如下：

1. 权益性交易的交易对象。权益性交易除所有者以其所有者身份与主体之间的交易外，还包括不同所有者之间的交易，且后者多为合并财务报表层面不同所有者（母公司与子公司少数股东）之间。

2. 权益性交易对主体权益总额的影响。主体与所有者之间的权益性交易会导致主体权益总额发生增减变动，所有者之间的权益性交易不影响权益总额，但会改变权益内部各项目金额。

3. 权益性交易的会计处理结果。与权益性交易有关的利得和损失应直接计入权益，不会影响当期损益。

对于所有者之间的权益性交易，如果涉及合并财务报表的，应从合并财务报表主体的范围来界定其是否属于权益性交易。如果母公司因转让子公司股权（权益）而丧失控制权的，被转让公司不再纳入合并财务报表范围，母公司不以所有者身份进行交易；如果母公司转让子公司股权（权益）但未丧失控制权，该子公司仍然纳入合并财务报表范围，就合并财务报表主体而言，母公司以子公司所有者身份与其他所有者之间进行的交易应作为权益性交易处理。

监管实践发现，部分公司对于权益性交易的认定和会计处理存在偏差和分歧。现就如何适用上述原则的意见如下：

对于上市公司的股东、股东控制的其他关联方、上市公司的实际控制人对上市公司进行直接或间接的捐赠、债务豁免等单方面的利益输送行为，由于交易是基于双方的特殊身份才得以发生，且使得上市公司明显的、单方面的从中获益，因此，应认定其经济实质具有资本投入性质，形成的利得应计入所有者权益。上市公司在判断是否属于权益性交易时应分析该交易是否公允以及商业上是否存在合理性。上市公司与潜在股东之间发生的上述交易，应比照上述原则进行处理。”

三、案例解析

A 上市公司从控股股东处托管资产的期限，与 B 公司租赁相关资产的期限完全一致。相关房屋、场地的改造、提升、重整、修缮、维护费用由 B 公司承担，除单独收费的物业管理和绿化服务外，A 上市公司并未提供其他除租赁外的任何服务。A 上市公司能以 2,500 万元的对价从控股股东处托管资产，以 6,546.14 万元的价格租赁给非关联方，完全是因为交易双方的特殊的母子公司身份，使 A 公司在不支付其他任何对价的情况下，直接获得

4,046.16 万元利得（不考虑时间成本）。否则，控股股东完全可以自行将相关资产租赁给第三方，获得累计 6,546.14 万元的收益，而不是 2,500 万元。显然，该项收益是基于 A 上市公司与其控股股东的特殊关系而形成的直接利益输送，使 A 上市公司单方面获益，其经济实质是 A 公司母公司的资本投入，应作为权益性交易，形成的利得计入所有者权益（资本公积）。

案例 8－13
上市公司与同一国资委控制的公司之间发生的与破产重整相关的债务转让交易的处理

一、案例背景

某市国资委下属的投资公司控制一家 A 上市公司，A 上市公司正在进行破产重整。为了扶持上市公司的经营，由市国资委出资成立了另一家 B 公司，承接 A 公司的债务。

根据 A 公司的破产重整计划，破产重整中的债务 1,000 万元由 B 公司偿还，清偿按照债务重整中确定的清偿比例 10% 执行。截至资产负债表日，B 公司尚未履行相关偿债义务。

除约定由 B 公司偿还的债务 1,000 万元外，A 公司其他债务已经偿还完毕。截至资产负债表日，法院判决债务清偿已执行完毕。

问题：

（1）A 上市公司与 B 公司是否构成关联方关系？

（2）由于 B 公司尚未完成支付义务，A 公司是否终止确认相关负债 1,000 万元？

（3）A 上市公司是否能够确认债务重组收益？应如何确认？

二、会计准则及相关规定

《企业会计准则第 36 号——关联方披露》第三条规定：“一方控制、共同控制另一方或对另一方施加重大影响，以及两方或两方以上同受一方控制、共同控制或重大影响的（《企业会计准则讲解（2010）》第三十七章“关联方披露”，在定义关联方关系中，已删除‘或重大影响’），构成关联方。”

《企业会计准则第36号——关联方披露》第六条规定：“仅仅同受国家控制而不存在其他关联方关系的企业，不构成关联方。”

《企业会计准则第12号——债务重组》（2019年修订）第四条规定:”（三）债权人或债务人中的一方直接或间接对另一方持股且以股东身份进行债务重组的，或者债权人与债务人在债务重组前后均受同一方或相同的多方最终控制，且该债务重组的交易实质是债权人或债务人进行了权益性分配或接受了权益性投入的，适用权益性交易的有关会计处理规定。”

《企业会计准则第12号——债务重组》（2019年修订）第十条规定：“以资产清偿债务方式进行债务重组的，债务人应当在相关资产和所清偿债务符合终止确认条件时予以终止确认，所清偿债务账面价值与转让资产账面价值之间的差额计入当期损益。”

《关于做好执行会计准则企业2008年年报工作的通知》（财会函〔2008〕60号）指出：“企业接受的捐赠和债务豁免，按照会计准则规定符合确认条件的，通常应当确认为当期收益。如果接受控股股东或控股股东的子公司直接或间接的捐赠，从经济实质上判断属于控股股东对企业的资本性投入，应作为权益性交易，相关利得计入所有者权益（资本公积）。”

《企业会计准则第22号——金融工具确认和计量》（2017年修订）第十二条规定：“金融负债（或其一部分）的现时义务已经解除的，企业应当终止确认该金融负债（或该部分金融负债）。”

《监管规则适用指引——会计类第1号》指出：“上市公司与其控股股东或者其他关联方之间可能以多种形式进行权益性交易，其主要特征概括如下：

1. 权益性交易的交易对象。权益性交易除所有者以其所有者身份与主体之间的交易外，还包括不同所有者之间的交易，且后者多为合并财务报表层面不同所有者（母公司与子公司少数股东）之间。

2. 权益性交易对主体权益总额的影响。主体与所有者之间的权益性交易会导致主体权益总额发生增减变动，所有者之间的权益性交易不影响权益总额，但会改变权益内部各项目金额。

3. 权益性交易的会计处理结果。与权益性交易有关的利得和损失应直接计入权益，不会影响当期损益。

对于所有者之间的权益性交易，如果涉及合并财务报表的，应从合并财务报表主体的范围来界定其是否属于权益性交易。如果母公司因转让子公司股权（权益）而丧失控制权的，被转让公司不再纳入合并财务报表范围，母公司不以所有者身份进行交易；如果母公司转让子公司股权（权益）但未丧失控制权，该子公司仍然纳入合并财务报表范围，就合并财务报表主体而言，母公司以子公司所有者身份与其他所有者之间进行的交易应作为权益性交易处理。

监管实践发现，部分公司对于权益性交易的认定和会计处理存在偏差和分歧。现就如何适用上述原则的意见如下：

对于上市公司的股东、股东控制的其他关联方、上市公司的实际控制人对上市公司进行直接或间接的捐赠、债务豁免等单方面的利益输送行为，由于交易是基于双方的特殊身份才得以发生，且使得上市公司明显的、单方面的从中获益，因此，应认定其经济实质具有资本投入性质，形成的利得应计入所有者权益。上市公司在判断是否属于权益性交易时应分析该交易是否公允以及商业上是否存在合理性。上市公司与潜在股东之间发生的上述交易，应比照上述原则进行处理。”

三、案例解析

（一）A上市公司与B公司是否构成关联方关系

A上市公司与B公司同受某市国资委控制，且B公司为扶持A上市公司经营而设立，某市国资委对于A上市公司与B公司之间交易的达成具有重大影响甚至是决定者，A公司与B公司之间的债务转移正是基于双方的这种特殊关系才能形成。A公司与B公司同受某市国资委控制，与同受国家控制应不属于同一概念，不属于《企业会计准则第36号——关联方披露》第六条和《企业会计准则讲解（2010）》第三十七章“关联方披露”第二节“关联方关系的认定”所规范的“仅仅同受国家控制”之情况，双方应为受同一实际控制人控制的关联方。

（二）A公司是否可以终止确认相关负债

债务转让协议生效，需要债权方同意；A上市公司、B公司和相关债权人签订债务转让协议，约定相关债务由B公司偿还，如果约定明确在B公司不能偿还相关债务的情况下，债权人也不能向A上市公司追偿，根据

《企业会计准则第22号——金融工具确认和计量》（2017年修订）第十二条的规定，A上市公司有关该项负债的现时义务已经全部解除，A上市公司应当终止确认相关债务。

相反，如果相关债权转让协议明确约定或有其他证据表明，在B公司不能偿还相关债务时，债权人可以向A上市公司追偿，根据上述规定，A上市公司偿付债务的现时义务仍存在，A上市公司不能终止确认相关债务。

（三）A上市公司是否能够确认债务重组收益，应如何确认

案例所述交易涉及两个方面，一是债务重整，二是债务转移。

根据《企业会计准则第12号——债务重组》（2019年修订）的规定，以资产清偿债务方式进行债务重组的，债务人应当在相关资产和所清偿债务符合终止确认条件时予以终止确认，所清偿债务账面价值与转让资产账面价值之间的差额计入当期损益。债务重整的利得是基于A公司与债权人达成的，应按照债务重组准则相关规定对债务重组利得进行会计处理，相关利得应当确认为当期损益。

而B公司无对价代A公司偿付债务，是基于A公司与B公司同受某市国资委控制这一特殊关系才得以发生，且A公司明显的、单方面的从中获益。根据《企业会计准则第12号——债务重组》（2019年修订）的规定，债权人与债务人在债务重组前后均受同一方或相同的多方最终控制，且该债务重组的交易实质是债权人或债务人进行了权益性分配或接受了权益性投入的，适用权益性交易的有关会计处理规定。因此，B公司代偿的金额应作为权益性交易计入所有者权益（资本公积）。

基于以上分析，本案例所述债务重组，在B公司承接债务后，债权人不再向A公司追偿债务的前提下，就案例所述情况分析，A公司会计处理分以下几种情况区别处理：

1. 债权人同意只收取债权的10%，豁免900万元，且同意A公司将剩余100万元债务转移至B公司代为清偿。

债务重组时，确认900万元重组收益，剩余10%即100万元按权益性交易确认为资本公积。

2. 债权人是以A公司支付债权的10%，作为同意A公司将剩余债权转移到B公司的条件。

A公司支付10%，B公司承接剩余90%债务时，A公司终止确认全部债务；同时，按权益性交易将转移的90%债务900万元确认为资本公积。

案例 8－14
特殊关联交易涉及的“资本性投入”

在资本市场发展初期，通过关联方的直接或间接捐赠向上市公司输送利益，增加上市公司当期账面盈余的交易时有发生。为从根本上杜绝通过非公允的关联方交易随意调节利润的行为，财政部曾经在2001年发布了《关联方之间出售资产等有关会计处理问题暂行规定》（财会〔2001〕64号），中国证监会也有针对性地加强了对上市公司相关行为的约束，从而基本上遏制了通过非公允关联方交易操纵利润的现象。

2007年新会计准则开始实施后，原会计准则配套的文件，包括财会〔2001〕64号等均不再执行。按原会计准则，一般情况下非货币性资产交换和债务重组不涉及损益确认，超过一定限额的关联方交易损益不能确认。而按照2006年2月15日颁布的《企业会计准则第7号——非货币性资产交换》和《企业会计准则第12号——债务重组》的规定，一般情况下，非货币性资产交换应视同旧资产的出售和新资产的购入，在换出资产视同销售的过程中要确认损益；债务重组交易中，债务人因被豁免而取得的收益要计入当期损益。由于新旧会计准则的上述差异，执行新会计准则之初，市场中出现了部分上市公司的控股股东通过向上市公司直接或间接的捐赠（以下简称股东捐赠行为）来输送利益的交易事项，其中尤以被处退市风险警示的*ST公司为甚。除此之外，利用与控股股东的非公允关联交易来调控利润也是部分公司包装业绩的主要手段。股东捐赠行为的表现形式主要包括：

1. 控股股东或其关联方向上市公司捐赠现金或其他实物资产。
2. 控股股东或其关联方以显失公允的价格向上市公司购买资产。
3. 控股股东或其关联方豁免上市公司债务或代上市公司对外清偿债务。
4. 在控股股东的安排下，上市公司与第三方进行非公允交易。

针对上述利益输送行为，财政部在2008年年底发布了财会函〔2008〕60号，规定企业直接或间接接受控股股东或控股股东子公司的捐赠，从经济实质上判断属于控股股东对企业的资本性投入，应作为权益性交易，相关利得计入资本公积。

中国证监会在此基础上，发布了证监会公告〔2008〕48号，要求上市公司应充分关注控股股东、控股股东控制的其他关联方、上市公司的实际控制人等向公司进行直接或间接捐赠行为（包括直接捐赠现金或实物资产、直接豁免或代为清偿债务等）的经济实质。如果交易的经济实质表明属于控股股东、控股股东控制的其他关联方或上市公司实际控制人向上市公司资本投入性质的，公司应当按照实质重于形式原则，将该交易作为权益交易，形成的利得计入资本公积。

上述规定从原则上规范了大股东捐赠行为的会计处理，规定发布之后，在很大程度上遏制了上市公司控股股东向上市公司输送利益的行为。然而，近年来，市场上又出现了一些新的利益输送方式，与以往的直接捐赠相比，现在大股东向上市公司输送利益的方式更为隐蔽和复杂，需要更多的专业判断。

一、案例背景

A公司为一家ST公司，经营不善导致资不抵债。A公司的主要经营性资产已经被出售或者报废，剩余资产主要是一些往来款项。A公司2×11年实施资产重组，将全部资产出售给实际控制人B公司，并由B公司承担全部负债，之后向潜在控股股东C公司定向发行股票购买其下属8家子公司的股权。

A公司的实际控制人B公司在2×11年12月承接A公司所有负债3亿元，同时收购A公司所有资产2亿元，最终交易价格确定为0元。置换给B公司的资产负债都是往来款项，公允价值为-1亿元，A公司认同如果交易对方是第三方的话，不可能与之达成这样的交易。但A公司又认为本交易属于重大资产重组中对原上市公司的资产剥离，由此产生的债务重组收益并非一般意义上的利益输送，而是为了从根本上解决上市公司的财务危机，可以确认为当期利润。因此，拟在2×11年年报中将资产与债务相抵的差额部分1亿元确认为债务重组收益。

问题：A公司在上述交易中是否可以确认债务重组收益？

二、会计准则及相关规定

财政部在2008年年底发布的《关于做好执行会计准则企业2008年年报

工作的通知》（财会函〔2008〕60 号）中规定：“企业接受的捐赠和债务豁免，按照会计准则规定符合确认条件的，通常应当确认为当期收益。如果接受控股股东或控股股东的子公司直接或间接的捐赠，从经济实质上判断属于控股股东对企业的资本性投入，应作为权益性交易，相关利得计入所有者权益（资本公积）。”

中国证监会在 2008 年年底发布《关于做好上市公司 2008 年度报告相关工作安排的公告》（证监会公告〔2008〕48 号），在会计准则规定的基础上，对上市公司涉及股东捐赠行为的会计处理原则作出了明确规定：“公司应充分关注控股股东、控股股东控制的其他关联方、上市公司的实际控制人等向公司进行直接或间接捐赠行为（包括直接捐赠现金或实物资产、直接豁免或代为清偿债务等）的经济实质。如果交易的经济实质表明属于控股股东、控股股东控制的其他关联方或上市公司实际控制人向上市公司资本投入性质的，公司应当按照企业会计准则中‘实质重于形式’的原则，将该交易作为权益交易，形成的利得计入所有者权益（资本公积）。”

《企业会计准则第 12 号——债务重组》（2019 年修订）第四条规定：“（三）债权人或债务人中的一方直接或间接对另一方持股且以股东身份进行债务重组的，或者债权人与债务人在债务重组前后均受同一方或相同的多方最终控制，且该债务重组的交易实质是债权人或债务人进行了权益性分配或接受了权益性投入的，适用权益性交易的有关会计处理规定。”

三、案例解析

如果股东捐赠行为是基于交易双方的特殊身份才得以发生，且使交易一方明显地、单方面地从中获益，则可以界定为具有资本投入性质。上述界定标准一方面强调了要关注交易是否基于双方的特殊身份才得以发生，即强调交易是否具有经济实质，另一方面强调交易的经济后果是使一方明显（强调程度）单方面（强调经济利益的不对等性）从中获益。

此外，权益性交易是一个广义的概念，除上文所述的所有者以其所有者身份与主体之间的交易外，还包括不同所有者之间的交易。

例如，《企业会计准则讲解（2010）》第二十一章“企业合并”指出：“企业在取得对子公司的控制权，形成企业合并后，购买少数股东全部或部分权益的，实质上是股东之间的权益性交易。”

又如，财政部《关于做好执行会计准则企业2008年年报工作的通知》（财会函〔2008〕60号）规定："企业购买上市公司，被购买的上市公司不构成业务的，购买企业应按照权益性交易的原则进行处理，不得确认商誉或确认计入当期损益。"

综上所述，权益性交易的主要特征可以概括如下：

1. 权益性交易的交易对象。权益性交易除所有者以其所有者身份与主体之间的交易外，还包括不同所有者之间的交易，且后者多为合并报表层面的不同所有者（母公司与子公司少数股东）之间。

2. 权益性交易对主体权益总额的影响。主体与所有者之间的权益性交易会导致主体权益总额发生增减变动，所有者之间的权益性交易不影响权益总额，但会改变权益内部各项目金额。

3. 权益性交易的会计处理结果。与权益性交易有关的利得和损失应直接计入权益，不会影响当期损益。

对于所有者之间的权益性交易，如果涉及合并报表的，则应从合并报表主体的范围来界定其是否属于权益性交易。如果母公司因转让子公司股权（权益）而丧失控制权的，被转让公司不再纳入合并报表，不存在母公司以所有者身份出现的问题；如果母公司转让子公司股权（权益）但未丧失控制权，该子公司仍然纳入合并报表范围，就合并报表主体而言，母公司以子公司所有者身份与其他所有者之间进行的交易应作为权益性交易处理。

本案例中，A公司的实际控制人B公司在2×11年12月承接A公司所有负债3亿元，同时收购A公司所有资产2亿元，最终交易价格确定为0元。显然，A公司从该交易中获益1亿元，但这并非产生于正常的债务重组交易，不属于实际债权人给予A公司的让步，因此将资产与债务相抵的差额部分1亿元确认为债务重组收益是不恰当的。

事实上，差额部分1亿元由B公司承担，是基于B公司是A公司实际控制人的特殊身份而给予A公司的利益输送，A公司明显单方面从中获益，因此，该交易的经济实质应当认定为实际控制人向上市公司的资本投入性质。根据《企业会计准则第12号——债务重组》（2019年修订）的相关规定，债权人或债务人中的一方直接或间接对另一方持股且以股东身份进行债务重组的，且该债务重组的交易实质是债权人或债务人进行了权益性分配或接受了权益性投入的，适用权益性交易的有关会计处理规定。

此外，在本案例中，控股股东B公司的确不是简单地向上市公司输送利益，而是为了将上市公司打造成一个“空壳”公司，以便于新的控股股东 C 公司将优质资产注入。从这个意义上来讲，B 公司高价购买上市公司的资产，本质上是老股东与新股东之间的交易，对于上市公司 A 公司来讲，是所有者之间的交易，也应该判断为权益性交易。

综上所述，A 公司应将剥离给实际控制人的资产和负债相抵后的差额部分确认为资本公积，不能在利润表中确认债务重组收益。

【相关案例之一】

（一）案例背景

A 公司是地方国有控股上市公司，近年来主营业务盈利能力持续下降，2×11 年度亏损，2×12 年前三季度亏损 2,000 万元。2×12 年 12 月，A 公司发布关联交易公告，将已全额计提坏账准备的历史债权 3,000 万元转让给同受 A 公司控股股东控制的某国有资产管理公司，转让价款为 3,000 万元。转让日，由于相关债务单位的财务状况未发生好转，被转让的应收款项的可收回性仍然非常低。

A 公司拟冲回坏账准备 3,000 万元，相应增加 2×12 年年度利润 3,000 万元。

问题：A 公司的上述会计处理是否正确？

（二）案例解析

在本案例中，A 公司所转让的应收款项均是已全额计提坏账准备的历史债权，原本预计可收回金额为 0，但却以 3,000 万元出售给控股股东的子公司。这是一种间接的捐赠，是基于买卖双方同受控股股东控制的特殊身份才能够得以发生，属于控股股东（及其子公司）以其特殊身份进行的、对上市公司的利益输送行为。因此，应当将 3,000 万元计入资本公积。

在实务中，还存在这样的情况：上市公司与控股股东的其他子公司之间发生交易形成了应收款项，由于债务人财务状况恶化等原因，上市公司在对应收款项可回收性进行评价之后，对应收款计提了坏账准备。之后，各方面情况发生了变化，上市公司与控股股东及债务人共同签订协议，由控股股东代债务人偿还应收款。在这种情况下，由于协议明确控股股东是代其另外的子公司偿还债务，考虑到第三方债务人的股东也完全有可能替其子公司偿债，这属于合理的商业安排，作为债权人的上市公司可以按照金融工具或者债务重组准则的原则进行会计处理。

【相关案例之二】

（一）案例背景

A公司是一家上市公司，A公司持有B公司30%的股权，将B公司作为联营企业核算。A公司于2×11年为B公司向银行取得的3亿元贷款提供担保。2×14年，B公司因财务困难，未能按期履行还款付息义务，该贷款及担保形成诉讼事项，A公司需要计提预计负债。

P公司是A公司的控股股东，P公司在2×14年年底出具承诺函，承诺A公司如果因该贷款担保发生任何损失，P公司将全部承担。

问题：A公司能否依据P公司的承诺不确认该项担保所导致的负债？

（二）案例解析

我们认为，A公司因为其对外担保行为形成的损失，从担保行为产生的合同权利义务关系来看，应该由A公司承担，相应的费用应该计入A公司的损益。P公司作为控股股东代A公司承担担保损失，是控股股东对A公司的捐赠，属于资本性投入，应该在收到时计入资本公积。

【相关案例之三】

（一）案例背景

A公司是一家上市公司，拟进行破产重整。2×13年2月，当地法院批准了公司的重整计划，对于超过20万元以上部分的普通债权（共5亿元），A公司按照14%比例以现金进行清偿。按照此方案，债权人共豁免A公司债务4.3亿元，其中，A公司控股股东B公司豁免了8,600万元。A公司在2×13年10月法院裁定重整计划执行完毕之后，确认了4.3亿元的债务重组收益。

问题：A公司将控股股东豁免的债务确认为债务重组收益是否恰当？

（二）案例解析

本案例中，控股股东以普通债权人身份，同其他债权人共同对上市公司作出相同比例的债务豁免。在这个交易中，控股股东与其他普通债权人处于相同的地位，并未因为其股东身份而有任何不同。因此，B公司的债务豁免属于债权人对上市公司正常的债务豁免行为，应该计入当期损益。

【相关案例之四】

（一）案例背景

上市公司与独立第三方之间的交易，通常都应该是公平交易。但有一些交易，由于大股东与第三方存在另外的协议安排，而变得不公允。面对这样一些与第三方进行的非公允交易，需要了解造成非公允交易的原因是什么，不能因为形式上的交易对象是第三方就按照形式简单处理，应该按照实质重于形式的原则进行综合判断，以确定其会计处理方式。

A公司是上市公司，B公司是A公司的控股股东。2×12年，B公司与A公司及其所在地县级人民政府达成三方协议，由B公司先支付给县政府3,000万元，再由县政府以政府补助的形式支付给A公司。A公司收到了县政府拨付的3,000万元后，拟作为政府补助计入其他收益。

问题：A公司将此项“政府补贴”计入其他收益是否恰当？

（二）案例解析

在本案例中，A公司获得的3,000万元“政府补贴”最终由其控股股东B公司承担，县政府将B公司提供的款项，以“政府补贴”名义转交给A公司，县政府只是形式上履行了政府补贴程序，实质上并不是政府无偿给予，此款项不符合政府补助定义中的“从政府无偿取得”的特征，不能够作为政府补助进行会计处理。该“政府补贴”实际出自A公司的控股股东B公司，是基于B公司是A公司控股股东的特殊身份才发生的交易，A公司明显地、单方面地从中获益，其经济实质具有资本投入性质，属于权益性交易。

因此，该交易产生的利得3,000万元应计入权益（资本公积），不应计入其他收益。

【相关案例之五】

（一）案例背景

A公司是上市公司，B公司持有A公司51%的股份，对A公司形成控制。C公司持有B公司16%的股份，并与其他5家公司一起共同控制B公司。C公司持有D公司40%的股份，并对D公司形成控制。2×11年8月，B公司、C公司和D公司的另外两个股东共同签署了关于D公司重组和C公司股权退出的协议。协议约定，在满足一定条件的情况下，C公司将于2×13年10月31日向B公司发出股权转让的通知，将C公司持有的D公司40%的股份全部转让给B公司或B公司指定的其他受让方。B公司或B公司指定的其他受让方应在2×13年12月31日前向C公司支付人民币3亿元作为取得C公司持有的D公司40%股权的对价，该对价以2×11年8月D公司40%股权的公允价值为基础确定。

2×13年10月31日，C公司向B公司发出股权转让的通知，经B公司董事会审议通过，决定由A公司收购D公司的股权。其后，A公司召开了董事会和临时股东大会，审议通过了关于收购D公司股权的议案。2×13年12月20日，A公司办理完相关股权的过户、工商注册登记等手续。

在评估报告的基础上，D公司2×13年12月可辨认净资产的公允价值为11亿元，按持股比例40%计算得出D公司可辨认净资产的公允价值中A公司持有的份额为4.4亿元，超出A公司投资成本3亿元的部分共计1.4亿元。

交易前后的股权结构如图8－1所示。

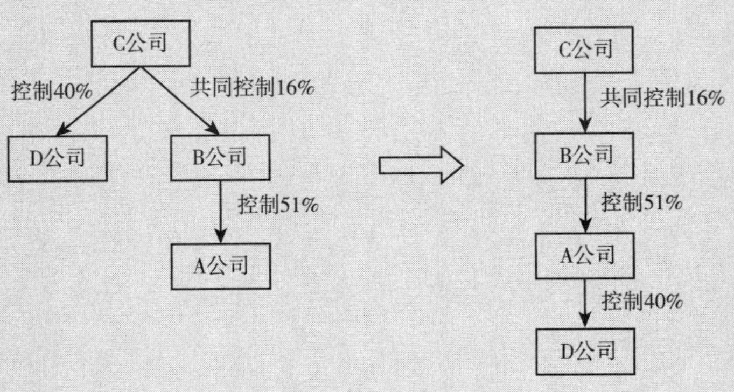

图8－1　交易前后股权结构

问题：A公司将上述1.4亿元确认为当期营业外收入是否恰当？

（二）案例解析

在本案例中，2×11年8月，B公司与C公司签订以3亿元购买D公司40%股权的协议。2×13年10月B公司指定A公司购买D公司40%的股权，A公司于2×13年12月完成该交易，享有D公司可辨认净资产的公允价值份额为4.4亿元，即A公司支付3亿元可以获得D公司4.4亿元的权益。

表面上看A公司应该确认1.4亿元的“负商誉”，但是我们需要分析该“负商誉”产生的原因以判断其是否应该计入当期损益。

第一，A公司此次购买的定价是基于B公司和C公司于2×11年达成的协议价格，B公司和C公司达成的协议价格是以2×11年8月D公司40%股权的公允价值为基础确定的，基本可以判断当时的协议为一项公平交易。

第二，B公司在2×11年8月与C公司达成协议价格3亿元，到2×13年10月，D公司的净资产公允价值份额已经增加到4.4亿元，B公司指定由A公司来执行原协议，这1.4亿元利得实质上属于B公司让渡给A公司的，A公司明显地、单方面地从这项交易中获利1.4亿元。我们认为，A公司之所以能够取得这项交易机会，是基于B公司是A公司控股股东这个特殊身份。因此，虽然这项交易不是A公司与B公司之间直接进行的，似乎不是A公司与控股股东之间的交易，但是实质上是B公司以其控股股东的身份指定A公司来执行交易，因此仍然属于权益性交易。

A公司获得的1.4亿元交易利得，应视同B公司对A公司的资本投入，计入A公司所有者权益（资本公积），而不应当计入当期营业外收入。

【相关案例之六】

（一）案例背景

B公司为A上市公司子公司。B公司主营业务为一级土地开发，主要项目为河北廊坊某县“城中村改造”项目，2×10年4—5月与当地政府签订6个村庄改造协议，由B公司对上述6个村庄进行改造拆迁，自2×12年起已连续停工多年，目前仍处于拆迁过程中。

A 上市公司 2×10—2×12 年间以借款形式向 B 公司提供项目款项合计 1.44 亿元，挂账其他应收款。2×19 年 11 月，A 上市公司与第三方签署《股权转让协议》，拟以 1,000 万元的价格转让其持有的子公司 B 公司 70% 的股权。截至股权转让日，B 公司经审计净资产 -160.14 万元，净资产评估值 1,031 万元，本次股权转让在上市公司母公司及合并层面确认投资收益 1,117.01 万元（A 上市公司 2×19 年净利润仅 1,002.27 万元）。股权转让过程中，A 上市公司为避免形成 B 公司对上市公司的资金占用，2×19年 10 月将其账面 1.44 亿元其他应收款，通过三方抹账方式，与其账面 12 家关联单位（A 公司控股股东控制的企业）的其他应付款进行抵销，结果为 A 上市公司账面同时抵减其他应收款、其他应付款 1.44 亿元，B 公司债权人由 A 上市公司变为 A 公司控股股东控制的 12 家关联单位。

问题：针对上述抹账交易及股权转让安排，A 公司在个别财务报表、合并财务报表中应如何进行会计处理？

（二）案例解析

应分别从个别财务报表角度、合并财务报表角度对三方抹账交易进行考虑。

在 A 公司个别财务报表中，当 B 公司经营情况变化导致其信用风险改变时，A 公司应合理计提预期信用损失。通过三方抹账交易，关联方承担了 B 公司信用风险导致的损失，关联方产生了对 A 公司豁免部分债务等使 A 公司单方面受益行为，A 公司应将该交易作为权益性交易进行会计处理。

在合并财务报表中，应从 A 公司所控制的资源角度分析是否存在权益性交易。在 B 公司纳入合并财务报表期间，A 公司所控制的合并主体仍负有向关联方偿还全额款项的现时义务，三方抹账交易行为并未导致经济利益资源发生变化，合并财务报表中不应确认权益性交易。当 B 公司不再纳入合并范围时，因发生三方抹账交易行为，A 公司所控制的合并主体所负有的偿付义务发生了改变（以出现信用风险的债权偿还了全额的债务），此时应将抹账交易导致的经济利益流出减少金额作为权益性交易进行会计处理。

案例 8 - 15
上市公司与控股股东子公司之间筹资或资金占用的处理

一、案例背景

A 上市公司与乙信托公司签订有关合同约定，该信托将根据 A 公司发出的“信托指令函”对具体投资项目进行投资，约定当信托计划运营过程中出现风险，不能实现预期目标时，该投资风险由 A 公司自行承担。

A 公司控股股东 B 集团的全资子公司 C 公司与乙信托签订贷款合同，合同约定该贷款金额以乙信托为向 C 公司发放贷款而发行的信托计划的信托资本本金金额为准，B 集团向乙信托出具承诺函，以其拥有的更新改造项目权益对 5 亿元贷款进行担保。

2×14 年 12 月 26 日，A 公司认购乙信托发行的该信托计划全部份额 5 亿元。同日，乙信托向 C 公司发放贷款 5 亿元，约定年利率 12.5%。该项信托产品终止日期为 2×15 年 8 月 15 日。2×15 年，乙信托扣除 0.5% 的固定报酬后，支付上述贷款 12% 的收益共计 4,283.33 万元给 A 公司，A 公司确认为 2×15 年理财投资收益。注册会计师要求 A 公司将年化收益 12% 超过银行同期贷款利率的部分作为权益性交易，计入资本公积。

问题：A 公司与控股股东的其他子公司之间的特殊关联方交易是否应界定为权益性交易？

二、会计准则及相关规定

《关于做好执行会计准则企业 2008 年年报工作的通知》（财会函〔2008〕60 号）指出：“企业接受的捐赠和债务豁免，按照会计准则规定符合确认条件的，通常应当确认为当期收益。如果接受控股股东或控股股东的子公司直接或间接的捐赠，从经济实质上判断属于控股股东对企业的资本性投入，应作为权益性交易，相关利得计入所有者权益（资本公积）。”

中国证监会在2008年年底发布《关于做好上市公司2008年年度报告相关工作安排的公告》（证监会公告〔2008〕48号），在会计准则规定的基础上，对上市公司涉及股东捐赠行为的会计处理原则做出了明确规定："公司应充分关注控股股东、控股股东控制的其他关联方、上市公司的实际控制人等向公司进行直接或间接捐赠行为（包括直接捐赠现金或实物资产、直接豁免或代为清偿债务等）的经济实质。如果交易的经济实质表明属于控股股东、控股股东控制的其他关联方或上市公司实际控制人向上市公司资本投入性质的，公司应当按照企业会计准则中'实质重于形式'的原则，将该交易作为权益交易，形成的利得计入所有者权益（资本公积）。"

《监管规则适用指引——会计类第1号》指出："上市公司与其控股股东或者其他关联方之间可能以多种形式进行权益性交易，其主要特征概括如下：

1. 权益性交易的交易对象。权益性交易除所有者以其所有者身份与主体之间的交易外，还包括不同所有者之间的交易，且后者多为合并财务报表层面不同所有者（母公司与子公司少数股东）之间。

2. 权益性交易对主体权益总额的影响。主体与所有者之间的权益性交易会导致主体权益总额发生增减变动，所有者之间的权益性交易不影响权益总额，但会改变权益内部各项目金额。

3. 权益性交易的会计处理结果。与权益性交易有关的利得和损失应直接计入权益，不会影响当期损益。

对于所有者之间的权益性交易，如果涉及合并财务报表的，应从合并财务报表主体的范围来界定其是否属于权益性交易。如果母公司因转让子公司股权（权益）而丧失控制权的，被转让公司不再纳入合并财务报表范围，母公司不以所有者身份进行交易；如果母公司转让子公司股权（权益）但未丧失控制权，该子公司仍然纳入合并财务报表范围，就合并财务报表主体而言，母公司以子公司所有者身份与其他所有者之间进行的交易应作为权益性交易处理。

监管实践发现，部分公司对于权益性交易的认定和会计处理存在偏差和分歧。现就如何适用上述原则的意见如下：

对于上市公司的股东、股东控制的其他关联方、上市公司的实际控制人对上市公司进行直接或间接的捐赠、债务豁免等单方面的利益输送行为，由于交易是基于双方的特殊身份才得以发生，且使上市公司明显地、单方面地从中获益，因此，应认定其经济实质具有资本投入性质，形成的利得应计入所有者权益。上市公司在判断是否属于权益性交易时应分析该交易是否公允以及商业上是否存在合理性。上市公司与潜在股东之间发生的上述交易，应比照上述原则进行处理。”

三、案例解析

根据企业会计准则及相关规定，判断与实际控制人、控股股东、控股股东控制的其他关联方之间的交易是否构成权益性交易，关键在于该项交易是否基于双方的特殊身份才得以发生，且使交易一方明显地、单方面地从中获益。如果符合上述情形，则应认定为其经济实质具有资本投入性质，属于权益性交易，形成的利得应计入所有者权益。

在本案例中，尽管交易形式体现为A公司委托乙信托公司投资了以向控股股东B集团的子公司C公司发放贷款而发行的信托计划，但乙信托只是委托贷款的受托方，并未主导贷款行为，也不承担贷款产生的风险，因此，从形式而言，A公司购买了乙信托公司的信托计划，但这并不改变A公司将款项借贷给C公司的交易实质。

基于此，在本案例中，判断A公司与B集团、C公司之间的关联交易是否应界定为权益性交易的关键在于A公司取得资金借贷利息的公允性。如果有证据表明，在此关联交易中A公司单方面从中获益，而该获益是基于B集团、C公司是A公司的控股股东及控股股东的子公司这一特殊身份才得以发生，则超出公允交易价格的利得应作为权益性交易，直接计入所有者权益。反之，如果有证据表明，在此关联交易中资金借贷利息公允，A公司并未单方面从中获益，则不应作为权益性交易。

企业会计准则并没有明确规定企业资金借贷的具体利率，在确定利率水平的公允性时，涉及较多的判断因素。A公司在考虑借贷资金利率的公允性时，需要选取可比交易或标的，考虑借款人的风险溢价水平，企业可以采用的其他融资渠道的市场融资成本（如除国有商业银行外，A公司还可以从担保机构、小额贷款公司等渠道融资）等因素进行综合判断。

案例 8－16 关联方对上市公司进行业绩补偿的特殊交易

一、案例背景

A 公司是上市公司，2×14 年 6 月，A 公司与非控股股东甲的子公司乙公司签订了承包经营协议，由乙公司对 A 公司的子公司 B 公司进行承包经营，并约定 B 公司 2×15 年度的净利润考核指标，如果实际经营利润低于考核指标利润，其差额部分的 70% 由乙公司补足。2×15 年度 B 公司业务出现亏损，根据上述协议及 2×16 年 4 月 A 公司与乙公司签订的补充协议，乙公司需向 A 公司补足差额部分的 70%，A 公司据此确认了对乙公司的债权，并将该补偿计入了损益。

问题：乙公司对 A 公司的补偿是否构成权益性交易？

二、会计准则及相关规定

《关于做好执行会计准则企业 2008 年年报工作的通知》（财会函〔2008〕60 号）指出："企业接受的捐赠和债务豁免，按照会计准则规定符合确认条件的，通常应当确认为当期收益。如果接受控股股东或控股股东的子公司直接或间接的捐赠，从经济实质上判断属于控股股东对企业的资本性投入，应作为权益性交易，相关利得计入所有者权益（资本公积）。"

中国证监会在 2008 年年底发布《关于做好上市公司 2008 年度报告相关工作安排的公告》（证监会公告〔2008〕48 号），在会计准则规定的基础上，对上市公司涉及股东捐赠行为的会计处理原则做出了明确规定："公司应充分关注控股股东、控股股东控制的其他关联方、上市公司的实际控制人等向公司进行直接或间接捐赠行为（包括直接捐赠现金或实物资产、直接豁免或代为清偿债务等）的经济实质。如果交易的经济实质表明属于控股股东、控股股东控制的其他关联方或上市公司实际控制人向上市公司资本投入性质的，公司应当按照企业会计准则中‘实质重于形式’的原则，将该交易作为权益交易，形成的利得计入所有者权益（资本公积）。”

《监管规则适用指引——会计类第 1 号》指出：“上市公司与其控股股东或者其他关联方之间可能以多种形式进行权益性交易，其主要特征概括如下：

1. 权益性交易的交易对象。权益性交易除所有者以其所有者身份与主体之间的交易外，还包括不同所有者之间的交易，且后者多为合并财务报表层面不同所有者（母公司与子公司少数股东）之间。

2. 权益性交易对主体权益总额的影响。主体与所有者之间的权益性交易会导致主体权益总额发生增减变动，所有者之间的权益性交易不影响权益总额，但会改变权益内部各项目金额。

3. 权益性交易的会计处理结果。与权益性交易有关的利得和损失应直接计入权益，不会影响当期损益。

对于所有者之间的权益性交易，如果涉及合并财务报表的，应从合并财务报表主体的范围来界定其是否属于权益性交易。如果母公司因转让子公司股权（权益）而丧失控制权的，被转让公司不再纳入合并财务报表范围，母公司不以所有者身份进行交易；如果母公司转让子公司股权（权益）但未丧失控制权，该子公司仍然纳入合并财务报表范围，就合并财务报表主体而言，母公司以子公司所有者身份与其他所有者之间进行的交易应作为权益性交易处理。

监管实践发现，部分公司对于权益性交易的认定和会计处理存在偏差和分歧。现就如何适用上述原则的意见如下：

对于上市公司的股东、股东控制的其他关联方、上市公司的实际控制人对上市公司进行直接或间接的捐赠、债务豁免等单方面的利益输送行为，由于交易是基于双方的特殊身份才得以发生，且使得上市公司明显的、单方面的从中获益，因此，应认定其经济实质具有资本投入性质，形成的利得应计入所有者权益。上市公司在判断是否属于权益性交易时应分析该交易是否公允以及商业上是否存在合理性。上市公司与潜在股东之间发生的上述交易，应比照上述原则进行处理。”

《企业会计准则解释第 5 号》指出：

“六、企业接受非控股股东（或非控股股东的子公司）直接或间接代为偿债、债务豁免或捐赠的，应如何进行会计处理？

答：企业接受代为偿债、债务豁免或捐赠，按照企业会计准则规定符合确认条件的，通常应当确认为当期收益；但是，企业接受非控股股东（或非控股股东的子公司）直接或间接代为偿债、债务豁免或捐赠，经济实质表明属于非控股股东对企业的资本性投入，应当将相关利得计入所有者权益（资本公积）。

企业发生破产重整，其非控股股东因执行人民法院批准的破产重整计划，通过让渡所持有的该企业部分股份向企业债权人偿债的，企业应将非控股股东所让渡股份按照其在让渡之日的公允价值计入所有者权益（资本公积），减少所豁免债务的账面价值，并将让渡股份公允价值与被豁免的债务账面价值之间的差额计入当期损益。控股股东按照破产重整计划让渡了所持有的部分该企业股权向企业债权人偿债的，该企业也按此原则处理。”

三、案例解析

《企业会计准则解释第 5 号》指出：“企业接受代为偿债、债务豁免或捐赠，按照企业会计准则规定符合确认条件的，通常应当确认为当期收益；但是，企业接受非控股股东（或非控股股东的子公司）直接或间接代为偿债、债务豁免或捐赠，经济实质表明属于非控股股东对企业的资本性投入，应当将相关利得计入所有者权益（资本公积）。”而判断是否为资本性投入，关键在于判断交易是否基于双方的特殊身份才得以发生，交易是否使上市公司明显地、单方面地从中获益。

在本案例中，判断乙公司对 A 公司的补偿是否构成权益性交易的关键在于交易的公允性。对交易公允性的判断应综合考虑交易的商业目的、承包经营标的的运营情况等。

如果在本次交易中，A 公司将 B 公司委托经营是基于合理的商业目的，如 A 上市公司为了突出经营主业，将不属于经营主业的 B 公司委托经营并计划在未来合理期间处置；或者 B 公司为新收购公司，A 公司对其经营管理方面缺乏经验，委托对此更有经营管理经验的乙公司进行管理；或者 A 公司由于组织、人员架构调整导致对 B 公司运营暂时缺乏相关人员，将其暂时委托经营等，则可以进一步考虑交易价格的公允性。

对于承包经营交易价格的公允性应当考虑多方面因素，如 B 公司所在行业目前状况及对其未来的估计；B 公司过往及目前的经营状况，包括现有业务情况、客户与供应商状况、人员状况、在建投资状况等；对B公司未来经营状况的估计，包括B公司经营计划、尚未执行完毕合同情况、在谈项目情况、计划投资状况等；在此基础上，确定净利润考核指标的合理性。A公司也应当根据补充协议中的乙公司约定的补足差额的比例，判断承包经营价格的公允性。

如具有商业实质且委托经营的价格公允，则可以确认为损益，否则应作为权益性交易，利得计入所有者权益。

第九章
股份支付

股权激励带来的双赢结果使越来越多的公司将股权激励作为激励员工的一种方式。这种双赢体现在，从员工的角度，员工可以分享公司成长的成果，从企业的角度，公司既激励了员工，又节约了现金资源。

在股份支付相关准则出台之前，是否将股权激励的成本确认在利润表中一度是个有争议的话题。有人认为股东转让给职工股份是股东之间的行为，不应当在报告主体中反映；有人认为公司没有成本，因此不应当确认股权激励成本。但是随着股份支付交易的日益普遍，人们发现不确认股权激励成本不能反映交易的实质以及公司的财务状况和经营成果。股份支付交易的实质是企业以股份或者期权作为代价，接受职工的服务。人们很容易理解公司对于支付现金而获取职工服务的交易（如以现金支付工资、奖金）确认相应的职工费用，其实同样的道理，通过发行股份或期权而获取的职工服务也应当确认相应的费用。从公司支付的对价来看，如果公司发行股份或期权，也可以收取相应的现金，因此公司让渡的现金部分可能就是公司因接受职工服务而放弃的经济资源。

简而言之，如果将股权激励交易分为两个步骤来看，一是发行股份或期权并收取现金，二是以现金支付自职工取得的服务，在财务报表中确认相应的职工费用和权益工具的增加就不难理解了。

上述股份支付的处理理念正在逐渐被国内的上市公司所理解和运用，在这个过程中，也因理解不够充分产生了一些问题。

案例 9－01
一次授予、分期行权的股份支付计划

现阶段，大多数国内上市公司的股权激励计划是一次授予，按比例分期行权。在这种情况下，一些上市公司直观地理解为相关的费用也应该按照上述比例在整个计划期内分摊，对企业会计准则中“等待期”的定义以及股权支付费用分摊的相关规定理解不够充分。

一、案例背景

A 公司为上市公司。2×11 年 1 月 5 日，A 公司进行了限制性股票激励计划的授予，一次性授予 A 公司高级管理人员共计 3,600 万股限制性股票，2×11 年至 2×13 年每年年末，在达到当年的行权条件的前提下，每年解锁 1,200 万股。在解锁时职工应当在职，当年未满足条件不能解锁的股票作废。

A 公司拟按照 3,600 万股限制性股票计算的股权激励费用在 2×11 年至 2×13 年这三年平均分摊。

问题：A 公司将费用在三年中平均分摊的方法是否恰当？

二、会计准则及相关规定

对于股份支付费用的分摊，《企业会计准则第 11 号——股份支付》第六条规定：“完成等待期内的服务或达到规定业绩条件才可行权的换取职工服务的以权益结算的股份支付，在等待期内的每个资产负债表日，应当以对可行权权益工具的最佳估计为基础，按照权益工具授予日的公允价值，将当期取得的服务计入相关成本或费用和资本公积。”

上述规定中明确企业应当将当期取得的服务计入成本和费用，所隐含的是股份支付费用应当在等待期内分摊。

《国际财务报告准则第 2 号——以股份为基础的支付》中对于是否分摊以及如何分摊有更详细的讨论，具体如下：“如果所授予的权益工具立即可行权，则对方无须完成一段规定期间的服务即有权无条件享有这些权益工具。在不存在相反证据的情况下，主体应假设已经取得了对方作为权益性工具对价所提供的服务。在这种情况下，在授予日，主体应确认所取得的全部服务，并相应增加权益。如果所授予的权益性工具只有在对方完成一段规定期间的服务后才能可行权，主体应假设对方作为权益性工具的对价应提供的服务将在未来的等待期内取得。主体所取得的服务，应随着对方在等待期内服务的提供进行会计处理，相应增加权益。例如，如果职工被授予股票期权，前提条件是达到一定的业绩条件并且在满足该业绩条件时仍为主体雇佣，同时等待期的长短取决于何时能够满足业绩条件而变化，主体应假设职工作为股票期权对价应提供的服务，将在未来的预期给予期间内取得。”

《监管规则适用指引——会计类第 1 号》指出：“股份支付相关的费用，应当在等待期内分摊计入损益。其中，等待期是指可行权条件得到满足的期间。

监管实践发现，部分公司在确定等待期时对准则的理解存在偏差和分歧。现就具体事项如何适用上述原则的意见如下。

‘一次授予、分期行权’，即在授予日一次授予给员工若干权益工具，之后每年分批达到可行权条件。每个批次是否可行权的结果通常是相对独立的，即每一期是否达到可行权条件并不会直接影响其他几期是否能够达到可行权条件。在会计处理时应将其作为同时授予的几个独立的股份支付计划。例如，在一次授予、分三年行权的股份支付计划中，应当将其视同为三个独立的股份支付计划，分别确定每个计划的等待期。公司应根据每个计划在授予日的公允价值估计股份支付费用，在其相应的等待期内，按照各计划在某会计期间内等待期长度占整个等待期长度的比例进行分摊。”

三、案例解析

“一次授予、分期行权”，即在授予日一次授予员工若干权益工具，之后每年分批达到可行权条件后解锁。每个批次是否可行权的结果通常是相对独立的，即每一期是否达到可行权条件并不会直接决定其他几期是否能够达到可行权条件，在会计处理时应将其作为几个独立的股份支付计划处理。同时，公司一般会要求员工在授予的权益工具可行权时仍然在职，这实际上是隐含了一个服务条款，即员工需服务至可行权日。

从本案例中的条款看，该股权激励计划属于一次授予、分期行权的股权激励计划，每期的结果相对独立，即第一期未达到可行权条件并不会直接导致第二期或第三期不能达到可行权条件，因此在会计处理时会将其作为三个独立的股份支付计划处理，即第一个计划的等待期是一年，第二个计划的等待期是两年，第三个计划的等待期是三年，各年应分摊的费用情况如表 9－1

所示（按股份数计算）。

表 9－1 股权激励计划各年分摊费用表 单位：万股

分 摊	第一期	第二期	第三期	合 计
计入 2×11 年	1,200	600	400	2,200
计入 2×12 年	—	600	400	1,000
计入 2×13 年	—	—	400	400
合 计	—	—	1,200	3,600

这样处理的原因是，由于要求职工在解锁时仍然在职，则对于第一期的激励 1,200 万股股票要求职工必须在公司服务一年；对于第二期的激励 1,200 万股股票要求职工在第二年末仍在职，即要求职工必须在公司服务两年，因此相应的费用应当在两年内分摊；同理，第三期的激励 1,200 万股股票应当在三年内分摊。

从表 9－1 中可以看到，公司确认的费用成阶梯形下降，即前期比后期要确认更多的费用。前期费用较高的原因是员工在前期为数个具有不同等待期的激励计划而工作。

在各个资产负债表日，公司应根据最新取得的可行权人数变动、业绩指标完成情况等后续信息，修正预计可行权的股票数量，并以此为依据确认各期应分摊的费用。

案例 9－02
等待期内资产负债表日股权激励费用的确认与计量

一、案例背景

A 公司于 2×11 年 1 月进行了一项股权激励计划的授予，向公司高级管理人员授予了股票期权 187 万份。该股权激励计划要求职工行权时在职，且行权业绩考核指标和行权安排如表 9－2 所示。

表 9-2　　行权业绩考核指标和行权安排

行权部分	业绩指标	当年行权比例
第一部分	2×11 年度加权平均净资产收益率不低于 10%；以 2×09 年经审计的净利润为基数，公司 2×11 年度经审计净利润较 2×09 年增长率达到或超过 40%	20%（37.4 万份）
第二部分	2×12 年度加权平均净资产收益率不低于 11%；以 2×09 年经审计的净利润为基数，公司 2×12 年度经审计净利润较 2×09 年增长率达到或超过 80%	30%（56.1 万份）
第三部分	2×13 年度加权平均净资产收益率不低于 12%；以 2×09 年经审计的净利润为基数，公司 2×13 年度经审计净利润较 2×09 年增长率达到或超过 120%	50%（93.5 万份）

2×11 年度净利润较 2×09 年经审计净利润增长率下降约 20%。

问题：股权激励计划等待期内资产负债表日股权激励费用应如何确认与计量？

二、会计准则及相关规定

《企业会计准则第 11 号——股份支付》第六条规定："完成等待期内的服务或达到规定业绩条件才可行权的换取职工服务的以权益结算的股份支付，在等待期内的每个资产负债表日，应当以对可行权权益工具数量的最佳估计为基础，按照权益工具授予日的公允价值，将当期取得的服务计入相关成本或费用和资本公积，""在资产负债表日，后续信息表明可行权权益工具的数量与以前估计不同的，应当进行调整，并在可行权日调整至实际可行权的权益工具数量。"

《企业会计准则第 11 号——股份支付（应用指南）》规定："等待期内每个资产负债表日，企业应当根据最新取得的可行权职工人数变动等后续信息做出最佳估计，修正预计可行权的权益工具数量。在可行权日，最终预计可行权权益工具的数量应当与实际可行权工具的数量一致。根据上述权益工具的公允价值和预计可行权的权益工具数量，计算截至当期累计应确认的成本费用金额，再减去前期累计已确认金额，作为当期应确认的成本费用金额。"

《国际财务报告准则第 2 号——以股份为基础的支付（应用指南）》第

11 段规定："在一些情况下，授予的股份期权或其他权益性工具可能会在给予期间内分期给予。例如，假设授予一名雇员 100 份股份期权，这些股份期权将在未来 4 年的每年末分期被给予 25 份。在应用本国际财务报告准则的要求时，主体应将每期作为独立的股份期权授予，因为每期具有不同的给予期间，因此每期的公允价值也就不同（因为给予期间的长短会影响，比如说，因行使期权而产生的现金流量的可能时点）。"

三、案例解析

本案例中 A 公司是一次授予、分期行权的股票期权计划，每期的结果相对独立，即第一部分未达到业绩条件并不会直接导致后面各部分不能达到业绩条件，因此每部分作为一个独立的股份支付计划处理，分别计算每个计划授予日的单位公允价值，而要求职工各部分行权时在职，则隐含了服务条款，即第一部分股票期权要求职工必须在公司服务一年，第二部分股票期权要求职工必须在公司服务两年，第三部分股票期权要求职工必须在公司服务三年，因此第一个计划的等待期是一年，第二个计划的等待期是两年，第三个计划的等待期是三年，根据每个计划授予日的单位公允价值估计的期权费用，在其相应的等待期内按照该计划在某会计期间内等待期长度占整个等待期长度的比例进行分摊。根据企业会计准则和应用指南的相关规定，对于权益结算的授予职工的股票期权，于等待期内的每个资产负债表日，应当以对可行权权益工具数量的最佳估计为基础，按照权益工具授予日的公允价值，将当期取得的服务计入相关成本或费用。

在本案例中，A 公司：（1）对于第一部分股票期权（即第一个期权计划）的股权激励费用，资产负债表日 2×11 年的实际业绩指标未达到计划的业绩条件，即未达到"2×11 年净利润较 2×09 年增长率达到或超过 40%"的可行权条件，该部分股票期权的可行权数量为 0，应确认的与这一部分期权相关的股权激励累计费用为 0。（2）对于第二部分和第三部分股票期权的股权激励费用，在各定期报告的资产负债表日，应根据可行权职工人数变动、预计 2×12 年和 2×13 年加权平均净资产收益率、经审计净利润增长率是否达到业绩条件等重新估计修正预计可行权的权益工具数量，由于三个部分股票期权的可行权条件相互独立，2×11 年的实际业绩不达标不意味着未来年度业绩不达标，但管理层仍需要重新估计第二、第三部分业绩达标的可能性，采用以下方法计算当期应确认的成本费用金额：

计入 2×11 年的费用 = 授予日第二部分股票期权单位公允价值 × 第二部分股票期权预计可行权份数 ×1/2 + 授予日第三部分股票期权单位公允价值 × 第三部分股票期权预计可行权份数 ×1/3

计入 2×12 年的费用 = 授予日第二部分股票期权单位公允价值 × 第二部分股票期权实际可行权份数 + 授予日第三部分股票期权单位公允价值 × 第三部分股票期权预计可行权份数 ×2/3 − 第二部分和第三部分股票期权计入 2×11年的费用

计入 2×13 年的费用 = 授予日第三部分股票期权单位公允价值 × 第三部分股票期权实际可行权份数 − 第三部分股票期权计入 2×12 年的费用 − 第三部分股票期权计入 2×11 年的费用

【相关案例】

未满足非市场业绩条件时股权激励费用的确认与计量

（一）案例背景

A 公司于 2×10 年 1 月进行了一项股权激励计划的授予，授予公司高级管理人员股票期权 1,090 万份，分为三期行权，2×10 年、2×11 年和 2×12年为行权考核年，每期行权比例分别为 30%、30% 和 40%。该股权激励计划要求职工行权时在职，且行权业绩考核指标和行权安排如下：

1. 2×10 年度至 2×12 年度，各年度本公司扣除非经常性损益后归属于母公司所有者的净利润均不低于授予日前最近三个会计年度的平均水平。

2. 净利润年复合平均增长率：本计划的指标值为以 A 公司 2×09 年经审计的扣除非经常性损益后归属于母公司所有者的净利润为基数，2×10年度至 2×12 年度扣除非经常性损益后归属于母公司所有者的净利润年复合增长率不低于 20%，增长率公式如下：

增长率 =（第 T + N 年净利润/第 T 年净利润）$\overline{N}$ − 1

（上式中的净利润指扣除非经常性损益后归属于母公司所有者的净利润，第 T 年指基准年，即为 2×09 年）

3. 年平均净资产收益率：2×10 年度至 2×12 年度扣除非经常性损益后年平均加权平均净资产收益率不低于 10%。

该计划为一次授予、分期行权的计划，2×10 年 A 公司的业绩满足行权条件，确认了相关股权激励成本。2×11 年 A 公司的业绩未达到行权条件。

问题：该股权激励计划等待期内资产负债表日股权激励费用应如何确认与计量？

（二）案例解析

本案例中 A 公司该一次授予、分期行权的股票期权计划，每期的结果相对独立，即第一期未达到业绩条件并不会直接导致后面各部分不能达到业绩条件，因此每期作为一个独立的股份支付计划处理，分别计算每个计划授予日的单位公允价值，而要求职工各期行权时在职，则隐含了服务条款，即第一期股票期权要求职工必须在公司服务一年，第二期股票期权要求职工必须在公司服务两年，第三期股票期权要求职工必须在公司服务三年，因此第一个计划的等待期是一年，第二个计划的等待期是两年，第三个计划的等待期是三年，每个计划的期权费用在其相应的等待期内按照该计划在某会计期间内等待期长度占整个等待期长度的比例按如下公式进行分摊：

计入 2×10 年的费用 = 授予日第一期股票期权单位公允价值 × 第一期股票期权实际可行权份数 + 授予日第二期股票期权单位公允价值 × 第二期股票期权预计可行权份数 ×1/2 + 授予日第三期股票期权单位公允价值 × 第三期股票期权预计可行权份数 ×1/3

计入 2×11 年的费用 = 授予日第二期股票期权单位公允价值 × 第二期股票期权实际可行权份数 + 授予日第三期股票期权单位公允价值 × 第三期股票期权预计可行权份数 ×2/3 - 第二期和第三期股票期权计入 2×10 年的费用

计入 2×12 年的费用 = 授予日第三期股票期权单位公允价值 × 第三期股票期权实际可行权份数 - 第三期股票期权计入 2×11 年的费用 - 第三期股票期权计入 2×10 年的费用

在本案例中，A 公司：(1) 于 2×10 年 12 月 31 日，第一期股票期权因为已达到可行权条件，根据实际可行权的股票期权份数确认期权费用；

第二期和第三期股票期权的期权费用，根据当时取得的可行权职工人数变动、预计是否将达到业绩条件等信息对可行权股票期权份数作出最佳估计，确认当年应分摊的期权费用；(2) 于2×11年12月31日，第二期股票期权实际未达到业绩条件，因此，对于第二期股票期权，应不确认2×11年当年分摊的期权费用，同时冲回2×10年就第二期股票期权确认的期权费用；第三期股票期权的期权费用，根据当时取得的可行权职工人数变动、预计是否将达到业绩条件等信息对可行权股票期权份数作出最佳估计，确认当年应分摊的期权费用；(3) 于2×12年12月31日，根据第三期股票期权实际可行权份数和以前年度已确认的期权费用确认当年应分摊的期权费用。

案例9－03
涉及集团内公司的股份支付计划

公司在涉及股份支付安排时通常需要考虑员工被授予权益工具的退出机制，即职工将以何种方式实现权益工具的增值。如果集团内有一家公司是上市公司，这家上市公司的股票或者期权将是一个比较好的授予工具。因此，对于为集团内的非上市主体提供服务的员工，也有可能被授予的是上市公司的股份或期权，这就产生了集团内公司股份支付的问题（例如，提供股份的上市公司和接受服务的非上市公司各自的会计处理）。在集团内，通常会有结算职工权益工具的一方和接受职工服务的一方。我们需要根据交易的安排考虑双方在其财务报表中的会计处理。

一、案例背景

A公司为上市公司，2×12年A公司按照经批准的股权激励计划向A公司自身、子公司B公司及孙公司C公司的高管授予了A公司限制性股票。A公司持有B公司60%的股权，B公司持有C公司100%的股权。

在等待期内，A公司借记“长期股权投资”，贷记“资本公积”；子公司 B 和孙公司 C 借记“管理费用”，贷记“资本公积”。

问题：

（1）A 公司在编制合并报表时，应当如何考虑上述股份支付对合并报表的影响？

（2）孙公司 C 的股权激励成本是否可以只在 A 公司和孙公司 C 层面进行会计处理？

（3）如果受激励高管在集团内调动，原接受服务企业的股权激励成本是否调整？

二、会计准则及相关规定

《企业会计准则解释第 4 号》中对于集团内的股份支付安排作出了规定：

“七、企业集团内涉及不同企业的股份支付交易应当如何进行会计处理？

答：企业集团（由母公司和其全部子公司构成）内发生的股份支付交易，应当按照以下规定进行会计处理：

（一）结算企业以其本身权益工具结算的，应当将该股份支付交易作为权益结算的股份支付处理；除此之外，应当作为现金结算的股份支付处理。

结算企业是接受服务企业的投资者的，应当按照授予日权益工具的公允价值或应承担负债的公允价值确认为对接受服务企业的长期股权投资，同时确认资本公积（其他资本公积）或负债。

（二）接受服务企业没有结算义务或授予本企业职工的是其本身权益工具的，应当将该股份支付交易作为权益结算的股份支付处理；接受服务企业具有结算义务且授予本企业职工的是企业集团内其他企业权益工具的，应当将该股份支付交易作为现金结算的股份支付处理。”

《国际财务报告准则第 2 号——以股份为基础的支付》在 2009 年 6 月颁布了《对国际财务报告准则第 2 号的修改——集团以现金结算的以股份为基础的支付交易》，该修改为确定股份支付交易在合并财务报表和单独财务报表中的分类提供了明确的依据。

“43A. 集团内的股份支付交易，接受服务的主体在其单独财务报表中，应当评估所授予的奖励的性质以及主体自身的权利和义务，并据以判断其所取得商品或服务应该按照以权益结算的股份支付，还是以现金结算的股份支付来计量。

43B. 在下述情况下，接受服务的主体应当将奖励作为一项权益结算的股份支付来计量：

（a）授予的是主体自身的权益工具，或

（b）主体没有结算该股份支付交易的义务。

除此以外，所有其他情况下，主体应当将接受的商品和服务按照以现金结算的股份支付来计量。

43C. 在集团内另一个主体接受商品或服务的情况下，对于结算股份支付交易的主体来说，只有在该交易是用主体本身权益工具结算的情况下，主体将该交易确认为一项以权益结算的交易，除此以外所有其他情形均作为以现金结算的奖励处理。”

三、案例解析

集团内股份支付主要考虑的是在集团内接受服务的主体和结算的主体在各自报表中如何进行会计处理，结合上面的准则规定，不难看出，基本的原则是“谁受益、谁确认费用”。

随之产生的问题是如何计量相关费用。

首先要判断股份支付的类型是属于权益结算的股份支付还是现金结算的股份支付，《企业会计准则解释第 4 号》作出了规定：接受服务企业没有结算义务或授予本企业职工的是其本身权益工具的，应当将该股份支付交易作为权益结算的股份支付处理，除此以外的为现金结算的股份支付。结算企业以其本身权益工具结算的，应当将该股份支付交易作为权益结算的股份支付处理；除此之外，应当作为现金结算的股份支付处理。

上述规定简单图示如图 9－1 所示。

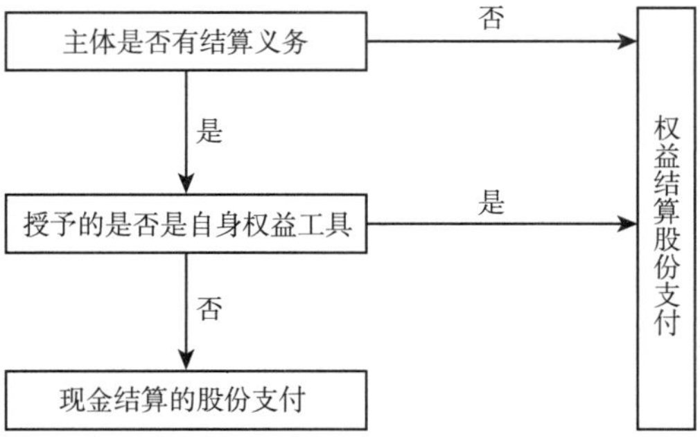

图 9－1　股份支付类型判断

集团内股份支付常常还面临另外一方面的计量问题，即当“接受服务的企业”或者“结算企业”为集团内非全资子公司的情况下，如何计量少数股东损益和少数股东权益。对此问题，我们通过以下案例进行探讨：

1. A公司在编制合并财务报表时，首先应当从合并财务报表的角度，重新判断该项股权激励是以权益结算的股份支付，还是以现金结算的股份支付，这一点与普通的合并抵销调整有所不同。例如，假设母公司授予子公司职工的是股票增值权，即以现金结算的股份支付。在子公司财务报表中，由于子公司没有结算义务，子公司应该作为以权益结算的股份支付进行会计处理，但在母公司的合并财务报表中，则应当按照以现金结算的股份支付处理。本案例中，母公司A和子公司B均是按照以权益结算的股份支付处理。合并财务报表中也应该作为以权益结算的股份支付来处理。

接下来需要考虑的是股份支付费用如何影响合并财务报表中少数股东损益和少数股东权益。

以子公司B公司为例，假设A公司授予B公司高管的限制性股票在2×12年等待期内确认的费用总额为100万元，则A公司的会计处理为：借记“长期股权投资”100万元，贷记“资本公积”100万元；子公司B公司借记“管理费用”100万元，贷记“资本公积”100万元。

A公司在编制合并报表的时候，合并利润表中“管理费用——股权激励费用”为100万元，合并资产负债表中“资本公积——其他资本公积”为100万元。在计算子公司少数股东损益和少数股东权益的时候，由于这部分费用全部是由母公司A公司承担的，是否应该从子公司的净利润中剔除股权激励费用？

我们认为，少数股东损益和少数股东权益反映的是合并财务报表中子公司的净利润和净资产中不归属于母公司股东的部分。因此，少数股东损益中应包含按照少数股东的持股比例40%分享的股权激励费用40万元，换言之，少数股东损益按照子公司B公司的净利润直接计算即可；相应地，少数股东权益也按照包含40%的股权激励费用的B公司净资产计算。

2. 对孙公司C的股权激励仅涉及母公司A和孙公司C，子公司B在个别报表中不应体现。其原因是：假如子公司B做账，其会计处理应当是相应增加对孙公司C的长期股权投资和资本公积，但是在子公司B的个别报表中，对孙公司C的投资是按照成本法核算，由于对孙公司C的投资成本并没有真实发生改变，因此不应当确认对孙公司C的长期股权投资的增加，故我们认为中间公司不应当体现。

值得一提的是，虽然可能母公司 A 对孙公司 C 没有直接的股权投资，但是在母公司 A 的个别报表中会出现“长期股权投资——孙公司”。这样的结果也是合理的，因为在本案例中，母公司 A 和孙公司 C 直接发生了交易。母公司 A 在编制合并财务报表的时候，再按照前述问题（1）中讨论的原则对孙公司 C 的股权激励进行合并抵销调整。

3. 如果受到激励的高管在集团内调动导致接受服务的企业变更，但高管人员应取得的股权激励并未发生实质性变化，在等待期内应按合理的标准（例如按服务时间）在原接受服务的企业与新接受服务的企业间分摊股权激励成本，即谁受益谁确认费用。

案例 9－04
涉及限制性股票的股份支付计划

近年来，越来越多的上市公司采用限制性股票的股权激励方式。限制性股票的股权激励方式是指激励对象按照股权激励计划规定的条件，从上市公司获得一定数量的上市公司股票，激励对象只有在符合股权激励计划规定条件的情况下，才可申请解锁限制性股票，解锁后的限制性股票可依法自由流通。对于限制性股票公允价值如何计量、相关的股权支付费用如何在解锁期内分摊，实务中存在不同的观点和做法。

一、案例背景

A 公司于 2×12 年 1 月召开临时股东大会并审议通过实施股权激励计划的议案，即以定向增发方式向 75 名激励对象共发行 800 万股的 A 公司限制性股票，授予价格为 8.995 元/股（激励计划草案公布前 20 个交易日公司股票均价的 50%），与激励对象就限制性股票股权激励计划的协议条款和条件达成一致，授予日为 2×12 年 1 月 1 日。本计划授予激励对象的限制性股票自授予日起 12 个月为禁售期，在禁售期内，激励对象获授的限制性股票被锁定，不得转让；禁售期后为解锁期，若达到本计划规定的解锁条件，激励对象可分四次申请解锁，解锁后的限制性股票可依法自由流通，若解锁期的任一期业绩条件未达到解锁条件的，该部分股票不得解锁，A 公司必须回购并注销该部分限制性股票，其回购价格按照授予价格执行，若限制性股票在授予后，A 公司派发现金红利、送红股或公积金转增股本等情形，则回购价格作出相应调整，但解锁期内派发的现金红利等由公司替激励对象代为保管，如发生回购则相应的现金红利不再发放。解锁期内激励对象并未享有与正常定向增发股东同等的权利。具体解锁安排及公司业绩条件如表 9－3 所示。

表 9－3 具体解锁安排及公司业绩条件

解锁时间	解锁业绩条件	解锁比例
第一批于授予日 12 个月后解锁	2×12 年公司加权平均资产收益率不低于 7%；以 2×11 年净利润为基数，2×12 净利润增长率不低于 20%	25%
第二批于授予日 24 个月后解锁	2×13 年公司加权平均资产收益率不低于 7.5%；以 2×11 年净利润为基数，2×13 净利润增长率不低于 45%	25%
第三批于授予日 36 个月后解锁	2×14 年公司加权平均资产收益率不低于 8%；以 2×11 年净利润为基数，2×14 净利润增长率不低于 75%	25%
第四批于授予日 48 个月后解锁	2×15 年公司加权平均资产收益率不低于 9%；以 2×11 年净利润为基数，2×15 净利润增长率不低于 110%	25%

问题：

（1）限制性股票对应的股份支付费用应该如何分摊？

（2）所确认的股份支付费用如何进行会计处理？

（3）股份支付涉及的限制性股票的公允价值应如何计量？

二、会计准则及相关规定

《企业会计准则解释第 7 号》规定了具有回购义务的限制性股票的会计处理："对于此类授予限制性股票的股权激励计划，向职工发行的限制性股票按有关规定履行了注册登记等增资手续的，上市公司应当根据收到职工缴纳的认股款确认股本和资本公积（股本溢价），按照职工缴纳的认股款，借记'银行存款'等科目，按照股本金额，贷记'股本'科目，按照其差额，贷记'资本公积——股本溢价'科目；同时，就回购义务确认负债（作收购库存股处理），按照发行限制性股票的数量以及相应的回购价格计算确定的金额，借记‘库存股’科目，贷记‘其他应付款——限制性股票回购义务’（包括未满足条件而须立即回购的部分）等科目。

上市公司应当综合考虑限制性股票锁定期和解锁期等相关条款，按照《企业会计准则第 11 号——股份支付》相关规定判断等待期，进行与股份支付相关的会计处理。对于因回购产生的义务确认的负债，应当按照《企业会计准则第 22 号——金融工具确认和计量》相关规定进行会计处理。上市公司未达到限制性股票解锁条件而需回购的股票，按照应支付的金额，借记‘其他应付款——限制性股票回购义务’等科目，贷记‘银行存款’等科目；同时，按照注销的限制性股票数量相对应的股本金额，借记‘股本’科目，按照注销的限制性股票数量相对应的库存股的账面价值，贷记‘库存股’科目，按其差额，借记‘资本公积——股本溢价’科目。上市公司达到限制性股票解锁条件而无须回购的股票，按照解锁股票相对应的负债的账面价值，借记‘其他应付款——限制性股票回购义务’等科目，按照解锁股票相对应的库存股的账面价值，贷记‘库存股’科目，如有差额，则借记或贷记‘资本公积——股本溢价’科目。”

《企业会计准则第 11 号——股份支付》第六条规定：“完成等待期内的服务或达到规定业绩条件才可行权的换取职工服务的以权益结算的股份支付，在等待期内的每个资产负债表日，应当以对可行权权益工具数量的最佳估计为基础，按照权益工具授予日的公允价值，将当期取得的服务计入相关成本或费用和资本公积。等待期，是指可行权条件得到满足的期间。对于可行权条件为规定服务期间的股份支付，等待期为授予日至可行权日的期间；对于可行权条件为规定业绩的股份支付，应当在授予日根据最可能的业绩结果预计等待期的长度。可行权日，是指可行权条件得到满足、职工和其他方具有从企业取得权益工具或现金的权利的日期。”

《企业会计准则讲解（2010）》第十二章“股份支付”指出：“对于授予后立即可行权的换取职工提供服务的权益结算的股份支付（例如授予限制性股票的股份支付），应在授予日按照权益工具的公允价值，将取得的服务计入相关资产成本或当期费用，同时计入资本公积。对于可行权条件为业绩条件的股份支付，只要职工满足了其他所有非市场条件（如利润增长率、服务期限等），企业就应当确认已取得的服务。”

关于限制性股票公允价值的计量，《企业会计准则讲解（2010）》第十二章“股份支付”指出：“对于授予职工的股份，其公允价值应按企业股份的市场价格计量，同时考虑授予股份所依据的条款和条件（不包括市场条件之外的可行权条件）进行调整。如果企业股份未公开交易，则应按估计的市场价格计量，并考虑授予股份所依据的条款和条件进行调整。有些授予条款和条件规定职工无权在等待期内取得股利的，则在估计所授予股份的公允价值时就应予以考虑。有些授予条款和条件规定股份的转让在可行权日后受到限制，则在估计所授予股份的公允价值时，也应考虑此因素，但不应超出熟悉情况并自愿的市场参与者愿意为该股份支付的价格受到可行权限制的影响程度。在估计所授予股份在授予日的公允价值时，不应考虑在等待期内转让的限制和其他限制，因为这些限制是可行权条件中的非市场条件规定的。”

《国际财务报告准则第 2 号——以股份为基础的支付》第 15 段规定：“如果所授予的权益性工具只有在对方完成一段规定期间的服务后才能可行权，主体应假设对方作为权益性工具的对价应提供的服务将在未来的等待期内取得。主体所取得的服务，应随着对方在等待期内服务的提供进行会计处理，相应增加权益。例如：

1. 如果授予职工股票期权，前提条件是完成 3 年的服务，则主体应假设职工作为股份期权对价应提供的服务将在未来的 3 年等待期内取得。

2. 如果职工被授予股票期权，前提条件是达到一定的业绩条件并且在满足该业绩条件时仍为主体雇佣，同时等待期的长短取决于何时能够满足业绩条件而变化，主体应假设职工作为股票期权对价应提供的服务，将在未来的预期等待期间内取得。”

《国际财务报告准则第 2 号——以股份为基础的支付》附录一定义：“可行权：即成为一项权利。在以股份为基础的支付安排中，当对方的应得权利不再取决于任何可行权条件得到满足的情况下，对方具有的取得现金、其他资产或主体的权益性工具的权利。”“可行权条件：在以股份为基础的支付安排中，确定主体是否收到能让对方取得现金、其他资产或主体权益性工具的服务的条件。”

《国际财务报告准则第 2 号——以股份为基础的支付（应用指南）》第 11 段规定：“在一些情况下，授予的股份期权或其他权益性工具可能会在给予期间内分期给予。例如，假设授予一名雇员 100 份股份期权，这些股份期权将在未来 4 年的每年末分期被给予 25 份。在应用本国际财务报告准则的要求时，主体应将每期作为独立的股份期权授予，因为每期具有不同的给予期间，因此每期的公允价值也就不同（因为给予期间的长短会影响，比如说，因行使期权而产生的现金流量的可能时点）。”

三、案例解析

（一）限制性股票对应的股份支付费用应该如何分摊

在本案例中，A公司授予激励对象的限制性股票附有分期解锁条件，达到规定的分期解锁条件，激励对象才可申请对相应的限制性股票解锁，解锁后的限制性股票才可依法自由流通，若解锁期的任一期业绩条件未达到相应解锁条件，该部分股票不得解锁，A公司必须回购并注销该部分限制性股票，激励对象在解锁期内虽然名义上登记为限制性股票的股东，但未能享有与正常定向增发股东同等的权利，实质上没有真正拥有股票，因此，本案例中激励对象获授持有的限制性股票不属于授予后立即可行权的权益结算的股份支付，而属于“完成等待期内的服务或达到规定业绩条件才可行权的换取职工服务的以权益结算的股份支付”，应当根据企业会计准则的相关规定：“在等待期内的每个资产负债表日，应当以对可行权权益工具数量的最佳估计为基础，按照权益工具授予日的公允价值，将当期取得的服务计入相关成本或费用和资本公积”。在本案例中，可行权条件为规定业绩和达到服务期间，所以限制性股票的等待期应为授予日到服务期满且达到规定业绩条件，即第一批限制性股票等待期为一年，第二批等待期为两年，第三批等待期为三年，第四批等待期为四年。

根据国际财务报告准则应用指南，从本案例中的条款看，A公司该限制性股票激励计划属于一次授予、分期行权的股权激励计划，每期的结果相对独立，即第一期未达到可行权条件并不会直接导致后面各期不能达到可行权条件，因此应当将每期作为独立的股份支付计划处理，分别计算每个计划授予日的单位公允价值，根据每个计划授予日的单位公允价值估计的股份支付费用，在其相应的等待期内分摊。在各个资产负债表日，A公司应根据最新取得的可行权人数变动、业绩指标完成情况等后续信息修正预计可解锁的股票数量，并以此为依据确认各期应分摊的费用。

（二）所确认的股份支付费用如何进行会计处理

结合问题（一）中的分析，本案例中的限制性股票附有可行权条件，且在授予时并未满足可行权条件，不属于授予后立即可行权的权益结算的股份支付，对于确认股份支付费用的会计处理应当参考股票期权股份支付的处理方式，即确认股份支付费用时计入其他资本公积，行权时从其他资本公积转入股本溢价。

1. 收到员工的认股款并履行增资手续时：

借：银行存款

　　贷：股本

　　　　资本公积——股本溢价

借：库存股

　　贷：其他应付款——限制性股票回购义务

2. 等待期内，确认股份支付费用时：

借：成本/费用——股权激励费用

　　贷：资本公积——其他资本公积

3. 解锁时：

借：资本公积——其他资本公积

　　贷：资本公积——股本溢价

借：其他应付款——限制性股票回购义务

　　贷：库存股

（三）股份支付涉及的限制性股票的公允价值应如何计量

中国和国际准则中并没有专门规定授予员工限制性股票的公允价值应如何确定，美国准则（ASC 718）中提到两种限售股，一种叫作非行权股份（Nonvested Shares），另一种叫作限制性股份（Restricted Shares）。非行权股份，指的是在无法达到行权的必要条件时，相关股份将会作废；限制性股份则是指特定员工拥有的股份在出售和转让时受限，如对于董事、高管等人员，行权后获得的股份在一定期间内不允许出售，或者出售的比例受限。对于非行权股份，应按如下原则进行计量：

1. 公允价值按照授予日公司的股价计量。

2. 如果员工无权获得等待期内的股利，则授予日的公允价值应扣除预期股利的折现值，但如果等待期内的股利可以累积并在行权后发放给员工，则授予日的公允价值不应调减。

3. 需要根据作废的可能性对可行权股份数作出估计和调整，直到最终行权。

对于限制性股份（Restricted Shares），美国准则给出的两种对公允价值的调整方式为：

1. 直接根据行权日后限售条件调减授予日的公允价值。

2. 调减相关权益工具的有效期，因为在行权日后存在限售的情况下，员工更倾向于在达到行权条件后尽早行权。

在本案例中，A公司的限制性股票属于授予职工的附有可行权条件的股份（即非行权股份），《企业会计准则第11号——股份支付》相关讲解指出，“对于授予职工的股份，其公允价值应按企业股份的市场价格计量”，因此A公司的限制性股票应按授予日企业股票的市场价格计量，锁定期和解锁期内转让的限制和其他限制（即员工需确保该期间内留任，且公司达到相关业绩条件）属于可行权条件中的非市场条件规定，只会影响对可行权数量的估计，在估计所授予限制性股票在授予日的公允价值时不应考虑。

【相关案例】

限制性股票授予日公允价值的确认与计量问题

（一）案例背景

上市公司A审批通过并实施了股权激励计划，向高级管理人员授予了限制性股票。在确定限制性股票授予日公允价值时，A公司没有采用授予日流通股的市场价格，而是采用以下公式计算：

限制性股票的公允价值＝授予日流通股的市场价格－限制性因素成本

其中，对于限制性因素成本的计量，根据市场上的一些咨询机构提出的模型，假设在成熟市场，限制性股票持有者可以通过购入看跌期权或看跌期权和看涨期权组合的方式，规避锁定期间股价下跌的风险，限制性股票持有者为此付出的期权成本即为限制性因素成本。

问题：上述处理是否符合企业会计准则的规定？

（二）会计准则及相关规定

《企业会计准则第11号——股份支付》第四条规定：“以权益结算的股份支付换取职工提供服务的，应当以授予职工权益工具的公允价值计量。”

《企业会计准则第11号——股份支付》第六条规定：“完成等待期内

的服务或达到规定业绩条件才可行权的换取职工服务的以权益结算的股份支付，在等待期内的每个资产负债表日，应当以对可行权权益工具数量的最佳估计为基础，按照权益工具授予日的公允价值，将当期取得的服务计入相关成本或费用和资本公积。”

《企业会计准则第 11 号——股份支付（应用指南）》指出：“业绩条件分为市场条件和非市场条件。市场条件是指行权价格、可行权条件以及行权可能性与权益工具的市场价格相关的业绩条件，如股份支付协议中关于股价至少上升至何种水平才可行权的规定。非市场条件是指除市场条件之外的其他业绩条件，如股份支付协议中关于达到最低盈利目标或销售目标才可行权的规定。……对于可行权条件为业绩条件的股份支付，在确定权益工具的公允价值时，应考虑市场条件的影响，只要职工满足了其他所有非市场条件，企业就应当确认已获得的服务。”

《企业会计准则第 11 号——股份支付（应用指南）》同时指出：“对于授予的存在活跃市场的期权等权益工具，应当按照活跃市场中的报价确定其公允价值。”

（三）案例解析

我国《企业会计准则第 11 号——股份支付》对上市公司股权激励行为的会计处理进行了规范，该准则的相关规定与国际财务报告准则相关规定基本一致。从国际准则颁布的初衷来看，即是为了避免公司少确认甚至不确认股权激励费用，因此设置了很多“反规避”条款，从而导致按该准则确认的股权激励费用并非真正意义上的公允价值，而是一个经修正的公允价值（Modified Fair Value），《企业会计准则第 39 号——公允价值计量》已在运用范围中明确把股份支付交易排除在外。因此只能按照股份支付准则来确定限制性股票股权激励的公允价值，无论计算结果与该工具实际的公允价值是否一致。

按照我国上市公司限制性股票股权激励的常见条款，锁定期实质上相当于等待期，解锁日为可行权日，解锁条件为非市场可行权条件（服务条件、业绩条件等）。根据股份支付准则，非市场可行权条件不应在确定授予日公允价值时予以考虑，因此限制性股票的锁定因素并不影响其公允价值的确定。

案例 9-05
预留股票期权授予日的确定和股份支付费用的分摊

一、案例背景

A公司为了充分发挥员工的积极性，提升公司业绩，实施一项股票期权激励计划（股权激励计划）。2×11年1月5日，A公司召开临时股东大会，审议通过该项股权激励计划。该股权激励计划中包含500万股的预留股票期权，临时股东大会审议时尚未确定预留股票期权的激励对象。A公司于2×12年2月1日召开董事会会议，审议通过《关于公司股票期权激励计划预留股票期权授予相关事项的议案》，议案中明确了预留股票期权的激励对象，且董事会召开前公司与预留股票期权激励对象就股份支付的协议条款和条件已达成一致，其中可行权条件为业绩条件，要求公司达到指定的业绩目标且员工行权时应当在职。根据2×11年临时股东大会的授权，预留股票期权的授予需获得董事会批准，不再需要股东大会的审批。

问题：

（1）预留股票期权的授予日应该如何确定？

（2）预留股票期权相对应的股份支付费用应该如何分摊？

二、会计准则及相关规定

《企业会计准则第11号——股份支付》第五条规定："授予日，是指股份支付协议获得批准的日期。"

《企业会计准则第11号——股份支付（应用指南）》规定："授予日是指股份支付协议获得批准的日期。其中'获得批准'，是指企业与职工或其他方就股份支付的协议条款和条件已达成一致，该协议获得股东大会或类似机构的批准。"

《企业会计准则第11号——股份支付》第六条规定："完成等待期内的

服务或达到规定业绩条件才可行权的换取职工服务的以权益结算的股份支付，在等待期内的每个资产负债表日，应当以对可行权权益工具数量的最佳估计为基础，按照权益工具授予日的公允价值，将当期取得的服务计入相关成本或费用和资本公积。等待期，是指可行权条件得到满足的期间。对于可行权条件为规定服务期间的股份支付，等待期为授予日至可行权日的期间；对于可行权条件为规定业绩的股份支付，应当在授予日根据最可能的业绩结果预计等待期的长度。”

《企业会计准则（2010）》第十二章“股份支付”指出：“对于可行权条件为业绩条件的股份支付，只要职工满足了其他所有非市场条件（如利润增长率、服务期限等），企业就应当确认已取得的服务。”

《国际财务报告准则第 2 号——以股份为基础的支付》附录一中定义：“授予日：主体和另一方（包括雇员）同意以股份为基础的支付安排的日期，即主体和对方对安排的条款和条件有着共同理解的日期。在授予日，主体将获得现金、其他资产或主体权益性工具的权利授予对方，只要满足特定的授予条件（如果有的话）。如果这个安排要经过批准程序（例如，由股东）批准，授予日则是获得批准的日期。

给予条件：在以股份为基础的支付安排中，确定对方能否取得现金、其他资产或主体的权益性工具的条件。给予条件或者是服务条件，或者是业绩条件。服务条件要求对方完成一段规定期间的服务，业绩条件要求对方完成一段规定期间的服务且满足特定业绩目标（如在一段规定期间内主体利润的特定增长）。业绩条件可能包括市场条件。

给予期间：以股份为基础的支付安排中所有规定的给予条件得到满足的期间。”

《股权激励有关事项备忘录 3 号》指出：“上市公司应根据股权激励计划设定的条件，采用恰当的估值技术，分别计算各期期权的单位公允价值；在每个资产负债表日，根据最新取得的可行权人数变动、业绩指标完成情况等后续信息，修正预计可行权的股票期权数量，并以此为依据确认各期应分摊的费用。”

三、案例解析

（一）预留股票期权授予日的确定

根据企业会计准则及其应用指南和股权激励有关事项备忘录的相关规

定，股份支付授予日的确定需要考虑两个主要因素：一是企业与职工或其他方就股份支付的协议条款和条件已达成一致；二是该协议获得股东大会或类似机构的批准。

第一，分析A公司是否与预留股票期权激励对象就股份支付的协议条款和条件已达成一致。本案例中，2×11年预留股票期权的激励对象并未明确，不满足该条件，2×12年2月公司在明确了预留股票期权的激励对象后，与其就股份支付的协议条款和条件达成一致。

第二，分析A公司预留股票期权支付协议获得股东大会或类似机构批准的日期。本案例中，2×11年1月临时股东大会对预留股票期权授予的批准授权给了董事会，而不再需要获得股东大会批准，因此，A公司董事会批准预留股票期权支付协议的日期可认为是获得批准的日期。

如果A公司与激励对象就股份支付协议的条款和条件达成一致，上报董事会批准，在审批过程中，董事会对协议的一些条款和条件进行了修改，A公司需要就修改后的条款和条件与激励对象进行沟通并取得一致，授予日应为重新取得一致的日期。

综上所述，A公司预留股票期权授予日应该是与激励对象就股份支付的协议条款和条件达成一致并获得董事会批准的日期。

（二）预留股票期权相对应的股份支付费用的分摊期间

根据企业会计准则的相关规定："在等待期内的每个资产负债表日，应当以对可行权权益工具数量的最佳估计为基础，按照权益工具授予日的公允价值，将当期取得的服务计入相关成本或费用和资本公积"。因此，预留股票期权应该在激励对象确定、股份支付的协议条款和条件达成一致并获得批准时定为授予日，相对应的股份支付费用按授予日的公允价值在等待期内的每个资产负债表日根据当期取得的服务确认。根据会计准则规定，本案例中，可行权条件为规定业绩条件且要求职工行权时在职，所以职工的服务期间不确定，而是取决于业绩条件达到的时间，因此预留股票期权的等待期应在授予日根据达到业绩结果最可能的时间合理预计，相对应的股份支付费用在该期间内进行分摊。

案例 9 - 06
采用期权定价模型确定股票期权公允价值时使用的基础股份的现行价格参数

一、案例背景

2×13 年 1 月 21 日 A 上市公司首次公告股权激励计划草案，2×13 年 5 月 3 日公司与高级管理人员就股票期权计划的协议和条款达成一致，公司向高级管理人员授予股票期权，且该计划得到股东大会批准，因此该期权授予日为 2×13 年 5 月 3 日。A 公司公布股权激励计划草案日的股票收盘价格为 35.60 元每股，授予日的股票收盘价格为 47.80 元每股。

问题：采用期权定价模型确定股权激励计划中股票期权公允价值时，所使用的基础股份的现行价格是哪一时点的价格？

二、会计准则及相关规定

《企业会计准则第 11 号——股份支付（应用指南）》规定："对于授予的不存在活跃市场的期权等权益工具，应当采用期权定价模型等确定其公允价值，选用的期权定价模型至少应当考虑以下因素：（1）期权的行权价格；（2）期权的有效期限；（3）标的股份的现行价格；（4）股价预计波动率；（5）股份的预计股利；（6）期权有效期内的无风险利率。"

《企业会计准则讲解（2010）》第十二章"股份支付"指出："在选择适用的期权定价模型时，企业应考虑熟悉情况和自愿的市场参与者将会考虑的因素。""一般情况下，对未来的预期建立在历史经验基础上，但如果能够合理预期未来与历史经验的不同，则应对该预期进行修正。未经上述调整的历史经验对微量的预测价值很有限，而且有时可能难以获取历史信息。因此，企业在估计期权定价模型的输入变量时，应充分考虑历史经验合理预测未来的程度和能力，而不能简单地根据历史信息估计波动率、行权行为和股利。”

三、案例解析

根据《企业会计准则第11号——股份支付（应用指南）》的相关规定，本案例中，A公司采用期权定价模型确定授予日股票期权的公允价值时，选用的期权定价模型至少应当考虑的因素之一为标的股份的现行价格，由于确定的是授予日的公允价值，因此定价模型输入变量之一的基础股份的现行价格应为基础股份的授予日股价。同时，《企业会计准则讲解（2010）》也指出，企业应考虑熟悉情况和自愿的市场参与者将会考虑的因素，选择适用的期权定价模型，并且期权定价模型中其他输入变量涉及估计时（如股价预计波动率、预计股利、行权行为等），应充分考虑历史经验对合理预测未来情况的影响程度。

案例9－07
非控股股东授予职工公司股份的会计处理

公司的股东，包括控股股东和非控股股东。一般情况下，按照集团内股份支付的处理原则，控股股东向公司职工的股权支付属于股份支付。对于非控股股东授予公司职工权益性工具或以权益性工具价值为基础的支付，是否属于股份支付计划，是股份支付准则执行中出现的新问题。

一、案例背景

A公司为上市公司，2×11年1月2日公告，经董事会和职工代表大会审议通过“员工持股计划草案”，该草案中声明员工持股计划的股票来源于控股股东Z先生和其他5名非控股股东从各自所持有的A公司股份中拨出，共680万股，其中Z先生拨出200万股，其他5名非控股股东按一定比例分摊其余480万股；680万股中的100万股将授予A公司董事、监事、高级管理人员，其余580万股将授予其他符合条件的员工。2×11年2月1日，A

公司召开临时股东大会审议通过上述草案。2×11 年 4 月 1 日，680 万股已在中国证券登记结算有限责任公司上海分公司办理完过户登记手续，无偿划转给“公司第一期员工持股计划”。

问题：控股股东 Z 先生和 5 名非控股股东拨出及授予职工权益工具，该交易是否属于股份支付准则的范围，A 公司是否应当确认股权激励费用？

二、会计准则及相关规定

《企业会计准则解释第 4 号》对于集团内的股份支付安排指出：“企业集团（由母公司和其全部子公司构成）内发生的股份支付交易，应当按照以下规定进行会计处理：

（1）结算企业以其本身权益工具结算的，应当将该股份支付交易作为权益结算的股份支付处理；除此之外，应当作为现金结算的股份支付处理。

结算企业是接受服务企业的投资者的，应当按照授予日权益工具的公允价值或应承担负债的公允价值确认为对接受服务企业的长期股权投资，同时确认资本公积（其他资本公积）或负债。

（2）接受服务企业没有结算义务或授予本企业职工的是其本身权益工具的，应当将该股份支付交易作为权益结算的股份支付处理；接受服务企业具有结算义务且授予本企业职工的是企业集团内其他企业权益工具的，应当将该股份支付交易作为现金结算的股份支付处理。”

《国际财务报告准则第 2 号——以股份为基础的支付》附录 A 中对于“以股份为基础的支付安排”的定义如下：“主体（或任何其他集团主体或集团主体的任何股东）和其他方（包括职工）之间订立的以股份为基础的支付交易的协议，借此授予其他方取得主体现金或其他资产的权利，其金额是基于主体或其他集团主体的权益性工具（包括股份或股票期权）的价格（或价值）来确定，或者在满足规定的给予条件（如果有的话）时，授予其他方主体或其他集团主体权益性工具（包括股份或股票期权）的权利。”

三、案例解析

（一）控股股东授予职工公司的权益工具

根据企业会计准则及相关监管规定，控股股东授予职工公司的权益工具，属于集团内的股份支付安排。本案例中，A 公司是接受服务企业，由于没有结算义务，应当将控股股东 Z 先生拨出并授予职工权益工具作为权益结算的股份支付处理，确认相应的股权激励费用和资本公积。

（二）非控股股东授予职工公司的权益工具

国际财务报告准则关于集团内股份支付，包括集团内任何主体的任何股东，并未限定支付的主体为控股股东。非控股股东授予职工公司的权益工具，也应当视同集团内的股份支付安排。考虑到中国会计准则与国际财务报告准则趋同的原则，国际财务报告准则的前述规定也适用于《企业会计准则第 11 号——股份支付》及相关规定。在本案例中，A 公司是接受服务企业，由于没有结算义务，应当将 5 名非控股股东拨出及授予职工权益工具作为一项以权益结算的股份支付进行会计处理，确认相应股权激励费用和资本公积。

【相关案例】

非控股股东向联营企业高管无偿授予该联营企业限制性股票，联营企业以及非控股股东双方的会计处理

（一）案例背景

A 公司持有联营企业甲公司股权比例为 45%，为甲公司第一大股东。B 公司和 C 公司分别持有甲公司股权比例为 20% 和 15%，其他自然人合计持有甲公司股权比例为 20%。自然人 H 是甲公司的总经理。根据 A 公司、B 公司和 C 公司与自然人 H 的协议约定，如甲公司在未来三年内完成业绩指标，则上述三方股东按各自持有甲公司股权的比例，授予自然人 H 甲公司股份，授予股份合计占甲公司股权的 21%，分三年完成。

问题：

（1）非控股股东 A 授予总经理 H 甲公司股权的协议，对于甲公司而言是否适用股份支付准则？

（2）对于非控股股东 A 公司而言，其授予联营企业总经理 H 联营企业股权的安排，是否适用股份支付准则？

（二）案例解析

问题（1）：

股份支付准则的适用范围并不局限于财务报告主体转让自身权益工具进行结算的交易，还包括以主体的母公司或同一集团下其他主体的权益工具进行结算的交易。另外，无论转让权益工具的交易是由主体自身作出，还是由其现有股东作出，或由同处于一个企业集团内的其他企业作出均属于股份支付的范畴，企业应当对其在相关交易中所取得的服务予以确认。

无论是根据企业会计准则及其相关规定，还是根据国际财务报告准则关于集团内股份支付的规定，股份支付的授予方可以是集团内任何主体及其股东，股东身份并未被局限于控股股东。因此，非控股股东授予联营企业高管联营企业自身的权益工具，从联营企业作为报告主体角度，也应当作为集团内股份支付，适用股份支付准则。

在本案例中，甲公司是接受服务企业，结算方是甲公司的非控股股东，由于甲公司没有结算义务，应当将A公司、B公司和C公司三方非控股股东授予其高级管理人员权益工具的交易作为以权益结算的股份支付进行会计处理，确认相应股权激励费用和资本公积。

问题（2）：

从联营企业非控股股东A公司作为报告主体角度，其所授予的并非集团内权益工具，而是其所持有的一项资产，因此不属于集团内的股份支付，不适用股份支付准则；此外由于被授予的对象是联营企业甲公司的员工而非A公司的员工，甲公司是接受服务企业，A公司并未接受任何的服务，对于A公司而言，也不适用职工薪酬准则。

授予日，由于相关的股份（即资产）尚未归属于联营企业员工，股东无须进行会计处理。

等待期内，如问题（1）所述，该项安排对于联营企业应当适用股份支付准则核算，因此对联营企业甲公司按以权益结算的股份支付进行会计处理所确认的股权激励费用和资本公积，联营企业的非控股股东根据权益法核算的要求进行相应确认，分别确认长期股权投资（损益调整）和投资损失，以及长期股权投资（其他权益变动）和资本公积（其他资本公积）。

行权日，当被授予的长期股权投资归属于联营企业的员工，联营企业非控股股东应当终止确认该部分长期股权投资，对于相应的借方如何会计处理，实务中存在如下不同的观点：

观点一：参照权益法核算下股权被动稀释的处理原则，借方计入资本公积（其他资本公积）。

观点二：计入当期损益。

观点三：参照集团内股份支付中母公司授予子公司员工在母公司个别报表的处理，视同股东对联营企业的投资，借方增加长期股权投资，最终结果是无须会计处理。

以上的观点中，观点二将出现在股东的报表上重复确认股份支付费用的结果，因此观点一或者观点三可能更为恰当。

案例 9－08
员工持股计划参与上市公司定向增发股份是否属于股份支付

一、案例背景

A 公司为上市公司，为了进一步提高员工的凝聚力，实现员工与企业的利益共享，A 公司实施了员工持股计划。员工持股计划的资金来源于员工自筹资金，以上市公司非公开发行股票作为员工持股计划的股票来源。员工持股计划中，计划的份额已经分配给每位参与计划的员工，员工是否享有股票增值利益与员工在 A 公司的后续服务挂钩。本案例中，A 公司对员工持股计划不存在控制，无须纳入 A 公司合并范围。

2×15 年，A 公司进行股票的定向增发，认购者包括员工持股计划、A 公司的关联方及其他不存在关联关系的投资者。股票定向增发的价格按照“不低于定价基准日前 20 个交易日股票交易均价的 90%”确定，并设置禁售期。

问题：员工持股计划参与上市公司定向增发是否构成股份支付？

二、会计准则及相关规定

《企业会计准则第 11 号——股份支付》第二条指出：“股份支付是指企业为获取职工和其他方提供服务而授予权益工具或者承担以权益工具为基础确定的负债的交易。股份支付分为以权益结算的股份支付和以现金结算的股份支付。以权益结算的股份支付，是指企业为获取服务以股份或其他权益工具为对价进行结算的交易。以现金结算的股份支付，是指企业为获取服务承担以股份或其他权益工具为基础计算确定的交付现金或其他资产义务的交易。”

《企业会计准则第 11 号——股份支付》第四条指出：“以权益结算的股份支付换取职工提供服务的，应当以授予日权益工具的公允价值计量。”

三、案例解析

在非公开发行的情况下，上市公司制定的定向增发方案以及发行价格往往是上市公司、员工持股计划以及外部投资者等各方商讨博弈的结果。除非存在明确相反证据，股票增发价格一般可以代表其公允价值。员工持股计划参与认购上市公司定向增发的股票，如果认购条件和发行价格与其他投资者并无区别，员工并没有获得额外的好处。上市公司也没有为获取员工服务付出对价，不存在对员工的激励。基于上述情况，员工持股计划参与上市公司定向增发不构成股份支付。

案例 9－09
终止股权激励计划的会计处理

近年来，因各种原因（如业绩下滑、股价下跌、并购重组等）终止股权激励计划的情况时有发生。根据企业会计准则及相关规定，上市公司取消已进入等待期的股权激励计划需按加速行权处理，立即确认原本应在剩余等待期内确认的激励费用。该处理对上市公司的当期损益往往影响较大。在实务中，上市公司对于终止股权激励计划的会计处理存在不同理解。

一、案例背景

A上市公司在2×17年1月1日，向20名公司高级管理人员授予了1,000万股限制性股票，授予价格为8元/股，授予后锁定3年。2×17年、2×18年、2×19年为申请解锁考核年，每年的解锁比例分别为30%、30%和40%，即300万股、300万股和400万股。经测算，授予日限制性股票的公允价值总额为20,000万元。为简化处理，假定每一期限制性股票的单位公允价值相同。该计划为一次授予、分期行权的计划，股权激励费用在各期的分摊如表9－4所示。

表9－4　　股权激励费用分摊表　　单位：万元

	第一期	第二期	第三期	合计
计入2×17年	3,600	1,800	1,600	7,000
计入2×18年	—	1,800	1,600	3,400
计入2×19年	—	—	1,600	1,600
合计	3,600	3,600	4,800	12,000

除了员工的服务期限条件之外，各期解锁的公司业绩条件如表9－5所示。

表9－5　　各期解锁业绩条件

	业绩条件
第一期	2×17年净利润较2×16年增长不低于25%
第二期	2×18年净利润较2×16年增长不低于40%
第三期	2×19年净利润较2×16年增长不低于60%

A公司2×17年度净利润大幅下滑，没有满足业绩条件。A公司在2×18年5月15日召开董事会，由于市场需求大幅度萎缩，严重影响公司20×7年以及未来两年的经营业绩，公司预测股权激励计划解锁条件中关于经营业绩的指标无法实现，故决定终止实施原股权激励计划，激励对象已获授的限

制性股票由公司回购并注销，回购价格为 8 元/股。A 公司股东大会在 2×18 年 5 月 30 日审议通过了上述终止及回购方案。

问题：

（1）A 公司因预计无法满足业绩条件而终止实施原股权激励计划，属于股份支付计划的作废还是取消？

（2）若作为股份支付计划的取消处理，应如何确定加速行权下应立即确认的原本应在剩余等待期内确认的激励费用金额？

（3）假如 A 公司仅仅因股价大幅下跌而终止实施原股权激励计划，其会计处理是否有所不同？

二、会计准则及相关规定

《企业会计准则解释第 3 号》规定：“股份支付存在非可行权条件的，只要职工或其他方满足了所有可行权条件中的非市场条件（如服务期限等），企业应当确认已得到服务相对应的成本费用。”

《企业会计准则讲解 2010》第十二章“股份支付”规定：“市场条件是否得到满足，不影响企业对预计可行权情况的估计。”

《企业会计准则解释第 3 号》规定：“在等待期内如果取消了授予的权益工具，企业应当对取消所授予的权益性工具作为加速行权处理，将剩余等待期内应确认的金额立即计入当期损益，同时确认资本公积。职工或其他方能够选择满足非可行权条件但在等待期内未满足的，企业应当将其作为授予权益工具的取消处理。”

《企业会计准则讲解（2010）》第十二章“股份支付”规定：“市场条件是否得到满足，不影响企业对预计可行权情况的估计”。“如果企业在等待期内取消了所授予的权益工具或结算了所授予的权益工具（因未满足可行权条件而被取消的除外），企业应当将取消或结算作为加速可行权处理，将原本应在剩余等待期内确认的金额立即计入当期损益，同时确认资本公积。”

《企业会计准则第 11 号——股份支付》第六条规定：“完成等待期内的服务或达到规定业绩条件才可行权的换取职工服务的以权益结算的股份支付，在等待期内的每个资产负债表日，应当以对可行权权益工具数量的最佳估计为基础，按照权益工具授予日的公允价值，将当期取得的服务计入相关成本或费用和资本公积。在资产负债表日，后续信息表明可行权权益工具的数量与以前估计不同的，应当进行调整，并在可行权日调整至实际可行权的权益工具数量。”

《国际财务报告准则第 2 号——以股份为基础的支付》第 19 段规定：“……在累计的基础上，如果已经授予的权益性工具由于没有满足给予条件（考虑第 21 段的要求）而未给予，例如对方没有完成一段特定期间的服务，或者是业绩条件没有满足，则不应确认取得的商品或服务的金额。”

三、案例解析

问题（1）：

上市公司因预计无法满足业绩条件而终止股权激励计划，相关会计处理的关键在于是“作废”还是“取消”的认定。根据企业会计准则及相关规定，若权益工具因未满足提前设定的可行权条件而被取消（即股权激励计划的“作废”），公司无须作为加速行权处理，而应冲销前期已确认的相关费用；除上述情形外导致的提前终止，视为股权激励计划的“取消”，公司应加速确认剩余等待期内的相关费用。这一规定导致上市公司在预计未来无法满足业绩条件时面临两种选择：一是选择继续等待，直至公司实际无法满足业绩条件，股权激励自然“作废”；二是选择提前终止计划，导致股权激励主动“取消”。两种选择的业务实质类似（均为公司无法满足业绩条件且激励对象无法取得相应股份），但是相应的会计处理却差异甚大，后者相较于前者将确认大额股权激励费用。上市公司处在激烈的市场竞争中，需通过有效的激励方案吸引和激励人才，等待已失去激励作用的股权激励计划自然作废，可能导致公司流失人才或错失商业机会。因此，即便需要加速确认激励费用，部分上市公司仍选择主动终止股权激励计划。

在本案例中，A 上市公司 2×17 年度实际上未满足当年的业绩条件，从而导致第一期限制性股票未能解锁，属于股份支付的“作废”，应按照“作废”来进行会计处理。因此，A 公司应冲回之前已确认的与第一期限制性股票相关的股权激励费用，使 2×17 年度累计确认的与这一部分相关的股权激励费用为零。

对于本案例中的第二期和第三期解锁部分属于股份支付的“作废”还是“取消”，在实务中存在不同观点。一种观点认为，在公司业绩出现下滑且预期无法满足业绩条件的情况下，公司主动“取消”激励计划的实质与等待激励计划自然“作废”一致，均为公司无法满足业绩条件而导致职工不能解锁相关限制性股票，因此上述情况下公司主动“取消”的会计处理应与等待自然“作废”保持一致，即冲销前期已确认的激励费用。另一种观点认为，会计准则并未针对不同情形下“取消”股份支付的会计处理作出不同规定，只要公司不是在“实际上”没有满足业绩条件的情况下终止激励计划，就应严格按照“取消”来进行会计处理，即加速确认相关激励费用。

我们倾向于第二种观点，即作为股份支付计划的“取消”处理。

问题（2）：

根据企业会计准则的规定，公司在取消股份支付计划时，应立即确认原本应在剩余等待期内确认的激励费用金额。对于“原本应在剩余等待期内确认的激励费用金额”，在实务中存在不同的理解。

观点一认为，公司应视同该股权激励计划的可行权条件在取消当日已全部满足，并将剩余等待期内的股权激励费用全部计入取消当期，而不考虑公司对未来可行权数量的估计情况。就本案例来看，该观点下，A 公司应当在取消日加速确认第二期、第三期的全部激励费用 8,400 万元。

观点二认为，公司应在取消当日估计未来能够满足可行权条件的权益工具数量（在假定没有终止股权激励计划的情况下），据此预计原本应在剩余等待期内确认的股权激励费用金额，并将该金额一次性计入取消当期。就本案例来看，该观点下，A 公司应当在取消日判断第二期、第三期能够满足业绩条件的可能性，并据此确认相关激励费用；若 A 公司预计无法满足第二期、第三期的业绩条件，则预计未来能够满足可行权条件的权益工具数量为零，其累计确认的第二期、第三期激励费用为零。

问题（3）：

股票价格属于市场条件。根据企业会计准则的规定，市场条件不影响公司对可行权权益工具数量的估计。假如 A 公司仅仅是因为股票价格下跌、激励计划丧失激励效果而提前终止该计划，亦无法采用上述问题（2）中的观点 2，并不存在问题（2）所述对“原本应在剩余等待期内确认的激励费用金额”产生不同理解的可能，因此 A 公司应立即确认原本应在剩余等待期内确认的全部激励费用 8,400 万元。

案例9－10
限制性股票回购价格高于市场价格的会计处理

一、案例背景

A上市公司在2×17年1月1日，向20名公司高级管理人员授予了1,000万股限制性股票，授予价格为8元/股，授予后锁定3年，解锁条件包括员工服务期限条件和公司经营业绩条件。

A公司2×17年度净利润大幅下滑，没有满足经营业绩条件。2×18年5月15日，A公司召开董事会，公司预测股权激励计划解锁条件中关于经营业绩的指标无法实现，故决定终止实施原股权激励计划，激励对象已获授的限制性股票由公司回购并注销。2×18年5月30日，A公司股东大会审议通过了上述终止及回购方案。

2×18年6月15日，A公司以8元/股的授予价格回购上述限制性股票，并予以注销。A公司股票在2×18年6月15日的市场价格为5元/股。

问题：对于限制性股票回购价格（8元/股）高于该股票在回购日市场价格（5元/股）的差额部分，A公司是否应将其计入当期损益？

二、会计准则及相关规定

《企业会计准则讲解（2010）》第十二章“股份支付”规定：“如果企业在等待期内取消了所授予的权益工具或结算了所授予的权益工具（因未满足可行权条件而被取消的除外），企业应当……在取消或结算时支付给职工的所有款项均应作为权益的回购处理，回购支付的金额高于该权益工具在回购日公允价值的部分，计入当期费用。”

《企业会计准则解释第7号》规定：“对于因回购产生的义务确认的负债，应当按照《企业会计准则第22号——金融工具确认和计量》的相关规定进行会计处理。上市公司未达到限制性股票解锁条件而需回购的股票，按照应支付的金额，借记‘其他应付款——限制性股票回购义务’等科目，贷记‘银行存款’等科目；同时，按照注销的限制性股票数量相对应的股本金额，借记‘股本’科目，按照注销的限制性股票数量相对应的库存股的账面价值，贷记‘库存股’科目，按其差额，借记‘资本公积——股本溢价’科目。”

《国际财务报告准则第 2 号——以股份为基础的支付》第 28 段规定：“如果主体在等待期间内，取消了所授予的权益工具或是对所授予的权益工具进行结算（因未满足给予条件作废而被取消的除外）：……在取消或结算时支付给雇员的所有款项均应作为权益的回购处理，即作为权益的减项，除非支付的金额超过了所授予权益工具在回购日的公允价值。所有超过部分均应确认为费用。但是，如果以股份为基础的支付安排包含负债成分，主体应重新计量在取消日或结算日负债的公允价值。所有用于结算负债成分的款项均应作为负债清偿进行处理。”

三、案例解析

提前终止限制性股票激励计划的上市公司需按照约定价格（通常为授予价格）回购原授予职工的限制性股票。对于回购价格高于回购日股票市价之间的差额是否应计入当期损益的问题，在实务中存在不同的理解和做法。

观点一认为，应将公司支付的款项作为权益的回购处理，回购支付的金额高于该权益工具在回购日公允价值的部分（在本案例中，为 8 - 5 = 3 元/股），计入当期费用。

观点二认为，如果上市公司根据与限制性股票授予对象签订的相关协议，已经将回购限制性股票的义务确认为金融负债的，则后续无论是因为未达到解锁条件而回购股票还是因为终止激励计划而回购股票，均仅涉及金融负债的清偿，无须就股票回购价格与回购日市场价格之间的差额确认损益影响。

我们倾向于上述观点二，即上市公司取消限制性股票激励计划并按照约定价格回购股票的，仅涉及金融负债的清偿，无须就股票回购价格与回购日市场价格之间的差额确认对损益的影响。根据《企业会计准则解释第 7 号》，限制性股票回购义务产生的负债，应当按照金融工具准则进行会计处理，公司因未达到解锁条件而回购股票的行为属于金融负债的清偿，无论回购价格高于抑或低于回购日的股票市价，公司均不应确认其对损益的影响。同时，观点二也符合《国际财务报告准则第2号——以股份为基础的支付》对于取消股份支付计划的规定，即股份支付安排包含负债成分的，所有用于结算负债成分的款项均应作为负债清偿进行处理。

然而，如果上市公司除了相关协议约定的回购价格之外，因提前终止限制性股票激励计划而给予了员工额外补偿，该额外补偿应计入当期费用。例如，假如A上市公司未按照激励协议约定的回购价格8元/股回购限制性股票，而是以10元/股的价格回购限制性股票，那么A公司实际上支付给了员工2元/股的额外补偿，A公司应将该额外补偿计入当期费用。

案例9-11
股权激励计划形成的递延所得税资产的会计处理

一、案例背景

A上市公司在2×17年1月1日授予职工1,000万份限制性股票股权激励计划，服务期限条件为2年，A公司预计1,000万份限制性股票在2年后均可行权。限制性股票的授予价格为10元/股，A公司股票在授予日的市场价格为19元/股。假定A公司满足确认递延所得税资产的条件，适用的所得税税率为25%。

问题：A公司应如何核算该股权激励计划的递延所得税影响？

二、会计准则及相关规定

中国证监会《2013年上市公司年报会计监管报告》指出：“根据相关税法规定，对于带有业绩条件或服务条件的股权激励计划，企业按照会计准则的相关规定确认的成本费用在等待期内不得税前抵扣，待股权激励计划可行权时方可抵扣，可抵扣的金额为实际行权时的股票公允价格与激励对象支付的行权价格之间的差额。因此，上市公司未来可以在税前抵扣的金额与等待期内确认的成本费用金额很可能存在差异。根据会计准则的相关规定，上市公司应根据期末存在的信息估计未来可以税前抵扣的金额，以未来期间很可能取得的应纳税所得额为限确认递延所得税资产。此外，如果预计未来期间可抵扣的金额超过等待期内确认的成本费用，超出部分形成的递延所得税资产应直接计入所有者权益，而不是计入当期损益。”

《国际会计准则第 12 号——所得税》第 68A 段规定：“在一些税务管辖区域内，主体获得以股份、股份期权或主体中其他权益工具支付的报酬相关的所得税抵扣（即在确定应税利润时可抵扣的金额）。该所得税抵扣的金额可能不同于相关的累计报酬费用，并且可能在以后的会计期间产生。例如，在一些税务管辖区域内，主体可能按照《国际财务报告准则第 2 号——以股份为基础的支付》，将所消耗的雇员劳务确认为费用并以之作为授予股份期权的对价，但是，可能直到履行该期权时，才获得以行权日主体的股票价格为基础计量的所得税抵扣。”

《国际会计准则第 12 号——所得税》第 68B 段规定：“如同本准则中第 9 段和第 26 段（2）中所讨论的研究成本，所获取的雇员劳务的计税基础（税务部门允许在未来期间抵扣的金额）与零账面价值之间的差额，是一项产生递延所得税资产的可抵扣暂时性差异。如果在本期末不知道税务部门允许在未来期间进行抵扣的金额，则应以本期末可获得的信息为基础进行估计。例如，如果税务部门允许在未来期间抵扣的金额以主体未来某日的股票价格为基础，则可抵扣暂时性差异的计量应以本期末主体的股票价格为基础。”

《国际会计准则第 12 号——所得税》第 68C 段规定：“如在第 68A 段中解释的，所得税抵扣（或根据第 68B 段计量的估计未来所得税抵扣）的金额可能与相关的累计报酬不同。本准则第 58 段要求当期和递延所得税应当确认为收益或费用，并计入当期损益，除非所得税产生于（1）在相同或不同的期间不确认为损益的交易或事项，或者（2）企业合并（投资性主体对须按公允价值计量且其变动计入损益的子公司的收购除外）。如果所得税抵扣（或估计的未来所得税抵扣）的金额超过相关的累计报酬费用的金额，这表明所得税抵扣同时与报酬费用和权益项目相关。在这种情况下，与当期或递延所得税相关的超额部分应直接确认为权益。”

三、案例解析

在 2×17 年 12 月 31 日，A 公司确认股份支付费用的会计处理如下：

借：管理费用等（1,000×9×1/2）　　4,500

　　贷：资本公积——其他资本公积　　4,500

假设A公司股票在2×17年12月31日的市场价格为17元/股，A公司估计未来可税前抵扣的金额为7元/股（17-10），未来可税前抵扣的总额为7,000万元（1,000×7）。A公司确认递延所得税的会计处理如下：

借：递延所得税资产（7,000×1/2×25%）　　875

　　贷：所得税费用　　875

在2×18年12月31日，A公司确认股份支付费用的会计处理如下：

借：管理费用等（1,000×9-4,500）　　4,500

　　贷：资本公积——其他资本公积　　4,500

假设A公司股票在2×18年12月31日的市场价格为22元/股，A公司估计未来可税前抵扣的金额为12元/股（22-10），未来可税前抵扣的总额为12,000万元（1,000×12）。A公司估计未来可税前抵扣的金额（12,000万元）超过等待期内确认的股份支付费用（累计为9,000万元），超出部分（12,000-9,000=3,000万元）形成的递延所得税资产应直接计入所有者权益。A公司确认递延所得税的会计处理如下：

借：递延所得税资产（12,000×25%-875）　　2,125

　　贷：所得税费用（9,000×25%-875）　　1,375

　　　　资本公积——其他资本公积（3,000×25%）　　750

案例9-12
股份支付中“非等比例增资”的计算原则

一、案例背景

A公司拟计划IPO上市，自然人甲和公司乙分别持有A公司20%和80%的股份，其中甲同时为A公司的员工，担任A公司的董事长。

2021年，甲和A公司的部分员工共同成立持股平台丙低价增资A公司，认购股份20万股。增资日，A公司股份的公允价值为10元/股，持股平台丙获得股份的对价为2元/股。与此同时，A公司还引入了一个新的第三方股东D公司，D公司按10元/股向A公司增资，认购新增股份30万股。

增资前，A公司的股份数量为100万股，增资后A公司的股份数量变为150万股。

情形一：自然人甲持有持股平台60%的份额，此次增资中自然人甲通过持股平台间接获得A公司12万股股份。增资后，甲对于A公司的合并持股比例（包括原持股稀释后比例以及通过持股平台的持股比例）从原先的20%上升为21.3%，乙公司的持股比例降为53.3%，其他员工通过持股平台的持股比例为5.3%。D公司的持股比例为20%。相关持股情况见表9－6。

表9－6 持股情况（情形一）

	增资前	增资后	穿透持股平台合计
甲	20万股	20万股	32万股
乙公司	80万股	80万股	80万股
持股平台	—	20万股	其他员工：8万股
D公司	—	30万股	30万股
合计	100万股	150万股	150万股

情形二：甲持有持股平台10%的份额，此次增资中甲通过持股平台间接获得A公司2万股股份。增资后，甲对于A公司的合并持股比例（包括原持股稀释后比例以及通过持股平台的持股比例）从原先的20%下降为14.7%。乙公司的持股比例降为53.3%，其他员工通过持股平台的持股比例为12%。D公司的持股比例为20%。相关持股情况见表9－7。

表9－7 持股情况（情形二）

	增资前	增资后	穿透持股平台合计
甲	20万股	20万股	22万股
乙公司	80万股	80万股	80万股
持股平台	—	20万股	其他员工：18万股
D公司	—	30万股	30万股
合计	100万股	150万股	150万股

问题：

对于自然人甲通过持股平台低价获取的股份，是否构成股份支付及如何

计算股份支付费用？

二、会计准则及相关规定

《企业会计准则第 11 号——股份支付》第二条指出："股份支付是指企业为获取职工和其他方提供服务而授予权益工具或者承担以权益工具为基础确定的负债的交易……"

《企业会计准则第 11 号——股份支付》第四条指出："以权益结算的股份支付换取职工提供服务的，应当以授予日权益工具的公允价值计量。"

《国际财务报告准则第 2 号——以股份为基础的支付》在示例 11 中提供了员工以低于股票公允价值购买股票的安排下确认股份支付费用的示例。

《监管规则适用指引——发行类第 5 号》指出："为发行人提供服务的实际控制人/老股东以低于股份公允价值的价格增资入股，且超过其原持股比例而获得的新增股份，应属于股份支付。如果增资协议约定，所有股东均有权按各自原持股比例获得新增股份，但股东之间转让新增股份受让权且构成集团内股份支付，导致实际控制人/老股东超过其原持股比例获得的新增股份，也属于股份支付。实际控制人/老股东原持股比例，应按照相关股东直接持有与穿透控股平台后间接持有的股份比例合并计算。"

三、案例解析

对于上述交易安排的会计处理，实务中存在如下两种观点：

观点 1：对于甲低价取得的股份应全部确认股份支付费用

观点 1 认为，本案例中，A 公司应当将自然人甲在持股平台所低价取得的全部股份，即情形一的 12 万股，或情形二中的 2 万股，全额确认股份支付费用。理由是甲为 A 公司的员工，为 A 公司提供服务，而此次增资中 A 公司的其他原股东乙未获得任何新增股份，表明该安排的商业实质并非是向老股东同比例配售新股，而是 A 公司为获取职工提供服务而授予员工权益工具的交易，应作为股份支付进行会计处理。

情形一下股份支付费用 = 12 万股 ×（10 − 2）= 96（万元）

情形二下股份支付费用 = 2 万股 ×（10 − 2）= 16（万元）

观点 2：仅对于甲超过其原持股比例而获得的新增股份确认股份支付费

用，但在如何计算老股东超过其原持股比例而获得的新增股份，实务中又存在如下两种理解：

观点 2.1：若老股东持股比例降低，则不涉及股份支付。本案例中，

甲原持股比例为 20%，本次增资中共新增 50 万股，所以甲按照其原持股比例能获得的股份数为 50×20% =10（万股）。

情形一下甲获得 12 万股股份，增资后甲的合计持股比例为 21%，甲超过其原持股比例获得的股份数为 12 -10 =2（万股）。股份支付费用 =2 万股×(10 -2) =16 万元。

情形二下，增资后甲的合计持股比例下降为 14.6%，甲获得 2 万股股份，小于甲按照其原持股比例能获得的股份数 10 万股，不涉及股份，无须确认股份支付费用。仅员工持股平台中其他员工低价增资部分需作为股份支付处理。

观点 2.2：老股东持股比例变化应仅考虑老股东之间的相对持股比例，而非相对于总股本的持股比例。即对于老股东获得的新增股份数量，应当扣除该老股东按原持股比例应享有的本次增发给所有原股东（不包括新增股东）的股份后的差额，作为股份支付。

情形一，甲原持股比例为 20%，本次增资中给所有原股东（即甲和乙公司）的合计新增股份为 12 万股，所以甲按照其原持股比例能获得的股份数为 12×20% =2.4（万股）。甲获得 12 万股股份，甲超过其原持股比例获得的股份数为 12 -2.4 =9.6（万股）。股份支付费用 =9.6 万股×(10 -2) =76.8（万元）。

情形二，甲原持股比例为 20%，本次增资中给所有原股东（即甲和乙公司）的合计新增股份为 2 万股，所以甲按照其原持股比例能获得的股份数为 2×20% =0.4（万股）。甲获得 2 万股股份，甲超过其原持股比例获得的股份数为 2 -0.4 =1.6（万股）。股份支付费用 =1.6 万股×(10 -2) =12.8（万元）。

我们赞成上述的观点 2.2。

第十章 会计政策、会计估计变更和差错更正

会计政策、会计估计变更和差错更正均会对财务报表所提供信息的可靠性和相关性，以及同一企业不同期间、同一期间不同企业的财务报表可比性产生较大影响。因此，正确判断会计政策、会计估计变更和差错更正，并以此提高会计信息的质量，对于上市公司而言至关重要。近年上市公司财务报告会计估计变更或差错更正情况屡见不鲜，引起广泛关注。虽然会计政策、会计估计变更和差错更正存在本质区别，但部分业务需通过职业判断确定会计处理方法，实务中存在一定争议。

案例 10－01 案件判决结果的变化是否应作为会计差错更正处理

一、案例背景

2×11 年 8 月 17 日，A 公司所在市人民检察院（以下简称市检察院）以欺诈发行股票罪对 A 公司提起公诉。2×11 年 12 月 2 日，A 公司所在市区级人民法院（以下简称区级法院）对 A 公司作出刑事判决，判定 A 公司犯欺诈发行股票罪，判处罚金 400 万元。

2×12 年 1 月 31 日，市检察院以区级法院量刑偏轻为由对有关判决提出抗诉。2×12 年 3 月 29 日，A 公司所在市中级人民法院（以下简称中级法院）裁定撤销区级法院作出的刑事判决。

虽然区级法院的判决被中级法院撤销，但 A 公司法律顾问（包括 A 公司的内部法律顾问及其聘请的代理律师）仍然认为，A 公司很可能因本次诉讼案被判处罚金 400 万元。根据上述诉讼事实及法律顾问意见，A 公司在

2×11年度财务报表中计提了预计负债400万元。A公司2×11年度财务报表于2×12年4月24日经董事会批准对外披露。

2×12年4月26日，市检察院以欺诈发行股票罪、伪造金融票证罪、故意销毁会计凭证罪再次对A公司提起公诉。2×12年5月7日，中级法院对A公司所涉案件进行开庭审理。2×13年2月7日，中级法院对A公司作出刑事判决，判定A公司犯欺诈发行股票罪、伪造金融票证罪、故意销毁会计凭证罪，分别判处罚金1,000万元、20万元、20万元，共处罚金1,040万元。上诉期内，A公司未对上述判决进行上诉。根据上述判决结果，A公司将中级法院所处罚金超过原已计提预计负债的部分认定为前期差错，追溯调整了2×11年原已计提的预计负债，并在2×12年度财务报表中进行了重述。A公司2×12年度财务报表于2×13年4月22日经董事会批准对外披露。

问题：A公司将中级法院所处罚金超过原已计提预计负债的部分作为前期差错更正进行会计处理是否正确？

二、会计准则及相关规定

《企业会计准则第28号——会计政策、会计估计变更和差错更正》第八条规定："企业据以进行估计的基础发生了变化，或者由于取得新信息、积累更多经验以及后来的发展变化，可能需要对会计估计进行修订。会计估计变更的依据应当真实、可靠。会计估计变更，是指由于资产和负债的当前状况及预期经济利益和义务发生了变化，从而对资产和负债的账面价值或者资产的定期消耗金额进行调整。"

《企业会计准则第28号——会计政策、会计估计变更和差错更正》第十一条规定："前期差错，是指由于没有运用或错误运用下列两种信息，而对前期财务报表造成省略或错报：（一）编报前期财务报表时预期能够取得并加以考虑的可靠信息；（二）前期财务报告批准报出时能够取得的可靠信息。"

《企业会计准则讲解（2010）》第二十九章"会计政策、会计估计变更和差错更正"指出："企业应当严格区分会计估计变更和前期差错更正，对于前期根据当时信息、假设等作了合理估计，在当期按照新的信息、假设等需要对前期估计金额作出变更的，应当作为会计估计变更处理，不应作为前期差错更正处理。”

《国际会计准则第 8 号——会计政策、会计估计变更和差错》第 32 段规定：“由于商业活动中内在的不确定因素影响，许多财务报表中的项目不能精确地计量，而只能加以估计。估计涉及以最近可利用的、可靠的信息为基础所作的判断。”

《国际会计准则第 8 号——会计政策、会计估计变更和差错》第 34 段规定：“如果据以进行估计的事实发生变化，或者由于新的信息或更多的经验，可能不得不对估计进行修正。按其性质，对估计的修正与前期无关并且不属于会计差错更正。”

中国证监会《关于做好上市公司 2010 年财务报告及相关工作的公告》（证监会公告〔2010〕37 号）规定：“会计估计是企业对结果不确定的交易或事项以历史积累的和最近可利用的信息为基础所作的判断。会计估计所涉及的交易或事项均有内在的不确定性，进行会计估计的过程是一种集主、客观因素于一体的综合判断过程。因此，不能简单以对或错来评价会计估计，而应评价会计估计确定过程及其依据的合理性。上市公司在年报编制过程中，应合理区分会计估计变更和会计差错更正，并按照会计准则规定进行会计处理，不得利用会计估计变更和差错更正在不同会计期间操纵利润。”

《监管规则适用指引——会计类第 1 号》规定：“企业不应简单将会计估计与实际结果对比认定存在差错。如果企业前期作出会计估计时，未能合理使用报表编报时已经存在且能够取得的可靠信息，导致前期会计估计结果未恰当反映当时情况，则应属于前期差错，应当适用前期差错更正的会计处理方法；反之，如果企业前期的会计估计是以当时存在且预期能够取得的可靠信息为基础作出的，随后因资产和负债的当前状况及预期经济利益和义务发生了变化而变更会计估计的，则属于会计估计变更，应当适用会计估计变更的会计处理方法。”

三、案例解析

会计估计变更与差错更正有时难以区分，尤其是难以区分会计估计变更和由于会计估计错误导致的差错更正，区分这两者的关键是判定前期作出的会计估计是否存在错误。如果作出会计估计时，未考虑或未正确运用编制财务报表时能够合理预计取得的可靠信息，则该会计估计存在错误，属于前期差错，应遵循差错更正的会计处理方法。反之，如果作出会计估计时，已充分考虑当时存在的、预期能够取得的可靠事实，而后会计估计变更又是由于资产和负债的当前状况及预期未来经济利益和义务发生了变化作出的，则属于会计估计变更，适用会计估计变更的会计处理方法。

根据企业会计准则相关规定，会计估计变更主要是因为赖以进行估计的基础发生变化，或者由于取得了新的信息、积累了更多的经验或后来的发展，可能不得不对会计估计进行修订。而会计估计发生前期差错主要是由于重大人为过失或舞弊等原因，未能合理使用前期财务报表编制时已经存在且能够取得的可靠信息，导致前期会计估计结果未能恰当反映当时的情况。从理论上讲，会计估计变更与差错更正之间存在明显的区别。但在实务中，因难以确定哪些信息属于作出会计估计时已经存在且能够取得的可靠信息，企业往往容易混淆会计估计变更与由于会计估计错误导致的前期差错更正。区分两者的关键是判断前期作出的会计估计是否存在错误。

本案例中，截至2×11年度财务报表批准报出日（2×12年4月24日），A公司与诉讼案件相关且能够取得的可靠信息包括市检察院的起诉书、区级法院的刑事判决书、市检察院的刑事抗诉书、中级法院的刑事裁定书以及法律顾问的意见等。A公司根据上述信息，在2×11年度财务报表中计提了预计负债400万元，并将其计入当年年度损益。A公司上述会计估计是以编制2×11年度财务报表时存在且能够取得的可靠信息为基础作出的，并没有确凿证据表明A公司存在重大过失或舞弊等情形，从而导致其当时的会计估计存在差错。

2×13年2月7日，中级法院对A公司作出刑事判决后，A公司编制2×12年度财务报表时能够取得的可靠信息为中级法院的刑事判决书。由于A公司未上诉，中级法院的刑事判决书中判处的罚金金额即实际结果。该实际结果与前期计提预计负债的金额存在差异，并不表明前期会计估计存在错误。相反，由于取得了最新的信息，使原先的会计估计与中级法院的判决结果存在差异，A公司应对原先的会计估计进行修订，该情形属于会计估计变更。

因此，本案例中A公司会计处理错误，应将中级法院所处罚金超出2×11年度财务报表已计提预计负债部分作为会计估计变更处理，在2×12年度财务报表中补计负债640万元，并计入2×12年年度损益。

【相关案例之一】

法院判决结果与原估计存在重大差异时，如何区分会计估计变更还是会计差错更正

（一）案例背景

A上市公司原大股东B公司与A公司在2×09年7月至2×10年10月期间发生了一系列关联交易及不正常现金流入流出。此外，在此期间B公司还通过C公司等特定第三方与A公司发生了一系列不正常现金流入流出。A公司已向法院起诉上述交易与资金的不正常流入和流出，以及涉嫌资金挪用行为，该等事项涉及A公司与B公司及上述特定第三方应收、应付款项。

上述案件发生后，A公司在2×10年年报中根据当时情况对相关应收款项的可回收性进行了估计，计提了相应坏账准备（约占应收账款的56%）。A公司在2×10年年报期间更换了管理层，管理层专门聘请了独立第三方对资产减值情况进行评估，并明确认为当时的“资产减值的估计、假设是合理的”。之后年度A公司基本未对坏账准备进行调整。根据相关法院判决，上述案件于2×11年年末已结案且A公司胜诉，但是由于相关被告已资不抵债，截至2×12年年末相关判决未得到执行。A公司管理层认为，2×12年12月31日该款项的可回收性与2×11年相比并无实质性差异，未调整以前年度已计提的坏账准备。截至2×12年12月31日，A公司对B公司和上述特定第三方公司应收款项余额为6亿元。A公司已对B公司和上述特定第三方公司的应收款项计提坏账准备3.36亿元，应收款项账面净值2.64亿元。A公司2×12年年度报表于2×13年3月28日批准报出。

2×13年4月1日，根据相关法院的执行通知书，A公司估计案件的分配比例约为55.5%，如按上述比例分配，A公司预计相关案件可收回金额约为3.33亿元。截至2×13年8月27日，A公司实际收到的案件执行款共计3.64亿元，与上述应收款账面净值2.64亿元差异约1亿元。

A公司认为由于相关案件尚未最终执行完毕，待所有案件执行完毕后，A公司将根据所有案件最终的收回金额追溯调整以前年度各期财务报表。

问题：法院判决结果与原估计之间存在的重大差异，应认定为会计估计变更还是会计差错更正？

（二）案例解析

该案件发生后，A公司在2×10年年报中根据当时的情况对相关应收款项的可回收性进行了估计，计提了相应坏账准备。公司在2×10年年报期间更换了管理层，管理层专门聘请了独立第三方对资产减值情况进行评估，并明确认为当时“资产减值的估计、假设是合理的”。虽然上述案件于2×11年年末已结案且A公司胜诉，但由于相关被告已资不抵债，截至2×12年年末相关判决未能得到执行。考虑到该案件具体清偿比例待执行后才可明确获知，因而A公司无法取得可靠的信息进一步明确其债权的可收回比例，也没有明确的迹象表明相关公司的偿债能力与以前年度相比有重大变化。如果既没有确凿证据表明前期会计估计本身存在人为差错或舞弊，也没有证据表明A公司没有运用或错误运用编报前期财务报表时以及前期财务报告批准报出时预期能够取得并加以考虑的可靠信息，而对前期财务报表造成错报，那么前期财务报告被批准报出时，A公司管理层认定其已根据当时的信息、假设等作了合理估计，而法院判决后续的执行情况是前期财务报告批准报出后A公司获取的新信息，A公司依据获取的新信息对前期估计金额作出的变更应被作为会计估计变更处理。即A公司不应根据实际收到法院执行款的情况追溯调整前期会计报表。

在本案例中，值得关注的另外一点是，A公司2×12年年度财务报表报出日是2×13年3月28日；2×13年4月1日A公司依据法院的执行通知书就相关案件可收回金额作出了新的估计（3.33亿元）。如果该新估计所依据的案件最新进展情况的相关信息在财务报表报出日前可以获得，则属于“资产负债表日后取得确凿证据，表明某项资产在资产负债表日发生了减值或者需要调整该项资产原先确认的减值金额”的情形，相关估计变更应作为资产负债表日后调整事项计入2×12年年度财务报表。

【相关案例之二】

法院判决结果执行中相关情况变化时，如何区分会计估计变更还是会计差错更正

（一）案例背景

A公司为上市公司，B公司与A公司在2×10年1月1日前存在关联关系，2×10年1月1日后不再存在关联关系。2×08年，B公司以自身房产为抵押向银行借款4,000万元，A公司同时开具了面值为4,000万元的无期限商业承兑汇票作为质押。2×10年，因B公司无力偿还银行债务本金4,000万元（利息已经支付），银行起诉到法院。法院于2×10年作出一审判决，银行先执行B公司的抵押房产，该房产在2×10年年底的评估值为6,000万元。

2×11年2月1日，法院二审判决，其中包括银行可以执行B公司的抵押房产以及银行可以要求A公司就B公司未偿还的银行借款承担质押票据的兑付责任。A公司与B公司、法院及银行进行了沟通，银行和法院均同意先执行B公司的抵押房产。2×11年3月，B公司的抵押房产经法院评估作价，准备拍卖，由于B公司不具有支付能力，A公司为促成房产拍卖代B公司支付了拍卖保证金。

A公司在2×10年资产负债表日判断，由于B公司抵押房产价值约6,000万元，A公司与法院和债权人就该偿债事项进行沟通后，认为A公司不会产生连带偿债损失。2×11年4月1日，A公司公布2×10年年度报告，考虑到资产负债表日至法院判决日、财务报告报出日期间，B公司抵押房产价值未大幅下跌（跌破债务本金）A公司把上述事项作为或有负债进行披露（未计提预计负债）。

2×11年4月到7月，由于B公司濒临破产等诸多因素，法院迟迟未能执行对B公司房产的拍卖。2×11年10月，银行要求A公司承担连带偿债责任，A公司为此被扣划了银行存款4,000万元。

问题：A 公司 2×11 年发生的 4,000 万元偿债损失应计入 2×11 年还是应追溯调整到 2×10 年？

（二）案例解析

在本案例中，首先应判断 A 公司 2×10 年年度财务报表是否存在会计差错。B 公司 2×08 年以房产作抵押举债，2×10 年，因 B 公司无力偿还银行债务本金 4,000 万元，银行提起起诉，法院已于 2×10 年作出一审判决，银行先执行 B 公司的抵押房产，且该房产在 2×10 年末价值已涨至 6,000 万元，比债务本金高出 2,000 万元。因此，就资产负债表日存在的情况判断，A 公司很可能不需要履行连带责任，所以与这一或有事项有关的义务不满足预计负债确认条件。

虽然在 A 公司 2×10 年财务报告报出日（2×11 年 4 月 1 日）之前，该诉讼发生了新进展，即 2×11 年 2 月 1 日法院判决银行可以执行 B 公司的抵押房产以及银行可以要求 A 公司就 B 公司未偿还的银行借款承担质押票据的兑付责任，但考虑到法院和债权人同意先执行 B 公司的抵押房产，而该抵押房产已经在准备估价拍卖，B 公司抵押房产的价值未出现大幅下跌（跌破债务本金情形），故可以合理预期 B 公司将通过拍卖房产所得偿还银行债务。因此，A 公司仍然很可能不需要履行连带责任，与这一或有事项有关的义务仍不满足预计负债确认条件。

我们认为，A 公司在 2×10 年年报中将 B 公司的连带偿债责任作为或有事项披露是合理的。A 公司在 2×10 年资产负债表日根据当时存在的、预期能够取得的证据进行了判断，且没有证据表明当时的判断存在差错，因此，该事项不属于前期差错。

2×11 年 10 月，由于法院迟迟未能执行对 B 公司房产的拍卖，A 公司为此被扣划了银行存款 4,000 万元，这是该项偿债情况发生了变化，由此产生的对负债账面价值的重估和调整，应属于会计估计变更。根据准则规定，A 公司 2×11 年发生的 4,000 万元偿债损失应计入 2×11 年的损益，不需要追溯调整 2×10 年的相关财务数据。

案例 10－02
关联方转移定价的特别纳税调整应认定为会计估计变更还是会计差错更正

一、案例背景

A 上市公司的经营范围为通信及计算机软硬件技术开发、生产、销售；通信及计算机网络工程技术咨询、技术培训；许可范围内的进出口业务。A 公司的子公司持有 B 公司 30% 的股权，B 公司为中外合资经营企业，主要经营范围为 CDMA（码分多址）移动电话、移动信息终端技术及其他相关产品的研发、生产、销售和售后服务。

B 公司所在地国税局在 2×12 年年初进行了一次税收征管普查工作，根据普查结果，在 2×13 年 2 月 1 日向 B 公司下发《特别纳税调查调整通知书》，指出 B 公司于 2×07 年、2×08 年、2×09 年和 2×10 年纳税年度，违反《中华人民共和国外商投资企业和外国企业所得税法》《中华人民共和国企业所得税法》及其实施条例和《中华人民共和国税收征收管理法》及其实施细则中关于关联企业业务往来、特别纳税调整的有关规定，决定调增 B 公司应纳税所得额，并要求其补缴外商投资企业和外国企业所得税。B 公司 2×12 年年度财务报告于 2×13 年 3 月 12 日经董事会批准报出。

B 公司认为，由于其业务特点，其采购受其控股股东控制，交易价格由其控股股东决定，因此 B 公司补缴以前年度税款系其控股股东违背关联企业业务往来在转让定价方面公平定价的原则，以致被中国税务机关追缴少缴的税款。该部分被追缴的税款应由 B 公司的控股股东单方面承担，B 公司正积极与其控股股东沟通上述事项，但 B 公司应先向税务部门缴纳上述少缴税款，因此应先确认被追缴税款的损失。

基于以上考虑，B 公司将上述纳税调整事项作为前期会计差错更正，调整了 2×12 年年度财务报表相关项目期初数据，并在财务报表附注中作为其他对期初数的调整事项予以披露。

问题：B 公司是否应将特别纳税调整事项作为前期会计差错更正处理？

二、会计准则及相关规定

《企业会计准则第 28 号——会计政策、会计估计变更和差错更正》第十一条规定："前期差错，是指由于没有运用或错误运用下列两种信息，而对前期财务报表造成省略或错报。（一）编报前期财务报表时预期能够取得并加以考虑的可靠信息。（二）前期财务报告批准报出时能够取得的可靠信息。""前期差错通常包括计算错误、应用会计政策错误、疏忽或曲解事实以及舞弊产生的影响以及存货、固定资产盘盈等。"

《企业会计准则第 29 号——资产负债表日后事项》第五条规定："企业发生的资产负债表日后调整事项，通常包括下列各项：（一）资产负债表日后诉讼案件结案，法院判决证实了企业在资产负债表日已经存在现时义务，需要调整原先确认的与该诉讼案件相关的预计负债，或确认一项新负债。"

《企业会计准则讲解（2010）》第二十九章"会计政策、会计估计变更和差错更正"规定："会计估计，是指企业对结果不确定的交易或者事项以最近可利用的信息为基础所作的判断。由于商业活动中内在的不确定因素影响，许多财务报表中的项目不能精确地计量，而只能加以估计。估计涉及以最近可利用的、可靠的信息为基础所作的判断。会计估计的存在是由于经济活动中内在的不确定性因素的影响。进行会计估计时，往往以最近可利用的信息或资料为基础。""企业应当严格区分会计估计变更和前期差错更正，对于前期根据当时的信息、假设等作了合理估计，在当期按照新的信息、假设等需要对前期估计金额作出变更的，应当作为会计估计变更处理，不应作为前期差错更正处理。"

《监管规则适用指引——会计类第 1 号》规定："企业不应简单将会计估计与实际结果对比认定存在差错。如果企业前期作出会计估计时，未能合理使用报表编报时已经存在且能够取得的可靠信息，导致前期会计估计结果未恰当反映当时情况，则应属于前期差错，应当适用前期差错更正的会计处理方法；反之，如果企业前期的会计估计是以当时存在且预期能够取得的可靠信息为基础作出的，随后因资产和负债的当前状况及预期经济利益和义务发生了变化而变更会计估计的，则属于会计估计变更，应当适用会计估计变更的会计处理方法。”

三、案例解析

特别纳税调整事项是一个较为复杂的事项，涉及很多对具体情形的判断。将此特别纳税调整事项作为前期会计差错更正还是作为会计估计变更处理，主要取决于B公司在编制前期年度财务报表，以及前期财务报告批准报出时，是否能够取得可靠信息以对该特别纳税事项进行恰当的会计处理。

情形一：特别纳税调整事项作为会计估计变更处理。

一方面，B公司作为独立的市场主体，在正常的生产经营过程中，可合理预计其能取得有关采购或销售的可靠定价信息。B公司在计算、缴纳所得税以及进行相关会计处理时，有条件充分考虑并正确运用上述可靠信息。若B公司在以前年度通过与其他独立第三方采购类似商品的价格或与市场类似商品价格进行比较后，没有发现其前期存在转让价格不合理的情况，且B公司相应年度的财务报告均已经会计师事务所审计并出具了标准无保留意见的审计报告，则上述特别纳税调整事项涉及的年度虽为2×07年至2×10年，但并不代表B公司在相关会计年度存在会计准则中会计差错定义所指的“没有考虑或错误运用”编报前期财务报表以及前期财务报告批准报出前预期能够取得并加以考虑的可靠信息。

另一方面，B公司所在地国税局在特别纳税调整通知书中，也将此次调整明确界定为特别纳税调整事项。特别纳税调整的结果很大程度上取决于税收部门的判断及认定，而企业一般无法直接依照相关税收法律法规计算出需调整的金额。多数情况下，税务机关认定了特别纳税调整的具体金额，企业才能获知该信息。

此外，此次特别纳税调整源于B公司所在地国税局在2×12年年初进行的一次税收征管普查工作，发生在B公司2×12年年度财务报告被批准报出前，当地国税局根据普查结果向B公司下发特别纳税调整通知书。因此，该税务调整事项依照相关会计准则规定应属于资产负债表日后事项中的调整事项，应将该事项的影响计入2×12年年度财务报表中。

综上所述，在上述情况下，企业将该特别纳税调整事项计入2×12年年度财务报表中。

情形二：特别纳税调整事项作为前期会计差错处理。

特别纳税调整事项是否应作为前期会计差错处理应考虑该事项于资产负债表日是否已存在，企业是否已依据可获得的可靠信息作出了合理判断及会计处理。若B公司在以前年度可以通过与其他独立第三方采购类似商品的价格或与市场类似商品价格进行比较后，能够判断其与股东的转让定价明显不公允，需按照税法进行调整，而B公司没有进行这种比较或在显失公允的情况下没有进行应纳税所得额的调整，则这种计算错误应属于前期差错。此外，企业完成所得税汇算清缴并不意味着企业的税务事项完全符合相关税法的规定，企业仍然可能存在违反相关税收法规的情形，税务机关也可对企业进行查处。

综上所述，国税局对B公司2×07年至2×10年纳税年度进行的特别纳税调整，是基于以前年度企业存在不符合独立交易原则，或者其他不具有合理商业目的的安排的情况，即当初的税款计算及申报工作存在差错，因而针对2×07年至2×10年纳税年度应补缴的相关税款应作为前期会计差错进行调整。

【相关案例之一】

对应交税金的估计与税务机关的批复不一致时，如何区分会计估计变更还是会计差错更正

（一）案例背景

A公司为上市公司。2×08年，A公司由于为与其有业务往来的B公司银行贷款提供担保而确认了相应预计负债，计入了当年度营业外支出。该担保与A公司应纳税所得额相关。2×10年，担保责任实际履行完毕，A公司在2×10年企业所得税汇算清缴期间向主管税务机关申请了3亿元担保损失税前扣除。若不考虑担保损失，A公司2×10年应纳税所得额为1亿元，所得税费用为2,500万元。A公司认为，上述担保损失符合税前扣除的条件，但能否扣除最终需主管税务机关认定，而税务机关的认定存在不确定性。A公司在披露2×10年年报时，尚未取得主管税务机关就担保损失扣税认定的批复文件，因此在2×10年年报中确认了应缴所得税负

债2,500万元，并确认了同等金额的当期所得税费用。截至2×10年所得税缴纳截止日，A公司因未取得主管税务机关批复文件，一直未实际缴纳2×10年所得税。

2×11年9月，A公司取得主管税务机关批复：为B公司银行贷款提供担保发生的担保损失共计3亿元，可以从应纳税所得额中扣除，并确定可从2×10年度应纳税所得额中扣除1亿元，剩下2亿元可在2×11年度（含）及以后年度的应纳税所得额中扣除。

问题：A公司在2×11年取得主管税务机关批准，可以从2×10年应纳税所得额中扣除的1亿元担保损失及2,500万元所得税费用，应追溯调整计入2×10年度还是计入2×11年度？

（二）案例解析

在本案例中，A公司从2×08年起为B公司履行银行贷款担保责任，至2×10年履行完毕，共发生了3亿元贷款担保损失。A公司在披露2×10年年报之时，尚未取得主管税务机关批复文件（批准有关担保损失可以从应纳税所得额中扣除）。A公司于2×11年9月取得的主管税务机关批复文件，不属于编制A公司2×10年年度财务报告时“能够合理预计取得并应当加以考虑的可靠信息”，也不属于2×10年年度财务报告批准报出时“能够取得的可靠信息”。因此，A公司2×11年9月取得主管税务机关批复后对相应所得税费用和应缴所得税的调整，不属于前期差错。

我们认为，A公司于2×11年9月取得的主管税务机关批复文件，直接导致与A公司2×11年度应纳税所得额和所得税费用相关的预期经济利益和缴税义务发生变化，应属于会计估计变更，应根据准则规定采用未来适用法进行会计处理。

综上所述，在本案例中，主管税务机关批准可以从2×10年度应纳税所得额中扣除的1亿元担保损失，不应追溯调整2×10年年度财务报表，而应从2×11年度应纳税所得额中扣除。其余2亿元担保损失，可以根据A公司2×11年至2×14年应纳税所得额大小和主管税务机关批复文件规定进行相应会计处理。符合递延所得税资产确认条件的，应确认相关递延所得税资产。

【相关案例之二】

追缴财政基金是否属于会计差错更正

（一）案例背景

A公司为上市公司，于2×11年3月初公布2×10年年报。年报公布后仅数日，A公司收到省财政厅《关于〈××省大中型水库库区基金征收使用管理细则（试行）〉的通知》，根据该文件要求，A公司应自2×09年5月1日起，对装机容量在2.5万千瓦及以上有发电收入的水库和水电站，按照上网电量8厘/千瓦时征收库区基金，按照该文件界定的征收范围，A公司所属已投产电站均需缴纳库区基金。经测算，执行上述规定后，A公司2×09年归属母公司股东的净利润减少约900万元，2×10年归属母公司股东的净利润减少约1,800万元。

该文件同时规定：2×09年5月1日至2×10年12月31日应征收的大中型水库库区基金收入，由省电网公司代为追缴，并于2×11年4月1日前足额缴入省级国库，2×11年1月1日后征收的大中型水库库区基金收入，按《××省大中型水库库区基金征收使用管理细则（试行）的通知》相关规定办理。

问题：A公司在2×11年度补交的2×09年度至2×10年度的水库库区基金是否属于重大会计差错？是否需要就此进行追溯调整？

（二）案例解析

在本案例中，A公司于2×10年年度报告报出日后收到政府文件，不属于准则中规定的"编报前期财务报表时能够合理预计取得并应当加以考虑的可靠信息"，也不属于"前期财务报表批准报出时能够取得的可靠信息"，A公司在编制2×10年年度财务报表时无法取得或预计这一事项，该事项不属于前期差错，A公司2×09年至2×10年年度财务报告无须进行调整。

根据准则规定，A公司无须进行追溯调整，但应对此事项进行专项信息披露。同时，应将2×09年度、2×10年度应计提的库区基金计入2×11年一季度财务报告。

案例 10－03
固定资产预计净残值变更是否属于会计估计变更

一、案例背景

2×12 年 3 月，A 公司发布会计估计变更公告，将船舶预计净残值从 1,350 元/轻吨变更为 2,860 元/轻吨，变更后船舶的净残值自 2×12 年 1 月 1 日起执行。A 公司认为船舶净残值的变更属于会计估计变更，因此采用未来适用法进行会计处理，增加当年净利润约 5.96 亿元。

根据公开市场的价格信息，从 2×10 年初至 2×12 年初，由于铁矿石原料价格持续高涨等原因，国内重型废钢价格基本维持在 2,900 元/轻吨左右。两家 A 公司同行业上市公司均根据重型废钢价格变动情况，在 2×11 年 1 月 1 日发布会计估计变更公告，变更船舶预计净残值，并自变更日起采用未来适用法进行会计处理。

问题：A 公司对船舶净残值的变更是否属于会计估计变更？

二、会计准则及相关规定

《企业会计准则第 4 号——固定资产》第十九条规定："企业至少应当于每年年度终了，对固定资产的使用寿命、预计净残值和折旧方法进行复核。使用寿命预计数与原先估计数有差异的，应当调整固定资产使用寿命。预计净残值预计数与原先估计数有差异的，应当调整预计净残值。与固定资产有关的经济利益预期实现方式有重大改变的，应当改变固定资产折旧方法。固定资产使用寿命、预计净残值和折旧方法的改变应当作为会计估计变更。"

《企业会计准则第 28 号——会计政策、会计估计变更和差错更正》第八条规定："企业据以进行估计的基础发生了变化，或者由于取得新信息、积累更多经验以及后来的发展变化，可能需要对会计估计进行修订。会计估计变更的依据应当真实、可靠。会计估计变更，是指由于资产和负债的当前状况及预期经济利益和义务发生了变化，从而对资产和负债的账面价值或者资产的定期消耗金额进行调整。”

《企业会计准则第28号——会计政策、会计估计变更和差错更正》第十一条规定：“前期差错，是指由于没有运用或错误运用下列两种信息，而对前期财务报表造成省略或错报：（一）编报前期财务报表时预期能够取得并加以考虑的可靠信息；（二）前期财务报告批准报出时能够取得的可靠信息。”

《企业会计准则讲解（2010）》第二十九章“会计政策、会计估计变更和差错更正”指出：“企业应当严格区分会计估计变更和前期差错更正，对于前期根据当时信息、假设等作了合理估计，在当期按照新的信息、假设等需要对前期估计金额作出变更的，应当作为会计估计变更处理，不应作为前期差错更正处理。”

中国证监会发布的《关于做好上市公司2010年财务报告及相关工作的公告》（证监会公告〔2010〕37号）规定：“会计估计是企业对结果不确定的交易或事项以历史积累的和最近可利用的信息为基础所作的判断。会计估计所涉及的交易或事项均有内在的不确定性，进行会计估计的过程是一种集主、客观因素于一体的综合判断过程。因此，不能简单以对或错来评价会计估计，而应评价会计估计确定过程及其依据的合理性。上市公司在年报编制过程中，应合理区分会计估计变更和会计差错更正，并按照会计准则规定进行会计处理，不得利用会计估计变更和差错更正在不同会计期间操纵利润。”

《监管规则适用指引——会计类第1号》规定：“企业不应简单将会计估计与实际结果对比认定存在差错。如果企业前期作出会计估计时，未能合理使用报表编报时已经存在且能够取得的可靠信息，导致前期会计估计结果未恰当反映当时情况，则应属于前期差错，应当适用前期差错更正的会计处理方法；反之，如果企业前期的会计估计是以当时存在且预期能够取得的可靠信息为基础作出的，随后因资产和负债的当前状况及预期经济利益和义务发生了变化而变更会计估计的，则属于会计估计变更，应当适用会计估计变更的会计处理方法。”

三、案例解析

根据企业会计准则的相关规定，会计估计变更主要是因为赖以进行估计的基础发生变化，或者由于取得了新的信息、积累了更多的经验或后来的发展，可能不得不对会计估计进行修订。而会计估计发生前期差错主要是由于重大人为过失或舞弊等原因，未能合理使用前期财务报表编制时已经存在且能够取得的可靠信息，导致前期会计估计结果未能恰当反映当时的情况。从理论上讲，会计估计变更与前期差错更正存在明显的区别。但在实务中，因难以确定哪些是作出前期会计估计时已经存在且能够取得的可靠信息，企业往往容易混淆会计估计变更与由于会计估计错误导致的前期差错更正。区分两者的关键是判断前期作出的会计估计是否存在错误。如果企业在前期作出会计估计时，存在对前期能够取得的可靠信息（即编制前期财务报表时预期能够取得并加以考虑的可靠信息以及前期财务报表批准报出时能够取得的可靠信息）的忽略或不当使用的情形，则该会计估计就当时情况而言是不合理的，属于前期差错，应当适用前期差错更正的会计处理方法。如果企业前期的会计估计是以当时存在且能够获得的可靠信息为基础作出的，以后因资产和负债的当前状况及预期经济利益和义务发生了变化而变更会计估计的，则属于会计估计变更，应当适用会计估计变更的会计处理方法。

本案例中，A 公司按照预计废钢价格和船舶轻吨数估计船舶净残值，并在每个会计年度终了对船舶的使用寿命、预计净残值和折旧方法进行复核。根据案例内容，我们有理由认为 A 公司 2×10 年年度终了在复核船舶预计净残值时应当能够获得上述重型废钢价格变动以及同行业上市公司变更船舶预计净残值的信息，并根据这些信息对船舶预计净残值进行变更。但 A 公司 2×10年年度终了在复核船舶预计净残值时忽略了相关信息，由此导致 A 公司 2×11 年对船舶净残值的估计发生错误。

对于前期差错，企业应当根据其重要性判断该差错是否属于重要的前期差错，如果属于重要的前期差错且确定前期差错累计影响数切实可行，应当采用追溯重述法更正前期财务报表；反之，应调整发现当期与前期相同的相关项目。根据《企业会计准则讲解（2010）》第二十九章第四节，重要的前期差错是指足以影响财务报表使用者对企业财务状况、经营成果和现金流量作出正确判断的前期差错。A 公司上述因会计估计错误导致的前期差错是否属于重要的前期差错，需要根据 A 公司的实际情况作出判断，并进行相应的会计处理。

案例 10 – 04
会计估计变更的处理

由于企业经营活动中内在的不确定因素，许多财务报表项目不能准确计量，只能加以估计，估计过程涉及以最近可以得到的信息为基础所作的判断。但是，会计估计毕竟是就现有资料对未来所作的判断，随着时间的推移，如果赖以进行估计的基础发生变化，或者由于取得了新的信息、积累了更多的经验或后来的发展可能不得不对会计估计进行修订，企业对变更后的会计估计应当采用未来适用法。

某些情况下，企业在变更会计估计后，对于应该从何时开始采用变更后的估计存在疑问，尤其是当涉及固定资产折旧方法、固定资产使用寿命及应收款项坏账准备计提方法变更时。究其原因，一般有以下几种：

1. 报告年度内新增的一些资产，其特征与原资产有所不同，从而对新资产采用新的会计估计。

2. 报告年度内发生了某一事件，导致原赖以估计的基础发生变化。例如，一项新技术研发成功，使某类机器设备的预计使用寿命从 10 年延长至 15 年。

3. 随着信息和经验的积累，企业逐渐发现原来的方法已经不再适用或者不够准确。例如，企业在对应收款项组合按照信用风险特征计提坏账准备时，以前并未区分关联方和非关联方款项，都视为具有同样的信用风险特征，随着经验的积累，发现在其他条件（如账龄）相同的情况下，对关联方应收款项发生坏账的比例比非关联方要低很多，因此决定变更坏账准备的计提方法。

上述情况如属于会计估计变更，应从报告年度的期初、导致变更的事件发生日，还是从管理层批准会计估计变更的日期开始按照新的会计估计进行会计处理，实务中存在不同看法。

一、案例背景

A 公司是上市公司。2×12 年 4 月，A 公司发布公告称，经公司董事会审议通过“关于公司固定资产折旧年限会计估计变更的议案”，决定调整公司固定资产预计使用寿命。其中房屋建筑物预计使用寿命从原定的 20～30 年调整为 20～40 年。A 公司在公告中解释此项变更的原因为：A 公司2×11 年购置了一栋办公楼，该办公楼的预计使用寿命为 40 年。

问题：A 公司变更后的固定资产折旧年限应该从何时开始适用？

二、会计准则及相关规定

《企业会计准则第 28 号——会计政策、会计估计变更和差错更正》第八条规定：“会计估计变更，是指由于资产和负债的当前状况及预期未来经济利益和义务发生了变化，从而对资产或负债的账面价值或者资产的定期消耗金额进行的重估和调整。”第九条规定：“企业对会计估计变更应当采用未来适用法。会计估计变更仅影响变更当期的，其影响数应当在变更当期予以确认；既影响变更当期又影响未来期间的，其影响数应当在变更当期和未来期间予以确认。”

《国际财务会计准则第 8 号——会计政策、会计估计变更和差错》第 38 段规定：“对某项会计估计变更影响采用未来适用法确认，意味着该变更适用于自估计变更日开始的交易。”

三、案例解析

实务中，企业普遍清楚地认识到会计估计变更应采用未来适用法，但在执行过程中，具体应该从何时开始采用变更后的会计估计仍存在不一致性。针对背景信息汇总所介绍的三种情况，我们认为应该作出不同的判断。

1. 报告年度内新增的一些资产，其特征与原资产有所不同，从而对新资产采用新的会计估计。这种情况是对新资产采用新会计估计，严格来讲并没有变更原来的会计估计。因此，应该对新资产初始确认后就采用新的会计估计，并在财务报告披露中予以体现。

2. 报告年度内发生了某一事件，导致原来赖以估计的基础发生变化。如果仅仅是由某一事件导致的会计估计变更，那么变更后的会计估计应该从该事件发生的时候开始；如果该项会计估计变更需要得到企业管理层的批准，则还需要结合会计估计变更的客观原因与管理层主观判断因素来综合考虑适用时间。

3. 随着信息和经验的积累，企业逐渐发现原来的方法已经不再适用或者不够准确，从而需要进行变更。由于是随着信息和经验的积累才发现需要对会计估计进行变更，企业很难找到某一个确切的时间点来作为估计变更的适用时间。在这种情况下，需要管理层在客观信息的基础上进行更多的主观判断和决策，因此通常应该以管理层作出改变会计估计的决定之后开始适用。为方便实务操作，新会计估计最早可以自最近一期尚未公布的定期报告（如季报、半年报）开始使用，原则上不能追溯到更早会计期间。

本案例中，A公司原有房屋建筑物的预计使用寿命均为20—30年，而新增的办公楼预计使用寿命为40年。因此，需披露房屋建筑物的预计使用寿命为20～40年。这属于对新资产采用新的会计估计，并不是会计估计变更，应该从该办公楼达到预定可使用状态时按照40年计提折旧。

【相关案例】

（一）案例背景

A公司是上市公司，2×14年12月31日发布公告称，由于A公司2×14年10月对部分车间的机器设备进行调整，以提高生产效率和机器设备的使用率。调整完成后，部分机器设备的预计使用寿命发生改变。以X设备为例，设备从M车间调整至N车间，根据N车间的生产计划，预计X设备的利用率将大幅提高，从而其预计使用寿命从10年缩短到8年，剩余使用寿命从4年缩短到2年。因此，A公司董事会决定将该机器设备的预计使用寿命从10年调整为8年。

问题：A公司此项会计估计变更应该如何进行会计处理？

（二）案例解析

本案例中，由于X设备的使用方式发生了变化，导致其预计使用寿命缩短，属于某一特定事件导致的会计估计变更，应该从X设备转移到N车间使用（假定为2×14年10月1日）之后开始按照新的预计寿命计提折旧。

此外，假设X设备原值1,000万元，预计净残值为0，截至2×14年9月30日累计折旧600万元，净值400万元，在改变了估计使用寿命之后，X设备在2×14年第4季度需计提的折旧为50万元（400万/2年×3/12），即固定资产净值在调整后的剩余年限中按直线法计提折旧，不调整以前各期折旧，也不计算累计影响数。

案例10－05
差错更正的处理

一、案例背景

A公司（2×17年至2×18年连续两年亏损，被实行退市风险警示）持有B新能源汽车公司35.82%的股权，采用权益法核算。2×19年B公司发现其2×17年度和2×18年度的部分新能源汽车采购的关键零部件发票信息与推荐目录公告不一致。A公司年报称根据工信部有关规定，该部分新能源汽车无法申报新能源汽车国家补贴，因而不能在销售当期确认国家补贴收入。B公司对前期差错进行了更正，追溯调减2×17年度营业收入及应收账款17,924万元、2×18年度营业收入及应收账款17,281万元。A公司据此亦对前期会计差错进行更正，追溯调减2×17年度长期股权投资及投资收益6,824万元、2×18年度长期股权投资及投资收益6,579万元。经调整，A公司2×19年度盈利5,620.49万元。

问题：参股公司B公司进行前期差错更正、追溯调整以前年度财务报表，A公司据此追溯调整相关财务报表是否符合企业会计准则相关规定？

二、案例解析

根据《企业会计准则第 2 号——长期股权投资》（2014 年修订）相关规定，运用权益法进行核算时，投资方取得长期股权投资后，应当按照应享有或应分担的被投资单位实现的净损益和其他综合收益的份额，分别确认投资收益和其他综合收益，同时调整长期股权投资的账面价值。被投资单位采用的会计政策及会计期间与投资方不一致的，应当按照投资方的会计政策及会计期间对被投资单位的财务报表进行调整，并据以确认投资收益和其他综合收益等。

A 公司应对 B 公司的财务信息进行复核，当 B 公司存在前期差错时，A 公司应按照差错更正要求对前期财务报表进行更正调整。

第十一章 列报和披露

案例 11－01 会计科目的使用与财务报表的列报

《企业会计准则——应用指南》在附录部分，依据企业会计准则有关规定，对企业的各类交易或者事项所涉及的会计科目和主要账务处理进行了全面规范。企业在不违反会计准则中确认、计量和报告规定的前提下，可以根据企业的实际情况自行增设、分拆、合并会计科目。此外，财政部还发布了一般企业财务报表格式、合并财务报表格式等报表格式，其报表项目来自《企业会计准则——应用指南》附录中的主要科目，并按照这些科目常见的余额情况在报表中相应列示。

在实务中，一些上市公司教条地使用报表格式，简单地认为会计科目使用与财务报表列报科目应该完全一致，导致财务报表并未按照《企业会计准则——基本准则》的原则和《企业会计准则第 30 号——财务报表列报》（2014 年修订）的要求进行列报。

一、案例背景

A 公司为上市公司。该公司 2×18 年预付给供应商 1,000 万元用于进口某台机器设备。2×18 年 12 月 31 日，该机器设备尚未到货。A 公司查阅了《企业会计准则——应用指南》附录中的会计科目账务处理，注意到“1123 预付账款”中指出“企业进行在建工程预付的工程价款，也在本科目核算”。A 公司因此将该笔 1,000 万元的预付设备采购款在“预付账款”科目进行核算。在编制 2×18 年年度财务报表时，由于一般企业财务报表格式将“预付款项”作为一个单独的报表项目列示于流动资产，因此，A 公司将这 1,000 万元预付设备款包含在流动资产中的“预付款项”中进行列报。

问题：用于购建固定资产的预付款项在资产负债表中应该如何列报？

二、会计准则及相关规定

《企业会计准则——基本准则》规定："资产是指企业过去的交易或者事项形成的、由企业拥有或者控制的、预期会给企业带来经济利益的资源。""负债是指企业过去的交易或者事项形成的、预期会导致经济利益流出企业的现时义务。"

《企业会计准则第 30 号——财务报表列报》（2014 年修订）第十七条规定："资产满足下列条件之一的，应当归类为流动资产：

（一）预计在一个正常营业周期中变现、出售或耗用。

（二）主要为交易目的而持有。

（三）预计在资产负债表日起一年内变现。

（四）自资产负债表日起一年内，交换其他资产或清偿负债的能力不受限制的现金或现金等价物。"

《企业会计准则第 30 号——财务报表列报》（2014 年修订）第十九条规定："负债满足下列条件之一的，应当归类为流动负债：

（一）预计在一个正常营业周期中清偿。

（二）主要为交易目的而持有。

（三）自资产负债表日起一年内到期应予以清偿。

（四）企业无权自主地将清偿推迟至资产负债表日后一年以上。负债在其对手方选择的情况下可通过发行权益进行清偿的条款与负债的流动性划分无关。"

三、案例解析

首先，企业不能仅仅根据日常核算时所使用的会计科目来决定资产负债表中的列报。《企业会计准则——应用指南》的附录只是对企业的会计科目设置和日常会计核算提供指引。企业编制财务报表、确定资产分类时，应该结合实际情况，按照《企业会计准则第 30 号——财务报表列报》（2014 年修订）中关于资产/负债流动性分类的原则进行综合考虑。

其次，用于购建固定资产的预付款项应该列报为流动资产还是非流动资产的问题，实务中存在不同的观点。

一种观点认为，如何列报预付工程设备款应该取决于预付款结转为其所购买的资产的时间。如果预付款预计将在未来一年（或者一个营业周期）之内结转为其他资产，则预付款应作为流动资产列报，否则，应作为非流动资产列报。

另一种观点认为，判断预付款作为流动资产还是非流动资产列报应该依据该预付款所购买的标的资产的类别来决定。例如，为购买存货而支付的预付款应当列报为流动资产，而为购买固定资产而支付的预付款则应该列报为非流动资产。

根据《企业会计准则第 30 号——财务报表列报》（2014 年修订）的有关规定，预计在资产负债表日起一年内或一个正常营业周期中变现、出售或耗用的资产为流动资产。从预付账款的性质分析，企业显然不是为了出售或耗用的目的而持有预付账款，因此在考虑预付款项的分类时，应当重点分析其“变现”的时间。我们认为，这里的“变现”并不是指将该项资产处置后收回现金，而是指该项资产的经济利益的预期实现方式。因此，我们需要从预付账款所包含的经济利益的实现方式和时间来分析其在资产负债表中的分类。从预付账款的性质来看，预付账款是企业为了购买某项资产而预先支付的合同价款。通常情况下，企业为取得某项资产而支付预付款，在评价其经济利益时，并不会以该笔预付款是否成功地转化为其所购买的资产作为依据，而是会将其视为该项资产的一部分，分析该项资产的经济利益是否实现。例如，企业为购买存货或固定资产而支付一笔预付款，企业不会以该笔预付账款已经结转为存货或固定资产为由，认为预付账款经济利益已经实现，而是根据该款项所购买的存货的出售或耗用情况，或者所购买的固定资产的使用情况来判断该笔预付款项经济利益的实现情况。因此，预付账款经济利益的预期实现方式取决于其最终形成的资产的经济利益实现的时间及方式，在分析时不能将预付账款与其所购买的资产割裂开来。

此外，正常情况下，企业为购买长期资产而支付的预付账款不可能在短期内变现，而是会转化为一项非流动资产，企业在未来较长的时期内使用该项非流动资产并从中获利。在这种情况下，如果将预付账款分类为流动资产，则很可能会对报表使用者产生误导，使其对企业的流动性、短期偿债能力等作出错误的评价，进而影响报表使用者的经济决策。

因此，我们认为，为购建固定资产而预付的款项，日常会计核算时在“预付账款”科目反映，在期末编制财务报表时，应分类为非流动资产，列示于其他非流动资产中，并在附注中披露其性质。

公司应注意区分会计核算科目与报表列报项目的差异，原则上无论企业日常核算采用什么会计科目，在编制财务报表时，均应该按照《企业会计准则第30号——财务报表列报》（2014年修订）中关于流动性与非流动性的划分原则进行判断，合理确定相关项目在财务报表中的列报方式。

案例11－02
现金流量的分类

现金流量表反映了企业一定期间现金和现金等价物的流入和流出。根据企业业务活动的性质和现金流量的来源，将现金流量分为经营活动、投资活动和筹资活动的现金流量，有利于帮助财务报表使用者评价企业获取现金的能力并预测企业未来的现金流量，并且从现金流量的角度了解企业收益的质量，从而为分析和判断企业的财务前景提供有用信息。

《企业会计准则第31号——现金流量表》对于现金流量分类进行了系统规范。实务中，企业在编制现金流量表时，由于某些交易的性质较为特殊，可能导致不同企业对其所产生的现金流量的分类存在不同判断，不利于报表使用者对企业作出恰当的价值判断。

一、案例背景

A公司为上市公司，2×11年8月，A公司因销售商品取得6个月到期的银行承兑汇票1,000万元。为了加快资金回笼，A公司于2×11年12月31日将该票据贴现，取得现金995万元。

问题：A公司在编制2×11年度现金流量表时，因贴现银行承兑汇票而取得的现金995万元应该如何进行分类？

二、会计准则及相关规定

《企业会计准则第 31 号——现金流量表》第二条规定：“现金流量表，是指反映企业在一定会计期间现金和现金等价物流入和流出的报表。现金，是指企业库存现金以及可以随时用于支付的存款。现金等价物，是指企业持有的期限短、流动性强、易于转换为已知金额现金、价值变动风险很小的投资。”

《企业会计准则第 31 号——现金流量表》指出：“现金流量表应当分别经营活动、投资活动和筹资活动列报现金流量。其中，投资活动是指企业长期资产的购建和不包括在现金等价物范围内的投资及其处置活动，例如购建长期资产、对外投资、取得投资收益等；筹资活动是指导致企业资本及债务规模和构成发生变化的活动，例如吸收投资、取得借款、偿还债务和分配利润等；经营活动则是指企业投资活动和筹资活动以外的所有交易和事项，例如采购、销售商品、支付工资以及支付各项税费等。”

三、案例解析

根据现金流量表准则的有关要求，企业的业务活动按照其性质不同而被分类为经营活动、投资活动和筹资活动，不同业务活动产生的现金流量也依据其来源不同而被分类为经营活动现金流量、投资活动现金流量和筹资活动现金流量。企业在编制现金流量表时，应当首先根据现金流量表准则给出的原则区分产生该现金流量的业务活动的性质，进而确定现金流量的分类。

在本案例中，企业的应收票据一般是通过销售商品或提供劳务取得的，如果不提前贴现，而是持有至到期再进行承兑，其现金流入通常可认定为与经营活动有关的现金流量。然而，在票据到期之前，对于将其向银行贴现取得现金流量的分类，实务中一直存在不同的观点。

一种观点认为，票据贴现产生的现金流入应当作为筹资活动的现金流量，因为其实质是企业为了提前收回资金而向银行进行融资的行为。特别是在银行承兑汇票附有追索权，且在贴现时由于风险报酬没有转移而不符合终止确认条件的情况下，票据贴现通常会被视为企业以票据质押的方式向银行进行融资，相应取得的现金在资产负债表中会被确认为短期借款。根据《企业会计准则第31号——现金流量表》的有关规定，筹资活动是指导致企业资本及债务规模和构成发生变化的活动，取得借款属于企业的筹资活动，因此应收票据贴现取得的现金流量属于取得借款收到的现金，从而被分类为筹资活动的现金流量，这样的处理方式也能够使现金流量表与资产负债表的处理保持一致。

然而，如果按照上述逻辑将应收票据贴现产生的现金流量归类为筹资活动产生的现金流量，可能会产生两方面问题：

1. 和一般的筹资活动不同，该“借款”在“归还”时并不会产生现金流出，而是将短期借款和应收票据相互抵销。

2. 在企业大量使用商业汇票进行结算并贴现的情况下，其经营活动产生的现金流量将相对很少。

由于企业在编制现金流量表时不能对现金流量进行虚拟，因此上述两个问题很可能导致这样一个结果：每个会计期间，企业因销售商品确认的销售收入对应的现金（不考虑贴现息）虽然已经收回，但是在现金流量表中，因销售商品这一最重要的经营活动产生的现金流入却很少，而筹资活动的现金流入却很大，而且该筹资活动现金流入在未来不会有对应的现金流出。在这种情况下，现金流量表所表示的信息意味着该企业通过经营活动获取的现金流入的能力很差，日常经营所需的资金大部分需要通过筹资来实现，但这未必反映了企业经营模式的实质，也会使财务报表使用者在评价企业时产生误解。

基于上述考虑，实务中另一种观点认为，票据贴现产生的现金流入应当作为经营活动的现金流量，因为无论是票据到期收回现金还是向银行贴现而提前收回现金，该现金流量的产生都是源于企业销售商品的行为。销售商品是企业的经营活动，因此其产生的现金流量也应当分类为经营活动产生的现金流量。

这一列报方式能够避免上述第一种观点所导致的问题，但是也有其弊端。例如，如前所述，在贴现的票据不符合终止确认条件的情况下，因票据贴现取得的现金在资产负债表中会被确认为短期借款。此时，从报表之间相互钩稽的角度来看，如果在现金流量表中将其分类为经营活动产生的现金流量，则意味着把借款取得的现金分类为经营活动，显然与现金流量表的规定不符。另外，在某些情况下，如果企业确实因融资需求，而将持有的票据向银行贴现以取得现金，那么将票据贴现产生的现金全部作为经营活动的现金流量也没有反映该交易的经济实质。

综上所述，在应收票据贴现且不符合金融资产终止确认条件的情况下，贴现现金流作为筹资活动流入似乎更符合准则中筹资活动的定义；在应收票据贴现符合金融资产终止确认条件的情况下，相关现金流入作为经营活动流入更能够反映其经济实质，也更符合准则规定。

【相关案例】

如何在现金流量表中反映定期存单的质押与解除质押业务

（一）案例背景

A公司为上市公司。2×11年出于资金管理需要，公司将其持有的2,000万元定期存单进行质押，获取短期流动借款2,000万元，借款期限为两个月。借款到期后，相关定期存单依约解除质押。

问题：A公司在编制2×11年度现金流量表时，应如何反映上述定期存单的质押与解除质押业务？

（二）案例解析

首先要对定期存单的性质作出判断，即企业持有的定期存款本身是否存在限制、是否能够随时支取，这对于定期存单是否属于现金和现金等价物的判断有显著影响。如果定期存单存在上述限制则不应将其作为现金或现金等价物，在此情况下，无论是将定期存单质押或解除质押，并不会引起其性质的变化，也不会产生现金流量。但企业出于支付目的而持有的定期存款，如果可以随时支取且不存在限制，则其符合现金及现金等价物的定义。一旦将此类定期存款用于质押，由于后续不再能够随时用于支付，其性质将发生改变，不再满足被划分为现金及现金等价物的条件，将对企业现金流量产生影响。同理，相关定期存款的质押解除将使其重新符合企业会计准则对于现金及现金等价物的定义，其性质转变的同时将产生现金流量。

另外，在判断相关活动产生的现金流量的归属时，应根据企业所属行业的特点对相关活动的类型进行判断。例如金融行业通过定期存款质押获取短期借款的活动相关现金流量被分类为经营活动现金流量，而非金融企业则可能被分类为筹资活动现金流量。

案例 11－03
非经常性损益

2023 年，证监会修订发布了《公开发行证券的公司信息披露解释性公告第 1 号——非经常性损益（2023 年修订）》（证监会公告〔2023〕65 号，以下简称《1 号解释性公告》），本次修订旨在解决原有规定执行过程中存在的突出问题，并与市场发展情况以及有关法规和监管规则的变化相适应。

修订后的《1 号解释性公告》相较原规定，主要进行了四方面内容更新：一是新增三项非经常性损益判断原则，明确非经常性损益应基于交易和事项的经济性质、结合行业特点和业务模式、遵循重要性原则进行认定，为公司恰当披露非经常性损益信息提供指引。二是明确实际执行中存在争议的问题，如规定公司因经营活动不再持续，或因税收、会计等法律法规调整等而对当期损益产生的一次性影响，应计入非经常性损益，减少实务执行争议。三是完善政府补助、金融资产、股份支付相关非经常性损益列举项目，明确相关业务损益计入非经常性损益的标准，帮助投资者恰当评价公司持续经营能力，提升财务信息披露规则与当前资本市场环境、发展阶段之间的契合性。四是结合近年《企业会计准则》和监管规则修订情况，完善《1 号解释性公告》相关表述，在股份支付、交易价格显失公允的交易损益等列举项目上，与上市发行、退市环节有关要求保持一致。

在《1 号解释性公告》修订发布后，企业在认定非经常性损益时，应根据非经常性损益的定义，并结合三项非经常性损益判断原则进行综合分析，而不能机械式地将非经常性损益等同于《1 号解释性公告》中所列举的项目。

一、案例背景

近年来，新上市公司因募集资金产生的利息收入普遍较上市前有较大增长，并且对公司当年利润贡献也较大。公司财务费用中的利息收入来源有两个途径：一是银行存款，二是资金拆借。创业板对于新上市公司严格的监管杜绝了拆借资金的可能性，募集资金存款成为利息收入大涨的主要原因。由于对存量募集资金高风险投资的监管限制，新上市公司纷纷采用定期存款、协定存款和通知存款（以下简称定期存款）等形式予以存放，其目的是在合规前提下，获取尽可能高于活期存款利息的收益。募集资金定期存款利息为一些新上司公司带来了一笔“外快”收入。

问题：募集资金定期存款利息是否属于非经常性损益？

二、会计准则及相关规定

《公开发行证券的公司信息披露解释性公告第1号——非经常性损益（2023年修订）》规定：

“一、非经常性损益的定义

非经常性损益是指与公司正常经营业务无直接关系，以及虽与正常经营业务相关，但由于其性质特殊和偶发性，影响报表使用人对公司经营业绩和盈利能力作出正常判断的各项交易和事项产生的损益。

二、非经常性损益的界定，应以非经常性损益的定义为依据。在界定非经常性损益项目时，应遵循以下原则：

（一）非经常性损益的认定应基于交易和事项的经济性质判断；

（二）非经常性损益的认定应基于行业特点和业务模式判断；

（三）非经常性损益的认定应遵循重要性原则。

三、非经常性损益通常包括以下项目：

（一）非流动性资产处置损益，包括已计提资产减值准备的冲销部分；

（二）计入当期损益的政府补助，但与公司正常经营业务密切相关、符合国家政策规定、按照确定的标准享有、对公司损益产生持续影响的政府补助除外；

（三）除同公司正常经营业务相关的有效套期保值业务外，非金融企业持有金融资产和金融负债产生的公允价值变动损益以及处置金融资产和金融负债产生的损益；

（四）计入当期损益的对非金融企业收取的资金占用费；

（五）委托他人投资或管理资产的损益；

（六）对外委托贷款取得的损益；

（七）因不可抗力因素，如遭受自然灾害而产生的各项资产损失；

（八）单独进行减值测试的应收款项减值准备转回；

（九）企业取得子公司、联营企业及合营企业的投资成本小于取得投资时应享有被投资单位可辨认净资产公允价值产生的收益；

（十）同一控制下企业合并产生的子公司期初至合并日的当期净损益；

（十一）非货币性资产交换损益；

（十二）债务重组损益；

（十三）企业因相关经营活动不再持续而发生的一次性费用，如安置职工的支出等；

（十四）因税收、会计等法律、法规的调整对当期损益产生的一次性影响；

（十五）因取消、修改股权激励计划一次性确认的股份支付费用；

（十六）对于现金结算的股份支付，在可行权日之后，应付职工薪酬的公允价值变动产生的损益；

（十七）采用公允价值模式进行后续计量的投资性房地产公允价值变动产生的损益；

（十八）交易价格显失公允的交易产生的收益；

（十九）与公司正常经营业务无关的或有事项产生的损益；

（二十）受托经营取得的托管费收入；

（二十一）除上述各项之外的其他营业外收入和支出；

（二十二）其他符合非经常性损益定义的损益项目。”

三、案例解析

非经常性损益的界定，一方面必须考虑其定义中的三个要素，即“与正常经营业务的相关性”“性质特殊和偶发性”“体现公司正常的经营业绩和盈利能力”，同时还要根据三项判断原则在结合公司实际情况的基础上，参考列举的项目，综合进行判断。简单地把规则列举的项目认定为非经常性损益，或者把规则中未列举的项目认定为经常性损益都可能存在问题。规则允许并强调公司可以在考虑定义、列举项目和实际情况的基础上，把规则中列举项目认定为经常性损益，或者把规则中未列举项目认定为非经常性损益。如果公司把规则中列举项目认定为经常性损益的，应当在附注中披露规则中已列举但未被公司认定为非经常性损益项目的名称、金额及原因。如果公司把规则中未列举的项目认定为非经常性损益的，若金额不重大，应将其计入“其他符合非经常性损益定义的损益项目”列报，若金额重大，则应单列其项目名称和金额；同时，还应在附注中披露该项目名称、金额及原因。

在本案例中，单独从募集资金产生定期存款利息的性质来看，的确与上市公司日常经营活动无关，从募集资金利息的发生频率来看，也确实存在偶发性的特点。

但是，上市公司发行股份募集资金，本质上属于一种融资行为，一方面增加上市公司的资产，另一方面增加其股本和资本公积。在募集资金投入使用之前，以定期存款的方式产生利息收入，其收益率为定期存款利率；在募集资金被用于募投项目并投产之后，带来项目投资收益。两者只是资产以不同的形态存在从而带来不同的收益。而且，相比之下，定期存款的利率还很可能相对较低。

此外，从净资产收益率、每股收益等指标来看，在上市公司发行股份募集资金之后，作为分母的净资产账面价值与股份数都有所增加，如果将募集资金产生的存款利息收入从分子中扣除，反而会导致不匹配的结果。

综上所述，募集资金的利息在使用之前产生的定期存款利息不属于非经常性损益。

【相关案例之一】

增值税退税款是否属于非经常性损益

（一）案例背景

A 公司为上市公司，主营业务收入主要来自电子信息数据软件销售和服务。根据国家税务总局于 2011 年 10 月印发的《关于软件产品增值税政策的通知》（财税〔2011〕100 号）的相关规定，经国家有关税务部门审核批准，A 公司享受如下增值税优惠政策：销售自行开发生产的软件产品按 17% 的法定税率征收增值税后，对增值税实际税负超过 3% 的部分实行即征即退。A 公司已于报告期内收到 2×11 年软件产品增值税退税款 5,000 万元，作为政府补助计入 2×11 年营业外收入，作为经常性损益。

问题：A 公司收到的增值税退税款是否属于非经常性损益？

（二）案例解析

增值税退税是否属于非经常性损益，由于在非经常性损益的列举项目中，仅仅排除了“与公司正常经营业务密切相关、符合国家政策规定、按照确定的标准享有、对公司损益产生持续影响的政府补助”，所以这里判断的关键是：(1) 增值税退税是否与公司正常经营业务密切相关；(2) 是否属于按确定的标准享有、对公司损益产生持续影响的政府补助。

首先，是否与公司正常经营业务密切相关。由于A公司的主营业务就是软件销售，因此与软件销售相关的增值税退税与公司正常经营业务密切相关。

其次，是否属于按确定的标准享有、对公司损益产生持续影响的政府补助。非经常性损益判断标准侧重于此项政府补助是否属于国家持续的产业政策扶持，是否具有可持续性。A公司所收到的增值税退税与其主营业务密切相关、金额可确定（当期已经收到）且对公司损益产生持续影响，应该能够体现公司正常的经营业绩和盈利能力，因此应属于经常性损益。

【相关案例之二】

与取得政府补助直接相关的费用是否应计入非经常性损益

（一）案例背景

2×13年1月，A公司受邀参与国家某科研项目，国家因此给予A公司一定的补助，金额为100万元，用于补偿其以后发生的相关费用，假设符合政府补助定义，A公司将这100万元计入递延收益。2×13年，A公司因从事该科研项目的研发活动而发生相关费用120万元，计入当期损益。按照《企业会计准则第16号——政府补助》的相关规定，A公司将相关政府补助从递延收益转入当期损益（其他收益），并作为非经常性损益项目。A公司参与该科研项目所发生的相关费用仅为该项目的专项支出，如果A公司无须实施该项目，则不会发生上述费用。

问题：A公司因从事上述科研项目的研发活动而发生的相关费用120万元，是否应作为非经常性损益项目？

（二）案例解析

公司在判断某事项是否属于非经常性损益时，不仅需参考《公开发行证券的公司信息披露解释性公告第1号——非经常性损益》(2023年修订)

中所列举的示例，还应基于三项判断原则并结合该事项的具体情况，根据非经常性损益的定义作出判断。

据A公司介绍，该科研项目与A公司的日常经营活动无密切关系，其可能形成的研究成果也无法直接应用于A公司的日常经营活动中。

由于A公司所参与的该科研项目与其日常经营活动无密切关系，所发生的相关费用仅为该科研项目的专项支出，如果A公司无须实施该项目，则不会发生上述费用。因此，相关费用符合《公开发行证券的公司信息披露解释性公告第1号——非经常性损益》（2023年修订）中非经常性损益的定义，应作为非经常性损益项目。

此外，由于《公开发行证券的公司信息披露解释性公告第1号——非经常性损益》（2023年修订）中所列举的示例没有关于上述费用的专门项目，因此，企业应将其作为“其他符合非经常性损益定义的损益项目”，并根据相关规定在附注中单独作出说明。

【相关案例之三】

汇兑损失是否属于非经常性损益

（一）案例背景

A公司为上市公司，2×10年A公司为进口设备而发生了日元借款，该日元借款按照期末汇率折算产生汇兑损失400万元。A公司将其作为非经常性损益，理由是汇率变动与公司的经营业务无直接关系。

A公司年报显示，该公司取得的4年期日元借款年利率为4%，而同时取得的4年期人民币借款年利率为5.7%。

问题：A公司上述汇兑损失是否属于非经常性损益？

（二）案例解析

非经常性损益的定义为“与公司正常经营业务无直接关系，以及虽与正常经营业务相关，但由于其性质特殊和偶发性，影响报表使用人对公司经营业绩和盈利能力作出正常判断的各项交易和事项产生的损益”。

A公司因进口设备发生日元借款，属于公司正常经营过程中的固定资产投资和筹资行为，很难界定为与公司正常经营业务没有直接关系。此外，在理论上汇率波动源于两个国家的利率差。本案例中，A公司日元借款的年利率明显低于人民币借款，日元借款带来的利息费用也相应偏低，而汇率波动带来的汇兑损失在理论上和实际结果上都是对日元借款利息的调整，因此不能将二者剥离开来简单地因为日元借款汇兑损失的性质特殊就将其作为非经常性损益披露。

【相关案例之四】

资金占用费作为营业收入是否属于经常性损益

（一）案例背景

A公司为上市公司，根据A公司自身业务性质和营业执照范围，A公司属于非金融企业。A公司的子公司B的核心业务包含保理业务，即向客户提供一系列的销售融资、应收账款融资等综合金融服务。保理业务收入主要包括应收保理款的利息收入，实质上是向客户收取的资金占用费，一般按照融资规模的一定比例收取，因此保理服务费也作为与应收款项直接相关的费用。在B公司的财务报表中，B公司将保理业务收入作为营业收入列报。在A公司的合并财务报表中，A公司认定子公司B的保理业务属于集团日常经营活动的组成部分，也将保理业务收入列报为营业收入。

问题：非金融企业收取资金占用费作为营业收入，是否可以作为经常性损益？

（二）案例解析

公司在编制合并财务报表时，应当将整个企业集团视为一个会计主体，按照统一的会计政策，反映企业集团整体财务状况、经营成果和现金流量。然而，在界定非经常性损益项目时，对于企业集团内的损益项目应基于单独公司进行判断。

在对相关收入是否属于非经常性损益的判断过程中，上市公司自身的企业性质并不是决定性的判断因素，而仍应当从非经常性损益的定义出发，结合相关收入的具体情况进行分析和判断。同时，尽管在非经常性损益的规定中，举例提及“计入当期损益的对非金融企业收取的资金占用费”，但并不意味着资金占用费性质的收入必然属于非经常性损益，公司仍可以依据自身情况作出具体判断。

在本案例中，如果保理业务构成 A 集团子公司 B 的核心业务，且该业务并非临时性、偶发性的，则在 A 公司合并财务报表中，子公司 B 从事保理业务取得的收入，可以作为经常性损益列报。

【相关案例之五】

企业集团中关于非经常性损益的判断

（一）案例背景

A 公司是一家以生产制造为主业的上市公司。2×16 年，A 公司向独立第三方非金融企业提供银行委托贷款并按照市场利率收取资金占用费。在个别报表中，A 公司将相关资金占用费作为非经常性损益进行了披露。A 集团中包括一家持有金融牌照的子公司，可以提供贷款等金融服务，相关利息收入作为经常性损益进行披露。

问题：A 公司的资金占用费在合并报表中是否可以作为经常性损益？

（二）案例解析

根据证监会发布的《公开发行证券的公司信息披露解释性公告第 1 号——非经常性损益》（2023 年修订）中的定义，非经常性损益是指与公司正常经营业务无直接关系，以及虽然与正常经营业务相关，但由于其性质特殊和偶发性，影响报表使用人对公司经营业绩和盈利能力作出正常判断的各项交易和事项产生的损益。同时，《公开发行证券的公司信息披露解释性公告第 1 号——非经常性损益》（2023 年修订）提出了三项非经常性损益判断原则，并结合非经常性损益的定义，对常见的非经常性损益项目进行了列举，其中也包括本案例中对非金融企业收取资金占用费的情况。

企业在编制合并财务报表时，应当将整个企业集团视为一个会计主体，按照统一的会计政策，反映企业集团整体财务状况、经营成果和现金流量。然而，在进行非经常性损益的判断中，对于企业集团内的损益项目应基于单独公司进行。

在本案例中，子公司持有金融牌照从事常规性金融业务，收取的贷款利息等收入与其正常经营业务相关，可以作为经常性损益。从 A 公司自身业务性质来看，委托贷款业务与公司日常经营业务并无直接关系，应被划分为非经常性损益。在合并报表中，A 公司向非金融企业收取的资金占用费并不能因为合并范围内有子公司存在相关经营范围而被重新划分为经常性损益。

【相关案例之六】

在等待期内分期确认的股权激励费用是否为非经常性损益

（一）案例背景

A 公司为上市公司。2×16 年 A 公司通过并实施了股权激励计划，设置了等待期。根据企业会计准则关于股份支付的规定，A 公司将当期取得的服务计入成本或费用，在年报披露中，相关费用被披露为非经常性损益。

问题：A 公司在等待期内分期确认的股权激励费用确认为非经常性损益是否合理？

（二）案例解析

对于很多实施股权激励的公司而言，从其历史来看，公司并没有推出过类似计划；另外，由于单项股权激励计划涵盖一定期间，未来公司可能也不会频繁推出类似激励计划。由于上述原因，实务中有些公司认为股权激励计划具有一定的偶发性并且性质也具有一定的特殊性，将相关费用确认为非经常性损益。

虽然在支付对价的方式上，股权激励计划是以股权工具或基于股权工具而确定的金额支付，与常见的工资、奖金等职工薪酬的形式存在差异。但是，无论是职工薪酬还是股权激励都仅是为了同一目的而采取的不同形式，根本上还是企业为获取职工服务而支付的对价，是与企业人工相关的费用。企业雇佣员工产生相应人工费用属于企业正常经营所必需的，并不符合非经常性损益的定义。因此，不应因股权激励采取的对价形式而将相关费用作为非经常性损益。

【相关案例之七】

商誉减值是否属于非经常性损益

（一）案例背景

A公司以2×13年6月30日为收购基准日，非同一控制下收购标的公司80%股权，转让款分两期支付，A公司以现金支付了第一期价款，第二期股权转让价款的金额根据未来盈利状况确定的最终交易总金额计算。并购日，公司基于对标的公司未来业绩的预测，确认了第二期股权应付款。由于标的公司2×13年和2×14年利润未达到承诺，第二期股权转让价款无须支付。2×14年年末A公司将第二期股权应付款结转至损益，此外计提了商誉减值准备。

问题：因重组标的业绩未达承诺计提的商誉减值是否属于非经常性损益？

（二）案例解析

并购重组实务中，交易标的出售方一般会对交易完成后交易标的在一定期间的利润作出承诺。在标的资产未按预期实现承诺利润时，出售方会以股份或现金方式给予上市公司补偿。由于补偿仅针对并购重组交易完成后的特定期间，正常经营情况下，企业取得业绩补偿款不具有持续性，根据《公开发行证券的公司信息披露解释性公告第1号——非经常性损益》（2023年修订）的规定应确认为非经常性损益。同时，因并购重组产生的商誉，其减值与企业的其他长期资产（例如固定资产、无形资产等）减值性质相同，属于企业日常经营活动产生，应作为企业的经常性损益。

【相关案例之八】

房地产企业出售项目公司股权是否构成非经常性损益

（一）案例背景

A地产公司（以下简称A公司）于2×17年发生了以下两项交易：

交易一：2×17年3月3日与B信托公司（以下简称B信托）签署股权转让协议，将全资子公司C公司100%的股权转让给B信托公司。C公司的主要资产为持有D公司65%的股权并拥有实际控制权。D公司主要资产为北京某商业大厦，其中部分出租部分自用（合并报表层面，自用部分作为固定资产和无形资产核算，出租部分作为投资性房地产核算）。A公司与B信托公司于2×17年7月3日完成C公司100%股权交割。A公司出售C公司100%股权形成投资收益2.03亿元。A公司把与商业大厦项目中自用部分的固定资产及无形资产相关的股权投资收益金额0.26亿元作为非经常性损益列示，将与出租部分的投资性房地产（以公允价值计量）科目相关的股权处置损益1.77亿元作为经常性损益列示。

交易二：2×17年5月15日，A公司与甲公司签订股权转让协议，将其所持乙公司的100%股权转让给甲公司。乙公司主要资产为天津市某住宅项目100%权益，该项目包含M和B两地块。M地块一期已基本售罄，M地块二期已经取得土地使用权证，尚未开始建设。B地块已经取得土地使用权证、工程规划许可证和施工许可证，但自2×13年停工至今。本次股权出售于2×17年8月15日完成交割，A公司获得投资收益3.06亿元。A公司将出售乙公司100%股权取得的投资收益3.06亿元作为经常性损益列示。

问题：A公司对于上述交易产生的损益是否属于非经常性损益？

（二）案例解析

房地产企业以转让子公司股权的形式转让一项物业资产时，在个别财务报表层面，相关处置损益会体现为股权处置损益，在投资收益中反映，该投资收益是作为经常性还是非经常性损益项目，目前实务中有两种处理观点：

观点一：由于处置的是项目公司股权，属于《公开发行证券的公司信息披露解释性公告第1号——非经常性损益》（2023年修订）所列举的非经常性损益项目的“非流动性资产处置损益”，因此应当作为非经常性损益。

观点二：不能简单地认为，只要处置公司股权，相关损益就一概列为非经常性损益，而应视具体案例结合非经常性损益定义具体分析。就房地产行业而言，出于税收或者其他一些因素的考虑，通过转让股权的方式实现对房地产存货或物业资产的转让，在实务中也很常见。公司应穿透该股权形式，根据项目公司所开发基础资产的性质和类别，分析该项转让是否与公司常规业务相同。通常而言，基础资产在合并财务报表可能的资产类别包括存货（原材料、半成品和产成品）、固定资产/无形资产、投资性房地产。如果公司常规业务是房地产项目开发完成后出售，则通过转让股权方式把一项待开发的土地使用权和部分开发成本一次性出售所取得的投资收益，应当作为非经常性损益。这与处置固定资产或者投资性房地产等长期资产适用的判断类似。但是，如果转让股权所对应的基础资产实质上是已开发完成的房屋存货，并且出售开发完的房屋属于公司的常规业务，则股权处置损益应列为经常性损益，公司应提供充足的证据（例如近些年出售类似项目子公司股权的频率足够高、金额足够大）证明其为常规业务，且出售项目公司股权为该公司的正常盈利模式，此情况下可作为经常性损益。

上述观点二更符合《公开发行证券的公司信息披露解释性公告第1号——非经常性损益》（2023年修订）设立的原则。

【相关案例之九】

重组费用（如中介机构服务费）能否作为非经常性损益

（一）案例背景

T公司拟向某企业发行股份购买资产实施重大资产重组。T公司委托一家会计师事务所对重组期间的财务报表进行审计，委托一家证券公司作为本次重组的独立财务顾问。

问题：券商、会计师等中介机构服务费能否作为非经常性损益？

（二）案例解析

《公开发行证券的公司信息披露解释性公告第1号——非经常性损益》（2023年修订）并未就该类费用支出的认定进行简单列举，企业需紧密围绕非经常性损益的定义，基于三项判断原则来考虑该项损益与企业的正常经营业务有无直接关系。

并购重组是企业的正常经营活动，涉及的资产也属于经营性资产，券商、会计师等中介机构的费用是发生此类交易的必要合理支出，列为经常性损益项目更为合适。

【相关案例之十】

低价取得商住地块处置收益能否认定为经常性损益

（一）案例背景

甲公司系公路港基础设施及公路物流平台运营商，致力于打造包括全国化城市物流中心、智能化系统、支付平台三大基础设施在内的覆盖全国、互联互通的中国物流供应链服务平台。目前甲公司在全国各地投资运营和在建的公路港已达56个，另有数十个项目仍在洽谈中。各地公路港项目中有47个项目的盈利中包含“配套低价商住地块项目的补助收益”，是指当地政府为了吸引公路港项目在当地投资建设而以低于市场价给予的配套商住地块的开发收益。出于主业聚焦与专业定位，甲公司一般会将商住地块项目引入专业地产商进行项目合作，以合作开发、股权转让等形式实现项目收益。会计处理上作为股权转让投资收益等处理。

近年来，地方财政在对公路港项目进行补贴时，地方政府较多采用低价转让配套商住地块的形式。因此，甲公司在2×19年度因转让低价取得的商住地块的收益较以前年度有显著增加。2×17年度、2×18年度和2×19年度，基于上述商业模式甲公司实现（或预计实现）的商住地补贴收益情况如表11－1所示。

表11－1　甲公司实现（或预计实现）的商住地补贴收益　单位：万元

盈利来源	报表项目	明细项目	2×17年度	2×18年度	2×19年度
商住地补贴	营业收入、成本	合作开发收入、成本[1]	15,869.82	10,393.77	928.30
	投资收益	股权转让收益[2]	146.80	-	43,337.11
	合计		16,016.62	10,393.77	44,265.41

注：①在以往年度作为经常性损益列报（公司正常经营业务）

②在以往年度作为非经常性损益列报

（二）案例解析

根据《企业会计准则第16号——政府补助》准则规定，与企业日常活动相关的政府补助，应当按照经济业务实质，计入其他收益或冲减相关成本费用。与企业日常活动无关的政府补助，应当计入营业外收支。2018年2月22日，财政部发布了《关于政府补助准则有关问题的解读》，对日常活动予以界定。该解读指出，通常情况下，若政府补助补偿的成本费用是营业利润之中的项目，或该补助与日常销售等经营行为密切相关（如增值税即征即退等），则认为该政府补助与日常活动相关，并同时明确“其他收益”科目核算总额法下与日常活动相关的政府补助以及其他与日常活动相关且应直接计入该科目的项目。政府补助准则的修订表明企业的日常活动是个比较宽泛的概念，且与之相关的政府补助也从营业外利润移至营业利润中列示，即计入其他收益。

《公开发行证券的公司信息披露解释性公告第1号——非经常性损益》（2023年修订）将计入当期损益的政府补助认定为非经常性损益，但与公司正常经营业务密切相关、符合国家政策规定、按照确定的标准享有、对公司损益产生持续影响的政府补助除外。如果企业选择按净额法对政府补助进行会计处理，政府补助对净利润的影响将分布在成本费用等科目，给计算非经常性损益带来较大的难度。我们认为，在现阶段实务操作中，如果计入当期损益的政府补助与公司正常经营活动相关且是公司商业盈利模式的一部分，则可认定为经常性损益。

在本案例中，公司到目前为止共投资建设的56个公路港项目中，共有47个项目获得了配套商住地块补助收益，则表明该类投资是公司的正常经营活动。而商业盈利模式应结合公司在投资时的可行性分析报告进行分析，如果配套商住地块补助收益是公司的公路港投资盈利模式的重要组成部分，其有无、多寡，是影响投资决策的主要决定性因素，则表明该类政府补助是公司商业盈利模式的一部分，可认定为经常性损益，否则应认定为非经常性损益。

【相关案例之十一】

递延所得税计提比例调整是否属于非经常性损益

（一）案例背景

X 公司在 2×16 年至 2×18 年期间被认定为高新技术企业，执行的所得税税率为 15%。公司高新技术企业认定证书在 2×19 年 10 月到期后再次申报尚未获得认定，因此，公司在 2×19 年年报中执行的所得税税率为 25%。

2×18 年末，X 公司因资产减值和未实现的内部交易所形成的可抵扣暂时性差异余额为 40,965,212.02 元，按 15% 税率确认递延所得税资产 6,144,781.80 元。2×19 年末，因资产减值和未实现的内部交易所形成的可抵扣暂时性差异余额为 41,094,831.31 元，按 25% 税率确认的递延所得税资产为 10,273,707.83 元，为此，公司 2×19 年度确认的递延所得税费用为 -4,128,926.03元。

问题：针对所得税税率变动导致的递延所得税费用变动金额，X 公司是否应将其作为“根据税收、会计等法律、法规的要求对当期损益进行一次性调整对当期损益的影响”项目列入非经常性损益？

（二）案例解析

根据《企业会计准则第 18 号——所得税》的规定，确认递延所得税资产时，应当以预期收回该资产期间的适用所得税税率为基础计算确定。

公司应结合导致高新资质发生变化的事项性质进行判断，若高新资质的变化属于因国家高新政策调整使得公司不满足相应要求、未来期间适用 25% 所得税税率的，公司应比照“因税收、会计等法律、法规的调整对当期损益产生的一次性影响”，将一次性调整部分金额作为非经常性损益；若属于公司自身生产经营变化导致不再满足国家高新政策的，公司不应将递延所得税资产的调整变化金额列报为非经常性损益。

同时，公司在各个年度确认递延所得税资产时，应根据未来可获得的应纳税所得额，合理考虑可抵扣暂时性差异未来转回时的适用税率，不应简单将相关差异金额在不满足高新技术企业要求的年度时进行一次性调整（即确认递延所得税资产时应考虑可抵扣暂时性差异转回的时间及适用的税率情况）。

第十二章
合并财务报表

合并财务报表，是指反映母公司和其全部子公司形成的企业集团整体财务状况、经营成果和现金流量的财务报表。合并财务报表的合并范围应当以控制为基础加以确定。一般情况下，当投资方直接或者间接享有被投资单位半数以上的表决权时，通常表明该投资方能够控制被投资单位，应当将该被投资单位认定为子公司，纳入合并财务报表的合并范围。然而，实务中往往也存在控制权不太明确而需要综合考虑的情况。因此，在具体应用控制标准确定合并范围时，应当着重强调实质重于形式，综合考虑所有相关因素进行判断，例如被投资单位各个投资者的相对持股情况、投资者之间的相互关系、公司治理结构、各投资者对被投资单位的权力及承担的风险和收益大小、日常经营管理特点等因素，需要较多的专业判断。此外，合并财务报表编制中关于抵销分录的编制、特殊事项调整、丧失子公司控制权的处理，以及少数股权的列报等，实务中也存在对准则理解的偏差、具体处理不一致的问题。

案例 12－01
涉及委托经营管理时合并范围的确定

一、案例背景

A 公司为上市公司，B 公司原为国有企业，当地国资委于 2×11 年与 C 公司签订协议，将 B 公司主要房屋、建筑物和机器设备等资产确定为实收资本，注册成立 D 公司并委托 C 公司在授权范围内组织日常生产经营和管理活动，但 D 公司的相关活动仍需要得到委托方，即当地国资委的批准。C 公司对D公司的经营权为10年，从2×11年11月开始计算。D公司生产经营产生的利润或亏损，由C公司享有或承担40%，B公司享有或承担60%。B公司投入的注册资本完全由B公司享有，C公司不享有该部分资产的产权。

经有关部门批准，A公司与C公司签订协议，A公司吸收合并C公司。吸收合并后，A公司未对D公司进行投资，但通过C公司与D公司的原协议持有D公司40%的收益权，而D公司的产权仍由B公司及当地国资委管理。

2×14年12月，A公司与当地国资委签订《产权转让合同》，受让D公司全部产权，包括由当地国资委持有的D公司终极产权，以及当地国资委享有的D公司60%收益权和C公司享有的D公司40%收益权。对于D公司账面净资产与A公司投资成本之间的差额，A公司认为：C公司原组织、管理、控制D公司的生产经营，C公司对D公司形成控制。在A公司吸收合并C公司后继承了原C公司享有的对D公司的经营权和40%收益权，因此，A公司对D公司形成控制。A公司可以比照购买子公司其他股东持有的股权的核算原则，将上述差异冲减合并报表的资本公积。

问题：A公司的上述会计处理是否正确？

二、会计准则及相关规定

《企业会计准则第33号——合并财务报表》（2014年修订）第七条对“控制”的定义如下：“控制是指投资方拥有对被投资方的权力，通过参与被投资方的相关活动而享有可变回报，并且有能力运用对被投资方的权力影响其回报金额。”

《企业会计准则第33号——合并财务报表》（2014年修订）第十三条与第十四条进一步对表决权比例超过半数和未超过半数的情形作出了原则性规定：

“第十三条 除非有确凿证据表明其不能主导被投资方相关活动，下列情况，表明投资方对被投资方拥有权力：

（一）投资方持有被投资方半数以上的表决权的。

（二）投资方持有被投资方半数或以下的表决权，但通过与其他表决权持有人之间的协议能够控制半数以上表决权的。

第十四条 投资方持有被投资方半数或以下的表决权，但综合考虑下列事实和情况后，判断投资方持有的表决权足以使其目前有能力主导被投资方相关活动的，视为投资方对被投资方拥有权力：

（一）投资方持有的表决权相对于其他投资方持有的表决权份额的大小，以及其他投资方持有表决权的分散程度。

（二）投资方和其他投资方持有的被投资方的潜在表决权，如可转换公司债券、可执行认股权证等。

（三）其他合同安排产生的权利。

（四）被投资方以往的表决权行使情况等其他相关事实和情况。”

《企业会计准则第33号——合并财务报表》（2014年修订）第十八条、第十九条引入了关于拥有决策权的投资者是委托人还是代理人的判断指引：

“第十八条　投资方在判断是否控制被投资方时，应当确定其自身是以主要责任人还是代理人的身份行使决策权，在其他方拥有决策权的情况下，还需要确定其他方是否以其代理人的身份代为行使决策权。

代理人仅代表主要责任人行使决策权，不控制被投资方。投资方将被投资方相关活动的决策权委托给代理人的，应当将该决策权视为自身直接持有。

第十九条　在确定决策者是否为代理人时，应当综合考虑该决策者与被投资方以及其他投资方之间的关系。

（一）存在单独一方拥有实质性权利可以无条件罢免决策者的，该决策者为代理人。

（二）除（一）以外的情况下，应当综合考虑决策者对被投资方的决策权范围、其他方享有的实质性权利、决策者的薪酬水平、决策者因持有被投资方中的其他权益所承担可变回报的风险等相关因素进行判断。”

《企业会计准则第33号——合并财务报表（应用指南）》（2014年修订）对控制关系中的“委托人”和“代理人”给出了进一步的指引：“代理人是相对于主要责任人而言的，代表主要责任人行动并服务于该主要责任人的利益。主要责任人可能将其对被投资方的某些或全部决策权授予代理人，但在代理人代表主要责任人行使决策权时，代理人并不对被投资方拥有控制。主要责任人的权力有时可以通过代理人根据主要责任人的利益持有并行使，但权力行使人不会仅仅因为其他方能从其行权中获益而成为代理人。在判断控制时，代理人的决策权应被视为由主要责任人直接持有，权力属于主要责任人而非代理人，因此，投资方应当将授予代理人的决策权视为自己直接持有的决策权，即使被投资方有多个投资方且其中两个或两个以上投资方有代理人。”

三、案例解析

控制是指投资方拥有对被投资方的权力，通过参与被投资方的相关活动而享有可变回报，并且有能力运用对被投资方的权力影响其回报金额。从这个定义可以看出其核心要素包含以下三个部分：

1. 投资方拥有对被投资方的权力。投资方享有现时权利使其目前有能力主导被投资方的相关活动，而不论其是否实际行使该权利，视为投资方拥有对被投资方的权力。

2. 投资方对被投资方享有可变回报。投资方自被投资方取得的回报可能会随着被投资方业绩变动而变动的，视为享有可变回报。投资方应当基于合同安排的实质而非回报的法律形式对回报的可变性进行评价。

3. 投资方有能力运用对被投资方的权力影响其回报金额。关于控制的内容，实务中存在一定的困惑，投资者需要对所有事项都有决定权还是仅仅对部分事项拥有决定权即可判断为存在控制，究竟哪些决策属于“财务和经营政策”的范畴。投资方应当在综合考虑所有相关事实和情况的基础上对是否控制被投资方进行判断。一旦相关事实和情况的变化导致对控制定义所涉及的相关要素发生变化的，投资方应当进行重新评估。相关事实和情况主要包括：（1）被投资方的设立目的；（2）被投资方的相关活动以及如何对相关活动作出决策；（3）投资方享有的权利是否使其目前有能力主导被投资方的相关活动；（4）投资方是否通过参与被投资方的相关活动而享有可变回报；（5）投资方是否有能力运用对被投资方的权力影响其回报金额；（6）投资方与其他方的关系。在判断是否存在控制时，应首先判断投资方是否拥有对被投资方的权力，而在判断是否拥有权力时，应当仅考虑与被投资方相关的实质性权利，不考虑保护性权利。所谓实质性权利，是指持有人在对相关活动进行决策时有实际能力行使的可执行权利；而保护性权利，是指仅为了保护权利持有人利益却没有赋予持有人对相关活动决策权的一项权利。若投资方仅享有保护性权利，则投资方不拥有对被投资方的权力。一般来讲，保护性权利是指出于保护全部或部分投资者（尤其是小股东）利益的目的，对于与公司正常经营活动无关，或者因为其金额非常重大、性质非常特殊等原因，会严重影响公司正常业务的决策，适用更为谨慎的决策程序（如需全体股东表决通过等）。下面这些决议内容很可能属于保护性权利：对公司增加或者减少注册资本作出决议；对发行公司债券作出决议；对公司合并、分立、变更公司形式、解散和清算等事项作出决议；修改公司章程等。

另外，实质性权利强调的是持有人在对相关活动进行决策时有实际能力行使的可执行权利，而不论其是否实际行使该权利。有的情况下，投资者可能主导被投资方相关活动的决策，但并非直接管理与运营这些相关活动，而将决策的执行委托给管理层或者其他代理人。例如某些承包经营的安排中，受托方根据委托方确定的相关活动决策，只负责所承包企业的日常经营活动；又如，一些酒店的业主会与酒店管理公司签订合约，将酒店的日常经营活动交给酒店管理公司去经营，业主对酒店的经营方针、规划、年度预算等拥有决策权，业主支付给酒店管理公司的管理费与酒店的经营业绩挂钩。在这些情况下，酒店管理公司很可能是以“代理人”的身份去执行委托人制定的政策。

在实务中还需要注意区分持股比例和表决权比例，尤其是在某些企业类型中，表决权比例与持股比例通常是不一致的，例如，有限合伙企业中，经常可以看到这样的情形，普通合伙人的出资比例很低，但普通合伙人是执行合伙人，根据合伙协议的约定对合伙企业事务具有控制权；又如，中外合资经营企业中，董事会是最高权力机构，投资者的表决权体现为他们在董事会的席位，有可能与投资者的出资比例不相等。

即使在表决权比例超过半数的情况下，也不能直接判断有控制权，实务中存在这样的情形：投资者在被投资单位的表决权比例超过半数，但是被投资单位的一部分重要财务或经营政策需要2/3或者全部表决一致才能通过。这种情形之下，投资者对被投资单位仍然没有控制权。

控制的判断是一个较为复杂的问题，以上分析也不能涵盖所有的方面，但总的来说，都需要紧扣“控制”定义的核心要素，结合被投资单位的法律形式、投资合同、章程、董事会设置等方面综合考虑。

在本案例中，A公司吸收合并C公司后，继承了C公司2×11年与当地国资委签订协议中约定的相关的权利和义务，即由A公司组织D公司生产经营、管理控制，A公司按照40%的比例享有或承担D公司生产经营产生的利润或亏损。因此，控制权判断的关键在于分析A公司（吸收合并前的C公司）对D公司的经营和管理是以主要责任人身份还是代理人身份进行。

在本案例中，A 公司（吸收合并前的 C 公司）仅仅能在授权范围内组织日常生产经营和管理活动，重大的财务和经营决策仍需要得到当地国资委的批准，更重要的是国资委可以单独罢免 A 公司（吸收合并前的 C 公司）对 D 公司的经营管理权，可见其经营管理权在实质上仍受到较大的限制和制约，只是承担代理人的角色。

另一方面，根据案例背景，从“当地国资委于 2×11 年与 C 公司签订协议”看，“B 公司投入的注册资本完全由 B 公司享有，C 公司不享有该部分资产的产权”，“A 公司吸收合并 C 公司后，未对 D 公司进行投资，仍通过原协议持有 D 公司 40% 收益权，而 D 公司的终极产权由当地国资委管理”。据此，我们认为，A 公司实质上也并不享有 D 公司的财产权和剩余收益权，这部分权益由委托人，即当地国资委享有。

综上所述，就经济实质而言，A 公司（吸收合并前的 C 公司）实际上是受托进行日常经营管理活动，代表国资委对 D 公司的生产经营进行管理，即 A 公司并不能控制 D 公司。

在 A 公司与当地国资委签订《产权转让合同》，受让 D 公司全部产权和剩余收益权后，D 公司才成为 A 公司的全资子公司，A 公司应从此时起将 D 公司纳入合并范围，并按照非同一控制下的企业合并进行相关会计处理。

【相关案例之一】

（一）案例背景

为尽快扭亏，A 公司 2×16 年与其控股股东 B 集团签订托管经营协议，由 B 集团将其旗下三家盈利的单位托管给 A 公司经营。托管协议主要条款为：

1. 托管范围：上述三家单位的整体经营权，包括上述三家单位资产、经营、投资、管理等经营活动事项。但未经 B 集团同意，A 公司不得处置标的公司的重大资产。

2. 托管期限：2×16 年 1 月 1 日至 2×18 年 12 月 31 日。在托管期届满后，双方可协商是否延长，协商一致同意延长的，双方应续签托管经营协议。

3. 损益归属：托管期内，托管资产范围内矿产、股权、土地、房产、设备等资产的法律权属关系不发生变化。上述三家单位在经营过程中产生的盈利或亏损均由A公司享受或承担，托管期内A公司进行的大修、改造、改扩建等项目投资形成的固定资产，产权归A公司所有，解除协议时由B集团按法定程序购买该项资产。

4. 托管费用：托管费用采用固定费率，标准为各单位税后利润的5%，按年计算和支付，并且为支持A公司发展，自2×16年起两年内免除A公司的托管费。

问题：A公司是否应将B公司纳入2×16年度合并范围？

（二）案例解析

合并财务报表的合并范围应当以控制为基础予以确定。委托、受托经营业务中，是否将标的公司纳入合并报表范围，应根据《企业会计准则第33号——合并财务报表》（2014年修订）关于控制的定义和原则，基于标的公司权力和可变回报相关的所有事实和情况进行判断。一般情况下，除非有明确证据表明控制权确实发生了转移，上市公司不能通过委托或受托经营协议改变合并范围。

在本案例中，A公司接受其控股股东B集团委托，受托管理B集团旗下三家单位，A公司是否可将受托标的纳入合并报表范围，应进行如下分析判断：

第一，关于对标的公司是否拥有权力的判断。由于标的公司是持续经营的正常公司，影响该公司可变回报的相关活动一般包括企业的生产经营管理、投资管理、资产的管理与处置等。在判断是否对标的公司拥有权力时，除日常生产经营管理活动相关的权力外，还应当考虑是否拥有主导对公司价值产生重大影响的其他决策事项的权力。

在本案例中，委托期限为3年，如延长需A公司与受托方协商一致，表明委托方或双方并无长期保持委托关系的意图，受托方仅能在较短或不确定的期间内对标的公司施加影响；同时也表明A公司并无权限单独决定其受托管理期限，不能自主决定其退出的时点；而且在受托期间未经委托方同意，A公司不得处置标的公司的重大资产，表明其通过资产的优化配置获得可变回报的权利受到限制。综上所述，并不能认为A公司对标的公司拥有权力。此外，某些委托经营合同中约定合同任何一方可以随时终止委托经营合同，在此情况下也表明受托方并不享有对标的公司的实质性权利。

在实务中，还应着重分析A公司是否能从实质上享有对被委托单位相关活动的权力，如是否存在证据表明，其能够自主决定标的公司董事会等类似权力机构成员的任命、关键管理人员的任命以及被投资方的重大交易等重大事项；托管期间，受托单位能否以及如何全面、独立负责标的资产的生产、经营、投资、管理以及处置等经济活动，尤其在委托方是受托方控股股东的情况下，应评价其享有该类经营管理活动是作为主要责任人还是代理人身份。

第二，关于享有可变回报的分析。标的公司获得的可变回报，不仅包括基于受托经营期间损益分配分享的回报，还应考虑因公司整体价值变动所分享和承担的报酬和风险。本案例中，委托经营协议虽然约定委托期间标的公司损益的绝大比例由A公司享有或承担，但其并不享有标的公司的整体价值：一方面，委托经营期限仅为3年，受托期间的可变回报相对于标的公司整体价值而言可能并不重大；另一方面，在受托退出时点，A公司并不享有受托单位的整体价值变动带来的可变回报，换言之，其并不承担或享有受托单位内在价值或市场价值的变化。

综上所述，A公司并不能因受托经营而拥有主导标的公司相关活动的权力，也不享有标的公司的重大可变回报及其可变动性，不应将受托管理的标的公司纳入其合并财务报表范围。

此外，实务中还应关注委托经营的商业目的和经济实质，如相较于委托方，受托方是否存在对被托管单位的管理或技术上的优势或经验，托管费用定价是否公允等。在该案例中，A公司受托经营并非出于其具有管理或技术上的优势和经验，而是为实现尽快扭亏为盈，其是否能对标的公司具有实质性权利存疑。该委托经营交易发生在受托方与其控股股东之间，实务中还应根据对该项委托经营的实质判断其是否构成与控股股东之间的一项权益性交易。

【相关案例之二】

（一）案例背景

A公司在2×15年12月30日与C公司签订了“承包经营合同”，将全资子公司B公司的整体经营权承包给C公司。B公司为生产制造型企业。合同主要条款如下：

承包期限：自接管日算起，至当年12月31日及其后连续5个自然年度。合同期满A公司收回B公司经营权。经A公司股东大会通过可以将B公司继续对外承包，承包费用和期限另行商定。

承包费：承包费采用固定费用，按年结算和支付。根据承包经营资产现有整体经营水平、财务状况和未来使用效率和风险等因素，经双方协商，确定自接管日至当年年末12月31日及其后1个自然年度，C公司支付给A公司承包费100万元，第二年承包费200万元，第三年至第五年承包费每年300万元。首笔承包费在接管日起30日内付清，之后的承包费于每个承包年度第一个月内付清。

损益归属：承包期内，承包资产范围内厂房、设备等资产的法律权属关系不发生改变，仍归属B公司。承包期内，B公司在生产经营过程中产生的盈利或亏损均由C公司享有或承担。在承包期结束后，对承包经营期间新增的债权债务关系在A公司收回B公司之后发生的坏账等损失及账外负债由C公司承担，A公司有权向C公司追偿。

合同约定未经A公司书面同意，B公司不得对外担保，不得以B公司名义进行贷款或其他融资，不得处置B公司固定资产，不得签署超过承包期限的长期合同，不得超出经营需要招聘、安置员工。

问题：A公司是否应将其对外委托管理的B公司纳入2×15年度合并范围？

（二）案例解析

合并财务报表的合并范围应当以控制为基础予以确定。委托、受托经营业务中，是否将标的公司纳入合并报表范围，应根据《企业会计准则第33号——合并财务报表》（2014年修订）关于控制的定义和原则，基于标的公司权力和可变回报相关的所有事实和情况进行判断。一般情况下，除非有明确证据表明控制权确实发生了转移，上市公司不能通过委托或受托经营协议而改变合并范围。

在本案例中，A公司将B公司的整体经营权承包给C公司经营，A公司是否因为该项委托经营而不再将标的公司B公司纳入合并报表范围，应结合委托经营协议条款进行如下分析判断：

第一，关于对标的公司是否拥有权力的判断。在判断是否对标的公司拥有权力时，除日常生产经营管理活动相关的权力外，还应当考虑是否拥有主导对公司价值产生重大影响的其他决策事项的权力。

在本案例中，一方面，从委托期限而言，该委托经营的委托期限为5年，表明委托方或双方并无长期保持委托关系的意图，受托方仅能在较短的期间内对标的公司施加影响；同时受托方并不能决定委托经营的期限，是否委托以及在5年委托期限到期后是收回管理还是继续委托其他方经营，由A公司全权决定，换言之，A公司有权决定标的公司的管理模式；另一方面，从受托期间的权利范围而言，由于在受托期间，未经委托方同意，承包期内，承包资产范围内厂房、设备等资产的法律权属关系不发生改变，受托方对标的公司的处置权等权利受到限制；同时未经A公司书面同意，标的公司不得对外担保，不得以标的公司名义进行贷款或其他融资，不得处置标的公司固定资产，不得签署超过承包期限的长期合同，不得超出经营需要招聘、安置员工，表明受托方在重大投资、融资等决策上存在限制，而A公司作为委托方在这些相关活动上具有实质性权利。

第二，关于享有可变回报的分析。从标的公司获得的可变回报，不仅包括基于受托经营期间损益分配分享的回报，还应考虑因公司整体价值变动所分享和承担的报酬和风险。在本案例中，虽然受托方享有承包期内标的公司在生产经营过程中产生的盈利或亏损，但受托期间的盈亏相对于标的公司的整体回报（如整个剩余寿命期间）而言并不重大。除此之外，受托方并不享有除经营盈亏外的其他可变回报，如受托管理结束时该标的公司整体价值变动所可能带来的可变回报（如股权价值增加或减少），而作为委托方的A公司，其享有标的公司除经营期间盈亏外的所有可变回报，也享有标的公司的剩余权益。

第三，关于是否有能力运用对被投资方的权力影响其回报金额的分析。从A公司角度而言，其将标的公司委托给其他方管理本身就是行使对标的公司的经营管理这项相关活动的权力，而且其还享有委托期间标的公司的资产处置、重大融资和投资等其他所有相关活动的权力，而这些权力将直接影响标的公司的整体价值（所有可变回报）。受托方享有的经营期间的盈亏只是A公司将标的公司委托给其经营的可变费用。

综上所述，A公司虽然将B公司委托其他方经营，但并未丧失对B公司的控制权，应继续将其纳入合并范围。此外，实务中还应关注委托经营的商业目的和经济实质。例如，相较于委托方，受托方是否存在对被托管单位的管理或技术上的优势或经验，托管费用定价是否公允等。

【相关案例之三】

外包的业务是否纳入合并报表范围

（一）案例背景

A 公司为上市公司，2×11 年 1 月 A 公司与自然人李某签订承包合同，将子公司 B 公司整体承包给李某，B 公司的核心资产为一条具有独立生产能力的通用设备生产线，且 B 公司现有一套生产线管理体系及稳定的生产管理团队。B 公司生产线主要设备的预计尚可使用寿命为 15 年。承包期 2 年，从 2×11 年 1 月 1 日起至 2×12 年 12 月 31 日止，承包期内每年租金 200 万元，无论 B 公司实际业绩如何，李某均须在承包期内每年支付 200 万元给 A 公司。签订承包合同当日，两年的承包费总额占 B 公司资产的公允价值的比例并不重大。承包期间李某自主经营、自负盈亏、依法纳税，依法独立承担民事、行政与刑事等责任，保护所承包经营资产的安全，对其进行日常维修和保养，并在 2 年承包期限届满时将状态良好的生产线交还给 A 公司。此外，A 公司有权通过 B 公司董事会对李某的经营管理行为进行监督，当李某的承包经营行为影响 B 公司形象或损害 B 公司合法权益时，A 公司有权制止。李某未经 A 公司书面授权，不得将该业务委托给第三方进行经营，李某也不得在未取得 A 公司授权的情况下，擅自动用 B 公司的任何资产或者以 B 公司的名义对外借款。

问题：A 公司合并报表应该如何反映该承包经营事项？

（二）案例解析

在本案例中，B 公司的核心资产为一条具有独立生产能力的通用设备生产线，且有一套生产线管理体系及稳定的生产管理团队，A 公司应该分析是否对 B 公司存在控制。

根据承包合同的安排，两年的承包期内李某自主经营、自负盈亏。A 公司虽然有权对李某的经营管理行为进行监督，但基本上也仅限于一些保护性的监督，例如，当李某的承包经营行为影响B公司形象或损害B公司合法权益时，A公司有权制止。从这些安排上来看，A公司在两年承包期内的确不控制B公司的经营活动，B公司的经营成果不应该反映在A公司合并财务报表中。

然而，B公司业务中的核心资产的剩余使用年限为15年，承包人李某仅仅承包2年，承包期占资产剩余寿命的比例非常小，且未经A公司同意，李某不得将该业务委托给第三方进行经营，也不得擅自动用B公司的任何资产或者以B公司的名义对外借款。李某必须在2年承包期限届满时将状态良好的生产线交还给A公司。这些安排都说明，B公司核心资产增值的潜在收益以及贬值的潜在风险仍然主要归A公司所有。从这个意义上来讲，B公司的核心资产、负债仍然应该反映在A公司的合并财务报表中才能完整地反映A公司整个集团所控制的资源。

综上所述，本交易的经济实质可以看作A公司在保留对核心资产控制权的前提下，向李某让渡了B公司为期2年的生产经营管理权，并相应收取每年200万元的固定承包费作为对价。因此，A公司合并资产负债表中应该包括B公司的资产和负债，A公司合并利润表与合并现金流量表中则应该只体现固定的承包费收入，不包括B公司自身的经营成果和现金流量。

案例12－02
非营利性组织是否应纳入合并范围

根据《企业会计准则》的规定，合并财务报表的合并范围应当以控制为基础予以确定。在被投资单位为非营利性组织的情况下，能否纳入合并范围，需要结合具体情况进行判断。

一、案例背景

A公司为信息系统行业的上市公司。2×12年1月，A公司与B高等普通大学（以下简称 B 大学）根据《中华人民共和国民办教育促进法实施条例》（国务院令第 399 号）和《独立学院设置与管理办法》（教育部令第 26 号）等法律法规的有关规定，签订合作办学协议，设立独立机电学院（以下简称机电学院）。机电学院具有法人资格，注册资本为 1 亿元，其中 A 公司出资 7,000 万元，持股 70%，B 大学以无形资产作价 3,000 万元出资，持股 30%。机电学院对外招生，其性质为利用非国家财政性经费举办的实施本科学历教育的高等学校。

机电学院最高决策机构是学院董事会，董事会成员共 7 人，其中 A 公司委派 4 名，B 大学委派 3 名，A 公司董事长同时任机电学院的董事长。聘任、解聘院长，修改学院章程，制定学院发展规划，审核学院预算、决算，决定机电学院的分立、合并、终止相关的决议须经全体董事 2/3 以上表决通过。除上述事项以外的其他决议由全体董事过半数表决通过。独立学院在扣除办学成本、预留发展基金以及按照国家有关规定提取其他必需的费用后，出资人可以按出资比例从办学结余中取得合理回报。

问题：A 公司是否应将机电学院纳入合并范围？

二、会计准则及相关规定

《企业会计准则第 33 号——合并财务报表》（2014 年修订）第七条规定："合并财务报表的合并范围应当以控制为基础予以确定。控制，是指投资方拥有对被投资方的权力，通过参与被投资方的相关活动而享有可变回报，并且有能力运用对被投资方的权力影响其回报金额"。

《企业会计准则第 33 号——合并财务报表（应用指南）》（2014 年修订）第 44－45 页规定：

"可变回报的例子包括：

1. 股利、被投资方经济利益的其他分配（例如，被投资方发行的债务工具产生的利息）、投资方对被投资方投资的价值变动。

2. 因向被投资方的资产或负债提供服务而得到的报酬、因提供信用支持或流动性支持收取的费用或承担的损失、被投资方清算时在其剩余净资产中所享有的权益、税务利益，以及因涉入被投资方而获得的未来流动性。

3. 其他利益持有方无法得到的回报。例如，投资方将自身资产与被投资方的资产一并使用，以实现规模经济，达到节约戚本、为稀缺产品提供资源、获得专有技术或限制某些运营或资产，从而提高投资方其他资产的价值。”

三、案例解析

《企业会计准则》对于“控制”的定义和判断并不拘泥于被投资单位的法律形式。投资方对于被投资单位是否具有控制权还是要回归控制的定义和基本原则来判断，即分析投资方是否具备主导被投资单位相关活动的权力以及是否能够从中获取可变回报。

第一，应分析 A 公司是否对机电学院的财务和经营决策具有决定权。在本案例中，机电学院的最高权力机构为董事会，董事会成员共 7 人，其中 A 公司委派 4 名，B 大学委派 3 名，A 公司董事长同时任机电学院的董事长。学院的重大事项例如聘任、解聘院长，修改学院章程，制定学院发展规划，审核学院预算、决算，决定机电学院的分立、合并、终止相关的决议等须经全体董事 2/3 以上表决通过。因此，A 公司首先应分析须经全体董事 2/3 以上通过才有效的事项究竟是与机电学院的财务和经营息息相关的实质性决策事项，还是仅为保护性决策事项。在判断控制的时候，应该只考虑实质性条款，不考虑保护性条款。

一般来讲，设立保护性条款是为了保护全部或部分投资者（尤其是小股东）利益，对于与公司正常经营活动无关，或者因为其金额非常重大、性质非常特殊等原因，会严重影响公司正常业务的重大决策事项，适用更为谨慎的决策程序。通常而言，修改主体的章程，以及决定主体的分立、合并、终止会严重影响主体的正常经营活动，一般可以理解为保护性条款。

值得进一步分析的是，在本案例中，机电学院聘任、解聘院长，制定学院发展规划，审核学院预算、决算也必须经全体董事 2/3 以上表决才能通过。通常认为，主体的发展规划、预算、决算事项与主体的正常经营活动息息相关，因此与之相关的条款通常会理解为实质性条款。因此，除非 A 公司和 B 大学之间存在其他合同安排，使 A 公司能够合法合规地独立主导学院的课程设置、师资安排、招生规模、招生要求、收费标准、办学成本等与机电学院的主要经济利益息息相关的正常经营活动，学院院长的职责范围也仅限于根据已确定的经营方针、规划，监督学院日常教学活动，且有确凿证据表明在投资双方进行合作协商设立学院时，已经就学院在存续期间的整体预算规模、经营规划达成了共识，否则，A 公司不能单方面主导机电学院聘任、解聘院长，制定学院发展规划，审核学院预算、决算的事实，这将导致 A 公司对机电学院的控制权存在重大疑虑。

第二，应分析 A 公司从机电学院获取利益的方式和程度。本案例中，机电学院有两个投资方，在扣除机电学院的办学成本、预留发展基金以及按照国家有关规定提取其他必需的费用后，A 公司可以按其出资比例从办学结余中取得合理回报。此外，A 公司通过投资举办机电学院，还可以为企业发展储备所需技术开发人才，利用与学院实验室的合作项目，为有效降低研发成本创造有利条件，获取其他利益相关方无法获取的回报。

第三，应该考虑通过股权转让方式退出该项投资的可能，以及转让可能获得收益的情况。

综上所述，在本案例中 A 公司是否能将机电学院纳入合并范围不能一概而论，而应紧扣控制定义的核心要素，结合上述要点，分析 A 公司是否具有主导机电学院的相关活动的权力，并通过参与机电学院的相关活动取得可变回报，而且能运用权力改变回报金额。

【相关案例之一】

非营利养老机构是否纳入合并范围

（一）案例背景

A 公司所属行业为电信设备制造行业，主要为运营商提供移动通信网络优化覆盖设备、系统及相关服务。2×11 年度，A 公司独家出资 300 万元，在某市民政局登记，设立了一家居家养老服务中心（以下简称养老中心），提供居家家政服务、康复保健、法律维权、日间照料等居家养老服务。该中心的法律形式为民办非企业单位，属于非营利性组织。作为非营利性组织，养老中心既可以履行企业社会责任，又可以作为一个服务载体，推广 A 公司的老人手机产品，逐步扩大养老服务平台产品的销售规模。

养老中心的法律形式为民办非企业单位，民办非企业单位作为一个民间非营利性组织，其不以营利为目的，且根据《民办非企业单位登记暂行办法》（民政部令〔1999〕18号），民办非企业单位须在其章程或合伙协议中载明该单位的盈利不得分配，解体时财产不得私分。根据养老中心的章程，其经费收入只能用于章程规定的业务，盈余不能进行分红。养老中心自设立以来，基本实现盈亏平衡，A公司预计养老中心在现有运营规模下，未来收入和费用也会基本持平。

养老中心的最高权力机构为理事会，理事会由3名理事构成，其中A公司推荐2人，业务主管单位推荐1人。修改章程、解散、变更形式的决议必须经全体理事2/3以上通过方为有效，其他决议经全体理事过半数通过有效。

问题：A公司是否应将养老中心纳入合并范围？

（二）案例解析

《企业会计准则》对于“控制”的定义和判断并不拘泥于法律形式。投资方对于被投资单位是否具有控制权还是要回归控制的定义和基本原则来判断，即分析投资方是否具备主导被投资单位相关活动的权力以及是否有能力影响可变回报金额。

第一，应分析A公司是否具有对养老中心的财务和经营决策的决定权。在本案例中，养老中心的最高权力机构为理事会，理事会由3名理事构成，其中A公司推荐2人，理事会作出决议必须经全体理事过半数通过，重要事项的决议必须经全体理事2/3以上通过方为有效。因此，A公司首先应分析须全体理事2/3以上通过才有效的事项究竟是与养老中心的财务和经营息息相关的实质性决策事项，还是仅为保护性决策事项。一般而言，与被投资单位经营计划、投资方案、年度财务预算方案和决算方案、利润分配方案和弥补亏损方案、内部管理机构的设置、聘任或解聘公司经理及其报酬、公司的基本管理制度相关的事项为实质性决策事项。对修改章程、增加或减少注册资本、发行债券、合并、分立、解散或变更形式等与改变被投资单位的基本性质相关的事项可以理解为保护性决策事项。本案例中，养老中心必须经超过全体理事2/3以上通过才有效的事项涉及修改章程、解散和变更形式，上述事项与养老中心的日常正常经营活动无关，而仅与改变养老中心的现有法律形式等对养老中心而言性质极其特殊的事项相关，属于保护性决策事项。除上述保护性事项外，其他重大决议经全体理事过半数通过即为有效。由于A公司可以推荐3名理事中的2名，因此可以判断A公司享有对养老中心财务和经营政策的决定权。

第二，应分析A公司从养老中心获取利益的方式和程度。就养老中心不能进行利润分配的事项而言，虽然控制的目的是获取经济利益，然而，企业会计准则讲解也明确指出，获取经济利益包括增加经济利益、维持经济利益、保护经济利益，或者降低所分担的损失等。因此，被投资单位无法进行利润分配，并非必然代表投资方无法获取经济利益。在本案例中，养老中心唯一的出资方为A公司，不存在其他经济利益相关方。除了履行社会责任外，A公司设立养老中心的经济目的是在养老中心推广使用A公司设计的老人手机产品，逐步扩大其养老服务平台产品的销售规模。由于不存在其他利益相关方，A公司实质上通过将自身产品运用于养老中心而从中获取了绝大多数的经济利益。

第三，应该考虑通过股权转让方式退出该项投资的可能，以及转让可能获得收益的情况。

综上所述，A公司享有主导养老中心相关活动的决定权，并能据以从养老中心的经营活动中获取可变回报，应将养老中心纳入合并范围。

【相关案例之二】

非营利性医疗机构是否纳入合并范围

（一）案例背景

A公司于2×14年4月收购了B医院100%的所有者权益，B医院为非营利性医院，非营利性医疗机构盈利只能用于自身发展，不能分红。收购完成后，A公司已将B医院与下属其他医院统筹管理，在业务培训、专家利用、集中采购等方面综合利用整体资源。A公司认为，B医院作为非营利性医院，公司无法对其盈利进行分配，且没有能力运用对B医院的权力影响其回报金额，2×14年未将B医院纳入合并报表。2×15年12月28日A公司与其所控制的一家下属全资医院C医院签署协议，C医院有权对B医院的人事、财务、采购及其他经营管理活动进行决策。A公司因此认定可以将B医院纳入2×15年合并报表范围。

问题：A 公司上述会计处理是否符合企业会计准则规定？

（二）案例解析

在实务中对非营利性组织是否纳入合并范围的判断，仍以控制为基础确定。控制，是指投资方拥有对被投资方的权力，通过参与被投资方的相关活动而享有可变回报，并且有能力运用对被投资方的权力影响其回报金额。

企业会计准则对于“控制”的定义和判断并不拘泥于被投资单位的法律形式。投资方对于被投资单位是否具有控制权还是要回归控制的定义和基本原则来判断，即分析投资方是否具备主导被投资单位相关活动的权力以及是否能够从中获取可变回报。

第一，应分析上市公司是否具有对非营利性组织的财务和经营等相关活动的决定权。此时，需要考虑非营利性组织的相关活动的构成、最高权力机构及决策机制。

第二，应分析上市公司从非营利性组织获取利益的方式和程度。企业会计准则及相关规定也明确指出，获取可变回报包括：（1）股利、被投资方经济利益的其他分配（例如，被投资方发行的债务工具产生的利息）、投资方对被投资方投资的价值变动；（2）因向被投资方的资产或负债提供服务而得到的报酬、因提供信用支持或流动性支持收取的费用或承担的损失、被投资方清算时在其剩余净资产中所享有的权益、税务利益，以及因涉入被投资方而获得的未来流动性；（3）其他利益持有方无法得到的回报。例如，投资方将自身资产与被投资方的资产一并使用，以实现规模经济，达到节约成本、为稀缺产品提供资源、获得专有技术或限制某些运营或资产，从而提高投资方其他资产的价值。因此，被投资单位无法进行利润分配，并不必然代表投资方无法获取经济利益。

第三，应该考虑通过股权等权益转让方式退出该项投资的可能，以及转让可能获得收益的情况。

在本案例中 A 公司在与 C 医院签署协议前后，其所拥有的对 B 医院的权力、享有的可变回报等没有发生实质性变化，A 公司在 2×15 年将 B 医院纳入合并范围，原则上在 2×14 年即应予以合并，除非 A 公司能够提供在2×14年不构成控制的其他依据。

案例 12 - 03
上市公司是否将其发起设立的基金纳入合并范围

一、案例背景

A 公司为上市公司，主要从事房地产开发业务。B 公司为国际资深金融机构，在地产基金运作方面有丰富经验，是很多地产类股权投资基金的发起人和基金管理人，且与 A 公司无关联关系。2×13 年 2 月，A 公司、B 公司各自出资 3,000 万元共同成立了基金管理公司 C 公司。2×13 年 6 月，A 公司、B 公司、C 公司共同发起设立了股权投资基金 D（有限合伙企业），并面向社会机构投资者募集资金，其中：A 公司、B 公司各自出资 2 亿元，为有限合伙人；C 公司出资 6,000 万元、为普通合伙人；社会机构投资者为有限合伙人。基金 D 的很多机构投资者与 B 公司建立有长期合作关系，出于对 B 公司投资管理能力的认可而选择基金 D。基金 D 的募集资金总规模为 50 亿元，募集分期进行，首期募集资金为 20 亿元，于 2×13 年 9 月完成募集。2×13 年 10 月，基金 D 使用首期募集资金中的 16 亿元购入 E 公司 50% 的股权，剩余募集资金进行其他股权投资，已经根据合同框架协议支付了部分项目的诚意金，就该等项目基金 D 正在与投资者协商第二期募集资金。此前，E 公司为 A 公司出资成立的全资子公司，专门从事国内 E 地产项目的开发业务。

基金 D 设有投资决策委员会，根据基金章程，投资决策委员会应以所有投资方的最佳利益为出发点进行决策，对基金的所有重大事项拥有广泛的决策权。投资决策委员会的成员由 C 公司任命，由 A 公司、B 公司各委派 2 名代表组成。基金的重大事项，包括但不限于投资项目的选择、投资方案的确定、项目退出方案、收益分配、基金募集等，由投资决策委员会全体委员一致通过有效。此外，普通合伙人负责投资项目推荐以及基金的日常管理和运作，有限合伙人拥有的权利主要是建议权及知情权，其无权罢免普通合伙人。

基金 D 的收益体现为持有 E 公司股权期间获取的股利收入，以及未来选择以处置股权方式退出时取得的投资利得。C 公司按照基金资产总额的 1.5% 收取固定管理费，并在基金收益达到约定水平后，根据基金收益以及合同约定的方法计算并收取费用，该等固定费用以及与基金业绩挂钩的费用与市场类似服务的收费水平相当。

在 A 公司与 B 公司的合作中，A 公司的主要目的不是为旗下地产项目融通资金，而是希望与地产基金运作方面有丰富经验的国际资深金融机构合作，由传统的地产开发业务拓展至基金资产管理业务，将多年的地产开发经验用于资金运营管理中，并获取投资管理收益。B 公司则是希望与在国内地产开发方面有丰富经验的 A 公司合作，运用 B 公司在国际资本市场运作和管理地产基金的能力和经验，筛选并投资中国境内的优质地产项目，并获取投资管理收益。

基于上述目的，A 公司与 B 公司合作设立基金 D 开展国内的地产项目投资。出于对 E 地产项目前景的良好预期，基金 D 选择以首期募集资金对 E 地产项目进行股权投资，同时，基金 D 也在对其他若干项目进行可行性研究，这些项目既包括 A 公司旗下的地产项目，也包括其他地产公司的地产项目，部分项目已经签订框架协议，进入实质性谈判阶段。

E 公司的最高权力机构是董事会。董事会由 5 名董事组成，其中包括董事长在内的 3 名董事由 A 公司委派、包括副董事长在内的 2 名董事由 B 公司委派。E 公司的总经理由 A 公司委派。除下列事项由出席董事会会议的董事一致通过方可作出决议外，其他重大事项均由董事会基于相对多数原则作出决议：

1. 修订公司章程。

2. 批准注册资本的变更。

3. 批准股权的出售、处分、转让或其他退出决定。

4. 批准股东将其持有的全部或部分股权设立质押。

5. 批准公司的合并、分立、清算、解散或终止，批准变更公司的组织形式、经营范围或经营期限。

6. 公司以其自身名义对外提供担保。

7. 批准初始预算及对初始预算的修改，或预算范围以外的开支。

8. 派发股息或其他利润分配。

9. 批准公司签订任何与公司经营范围不符的合同。

10. 批准公司与其董事、投资方或主要管理人员或与该等人士有关联的人士进行任何交易（但在正常经营范围按照公平交易原则进行的商品房销售除外）。

11. 设立任何子公司或购买任何公司股份，或参与或终止参与任何合伙或合资公司。

12. 由董事会一致同意的其他须经所有董事批准事项（该等事项一致通过后即列入需董事会一致同意决议的事项）。

上述第7条要求初始预算的批准、修改以及预算范围以外的开支由全体董事一致通过，其目的是对成本控制进行防护性监督。在选择E项目作为基金D首期募集资金的投资项目时，B公司已经对A公司制定的E项目初始预算进行了审阅和评价，B公司对初始预算的认可是其同意基金D对E项目进行股权投资的先决条件，该预算是项目开发过程中成本控制的基础。B公司对于预算的关注主要在成本的控制上。在制定初始预算时，A公司对于各项成本的预测较为谨慎，对于物价上涨、合同变更等可能会导致成本上涨的因素通过不可预见费的形式反映在成本预算中，目前不可预见费占除土地成本外的其他开发成本的比重约为5%，该比例相较于房地产行业的普遍水平而言，是较为充分和适当的。除非出现较为重大的事项，正常情况下成本支出不会超过初始预算。在出现这类重大情况时，B公司希望对导致预算变动的原因进行了解，并对需变更的预算金额进行审批。

问题：A公司是否应将基金D及E公司纳入合并范围？

二、会计准则及相关规定

《企业会计准则第33号——合并财务报表》（2014年修订）第七条对“控制”的定义如下：“控制，是指投资方拥有对被投资方的权力，通过参与被投资方的相关活动而享有可变回报，并且有能力运用对被投资方的权力影响其回报金额。”

《企业会计准则第33号——合并财务报表》（2014年修订）第十三条规定：“除非有确凿证据表明其不能主导被投资方相关活动，下列情况，表明投资方对被投资方拥有权力：

（一）投资方持有被投资方半数以上的表决权的。

（二）投资方持有被投资方半数或以下的表决权，但通过与其他表决权持有人之间的协议能够控制半数以上表决权的。”

《企业会计准则第 33 号——合并财务报表》（2014 年修订）第十四条对表决权比例未超过半数情况下的控制作出了原则性规定：

“投资方持有被投资方半数或以下的表决权，但综合考虑下列事实和情况后，判断投资方持有的表决权足以使其目前有能力主导被投资方相关活动的，视为投资方对被投资方拥有权力：

（一）投资方持有的表决权相对于其他投资方持有的表决权份额的大小，以及其他投资方持有表决权的分散程度。

（二）投资方和其他投资方持有的被投资方的潜在表决权，如可转换公司债券、可执行认股权证等。

（三）其他合同安排产生的权利。

（四）被投资方以往的表决权行使情况等其他相关事实和情况。”

《企业会计准则第 40 号——合营安排》第五条对“共同控制”的定义如下：“共同控制，是指按照相关约定对某项安排所共有的控制，并且该安排的相关活动必须经过分享控制权的参与方一致同意后才能决策。

本准则所称相关活动，是指对某项安排的回报产生重大影响的活动。某项安排的相关活动应当根据具体情况进行判断，通常包括商品或劳务的销售和购买、金融资产的管理、资产的购买和处置、研究与开发活动以及融资活动等。”

三、案例解析

根据企业会计准则对于控制和共同控制的定义，一个企业只有在可以单方面主导被投资单位的相关活动时，才可能拥有被投资单位的控制权；如果任何一方都无法单方面主导被投资单位的相关活动，被投资单位的财务和经营政策需要相关投资方一致同意，则分享控制权的投资方对于被投资单位拥有共同控制。

（一）A 公司对于基金 D 的控制权分析

作为股权投资基金，基金 D 的主要相关活动是投资项目的选择、投资方案的确定、项目的退出决策及方案、基金的募集方案等。根据基金章程，上述事项由投资决策委员会的全体委员一致通过有效。投资决策委员会由普通合伙人 C 公司的两方股东，即 A 公司和 B 公司，分别委派 2 名代表组成，而有限合伙人拥有的权利仅限于建议权和知情权，其无权罢免 C 公司。因此，从基金章程的规定上看，A 公司无法单方面决定基金 D 的财务和经营政策，该等财务和经营政策由 A 公司和 B 公司共同决定，相应 A 公司对基金 D 不拥有控制权，而是与 B 公司共同控制基金 D。

上述分析与认定是基于基金章程的规定，在此之上，还应从双方的行业背景、双方合作设立基金的目的和意图出发，看一下上述分析与认定是否符合交易实质，要特别关注的是基金 D 是否存在需要作出实质性决策的投资事项，以及 B 公司是否具备实质参与基金 D 的相关决策、与 A 公司分享控制权的意愿和能力。

B 公司为国际知名金融机构，拥有丰富的地产基金投资、管理和运作经验，是很多地产类股权投资基金的发起人和基金管理人。此次与 A 公司合作成立基金管理公司并发起设立基金，B 公司是希望将 A 公司在国内地产开发方面的经验与 B 公司在地产基金管理和运作方面的经验结合起来，共同筛选并投资国内优质地产项目，从而达到拓展国内地产基金业务、获取投资管理收益的目的。

A 公司的主业是国内地产开发，此次与 B 公司合作成立基金管理公司并发起设立基金，其主要目的不是旗下地产项目的资金融通，而是出于拓展地产基金资产管理业务的考虑。作为企业战略规划之一，A 公司希望凭借其在国内地产开发领域的经验和知名度发展地产基金的资产管理业务，而 B 公司在地产基金投资、管理和运作方面的经验，以及 B 公司在国际资本市场上与机构投资者建立的长期合作关系等，对于 A 公司实现上述业务转型有较大的帮助。

从上述合作目的来看，基金 D 的设立不是为了 A 公司的地产项目融通资金，而是为了对国内地产项目进行股权投资，通过对地产项目的投资管理获取收益。从基金 D 的投资对象上看，基金 D 的首期募集资金选择 A 公司旗下的 E 地产项目作为股权投资对象，是由于 A 公司和 B 公司都对该项目的盈利前景有良好预期而共同作出的投资选择，同时基金 D 也在对其他若干项目（既包括 A 公司旗下的地产项目，也包括其他地产公司的地产项目）进行可行性研究，而 B 公司一直积极参与投资项目筛选和评估，并在这过程中与 A 公司共同决策。

同时，基金 D 的很多机构投资者与 B 公司建立有长期的合作关系，该等机构投资者出于对 B 公司投资能力的信任而选择投资基金 D。相应地，为了维护市场形象，B 公司需要对基金的投资对象进行严格的筛选和把关，以避免投资失败使其失去投资者的信任和良好的市场声誉。

从以上分析可以看出，A 公司和 B 公司的合作目的决定了基金 D 定位于国内地产项目的股权投资，而不是纯粹为 A 公司地产项目的融资平台，相应基金 D 需要在投资项目的选择、投资方案的确定、投资的退出等方面作出实质性决策。B 公司参与该交易安排的目的、B 公司在地产基金业务中惯常的参与模式以及具备的丰富经验、B 公司维护市场形象及投资者关系的需要等都表明，对于基金 D 的重大财务和经营决策，B 公司有参与决策、分享控制权的需求和能力。同时，A 公司拓展基金资产管理业务的战略规划、A 公司在国内地产开发行业的经验也表明，A 公司对于基金 D 同样有参与决策、分享控制权的要求和能力。相应地，作为参与设立和设计基金 D 的发起人，A 公司和 B 公司会积极谋求各自对于基金 D 的决策权，并在相互博弈中形成共同控制基金 D 的局面。

此外，A 公司与 B 公司在基金 D 持有的直接及间接权益相同，两者在基金 D 中享有的收益及承担的风险相当，这也在一定程度上说明两者在基金 D 中很可能享有相同的决策权。

综上所述，基金章程关于基金决策机制的规定、双方的行业背景、双方合作的目的和意图等都表明，A 公司和 B 公司共同控制基金 D，相应 A 公司不应将基金 D 纳入合并范围，A 公司对于基金 D 的投资应作为对合营企业的投资进行会计处理。

值得注意的是，如果事实和情况表明，设立基金 D 的目的是为 A 公司的特定地产项目融资，B 公司缺乏实质性参与基金决策的能力，B 公司的主要作用是带来机构投资者并由此获取收益，则可能会在分析相关的事实和证据后得出不同的结论。

（二）A 公司对于 E 公司的控制权分析

根据企业会计准则给出的控制的定义，判断 A 公司是否控制 E 公司，首先要确定 A 公司是否能够主导 E 公司的相关活动。

E 公司的最高权力机构是董事会，重大事项由董事会作出决定。根据 E 公司的公司章程，董事会进行决议的事项分为两类：一类是需要出席董事会会议的全体董事一致通过，另一类是出席董事会的董事过半数通过。由于 E 公司 5 名董事中的 3 名由 A 公司委派，A 公司可以单方面决定第二类事项，但对于第一类要求全体董事一致通过的事项，A 公司无法单方面决定。因此，问题的关键是对于 E 公司而言，哪些事项属于重大的相关活动，而这些事项是要求全体董事一致通过 A 公司无法单方面决定，还是仅要求半数以上董事通过 A 公司可以单方面决定。

E 公司是典型的地产开发企业，其正常经营过程中的财务和经营活动主要包括：项目规划设计、项目开发管理、预算制定及执行、现金流管理、融资决策、税收管理、销售策略制定及执行、竣工结算等，相应上述事项相关的决策构成 E 公司的主要的财务和经营政策。这些事项中，除预算制定及执行在公司章程中作为要全体董事一致通过的事项外，其余事项都可由 A 公司单方面决定。

E 公司的公司章程规定了 11 项要由全体董事一致通过的事项，其中第 1 项至第 5 项、第 9 项、第 11 项都是引起企业根本性改变的事项，与对外提供担保相关的第 6 项、与关联交易相关的第 10 项是为了防范高风险行为或非公平交易损害基金 D 的利益。很明显，这些事项都是企业正常经营之外出现的特殊情况，而不是企业正常经营过程中需要作出的财务和经营决策，就该等事项赋予基金 D 的权利主要是保护性的，其目的不是赋予基金 D 对于重大财务和经营政策的决定权。因此，A 公司不会因为无法单方面决定此类事项而无法控制 E 公司。

除上述事项外，E 公司章程还规定“批准初始预算及对初始预算的修改，或预算范围以外的开支”要由全体董事一致通过。如上分析，预算的制定与执行、成本控制是地产企业主要的财务和经营活动，因此，A 公司需要就此进行进一步的分析，以确定其是否可以单方面决定 E 公司的财务和经营政策。在本案例中，E 公司原为 A 公司的全资子公司，A 公司与 B 公司合作发起设立基金 D 并选择 E 公司作为基金 D 的股权投资对象。基金 D 的投资决策由 A 公司与 B 公司共同决定，在筛选、评估项目的过程中，B 公司非常重视项目的初始预算，在同意基金 D 对 E 公司进行投资之前，B 公司已充分审阅并认可项目的初始预算。同时，该初始预算对于各项成本的预测是较为谨慎的，已比较充分和适当地考虑了未来可能出现的导致成本上涨的因素。因此，就 E 项目而言，正常情况下项目的实际成本支出不会超过初始预算，修改初始预算或发生预算范围以外的开支只有在出现较为重大的特殊情况时才会发生，而这类特殊情况发生时允许基金 D 知晓并参与预算的调整，更多的是对于基金 D 权益的保护，是保护性条款，该条款不影响 A 公司对于 E 公司重大财务和经营政策的单方面决策权。

同时，公司章程还规定“派发股息或其他利润分配”要由全体董事一致通过。该条款更多的是出于防止A公司单方面决定不公平利润分配或无理由拖延利润分配的时间，同样属于保护性安排。

此外，除直接持有E公司50%股权外，A公司还通过其在基金D以及C公司的投资间接享有E公司的收益并承担E公司的风险。综合该等直接及间接权益，A公司在E公司享有的权益超过50%，是享有收益及承担风险最大的投资者，这与上述A公司有权决定E公司财务和经营政策的判断也是一致的。

综上所述，尽管E公司的公司章程规定一系列事项要由全体董事一致通过，即A公司无法单方面决定此类事项，但这些事项并非E公司正常经营过程中的财务和经营政策，该安排的目的主要是保护非控股股东的权益，而不是分享对重大财务和经营政策的决策权。对于其他事项，由于A公司在董事会中的席位超过半数，A公司可以单方面作出决定。因此，一方面，对于E公司的财务和经营政策，A公司可以单方面作出决定，而不必征得其他方的同意，表明A公司拥有对E公司的权力；另一方面，作为持有E公司50%权益的股东，A公司可以通过股利分配、享有净资产剩余价值等方式从E公司的经营活动中获取可变回报，即A公司能够主导E公司的相关活动，并能据以从E公司的经营活动中获取可变回报，且有能力运用对E公司的权力影响其回报金额。可见，A公司拥有E公司的控制权，应将E公司纳入合并范围。

案例12－04
有限合伙企业的普通合伙人是否应将有限合伙企业纳入合并范围

一、案例背景

A公司主营投资活动，其作为普通合伙人参与设立一家有限合伙企业，投资比例为2%，并担任该有限合伙企业的执行事务合伙人。该有限合伙企业的有限合伙人按照分享收益的顺序分为三类：（1）优先级有限合伙人，由较为分散的社会投资者构成，出资比例共计83%，可以按预期收益率优先获取收益和收回本金；（2）次级有限合伙人，A公司是唯一的次级有限合伙人，出资比例为5%，享有的预期收益率高于优先级有限合伙人，但取得收益和收回本金的顺序均次于优先级有限合伙人；（3）劣后级有限合伙人，B公司为唯一的劣后级有限合伙人，出资比例为10%，在优先级有限合伙人和次级有限合伙人收回本金及预期收益后，与普通合伙人按照相对出资比例享有剩余财产。

根据有限合伙企业的合伙协议，有限合伙企业的全部资金均以两年期委托贷款的方式投资于一家地产项目公司C公司（B公司的关联方），利息收入及到期收回的本金在按规定支付普通合伙人的管理费（与市场类似服务的收费水平相当）及有限合伙企业的其他费用后，按照规定的比例和顺序分配给合伙人。

普通合伙人负责管理有限合伙企业的日常事务，收回到期的本金和利息并支付给合伙人。有限合伙企业的有限合伙人只在普通合伙人违约的情况下才能将其罢免。当C公司不能按合同约定偿还其对有限合伙企业的债务时，根据合伙协议，A公司应按照有限合伙企业董事会的决策管理违约贷款，向C公司追偿以及处置抵押资产。有限合伙企业的董事会由A公司与B公司委派的董事构成，董事会决议由全体董事一致通过有效。

问题：A公司是否应将有限合伙企业纳入合并范围？

二、会计准则及相关规定

《企业会计准则第33号——合并财务报表》（2014年修订）第七条对“控制”的定义如下：“控制，是指投资方拥有对被投资方的权力，通过参与被投资方的相关活动而享有可变回报，并且有能力运用对被投资方的权力影响其回报金额。”

《国际财务报告准则第10号——合并财务报表》定义了“控制”并明确了拥有控制应具备的条件：

“当投资者承担或有权获得来自因涉入被投资者所产生的可变回报，并且凭借对被投资者的权力有能力影响该回报时，投资者控制被投资者。

因此，当且仅当投资者满足以下条件时，投资者控制被投资者：

（1）拥有对被投资者的权力；

（2）因参与被投资者的活动而承担或有权获得可变回报；

（3）通过对被投资者行使权力有能力影响所得到回报的金额。”

对于拥有控制要具备的条件之一“权力”，《企业会计准则第33号——合并财务报表》（2014年修订）第九条进行了规定：“投资方享有现时权利使其目前有能力主导被投资方的相关活动，而不论其是否实际行使该权利，视为投资方拥有对被投资方的权力。”

《国际财务报告准则第10号——合并财务报表》也作了类似规定：

“当投资者拥有现时权利，使其目前能够主导相关活动，即对被投资者回报具有重要影响的活动时，投资者对被投资者拥有权力。”

“为了获得对被投资者的权力，投资者必须拥有赋予其当前能够主导相关活动的现时权利。”

《企业会计准则第33号——合并财务报表（应用指南）》（2014年修订）和《国际财务报告准则第10号——合并财务报表》附录A都将“相关活动”定义为“对被投资者回报具有重大影响的活动”。

同时，对于相关活动的界定，《企业会计准则第33号——合并财务报表（应用指南）》（2014年修订）和《国际财务报告准则第10号——合并财务报表》第B53段也给出类似的指引：“对于一些被投资者，相关活动仅在特定情况或者特定事件发生时存在。这类被投资者的活动及其回报在设计时就已确定，除非或者直至特定情况或特定事项发生。当这些特定情况或事项发生时，只有对被投资者回报具有重大影响的活动才能被视为相关活动。对于因具有相关活动决策能力而拥有权力的投资者，这些特定情况或事件不需要已经发生。决策权依赖于特定情况或特定事件发生这一事实本身不能被视为这些权利是保护性权利。”

三、案例解析

根据企业会计准则对于控制的定义，投资者只有在可以单方面决定被投资单位的财务和经营政策时，才可能拥有被投资单位的控制权。因此，在判断投资方是否控制被投资单位时，首先要确定被投资单位的相关活动。所谓相关活动，是指对被投资方的回报产生重大影响的活动。被投资方的相关活动应当根据具体情况进行判断，通常包括商品或劳务的销售和购买、金融资产的管理、资产的购买和处置、研究与开发活动以及融资活动等。准则对于控制的定义给出了系统、全面的指引。

根据准则的规定，控制的条件之一是要拥有对于被投资方的权力，而权力是主导被投资方相关活动的现时权力，即为了获得对被投资者的权利，投资者必须拥有现时权利，使其能够主导被投资方的相关活动。相关活动，是对被投资者回报具有重大影响的活动。因此，A公司控制有限合伙企业的必要条件之一是A公司可以主导有限合伙企业的相关活动。

在本案例中，有限合伙企业的活动包括两类：一类是日常活动，包括对委托贷款收取利息及本金，按照合伙协议约定的时间、比例和顺序向合伙人进行分配，以及有限合伙企业的其他日常事务；另一类是在特定事项发生时的活动，即在委托贷款违约不能偿还时管理违约贷款，向C公司追偿以及处置抵押资产。

根据合伙协议，A公司作为普通合伙人，能够主导有限合伙企业的日常活动；在委托贷款出现违约时，管理违约贷款的相关决策由有限合伙企业的董事会全体董事一致通过作出决定，而有限合伙企业的董事会由A公司与B公司委派的董事构成，因此，A公司无法主导贷款违约后管理违约贷款的活动。

准则将相关活动定义为“对被投资者回报具有重大影响的活动”。在本案例中，有限合伙企业的日常活动主要是收取利息和本金并按照合伙协议的规定向合伙人进行分配，这类活动是有限合伙企业按照合同规定“自动导航”状态下的活动，已经由合同事先确定和主导，对于有限合伙企业的回报没有重大影响。一旦委托贷款出现违约，如何管理违约贷款，如何向债务人追偿，以及如何处置抵押资产，将直接关系到有限合伙企业能否收回债权以及在多大程度上收回债权，从而对有限合伙企业的回报有重大影响。

与日常活动存在不同，管理违约贷款的活动只有在贷款违约这一特定事件发生时才存在，但这并不影响此活动成为有限合伙企业的相关活动。应用指南中明确指出，对于活动及其回报在设计时就已确定的被投资者，相关活动仅在特定情况或者特定事件发生时才存在。

综上所述，贷款违约后管理违约贷款的活动是有限合伙企业的相关活动，而A公司无法主导该活动。因此，A公司不具有对有限合伙企业的权力，不满足控制的必要条件，相应A公司无法控制有限合伙企业。

值得注意的是，如果事实和情况表明A公司能够主导有限合伙企业的相关活动，则需要进一步分析A公司是否满足控制的其他条件，以确定A

公司是否控制有限合伙企业。A公司通过管理费、作为次级有限合伙人获取的收益、作为普通合伙人获取的收益而享有有限合伙企业的可变回报，因此，应进一步分析A公司有无能力运用对有限合伙企业的权力影响其回报。这里应把上述途径享有的可变回报结合起来，考虑A公司享有的回报的规模和变动性，分析A公司是代表其自身行使权利，还是作为其他合伙人的代理人、代表其他合伙人行使权利。在分析A公司享有回报的规模和变动性时，应结合违约可能性、抵押品情况、A公司在有限合伙企业分享回报的顺序，测算有限合伙企业预期可以实现的回报，以及该回报中由A公司享有的绝对比例；同时应考虑有限合伙企业回报变动时，A公司享有的回报随之变动的程度，以及在不同回报情况下A公司享有回报的绝对比例。

案例12－05
结构化主体纳入合并范围的判断

结构化主体，是指在确定其控制方时没有将表决权或类似权利作为决定因素而设计的主体。随着所有权和经营组织形式的多样化，上市公司参与合伙企业、信托计划、资产管理计划、资产支持证券、基金、理财产品等结构化主体的投资、发起设立或管理日益普遍和多样化。根据合并报表准则，对于发起设立、管理或投资的结构化主体，上市公司均应以控制为基础判断是否应将其纳入合并范围。

一、案例背景

A公司为一家建筑施工企业，B公司为一家资产管理公司，A公司与B公司共同出资成立有限合伙企业，双方出资比例分别为20%和80%；合伙企业无固定经营期限；A公司为合伙企业的普通合伙人及执行事务合伙人，B公司为有限合伙人。

合伙协议约定，合伙企业拟投资项目为A公司及其子公司所负责建设的项目；普通合伙人根据投资决策委员会制定的战略投资方向进行项目筛选，执行项目调查、选择、谈判等工作；合伙企业设立投资决策委员会，由

5名委员组成，普通合伙人提名4名，有限合伙人提名1名。相关决议须投资决策委员会2/3以上委员同意通过。合伙企业主要以贷款形式参与经投资决策委员会确定的项目，贷款的期限、利率和其他条件均由A公司确定。

执行事务合伙人根据合伙企业实际收益情况，按实缴出资比例制定中期或年度收益分配方案，提交投资决策委员会审议通过后执行；在合伙企业清算时，将在支付所有费用偿付所有负债后，剩余的资产将按实缴出资比例向全体合伙人分配。

问题：上述A公司持有合伙企业少数等比例份额情况下，是否应将该合伙企业纳入合并范围？

二、会计准则及相关规定

《企业会计准则第33号——合并财务报表》（2014年修订）第七条规定："合并财务报表的合并范围应当以控制为基础予以确定。控制，是指投资方拥有对被投资方的权力，通过参与被投资方的相关活动而享有可变回报，并且有能力运用对被投资方的权力影响其回报金额。"

《企业会计准则第33号——合并财务报表》（2014年修订）第八条规定："投资方应当在综合考虑所有相关事实和情况的基础上对是否控制被投资方进行判断。一旦相关事实和情况的变化导致对控制定义所涉及的相关要素发生变化的，投资方应当进行重新评估。相关事实和情况主要包括：

（一）被投资方的设立目的。

（二）被投资方的相关活动以及如何对相关活动作出决策。

（三）投资方享有的权利是否使其目前有能力主导被投资方的相关活动。

（四）投资方是否通过参与被投资方的相关活动而享有可变回报。

（五）投资方是否有能力运用对被投资方的权力影响其回报金额。

（六）投资方与其他方的关系。"

《企业会计准则第33号——合并财务报表（应用指南）》（2014年修订）中指出："其他可变回报的例子包括……3. 其他利益持有方无法得到的回报。例如，投资方将自身资产与被投资方的资产一并使用，以实现规模经济，达到节约成本、为稀缺产品提供资源、获得专有技术或限制某些运营或资产，从而提高投资方其他资产的价值。"

三、案例解析

在本案例中，A公司仅持有合伙企业20%的股权，其是否拥有合伙企业的控制权，应结合相关事实和情况分析如下：

第一，合伙企业设立目的是为A公司及其子公司的工程施工项目提供资金。从设立目的而言，A公司更有动机也更有能力主导合伙企业的相关活动，该因素在判断控制的各环节都应予以考虑。

第二，合伙企业的相关活动包括投资项目的筛选与决策以及所投资项目的管理。投资项目的筛选将直接影响未来投资回报；在确定投资项目后，以何种方式投资建设项目、对投资项目的管理方式和模式以及所投资项目的利润分配方式等安排都将在很大程度上影响合伙企业的可变回报。

第三，对于投资项目的筛选与决策由投资决策委员会决策，公司占有2/3以上的表决权，在该活动上拥有实质性权利；所投项目的管理由执行事务合伙人（即A公司）代表合伙企业行使，且所投项目都是公司及其下属子公司承建的项目，公司在所投项目管理上也拥有实质性权利，即A公司拥有对合伙企业所有主要相关活动的实质性权力。

第四，对于享有的可变回报，合并财务报表准则应用指南中指出，因参与被投资方的相关活动而享有的可变回报，应包括其他可变回报，如“其他利益持有方无法得到的回报。例如，投资方将自身资产与被投资方的资产一并使用，以实现规模经济，达到节约成本、为稀缺产品提供资源、获得专有技术或限制某些运营或资产，从而提高投资方其他资产的价值”。

综上所述，A公司设立和参与该合伙企业的可变回报，一是通过持有20%的权益份额享有合伙企业的利润分配；二是其他可变回报，包括规模经济和成本节约带来的回报（如A公司可以根据需要，灵活地、最优化地将最低资金成本运用于其工程项目建设之中，通过资源优化配置节约成本）、通过管理合伙企业所投资项目以及影响其收益分配而获得可变回报（如可以通过对投资项目的筛选、合伙企业所投资项目的工程投入及建设成本的控制以及所投资项目收益在合伙企业和A公司其他单位之间的分配比例等获得可变回报）等，因此尽管根据持股比例享有的合伙企业利润分配较低，但其从该合伙企业所获得其他回报却是非常明显的。

第五，与其他方的关系，资产管理公司作为有限合伙人，只享有投资决策委员会的一个席位，且投资决策委员会的相关决议需投资决策委员会2/3以上委员同意即可通过，可见其他方并不能在投资决策委员会上阻止A公司的主导权力。

综上所述，除非存在其他明确的相反证据，A公司对合伙企业构成控制，应将其纳入合并范围。

【相关案例之一】

（一）案例背景

2×14年，A公司与B股权投资管理合伙企业合资设立C并购基金（法律形式为有限合伙企业），存续期5年。根据双方签订的框架协议，该并购基金设立目的主要是作为A公司产业并购整合的平台，以股权形式投资于A公司产业链中上下游的公司。A公司作为C基金的唯一劣后级有限合伙人（LP）出资50%，B合伙企业作为普通合伙人（GP）出资0.01%，剩余部分由双方共同募集。

该基金设立投资委员会，其中GP和A公司分别委派2名委员，项目的投资与退出决策均由投资委员会作出，必须经3名以上委员的同意方可通过，A公司拥有一票否决权。GP委派的代表人选需由A公司同意。

GP每年向合伙企业按项目投资额的1%收取管理费。在每个项目退出时（每个项目的合伙人份额占比根据并购基金合伙人份额占比确定），并购基金对其可分配收益按如下顺序进行分配：（1）支付给GP的固定管理费及其他相关税费；（2）GP和优先级LP本金；（3）GP和优先级LP按固定收益率计算的投资收益；（4）劣后级LP投资本金；（5）上述之外剩余金额在GP和劣后级LP之间按20%和80%比例分配。

此外，根据协议，对于所有投资项目在基金管理下运营满3年或基金到期清算前半年，GP有权选择要求A公司受让基金持有的该投资项目的全部或部分股权，受让价格应保证本金加上固定收益率。

问题：A公司是否应将该并购基金纳入合并范围？

（二）案例解析

主导结构化主体相关活动的依据通常是合同安排或其他安排，在实务中存在多种形式，投资方作为有限合伙人还是普通合伙人参与结构化主体对于其是否“控制”并不是决定性因素。公司应根据被投资单位的管理和投资的决策机制等判断是否拥有权力，如果投资方拥有项目管理等活动的决策权或主导被投资单位经营方向的权力，并享有被投资单位重大可变回报及其可变动性，应将被投资单位纳入合并范围。

在本案例中，A公司作为并购基金的唯一劣后级有限合伙人，是否需要合并该并购基金，应根据准则相关规定结合相关事实和情况从以下方面予以分析：

第一，A公司设立该并购基金的目的是作为A上市公司产业并购整合平台，投资于其产业链中上下游的公司。同时，A上市公司在该并购基金设立时的安排，包括认购全部劣后级份额、承担劣后偿付的风险以及将以固定金额回购并购基金所投资股权的承诺，显示出A公司承担了重大的回报可变性，表明其有动机获取对并购基金的权力。

第二，确定并购基金的相关活动是投资项目的选择、管理及退出。根据相关协议，并购基金筹集基金在投资方向范围内选择投资项目，对投资项目进行经营管理，并确定适当的退出方式。无论投资项目的选择、投资项目的经营管理还是投资项目的退出，都会直接影响并购基金的投资回报，因此影响并购基金可变回报的相关活动包括投资项目的选择、管理与退出等。

根据相关协议，项目的投资与退出决策均由投资委员会作出，必须经3名以上委员的同意方可通过，虽然公司仅占半数表决权，但普通合伙人所委派的代表人需由A公司同意，且A公司对于投资委员会的决策具有一票否决权，从而实际上间接控制投资委员会。

第三，投资方是否通过参与被投资方的相关活动而享有可变回报，且有能力运用对被投资方的权力影响其回报金额。

从投资收益分配顺序而言，A公司作为劣后级有限合伙人，其本金的收回和浮动收益的分配顺序均在普通合伙人和优先级有限合伙人的本金和固定投资收益分配之后，相当于其以投资本金为限为普通合伙人和优先级有限合伙人的本金及收益的收回提供担保，同时其享有80%的超额收益；

此外，其承诺在特定情形下按本金加上固定收益率回购基金拥有的被投资项目的股权，表明A公司承担了该并购基金绝大部分的风险和报酬波动，从可变回报的量级和可变动性而言都是重大的，且其可通过投资委员会的权利和项目管理等方面权利，带来可变回报。

此外，《企业会计准则第33号——合并财务报表（应用指南）》（2014年修订）中指出因参与被投资方的相关活动而享有的可变回报，应包括其他可变回报，如“其他利益持有方无法得到的回报。例如，投资方将自身资产与被投资方的资产一并使用，以实现规模经济，达到节约成本、为稀缺产品提供资源、获得专有技术或限制某些运营或资产，从而提高投资方其他资产的价值”。A公司通过并购基金，以股权形式投资于A公司产业链中上下游的公司，能获得协同效应、规模经济等其他投资方无法得到的其他可变回报。

第四，关于与其他方的关系，普通合伙人虽然为执行事务合伙人，并在投资委员会中派有代表，但其决策权比较有限，其获得的投资回报为1%的固定管理费和20%的超额业绩报酬，且普通合伙人有权选择要求A公司以本金加上固定收益率受让基金持有的该投资项目的全部或部分股权，从可变回报的量级和变动性相对A公司而言都不重大。

综上所述，A上市公司虽为合伙企业的有限合伙人，但除非存在其他明确的相反证据，其很可能对该并购基金构成控制，应将其纳入合并范围。

【相关案例之二】

（一）案例背景

A公司参与B公司发起设立的产业基金，产业基金首期规模为30亿元，A公司作为唯一劣后级有限合伙人，认购其中的10亿元劣后基金份额，其承担产业基金的损失以其本金为限。执行事务合伙人为B公司。根据产业基金的募集说明书，该产业基金投资标的为设立一家贸易公司，并向该贸易公司提供股东借款，以便贸易公司开展业务。贸易公司实行董事会领导下的总经理负责制，董事会由5名董事组成，均由产业基金委派。其中，2名应由B公司指定，3名应由A公司指定。贸易公司的经营、财务等相关活动的决策均由董事会作出。董事会议事机制为过半数表决通过。贸易公司的总经理人员由A公司推荐，董事会通过任免。

问题：A公司是否应将该产业基金纳入合并范围？

（二）案例解析

主导结构化主体相关活动的依据通常是合同安排或其他安排，在实务中存在多种形式，投资方作为有限合伙人还是普通合伙人参与结构化主体对于其是否控制并不是决定性因素。公司应根据被投资单位的管理和投资的决策机制等判断是否拥有权力，如果投资方拥有项目管理等活动的决策权或主导被投资单位经营方向的权力，并享有被投资单位重大可变回报及其可变动性，应将被投资单位纳入合并范围。

在本案例中，A公司作为产业基金的劣后级有限合伙人，是否需要合并该并购基金，应根据准则规定结合相关事实和情况从以下方面予以分析：

第一，A公司参与发起设立该产业基金，从该产业基金设计安排来看，产业基金的主要目的是设立一家贸易公司，A公司负责产业基金设立的贸易公司的管理及运营，且A公司认购了该产业基金的全部劣后级份额、承担劣后偿付的风险，这表明其更有动机也更有能力主导产业基金的相关活动，该点在判断控制的各环节均应予以考虑。

第二，产业基金投资标的为设立一家贸易公司，产业基金为该贸易公司提供股东借款，其相关活动包括对贸易公司的经营管理以及对贸易公司违约风险的管理。

第三，产业基金投资的该贸易公司实行董事会领导下的总经理负责制，A公司在5个董事席位中占据3席，且董事会议事机制为过半数表决通过，因此A公司很可能能够通过控制贸易公司的董事会拥有主导产业基金投资和经营方向的权力，同时当贸易公司的股东借款发生违约时，对于股东借款拥有回收管理的权力。

第四，A公司作为产业基金唯一劣后级，其将享有重大可变回报，且与其他投资方相比承担了更大的回报变动性。其拥有的对贸易公司管理及运营以及对贷款信用风险管理的权力，将影响其可变回报。

综上所述，A公司很可能拥有对产业基金的控制权，应将其纳入合并范围。

【相关案例之三】

（一）案例背景

B信托公司受托管理一项信托计划，期限为10年，信托财产将主要投资于上市公司股票质押贷款。该信托计划资金分为优先级信托资金和次级信托资金。信托计划存续期内，受托人有权设立优先级信托受益权开放期，但优先级信托资金和与该时点信托计划实际存续的次级信托资金的比例不超过9∶1。由于基础资产是有较好质押物增信的债务投资，整体风险波动导致本金亏损达到10%以上的可能性较小。优先级受益人在申购信托单位时将设有预期年化收益率，享有预期信托收益和信托资金的优先分配权；次级份额不设固定收益率，用于吸收来自信用/利率风险的初始损失以保护优先级投资者，并且获取所有剩余回报；B信托公司收取0.7%的固定信托管理费。

A证券公司认购B信托计划100%的次级信托单位。全体委托人指定A证券公司为信托计划的委托人代表，和受托人B信托公司共同对信托计划的投资进行决策并对投资项目进行管理。A证券公司和B信托公司对项目的共同管理，通过双方签署"合作协议"来约定。根据"合作协议"：投资管理执行小组由6名委员组成，其中A证券公司和B信托公司各委派3名。根据投资管理的执行条款，所有类型的投资决策都需要双方的委员同意才可执行。根据合同条款，由A证券公司负责推荐投资项目，B信托公司对A证券公司所推荐的项目所涉合法合规性、风险控制与保障措施是否达到信托计划要求进行审查，审查不符合条件的，有权决定不予立项；由A证券公司制定每期优先级信托单位发行安排，方案包括信托计划优先级信托单位的预期存续期限、预期收益率、期限错配比例等要素，但方案须由双方投资经理签字或加盖业务授权章确定后实施。

问题：在上述享有共同管理权的情况下，A证券公司是否应合并B信托计划？

（二）会计准则及相关规定

《企业会计准则第33号——合并财务报表》（2014年修订）第十一条规定："投资方在判断是否拥有对被投资方的权力时，应当仅考虑与被投资方相关的实质性权利，包括自身所享有的实质性权利以及其他方所享有的实质性权利。实质性权利，是指持有人在对相关活动进行决策时有实际能力行使的可执行权利。判断一项权利是否为实质性权利，应当综合考虑所有相关因素，包括权利持有人行使该项权利是否存在财务、价格、条款、机制、信息、运营、法律法规等方面的障碍；当权利由多方持有或者行权需要多方同意时，是否存在实际可行的机制使得这些权利持有人在其愿意的情况下能够一致行权；权利持有人能否从行权中获利等。某些情况下，其他方享有的实质性权利有可能会阻止投资方对被投资方的控制。这种实质性权利既包括提出议案以供决策的主动性权利，也包括对已提出议案作出决策的被动性权利。”

《企业会计准则第33号——合并财务报表》（2014年修订）第十二条规定：“仅享有保护性权利的投资方不拥有对被投资方的权力。保护性权利，是指仅为了保护权利持有人利益却没有赋予持有人对相关活动决策权的一项权利。保护性权利通常只能在被投资方发生根本性改变或某些例外情况发生时才能够行使，它既没有赋予其持有人对被投资方拥有权力，也不能阻止其他方对被投资方拥有权力。”

（三）案例解析

在本案例中，A证券公司与B信托公司共同管理信托计划，A证券公司是否应合并该信托计划，实务界可能存在两种观点：

一种观点认为不合并。其理由为：尽管A证券公司持有信托计划的100%的劣后级权益，承担了信托计划收益的绝大部分“可变动性”，但由于A证券公司与B信托公司是共同管理信托计划，且双方在决策机构中各占50%的席位，所有的投资决策和融资决策，均需要双方共同同意才可执行，A证券公司不拥有控制三要素中的权力；虽然B信托公司仅享有固定的管理费，但其管理费也将随着信托规模的扩大而增加，其因管理信托计划，也存在相应的声誉风险，其存在动力行使投资和融资决策权使信托计划收益最大化。因此A证券公司不拥有绝对的权力，不构成控制。

另一种观点认为应合并。理由为：作为100%的劣后级权益人，A证券公司承担了信托计划的绝大部分“可变动性”，同时，B信托公司仅从该信托计划中获得与市场水平相当的固定的信托管理费。从信托产品的设计来看，对可变回报影响最大的相关活动为投资决策以及筹资决策（优先级信托单位发行安排）。从投资决策上而言，A证券公司负责推荐投资项目，而B信托公司仅对其所涉及的合法合规性、风险控制与保障措施是否达到要求而进行审查，该权利并非实质性权利；从融资决策上而言，A证券公司制定相应发行安排，包括与可变回报相关的期限、收益、错配等关键要素的设定，而B信托公司仅执行程序性审查盖章流程，不拥有融资决策的实质性权利。因此认为，A证券公司对B信托计划拥有实质性权利，并通过权利可获得重大部分可变回报，应合并信托计划。

上述案例的关键是，要结合实务来判断B信托公司对项目所涉合法合规性、风险控制与保障措施等进行审查是否为一项实质性权利，如果只是根据法律法规要求或相关协议中已经明确约定的要求和条件进行程序性审批（如并未违反法律法规或协议中约定要求和条件就没有理由不予审批通过），则表明B信托公司的权利并非实质性权利，其仅作为代理人身份行使决策权，A证券公司应合并该信托计划。

【相关案例之四】

（一）案例背景

A上市公司原持有W公司100%的股权。2×19年，A公司将所持W公司1%的股权转让给关联方B公司，交易作价200万元。同时，A公司与B公司共同出资设立一家有限合伙企业。A公司作为有限合伙人，以所持W公司99%股权出资作价1.99亿元，对应合伙份额99.5%，B公司作为普通合伙人，以货币认缴出资100万元，对应合伙份额0.5%。

合伙企业的设立目的在于发展基于农业节水灌溉而衍生的大数据业务。合伙企业的投资标的限制为单一标的即W公司。W公司现处于创业期，研发产品尚在初期投入阶段，处于亏损周期。

合伙企业协议约定，A公司作为有限合伙人是投资者身份，只以出资对合伙企业负有限责任，对合伙企业不具有经营管理权。B公司作为执行事务合伙人，行使合伙企业的日常管理职责。在执行事务合伙人未违反法律规定及合伙协议约定的情况下，A公司不能罢免执行事务合伙人；未经双方充分沟通达成一致，A公司亦无权自行更改合伙协议的关键性条款。合伙协议约定的收益分配原则为：普通合伙人为A公司承担保底收益3%

以上的义务；如果收益超过6%，优先分配给A公司6%的收益，然后分配给普通合伙人25%的超额收益，剩余收益按照出资比例分配给全体合伙人。如果投资回报达不到每年3%的固定收益，由普通合伙人自合伙企业清算后的剩余财产予以弥补，仍不足以支付时，由普通合伙人以其自有资产予以弥补至3%。

问题：上述交易完成后，A公司是否继续将W公司纳入合并范围？

（二）会计准则及相关规定

《企业会计准则第33号——合并财务报表》（2014年修订）第十五条规定：“当表决权不能对被投资方的回报产生重大影响时，如仅与被投资方的日常行政管理活动有关，并且被投资方的相关活动由合同安排所决定，投资方需要评估这些合同安排，以评价其享有的权利是否足够使其拥有对被投资方的权力。”

《企业会计准则第33号——合并财务报表（应用指南）》（2014年修订）进一步指出：“由于主导结构化主体的相关活动不是来自表决权（或类似权利），而是由合同安排决定，这无形中加大了投资方有关是否拥有对该类主体权力的判断难度。本准则第十五条规定，投资方需要评估合同安排，以评价其享有的权利是否足够使其拥有对被投资方的权力。在评估时，投资方通常应考虑下列四个方面：

（1）在设立被投资方时的决策及投资方的参与度。在评估被投资方的设立目的和设计时，投资者应考虑设立被投资方时的决策及投资方的参与度，以判断相关交易条款与参与特点是否为投资方提供了足以获得权力的权利。参与被投资方的设立本身虽然不足以表明参与方控制被投资方，但可能使参与方有机会获得使其拥有对被投资方权力的权利。

（2）相关合同安排。投资方需考虑结构化主体设立之初的合同安排是否赋予投资方主导结构化主体相关活动的权利。例如，看涨期权、看跌期权、清算权等可能为投资方提供权力的合同安排。在评估对结构化主体是否拥有权力时，应当考虑投资方在这些合同安排中享有的决策权。

（3）仅在特定情况或事项发生时开展的相关活动。结构化主体的活动及其回报在其设计时就已经明确，除非特定情况或事项发生。当特定情况或事项发生时，只有对结构化主体回报产生重大影响的活动才属于相关活动。相应地，对这些相关活动具有决策权的投资方才享有权力。决策权依赖于特定情况或特定事件的发生这一事实本身并不表示该权利为保护性权利。

（4）投资方对被投资方作出的承诺。为确保结构化主体持续按照原定设计和计划开展活动，投资方可能会作出一些承诺（包括明确的承诺和暗示性的承诺），因而可能会扩大投资方承担的可变回报风险，由此促使投资方更有动机获取足够多的权利，使其能够主导结构化主体的相关活动。投资方作出的确保此类主体遵守原定设计经营的承诺可能是投资方拥有权力的迹象，但其本身并不赋予投资方权力，也不会阻止其他方拥有权力。

另外，结构化主体在设立后的运营中，由其法律上的权力机构表决的事项通常仅与行政事务相关，表决权对投资方的回报往往不具有重大的直接联系。因此，投资方在评估结构化主体设立目的和设计时，应考虑其被专门设计用于承担回报可变性的类型、投资方通过参与其相关活动是否承担了部分或全部的回报可变性等。”

（三）案例解析

本案例所述的交易完成后，A公司是否继续将W公司纳入合并范围取决于A公司是否对其作为有限合伙人所参与设立的合伙企业存在控制。

A公司在评估是否应将合伙企业纳入合并范围时，应考虑以下方面：

一是合伙企业的设立目的在于发展基于农业节水灌溉而衍生的大数据业务，其投资标的限制为单一标的即W公司。从设立目的而言，A公司更有动机也更有能力主导合伙企业的相关活动，该因素在判断控制的各环节都应予以考虑。

二是结构化主体的活动及其回报在其设计时就已经明确，除非特定情况或事项发生。当特定情况或事项发生时，只有对结构化主体回报产生重大影响的活动才属于相关活动。如果A公司以W公司99%的股权向合伙企业出资后，W公司未改变相关经营管理团队，则说明标的公司的相关活动很可能仍受A公司（LP）主导。合伙协议赋予B公司（GP）的经营管理权力只是形式上的权力，不构成对合伙企业控制判断的决定性因素。

三是普通合伙人B公司是否实质承担了兜底责任。普通合伙人承担保底收益的安排，该条款是否具有实质性，取决于合伙企业的经营业绩实现情况以及普通合伙人的支付能力。对于承诺3%保底收益，需要进一步明确计算基数和实现的难易度，以判断其是否具有实质性。此外，还需明确条款约定的“普通合伙人以其自有资产予以弥补至3%”中的“自有资产”是否限于其投入的100万元出资，还是会以其他资产补足，以及普通合伙人B公司的具体财务状况和支付能力如何。如果B公司是壳公司，并不具备实质性的支付能力，则有限合伙人A公司才是实际上最终承担风险的一方。

综上所述，除非存在其他明确的相反证据，A公司很可能对合伙企业拥有控制，应将其纳入合并范围，从而应继续将W公司纳入合并报表范围。

案例12－06
控制时点的判断

一、案例背景

2×14年A公司与B公司等战略投资者共同投资设立C公司。A公司以其闲置生产线出资，股权占比为50%；B公司及其他投资者以货币出资，股权占比分别为38%和12%。根据A公司与B公司以及其他投资者签订的“合作投资经营协议”，B公司对C公司进行内部承包经营，由其享有并承担C公司的全部经营损益，A公司及其他投资方收取固定回报。由于C公司正常生产经营、业务开展须以取得安全生产许可证为前提，协议同时约定A公司全权负责申请办理生产许可证相关事宜，如因A公司或政策原因未能取得生产许可证导致不能实现合作投资经营协议的目的时，所有前期费用均由A公司承担，其他方通过清算或者根据原始出资额将股权转让给A公司。

C公司章程约定，C公司权力机构为董事会，董事会由5人组成，其中A公司委派3人。董事会审议事项采取4/5（含）多数通过来决定，但与取得安全生产许可证相关的一切事宜由A公司委派的董事独立决策，无须取得其他董事同意。C 公司的经营管理层主要由作为承包经营方的股东 B 公司委派，包括总经理、财务总监等。

最终，C 公司安全生产准入问题未能得到解决，合作投资经营的目的无法实现，投资各方同意对 C 公司进行清算解散。2×15 年 7 月 31 日，B 公司及其他战略投资者将其持有的 C 公司股权转让给 A 公司。股权转让完成后，A 公司持有 C 公司 100% 股权。A 公司自 2×15 年 8 月 1 日起将 C 公司纳入合并范围，在此之前将对 C 公司的投资作为金融工具进行核算。

问题：A 公司将 C 公司纳入合并报表范围的时点是否合理？

二、会计准则及相关规定

《企业会计准则第 33 号——合并财务报表》（2014 年修订）第七条规定："合并财务报表的合并范围应当以控制为基础予以确定。控制，是指投资方拥有对被投资方的权力，通过参与被投资方的相关活动而享有可变回报，并且有能力运用对被投资方的权力影响其回报金额。本准则所称相关活动，是指对被投资方的回报产生重大影响的活动。被投资方的相关活动应当根据具体情况进行判断，通常包括商品或劳务的销售和购买、金融资产的管理、资产的购买和处置、研究与开发活动以及融资活动等。"

《企业会计准则第 33 号——合并财务报表》（2014 年修订）第八条规定："投资方应当在综合考虑所有相关事实和情况的基础上对是否控制被投资方进行判断。一旦相关事实和情况的变化导致对控制定义所要求的相关要素发生变化的，投资方应当进行重新评估。相关事实和情况主要包括：（一）被投资方的设立目的。（二）被投资方的相关活动以及如何对相关活动做出决策。（三）投资方享有的权利是否使其目前有能力主导被投资方的相关活动。（四）投资方是否通过参与被投资方的相关活动而享有可变回报。（五）投资方是否有能力运用对被投资方的权力影响其回报金额。（六）投资方与其他方的关系。"

三、案例解析

企业在其完整的生命周期内存在不同的发展阶段，主要包括发起设立、正常运营、经营模式转变直至破产清算，当企业处于这些不同的阶段时，其相关活动可能存在重大的区别。因此，投资企业对被投资企业是否存在控制的判断并非一成不变，而是可能随着被投资企业处于不同的发展阶段、涉及不同的相关活动而不同。正因如此，企业会计准则要求投资方一旦发现相关事实和情况的变化导致对控制定义所涉及的相关要素发生变化时，需要进行重新评估。被投资方的相关活动以及如何对相关活动作出决策这一因素也被作为相关事实和情况变化的具体举例在准则正文中予以明确。

在本案例中，C公司的正常生产经营、业务开展须以取得安全生产许可证为前提，取得该许可证是一项实质性而非简单行政性的活动。因此，C公司至少存在两个发展阶段，即获取安全生产许可证前的前期筹建阶段和获取安全生产许可证后的正常生产经营阶段。2×14年，C公司尚处于设立初期，安全生产许可证尚未取得，其筹建阶段的主要相关活动即为安全生产许可证的申请办理活动。按照协议约定，该活动由A公司全权负责，这表明A公司在前期筹建阶段对C公司拥有权力。同时，协议约定如因A公司或政策原因不能取得生产许可证导致不能实现合作投资经营协议目的，所有前期费用由A公司承担，这一约定则表明A公司承担了前期筹建阶段全部的可变回报与风险。基于上述情况可以得出结论，A公司在C公司的前期筹建阶段一直对其具有控制，应自设立之日起就将其纳入合并财务报表的合并范围。

在本案例中，如果最终C公司正常取得安全生产许可证，进入由B公司对C公司内部承包经营的正常生产经营阶段，则应关注委托经营的商业目的和经济实质，结合承包经营协议关于承包经营期限、重大投资、融资等决策上存在重大限制的具体约定；受托经营期间损益分配的回报，公司整体价值变动的报酬和风险的分享和承担等各项约定，就相关方对C公司相关活动的权力、享有可变回报以及是否有能力运用对被投资方的权力影响其回报金额进行综合分析，对C公司的实际控制方另行判断。

【相关案例】

（一）案例背景

2×19年，上市公司Z公司向关联方N公司转让全资子公司D公司51%的股权，交易作价2.41亿元。N公司与Z公司由同一实际控制人控制。标的公司D公司的主要经营业务是股权投资，持有G上市公司1.79亿股股票，限售期至2×20年2月，此外无其他投资。根据Z公司与N公司签订的《股权转让协议》约定特定情形下，例如“甲方未能在协议生效两个月内完成工商变更，或乙方未能于2×20年4月30日前支付全部转让价款，可解除协议并放弃本交易。”

股权转让交易过程涉及的相关时间节点如下：

1. Z公司于2×19年6月26日召开股东大会审议通过上述关于转让D公司部分股权的议案；

2. D公司股权变更的工商登记日期为2×19年8月6日；

3. 根据D公司于2×19年7月21日修订的章程和公司出具的情况说明，D公司的法定代表人、执行董事、总经理均为Z公司的财务总监，直至2×19年12月9日才对上述职位进行人员变更并完成工商登记；

4. 2×19年12月10日、11日，N公司向Z公司支付3笔股权转让款合计1.46亿元，占股权转让款总金额的比例为60.75%。

Z公司认定于2×19年6月26日对D公司丧失控制权，剩余49%股权的公允价值为2.32亿元，于合并层面确认投资收益5.27亿元。

问题：Z公司认定2×19年6月26日对D公司丧失控制权是否恰当？

（二）案例解析

本案例中，虽然该笔股权转让属于关联交易，触发解除协议并最终放弃交易的可能性不大，但是Z公司于2×19年6月26日股权转让议案通过股东大会后就直接认定丧失对D公司的控制权，缺乏充分、谨慎的判断。在关联方之间的股权转让交易中，判断控制权的具体转移时点往往相较非关联方之间的交易要更为困难。本案例中，考虑到标的公司的法定代表人、执行董事、总经理在2×19年6月26日仍为Z公司的财务总监，直至2×19年12月9日才被进行人员变更。也就是说，在该人员变更之前Z公司仍然有权力决定D公司的主要经营和财务政策，以及2×19年12月Z公司才收到超过半数的股权转让款。综上，在没有其他明确相反证据的情况下，可视为相关控制权至2×19年12月才发生转移。

案例 12 – 07
清算阶段的子公司是否纳入合并报表范围

一、案例背景

2×11 年 2 月，上市公司 B 公司与其他自然人股东出资设立子公司 A 公司，B 公司持有 A 公司 60% 的股份，具有控制权，2×11 年度将其纳入合并报表范围。2×12 年 12 月，B 公司由于内部业务整合，决定对 A 公司进行清算。2×13 年 1 月，A 公司通过股东会决议成立清算组，清算组由各股东组成。截至 2×13 年 12 月 31 日清算尚未完成，B 公司未将 A 公司纳入 2×12 年、2×13 年合并报表范围（假设 A 公司 2×12 年和 2×13 年期末净资产均大于零）。

问题：B 公司是否应将 A 公司纳入 2×12 年、2×13 年合并报表范围？

二、会计准则及相关规定

《企业会计准则第 33 号——合并财务报表》（2014 年修订）第七条规定："合并财务报表的合并范围应当以控制为基础予以确定。控制，是指投资方拥有对被投资方的权力，通过参与被投资方的相关活动而享有可变回报，并且有能力运用对被投资方的权力影响其回报金额。

本准则所称相关活动，是指对被投资方的回报产生重大影响的活动。被投资方的相关活动应当根据具体情况进行判断，通常包括商品或劳务的销售和购买、金融资产的管理、资产的购买和处置、研究与开发活动以及融资活动等。"

《企业会计准则第 33 号——合并财务报表》（2014 年修订）第十三条规定："除非有确凿证据表明其不能主导被投资方相关活动，下列情况，表明投资方对被投资方拥有权力：

（一）投资方持有被投资方半数以上的表决权的。

（二）投资方持有被投资方半数或以下的表决权，但通过与其他表决权持有人之间的协议能够控制半数以上表决权的。”

《企业会计准则第33号——合并财务报表》（2014年修订）第十七条规定：“投资方自被投资方取得的回报可能会随着被投资方业绩而变动的，视为享有可变回报。投资方应当基于合同安排的实质而非回报的法律形式对回报的可变性进行评价。”

《企业会计准则第33号——合并财务报表（应用指南）》（2014年修订）指出，“其他可变回报的例子包括：

1. 股利、被投资方经济利益的其他分配（例如，被投资方发行的债务工具产生的利息）、投资方对被投资方投资的价值变动。

2. 因向被投资方的资产或负债提供服务而得到的报酬、因提供信用支持或流动性支持收取的费用或承担的损失、被投资方清算时在其剩余净资产中所享有的权益、税务利益，以及因涉入被投资方而获得的未来流动性。

3. 其他利益持有方无法得到的回报。例如，投资方将自身资产与被投资方的资产一并使用，以实现规模经济，达到节约成本、为稀缺产品提供资源、获得专有技术或限制某些运营或资产，从而提高投资方其他资产的价值。

投资方的可变回报通常体现为从被投资方获取股利。受法律法规的限制，投资方有时无法通过分配被投资方利润或盈余的形式获得回报，例如，当被投资方的法律形式为信托机构时，其盈利可能不是以股利形式分配给投资者。此时，需要根据具体情况，以投资方的投资目的为出发点，综合分析投资方是否获得除股利以外的其他可变回报，被投资方不能进行利润分配并不必然代表投资方不能获取可变回报。”

《中华人民共和国公司法》（2023年修订）第二百二十九条规定：“公司因下列原因解散：（一）公司章程规定的营业期限届满或者公司章程规定的其他解散事由出现；（二）股东会决议解散；（三）因公司合并或者分立需要解散；（四）依法被吊销营业执照、责令关闭或者被撤销；（五）人民法院依照本法第二百三十一条的规定予以解散。”

《中华人民共和国公司法》（2023年修订）第二百三十二条规定：“公司因本法第二百二十九条第一款第一项、第二项、第四项、第五项规定而解散的，应当清算。董事为公司清算义务人，应当在解散事由出现之日起十五日内组成清算组进行清算……”

《中华人民共和国公司法》（2023年修订）第二百三十四条规定：“清

算组在清算期间行使下列职权：（一）清理公司财产，分别编制资产负债表和财产清单；（二）通知、公告债权人；（三）处理与清算有关的公司未了结的业务；（四）清缴所欠税款以及清算过程中产生的税款；（五）清理债权、债务；（六）处理公司清偿债务后的剩余财产；（七）代表公司参与民事诉讼活动。”

《中华人民共和国公司法》（2023 年修订）第二百三十六条规定：“清算组在清理公司财产、编制资产负债表和财产清单后，应当制定清算方案，并报股东会或者人民法院确认……清算期间，公司存续，但不得开展与清算无关的经营活动……”

《中华人民共和国公司法》（2023 年修订）第二百三十七条规定：“清算组在清理公司财产、编制资产负债表和财产清单后，发现公司财产不足清偿债务的，应当依法向人民法院申请破产清算。

人民法院受理破产申请后，清算组应当将清算事务移交给人民法院。”

《中华人民共和国公司法》（2023 年修订）第二百三十九条规定：“公司清算结束后，清算组应当制作清算报告，报股东会或者人民法院确认，并报送公司登记机关，申请注销公司登记。”

《中华人民共和国企业破产法》第二十二条规定：“管理人由人民法院指定。”

《中华人民共和国企业破产法》第二十四条规定：“管理人可以由有关部门、机构的人员组成的清算组或者依法设立的律师事务所、会计师事务所、破产清算事务所等社会中介机构担任。有下列情形之一的，不得担任管理人……（三）与本案例有利害关系……”

《中华人民共和国企业破产法》第二十五条规定：“管理人履行下列职责：（一）接管债务人的财产、印章和账簿、文书等资料；（二）调查债务人财产状况，制作财产状况报告；（三）决定债务人的内部管理事务；（四）决定债务人的日常开支和其他必要开支；（五）在第一次债权人会议召开之前，决定继续或者停止债务人的营业；（六）管理和处分债务人的财产；（七）代表债务人参加诉讼、仲裁或者其他法律程序；（八）提议召开债权人会议；（九）人民法院认为管理人应当履行的其他职责。”

《中华人民共和国企业破产法》第五十九条规定：“依法申报债权的债权人为债权人会议的成员，有权参加债权人会议，享有表决权。”

《中华人民共和国企业破产法》第六十一条规定：“债权人会议行使下

列职权：(一) 核查债权；(二) 申请人民法院更换管理人，审查管理人的费用和报酬；(三) 监督管理人；(四) 选任和更换债权人委员会成员；(五) 决定继续或者停止债务人的营业；(六) 通过重整计划；(七) 通过和解协议；(八) 通过债务人财产的管理方案；(九) 通过破产财产的变价方案；(十) 通过破产财产的分配方案；(十一) 人民法院认为应当由债权人会议行使的其他职权。"

三、案例解析

根据《企业会计准则第33号——合并财务报表》(2014年修订) 第七条规定："合并财务报表的合并范围应当以控制为基础予以确定。控制，是指投资方拥有对被投资方的权力，通过参与被投资方的相关活动而享有可变回报，并且有能力运用对被投资方的权力影响其回报金额"。处于清算阶段的子公司是否纳入合并报表，判断原则相同，仍以控制为基础予以确定。

由于处于清算阶段的公司其相关活动具有特殊性，不同于正常经营公司的相关活动，应根据具体情况进行判断。根据《中华人民共和国公司法》(2023年修订) 第二百三十二条及第二百三十四条等相关规定，处于清算阶段的公司其相关活动主要是清理公司财产、清算未了结的业务、清缴所欠税款、清理债权和债务及剩余财产的分配等。

在本案例中A公司通过股东会决议成立清算组，属于主动清算，以下结合《中华人民共和国公司法》(2023年修订) 对主动清算的相关法律程序来具体分析B公司对A公司的控制基础是否发生变化。

(一) A公司在清算阶段，B公司是否拥有对A公司的权力

在本案例中，A公司经股东大会批准成立清算组，尽管A公司在清算阶段由成立的清算组全面负责清算事宜，但B公司仍拥有对A公司的权力，理由如下：第一，清算组由各股东组成，B公司作为A公司的控股股东，持有A公司60%的股权比例，B公司在清算组成员中占绝大多数比例，对清算过程中资产处置及债权债务的清理具有决定权；第二，清算组编制的清算方案最终需要股东大会批准，B公司作为控股股东具有对清算方案决策的控制权。

(二) 在A公司清算阶段，B公司是否参与了A公司的相关活动而享有可变回报

《企业会计准则第33号——合并财务报表（应用指南）》(2014年修

订）指出“其他可变回报的例子包括：……（2）被投资方清算时在其剩余净资产中所享有的权益……”在A公司清算阶段，B公司通过清算组直接参与了A公司的相关活动，例如清理公司财产、清算未了结的业务、清缴所欠税款、清理债权和债务等相关活动，及通过股东大会对清算方案进行决策，通过相关活动直接影响B公司从清算中取回剩余净资产而享有可变回报。

（三）在A公司清算阶段，B公司是否有能力运用对A公司的权力影响其回报金额

在A公司清算阶段，B公司主要获取清算剩余权益的最大化，剩余权益多少取决于清算资产的变卖及负债的清偿，B公司能够通过对A公司的实质性权利来主导清算组的清算情况及通过股东大会决定具体清算方案，都足以说明B公司有能力运用对A公司的权力影响其回报金额。

因此，在本案例中，B公司应将A公司纳入其合并报表范围。

此外，讨论另一种情形，假如A公司成立的清算组在清理公司财产、编制资产负债表和财产清单后，发现A公司财产不足清偿债务后，A公司依法向人民法院申请宣告破产。经人民法院裁定宣告破产，清算组应当将清算事务移交给人民法院，此时A公司由主动清算转入破产清算。在破产清算情况下，B公司是否仍具有对A公司的控制权？根据《中华人民共和国企业破产法》相关规定，公司进入破产清算后，由人民法院指定管理人负责清算日常事宜，管理人由有关部门、机构的人员组成的清算组或社会中介机构担任，与本案例有利害关系的人员不得担任管理人，管理人有管理和处分债务人的财产等权利，管理人受债权人监督。债权人会议行使的职权包括讨论债务人财产的管理方案、破产财产的变价方案及破产财产的分配方案。因此，进入破产程序后，A公司的相关活动由人民法院指定的管理人和债权人参与，债权人会议对剩余财产的变现及负债的清偿方案具有最终决定权，当债权人会议表决无法达成一致意见时由人民法院裁定。这种情形下B公司没有权力参与A公司与清算相关的事宜，无权参与A公司的相关活动并获取可变回报，因此B公司已失去了对A公司的控制。

综上所述，合并财务报表的合并范围应当以控制为基础加以确定。在主动清算的情况下，如果母公司对进入清算阶段的子公司仍实施控制，则仍应将其纳入合并财务报表的合并范围；在破产清算的情况下，母公司对进入清算阶段的子公司已失去了控制，则不应将其纳入合并报表范围。需要注意的是，

对于进入清算阶段的子公司，其个别财务报表不能以持续经营为基础编制。

案例 12 - 08
过渡期损益安排是否影响合并范围判断

一、案例背景

A 公司 2×15 年 11 月与独立第三方 C 公司签订协议，将其持有的 B 公司 100% 股权转让给 C 公司，该交易 2×15 年 11 月 30 日经双方股东大会通过。其中，股权转让协议存在如下约定："根据资产评估报告，截至 2×14 年 12 月 31 日（评估基准日）B 公司的评估值为 500 万元。双方一致同意，B 公司股权的转让对价为 500 万元；同时，双方一致同意评估基准日至工商过户备案手续完成日之间 B 公司实现的盈亏（过渡期损益）均归 C 公司所有。"

2×15 年 12 月 31 日，上述交易已获得监管机构等所有必要的批准；除上述过渡期损益尚未结算外，其他股权交易相关款项已全部结算；B 公司已向 C 公司签发出资证明，并相应修改公司章程和股东名册，C 公司已更换 B 公司董事会成员以及相应管理层人员。2×16 年 1 月 4 日，该交易双方最终办理完成工商过户备案手续。

根据股权转让协议，B 公司 2×15 年全年的损益（即"过渡期损益"）均归属于 C 公司。A 公司认为，根据协议条款，A 公司无权享有 B 公司 2×15 年的盈亏，即其从 2×15 年 1 月 1 日起就已不再控制 B 公司，因此未将其纳入其 2×15 年合并财务报表范围。

问题：基于上述过渡期损益安排，A 公司 2×15 年不再将 B 公司纳入合并财务报表范围是否恰当？

二、会计准则及相关规定

《企业会计准则第 20 号——企业合并》第十条规定："购买日，是指购买方实际取得对被购买方控制权的日期。”

《企业会计准则第 20 号——企业合并（应用指南）》进一步规定：“同时满足下列条件的，通常可认为实现了控制权的转移：

（一）企业合并合同或协议已获股东大会等通过。

（二）企业合并事项需要经过国家有关主管部门审批的，已获得批准。

（三）参与合并各方已办理了必要的财产权转移手续。

（四）合并方或购买方已支付了合并价款的大部分（一般应超过 50%），并且有能力、有计划支付剩余款项。

（五）合并方或购买方实际上已经控制了被合并方或被购买方的财务和经营政策，并享有相应的利益、承担相应的风险。”

《企业会计准则第 33 号——合并财务报表》（2014 年修订）第七条规定：“合并财务报表的合并范围应当以控制为基础予以确定。控制，是指投资方拥有对被投资方的权力，通过参与被投资方的相关活动而享有可变回报，并且有能力运用对被投资方的权力影响其回报金额。”

三、案例解析

根据《企业会计准则第 33 号——合并财务报表》（2014 年修订），合并财务报表的合并范围应当以控制为基础予以确定。控制，是指投资方拥有对被投资方的权力，通过参与被投资方的相关活动而享有可变回报，并且有能力运用对被投资方的权力影响其回报金额。

在处置子公司股权交易中，是否以及何时不再将被处置子公司纳入合并报表范围，关键在于判断其是否失去对子公司的控制权，也即“处置日”的判断。企业会计准则中未对“处置日”的判断作出明确规定，企业会计准则应用指南对企业合并中控制权的转移提供了若干判断标准，这些标准同样适用于股权处置日的判断。本案例中，截至 2×15 年 12 月 31 日，该项交易已获得股东大会及相应监管机构等所有必要的批准；该股权转让交易大部分款项已支付；B 公司已向新股东 C 公司签发出资证明，并相应修改公司章程和股东名册，即已办理完成相应的财产交割手续；C 公司已相应更换 B 公司董事会成员和管理人员，表明 C 公司截至 2×15 年 12 月 31 日才具有主导 B 公司的财务和经营政策等相关活动的权力以及享有相应可变回报。如合同中无其他特殊约定，结合企业会计准则应用指南对企业合并中控制权转移判断的几个条件，认定 2×15 年 12 月 31 日 A 公司已丧失对 B 公司的控制权，即处置日为 2×15 年 12 月 31 日是合理的。

股权转让协议中所约定的基准日，一般是买卖双方谈判定价的过程中，为了确定目标公司的股权价值而定的评估基准日，或者是为了界定买卖双方的权利义务（如利润分配的归属）而设定的基准日，其属于买卖双方自行约定的一个日期，与控制权是否发生转移并不存在必然的联系。而并购双方关于评估基准日至股权转让完成日之间损益（即“过渡期损益”）的归属约定一般为双方对于交易定价的一项调整，并不必然影响并购双方对标的资产的控制权。本案例中，评估基准日（即 2×14 年 12 月 31 日），A 公司尚未与 C 公司签订转让 B 公司的协议，也尚未获得相应的股东大会及监管批准，该时点 A 公司并未丧失对 B 公司的控制权。

同时，从控制的定义角度分析，在 2×15 年 12 月 31 日之前，A 公司对于 B 公司仍然具有控制：

第一，A 公司持有 B 公司 100% 股份，仍然为 B 公司登记在册的股东，除非合同中有其他明确权利义务的规定，否则 A 公司对 B 公司的财务和经营等相关活动的决策具有 100% 的表决权，拥有对 B 公司的权力。

第二，虽然根据股权转让协议中过渡期损益安排，A 公司将不再享有 B 公司 2×15 年度的损益，但其仍享有 B 公司净资产剩余权益及退出价格等可变回报。合并准则中所指可变回报，并非仅指被投资单位短期内的利得或损失，对于计划处置的子公司而言，退出时点的交易价格应为其可变回报的主要来源。

第三，A 公司有能力运用对 B 公司的权力影响 B 公司的净资产剩余权益及其退出价格。公平市场环境下理性并购交易中的交易对价，一般为交易双方基于目标公司当前经营发展状况、净资产价值、持续经营价值、协同效应等综合因素确定的。在本案例中，虽然交易价格依据评估基准日评估价值确定，但双方所达成的交易价格（包括过渡期损益的归属约定）必定是在考虑了交易时点 B 公司的经营情况、净资产价值及发展前景等因素后确定的，而这些因素直至股权交易完成之前，均为 A 公司有权力参与并有能力影响的。例如，假设协议达成日之前，A 公司大量变卖或转移 B 公司核心资产，或者改变 B 公司的经营范围或经营策略等，必然会影响与 C 公司交易达成或者交易价格的确定；而对于协议达成之日至最终交易完成日之间，理性的购买方也会要求在股权转让协议书中约定相应的保护性条款，以防止出售方对目标公司不作为或任意不善的作为等，但该等保护性条款不影响 A 公司在实际交割前能主导 B 公司财务和经营决策等相关活动的实质性权利。换言之，在评估基准日至交易完成日之间，A 公司拥有对 B 公司的权力，且有能力运用对被投资方的权力影响其回报金额。

综上所述，2×15 年度，A 公司仍然可通过参与 B 公司的各项经营管理活动享有可变回报，并且有能力运用对 B 公司的权力影响其回报金额，其仍应将 B 公司纳入合并报表范围。

值得注意的是，对于过渡期间损益的归属，可能会影响转让方的处置收益，对购买方而言则可能会影响其合并对价及相应商誉的确认金额。例如本案例中，处置价格不随过渡期的损益波动而调整，为固定价格的股权处置交易，B 公司在基准日至处置日期间的生产经营活动很可能导致处置日的净资产账面价值与基准日账面价值存在差异，此时，A 公司的处置损益的计算应基于处置日而非基准日的账面价值确定。同理，C 公司在购买日的合并对价为固定价格，然而 B 公司可辨认资产、负债在购买日的公允价值与基准日的账面价值也可能存在差异，从而导致商誉的计算结果有所不同。

【相关案例】

（一）案例背景

2×19 年，A 公司向 C 公司转让子公司 B 公司的股权。2×19 年 8 月 15 日，双方签署股权转让协议，约定本次交易的最终价款将根据评估基准日至交割日的经营损益之审计结果在暂定交易价款的基础上进行调整。2×19 年 9 月 2 日，A 公司股东大会审议通过资产出售议案，2×19 年 9 月 10 日双方签署股权交接协议，2×19 年 10 月 18 日完成工商变更登记手续。截至 2×19 年 12 月 31 日，A 公司累计收到 C 公司支付的股权转让款占暂定交易价款的 60%，A 公司自 2×19 年 9 月将 B 公司相应的净资产计入其他流动资产列报。A 公司称 C 公司目前对过渡期损益存在异议，交易价格存在重大不确定性，因此 2×19 年度不确认股权处置损益。

问题：基于上述过渡期损益安排，A 公司 2×19 年仍将 B 公司纳入合并范围是否恰当？

（二）案例解析

在处置子公司股权交易中，是否及何时不再将处置子公司纳入合并报表范围，关键在于判断其是否失去对子公司的控制权，也即“处置日”的判断。企业会计准则中未对“处置日”的判断作出明确规定，应用指南对企业合并中控制权的转移提供了若干判断标准，这些标准同样适用于股权处置日的判断。过渡期损益一般是双方对于交易定价的一项调整，并不必然影响交易双方对于标的资产的控制权。

上述案例中，双方虽然对于过渡期损益存在争议，但2×19年股东大会已审议通过资产出售议案，股权交接手续和工商变更登记均已完成，并且A公司已收到超过半数的股权转让款，在没有其他明显相反证据存在的情况下，可视为控制权已发生转移。A公司应基于“处置日”的情况暂估确认股权处置损益，待处置日后12个月内双方对过渡期损益协商完毕明确最终处置价格后，再重新计算股权处置损益并将差额计入当期损益。

案例12－09
持股比例低于50%但通过协议取得多数表决权时的合并报表范围

一、案例背景

上市公司A的业务主要为生产与零售。2×10年，经相关行业监管部门批准之后，A公司对某金融企业B公司增资1亿元，从而获得B公司20%的股权及表决权。2×12年1月1日，B公司另外三家股东以授权委托书的形式分别将其持有的B公司15%、9%和16%的股权所对应的经营表决权不可撤销地授权给A公司行使，授权期限为该三家股东持有相应股权的期间。因此，A公司有权在B公司的股东大会上行使代表60%股权的表决权。在B公司每次召开股东大会就有关事项进行表决前，A公司会与其他三家授权单位事先召开协商会议，研究讨论相关议题，就有关事项形成一致意见后由A公司在B公司的股东大会上行使表决权。

问题：A公司在编制合并财务报表时，是否应将B公司纳入合并范围？

二、会计准则及相关规定

《企业会计准则第33号——合并财务报表》（2014年修订）第七条规定："合并财务报表的合并范围应当以控制为基础予以确定。控制，是指投资方拥有对被投资方的权力，通过参与被投资方的相关活动而享有可变回报，并且有能力运用对被投资方的权力影响其回报金额。"

《企业会计准则第33号——合并财务报表》（2014年修订）第十三条、第十四条对表决权比例未超过半数情况下的控制作出了原则性规定：

"第十三条　除非有确凿证据表明其不能主导被投资方相关活动，下列情况，表明投资方对被投资方拥有权力：

（一）投资方持有被投资方半数以上的表决权的。

（二）投资方持有被投资方半数或以下的表决权，但通过与其他表决权持有人之间的协议能够控制半数以上表决权的。

第十四条　投资方持有被投资方半数或以下的表决权，但综合考虑下列事实和情况后，判断投资方持有的表决权足以使其目前有能力主导被投资方相关活动的，视为投资方对被投资方拥有权力：

（一）投资方持有的表决权相对于其他投资方持有的表决权份额的大小，以及其他投资方持有表决权的分散程度。

（二）投资方和其他投资方持有的被投资方的潜在表决权，如可转换公司债券、可执行认股权证等。

（三）其他合同安排产生的权利。

（四）被投资方以往的表决权行使情况等其他相关事实和情况。"

《企业会计准则第33号——合并财务报表》（2014年修订）第十八条、第十九条进一步规定了投资方是以主要责任人还是以代理人行使决策权：

"第十八条　投资方在判断是否控制被投资方时，应当确定其自身是以主要责任人还是代理人的身份行使决策权，在其他方拥有决策权的情况下，还需要确定其他方是否以其代理人的身份代为行使决策权。

代理人仅代表主要责任人行使决策权，不控制被投资方。投资方将被投资方相关活动的决策权委托给代理人的，应当将该决策权视为自身直接持有。

第十九条　在确定决策者是否为代理人时，应当综合考虑该决策者与被投资方以及其他投资方之间的关系。

（一）存在单独一方拥有实质性权利可以无条件罢免决策者的，该决策者为代理人。

（二）除（一）以外的情况下，应当综合考虑决策者对被投资方的决策权范围、其他方享有的实质性权利、决策者的薪酬水平、决策者因持有被投资方中的其他权益所承担可变回报的风险等相关因素进行判断。"

《企业会计准则第 40 号——合营安排》第五条对"共同控制"的定义如下："共同控制，是指按照相关约定对某项安排所共有的控制，并且该安排的相关活动必须经过分享控制权的参与方一致同意后才能决策。

本准则所称相关活动，是指对某项安排的回报产生重大影响的活动。某项安排的相关活动应当根据具体情况进行判断，通常包括商品或劳务的销售和购买、金融资产的管理、资产的购买和处置、研究与开发活动以及融资活动等。"

《国际财务报告准则第 10 号——合并财务报表》第 18 段规定："拥有决策权的投资方应确定自己是委托人还是代理人。"

《国际财务报告准则第 10 号——合并财务报表（应用指南）》第 58 段规定："当具有决策权的投资方（决策者）对自身是否控制被投资方进行评估时，应确定自身是委托人还是代理人。投资方也应确定其他具有决策权的主体是委托人还是代理人。代理人主要是代表其他方（委托人）行动并服务于其他方利益，因此在代理人行使决策权时，并不控制被投资方……"

三、案例解析

根据企业会计准则对于控制和共同控制的定义，一个企业只有在可以单方面主导被投资单位的相关活动时，才可能拥有被投资单位的控制权；如果任何一方都无法单方面主导被投资单位的相关活动，被投资单位的财务和经营政策需要相关投资方一致同意，则分享控制权的投资方对被投资单位拥有共同控制。

在本案例中，A 公司持有 B 公司 20% 的股权及表决权，其持有的表决权比例低于 50%，但是，根据 B 公司与另外三家股东所签署的授权委托书，A 公司在 B 公司的股东大会上可以行使的表决权比例为 60%，是否即属于会计准则中所指的“通过与被投资单位其他投资者之间的协议，拥有被投资单位半数以上的表决权”？

第一，需要关注其他股东将表决权授权给 A 公司行使的商业合理性。例如，A 公司是否为 B 公司所从事行业的行业专家，具有其他股东缺乏的行业经验。

第二，需要结合授权委托书的相关条款及其法律含义，分析 A 公司是否仅作为其他股东的代理人，代理行使其他股东的意志，而非自主运用所获得的表决权。一种可能的情况是，另外三家股东放弃他们所拥有的表决权，交由 A 公司代为行使，A 公司完全可以根据自己的意愿和情况来行使全部的表决权；另一种可能的情况是，另外三家股东并没有放弃表决权，只是授权 A 公司作为其代理人，在股东大会上代为行使表决权。两种情形下，我们很可能会得出不同的判断结果。前一种情况下，A 公司很可能已经拥有另外三家股东合计 40% 的表决权从而符合会计准则上控制判断条件；在后一种情况下，A 公司很可能只是代表其他三个股东在股东大会上投票，并不拥有这 40% 的表决权，从而不能据此判断 A 公司能够控制 B 公司。

值得注意的是，如果根据授权委托书的相关条款，A 公司已经拥有另外三家股东合计 40% 的表决权，我们仍然需要关注这样一个事实，在 B 公司每次召开股东大会就有关事项进行表决前，A 公司会与其他三家授权单位事先召开协商会议，研究讨论相关议题，就有关事项形成一致意见。如果这样的协商会议仅仅是为了维护各方的友好合作关系，各方共同出谋划策，为了大家的利益最大化而进行研究与讨论，在出现争议的情况下，A 公司仍然有最终的决定权，或者 A 公司有权自行决定是否召开协商会议，那么 A 公司仍然有控制。然而，如果根据其他的协议和安排，A 公司必须在每次股东大会之前与其他三家股东进行协商，任何实质性事项的决策都需要大家一致同意，或者至少需要其他三家股东中的一家同意，这种情况下，A 公司实质上仍然不拥有另外三家股东的表决权，不能据此判断为 A 公司能够控制 B 公司。

【相关案例】

（一）案例背景

A公司为上市公司，2×12年12月与B公司共同投资设立C公司。C公司为中外合资经营企业，其中A公司持股比例为51%，B公司持股比例为49%。C公司于2×12年12月开始正式运营，其董事会由7名成员组成，其中A公司派出4名董事，B公司派出3名董事。A公司在2×12年年报、2×13年一季报、2×13年半年报和2×13年三季报中均将C公司纳入合并范围。2×13年年报中，A公司将C公司认定为共同控制企业，并将其核算方法由成本法改为权益法，A公司说明的主要理由为：

1. C公司的年度工作计划须由董事会一致表决通过，A公司认为，其在重要经营决策方面无法控制C公司；

2. 合营合同与公司章程规定特定事项须由董事会一致表决通过，如C公司超过500万元的购买、转让、出售、出租或以其他方式处置任何固定资产、不动产以及其他设备；签订、实质性修改、解除或终止任何重大合同以及年度计划。

A公司认为，合并范围变更事项属会计估计变更，不影响公司2×13年年度合并财务报表中归属于母公司股东的净利润和归属于母公司股东的权益。会计师事务所对上述事项也出具了书面说明，认为该事项属于会计估计变更，在相关重大方面符合企业会计准则的有关规定。

问题：A公司在编制2×13年合并财务报表时，将合并范围变更视为会计估计变更进行处理是否正确？

（二）案例解析

在本案例中，A公司于2×13年变更其合并范围的依据是合营合同、公司章程及其约定，如某些特定事项及年度工作计划等须董事会一致表决通过等。然而，A公司在编制2×12年年报和2×13年一季报、半年报、三季报时，这些条款就已经存在。在此类条款未发生修订的情况下，A公司据此判断是否对C公司具有控制权时，前后不应当出现判断差异，相应地，A公司合并范围也不应出现变更。A公司上述调整既不属于会计政策变更也不属于会计估计变更。该案例关键的判断在于，根据合营合同、公司章程的约定，A公司对C公司是否具有控制权。

第一，在案例背景资料中提及，“合同价值超过 500 万元的购买、转让、出售、出租、处置固定资产的事项须由董事会一致表决通过”。据此，我们认为，首先应当分析该条款为有实质性意义的条款还是保护性条款。如果就 C 公司的日常经营性质而言，固定资产的购置、租售事项并非小概率事件时，则很可能将此条款认定为有实质性意义的条款而非保护性条款。此外，还应当分析，相对 C 公司的实际经营规模而言，500 万元的界限是否远远低于其正常的生产经营规模。如果远低于实际经营规模，应当可以将其判断为是一项有实质性意义的条款而非保护性条款。

第二，我们也注意到在案例背景资料中提及“签订、实质性修改、解除或终止任何重大合同以及年度计划须由董事会一致表决通过”。该条规定也在很大程度上表明 A 公司对 C 公司的重大经营政策没有控制权。

如果结合上述两点的分析，A 公司对 C 公司始终不具有控制权而仅能实施共同控制的情况下，C 公司为 A 公司的合营企业，不能纳入 A 公司的合并范围，A 公司自始至终都应当将 C 公司作为合营企业核算。A 公司在 2×12 年年报和 2×13 年一季报、半年报、三季报把 C 公司纳入合并范围，从 2×13 年起不把 C 公司纳入合并范围的处理方式并不符合企业会计准则的相关规定。因此，A 公司在编制 2×13 年合并财务报表时，将合并范围作为会计估计变更处理是不合理的，应当将在此前把 C 公司纳入合并范围事项作为会计差错更正处理。

案例 12 – 10
合并抵销调整

为了客观、真实地反映企业集团的整体财务状况和经营成果，合并财务报表需要在个别财务报表的基础上抵销内部交易的影响。企业会计准则讲解对各类内部交易的抵销调整有所列举，但抵销调整并不是一成不变的，实务中需要结合交易的经济实质加以考虑。

例如，期末存货中包含的未实现内部销售利润，在合并层面应予以抵销，待真正实现时再进行确认，而不同的实现方式，会直接影响合并抵销调整的后续计量。若通过对集团外第三方销售予以实现，包含在存货余额中的上期未实现利润结转计入了本期营业成本，因此后续抵销时，借记“期初未分配利润”，贷记“营业成本”；若通过内部使用予以实现，如被管理部门领用，包含在存货余额中的上期未实现利润随存货一起转入本期管理费用，因此后续抵销时，借记“期初未分配利润”，贷记“管理费用”；但实务操作中，还可能通过处置子公司或其他更为复杂的方式予以实现，在这些情况下则需要更多的专业判断。

一、案例背景

A公司为上市公司，B公司为其全资子公司。B公司在2×13年6月对C公司进行股权投资，交易结束后，B公司持有C公司51%股权。A公司在2×13年度7月至12月销售产品给C公司，C公司将该产品用作主要生产设备并已于2×13年投入使用。2×13年度A公司通过上述交易实现销售收入约为19,000万元，结转销售成本约为13,000万元，实现销售毛利约6,000万元。A公司在编制2×13年度合并财务报表时已将上述内部购销交易予以抵销。假设本案例无须考虑设备折旧和所得税的相关影响。

B公司于2×14年3月将持有C公司的48%股权对外转让给E公司和F公司（E公司和F公司为非关联方），B公司在转让后仅持有C公司3%股权（假设A公司及B公司并未于2×13年度与E公司和F公司达成任何股权转让的约定）。从2×14年1月1日起至B公司出售C公司股权时止，A公司与C公司之间未发生内部交易。A公司认为，在编制2×14年一季度财务报告时，对A公司与C公司之间2×13年的内部购销交易，有两种会计处理方法：

方法一：全额抵销A公司与C公司之间的内部购销交易，会计处理为：

借：期初未分配利润　　6,000

　　主营业务成本　　13,000

　　贷：主营业务收入　　19,000

方法二：抵销A公司与C公司内部购销交易产生的毛利，会计处理为：

借：期初未分配利润　　6,000

　　贷：主营业务收入　　6,000

（以上分录不包含与该项交易相关的所有抵销分录）

问题：在编制 2×14 年一季度财务报告时，A 公司对 2×13 年上述内部销售毛利应如何调整？

二、会计准则及相关规定

《企业会计准则第 33 号——合并财务报表》（2014 年修订）第三十条规定："合并资产负债表应当以母公司和子公司的资产负债表为基础，在抵销母公司与子公司、子公司相互之间发生的内部交易对合并资产负债表的影响后，由母公司合并编制"。

《企业会计准则第 33 号——合并财务报表（应用指南）》（2014 年修订）指出："对于内部存货交易的抵销，在连续编制合并财务报表的情况下，首先必须将上期抵销的存货价值中包含的未实现内部销售损益对本期期初未分配利润的影响予以抵销，调整本期期初未分配利润的金额然后再对本期内部购进存货进行抵销处理，其具体抵销处理程序和方法：将上期抵销的存货价值中包含的未实现内部销售损益对本期期初未分配利润的影响进行抵销。即按照上期内部购进存货价值中包含的未实现内部销售损益的金额，借记'未分配利润——年初'项目，贷记'营业成本'项目"。

《企业会计准则第 33 号——合并财务报表（应用指南）》（2014 年修订）指出："连续编制合并财务报表时内部交易形成的固定资产的抵销处理在以后会计期间，该内部交易形成的固定资产仍然以原价在购买企业的个别资产负债表中列示，因此必须将原价中包含的未实现内部销售损益的金额予以抵销；相应地销售企业以前会计期间由于该内部交易所实现的销售利润，形成销售当期的净利润的一部分并结转到以后会计期间，在其个别所有者权益变动表中列示。因此必须将期初未分配利润中包含的该未实现内部销售损益予以抵销，以调整期初未分配利润的金额。将内部交易形成的固定资产原价中包含的未实现内部销售损益抵销，并调整期初未分配利润。即按照原价中包含的未实现内部销售损益的金额，借记'未分配利润——年初'项目，贷记'固定资产——原价'项目"。

三、案例解析

企业会计准则并未具体涉及子公司在连续的会计期间内进入和退出合并

范围情况下的前期内部交易抵销问题，但是准则对于内部交易抵销的基本原则是很明确的。因此，实务中一则应当根据交易的经济实质，并结合基本会计原则如一贯性、可比性等原则进行判断处理；二则对于频繁变更合并范围，尤其是对同一子公司连续几个会计期间出入合并范围内的情况予以重点关注。

例如，母公司向子公司销售存货，对于期末存货中包含的未实现内部销售利润，在合并层面应予以抵销。下一会计期间，由于母公司将该子公司出售给集团外第三方，在这种情况下，子公司不再纳入合并范围，子公司账上的存货作为子公司净资产的一部分被出售给集团外第三方，原集团内未实现利润在当期转成了已实现利润。可以理解为，存货作为子公司净资产的一部分，一起结转入处置子公司的投资收益中，抵减了本期的投资收益。因此，未实现的利润应通过“投资收益”科目进行抵销，借记“期初未分配利润”，贷记“投资收益”。

在本案例中，A 公司在编制 2×13 年合并报表时，将 B 公司和 C 公司纳入合并范围，发生在 A 公司与 C 公司之间的内部购销交易，经过抵销处理后，相当于从存货项目结转至固定资产项目。2×14 年 3 月，B 公司把 C 公司股权转让给非关联的 E 公司、F 公司后，只保留了 3% 的股权，B 公司不再控制 C 公司，C 公司不再纳入 A 公司的合并范围。此外，A 公司对于 C 公司剩余的 3% 股权，应当按照其在丧失控制权日的公允价值进行重新计量。处置股权（即 C 公司 48% 的股权）取得的对价与剩余股权（即 C 公司 3% 的股权）公允价值之和，减去按原持股比例计算应享有 C 公司自购买日（即 2×13 年 7 月）开始持续计算的净资产份额之间的差额，计入丧失控制权当期（即 2×14 年）的投资收益。与 C 公司股权投资相关的其他综合收益，转为 2×14 年的当期投资收益。A 公司在编制 2×14 年一季度合并报表时，在合并利润表中，A 公司和 C 公司 2×13 年内部购销交易中未实现毛利 6,000 万元，在 B 公司转让 C 公司股权并丧失对其控制权后，在经济实质上可视作 A 公司将净资产销售给合并主体之外的其他主体，原集团内未实现毛利在当期转成了已实现利润。方法一的思路将交易视同为 A 公司在 2×14 年销售商品；方法二的思路则视同为 A 公司在 2×14 年出售固定资产，均与交易的经济实质，即出售股权导致丧失控制权但仍保持部分投资不甚相符。

A 公司应在编制 2×14 年一季度合并报表时，将以前会计期间因内部交易产生的未实现利润确认为当期投资收益，同时调减期初未分配利润。

【相关案例之一】

（一）案例背景

A公司持有子公司B公司60%的股权。2×15年8月31日A公司将所持B公司的所有股权转让给A公司控股股东，转让后A公司不再持有B公司的股权。以前年度B公司为A公司提供建造公路的工程服务，双方结算价款10亿元，B公司提供建造公路的工程服务成本8亿元，截至2×15年8月31日，A公司账面上与B公司相关的固定资产——公路的累计折旧1亿元。A公司个别财务报表与B公司相关的“固定资产——公路”账面价值为9亿元，即“固定资产——公路”原值10亿元减去“累计折旧——公路”1亿元；合并报表层面与该交易相关的内部未实现利润1.8亿元，即A公司个别财务报表与B公司相关的“固定资产——公路”账面价值9亿元与按照B公司提供建造的服务成本8亿元为基础计算的合并报表层面应体现的“固定资产——公路”账面价值7.2亿元之间的差额。2×15年转让B公司后，A公司将该内部未实现利润一次性确认投资收益1.8亿元。

问题：子公司B处置后，A公司原逆流交易形成的内部未实现利润是否应在合并报表层面一次转入投资收益？

（二）案例解析

现有企业会计准则并未具体涉及子公司在连续的会计期间内进入和退出合并范围情况下前期内部交易抵销问题，但是，企业会计准则对于内部交易抵销的基本原则是明确的。例如，母公司向子公司销售固定资产，对于期末固定资产中包含的未实现内部交易损益都应在合并报表层面予以抵销，下一个会计年度，由于母公司将该子公司出售给集团外第三方，这种情况下，子公司不再纳入合并范围，子公司账上的固定资产作为子公司净资产的一部分被出售给集团第三方，原集团内未实现的利润在当期转化为已实现利润。

在实务中，在顺销交易情形下，可以理解为子公司账面由于内部交易形成的资产作为构成业务的子公司的净资产的一部分，一起结转到处置子公司的投资收益中，抵减了本期投资收益，因此在合并抵销中，未实现利润应通过“投资收益”科目进行抵销，借记“期初未分配利润”科目，贷记“投资收益”科目；在逆销交易情形下，虽然子公司账面资产不包含内部交易形成的资产，不影响处置子公司投资收益，但因逆销交易使母公司账面资产中含有未实现内部利润，这部分未实现内部利润通过资产折旧或销售将在后续期间减少母公司的损益，从股权处置的经济实质来看，该部分未实现的内部利润在当期转成了已实现利润，在逆销交易下前期未实现的内部利润也应通过“投资收益”科目进行抵销，一次性计入股权处置当期的“投资收益”。因此，不管是顺销交易还是逆销交易，前期未实现的内部利润在子公司处置后，都应在处置当期通过“投资收益”科目，计入处置子公司当期的投资收益。

在本案例中，A公司应在处置B公司后，将以前年度（含2×15年度）B公司为A公司提供建造公路的工程服务形成的未实现利润1.8亿元一次性确认为投资收益。即处置日在合并报表层面调增“固定资产——公路”原值2亿元，“累计折旧——公路”0.2亿元，并相应确认“投资收益”1.8亿元。

【相关案例之二】

（一）案例背景

2×18年1月，甲公司设立全资子公司乙公司。2×20年12月1日，甲公司向乙公司销售商品，实现营业收入100万元，且货款已全部结清。为简化处理，假设甲公司向乙公司销售的商品营业成本为0。截至2×20年12月31日，乙公司购入的上述商品全部未实现对外销售而形成期末存货。假定不考虑相关税费的影响。

甲公司在编制2×20年合并财务报表时，对上述内部交易的抵销分录如下：

借：营业收入　　100

　　贷：存货　　100

2×21年1月1日，甲公司向第三方丙公司出售乙公司80%的股权。交易完成后，甲公司仍持有乙公司20%的股权，能够对乙公司施加重大影响。

问题：子公司变为联营企业后，原顺流交易未实现内部交易损益应当如何处理？

（二）会计准则及相关规定

《企业会计准则第33号——合并财务报表》（2014年修订）第三十四条："母公司与子公司、子公司相互之间销售商品，期末未实现对外销售而形成存货、固定资产、工程物资、在建工程、无形资产等资产的，在抵销销售商品的营业成本和营业收入的同时，应当将各项资产所包含的未实现内部销售损益予以抵销。"

《企业会计准则第33号——合并财务报表》（2014年修订）第五十条："企业因处置部分股权投资等原因丧失了对被投资方的控制权的，在编制合并财务报表时，对于剩余股权，应当按照其在丧失控制权日的公允价值进行重新计量。"

《企业会计准则第2号——长期股权投资》第十三条："投资方计算确认应享有或应分担被投资单位的净损益时，与联营企业、合营企业之间发生的未实现内部交易损益按照应享有的比例计算归属于投资方的部分，应当予以抵销，在此基础上确认投资收益。"

《企业会计准则第2号——长期股权投资（应用指南）》（2014年修订）指出："对于投资方向联营企业或合营企业投出或出售资产的顺流交易，在该交易存在未实现内部交易损益的情况下（即有关资产未对外部独立第三方出售或未被消耗），投资方在采用权益法计算确认应享有联营企业或合营企业的投资损益时，应抵销该未实现内部交易损益的影响，同时调整对联营企业或合营企业长期股权投资的账面价值。"

（三）案例解析

对于上述问题，实务中存在两种观点：

观点一认为，根据合并财务报表准则第五十条的规定，投资方丧失对被投资方的控制权的，剩余股权应当按照公允价值重新计量。该规定背后的经济实质是，视同甲公司将乙公司的全部净资产（包括甲公司销售给乙公司的存货）销售给丙公司，交易对价为现金和对乙公司的剩余20%股权。对乙公司的20%股权为首次取得，并应当按照公允价值作为初始确认成本，因此原甲公司合并财务报表中的甲公司销售给乙公司的未实现内部销售损益100万元已在当期全部实现，并通过所确认的投资收益已经转为已实现利润。

观点二认为，甲公司出售了乙公司80%的股权后，虽然丧失了对乙公司的控制，但仍然持有乙公司20%的股权，能够对其施加重大影响。甲公司在乙公司的净资产中所占的20%权益仍将以“单行合并”的方式体现在甲公司的合并财务报表中，而乙公司的净资产中包含了甲公司向其销售的商品。因此，原甲公司合并财务报表中的未实现内部销售损益仅有80%（80万元）转为已实现利润（确认为投资收益），剩余20%（20万元）仍未实现，应当按照甲公司享有乙公司的权益份额（20%）抵销长期股权投资的账面价值。

根据企业会计准则及相关规定，对于从对子公司的投资转为对联营企业的投资（即由“控制”转为“重大影响”），或者从对联营企业的投资转为对子公司的投资（即由“重大影响”转为“控制”），合并财务报表层面均属于跨越重大会计界限，应视同处置原全部股权后重新购入一项新的股权，因此在合并财务报表中，无论是购买日之前持有的原采用权益法核算的股权投资，还是丧失控制权日后持有的剩余采用权益法核算的股权投资，都需要按照公允价值进行重新计量，从而视同处置原全部股权，持有原股权期间涉及的未实现内部交易损益已经全部实现，无须继续抵销。

案例12－11
特殊调整事项

合并财务报表，是指反映母公司和其全部子公司形成的企业集团整体财务状况、经营成果和现金流量的财务报表。与个别财务报表相比，合并财务报表反映的是由母公司和其全部子公司组成的会计主体。一般情况下，合并财务报表以纳入合并范围的企业个别财务报表为基础，根据其他有关资料，抵销母公司与子公司、子公司相互之间发生的内部交易对合并财务报表的影响。然而，随着我国市场经济的快速发展和各类型经济交易的日趋复杂化、多元化，仅仅机械地考虑抵销母公司与子公司、子公司相互之间发生的内部交易，可能并不能反映合并主体的各类经济交易的实质。

一、案例背景

2×14 年，母公司 P 将其持有的一块土地以评估值作价转让给其子公司 S，并由 S 公司负责房地产项目的开发建设，集团层面计划 2×16 年出售相关房地产项目（如商品房）。假设 2×14 年 P 公司向 S 公司转让该土地时，土地账面价值为 1,000 万元，转让价格为 1,500 万元，P 公司按照税法规定需缴纳的土地增值税为 150 万元。

此交易完成后，P 公司个别报表中确认营业收入 1,500 万元，营业成本 1,000 万元，转出存货 1,000 万元；同时，确认税金及附加、应交税费——应交土地增值税 150 万元。S 公司根据土地转让价款确认存货 1,500 万元。

问题：P 公司合并财务报表层面，集团内转让土地使用权缴纳的土地增值税应如何列报？

二、会计准则及相关规定

《企业会计准则第 33 号——合并财务报表》（2014 年修订）第二条规定："合并财务报表，是指反映母公司和其全部子公司形成的企业集团整体财务状况、经营成果和现金流量的财务报表。"这说明，合并财务报表是反映企业集团整体情况的。

《企业会计准则第 33 号——合并财务报表》（2014 年修订）第三章合并程序分别对合并报表的编制原则，合并资产负债表、合并利润表、合并现金流量表与合并所有者权益变动表的编制过程作出了规定：

"第二十六条　母公司应当以自身和其子公司的财务报表为基础，根据其他有关资料，编制合并财务报表。

母公司编制合并财务报表，应当将整个企业集团视为一个会计主体，依据相关企业会计准则的确认、计量和列报要求，按照统一的会计政策，反映企业集团整体财务状况、经营成果和现金流量。

（一）合并母公司与子公司的资产、负债、所有者权益、收入、费用和现金流等项目。

（二）抵销母公司对子公司的长期股权投资与母公司在子公司所有者权益中所享有的份额。

（三）抵销母公司与子公司、子公司相互之间发生的内部交易的影响。内部交易表明相关资产发生减值损失的，应当全额确认该部分损失。

（四）站在企业集团角度对特殊交易事项予以调整。

第二十七条　母公司应当统一子公司所采用的会计政策，使子公司采用的会计政策与母公司保持一致。

第二十八条　母公司应当统一子公司的会计期间，使子公司的会计期间与母公司保持一致。

第三十条　合并资产负债表应当以母公司和子公司的资产负债表为基础，在抵销母公司与子公司、子公司相互之间发生的内部交易对合并资产负债表的影响后，由母公司合并编制。

第三十四条　合并利润表应当以母公司和子公司的利润表为基础，在抵销母公司与子公司、子公司相互之间发生的内部交易对合并利润表的影响后，由母公司合并编制。

第四十条　合并现金流量表应当以母公司和子公司的现金流量表为基础，在抵销母公司与子公司、子公司相互之间发生的内部交易对合并现金流量表的影响后，由母公司合并编制。

第四十五条　合并所有者权益变动表应当以母公司和子公司的所有者权益变动表为基础，在抵销母公司与子公司、子公司相互之间发生的内部交易对合并所有者权益变动表的影响后，由母公司合并编制。”

《企业会计准则第 33 号——合并财务报表》（2014 年修订）第四章特殊交易的会计处理第五十二条：“对于本章未列举的交易或者事项，如果站在企业集团合并财务报表角度的确认和计量结果与其所属的母公司或子公司的个别财务报表层面的确认和计量结果不一致的，则在编制合并财务报表时，也应当按照本准则第二十六条第二款第（四）项的规定，对其确认和计量的结果予以相应调整。”

《企业会计准则第 33 号——合并财务报表（应用指南）》（2014 年修订）指出：“在编制合并财务报表时，对于母公司与子公司、子公司相互之间发生的经济业务，应当视为同一会计主体的内部业务处理，对合并财务报表的财务状况、经营成果和现金流量不产生影响。另外，对于某些特殊交易，如果站在企业集团角度的确认和计量与个别财务报表角度的确认和计量不同，还需要站在企业集团角度就同一交易或事项予以调整。”

《企业会计准则讲解（2010）》第一章“基本准则”指出，会计主体，是指企业会计确认、计量和报告的空间范围。为了向财务报告使用者反映企业财务状况、经营成果和现金流量，提供与其决策有用的信息，会计核算和财务报告的编制应当反映特定对象的经济活动，才能实现财务报告的目标。……明确界定会计主体是开展会计确认、计量和报告工作的重要前提。首先，明确会计主体，才能划定会计所要处理的各项交易或事项的范围。……会计工作中通常所讲的资产、负债的确认，收入的实现，费用的发生等，都是针对特定会计主体而言的。

《中华人民共和国土地增值税暂行条例》第三条规定："土地增值税按照纳税人转让房地产所取得的增值额和本条例第七条规定的税率计算征收。"

《中华人民共和国土地增值税暂行条例》第七条规定："土地增值税实行四级超率累进税率：

增值额未超过扣除项目金额50%的部分，税率为30%。

增值额超过扣除项目金额50%、未超过扣除项目金额100%的部分，税率为40%。

增值额超过扣除项目金额100%、未超过扣除项目金额200%的部分，税率为50%。

增值额超过扣除项目金额200%的部分，税率为60%。"

三、案例解析

根据《中华人民共和国土地增值税暂行条例》，对于纳税人转让房地产所取得的增值额应按照规定比例缴纳土地增值税。当集团内部发生此类交易时，对于转让方转让房地产产生的土地增值及相关土地增值税如何处理？

在本案例中，在合并报表层面编制抵销分录，冲减P公司营业收入1,500万元，营业成本1,000万元，冲减S公司存货成本500万元（1,500万元－1,000万元）时，对P公司土地转让产生的土地增值税税金及附加应如何处理？

根据《企业会计准则第33号——合并财务报表》（2014年修订）第二十六条第（四）款，企业在编制合并财务报表时，应"站在企业集团角度对特殊交易事项予以调整"。

土地增值税是按照纳税人转让房地产所取得的增值额和对应税率计算缴纳的，土地增值税的确认应与房地产增值的实现相对应，因此，在个别报表层面，应在转让房地产取得增值额的当期确认为损益。但是，在合并财务报表中，集团内部转让当期，由于未实现内部交易损益已被抵销，集团层面没有实现该增值，因而合并利润表中没有反映该土地的增值利得。相应地，P公司缴纳的土地增值税也不应确认为当期损益，应在合并资产负债表中将其作为一项资产列示；待房地产从该集团出售给第三方，在集团合并利润表中实现增值时，再将已缴纳的土地增值税转入损益。但如果集团未来并没有出售该房地产的计划，例如相关房地产在子公司是作为固定资产使用的，则该已缴纳的土地增值税并没有实现的可能性，不满足资产定义，应当直接计入合并报表的当期损益。

【相关案例之一】

（一）案例背景

A公司为上市公司，B公司是其子公司。B公司下属5家子公司（以下简称5家子公司）系2×08年通过非同一控制下企业合并获得，A公司于购买日合并报表中确认B公司下属的5家子公司的商誉合计约1,600万元。A公司于2×11年通过非同一控制下企业合并收购C公司形成商誉约1,300万元。

B公司于2×12年6月将持有5家子公司股权全部转让给A公司的另一子公司D公司，转让价格以B公司个别报表账面投资成本加上5家子公司2×08年至2×12年的净利润来确定。由于B公司和D公司均为A公司的子公司，因此，该项交易为同一控制下企业合并。

B公司将与5家子公司相关的商誉也一并转销。

D公司按照《企业会计准则第2号——长期股权投资》（2014年修订）对于同一控制下企业合并的相关规定，对5家子公司的长期股权投资进行初始确认，对于支付对价和初始确认投资成本之间的差额，按照会计准则的相关要求将其计入所有者权益。

经过上述两项会计处理，A公司2×12年年度合并资产负债表中仅反映A公司收购C公司形成的商誉约1,300万元。

问题：A公司2×12年年度合并资产负债表中的会计处理是否合理？

（二）案例解析

鉴于B公司和D公司同为A公司的子公司，从A公司合并报表来看，B公司和D公司虽然进行了同一控制下企业合并，使5家子公司的实际控制人从B公司变更为D公司，但从A公司合并报表主体（即把所有纳入合并范围的会计主体看成一个形式上单独的主体）的角度，是由B公司控制5家子公司还是由D公司控制5家子公司没有区别。合并报表层面，该项企业合并交易属于内部交易，与之相关的资产、负债在合并前后都在合并范围之内。因此，无论该项交易发生与否，都不会改变这5家子公司在2×08年通过非同一控制下企业合并进入A公司合并范围，并由此在A公司合并资产负债表上形成商誉这个处理结果。

值得注意的是，如果这5家子公司不是B公司的全资子公司，B公司和D公司不是A公司的全资子公司，在这种情况下，可能会涉及少数股东权益比例的变化，公司还应该按照《企业会计准则第33号——合并财务报表》的相关规定进行会计处理。

另外，需要注意的是，由于是同一控制下企业合并，在D公司的合并报表中，视同5家子公司于参与合并各方在最终控制方开始实施控制时即已并入D公司，并重述了比较数据，而B公司也将5家子公司合并至处置日，因此需要特殊的合并抵销分录去抵销这部分重复计算。

【相关案例之二】

（一）案例背景

A公司为上市公司，其子公司B公司拟在某经济技术开发区扩建厂房。A公司于2×12年1月向银行取得1亿元流动资金借款，借款年利率为6%，同时，A公司与B公司签订借款协议，借款本金1亿元，A公司按照年利率6%收取利息。B公司随后开始厂房的建设和机器设备的采购。2×12年12月31日，B公司在建工程余额为8,000万元，除A公司借款之外，B公司未承担其他带息债务。

B公司在其个别财务报表中，判断在建厂房为符合资本化的资产，按照相关规定计算利息资本化金额240万元，B公司当期支付给A公司的利息总计为600万元，因此未资本化的利息360万元计入当期财务费用。

A 公司在编制合并财务报表的时候，认为 A 公司与 B 公司之间存在 1 亿元的内部债权债务，需要全额抵销，由此产生的 A 公司的 600 万元利息收入与 B 公司的 600 万元利息支出也应该全额抵销。抵销之后，合并报表中 B 公司的在建厂房账面价值中不存在资本化利息。

问题：A 公司上述处理方法是否恰当？

（二）案例解析

在本案例中，A 公司合并报表的抵销结果并不合理。编制合并报表并不是简单地将母公司和子公司各自的报表相加并抵销内部交易的机械过程。合并报表是以合并整体作为一个会计主体，因此应该站在这个会计主体的角度来对交易进行判断，并以此为依据确定合并报表确认和计量的结果。

在本案例中，合并报表层面既有符合借款费用资本化条件的资产（B 公司的在建厂房），又有一般借款（A 公司的银行借款），而且 B 公司在建厂房也的确占用了一般借款，完全符合《企业会计准则第 17 号——借款费用》所规定的借款费用资本化条件，应该按照一般借款费用资本化的计算公式计算借款费用资本化金额，将其作为合并报表编制过程中的特殊调整分录。

【相关案例之三】

单方进项税的合并抵销问题

（一）案例背景

A 公司是一家从事家禽饲养的企业，其增值税属于免税项目。A 公司的全资子公司 B 公司是从事肉类屠宰加工的企业，其增值税属于应税项目。A 公司将自养家禽销售给子公司 B 公司时，A 公司全额计入销售收入。子公司 B 公司将采购对价的 13% 计提进项税，将剩余 87% 计入采购成本。

假设这些内部交易的自产家禽在 A 公司账面的内部销售成本为 800 万元，内部交易价格为 1,000 万元，A 公司销售自产的家禽按规定免征增值税；B 公司在购入后，按现行的增值税相关规定可以扣除 13% 的进项税额，因此原材料的入账价值为870万元（1,000万元－130万元）。

截至本年度末，B公司尚未将购自A公司的该批原材料或者使用该批原材料加工的产品对企业集团以外进行销售。

问题：对于内部交易中产生的单方计提的增值税金额，在合并报表的内部交易抵销中应当如何进行会计处理？

（二）会计准则及相关规定

《中华人民共和国增值税暂行条例》第八条规定："纳税人购进货物或者接受应税劳务（以下简称购进货物或者应税劳务）支付或者负担的增值税额，为进项税额。下列进项税额准予从销项税额中抵扣：

……

（3）购进农产品，除取得增值税专用发票或者海关进口增值税专用缴款书外，按照农产品收购发票或者销售发票上注明的农产品买价和13%[①]的扣除率计算的进项税额。进项税额计算公式：

进项税额＝买价×扣除率

（4）购进或者销售货物以及在生产经营过程中支付运输费用的，按照运输费用结算单据上注明的运输费用金额和7%的扣除率计算的进项税额。进项税额计算公式：

进项税额＝运输费用金额×扣除率

准予抵扣的项目和扣除率的调整，由国务院决定。"

《中华人民共和国增值税暂行条例》第十五条规定："下列项目免征增值税：

（1）农业生产者销售的自产农产品；

（2）避孕药品和用具；

（3）古旧图书；

（4）直接用于科学研究、科学试验和教学的进口仪器、设备；

（5）外国政府、国际组织无偿援助的进口物资和设备；

（6）由残疾人的组织直接进口供残疾人专用的物品；

（7）销售的自己使用过的物品。

---

① 根据《关于简并增值税税率有关政策的通知》（财税〔2017〕37号），自2017年7月1日起，农产品的扣除率调整为11%，但营业税改征增值税试点期间，纳税人购进用于生产销售或委托受托加工13%税率货物的农产品维持原扣除力度不变。由于案例发生时间较早，因此采用原税率进行说明。

除前款规定外，增值税的免税、减税项目由国务院规定。任何地区、部门均不得规定免税、减税项目。”

（三）案例解析

根据税法相关规定，农业生产者销售的自产农产品免征增值税，而采购方购进农产品，可以按照农产品收购发票或者销售发票上注明的买价和13%的扣除率计算进项税额。因此，在销售方为免税农业生产者，购买方为普通征税企业时，交易双方确认的增值税额并不对称。销售方免税农业生产者应将销售对价全额确认为营业收入，无须确认应交增值税；而购买方作为普通征税企业，应将购入农产品支付对价的13%计提进项增值税额，未来可进行抵扣，剩余87%确认为购入农产品的采购成本。在销售方与购买方属于合并报表范围内的两方时，产生的单方进项税如何在合并报表层面进行处理？

即：在本案例中，在合并报表层面编制抵销分录，冲减A公司营业收入1,000万元，营业成本800万元，冲减B公司存货成本70万元（870万元－800万元）时，对B公司单方进项税“应交税费——应交增值税（进项税额）”130万元应如何处理？

第一，税项是法定事项，在集团内部农产品转移时，进项税抵扣的权利已经成立，并不需要等到加工后的农产品对外销售时才实现，原则上不应抵销。

第二，站在合并财务报表层面，A公司、B公司之间的交易是合并报表范围内的内部交易，在B公司将购自A公司的原材料或者使用该原材料加工的产品对第三方出售之前，不应对合并财务报表损益产生影响，该进项税额最终经济利益流入将随着B公司后续加工后的农产品或者购买的原材料出售给第三方时逐步实现。

第三，该进项税额实质上减少了B公司加工后的农产品或者购买的原材料成本。假设交易发生在A公司与第三方之间，该采购行为产生的可抵扣进项税将减少第三方的存货成本；同理，在本案例中，尽管交易发生在合并报表范围内A公司、B公司之间，但实质上减少了A公司、B公司所在集团出售给第三方时的存货成本。

因此，应在合并财务报表中确认为一项递延收益，并随着后续加工后的农产品或者购买的原材料出售给第三方时冲减营业成本，确认损益。

【相关案例之四】

（一）案例背景

甲上市集团主要从事交通基础设施设计施工建设，A公司为甲集团全资子公司，具有保险经纪资质（已申领经营保险经纪业务许可证），目前主要为甲集团及其全资、控股子公司（投保人）的保险业务提供经纪服务，但也可以对外部第三方投保人提供经纪服务。A公司与投保人签订《委托协议》，协议约定投保人委托A公司为其保险经纪人，为投保人提供保险经纪服务，具体内容包括：保险方案设计、保险安排、协助索赔、保险合同维护、保险培训、保险公司服务质量评价。同时《委托协议》约定，A公司作为保险经纪人自行向承保公司收取保险经纪佣金，向承保公司开具相应的保险经纪佣金发票，投保人不向A公司支付任何报酬。

A公司同各保险公司签订《业务合作协议》，合同约定甲集团及其全资、控股子公司的保险业务由A公司提供经纪服务。保险公司承诺为上述范围内的公司拟定保险方案及签署保险合同前均应提前交A公司审核，并按本协议约定向A公司支付经纪佣金。根据业务合作协议，A公司主要义务为建立合作业务台账，与保险公司对账簿、单证、收据进行定期核对；按照有关规定协助投保人、被保险人及时向保险公司提供必要的投保、理赔资料；协助保险公司收取保险费等。

《业务合作协议》约定，保险经纪费为保费的X%（手续费费率），由保险公司收到保费后10个工作日内直接向A公司指定的账号划付。

A公司、保险公司与投保人签订的三方《保险合同》中，无明确由A公司履行的义务。保费有分期支付和一次性支付两种方式，保险公司均在收到投保人支付的保费后才按照《业务合作协议》向A公司支付保险经纪费。

假设上述交易具有商业实质，且交易价格公允；保险合同仅涉及工程险合同（财险），无犹豫期，保险合同生效日为保险合同签订次日。

问题：甲集团合并报表层面，对于A公司自保险公司收取的保险经纪费应当作为合并层面的收入还是冲减保险费用？

（二）案例解析

本案例中，甲集团除A公司之外的其他子公司作为投保人向保险公司购买保险服务，向保险公司支付保费；A公司作为投保人与保险公司达成交易的中间经纪人，向保险公司收取保险经纪费。保险经纪人与投保人为关联方，在甲集团合并报表层面，属于同一会计主体。因此该项业务中，从集团合并视角来看，整个集团与第三方保险公司仅是发生了一项投保交易，需支付保费，A公司自保险公司获得的保险经纪费收入实质上属于对投保子公司保费支出的节省，合并层面应当抵销相关保费支出。

案例12－12
处置子公司股权丧失控制权时对剩余股权的会计处理

在某些股权交易中，原股东处置了目标公司的部分股权后失去对目标公司的控制，而保留剩余股权。此时涉及如何判断控制权的转移、投资收益的确认和计量、剩余股权的公允价值如何取得以及剩余股权如何进行会计处理等问题。这种情况下，上述问题的判断，需要结合准则的规定、目标公司的章程等法律文件的变化，交易前后目标公司实际经营活动控制权的变动，交易价格和公允价值的确定方式等多方面的因素综合考虑。

一、案例背景

2×14年12月，上市公司A将其控股子公司B公司25%的股权作价2.5亿元处置给C集团。交易前，A公司持有B公司55%的股份，在B公司董事会中占有3个席位（董事会由5名成员组成），能控制B公司的财务和经营决策并将B公司纳入合并范围。该笔转让完成后，A公司持有B公司30%的股份，在董事会中占有2个席位（在完成本次交易后，公司章程修订为董事会由7名成员组成），不再控制B公司，仅对其有重大影响。A公司与C集团不存在关联关系。

A公司和C集团为完成上述交易，聘请评估机构D以2×14年6月30日为评估基准日对B公司的净资产进行了评估。评估机构D的评估报告显示，按照资产基础法计算的B公司净资产评估值为7亿元，按照收益法计算的净资产评估值为9亿元，最终评估结论选取收益法评估值，即B公司的股东权益市场价值评估值为9亿元。

问题：

（1）上述交易中，报告主体A如何进行会计处理？

（2）如何对B公司股权的公允价值进行计量？

二、会计准则及相关规定

《企业会计准则第2号——长期股权投资》（2014年修订）第十五条规定："……投资方因处置部分权益性投资等原因丧失了对被投资单位的控制的，在编制个别财务报表时，处置后的剩余股权能够对被投资单位实施共同控制或施加重大影响的，应当改按权益法核算，并对该剩余股权视同自取得时即采用权益法核算进行调整；处置后的剩余股权不能对被投资单位实施共同控制或施加重大影响的，应当改按《企业会计准则第22号——金融工具确认和计量》的有关规定进行会计处理，其在丧失控制之日的公允价值与账面价值间的差额计入当期损益。在编制合并财务报表时，应当按照《企业会计准则第33号——合并财务报表》的有关规定进行会计处理。"

《企业会计准则第33号——合并财务报表》（2014年修订）第五十条规定："企业因处置部分股权投资等原因丧失了对被投资方的控制权的，在编制合并财务报表时，对于剩余股权，应当按照其在丧失控制权日的公允价值进行重新计量。处置股权取得的对价与剩余股权公允价值之和，减去按原持股比例计算应享有原有子公司自购买日或合并日开始持续计算的净资产的份额之间的差额，计入丧失控制权当期的投资收益，同时冲减商誉。与原有子公司股权投资相关的其他综合收益等，应当在丧失控制权时转为当期投资收益。"

《企业会计准则讲解（2010）》第一章"基本准则"指出："在引入公允价值过程中，我国充分考虑了国际财务报告准则中公允价值应用的三个级次：第一，资产或负债等存在活跃市场的，活跃市场中的报价应当用于确定其公允价值；第二，不存在活跃市场的，参考熟悉情况并自愿交易的各方最近进行的市场交易中使用的价格或参照实质上相同或相似的其他资产或负债等的市场价格确定其公允价值；第三，不存在活跃市场，且不满足上述两个条件的，应当采用估值技术等确定公允价值。"

《企业会计准则第39号——公允价值计量》第十八条规定："企业以公允价值计量相关资产或负债，应当采用在当前情况下适用并且有足够可利用数据和其他信息支持的估值技术。企业使用估值技术的目的，是为了估计在计量日当前市场条件下，市场参与者在有序交易中出售一项资产或者转移一项负债的价格。企业以公允价值计量相关资产或负债，使用的估值技术主要包括市场法、收益法和成本法。企业应当使用与其中一种或多种估值技术相一致的方法计量公允价值。企业使用多种估值技术计量公允价值的，应当考虑各估值结果的合理性，选取在当前情况下最能代表公允价值的金额作为公允价值。市场法，是利用相同或类似的资产、负债或资产和负债组合的价格以及其他相关市场交易信息进行估值的技术。收益法，是将未来金额转换成单一现值的估值技术。成本法，是反映当前要求重置相关资产服务能力所需金额（通常指现行重置成本）的估值技术。"

《企业会计准则39号——公允价值计量》第二十二条规定："企业采用估值技术计量公允价值时，应当选择与市场参与者在相关资产或负债的交易中所考虑的资产或负债特征相一致的输入值，包括流动性折溢价、控制权溢价或少数股东权益折价等，但不包括与本准则第七条规定的计量单元不一致的折溢价。企业不应当考虑因其大量持有相关资产或负债所产生的折价或溢价。该折价或溢价反映了市场正常日交易量低于企业在当前市场出售或转让其持有的相关资产或负债数量时，市场参与者对该资产或负债报价的调整。"

《企业会计准则39号——公允价值计量》第二十四条规定："企业应当将公允价值计量所使用的输入值划分为三个层次，并首先使用第一层次输入值，其次使用第二层次输入值，最后使用第三层次输入值。第一层次输入值是在计量日能够取得的相同资产或负债在活跃市场上未经调整的报价。活跃市场，是指相关资产或负债的交易量和交易频率足以持续提供定价信息的市场。第二层次输入值是除第一层次输入值外相关资产或负债直接或间接可观察的输入值。第三层次输入值是相关资产或负债的不可观察输入值。公允价值计量结果所属的层次，由对公允价值计量整体而言具有重要意义的输入值所属的最低层次决定。企业应当在考虑相关资产或负债特征的基础上判断所使用的输入值是否重要。公允价值计量结果所属的层次，取决于估值技术的输入值，而不是估值技术本身。"

《〈国际财务报告准则第3号——企业合并〉附录二——应用指南》第

45 段指出："购买方在被购买方中的权益和被购买方非控制性权益的每股公允价值可能不同。主要的差异很可能是因为购买方在被购买方中权益份额的每股公允价值包含了控制溢价，或相反地，非控制性权益每股公允价值包含缺乏控制权的折价（也称作少数折价）。"

三、案例解析

（一）A 公司对持有的 B 公司剩余股权的会计处理

在本案例中，A 公司持有的对 B 公司的长期股权投资，符合《企业会计准则第 33 号——合并财务报表》（2014 年修订）规定的"处置部分股权投资等原因丧失了对被投资方的控制权"的情形。因此，A 公司应当根据《企业会计准则第 33 号——合并财务报表》（2014 年修订）的要求，在丧失控制权日，合并财务报表中按照公允价值对剩余股权进行重新计量。处置股权取得的对价 2.5 亿元与剩余股权公允价值之和，减去按原持股比例（55%）计算应享有原有子公司自购买日开始持续计算的净资产的份额之间的差额，计入 2×14 年当期的投资收益，同时冲减商誉。

（二）如何对 B 公司剩余股权的公允价值进行计量

在本案例中，B 公司剩余股权的公允价值，可能存在三个参考值：资产基础法下的 B 公司的净资产评估值 7 亿元、收益法下的 B 公司净资产评估值 9 亿元、B 公司 25% 的股权处置给 C 公司的实际交易价格 2.5 亿元。如果评估价值和实际成交价格存在较大差异，公司对剩余股权的公允价值进行计量时，应当考虑交易价格是否为熟悉情况的交易双方自愿进行交易的结果、交易价格是否反映了控制权溢价的价值、交易双方是否存在关联方关系、交易是否为偶发交易等因素，从而判断以实际交易价格作为剩余股权公允价值的参考是否恰当。从本案例来看，A 公司在交易前拥有对 B 公司的控制权，交易后仅对 B 公司拥有重大影响。A 公司在处置 25% 股权的价格中是否包含了对失去控制权溢价的考虑，也是该交易价格能否作为剩余股权公允价值计量依据的考虑因素之一。在考虑上述因素后，A 公司应当按照企业会计准则中关于公允价值计量的三个层次的要求，选择恰当的参考值，作为 B 公司剩余股权公允价值计量的依据。

案例 12 - 13
丧失自第三方收购的子公司控制权时如何计算投资收益

在部分处置对子公司投资并丧失控制权的情况下，投资收益通常包括两部分：来自处置投资的收益和来自剩余长期股权投资重新计量的收益。

一、案例背景

A 公司是一家生产经营家居用品的上市公司，2×11 年 2 月 1 日以现金 3,000 万元从第三方购入 B 公司 75% 的股权，取得了对 B 公司的控制。B 公司主营酒店用品的销售，购买日 B 公司可辨认净资产的公允价值为 4,000 万元，本次购买未产生商誉。因业务发展需要，A 公司于 2×14 年 1 月 1 日将 B 公司 40% 的股权以 4,400 万元转让给三位自然人，转让股权的定价基础是处置日按照收益法评估的 B 公司公允价值 1.1 亿元。自此，A 公司丧失了对 B 公司的控制权，不再合并 B 公司，并将剩余的 B 公司 35% 的股权按照权益法进行核算。处置日：

1. A 公司所持有的剩余 B 公司 35% 的股权的公允价值为 3,850 万元。

2. B 公司各项资产、负债在 A 公司合并财务报表中的账面价值为 4,260 万元，即按照 2×11 年 2 月 1 日购买日的公允价值 4,000 万元为基础持续计算至该处置日的金额。

3. B 公司各项资产、负债在其自身财务报表中的账面价值为 3,500 万元，不考虑所得税影响。

问题：A 公司在其合并财务报表中如何计算本次股权出售所产生的投资损益？

二、会计准则及相关规定

《企业会计准则第 2 号——长期股权投资》（2014 年修订）第十五条规定：“……投资方因处置部分权益性投资等原因丧失了对被投资单位的控制

的，在编制个别财务报表时，处置后的剩余股权能够对被投资单位实施共同控制或施加重大影响的，应当改按权益法核算，并对该剩余股权视同自取得时即采用权益法核算进行调整；处置后的剩余股权不能对被投资单位实施共同控制或施加重大影响的，应当改按《企业会计准则第 22 号——金融工具确认和计量》的有关规定进行会计处理，其在丧失控制之日的公允价值与账面价值间的差额计入当期损益。在编制合并财务报表时，应当按照《企业会计准则第 33 号——合并财务报表》的有关规定进行会计处理。”

《企业会计准则第 33 号——合并财务报表》（2014 年修订）第五十条规定：“企业因处置部分股权投资等原因丧失了对被投资方的控制权的，在编制合并财务报表时，对于剩余股权，应当按照其在丧失控制权日的公允价值进行重新计量。处置股权取得的对价与剩余股权公允价值之和，减去按原持股比例计算应享有原有子公司自购买日或合并日开始持续计算的净资产的份额之间的差额，计入丧失控制权当期的投资收益，同时冲减商誉。与原有子公司股权投资相关的其他综合收益等，应当在丧失控制权时转为当期投资收益。”

三、案例解析

在本案例中，计入 A 公司合并利润表的投资收益计算如表 12 - 1 所示。

表 12 - 1　投资收益计算过程　单位：万元

处置股权取得的对价	4,400
剩余股权在处置日的公允价值	3,850
减：按原持股比例计算应享有原公司自购买日开始持续计算的可辨认净资产的份额*	（3,195）
出售 40% 股权的处置收益和剩余 35% 股权按照公允价值重新计量产生的收益	5,055

* 在本案例中按照《企业会计准则第 33 号——合并财务报表》（2014 年修订）第五十条规定的按原持股比例计算应享有原子公司自购买日开始持续计算的可辨认净资产（以下简称原子公司自购买日开始持续计算的净资产）的份额的理解中，原子公司自购买日开始持续计算的净资产既不是指 B 公司自身财务报表中各项资产、负债在处置日的账面价值 3,500 万元，也不是指处置日按照收益法评估的 B 公司的公允价值 1.1 亿元，而是指 B 公司各项资产、负债在 A 公司合并财务报表中以 2×11 年 2 月 1 日购买日的公允价值 4,000 万元为基础持续计算至 2×14 年 1 月 1 日处置日的账面价值 4,260 万元，乘以原持股比例 75% 计算出可辨认净资产的份额 3,195 万元（4,260×75%）。因为非同一控制下的企业合并的会计处理原则是将被购买方（本案例中的 B 公司）各项可辨认资产和负债按照其在购买日（本案例中 2×11 年 2 月 1 日）的公允价值重新计量后反映在购买方（本案例中的 A 公司）的合并财务报表中，并以此作为该等资产、负债在合并财务报表中进行后续计量的基础。因此当 A 公司丧失控制权，在其合并财务报表中终止确认 B 公司各项资产和负债时，应当一贯性地沿用 B 公司各项资产和负债在合并财务报表中自购买日起持续计算至处置日的账面价值。

案例 12－14
非全资子公司分立为两家公司后仅控制其中一家公司

分立是指一家公司分拆成两家或两家以上的公司，在集团公司主导的公司分立过程中，上市公司相关资产负债可能发生变化，影响合并财务报表的会计处理。

一、案例背景

上市公司 A 公司有一家子公司 B 公司，A 公司持有 B 公司 80% 的股权，B 公司另外 20% 的股权由 A 公司的控股股东 P 公司持有。B 公司有两部分业务，分别是 B1 业务和 B2 业务。2×14 年 12 月，B 公司将 B1 业务与 B2 业务分立为 B1 和 B2 两家公司，分立后，基于 B1 公司和 B2 公司净资产的公允价值，A 公司持有 B1 公司 100% 的股权，P 公司持有 B2 公司 100% 的股权，双方均无须支付补价。分立日的净资产情况如表 12－2 所示。

表 12－2　　分立日净资产情况　　单位：万元

项　　目	B1 公司	B2 公司	合计
分立日净资产账面价值	7,000	1,000	8,000
分立日净资产公允价值	8,000	2,000	10,000

分立前，A 公司合并财务报表中包括了 B 公司净资产 8,000 万元，其中归属于母公司普通股股东权益为 6,400 万元，少数股东权益为 1,600 万元。

问题：A 公司合并财务报表中，对此次分立应该如何进行会计处理？

二、会计准则及相关规定

《企业会计准则第 7 号——非货币性资产交换》（2019 年修订）第六条规定："非货币性资产交换同时满足下列条件的，应当以公允价值为基础计量：（一）该项交换具有商业实质；（二）换入资产或换出资产的公允价值能够可靠地计量。换入资产和换出资产的公允价值均能够可靠计量的，应当以换出资产的公允价值为基础计量，但有确凿证据表明换入资产的公允价值更加可靠的除外。”

《企业会计准则第 33 号——合并财务报表》（2014 年修订）第四十七条规定：“母公司购买子公司少数股东拥有的子公司股权，在合并财务报表中，因购买少数股权新取得的长期股权投资与按照新增持股比例计算应享有子公司自购买日（或合并日）开始持续计算的净资产份额之间的差额，应当调整所有者权益资本公积（资本溢价或股本溢价），资本公积不足冲减的，调整留存收益。”

国际财务报告准则解释委员会在 2013 年 9 月的会议中，讨论了关于以非货币性资产作为对价购买子公司少数股权时所支付对价的公允价值与其账面价值的差额应该计入损益还是权益的问题。解释委员会认为《国际会计准则第 27 号——单独财务报表》的第 31 段只规范了所支付对价的公允价值与少数股权的账面价值之间的差额要计入权益，而所支付对价的公允价值与其账面价值差额的会计处理应该遵循该项资产本身终止确认的原则。一般情况下，一项资产终止确认产生的利得或损失应该计入当期损益。

三、案例解析

在交易前，A 公司持有子公司 B 公司 80% 的股权，这意味着 A 公司控制着 B1 和 B2 两项业务并且享有其 80% 的权益。交易后，A 公司仍然控制 B1 业务，且享有的权益比例上升为 100%。相应地，A 公司失去对 B2 业务的控制且不再持有任何 B2 业务的权益。因此，本次交易可以理解为，A 公司以其持有的 B2 业务（B2 公司）的 80% 股权换取了 B1 业务（B1 公司）20% 的股权。就 B1 业务（公司）而言，A 公司属于购买子公司的少数股权，应按照权益性交易进行会计处理；就 B2 业务（公司）而言，A 公司是处置业务并丧失控制权，应确认处置损益。

本次交易的特殊之处在于，A 公司处置 B2 业务所收到的对价，即是其购买 B1 业务 20% 股权所支付的对价。该对价应该如何计量，是基于公允价值还是基于账面价值？

A 公司以其持有的 B2 业务（B2 公司）的 80% 的股权（即换出资产）

换取了 B1 业务（B1 公司）20% 的股权（即换入资产），如果 B1 业务与 B2 业务实质上为两项不同的业务，且其他背景资料支持认定，本次交易属于有商业实质的交换交易，参考非货币资产交换的处理原则，以换出资产的公允价值作为换入资产成本的基础。假设 B2 公司股权的公允价值与其净资产的公允价值近似，即案例背景中所列举的 2,000 万元，不考虑税费等其他影响，A 公司处置 B2 公司股权应该确认的处置损益 = 2,000 × 80% － 1,000 × 80% = 800（万元）；A 公司购买 B1 公司 20% 的股权视为购买少数股东持有的权益进行会计处理，应该相应调减资本公积的金额 = 2,000 × 80% － 7,000 × 20% = 200（万元）。上述会计处理与国际财务报告准则解释委员会的意见是一致的。

案例 12 － 15
未实现收益的抵销问题

在确认权益法核算下由联营或合营企业投资产生的收益时，需要考虑母公司以及纳入合并范围的子公司与联营或合营企业间的交易，并按照持股比例对其未实现损益进行抵销，该抵销对合并报表和母公司个别报表均有影响。

一、案例背景

A 公司为上市公司，A 公司持有 B 公司 100% 的股权，B 公司为 A 公司的全资子公司。A 公司持有 C 公司 20% 的股权，对 C 公司有重大影响。2 × 12 年 3 月，B 公司和 C 公司出资新设 D 公司，其中 B 公司以房屋和机器设备出资，持股 60% 并控制 D 公司。C 公司以 3 亿元现金和存货出资，持股 40%。D 公司进行利润分配及清算时，B 公司、C 公司按其持股比例分享净利润和剩余净资产。B 公司用于出资的房屋和机器设备不构成业务，相关资产的原账面价值为 5.5 亿元，评估值为 6 亿元，评估增值 5,000 万元。C 公司用于出资的存货不构成业务，相关资产的原账面价值为 8,000 万元，单独售价为 1 亿元。D 公司股权的公允价值不能合理估计。假设 D 公司 2 × 12 年实现净利润 5,000 万元，C 公司 2×12 年实现净利润 8,000 万元（不包括对 D 公司的投资收益）。

上述 A、B、C、D 四家公司的股权关系如图 12－1 所示。

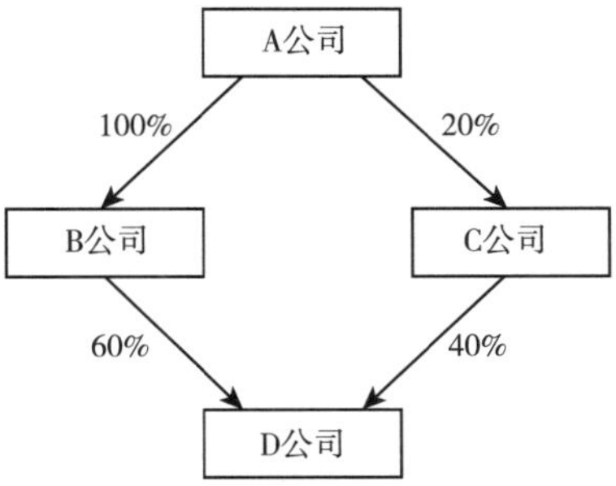

图 12－1 四家公司股权关系

问题：

（1）B、C 公司以实物出资新设公司，在其个别财务报表中应如何进行会计处理？

（2）A 公司合并财务报表中应如何进行会计处理？（假定不考虑所得税、资产折旧或摊销的影响）

二、会计准则及相关规定

《企业会计准则第 2 号——长期股权投资》（2014 年修订）第六条规定："除企业合并形成的长期股权投资以外，其他方式取得的长期股权投资，应当按照下列规定确定其初始投资成本……（三）通过非货币性资产交换取得的长期股权投资，其初始投资成本应当按照《企业会计准则第 7 号——非货币性资产交换》的有关规定确定。"

《企业会计准则第 2 号——长期股权投资》（2014 年修订）第十三条规定："投资方计算确认应享有或应分担被投资单位的净损益时，与联营企业、合营企业之间发生的未实现内部交易损益按照应享有的比例计算归属于投资方的部分，应当予以抵销，在此基础上确认投资损益。投资方与被投资单位发生的未实现内部交易损失，按照《企业会计准则第 8 号——资产减值》等的有关规定属于资产减值损失的，应当全额确认。"

《企业会计准则第 2 号——长期股权投资（应用指南）》（2014 年修订）

指出："投资方与其联营企业和合营企业之间的未实现内部交易损益抵销与投资方与子公司之间的未实现内部交易损益抵销有所不同，母子公司之间的未实现内部交易损益在合并财务报表中是全额抵销的（无论是全资子公司还是非全资子公司），而投资方与其联营企业和合营企业之间的未实现内部交易损益抵销仅仅是投资方（或是纳入投资方合并财务报表范围的子公司）享有联营企业或合营企业的权益份额。应当注意的是，投资方与联营、合营企业之间发生投出或出售资产的交易，该资产构成业务的，应当按照《企业会计准则第20号——企业合并》《企业会计准则第33号——合并财务报表》的有关规定进行会计处理。……投出或出售的资产不构成业务的，应当分别顺流交易和逆流交易进行会计处理。顺流交易是指投资方向其联营企业或合营企业投出或出售资产，逆流交易是指联营企业或合营企业向投资方出售资产。未实现内部交易损益体现在投资方或其联营企业、合营企业持有的资产账面价值中的，在计算确认投资损益时应予抵销。"

《企业会计准则第7号——非货币性资产交换》（2019年修订）第六条规定："非货币性资产交换同时满足下列条件的，应当以公允价值为基础计量：（一）该项交换具有商业实质；（二）换入资产或换出资产的公允价值能够可靠地计量。换入资产和换出资产的公允价值均能够可靠计量的，应当以换出资产的公允价值为基础计量，但有确凿证据表明换入资产的公允价值更加可靠的除外。"

《企业会计准则第7号——非货币性资产交换》（2019年修订）第七条规定："满足下列条件之一的非货币性资产交换具有商业实质：（一）换入资产的未来现金流量在风险、时间分布或金额方面与换出资产显著不同。（二）使用换入资产所产生的预计未来现金流量现值与继续使用换出资产不同，且其差额与换入资产和换出资产的公允价值相比是重大的。"

《企业会计准则第7号——非货币性资产交换》（2019年修订）第八条规定："以公允价值为基础计量的非货币性资产交换，对于换入资产，应当以换出资产的公允价值和应支付的相关税费作为换入资产的成本进行初始计量；对于换出资产，应当在终止确认时，将换出资产的公允价值与其账面价值之间的差额计入当期损益。"

《企业会计准则第7号——非货币性资产交换》（2019年修订）第三条规定："第三条本准则适用于所有非货币性资产交换，但下列各项适用其他相关会计准则：（一）企业以存货换取客户的非货币性资产的，适用《企业会计准则第 14 号——收入》。”

《企业会计准则第 14 号——收入》（2017 年修订）第十八条规定：“客户支付非现金对价的，企业应当按照非现金对价的公允价值确定交易价格。非现金对价的公允价值不能合理估计的，企业应当参照其承诺向客户转让商品的单独售价间接确定交易价格。非现金对价的公允价值因对价形式以外的原因而发生变动的，应当作为可变对价，按照本准则第十六条规定进行会计处理。单独售价，是指企业向客户单独销售商品的价格。”

三、案例解析

（一）B 公司个别财务报表的会计处理分析

在本案例中，B 公司以不构成业务的房屋和机器设备出资，换取 D 公司的长期股权投资，在 B 公司的个别报表中属于非货币性资产交换交易。根据企业会计准则的相关规定，通过非货币性资产交换取得的长期股权投资，应区分交易是否具备商业实质分别进行会计处理，对于具备商业实质且换入资产或换出资产的公允价值能够可靠地计量的交易，应以公允价值和应支付的相关税费作为长期股权投资的初始成本，公允价值与换出资产账面价值的差额计入当期损益。而对于不具备商业实质的交换交易，则应以换出资产的原账面价值作为长期股权投资的初始投资成本。

因此，首先应就该交易是否具备商业实质进行分析。在本案例中，B 公司与 C 公司合资组建非全资子公司，其中 B 公司投入房屋和机器设备，C 公司投入现金和存货。由于引入了其他股东投入的资源，且未来相关资产运营管理的决策不仅只受 B 公司一方影响，换入资产产生的未来现金流量在风险、金额和时间方面与换出资产存在较大的差异，因此该交易具备商业实质。假设 B 公司用于出资的相关资产的评估值能够代表其公允价值，则 B 公司应确认的长期股权投资的初始投资成本为 6 亿元，公允价值与原账面价值之间的差异 5,000 万元确认为当期损益。

（二）C 公司个别财务报表的会计处理分析

在本案例中，C 公司同时以现金和不构成业务的存货出资，换取 D 公司的长期股权投资，即 C 公司投出存货所获取的对价为 D 公司股权，该股权属于一项非现金对价。根据现行收入准则的要求，客户支付非现金对价的，企业应当按照非现金对价的公允价值确定交易价格；非现金对价的公允价值不能合理估计的，企业应当参照其承诺向客户转让商品的单独售价间接确定交易价格。在本案例中，由于D公司股权的公允价值不能合理估计，因而C公司以投出存货的单独售价1亿元确定交易价格和营业收入，同时结转相应的营业成本8,000万元。综上所述，C公司对D公司长期股权投资的初始成本合计4亿元，即支付的3亿元现金和投出的1亿元存货的单独售价之和。

值得注意的是，由于C公司对D公司具有重大影响，因此C公司对D公司的长期股权投资应采用权益法进行核算。根据企业会计准则的有关规定，C公司向D公司投入存货的交易属于顺流交易，在该批存货实现向第三方的销售之前，C公司在计算对D公司的投资收益时，应按40%的持股比例抵销存货出资的未实现利润2,000万元，即调减800万元的投资收益（2,000万元×40%），并相应调整对D公司的长期股权投资账面价值。因此，C公司当期实际确认对D公司的投资收益为1,200万元（5,000万元×40%－800万元）。

（三）A公司合并财务报表的会计处理分析

B公司是A公司的全资子公司，D公司是B公司的控股子公司，因此，A公司通过B公司间接控制了D公司。以A公司作为会计主体，其合并财务报表的范围包括A、B、D三家公司。根据企业会计准则的相关规定，母公司与子公司、子公司相互之间发生的其他内部交易对合并利润表的影响应当抵销并相应调整相关资产成本。B公司向D公司投出的房屋和机器设备，在A公司合并财务报表中不应存在资产价值量的变动，即B公司个别财务报表中因以资产出资而确认的利润应全额抵销，同时将房屋和机器设备调整为以B公司原账面价值为基础计算的价值。

A公司对C公司具有重大影响，应采用权益法进行核算。C公司包括对D公司的投资收益在内的净利润为9,200万元（8,000万元+1,200万元）。值得注意的是，A公司不能简单地以C公司个别财务报表确认的9,200万元的净利润和20%的持股比例确认投资收益。由于D公司已纳入A公司合并报表范围，在计算A公司确认对C公司的投资收益时，应剔除C公司确认的对D公司投资收益的影响。因此，A公司当期实际确认的对C公司的投资收益为1,600万元［（9,200万元－1,200万元）×20%］。

案例 12 - 16
以非货币性资产增资并购交易中涉及资产评估增值的会计处理

一、案例背景

2×17 年 4 月，A 上市公司采用货币出资和房产出资相结合的方式增资并购了 B 公司（假设 A 公司用于出资的货币和房产不构成业务），其中货币出资为 5,759.82 万元，房产出资为 2,540.18 万元（房产原账面价值为 1,062.41 万元，评估值为 2,540.18 万元），增资后 A 公司持有 B 公司 58.68% 的股权。A 公司与 B 公司在交易前为非关联方，属于非同一控制下的企业合并。购买日 A 公司个别报表将房产评估值与账面价值的差异确认为资产处置收益，B 公司个别报表按照评估价值对房产进行初始计量。A 公司 2×17 年的合并报表中，未对房产增值的收益和房产评估增值进行抵销（假设不考虑税费问题）。

问题：A 公司和 B 公司的上述会计处理是否符合企业会计准则的规定？

二、会计准则及相关规定

《企业会计准则第 2 号——长期股权投资》（2014 年修订）第五条规定："企业合并形成的长期股权投资，应当按照下列规定确定其初始投资成本：……（二）非同一控制下的企业合并，购买方在购买日应当按照《企业会计准则第 20 号——企业合并》的有关规定确定的合并成本作为长期股权投资的初始投资成本。"

《企业会计准则第 20 号——企业合并》第十二条规定："购买方在购买日对作为企业合并对价付出的资产应当按照公允价值计量，公允价值与账面价值的差额计入当期损益。"

《企业会计准则讲解（2010）》第二十一章"企业合并"指出："以非货

币性资产作为合并对价的，其合并成本为所支付对价的公允价值，该公允价值与作为合并对价的非货币性资产账面价值的差额，作为资产的处置损益。”

《企业会计准则第 33 号——合并财务报表（应用指南）》（2014 年修订）中指出：“五、报告期内增减子公司的处理、企业以非货币性资产出资设立子公司或对子公司增资，在编制合并财务报表时，需要将该非货币资产调整恢复至原账面价值，并在此基础上持续编制合并财务报表。”

《企业会计准则第 20 号——企业合并》第十七条规定：“企业合并形成母子公司关系的，母公司应当编制购买日的合并资产负债表，因企业合并取得的被购买方各项可辨认资产、负债及或有负债应当以公允价值列示。”

《企业会计准则第 4 号——固定资产》第十一条规定：“投资者投入固定资产的成本，应当按照投资合同或协议约定的价值确定，但合同或协议约定价值不公允的除外。”

《中华人民共和国公司法》（2023 年修订）第四十八条规定：“股东可以用货币出资，也可以用实物、知识产权、土地使用权、股权、债权等可以用货币估价并可以依法转让的非货币财产作价出资；但是，法律、行政法规规定不得作为出资的财产除外。对作为出资的非货币财产应当评估作价，核实财产，不得高估或者低估作价。法律、行政法规对评估作价有规定的，从其规定。”

三、案例解析

在本案例中 A 公司以货币资金和房产方式对 B 公司进行增资并购，取得了 B 公司 58.68% 的股权，属于非同一控制下企业合并。根据《企业会计准则第 20 号——企业合并》第十二条的规定，购买日 A 公司在其个别报表上作为合并对价付出的房产应当按照公允价值计量，并按照处置固定资产进行会计处理，房产的公允价值与账面价值的差额确认为当期资产处置收益。B 公司个别报表则按照股东以货币性资产和非货币性资产增资进行会计处理，并根据《企业会计准则第 4 号——固定资产》及《中华人民共和国公司法》相关规定，按照投资者投入固定资产的成本作为初始计量成本，本案例中 B 公司房产的初始计量金额应按 A 公司与 B 公司合同约定价值（即房产的评估值）计量。

在购买日编制合并财务报表时，A 公司应参照《企业会计准则第 33 号——合并财务报表》中以非货币性资产出资设立子公司的规定进行处理，

"企业以非货币性资产出资设立子公司或对子公司增资，在编制合并财务报表时，需要将该非货币资产调整恢复至原账面价值，并在此基础上持续编制合并财务报表"。从合并主体来看，该房产只是A公司集团内流转的资产，并未对集团外第三方出售，因此在合并财务报表中房产应以A公司原账面价值反映，不存在处置收益，即抵销房产评估增值的影响，同时抵销房产增值收益。

《企业会计准则第20号——企业合并》第十七条规定："企业合并形成母子公司关系的，母公司应当编制购买日的合并资产负债表，因企业合并取得的被购买方各项可辨认资产、负债及或有负债应当以公允价值列示。"那么A公司合并财务报表中房产以原值反映是否与《企业会计准则第20号——企业合并》第十七条的规定相矛盾？结论是并不矛盾，因为该房产属于A公司合并支付的对价而不属于A公司合并取得的被购买方B公司的可辨认资产，在合并报表中无须按公允价值列示。

综上所述，在本案例中A公司、B公司个别报表的处理是合理的，但A公司在合并报表中应对房产增值产生的收益和房产评估增值部分进行抵销。

案例12－17
同一控制下吸收合并比较报表的编制问题

一、案例背景

D公司无任何子公司，仅编制个别财务报表，2×15年7月吸收合并丁公司，属于同一控制下交易，期末编制财务报表时，吸收合并的丁公司占合并后主体的比重较大。

问题：D公司无须编制合并报表，是否需要追溯个别报表的比较报表数据？

二、会计准则及相关规定

《企业会计准则讲解（2010）》第二十一章"企业合并"指出："同一控

制下的吸收合并中，合并方在合并当期期末比较报表的编制应区别不同的情况，如果合并方在合并当期期末，仅需要编制个别财务报表、不需要编制合并财务报表的，合并方在编制前期比较报表时，无须对以前期间已经编制的比较报表进行调整；如果合并方在合并当期期末需要编制合并财务报表的，在编制前期比较合并财务报表时，应将吸收合并取得的被合并方前期有关财务状况、经营成果及现金流量等并入合并方前期合并财务报表。前期比较报表的具体编制原则比照同一控制下控股合并比较报表的编制。”

三、案例解析

根据《企业会计准则讲解（2010）》，如果合并方在吸收合并当期期末，不存在被其控制的子公司，在仅需要编制个别财务报表、不需要编制合并财务报表的情况下，合并方在编制前期比较报表时，无须对以前期间已经编制的比较报表进行调整，即因同一控制下吸收合并确认了合并中取得的被合并方资产和负债后，不应当因该同一控制下吸收合并追溯调整前期个别报表。

与同一控制下控股合并不同的是，虽然控股合并合并方也不追溯调整个别报表，但必须追溯调整合并报表，因此，在吸收合并的情况下合并方在该项合并前后的财务信息不完全可比。考虑到吸收合并交易在目前的会计准则和上市公司信息披露规定下并未作出相应的披露规定，如果交易前后对财务报表影响较大将影响投资者理解财务报表，建议在附注中披露被合并公司的前期财务信息。

案例 12-18
不丧失控制权情况下处置子公司部分股权时的商誉处理

一、案例背景

A 上市公司在以前年度通过非同一控制下企业合并方式取得 B 公司 80% 的股权，2×17 年，A 公司把所持的 B 公司的 20% 股权转让给第三方，并未丧失控制权。20%股权转让前B公司在A公司合并财务报表中财务数据如表12－3所示。

表12－3　合并财务报表相关财务数据　单位：万元

商誉	8,000
B的可辨认净资产公允价值	100,000
净资产合计	108,000
其中：归属于母公司所有者权益	88,000
少数股东权益	20,000

A公司对股权转让交易会计处理时，在合并财务报表中把商誉账面价值按处置比例25%（20%÷80%）调减2,000万元。

问题：A公司的会计处理是否恰当？

二、会计准则及相关规定

《企业会计准则第33号——合并财务报表》（2014年修订）第四十九条规定："母公司在不丧失控制权的情况下部分处置对子公司的长期股权投资，编制合并财务报表时，处置价款与处置部分对应享有子公司自购买日或合并日开始持续计算的净资产份额之间的差额，应当调整资本公积，资本公积不足调减的，调整留存收益。"

三、案例解析

企业会计准则并未明确规定不丧失控制权的情况下，对取得时子公司的商誉应当如何考虑。不丧失控制权情况下处置子公司的部分股权，从合并报表的角度，母公司继续将该子公司并表，商誉和其他资产、负债一样仍然反映在合并报表中，并没有处置至合并范围之外，唯一需要考虑的是如何把子公司的净资产重新在母公司股东和少数股东之间进行划分。对于处置的股权，准则要求在归属于母公司所有者权益和少数股东权益之间结转"处置部分对应享有子公司自购买日或合并日开始持续计算的净资产份额"，但是对净资产份额在确定时如何考虑商誉，准则并没有明确规定，理论上可能存在以下3种划分方法，本案例的处理结果相关数据如表12－4所示。

表 12－4　　处理结果相关数据　　单位：万元

项目	股权转让前	股权转让后		
		方法 1	方法 2	方法 3
商誉	8,000	8,000	8,000	8,000
B 的可辨认净资产公允价值	100,000	100,000	100,000	100,000
净资产合计	108,000	108,000	108,000	108,000
按所有者归属划分：				
——归属于母公司所有者权益	88,000	66,400	66,000	68,000
——少数股东权益	20,000	41,600	42,000	40,000
所有者权益合计	108,000	108,000	108,000	108,000

方法一：处置部分对应享有子公司自购买日或合并日开始持续计算的净资产份额＝20%×108,000 万元＝21,600 万元；从而计算重新划分归属于母公司所有者权益为 66,400 万元（88,000 万元－21,600 万元），少数股东权益为 41,600 万元（20,000 万元＋21,600 万元）。这个方法认为，子公司 B 的股权份额与 A 公司合并报表上确认的 B 公司全部净资产（包括商誉在内）都是相关的，商誉与 B 公司的其他资产处理是一致的，当处置股权时，一并按比例划分给少数股东。

方法二：处置部分对应享有子公司自购买日或合并日开始持续计算的净资产份额＝20%÷80%×88,000 万元＝22,000 万元；从而计算重新划分归属于母公司所有者权益为 66,000 万元（88,000 万元－22,000 万元），少数股东权益为 42,000 万元（20,000 万元＋22,000 万元）。这个方法的理念是把子公司净资产分为两个资产池，一个资产池代表的是归属于母公司的所有者权益（净资产 88,000 万元，包含商誉 8,000 万元），另一资产池代表的是少数股东权益（净资产 20,000 万元，不包含商誉）。在这个方法下，当少数股权比例变化时，是两个资产池之间的交易。当购买少数股权时，应按比例把少数股东权益资产池账面价值调整至归属母公司股东权益资产池。反之，当出售母公司持有的股权时，按比例把归属母公司股东权益资产池账面价值调整至少数股东权益资产池。

方法三：处置部分对应享有子公司自购买日或合并日开始持续计算的净资产份额＝20%×100,000 万元＝20,000 万元；从而计算重新划分归属于母公司所有者权益为 68,000 万元（88,000 万元－20,000 万元），少数股东权益为 40,000 万元（20,000 万元 + 20,000 万元）。这个方法认为，子公司的股权份额仅与子公司的可辨认净资产金额相关，不包括商誉。

上述三种方法中，我们认为方法二更为合理。

案例 12－19
附回购权的股权转让是否应当将相关子公司出表

一、案例背景

2×16 年 1 月，A 上市公司与 C 公司合伙成立 B 合伙企业，其中，A 公司持有 99.9% 的财产份额，为唯一有限合伙人，C 公司持有 0.1% 的财产份额，为普通合伙人及执行事务合伙人。A 公司认为其作为唯一的有限合伙人，持有 B 合伙企业 99.9% 的财产份额，承担了 B 合伙企业大部分风险和报酬，构成对 B 合伙企业的控制，因此在 2×16 年将 B 合伙企业纳入合并报表范围。

B 合伙企业认购了 L 上市公司的 1% 股权，总投资额 101,017 万元，其中已支付 66,488 万元，尚有 34,529 万元投资款需按照投资进度分期支付。截至 2×17 年 12 月 31 日，L 上市公司 1% 股权对应的市值约为 137,800 万元。

2×17 年 12 月，A 公司资金紧张，向 S 公司寻求资金支持，S 公司要求提供担保。因 A 公司其他所有资产都已被抵押，A 公司提出以 B 合伙企业的财产份额进行质押融资，但由于合伙份额的质押登记工作没有相应的质押登记管理部门受理，A 公司无法实现 B 合伙企业财产份额的质押。因此 A 公司以转让 B 合伙企业的财产份额作为保证措施进行融资，并明确约定了财产份额的回购权。

2×17 年 12 月 28 日，A 公司与 S 公司签订关于 B 合伙企业的《财产份额转让协议》，双方约定 A 公司将所持有的 B 合伙企业的 99.9% 的财产份额转让给 S 公司，转让价格为 76,387 万元。2×17 年 12 月 29 日，双方根据转让协议办理了工商登记变更手续，B 合伙企业的有限合伙人变更为 S 公司。

根据转让协议的约定，自协议签署之日起，S 公司对受让的 B 合伙企业财产份额享有所有权及有关权益。协议同时约定：（1）S 公司有权根据市场状况通过对外转让或清算等方式将B合伙企业的财产份额处置变现，承担全部投资损失；两年内A公司拥有优先购买权，若A公司放弃优先购买权，将享有S公司处置B合伙企业所得超额收益的10%；（2）A公司自协议签订之日起未来两年内，有权单方面提出按照S公司实际支付的转让价款76,387万元加上每年9%的资金成本，回购B合伙企业的财产份额。

在编制2×17年年度财务报表时，A公司将转让B合伙企业的99.9%财产份额事项，作为处置子公司处理，并在合并层面确认投资收益9,268万元。

问题：A公司在2×17年年度财务报表中将转让B合伙企业财产份额事项，作为处置子公司进行会计处理是否恰当？

二、会计准则及相关规定

《企业会计准则第33号——合并财务报表》（2014年修订）第七条规定："合并财务报表的合并范围应当以控制为基础予以确定。控制，是指投资方拥有对被投资方的权力，通过参与被投资方的相关活动而享有可变回报，并且有能力运用对被投资方的权力影响其回报金额。本准则所称相关活动，是指对被投资方的回报产生重大影响的活动。"

《企业会计准则第33号——合并财务报表（应用指南）》（2014年修订）第二章规定："潜在表决权是获得被投资方表决权的权利，例如，可转换工具、可执行认股权证、远期股权购买合同或其他期权所产生的权利。确定潜在表决权是否赋予其持有者权力时需要考虑下列三个方面：①潜在表决权工具的设立目的和设计，以及投资方涉入被投资方其他方式的目的和设计。②潜在表决权是否为实质性权利，判断控制仅考虑满足实质性权利要求的潜在表决权。③投资方是否持有其他表决权或其他与被投资方相关的表决权，这些权利与投资方持有的潜在表决权结合后是否赋予投资方拥有对被投资方的权力。"

《企业会计准则第23号——金融资产转移》（2017年修订）第七条规定："企业在发生金融资产转移时，应当评估其保留金融资产所有权上的风险和报酬的程度，并分别下列情形处理：

（一）企业转移了金融资产所有权上几乎所有风险和报酬的，应当终止确认该金融资产，并将转移中产生或保留的权利和义务单独确认为资产或负债。

（二）企业保留了金融资产所有权上几乎所有风险和报酬的，应当继续确认该金融资产。

（三）企业既没有转移也没有保留金融资产所有权上几乎所有风险和报酬的［即除本条（一）、（二）之外的其他情形］，应当根据其是否保留了对金融资产的控制，分别下列情形处理：1. 企业未保留对该金融资产控制的，应当终止确认该金融资产，并将转移中产生或保留的权利和义务单独确认为资产或负债。2. 企业保留了对该金融资产控制的，应当按照其继续涉入被转移金融资产的程度继续确认有关金融资产，并相应确认相关负债。”

《企业会计准则第 23 号——金融资产转移》（2017 年修订）第八条规定：“企业在评估金融资产所有权上风险和报酬的转移程度时，应当比较转移前后其所承担的该金融资产未来净现金流量金额及其时间分布变动的风险。

企业承担的金融资产未来净现金流量现值变动的风险没有因转移而发生显著变化的，表明该企业仍保留了金融资产所有权上几乎所有风险和报酬。如将贷款整体转移并对该贷款可能发生的所有损失进行全额补偿，或者出售一项金融资产但约定以固定价格或者售价加上出借人回报的价格回购。

企业承担的金融资产未来净现金流量现值变动的风险相对于金融资产的未来净现金流量现值的全部变动风险不再显著的，表明该企业已经转移了金融资产所有权上几乎所有风险和报酬。如无条件出售金融资产，或者出售金融资产且仅保留以其在回购时的公允价值进行回购的选择权。

企业通常不需要通过计算即可判断其是否转移或保留了金融资产所有权上几乎所有风险和报酬。在其他情况下，企业需要通过计算评估是否已经转移了金融资产所有权上几乎所有风险和报酬的，在计算和比较金融资产未来现金流量净现值的变动时，应当考虑所有合理、可能的现金流量变动，对于更可能发生的结果赋予更高的权重，并采用适当的市场利率作为折现率。”

三、案例解析

分析 A 公司在 2×17 年底是否应将 B 合伙企业出表，首先需结合 B 合伙企业是否构成业务，确定所适用的具体会计准则。如果 B 合伙企业构成业务，则需根据合并财务报表准则，分析 A 公司是否丧失了对 B 合伙企业的控制权；如果 B 合伙企业不构成业务，则可穿透 B 合伙企业的壳，根据金融资产转移准则分析是否应终止确认底层金融资产（即L上市公司的1%股权）。

在B合伙企业构成业务的情况下，结合“控制”定义的三要素分析如下：（1）A公司拥有对B合伙企业的潜在表决权，即A公司在未来两年内可随时以固定价格回购B合伙企业99.9%的财产份额，且该潜在表决权在2×17年末是深度价内期权（因为该财产份额的市场价格高于其回购价格），因此，该潜在表决权使A公司拥有对B合伙企业的权力；（2）虽然A公司在尚未回购B合伙企业的财产份额之前不能直接享有B合伙企业的经营成果，然而，A公司在未来两年内可随时以固定价格回购B合伙企业的99.9%财产份额，A公司可通过行使回购权而享有该财产份额的价值上涨以及B合伙企业当期已实现但尚未分配的利润，因此A公司实质上享有B合伙企业的可变回报；（3）A公司可结合B合伙企业财产份额的市场价格、B合伙企业的经营成果和利润分配情况等，通过回购时间的选择影响其可变回报的金额。

综上所述，在B合伙企业构成业务的情况下，A公司在2×17年末很可能仍然控制B合伙企业，仍应将其纳入合并范围。

在B合伙企业不构成业务的情况下，A公司应根据金融资产转移准则，判断是否已将底层金融资产所有权上几乎所有的风险和报酬转移给了S公司，或者在既没有转移也没有保留金融资产所有权上几乎所有风险和报酬时放弃了控制，从而确定是否应将底层金融资产出表。A公司在判断时，应当比较转移前后该金融资产未来现金流量净现值及时间分布的波动使其面临的风险，通过计算判断风险和报酬的转移程度。在计算金融资产未来现金流量净现值时，应当考虑所有合理、可能的现金流量波动。

案例12－20
附有终止协议的股权转让相关会计处理

一、案例背景

（一）K公司受让Z公司股权事项

2×18年5月28日，K上市公司全资子公司S与李某等四名自然人签署

《股权转让协议》，约定Z公司在2×18年度、2×19年度和2×20年度预估净利润（扣非前后归属于母公司所有者净利润的较低者）分别不低于人民币1.9亿元、2.2亿元和2.9亿元的基础上，股东全部权益价值估值为15.2亿元，李某等四名自然人以10.64亿元的价格将所持Z公司合计70%的股权转让给S公司。

S公司2×18年6月26日向李某等四名自然人支付了10.64亿元现金，并于2×18年6月28日办理了Z公司工商变更手续。2×18年，S公司在单体报表上确认长期股权投资10.64亿元，并在合并层面确认商誉9.54亿元。

（二）Z公司涉及重大仲裁诉讼情况

截至2×18年末，Z公司存在3起涉及商事纠纷的重大仲裁、诉讼案件，K公司法律顾问认为Z公司败诉可能性较小。2×19年，上述三起重大仲裁、诉讼案件发生新进展，Z公司可能面临数十亿元赔偿义务。

（三）《股权转让协议》终止情况

前述《股权转让协议》中，李某等四名自然人承诺于股权转让完成后12个月内按照法律规定的合法方式投入不低于人民币5亿元资金购买K公司股票，同时如果转让方李某等四名自然人违反了其在股权转让协议项下作出的声明、保证、承诺或约定，且在S公司发出要求予以纠正的书面通知后30日内仍未予以纠正，S公司有权书面通知转让方，单方面终止协议且不承担任何责任。

Z公司股权转让完成后12个月期间届满时，李某等四名自然人仅投入人民币1.06亿元购买K公司股票，尚有人民币3.94亿元未履行买入义务。

2×20年1月，S公司向法院起诉李某等四名自然人违约，未在规定时间投入5亿元购买K公司股票。2×20年2月，李某等四名自然人提出和解，要求终止S公司对Z公司70%的股权转让。2×20年4月，K公司披露各方拟签署《关于Z公司股权转让协议之终止协议》（以下简称终止协议），一致同意《股权转让协议》、为该等协议之目的而签署的承诺等书面文件自《股权转让协议》终止日起终止。截至2×20年12月31日，S公司仍未与李某等四名自然人签署终止协议。

（四）商誉减值

关于并购Z公司形成的商誉减值问题，K公司认为，Z公司目前面临的诉讼涉及金额重大，且Z公司截至2×19年末净资产为-1,609万元，应按照不可持续经营的方式对Z公司进行测算。K公司管理层无法预计并购Z公司形成的商誉相关资产组未来现金流量，因而未测算相关资产组预计未来现金流量的现值，K 公司根据 Z 公司经评估净资产的公允价值减去处置费用后的净额 1,956.76 万元作为商誉减值测试依据，在 2×19 年 12 月将收购 Z 公司形成的商誉全额计提减值 9.54 亿元。

（五）关于股权处置问题

关于股权转让协议终止后股权处置问题，K 公司认为，若双方在 2×20 年签订《股权转让协议》的终止协议，该行为是《股权转让协议》中约定的股权交易终止事项被触及，导致 Z 公司股权返回原股东，交易款 10.6 亿元返回 K 公司，不应按照一般处置股权的方式进行会计处理，应当将收到款项扣除账面价值的差额计入资本公积或留存收益，确保 2×20 年 K 公司业绩不会因该事项飙升，误导市场。

问题：对 K 公司及其子公司 S，（1）如何考虑股权转让终止条款对会计处理的影响？（2）对并购 Z 公司形成的商誉减值，如何进行会计处理？（3）股权转让协议终止后，如何对股权处置进行会计处理？

二、会计准则及相关规定

《企业会计准则第 8 号——资产减值》第六条规定："资产存在减值迹象的，应当估计其可收回金额。可收回金额应当根据资产的公允价值减去处置费用后的净额与资产预计未来现金流量的现值两者之间较高者确定。处置费用包括与资产处置有关的法律费用、相关税费、搬运费以及为使资产达到可销售状态所发生的直接费用等。"

《企业会计准则第 8 号——资产减值》第七条规定："资产的公允价值减去处置费用后的净额与资产预计未来现金流量的现值，只要有一项超过了资产的账面价值，就表明资产没有发生减值，不需再估计另一项金额。"

《企业会计准则第 33 号——合并财务报表》（2014 年修订）第五十条规定："企业因处置部分股权投资等原因丧失了对被投资方的控制权的，在编制合并财务报表时，对于剩余股权，应当按照其在丧失控制权日的公允价值进行重新计量。处置股权取得的对价与剩余股权公允价值之和，减去按原持股比例计算应享有原有子公司自购买日或合并日开始持续计算的净资产的份额之间的差额，计入丧失控制权当期的投资收益，同时冲减商誉。与原有子公司股权投资相关的其他综合收益等，应当在丧失控制权时转为当期投资收益。”

《民法典》第一百五十八条规定：“民事法律行为可以附条件，但是根据其性质不得附条件的除外。附生效条件的民事法律行为，自条件成就时生效。附解除条件的民事法律行为，自条件成就时失效。”

《民法典》第五百六十二条规定：“当事人协商一致，可以解除合同。当事人可以约定一方解除合同的事由。解除合同的事由发生时，解除权人可以解除合同。”

《民法典》第五百六十四条规定：“法律规定或者当事人约定解除权行使期限，期限届满当事人不行使的，该权利消灭。法律没有规定或者当事人没有约定解除权行使期限，自解除权人知道或者应当知道解除事由之日起一年内不行使，或者经对方催告后在合理期限内不行使的，该权利消灭。”

三、案例解析

（一）终止条款的性质及会计处理

本案例中，K公司应首先判断《股权转让协议》中终止条款的性质，即李某等四名自然人如未能按期履行买入股票的承诺，K公司的子公司S公司可单方面终止协议，该条款属于附解除条件的合同还是附解除权的合同。若属于附解除条件的合同，则解除条件达成时合同自然且自动地消灭，无须当事人再做意思表示；约定解除权的合同仅仅具有解除的条件还不能使合同消灭，必须有解除行为才能使合同实际解除。

从案例背景看，在转让方未按照承诺要求履行其购买股票的要求时，受让方K公司享有了要求转让方回购股份的权力，应视为“约定解除权”的合同。该项投资应分拆为“股权投资”和“回售权”两部分。有证据表明S公司已取得Z公司的控制权时，S公司应将其纳入合并范围。因合同对手方不同，回售权视为单独的衍生工具处理。当转让方李某等四名自然人未按约定购入上市公司股票时，受让方应考虑转让方的履约能力、信用风险、股权投资价值等，对衍生工具的公允价值进行计量。

其他情形下，当转让方未按照承诺要求履行其购买股票的要求视为“附解除条件”的合同，即使Z公司办理了股权转让工商变更登记手续等事项，但在相关承诺履行之前，股权转让合同可能随时失效，S公司可能不具有对Z公司形成控制的权力，不应将Z公司纳入合并范围。

（二）商誉减值测试

S公司将Z公司纳入合并范围时，应合理确定Z公司在合并日的可辨认净资产的公允价值，并相应计算确认商誉。本案例针对在合并日前已受理的相关诉讼事项，S公司应合理考虑其对可辨认净资产公允价值的影响。若合并日后12个月内出现了对该诉讼事项的进一步信息，应考虑是否对商誉金额进行调整。对于受理日在合并日之后的诉讼事项，不应进一步调整收购日的商誉金额。

在对商誉进行减值测试时，通常应根据公允价值减去处置费用后的净额与资产组预计未来现金流量的现值两者之间的较高者确定。但如果没有确凿证据或理由表明，资产组预计未来现金流量现值显著高于其公允价值减去处置费用后的净额的，可以将资产组的公允价值减去处置费用后的净额视为资产组的可收回金额。S公司在对Z公司的商誉进行减值测试时，应对资产组预计未来现金流量的现值进行分析，并考虑将资产组的公允价值减去处置费用后的净额视为资产组的可收回金额的合理性。

（三）后续股权处置会计处理

S公司将Z公司纳入合并范围后，后续行使回售权而按照原价收回股权转让款时，应按照合并财务报表相关规定要求确认股权转让损益，即处置股权取得的对价和剩余股权公允价值之和，减去按原持股比例计算应享有原子公司自购买日开始持续计算的净资产的份额与商誉之和的差额，计入丧失控制权当期的投资收益。

第十三章
其　　他

案例 13－01
区分资本化支出与费用化支出

2006 年 4 月，国务院办公厅转发了财政部等部门《关于推动中国动漫产业发展的若干意见》，提出了推动中国动漫产业发展的一系列政策措施，许多企业据此调整了发展战略和计划。一些上市公司也涉足动漫产业，有的公司主要通过动漫作品的创意、制作、出版和销售来赚取利润；有的公司制作动漫作品主要是为了推广和宣传公司的实体产品；也有的公司在完成动漫作品的制作和版权销售后继续专注于该动漫作品的衍生产品开发和销售（如服装、玩具、文具）。在动漫作品的创意和制作过程中所发生的支出，应当作为营销费用计入当期损益还是应当资本化计入动漫作品的成本，是近几年引起争议的话题。

一、案例背景

A 公司为上市公司，以生产销售玩具为主营业务。为促进玩具销售，A 公司投资拍摄动漫影视作品。在获得《国产电视动画片发行许可证》，并在省版权局进行版权登记拥有版权之后，A 公司将影视作品制作支出确认为存货；将为播放影视作品支付给电视台的播出、广告等费用计入当期销售费用；销售动漫玩具产品时，每月按动漫玩具实现的销售收入占预计总销量收入（动漫玩具未来 3 年预计收入）的比例对影视剧投资支出金额进行摊销，确认为营业成本。

问题：A 公司的上述会计处理是否正确？

二、会计准则及相关规定

《企业会计准则讲解（2010）》对于企业发生的广告营销相关费用的会计处理作出了明确规定："企业采购用于广告营销活动的特定商品，向客户预付货款未取得商品时，应作为预付账款进行会计处理，待取得相关商品时计入当期损益（销售费用）。企业取得广告营销性质的服务比照该原则进行处理。"

美国会计准则汇编 ASC926 对电影行业作出了特别指引：从事电影制作和发行的企业应将影片的制作支出计入"影片成本"科目，并从影片推出之日起，将影片成本按计划收入比例法与"最终营业收入"配比，进行摊销。但是，企业必须根据其主营业务和制作影片的目的来决定 ASC926 是否适用。ASC926 只适用于电影企业，且影片制作的目的为独立盈利。否则，相关费用应视为广告费用，按照美国会计准则汇编 ASC720－35 进行处理。根据 ASC720－35，广告创意、剧本、演员和拍摄等费用都属于广告费用，应在广告第一次播出时计入当期损益。

三、案例解析

企业发生的支出应当资本化为一项资产（即资本化）还是应当计入当期损益（即费用化），判断的依据在于该项支出是否符合资产的定义以及资产的确认条件。《企业会计准则——基本准则》中定义资产为"企业过去的交易或事项所形成的、由企业拥有或控制的、预期会给企业带来经济利益的支出"，在同时满足"与该资源有关的经济利益很可能流入企业，该资源的成本或者价值能够可靠计量"的情况下确认资产。一项支出是否符合资产的定义以及资产的确认条件不仅取决于支出的性质，也取决于交易的目的。

以企业发生的动漫影视作品投资支出为例，影视作品投资支出应根据影视作品的制作目的和盈利模式确定会计处理方式。对于从事影视作品制作的电影企业，如果其制作影视作品的目的是通过销售影视作品著作权、发行权和放映权等获取盈利，且在实质上具有作为影视产品独立盈利的能力，则其发生的影视作品制作支出将在企业销售著作权、发行权和放映权时给企业带来经济利益，符合资产的定义和确认条件，因此企业可以参考财政部《电影企业会计核算办法》（财会〔2004〕19 号）规定，对影视作品制作支出资本化。根据《电影企业会计核算办法》，电影企业影视作品制作支出应在“生产成本”科目中进行归集，制作完成并已取得许可证作品的生产成本结转至“库存商品”科目，并在实现作品销售收入时结转为销售成本。对于一次性卖断全部著作权的影视作品，在取得卖断价款时，应将其全部实际成本一次性结转销售成本。

若其投资拍摄影视作品的目的是推销产品，促进相关产品的销售，则应视为一种营销手段，由于其未来给企业带来经济利益的可能性和金额有很大不确定性，不符合资产的确认条件，因此应当比照广告费用支出进行会计处理。根据《企业会计准则讲解（2010）》，广告费应当在发生时计入当期损益。

A 公司以生产销售玩具为主营业务，投资拍摄动漫影视作品的目的是为了促进动漫玩具销售，不是为了通过销售动漫影视作品著作权、发行权、放映权盈利，且 A 公司一直的盈利模式中不包括通过销售版权获取盈利。因此，A 公司的动漫影视作品拍摄支出应比照广告费用处理。即 A 公司应将影视作品制作支出、为播放影视作品支付给电视台的播出和广告等费用计入当期销售费用，不应将影视作品制作支出确认为存货并在之后的期间摊销。

案例 13－02
辞退福利的会计处理

一、案例背景

A 公司由于经营环境持续低迷，近年来主营业务连续巨额亏损。2×11 年为解决富余人员分流安置制定了“减员分流工作方案”，在 B 分公司中拟定与 4,000 名员工解除劳动关系，在 C 分公司中拟定以员工自愿方式辞退其生产车间的员工并将最终留下的生产车间员工分流至 A 公司的其他生产车间，该减员分流方案亦经 A 公司（包括 B 分公司和 C 分公司）职工代表大会通过。A 公司制定了详细的减员分流方案细则，主要内容包括：(1) 在 1 年内完成对员工解除劳动合同并向解聘人员发放补偿款；(2) 补偿款的标准为：按照当地社会平均工资标准并参考拟解聘员工服务于 A 公司的年限和拟解聘员工在其工作期间曾经为 A 公司作出的贡献相应的标准系数计算，且补偿款不低于按照劳动合同法规定的最低补偿款；(3) 统计拟解聘人员所在部门、职位和每个部门的人数。之后 A 公司将减员分流方案及方案细则在 B 分公司和 C 分公司公示。B 分公司负责减员分流工作的人员和各部门领导与拟解聘员工代表就解聘问题和补偿款问题进行了多次沟通。C 分公司的部分员工亦已向负责减员分流工作的人员表示接受解聘的安排并就解聘问题和解聘补偿问题进行了多次沟通。董事会审议通过《关于计提辞退员工福利费的议案》。在 2×11 年年底前 B 分公司已按照方案协商解聘了富余员工 200 余人。A 公司在 2×11 年度根据：(1) B 分公司预计偿付金额；(2) C 分公司预计接受裁减建议的员工数量和每一职位的辞退补偿标准来计提员工辞退福利费共计 6,000 万元。

2×12 年经营环境持续恶化。B 分公司在减员分流计划中尚未完成解聘和补偿工作的部分员工提出由于市场形势发生重大变化需要在原解聘方案条件不变的基础上增加补偿金额的要求，B 分公司负责减员分流工作的人员和各部门领导与拟解聘员工代表就解聘问题和补偿款问题进行了多次沟通并达成了共识。C 分公司更多的员工向负责减员分流工作的人员表示接受解聘的安排，负责减员分流工作的人员和各部门领导与分流减员计划中自愿接受减员安排的员工经过多次沟通后对解聘时间和补偿款金额亦达成了共识。A 公司董事会审议通过了“关于确认 2×12 年辞退福利费的议案”。2×12 年 A 公司根据：(1) B 分公司减员分流计划中的员工在 2×12 年增加的补偿金额；(2) C 分公司与自愿接受减员安排的员工达成共识后的补偿金额两项共计提员工辞退福利费 7,000 万元。

问题：如何确认和计量辞退福利？

二、会计准则及相关规定

《企业会计准则第 9 号——职工薪酬》(2014 年修订) 第二条规定：“辞退福利，是指企业在职工劳动合同到期之前解除与职工的劳动关系，或者为鼓励职工自愿接受裁减而给予职工的补偿。”第二十条规定：“企业向职工提供辞退福利的，应当在下列两者孰早日确认辞退福利产生的职工薪酬负债，并计入当期损益：

1. 企业不能单方面撤回因解除劳动关系计划或裁减建议所提供的辞退福利时。

2. 企业确认与涉及支付辞退福利的重组相关的成本或费用时。”

《企业会计准则第9号——职工薪酬（应用指南）》（2014年修订）规定：“企业应当按照辞退计划条款的规定，合理预计并确认辞退福利产生的职工薪酬负债，并具体考虑下列情况。

1. 对于职工没有选择权的辞退计划，企业应当根据计划条款规定拟解除劳动关系的职工数量、每一职位的辞退补偿等确认职工薪酬负债。

2. 对于自愿接受裁减建议的辞退计划，由于接受裁减的职工数量不确定，企业应当根据《企业会计准则第13号——或有事项》规定，预计将会接受裁减建议的职工数量，根据预计的职工数量和每一职位的辞退补偿等确认职工薪酬负债……”

《国际会计准则第19号——雇员福利》规定：

“166. 对于企业为鼓励职工自愿接受裁减而提出给予补偿的建议而形成的应付辞退福利费，企业被视为不能撤回裁减建议的时点是下列两者中较早的时点：

（a）当职工接受裁减建议；

（b）当限制情况（例如法律、监管或合同要求或者其他限制情况）发生时，该限制情况是指与影响企业撤回裁减建议的能力有关的情况。也就是说裁减建议达成的时点是当该限制情况在裁减建议期间出现的时点。

167. 对于企业决定解除与职工的劳动关系而形成的应付辞退福利费，同时满足下列条件的，在企业已经与受影响的职工沟通后，企业即被视为不能撤回解除劳动关系计划：

（a）为完成该解除劳动计划所执行的工作表明，该计划不太可能会发生重大变更；

（b）该计划规定拟解除劳动关系的职工数量，他们的工作类别或职位以及所在地（但该计划不需要明确每个拟解除劳动关系的职工）和拟解除劳动关系的完成时间；

（c）该计划设定充分详细的信息使得职工能确定由于解除劳动关系而

收到的相应补偿类型和金额。”

三、案例解析

辞退福利是指企业在职工劳动合同到期之前解除与职工的劳动关系，或者为鼓励职工自愿接受裁减而提出给予职工的补偿。在本案例中，B 分公司的减员分流属于在职工劳动合同到期前，无论职工本人是否愿意，企业决定解除与职工的劳动关系而给予的补偿；C 分公司的减员分流属于职工劳动合同到期前，为鼓励职工自愿接受裁减而给予的补偿，职工有权选择继续在职或接受补偿离职，B 分公司和 C 分公司的减员分流事项都符合辞退福利的范围。我们需要按照企业会计准则的规定分析在 2×11 年度、2×12 年度该辞退福利是否在会计上符合确认条件。

在 2×11 年 A 公司制定了减员方案和方案细则，方案和方案细则中明确了在 1 年内完成解聘工作、补偿款计算标准、拟解聘人员的部门、职位、数量等。其中 B 分公司还与拟辞退的员工代表就解聘事项和补偿款进行了沟通，并按照解聘方案在年底前完成了对部分拟解聘人员的解聘工作；C 分公司的部分员工亦已向负责减员分流工作的人员表示接受解聘的安排并就解聘问题和解聘补偿问题进行了多次沟通。该方案亦经职工代表大会和董事会批准，同时该减员计划已在 B 分公司和 C 分公司进行了公示，因此 A 公司不能单方面撤回解除劳动关系计划，在 2×11 年符合辞退福利确认条件，应当根据辞退计划条款规定的拟解除劳动关系的职工数量、每一职位的辞退补偿标准等计提应付职工薪酬。

B 分公司于 2×11 年已经根据辞退计划条款规定的拟解除劳动关系的员工数量、每一职位的辞退补偿标准等，计提应付职工薪酬。虽然在 2×12 年下半年由于市场形势发生进一步变化，B 分公司的解聘计划中的部分员工在与 B 分公司沟通后辞退补偿金额增加了，但是增加补偿金事项发生在 2×12 年下半年，对于 2×11 年财务报表不会产生影响，因此新增的补偿款应当计入 2×12 年的辞退福利费用。

案例 13 – 03
预提奖励基金的会计处理

一、案例背景

A 公司制定了“奖励基金管理办法”和“奖励基金运用方案”，相关文件已经由公司董事会和股东大会审议通过。根据奖励基金的管理办法，公司每年度会根据业绩达标情况决定是否预提奖励基金并确定预提比例。根据奖励基金的运用方案，公司将以每 5 年为一个周期，运用该周期内预提的奖励基金通过设立指定受益对象的专项金融产品（例如信托计划、证券投资基金等金融产品）在二级市场购买公司股票。周期结束后，公司将根据奖励对象所承担的岗位职责、任职期限、绩效表现、业绩贡献等综合指标确定参与本周期奖励方案的人员名单、分配系数、所持份额等情况。分配方案报经董事会审议批准后，奖励对象将被授予专项金融产品的份额。

同时，奖励基金的运用方案显示，奖励对象为年龄不超过法定退休年龄的在职人员，同时要求部分奖励对象于周期的最后 3 年在公司履职，但并不局限于计提奖励基金当年已在公司工作的员工。

问题：A 公司将奖励基金在预提年度确认为应付职工薪酬是否符合企业会计准则规定？

二、会计准则及相关规定

《企业会计准则——基本准则》第二十三条规定：“负债是指企业过去的交易或者事项形成的、预期会导致经济利益流出企业的现时义务。”

《企业会计准则第 9 号——职工薪酬》（2014 年修订）第二条规定：“职工薪酬是指企业为获得职工提供的服务或解除劳动关系而给予的各种形式的报酬或补偿。”

《企业会计准则第 9 号——职工薪酬》（2014 年修订）第五条规定：“企

业应当在职工为其提供服务的会计期间，将实际发生的短期薪酬确认为负债，并计入当期损益，其他会计准则要求或允许计入资本成本的除外。”

《企业会计准则第9号——职工薪酬》（2014年修订）第九条规定：“利润分享计划同时满足下列条件的，企业应当确认相关的应付职工薪酬：

（一）企业因过去事项导致现在具有支付职工薪酬的法定义务或推定义务；

（二）因利润分享计划所产生的应付职工薪酬义务金额能够可靠估计。属于下列三种情形之一的，视为义务金额能够可靠估计：

1. 在财务报告批准报出之前企业已确定应支付的薪酬金额。

2. 该短期利润分享计划的正式条款中包括确定薪酬金额的方式。

3. 过去的惯例为企业确定推定义务金额提供了明显证据。”

《企业会计准则第9号——职工薪酬》（2014年修订）第十条规定：“职工只有在企业工作一段特定期间才能分享利润的，企业在计量利润分享计划产生的应付职工薪酬时，应当反映职工因离职而无法享受利润分享计划福利的可能性。如果企业在职工为其提供相关服务的年度报告期间结束后十二个月内，不需要全部支付利润分享计划产生的应付职工薪酬，该利润分享计划应当适用本准则其他长期职工福利的有关规定。”

《企业会计准则第9号——职工薪酬（应用指南）》（2014年修订）指出：“在职工为企业提供服务的会计期间，企业应根据职工提供服务的受益对象，将应确认的职工薪酬计入相关资产成本或当期损益，同时确认为应付职工薪酬，但解除劳动关系补偿除外。”

《国际会计准则第19号——雇员福利》第19段规定：“当且仅当出现下述情形时，主体才应对利润分享和奖金的预期费用进行确认：（1）作为过去事项的结果，主体现在负有作出这类支付的法定或推定义务；以及（2）可以对义务作出可靠的估计。当且仅当主体除了支付以外，没有其他现实选择时，才存在一项现时义务。”

三、案例解析

对于预提奖励基金的会计处理，关键在于应当符合权责发生制原则，即职工提供的服务与相关金额的确认相配比。如果员工已经在相应期间提供了服务，确定金额的奖励基金被用于作为相应服务的对价支付，企业因此而产生的现时支付义务可以满足负债的确认条件。因此，按照奖励基金的设立目的不同可以分为以下两种情况：第一种情况，如果公司将预提奖励基金作为奖励员工在过去已经为公司提供的服务的报酬，承担不可撤销的支付义务，则其符合负债的定义，应当计入应付职工薪酬；第二种情况，如果公司预提奖励基金是为获得员工在未来期间的服务而拟支付的成本，不能对应到具体员工且相关服务并未实际提供，不能将所提取的金额确认相关负债。

在本案例中，A公司的“奖励基金运用方案”以5年为一个周期，部分有资格参与奖励基金分配的人员仅需在周期的最后3年在公司履职。这意味着最终被授予奖励基金的员工可能在计提奖励基金的当年并未在公司工作提供服务，所预提的奖励基金所指向的服务并非员工已经提供的服务，因此将相应奖励基金作为当期费用或成本、确认应付职工薪酬显然是不恰当的。同时，虽然奖励基金在提取时考虑了提取年度的公司业绩达标情况，但是奖励基金的分配取决于周期结束后对于整个周期的考核结果，并且如何进行分配以及具体的分配比例仍须经过董事会的批准。在此情况下，预提奖励基金实际是用于获得员工未来年度的服务而非已提供服务的成本。在奖励基金的预提时点，相关金额未明确对应到相应员工，未构成公司的现实义务。因此，基于上述具体情况，不应简单按照计提奖励基金的时点将其确认为应付职工薪酬。

另外，在本案例中，A公司应当考虑是否需要合并该专项金融产品。A公司如果合并该专项金融产品，考虑到公司授予职工的是专项金融产品的份额，该安排有可能构成股份支付，A公司则需要进一步考虑授予日以及等待期的确定。

案例13－04
提货权的会计处理

一、案例背景

××省储备粮管理有限公司根据《关于下达2×14年第一批省级储备粮轮出销售计划的通知》将储备粮进行公开竞拍，出卖人为××省储备粮管理有限公司，发货单位为××省级储备粮承储库（以下简称承储库），买受人为承储库以外具有粮油经营许可资格的粮食经营者，交易市场指××粮食交易市场股份有限公司（以下简称交易市场）。

竞价销售成交后，买受人、出卖人及承储库三方签订“2×14年××省级储备粮竞价销售合同”，重要合同条款如下：

1. 交易标的包括承储库名称、品种、数量、等级、生产年限、形态；供买受人参考的水分、杂质质量指标及合同执行期起止时间等。

2. 买受人必须于合同生效之日起5个工作日内将货款汇入交易市场指定的银行账户，买受人将粮款汇到交易市场指定账户后，要及时到交易市场开具出库通知单。买受人凭此通知单、原三方合同到承储库办理出库。

3. 在竞价完成后2个月内买受人必须完成提货和出库手续，粮食出库前买受人与承储库共同确认质量，无异议要当场签署“质量验收确认单”。

4. 合同执行完毕，双方验收无争议的，当场签署“货物交接协议书”。出卖人按成交价和“货物交接协议书”的结算数量，及时向买受人开具粮款增值税发票。

5. 出卖人（承储库）未按合同规定的时间、质量、品种、数量交货，视为出卖人（承储库）违约，合同终止，承储库承担其违约责任。

A公司是具有从事粮食经营资质的贸易公司，可以向持有出库通知单的单位购买出库通知单。A公司取得的出库通知单可能直接来源于买受人，也可能来源于多次转手后的转售单位，A公司向前手单位付款购买出库通知单，然后根据取得的出库通知单确认存货。A公司可以凭出库通知单自行提货或是再将出库通知单转售给下家，在转售的情况下向下家开具发票确认销售收入（包括原取得出库通知单的成本及公司赚取的差价），同时结转销售成本。

假设A公司与前手和后手都签署相应转售合同，转售合同附件包含原三方合同原件及出库通知单，转售合同规定买受人的权利和义务相应转移给后手，如因出卖人（承储库）未按合同规定的时间、质量、品种、数量交货，均与前手无关。A公司在合同签订日已收到后手全部预收款。

问题：

（1）A公司能否依据所持有的出库通知单确认存货？

（2）A公司对外转售出库通知单，能否按全额确认收入并结转销售成本？

二、会计准则及相关规定

《企业会计准则第1号——存货》第三条规定：“存货，是指企业在日常活动中持有以备出售的产成品或商品、处在生产过程中的在产品、在生产过程或提供劳务过程中耗用的材料和物料等。”

《企业会计准则第 1 号——存货》第四条规定：“存货同时满足下列条件的，才能予以确认：（一）与该存货有关的经济利益很可能流入企业；（二）该存货的成本能够可靠地计量。”

《企业会计准则第 14 号——收入》（2017 年修订）第二条规定：“收入，是指企业在日常活动中形成的、会导致所有者权益增加的、与所有者投入资本无关的经济利益的总流入。”

《企业会计准则第 14 号——收入》（2017 年修订）第十四条规定：“企业应当按照分摊至各单项履约义务的交易价格计量收入。

交易价格，是指企业因向客户转让商品而预期有权收取的对价金额。企业代第三方收取的款项以及企业预期将退还给客户的款项，应当作为负债进行会计处理，不计入交易价格。”

《企业会计准则第 14 号——收入》（2017 年修订）第三十四条规定：“企业应当根据其在向客户转让商品前是否拥有对该商品的控制权，来判断其从事交易时的身份是主要责任人还是代理人。企业在向客户转让商品前能够控制该商品的，该企业为主要责任人，应当按照已收或应收对价总额确认收入；否则，该企业为代理人，应当按照预期有权收取的佣金或手续费的金额确认收入，该金额应当按照已收或应收对价总额扣除应支付给其他相关方的价款后的净额，或者按照既定的佣金金额或比例等确定。

企业向客户转让商品前能够控制该商品的情形包括：（一）企业自第三方取得商品或其他资产控制权后，再转让给客户；（二）企业能够主导第三方代表本企业向客户提供服务；（三）企业自第三方取得商品控制权后，通过提供重大的服务将该商品与其他商品整合成某组合产出转让给客户。

在具体判断向客户转让商品前是否拥有对该商品的控制权时，企业不应仅局限于合同的法律形式，而应当综合考虑所有相关事实和情况，这些事实和情况包括：（一）企业承担向客户转让商品的主要责任；（二）企业在转让商品之前或之后承担了该商品的存货风险；（三）企业有权自主决定所交易商品的价格；（四）其他相关事实和情况。”

三、案例解析

（一）出库通知单能否确认存货

在本案例中，承储库依据A公司持有的出库通知单、原三方合同能办理实物出库手续，即“认单不认人”，从法律上看该出库通知单能作为物权凭证，A公司持有的出库通知单代表具有取得货物的权利即提货权。尽管出库通知单上的接收单位为参与竞拍的企业而非A公司，但A公司也能提供后续的转售合同，从某种程度上来说也是一种背书转让的记录。从出卖方来看，开具出库通知单的前提是收到全额货款，实际上销售的主要风险和报酬已转移，剩下的义务只是交割而已，至于交付的具体对象是谁，并不影响其销售的实现。

如果A公司持有该出库通知单的目的是为了持有以备出售，或者进行再加工后再出售，当取得出库通知单后实物尚未交付时，A公司对货物没有控制权，应先在“预付账款”中核算，待提货并验收后（即实物交付后），再从“预付账款”转入“存货”。

（二）转让出库单能否全额确认收入

对于A公司将“出库通知单”转售的行为，需要根据出售方是否作为代理人对收入按总额确认还是净额确认进行判断，即中间人是否通过安排委托人提供商品或服务而赚取酬金或佣金。如果A公司是作为代理人参与交易，则按净额确认收入；如该交易属于自主行为（即A公司在交易过程中要承担向下家转让出库通知单的主要责任、出库通知单丢失、毁损等风险，以及有权确定商品价格等），则按全额确认收入。

案例13－05
企业委托第三方进行研发支付的预付款项的会计处理

一、案例背景

A公司是一家从事药品生产和销售的上市公司，主要采用产学研相结合的研发模式进行药品的研究与开发，通过与高校、研究所合作的方式，依靠科研机构的研发力量共同进行产品创新。2×14 年 2 月，A 公司与 B 研究所签订了甲药品的委托开发协议，主要约定条款如下：

1. 甲药品的研发分为两个阶段，第一阶段为临床前研究，第二阶段为临床研究。预计临床前甲药品的研发周期为 4.5 年，投资金额为 1.5 亿元。

2. 合同生效后，委托方 A 公司预付款项 6,000 万元用于前期的研究开发，其余款项在临床前研究的不同阶段，根据研究进度和研究成果分次支付。

3. 对于开发过程中的技术风险，如在开发过程中遇到难以克服的技术障碍，导致开发失败，则委托方 A 公司仍需支付约定金额的开发费。

4. 对于开发过程中的经济风险，如在开发过程中遇到无法合理预见的情况，导致开发周期明显延长，开发支出明显超出原先的预算金额或导致项目丧失商业价值时，追加的研发成本由委托方 A 公司承担。

5. 关于研发成果的产权和经济利益的归属，相关知识产权由委托方 A 公司申请并享有，受托方 B 研究所仅就其提供的研发劳务获取报酬，不享有研发成果的所有权和使用权；受托方 B 研究所就该研发项目可取得的报酬与研发成果的未来商业价值无关。

2×14 年 3 月，根据合同要求，A 公司向 B 研究所支付了首期研究开发费 6,000 万元，A 公司将其作为预付款项，截至 2×15 年 12 月 31 日，由于甲药品仍处于前期研发阶段，A 公司仍将其作为预付款项在财务报表中列示。

问题：A 公司委托第三方研发的预付款项应如何进行会计处理？

二、会计准则及相关规定

《企业会计准则第 6 号——无形资产》第六条规定：“企业无形项目的支出，除下列情形外，均应于发生时计入当期损益：

（一）符合本准则规定的确认条件、构成无形资产成本的部分；

（二）非同一控制下企业合并中取得的、不能单独确认为无形资产、构成购买日确认的商誉的部分。”

《企业会计准则第 6 号——无形资产》第七条规定：“企业内部研究开发项目的支出，应当区分研究阶段支出与开发阶段支出。研究是指为获取并理解新的科学或技术知识而进行的独创性的有计划调查。开发是指在进行商业性生产或使用前，将研究成果或其他知识应用于某项计划或设计，以生产出新的或具有实质性改进的材料、装置、产品等。”

《企业会计准则第6号——无形资产》第八条规定：“企业内部研究开发项目研究阶段的支出，应当于发生时计入当期损益。”

《企业会计准则第6号——无形资产》第九条规定：“企业内部研究开发项目开发阶段的支出，同时满足下列条件的，才能确认为无形资产：

（一）完成该无形资产以使其能够使用或出售在技术上具有可行性；

（二）具有完成该无形资产并使用或出售的意图；

（三）无形资产产生经济利益的方式，包括能够证明运用该无形资产生产的产品存在市场或无形资产自身存在市场，无形资产将在内部使用的，应当证明其有用性；

（四）有足够的技术、财务资源和其他资源支持，以完成该无形资产的开发，并有能力使用或出售该无形资产；

（五）归属于该无形资产开发阶段的支出能够可靠地计量。”

《企业会计准则第6号——无形资产》第十二条规定：“无形资产应当按照成本进行初始计量。外购无形资产的成本，包括购买价款、相关税费以及直接归属于使该项资产达到预定用途所发生的其他支出。购买无形资产的价款超过正常信用条件延期支付，实质上具有融资性质的，无形资产的成本以购买价款的现值为基础确定。实际支付的价款与购买价款的现值之间的差额，除按照《企业会计准则第17号——借款费用》应予资本化的以外，应当在信用期间内计入当期损益。”

《企业会计准则第6号——无形资产》第十三条规定：“自行开发的无形资产，其成本包括自满足本准则第四条和第九条规定后至达到预定用途前所发生的支出总额，但是对于以前期间已经费用化的支出不再调整。”

《企业会计准则第6号——无形资产（应用指南）》规定：

“二、研究阶段与开发阶段

本准则将研究开发项目区分为研究阶段与开发阶段。企业应当根据研究与开发的实际情况加以判断。

（一）研究阶段

研究阶段是探索性的，为进一步开发活动进行资料及相关方面的准备，已进行的研究活动将来是否会转入开发、开发后是否会形成无形资产等均具有较大的不确定性。

比如，意在获取知识而进行的活动，研究成果或其他知识的应用研究、评价和最终选择，材料、设备、产品、工序、系统或服务替代品的研究，新的或经改进的材料、设备、产品、工序、系统或服务的可能替代品的配制、设计、评价和最终选择等，均属于研究活动。

（二）开发阶段

相对于研究阶段而言，开发阶段应当是已完成研究阶段的工作，在很大程度上具备了形成一项新产品或新技术的基本条件。比如，生产前或使用前的原型和模型的设计、建造和测试，不具有商业性生产经济规模的试生产设施的设计、建造和运营等，均属于开发活动。

三、开发支出的资本化

根据本准则第八条和第九条规定，企业内部研究开发项目研究阶段的支出，应当于发生时计入当期损益；开发阶段的支出，同时满足下列条件的，才能确认为无形资产：

（一）完成该无形资产以使其能够使用或出售在技术上具有可行性。

判断无形资产的开发在技术上是否具有可行性，应当以目前阶段的成果为基础，并提供相关证据和材料，证明企业进行开发所需的技术条件等已经具备，不存在技术上的障碍或其他不确定性。比如，企业已经完成了全部计划、设计和测试活动，这些活动是使资产能够达到设计规划书中的功能、特征和技术所必需的活动，或经过专家鉴定等。

（二）具有完成该无形资产并使用或出售的意图。

企业能够说明其开发无形资产的目的。

（三）无形资产产生经济利益的方式。

无形资产是否能够为企业带来经济利益，应当对运用该无形资产生产产品的市场情况进行可靠预计，以证明所生产的产品存在市场并能够带来经济利益，或能够证明市场上存在对该无形资产的需求。

（四）有足够的技术、财务资源和其他资源支持，以完成该无形资产的开发，并有能力使用或出售该无形资产。

企业能够证明可以取得无形资产开发所需的技术、财务和其他资源，以及获得这些资源的相关计划。企业自有资金不足以提供支持的，应能够证明存在外部其他方面的资金支持，如银行等金融机构声明愿意为该无形资产的开发提供所需资金等。

（五）归属于该无形资产开发阶段的支出能够可靠地计量。

企业对研究开发的支出应当单独核算，比如，直接发生的研发人员工资、材料费，以及相关设备折旧费等。同时从事多项研究开发活动的，所发生的支出应当按照合理的标准在各项研究开发活动之间进行分配；无法合理分配的，应当计入当期损益。”

三、案例解析

无形资产的取得方式多种多样，企业将无形资产的研究开发活动外包给其他方时，首先应当判断该交易的经济实质相当于公司自主研发还是外购技术。

如为外购技术，则根据《企业会计准则第6号——无形资产》第十二条的规定，按照成本对无形资产进行初始计量。

如为自主研发，则按《企业会计准则第6号——无形资产》第七条和《企业会计准则第6号——无形资产（应用指南）》第二条的规定，判断该支出属于研究阶段支出还是开发阶段支出，对于开发阶段的支出，再依据《企业会计准则第6号——无形资产》第九条和《企业会计准则第6号——无形资产（应用指南）》第三条规定的五项条件判断是否已经符合开发支出资本化条件。

在判断委托第三方进行研发的经济实质是自主研发还是外购技术，应考虑研发过程中相关风险和报酬的承担情况，以及研发完成后研发成果的归属。在本案例中：

1. 在开发过程中遇到难以克服的技术障碍，导致开发失败，委托方A公司仍应支付约定金额的开发费，A公司承担了技术风险。

2. 在开发过程中遇到无法合理预见的情况，导致开发周期明显延长，开发支出明显超出原先的预算金额或导致项目丧失商业价值时，追加的研发成本由委托方A公司承担，A公司承担了开发过程中的经济风险。

3. 相关知识产权由委托方A公司申请并享有，受托方B研究所仅就其提供的研发劳务获取报酬，不享有研发成果的所有权和使用权；受托方B研究所就该研发项目可取得的报酬与研发成果的未来商业价值无关，研发成果的产权和经济利益归属于A公司。

因此，A公司承担了研发过程中相关风险和报酬并享有研发成果及研发成果产生的未来商业价值，A 公司实质上为研发劳务外包的自主开发。

另外，由于该委托研发实质上是 A 公司的自主研发，A 公司应按照自行研发无形资产的规定进行会计处理。A 公司应关注甲药品研发项目在整个委托期间的进展，了解预付研发费用在研发过程中的实际耗用情况，取得相关依据，根据研发项目的内容、目的、过往经验等区分研究阶段与开发阶段，判断是否满足研发费用的资本化条件。对于满足资本化条件的开发阶段的支出确认为无形资产，其他研发支出于发生时计入当期损益。

对于预付的研发费用应根据研发项目进展区分尚未使用部分与已使用部分，对于已使用部分根据准则要求，区分费用化支出与资本化支出，据此确定应计入当期损益与开发支出的金额。将预付款项长期挂账不能如实地在财务报表中反映自行研发无形资产的进展。

在实务中，一方面，企业应加强与受托方的沟通与协调，及时搜集相关信息；另一方面，加强核算与监督，负责研发项目执行和管理的业务技术部门与财务部门应紧密配合、加强沟通，完善预付资金的使用管理，确保财务部门及时了解研发项目进展，根据企业会计准则进行有效的会计核算。

案例 13－06
已计提未使用安全生产费是否确认递延所得税资产

一、案例背景

A 上市公司是一家煤矿企业，按照《企业安全生产费用提取和使用管理办法》（财资〔2022〕136 号）计提与使用安全生产费。2×14 年 12 月 31 日，根据《关于煤矿企业维简费和高危行业企业安全生产费用企业所得税税前扣除问题的公告》（国家税务总局公告〔2011〕26 号）的规定："企业不得在税前扣除按照有关规定预提的维简费和安全生产费用"，A 上市公司认为对于已计提未使用的安全生产费，其账面价值与计税基础不同，存在可抵扣暂时性差异，据此确认了递延所得税资产。

问题：A 公司的上述会计处理是否符合企业会计准则规定？

二、会计准则及相关规定

《企业会计准则解释 3 号》规定："高危行业企业按照国家规定提取的安全生产费，应当计入相关产品的成本或当期损益，同时记入'4301 专项储备'科目。

企业使用提取的安全生产费时，属于费用性支出的，直接冲减专项储备。企业使用提取的安全生产费形成固定资产的，应当通过'在建工程'科目归集所发生的支出，待安全项目完工达到预定可使用状态时确认为固定资产；同时，按照形成固定资产的成本冲减专项储备，并确认相同金额的累计折旧。该固定资产在以后期间不再计提折旧。

'专项储备'科目期末余额在资产负债表所有者权益项下'减：库存股'和'盈余公积'之间增设'专项储备'项目反映。

企业提取的维简费和其他具有类似性质的费用，比照上述规定处理。

本解释发布前未按上述规定处理的，应当进行追溯调整。"

《企业会计准则第 18 号——所得税》第四条规定："企业在取得资产、负债时，应当确定其计税基础。资产、负债的账面价值与其计税基础存在差异的，应当按照本准则规定确认所产生的递延所得税资产或递延所得税负债。"

《企业会计准则第 18 号——所得税》第五条规定："资产的计税基础，是指企业收回资产账面价值过程中，计算应纳税所得额时按照税法规定可以自应税经济利益中抵扣的金额。"

《企业会计准则第 18 号——所得税》第六条规定："负债的计税基础，是指负债的账面价值减去未来期间计算应纳税所得额时按照税法规定可予抵扣的金额。"

《企业会计准则第 18 号——所得税》第七条规定："暂时性差异，是指资产或负债的账面价值与其计税基础之间的差额；未作为资产和负债确认的项目，按照税法规定可以确定其计税基础的，该计税基础与其账面价值之间的差额也属于暂时性差异。按照暂时性差异对未来期间应税金额的影响，分为应纳税暂时性差异和可抵扣暂时性差异。"

《企业会计准则第 18 号——所得税》第八条规定："应纳税暂时性差异，是指在确定未来收回资产或清偿负债期间的应纳税所得额时，将导致产生应税金额的暂时性差异。”

《企业会计准则第18号——所得税》第九条规定：“可抵扣暂时性差异，是指在确定未来收回资产或清偿负债期间的应纳税所得额时，将导致产生可抵扣金额的暂时性差异。”

《企业会计准则第18号——所得税》第十条规定：“企业应当将当期和以前期间应交未交的所得税确认为负债，将已支付的所得税超过应支付的部分确认为资产。存在应纳税暂时性差异或可抵扣暂时性差异的，应当按照本准则规定确认递延所得税负债或递延所得税资产。”

《企业会计准则第18号——所得税》第十三条规定：“企业应当以很可能取得用来抵扣可抵扣暂时性差异的应纳税所得额为限，确认由可抵扣暂时性差异产生的递延所得税资产。”

《关于煤矿企业维简费和高危行业企业安全生产费用企业所得税税前扣除问题的公告》（国家税务总局公告〔2011〕26号，以下简称《安全生产费税前扣除问题公告》）规定：“煤矿企业实际发生的维简费支出和高危行业企业实际发生的安全生产费用支出，属于收益性支出的，可直接作为当期费用在税前扣除；属于资本性支出的，应计入有关资产成本，并按企业所得税法规定计提折旧或摊销费用在税前扣除。企业按照有关规定预提的维简费和安全生产费用，不得在税前扣除。”

三、案例解析

根据《企业会计准则解释第3号》，高危行业企业按照国家规定提取的安全生产费，应当计入相关产品的成本或当期损益，同时记入“专项储备”，“专项储备”属于所有者权益类项目。企业使用提取的安全生产费时，属于费用性支出的，直接冲减专项储备；企业使用提取的安全生产费形成固定资产的，通过“在建工程”科目归集所发生的支出，待安全项目完工达到预定可使用状态时确认为固定资产；同时，按照形成固定资产的成本冲减专项储备，并确认相同金额的累计折旧。该固定资产在以后期间不再计提折旧。《企业会计准则解释第3号》之所以规定将专项储备作为所有者权益项目而非负债项目，原因在于专项储备不符合《企业会计准则——基本准则》负债的定义及其确认条件。根据《企业会计准则——基本准则》，负债是企业过去的交易或者事项形成的、预期会导致经济利益流出企业的现时义务。

但专项储备在计提时，尚无明确的支付计划，尚不存在“预期会导致经济利益流出企业的现时义务”，故不确认为负债。

同时，根据《企业会计准则第 18 号——所得税》，确认递延所得税资产或递延所得税负债的前提是资产、负债的账面价值和计税基础之间存在暂时性差异。对于递延所得税资产，还应基于谨慎性原则，以很可能取得用来抵扣可抵扣暂时性差异的应纳税所得额为限确认递延所得税资产。

就专项储备而言，根据《企业会计准则解释第 3 号》计提安全生产费时，企业并未与外部发生交易，未产生资产、负债，也未导致所有者权益金额的增加与减少。已计提尚未使用的安全生产费作为“专项储备”在所有者权益中列示，并非企业的负债，因此，尽管《安全生产费税前扣除问题公告》只允许将实际发生的安全生产费支出在税前扣除，而非会计上的计提金额，税务处理和会计处理之间存在差异，但由于专项储备会计处理特殊，一方面影响损益和应纳税所得额，另一方面影响权益，不涉及资产负债的账面价值与计税基础之间的暂时性差异，因此不确认递延所得税。

案例 13－07
持有待售资产的确认和计量

一、案例背景

A 公司于 2×15 年 12 月 16 日作出董事会决议，拟将其与控股子公司共同持有的 B 公司 100% 股权转让，并拟于 2×16 年 1 月初召开股东大会审议该事项。交易各方已就该事项签订协议，并约定协议经双方有权机关批准后生效。2×15 年合并财务报表中，A 公司将持有的 B 公司股权重分类至“持有待售资产”。

问题：公司将上述股权划分为持有待售资产是否符合企业会计准则的规定？

二、会计准则及相关规定

《企业会计准则第30号——财务报表列报》（2014年修订）第四十二条规定：“同时满足下列条件的企业组成部分（或非流动资产，下同）应当确认为持有待售：该组成部分必须在其当前状况下仅根据出售此类组成部分的惯常条款即可立即出售；企业已经就处置该组成部分作出决议，如按规定需得到股东批准的，应当已经取得股东大会或相应权力机构的批准；企业已经与受让方签订了不可撤销的转让协议；该项转让将在一年内完成。”

《企业会计准则第30号——财务报表列报（应用指南）》（2014年修订）规定：“本准则规定，同时满足下列条件的企业组成部分（或非流动资产）应当确认为持有待售：①该组成部分必须在其当前状况下仅根据出售此类组成部分的通常和惯用条款即可立即出售；②企业已经就处置该组成部分作出决议，如按规定需得到股东批准的，应当已经取得股东大会或相应权力机构的批准；③企业已经与受让方签订了不可撤销的转让协议；④该项转让将在一年内完成。其中：上述条件①强调，被划分为持有待售的企业组成部分必须是在当前状态下可立即出售，因此企业应当具有在当前状态下出售该资产或处置的意图和能力，而出售此类组成部分的通常和惯用条款不应当包括出售方所提出的条件；上述条件②至条件④强调，被划分为持有待售的企业组成部分其出售必须是极可能发生的，实务中需要结合具体情况进行判断。”

《企业会计准则第42号——持有待售的非流动资产、处置组和终止经营》第六条规定：“非流动资产或处置组划分为持有待售类别，应当同时满足下列条件：

（一）在当前状况下，仅根据出售（或具有商业实质的非货币性资产交换，下同）此类资产或处置组的惯常条款，即可立即出售；

（二）出售极可能发生，即企业已经就一项出售计划作出决议且获得确定的购买承诺，预计出售将在一年内完成。如果该出售计划需要得到股东或者监管部门批准，应当已经取得批准。

确定的购买承诺，是企业间签订的约束性购买协议，该协议通常具有法律强制执行力，包含交易价格、时间和足够严厉的违约惩罚等所有重要条款，使协议出现重大调整或者撤销的可能性极小。”

《企业会计准则第29号——资产负债表日后事项》第二条规定：“资产

负债表日后事项，是指资产负债表日至财务报告批准报出日之间发生的有利或不利事项。财务报告批准报出日，是指董事会或类似机构批准财务报告报出的日期。资产负债表日后事项包括资产负债表日后调整事项和资产负债表日后非调整事项。资产负债表日后调整事项，是指对资产负债表日已经存在的情况提供了新的或进一步证据的事项。资产负债表日后非调整事项，是指表明资产负债表日后发生的情况的事项。”

三、案例解析

在本案例中，2×15 年年度资产负债表日，A 公司已就处置 B 公司股权作出了董事会决议，交易双方也已就该事项签订了协议，但股东大会尚未审议。划分为持有待售的条件之一是企业对处置该组成部分作出决议，如需得到股东批准，应当取得股东大会或相应权力机构的批准。因此，在本案例中，如果根据公司章程等规定，一项股权转让交易须经过股东大会批准，且根据相关转让协议，双方股东大会或类似权力机构批准为该协议生效的前提条件的，则拟转让的 B 公司股权资产在未经股东大会等权力机构批准前，不满足划分为持有待售的条件，不能列报为持有待售资产。

有关批准发生于报告年度资产负债表日后事项期间的，A 公司不能因该批准调整相关资产在报告年度资产负债表日的列报方式。股东大会作为公司的决策程序之一，其审议结果将可能直接改变交易或事项的状态，因其为资产负债表日后新发生事项，根据《企业会计准则第 29 号——资产负债表日后事项》，该事项应为资产负债表日后非调整事项。

案例 13－08
仿制药“一致性评价”费用能否资本化的问题

一、案例背景

2016 年 2 月 6 日，国务院办公厅印发《关于开展仿制药质量和疗效一致性评价的意见》（国办发〔2016〕8 号）（以下简称《意见》），《意见》规定，列入国家基本药物目录（2012 年版）中 2007 年 10 月 1 日前批准上市的化学药品仿制药口服固体制剂，原则上应在 2018 年年底前完成一致性评价，其中需开展临床有效性试验和存在特殊情形的品种，应在 2021 年年底前完成一致性评价；逾期未完成的，不予再注册。化学药品新注册分类实施前批准上市的其他仿制药，自首家品种通过一致性评价后，三年后不再受理相同品种的其他药品生产企业的一致性评价申请；逾期未完成的，不予再注册。

仿制药一致性评价，是指对已经批准上市的仿制药，按与原研药品质量和疗效一致的原则，分期分批进行质量一致性评价，即仿制药需在质量与药效上达到与原研药一致的水平。因为过去批准上市的药品没有与原研药一致性评价的强制性要求，有些药品在疗效上与原研药存在一些差距。开展仿制药一致性评价，可以使仿制药在质量和疗效上与原研药一致，在临床上可替代原研药，这不仅可以节约医疗费用，同时也可提升我国的仿制药质量和制药行业的整体发展水平，保证公众用药安全有效。

一致性评价的流程大体包括以下阶段：（1）品种调研；（2）进行参比制剂备案；（3）体外预评价；（4）小试处方研究阶段；（5）中试试制阶段；（6）生产确认阶段；（7）生产工艺验证阶段；（8）预 BE 试验；（9）伦理批件的获批；（10）BE 试验备案；（11）BE 试验临床试验；（12）报总局；（13）有因核查；（14）获得批准。

BE 试验：是指生物等效性（Bioequivalency，BE）试验。有一些药品的一致性评价里程中，可以豁免进行 BE 试验。

一致性评价可能有以下几种结果：一是研发表明与原研药一致，无须改进；二是研发有改进；三是研发失败，失去生产资质。

问题：对于已经取得生产许可证正在生产销售的药品，开展一致性评价所发生的费用能否资本化？

二、会计准则及相关规定

《企业会计准则第 6 号——无形资产》第七条规定：“企业内部研究开发项目的支出，应当区分研究阶段和开发阶段支出。研究是指为获取并理解新的科学或技术知识而进行的独创性的有计划的调查。开发是指在进行商业性生产或使用前，将研究成果或其他知识应用于某项计划或设计，以生产出新的或具有实质性改进的材料、装置或产品等。”

《企业会计准则第6号——无形资产》第九条规定：“企业内部研究开发项目开发阶段的支出，同时满足下列条件的，才能确认为无形资产：

（一）完成该无形资产以使其能够使用或出售在技术上具有可行性。

（二）具有完成该无形资产并使用或出售的意图。

（三）无形资产产生经济利益的方式，包括能够证明运用该无形资产生产的产品存在市场或无形资产自身存在市场，无形资产将在内部使用的，应当证明其有用性。

（四）有足够的技术、财务资源和其他资源支持，以完成该无形资产的开发，并有能力使用或出售该无形资产。

（五）归属于该无形资产开发阶段的支出能够可靠地计量。”

三、案例解析

对于已经取得生产许可证正在生产销售的药品进行一致性评价所发生的费用是否可以资本化，实务中有不同观点：

观点一：一致性评价的作用是保持现有生产许可证的有效性，即维持其产生经济利益流入的能力，而不是扩大其未来经济利益流入的潜力，所以应费用化处理。

观点二：如果一致性评价使得药品的药效改进、工艺改进、处方调整，即对药品进行升级改造，则可以资本化。资本化开始的时点为满足准则规定的开发支出资本化的5个条件的时点。

国务院办公厅印发《关于开展仿制药质量和疗效一致性评价的意见》对于医药企业已经取得生产许可证正在生产销售的药品，如果不进行一致性评价，将在某个时间点失去继续生产的条件，即作一致性评价将为医药企业带来新的生产能力，将产生扩大其未来经济利益流入的能力。另外，一致性评价一定程度上会提高药效、增加药品销量或延长医药企业生产该药品技术的经济寿命，也可为企业带来经济利益。因此，应将一致性评价视同一项新的研发，根据无形资产研发的资本化条件判断是否可以资本化。同时，该一致性评价相关品种已经资本化的无形资产要进行减值测试。

案例 13－09
重组相关的支出是否应属于资产处置收益

一、案例背景

A 公司经营一家高尔夫球会，并拥有一个高尔夫球场的土地使用权（无形资产）以及高尔夫球场上建筑物（固定资产）的所有权。此高尔夫球会实行会员制，依据 A 公司与会员签订的合同，会员在缴纳一定的会员费后，就拥有在未来一定期间内无偿使用高尔夫球场的权利；如果因为 A 公司的原因导致会员在约定期间内无法使用该高尔夫球场，A 公司应承担相应的赔偿责任。

2×17 年初，股东打算改变 A 公司的经营方向，计划关闭高尔夫球会并转让此高尔夫球场的土地使用权及其地上建筑物。2×17 年末，该高尔夫球场的土地使用权及其地上建筑物（处置前账面价值约 1 亿元）已经转让给第三方，转让价格约 5 亿元，同时，由于公司关闭了高尔夫球场，A 公司预计将支付给高尔夫球会会员的赔偿金约 2 亿元人民币。

问题：支付给球会会员的赔偿金是否应该一并计入“资产处置收益”？

二、会计准则及相关规定

财政部《关于修订印发 2019 年度一般企业财务报表格式的通知》（财会〔2019〕6 号）规定：“资产处置收益”反映企业出售划分为持有待售的非流动资产（金融工具、长期股权投资和投资性房地产除外）或处置组时，或未划分为持有待售的固定资产、在建工程、生产性生物资产及无形资产而确认的处置利得或损失。债务重组中因处置非流动资产（金融工具、长期股权投资和投资性房地产除外）产生的利得或损失和非货币性资产交换中换出非流动资产（金融工具、长期股权投资和投资性房地产除外）产生的利得或损失也包括在本项目内。

《企业会计准则第 4 号——固定资产》第二十三条规定：“企业出售、转让、报废固定资产或发生固定资产毁损，应当将处置收入扣除账面价值和相关税费后的金额计入当期损益。”

《企业会计准则第 13 号——或有事项》第十条规定：“企业承担的重组义务满足本准则第四条规定的，应当确认预计负债。重组，是指企业制定和控制的，将显著改变企业组织形式、经营范围或经营方式的计划实施行为。”

《企业会计准则第 13 号——或有事项》第十一条规定：“企业应当按照与重组有关的直接支出确定预计负债金额。直接支出不包括留用职工岗前培训、市场推广、新系统和营销网络投入等支出。”

《企业会计准则讲解（2010）》第十四章“或有事项”指出：“由于企业在计量预计负债时不应当考虑预期处置相关资产的利得或损失，在计量与重组义务相关的预计负债时，不考虑处置相关资产（厂房、店面、有时是一个事业部整体）可能形成的利得或损失，即使资产的出售构成重组的一部分也是如此。这些利得或损失应当单独确认。”

《企业会计准则——应用指南（2006）》附录“会计科目和主要账务处理”对“预计负债”科目使用的规定为：“本科目核算企业确认的对外提供担保、未决诉讼、产品质量保证、重组义务、亏损性合同等预计负债。本科目可按形成预计负债的交易或事项进行明细核算。企业由对外提供担保、未决诉讼、重组义务产生的预计负债，应按确定的金额，借记‘营业外支出’等科目，贷记本科目。”

三、案例解析

计入资产处置损益的费用，应该是企业出售、转让、报废非流动资产（金融工具、长期股权投资和投资性房地产除外）时发生的直接费用，主要是相关税费。

企业向高尔夫球会会员支付的约 2 亿元赔偿金，源于企业打算改变经营方向，计划关闭高尔夫球会，是与公司该项重组直接相关的义务的费用，不属于资产处置的直接费用，不应计入资产处置损益。重组义务产生的预计负债，应按确定的金额，借记营业外支出等科目，贷记预计负债。

同时，根据《企业会计准则讲解（2010）》，由于企业在计量预计负债时不应当考虑预期处置相关资产的利得或损失，在计量与重组义务相关的预计负债时，不考虑处置相关资产（厂房、店面，有时是一个事业部整体）可能形成的利得或损失，即使资产的出售构成重组的一部分也是如此。这些利得或损失应当单独确认。同样，企业在计量相关资产处置损益时，也不应该考虑重组产生的义务和损失。

综上所述，向会员进行赔偿与资产处置损益是两个事项，向会员的赔偿不能作为资产处置过程中发生的损失。

案例 13－10

变电站征迁补偿款的会计处理

一、案例背景

上市公司N公司（以下简称公司），于2018年6月23日发布《关于签订征迁补偿协议的公告》，披露因某区政府实施城市道路改造，公司部分房屋及附属设施被征迁，已与征迁实施单位签订了相关征迁协议，其中公司自用的35KV变电站（以下称为被征迁变电站）补偿金额为590万元。

经了解，征迁实施单位某区住建局于2018年2月委托评估机构采用成本法对公司被征迁变电站项目进行重置价值评估，评估价值为694.36万元。

公司于2018年6月21日和某区住建局签订《道路工程项目涉及公司相关事宜的框架协议》（以下简称《框架协议》），对公司涉及的被征迁变电站征迁补偿约定为：根据相关征收补偿政策及评估报告、考虑按原变电站标准新建变电站所需费用，双方协商，由某区住建局承担590万元，若公司根据自身需要调整重建方案，新增加的建设费用由公司自行承担。

公司被征迁变电站于2002年12月31日完成建造并转固，账面原值为480.45万元，折旧年限为5年，征迁时累计折旧为456.43万元，账面价值为24.02万元。

问题：变电站征迁补偿款应如何进行会计处理？

二、会计准则及相关规定

《企业会计准则第 16 号——政府补助》（2017 年修订）第二条和第三条分别规定："本准则中的政府补助，是指企业从政府无偿取得货币性资产或非货币性资产。""政府补助具有下列特征：（一）来源于政府的经济资源。对于企业收到的来源于其他方的补助，有确凿证据表明政府是补助的实际拨付者，其他方只起到代收代付作用的，该项补助也属于来源于政府的经济资源。（二）无偿性。即企业取得来源于政府的经济资源，不需要向政府交付商品或服务等对价。"

《企业会计准则第 16 号——政府补助（应用指南）》（2018 年修订）第三章规定："……以下各项不纳入本准则的范围，适用其他相关会计准则：1. 企业从政府取得的经济资源，如果与企业销售商品或提供服务等活动密切相关，且是企业商品或服务的对价或者是对价的组成部分，应当适用《企业会计准则第 14 号——收入》等相关会计准则。……"

《企业会计准则解释第 3 号》规定："企业因城镇整体规划、库区建设、棚户区改造沉陷区治理等公共利益进行搬迁，收到政府从财政预算直接拨付的搬迁补偿款，应作为专项应付款处理。其中，属于对企业在搬迁和重建过程中发生的固定资产和无形资产损失、有关费用性支出、停工损失及搬迁后拟新建资产进行补偿的，应自专项应付款转入递延收益，并按照《企业会计准则第 16 号——政府补助》进行会计处理。企业取得的搬迁补偿款扣除转入递延收益的金额后如有结余的，应当作为资本公积处理。企业收到除上述之外的搬迁补偿款，应当按照《企业会计准则第 4 号——固定资产》、《企业会计准则第 16 号——政府补助》等会计准则进行处理。"

《企业会计准则第 39 号——公允价值计量》第十八条规定："企业以公允价值计量相关资产或负债，应当采用在当前情况下适用并且有足够可利用数据和其他信息支持的估值技术。企业使用估值技术的目的是估计在计量日当前市场条件下，市场参与者在有序交易中出售一项资产或者转移一项负债的价格。企业以公允价值计量相关资产或负债使用的估值技术主要包括市场法、收益法和成本法。企业应当使用与其中一种或多种估值技术相一致的方法计量公允价值。企业使用多种估值技术计量公允价值的，应当考虑各估值结果的合理性，选取在当前情况下最能代表公允价值的金额作为公允价值。

市场法，是利用相同或类似的资产、负债或资产和负债组合的价格以及其他相关市场交易信息进行估值的技术。收益法，是将未来金额转换成单一现值的估值技术。成本法，是反映当前要求重置相关资产服务能力所需金额（通常指现行重置成本）的估值技术。”

《企业会计准则第 39 号——公允价值计量（应用指南）》第三章第（六）节进一步规定：“……在成本法下，企业应当根据折旧贬值情况，对市场参与者获得或构建具有相同服务能力的替代资产的成本进行调整。折旧贬值包括实体性损耗、功能性贬值以及经济性贬值。企业主要使用现行重置成本法估计与其他资产或其他资产和负债一起使用的有形资产的公允价值。……”

三、案例解析

根据《企业会计准则解释第 3 号》（“解释 3 号”）和《企业会计准则第 16 号——政府补助》（2017 年修订）的相关规定，搬迁补偿的会计处理思路是：首先，判断是否适用“解释 3 号”，后者需要同时满足两个要素“因公共利益进行搬迁”及“收到政府从财政预算直接拨付的搬迁补偿款”。其次，对于不适用“解释 3 号”的交易，应结合搬迁补偿款的定价依据，进一步分析和判断交易实质。如果交易实质是公司将自身的资产与政府进行平等交换，则搬迁补偿款的本质并非补偿而是交易对价。该交易与公司向非政府部门处置资产并收取处置对价不存在本质区别。除非有明确的证据表明公司收到的款项明显高于市场价值，且附带额外的政策条件和使用条件，含有政府补助的成分，否则应当全部按照资产处置的一般原则进行会计处理。

本案例中，在不适用“解释 3 号”的前提下，会计处理的关键点在于政府拨付的 590 万元搬迁补偿款是否高于拟拆除变电站的公允价值，以及是否附带额外的政策条件和使用条件。按照公允价值计量准则的规定，市场法、收益法和成本法都是准则允许的估值技术。但是，考虑到变电站资产通常没有二级交易市场，也不具备独立产生现金流量的能力，无法通过市场法和收益法估值，实务中一般都采用成本法估值。以成本法进行估值，应当考虑变电站的现状及其运行所处的环境。如果 590 万元搬迁补偿款已考虑折旧贬值情况（包括成新率），并且不附带额外的政策条件和使用条件（例如政府不限制资金用途，公司也可以根据自身需要调整重建方案），则该交易不涉及政府补助，全部按照资产处置进行会计处理。

案例 13 – 11
执行“解释第 15 号”后，固定资产达到预定可使用状态前试运行产出产品的会计处理问题

一、案例背景

《企业会计准则解释第 15 号》（“解释第 15 号”）中对于固定资产达到预定可使用状态前或者研发过程中产出的产品或副产品对外销售的会计处理规定自 2022 年 1 月 1 日起执行。自其执行以来，实务对于如何应用“解释第 15 号”规定，确定试运行过程中产出产品的存货成本，存在不同理解。

甲公司是一家从事特种材料生产及销售的企业。近年来因为产品性能优越，得到客户认可，市场需求不断扩大，甲公司决定引进基于最新技术的生产线，在一个闲置厂房建设一条新生产线，以扩大产能。20×2 年 6 月，工程建设和设备安装基本完成，甲公司对新生产线进行了负荷联合试车以测试其可否正常运转，该负荷联合试车耗时一个月。

甲公司在试运行过程中，投入原材料 200 万元、生产线上的人工成本 70 万元（一个月）、生产线所在厂房折旧、电费等制造费用 30 万元（一个月）。根据该生产线的产能设计和公司运营计划，预计正常生产能力水平下生产 100 件合格产品，但试运行过程中仅产出合格产品 20 件，6 月末这批产品完工并入库。20×2 年 7 月，甲公司将该批 20 件产品对外销售，实现销售收入 80 万元（每件 4 万元）。

20×2 年 8 月，新生产线全部完工，达到设计要求并交付使用，由在建工程转为固定资产。

问题：对于甲公司的上述试运行产出的合格品，在执行“解释第 15 号”关于试运行销售的规定后，应该如何确认存货成本？

二、会计准则及相关规定

《监管规则适用指引——会计类第3号》指出：

“试运行产出的有关产品或副产品在对外销售前，符合存货准则规定的应当确认为存货，符合其他相关准则中有关资产确认条件的应当确认为相关资产。测试固定资产可否正常运转而发生的支出属于固定资产达到预定可使用状态前的必要支出，应当按照固定资产准则的有关规定，计入该固定资产成本。

监管实践发现，部分公司对于固定资产达到预定可使用状态前试运行产品的成本确认与计量问题，存在理解上的偏差和分歧。现就该事项的意见如下：

存货成本包括直接材料、直接人工以及按照一定方法分配的制造费用，是企业正常设计生产能力下的必要合理支出。固定资产达到预定可使用状态前试生产的存货，应以正常设计生产能力下的必要合理支出为基础，确认相关存货成本，试运行期间实际投入金额超出存货成本的部分计入在建工程。正常设计生产能力下的必要合理支出，应结合固定资产达到预定可使用状态后的正常设计产能、产品正常生产投入产出比等因素考虑。”

三、案例解析

固定资产试运行过程产出的产品或副产品成本如何分配，实务中存在不同的理解。从理论上来说，存在几种分配方式：零成本，按照正常生产水平及合理必要支出计算的成本，试运行投入的所有材料、人工及制造费用计算的成本，按照可变现净值计算的成本。

本案例中，甲公司的新建生产线于20×2年6月试运行一个月发生料、工、费金额分别为200万元、70万元、30万元，合计为300万元。在以上不同的成本分配方法下：

1. 零成本方式。产出的20件合格品存货登记入库，但不结转成本，300万元支出均计入在建工程的成本，后续存货对外销售时确认收入。该方法下确认的收入金额为80万元，成本为零，毛利为80万元，收入成本不匹配。

2. 按照正常生产水平及合理必要支出计算的成本。根据正常设计生产能力水平下相关投入应当生产100件合格产品，则每件合格产品正常生产水平下的单位成本是300万元/100件=3万元/件。按3万元/件×20件=60万元结转存货成本并登记入库，剩余的240万元支出计入在建工程成本。后续销售时，确认收入金额80万元，营业成本60万元，毛利20万元。

3. 根据试运行投入的所有材料、人工及制造费用计算的成本。即把300万元全部确认为20件合格品存货的成本。从后续存货的销售收入80万元看，该方法下确认存货成本的同时很可能需立即确认大额存货跌价准备。

4. 按照可变现净值计算的成本。本案例中即按预期的可变现净值80万元确认存货成本，剩余220万元支出计入在建工程成本，后续实际出售时，毛利接近零。该处理方法与“解释第15号”发布之前的会计处理结果类似，均按照预计存货的收入金额冲减在建工程或者研发支出的成本。该方法下会导致在建工程成本受产品市场价格影响，而资产的建造成本不应引入其他价格因素的影响，这也是本次“解释第15号”对原会计方法作出修改的原因。

比较上述各种方法下的会计处理结果，按照正常生产水平及合理必要支出计算的成本，从理论上更为合理。具体计算时，应结合生产线的正常设计水平、产品正常生产的投入成本（如产品配方、正产投入产出比等，但无须考虑该项在建工程的折旧费用）等综合考虑。

案例13-12
处置其他权益工具投资相关增值税的会计处理

一、案例背景

根据相关税法规定，金融商品转让按规定以盈亏相抵后的金额缴纳增值税。A公司将持有的某股票投资指定为以公允价值计量且其变动计入其他综合收益的金融资产，列报为其他权益工具投资，A公司购入该股票成本为100元。2×20年企业在二级市场按照市价200元处置该股票并将累计利得100元转入留存收益，并按照买卖价差缴纳增值税6元。

问题：其他权益工具投资处置时缴纳的增值税如何进行会计处理？

二、会计准则及相关规定

《增值税会计处理规定》（财会〔2016〕22 号）规定：“金融商品转让按规定以盈亏相抵后的余额作为销售额的账务处理。金融商品实际转让月末，如产生转让收益，则按应纳税额借记‘投资收益’等科目，贷记‘应交税费——转让金融商品应交增值税’科目；如产生转让损失，则按可结转下月抵扣税额，借记‘应交税费——转让金融商品应交增值税’科目，贷记‘投资收益’等科目。”

《企业会计准则第 22 号——金融工具确认和计量》（2017 年修订）第三十三条规定：“企业初始确认金融资产或金融负债，应当按照公允价值计量。对于以公允价值计量且其变动计入当期损益的金融资产和金融负债，相关交易费用应当直接计入当期损益；对于其他类别的金融资产或金融负债，相关交易费用应当计入初始确认金额。但是，企业初始确认的应收账款未包含《企业会计准则第 14 号——收入》所定义的重大融资成分或根据《企业会计准则第 14 号——收入》规定不考虑不超过一年的合同中的融资成分的，应当按照该准则定义的交易价格进行初始计量。交易费用，是指可直接归属于购买、发行或处置金融工具的增量费用。增量费用是指企业没有发生购买、发行或处置相关金融工具的情形就不会发生的费用，包括支付给代理机构、咨询公司、券商、证券交易所、政府有关部门等的手续费、佣金、相关税费以及其他必要支出，不包括债券溢价、折价、融资费用、内部管理成本和持有成本等与交易不直接相关的费用。”

《企业会计准则第 22 号——金融工具确认和计量》（2017 年修订）第六十九条规定：“企业根据本准则第十九条规定将非交易性权益工具投资指定为以公允价值计量且其变动计入其他综合收益的金融资产的，当该金融资产终止确认时，之前计入其他综合收益的累计利得或损失应当从其他综合收益中转出，计入留存收益。”

三、案例解析

对于本案例中相关增值税的会计处理，实务中存在两种观点：

观点一：计入留存收益。根据《增值税会计处理规定》（财会〔2016〕

22号），金融商品实际转让月末，如产生转让收益，则按应纳税额借记“投资收益”等科目，也就是视同投资收益是除税后金额，如此类比其他权益工具投资，应纳税额也应借记“留存收益”科目，保持与交易性股票可比的会计处理。

观点二：计入当期损益。《企业会计准则第22号——金融工具确认和计量》（2017年修订）第六十九条仅规范了其他权益工具累计的公允价值变动计入其他综合收益，进而结转留存收益。而企业在对该股票投资进行公允价值计量时，需要根据《企业会计准则第39号——公允价值计量》按照活跃市场报价200元计量，因此不应将不属于公允价值变动的增值税计入留存收益。

我们倾向观点二，理由如下：

一是从交易费用的核算要求看，《企业会计准则第22号——金融工具确认和计量》（2017年修订）（以下简称22号准则）并未要求企业将处置环节的交易费用（含相关税费）区分金融资产分类分别计入损益或权益。22号准则第三十三条仅规范了对于金融资产初始计量时交易费用的处理原则（即，对于以公允价值计量且其变动计入当期损益的金融资产和金融负债，相关交易费用应当直接计入当期损益；对于其他类别的金融资产或金融负债，相关交易费用应当计入初始确认金额），中国准则和国际准则对如何核算处置金融资产环节的交易费用均没有特别规定。参考《国际会计准则第1号》第88条规定，企业应在损益中确认一个期间内的所有收益和费用项目，除非某项国际财务报告准则另有规定或要求。因此，我们认为，初始计量时交易费用的处理规定，不会导致指定为以公允价值计量且其变动计入其他综合收益的（FVOCI）金融资产在处置环节的交易费用必须计入权益。

二是从其他权益工具的核算要求看，22号准则第六十九条仅规范了指定为FVOCI的金融资产后续计量时除获得的股利计入当期损益外，其他相关的利得和损失均应当计入其他综合收益，进而在终止确认时直接结转留存收益。但企业对股票投资进行公允价值计量时，根据《企业会计准则第39号——公允价值计量》按照活跃市场报价计量，该报价不包含处置环节的增值税，因此不应将不属于公允价值变动的增值税计入留存收益。

三是从增值税会计处理规定看，金融商品转让以盈亏相抵后的余额作为销售额。金融商品实际转让月末，如产生转让收益当月纳税，如产生转让损失可结转下月抵扣。如果区分金融资产分类，将金融资产转让产生的税额部分计入权益，有悖于盈亏相抵净额纳税的原则。

案例 13－13
合伙企业未分配收益确认递延所得税的问题

一、案例背景

A 公司和 B 公司共同出资设立 C 有限合伙企业（以下简称 C 合伙企业），B 公司担任普通合伙人，认缴 1 万元。C 合伙企业主要目的是投资 D 公司股权项目，A 公司合并 C 合伙企业。D 公司拟上市，2×17 年引入战略投资者募集资金，其中 C 合伙企业投资 10 亿元。2×19 年度，D 公司出具分红决议拟对 C 合伙企业分配股利 1 亿元，C 合伙企业单体确认应收股利、投资收益 1 亿元。应如何进行税务处理？

问题：A 公司单体层面及合并报表层面应如何进行税务处理？

二、会计准则及相关规定

《企业会计准则第 18 号——所得税》第十条规定："企业应当将当期和以前期间应交未交的所得税确认为负债，将已支付的所得税超过应支付的部分确认为资产。存在应纳税暂时性差异或可抵扣暂时性差异的，应当按照本准则规定确认递延所得税负债或递延所得税资产。"

《企业会计准则第 18 号——所得税》第十四条规定："企业对与子公司、联营企业及合营企业投资相关的可抵扣暂时性差异，同时满足下列条件的，应当确认相应的递延所得税资产：（一）暂时性差异在可预见的未来很可能转回；（二）未来很可能获得用来抵扣可抵扣暂时性差异的应纳税所得额。"

三、案例解析

《合伙企业法》第六条规定：“合伙企业的生产经营所得和其他所得，按照国家有关税收规定，由合伙人分别缴纳所得税。”合伙人分别纳税主要是由于合伙企业的财产没有从实质上与合伙人的财产完全分离，不能完全独立对外承担法律责任，这是普通合伙人对合伙企业债务承担无限连带责任的原因。根据《财政部、国家税务总局关于合伙企业合伙人所得税问题的通知》（财税〔2008〕159 号），合伙企业生产经营所得和其他所得采取“先分后税”的原则。“先分”的“分”指的是分配应纳税所得额，并不是实际的利润分配。不论合伙企业是否作出利润分配的决定，只要合伙企业有利润，都需将应纳税所得额“分摊”到合伙人，其中法人合伙人将分摊给自己的部分在填报所得税纳税申报表时作为调节项体现出来，相应计算缴纳企业所得税。

本案例中，A 公司是法人，为企业所得税的纳税义务人，C 合伙企业应按“先分后税”原则，对生产经营所得和其他所得按分配原则分配，将应分配给 A 公司的部分，由 A 公司做企业所得税的缴纳工作。A 公司间接持有孙公司 D 的股权，其直接投资对象为 C 合伙企业，而 C 合伙企业并非免税条件中规定的居民企业，所以，A 公司在计算应纳税所得额时应包含在 C 合伙企业中按比例享有的应纳税所得额，不适用免税政策。

在个别财务报表中，根据《企业会计准则第 18 号——所得税》的相关规定，A 公司持有合伙份额的账面价值与计税基础之间存在差异。账面价值是按照成本法核算长期股权投资的结果，不体现合伙企业当期实现的利润。计税基础需要在成本法核算基础上，根据合伙企业当期实现的会计利润进行调整。因此，A 公司应在分摊应纳税所得额时确认一项递延所得税资产，等到合伙份额转让或者 C 合伙企业分回利润时予以转回。

在合并财务报表层面，A 公司已将 C 合伙企业纳入合并范围，相关资产的账面价值和计税基础均未受到“先分后税”原则的影响，因此，需要将个别财务报表层面确认的递延所得税资产冲回。

案例 13 - 14
涉税事项预计负债的确认时点问题

一、案例背景

2×17 年 7 月，某地国税稽查局对 X 公司的子公司 D 公司 2×16 年涉税情况进行检查，发现 D 公司涉及 450 份增值税专用发票被认定为虚开的增值税发票，涉及增值税约 760 万元、企业所得税约 1,120 万元。

2×19 年 4 月，X 公司取得该国税稽查局出具的《情况说明》："D 公司 2×16 年度纳税情况已经国税稽查局检查完毕，国税稽查局按照税收法律法规规定的法定程序正在对检查数据进行审理。"由于未收到税务部门结论性意见，缺少会计确认的事实依据或定性依据，D 公司未就该涉税事项在 2×18 年年报中确认预计负债。X 公司审计机构向国税稽查局实施访谈程序后认为，涉税事项对 X 公司合并财务报表可能产生重大影响，其获取的审计证据不足以消除对公司财务报表是否公允反映的疑虑，故就该事项在年报中出具保留意见。

2×19 年 7 月 3 日，D 公司收到《税务行政处罚事项告知书》（以下简称《告知书》），涉及补缴税金及罚款约为 1.03 亿元（不含教育费附加及滞纳金）。2×19 年 7 月 17 日，D 公司出席听证会，对涉税事项进行陈述、申辩，并补充提供了证据材料。

D 公司认为，《告知书》本身不是对涉税事项作出的终结性结论，其内容存在按照听证程序中补充的证据、材料等重新认定的可能，税务处理结果存在较大不确定性。因此，未在 2×19 年半年度报告中对涉税事项进行会计处理，仅就该事项及对财务报表可能产生的影响进行披露。但 X 公司 3 名独立董事均对 X 公司 2×19 年半年度报告投反对票，认为 X 公司没有公允反映财务状况及经营成果。独立董事判断认为，截至半年报披露日，D 公司听证尚无结果，但涉税事项影响重大，基于谨慎性原则，在半年报中就涉税事项应进行会计处理。X 公司年审机构亦认为 X 公司应在半年报中就此事项对母公司及合并报表的影响予以列报和详细披露。

2×19年10月14日，D公司收到国税稽查局《税务处理决定书》，涉及补缴增值税金及滞纳金1.04亿元，并移交司法机关。根据该处理决定，D公司做出会计处理：计提应交税费0.68亿元、其他应付款0.36亿元，营业外支出1.04亿元。

问题：D公司就该预计负债在财务报表中的确认时间是否恰当？

二、会计准则及相关规定

《企业会计准则第13号——或有事项》第四条规定："与或有事项相关的义务同时满足下列条件的，应当确认为预计负债：（一）该义务是企业承担的现时义务；（二）履行该义务很可能导致经济利益流出企业；（三）该义务的金额能够可靠地计量。"

三、案例解析

本案例中，上市公司的子公司自2×17年7月起接受税务稽查。2×19年4月，检查工作完成，稽查局按照法定程序对检查数据进行审理中。2×19年7月3日，子公司收到《税务处罚事项告知书》（以下简称《告知书》），该《告知书》是对2×19年6月30日已经存在的情况提供了新的或进一步证据，应将其作为2×19年半年报的资产负债表日后调整事项处理。虽然从程序上来讲，公司可以向稽查局申请听证，但是实务中通过该环节避免最终的行政处罚并非大概率事件。基于《告知书》中认定的税收违法事实和性质，资产负债表日子公司很可能承担现时义务；基于《告知书》中拟作出的税务行政处罚，履行该义务很可能导致经济利益流出企业，并且该义务的金额能够可靠地计量。因此，上市公司应当在2×19年半年报中对涉税事项确认预计负债。

后　记

本书由中国证监会会计司负责撰写。中国证监会会计司相关人员对上市公司历年来年报分析、日常监管中遇到的会计准则执行问题进行整理研究，编写了一系列案例并汇编成书，旨在对涉及上市公司会计处理的重要领域提供指导，希望本书的出版对实务界有所助益。本书编写组成员如下：

编写组组长：

吴　萌　中国证监会会计司司长

编写组成员：

夏文贤　中国证监会会计司副司长

崔磊磊　中国证监会会计司制度处副处长

李美姗　中国证监会会计司制度处四级调研员

王　静　中国证监会会计司制度处四级调研员

李　迪　中国证监会会计司制度处

陈晓飞　中国证监会会计司制度处

参与本书编写的人员还有马征、马珊、生悦、郭聪、彭蕾、管庆婷、周婧仪、李松年、杨海固、李丽虹、潘祖立、史志强、刘宇兵、赵琦、杨绯。郭腾飞、方圆、刘俊铖、王倩、肖进明、关世琪、程辉、陈捷、冯娟、孙冠军、宫明亮、苗建敏、于春红、夏自李、宫颖、殷雅坤、武彦生、申晓颖、蒋玉芳、孙仲妮、沈洁、唐昆、王仁平、符文娟、马骏、沈颖玲、林燕、谢力、韩健、刘航、程江、徐娟、邱一林、陈芳等也为本书的编写作出贡献，在此一并感谢！

中国证监会会计司

2024 年 3 月